Das Theater der Teilhabe

Johannes Kup

Das Theater der Teilhabe

Zum Diskurs um Partizipation in der zeitgenössischen Theaterpädagogik

Schibri-Verlag Berlin · Milow · Strasburg

Die vorliegende Studie wurde im Frühjahr 2018 als Dissertation
an der Fakultät Darstellende Kunst der Universität der Künste Berlin
eingereicht und verteidigt.

Lektorat: Ka&Jott, Bernau bei Berlin
Umschlagfoto: pearldiver/photocase.de
Umschlaggestaltung, Satz und Layout: kup design, Kürten

Dorfstraße 60, 17337 Uckerland/OT Milow
www.schibri.de

Printed in Germany
ISBN: 978-3-86863-198-2

I. EINLEITUNG

Theaterpädagogik im Zeitalter der Partizipation?

1 Vorspiel im Theater, um das Theater und um das Theater herum

„Hier!“, höre ich mich selbst rufen, reiße mich jedoch umgehend zusammen und versinke wieder unauffällig in dem roten Klappsessel auf Platz 2, Reihe 14 in der Berliner Volksbühne am Rosa-Luxemburg-Platz. Wie konnte es so weit mit mir kommen? Ich, der ich mich doch sonst bei jeder Form von Mitmachtheater, wie meine Freundin dieses um uns herum stattfindende Spektakel bezeichnet, am liebsten ganz nach hinten setze und Situationen, in denen ich fotografiert werde, nach Möglichkeit meide, melde mich freiwillig, damit man ein „revolutionary picture“ von mir schießt? Doch schon ist es zu spät und im nächsten Augenblick sehe ich mein verzerrtes Gesicht neben dem meiner Freundin in Überlebensgröße auf eine Leinwand projiziert, die Hände mit gespreizten Fingern gen Himmel gereckt. Wir zwei als unerschrockene „freedom fighters“? Sogleich werden wir von der Fotografin aufgeklärt: „Stopp“, einfach nur „Stopp“ laute der Titel dieses Bildes, das gleichzeitig per Liveschaltung auf den Rosa-Luxemburg-Platz „gebroadcastet“ wird, während eine Sängerin mit Jazzgitarre den Refrain aus Buffalo Springfields „For What It's Worth“ ins Mikro säuselt: „It's time we stop! Hey, what's that sound? Everybody look, what's going down?“ Stopp! – diese Botschaft solle von hier an „das Volk“ gesendet werden: „You can stop playing the game.“ Das hier sei keine Show, schallt es uns von der Bühne entgegen. Das hier sei die Vorbereitung auf die kommende Revolution und niemand werde diesen Saal verlassen, bis sich „da draußen“ etwas verändert habe. In der Tat konnte ich eben auf der Leinwand verfolgen, wie die Eingangstüren zum Zuschauerraum verriegelt und mit einem Seil gesichert wurden. Nein, versuche ich mich zu beruhigen, das hier ist keine illegale Besetzung eines öffentlichen Gebäudes. Das ist auch keine Party, obwohl mir gerade von einem anderen Darsteller ein Shot Wodka gereicht wird. Es ist Montagabend, ich befinde mich immer noch im Großen Saal der Volksbühne und schaue mir seit etwa einer halben Stunde die Aufführung „Revolution Now!“ des deutsch-britischen Performance-Kollektivs Gob Squad an. *Ich* schaue *mir* an? Im Moment scheint es eher so, als ob ich angeschaut werde und das nicht nur von den etwa dreihundert Zuschauer_innen in diesem Saal, deren Blicke sich auf mein nach wie vor auf der Leinwand prangendes Konterfei richten, sondern auch von „dem Volk da draußen“, das all dies per Kameraübertragung auf dem Rosa-Luxemburg-Platz mitverfolgt. Oder zumindest mitverfolgen könnte, denn wie ich zu meiner Erleichterung feststelle, sind dort allein zwei einsame Passanten zu sehen, die desinteressiert an dem vor der Volksbühne installierten Bildschirm vorüberziehen.

Doch kann ich mir immer noch nicht erklären, warum ich mich auf dieses Spiel einlasse und mich auch noch freiwillig melde. Wie kommt es dazu, dass ich tatsächlich für einen Moment lang so etwas wie eine revolutionäre Stimmung in mir spüre? Liegt es vielleicht an dieser Bob-Dylan-Hintergrundmusik oder an Revolutionsbildern wie „Die Freiheit führt das Volk" von Eugène Delacroix, das hier gemeinsam von Darsteller_innen und Publikum nachgestellt wird? Oder hat es etwas damit zu tun, wie wir Zuschauer_innen als Teilnehmende an dieser vermeintlich revolutionären Versammlung angesprochen und in die Performance einbezogen werden? Lässt sich dieses Gemeinschaftsgefühl, das ich in mir wahrzunehmen glaube, wirklich auf so einfache ‚Gottesdiensttricks' wie diese Art von Friedensgruß zurückführen, zu dem wir zu Beginn der Aufführung aufgefordert wurden? Warum umarme ich plötzlich eine mir völlig unbekannte Person, die zufällig neben mir sitzt? Warum stehe ich auf, wenn es heißt: „Aufstehen", und winke in die Kamera, wenn alle um mich herum in die Kamera winken? Hat das etwas mit Gruppenzwang zu tun oder wird da etwa ein Bedürfnis in mir angesprochen, ein tief in mir liegender Wunsch danach, dabei zu sein, teilzuhaben an einer Gemeinschaft oder einem zumindest „temporären Kollektiv", wie Gob Squad das nennen? Vielleicht ist es ja meine katholische Sozialisation, die mich anfällig macht für solche Gemeinschaftsrituale? Doch warum gebe ich mich dann für so ein ‚Che-Guevara-Pic' her? Damit meine „Subjektivität nicht im größeren Ganzen verloren geht", wie eine Performerin sagt? Werden da narzisstische Gefühle in mir mobilisiert?

Viel Zeit, mir über all diese Fragen Gedanken zu machen, bleibt allerdings nicht. Denn schon wieder sind wir Zuschauer_innen gefragt, da sich vor dem Bildschirm auf dem Rosa-Luxemburg-Platz auf einmal etwas tut: Zwei Frauen im Alter von etwa vierzig Jahren stehen dort und machen merkwürdige Grimassen. Eine Kamera fordert uns auf, gestisch mit ihnen in Kontakt zu treten. Und tatsächlich, der „Broadcast" scheint zu funktionieren: Die beiden Frauen haben offenbar verstanden, in welche Live-Schalte sie da geraten sind, denn nach zwei kryptischen Handbewegungen greifen sie panisch zu ihren Einkaufstaschen und machen sich auf und davon. „Das Volk" ergreift die Flucht. „Das Volk" will nicht partizipieren. Aber was will „das Volk" dann? Und was können wir dafür tun, damit es endlich aktiv wird? Diese und ähnliche Fragen schießen durch den Saal der Volksbühne und für einen Moment herrscht nicht nur im Zuschauerraum, sondern auch auf der Bühne einigermaßen Verwirrung, bis sich schließlich zwei Darstellerinnen, von missionarischem Geist beseelt, eine ziemlich improvisierte Guerilla-Uniform respektive ein gelbes Regencape überwerfen und mit silberner Fahne bewaffnet nach „da draußen" ziehen. Nun werde ich wieder in die Zuschauerrolle entlassen und darf die nächsten Minuten – ganz ‚passiv' – von meinem Sitzplatz aus verfolgen, wie die beiden Performerinnen verzweifelt eine Passantin nach der anderen ansprechen, um sie zu überzeugen, sich „unserer Bewegung“ anzuschließen: „Bist du eine autonome Person? Bist du bereit, ein Opfer für die Sache zu bringen?“ Und in der Tat, nach etwa fünf gescheiterten Anläufen gelingt es ihnen, zwei junge Männer in ein Gespräch über ihre eigenen politischen Frustrationen und Sehnsüchte zu verwickeln. Sie hätten eh gerade über dieses Thema gesprochen, meint der eine, und ja, sekundiert der andere, er frage sich schon seit geraumer Zeit, wie er endlich wieder zur Tat schreiten könne. Die beiden Missionarinnen können ihr Glück kaum fassen, und ich frage mich immer mehr, was hier eigentlich noch stimmt. Gehören die beiden etwa dazu? Sind sie vielleicht von Gob Squad engagiert worden, damit sie an diesem Abend um halb neun genau an dieser Stelle vorbeilaufen? „Okay“, flüstert ein Performer per Funk seinen Kolleginnen draußen zu, der Moment sei gekommen, uns mit den beiden bekannt zu machen. Doch wie heiße „das Volk“ denn eigentlich? Wir Zuschauer_innen erhalten Poster, auf die schnell die Namen Paul und Christian und ein paar Liebeserklärungen geschrieben werden, und halten diese in die Kamera. Nein, denke ich, die gehören tatsächlich nicht dazu. Das Erstaunen der beiden Auserwählten, als sie in den Bildschirm vor der Volksbühne blicken, erscheint mir doch zu ‚echt‘. Im nächsten Moment bricht die Live-Schalte ab. Die vorderen Zuschauerreihen werden nun aufgefordert, die neben ihnen liegenden E-Gitarren in die Hand zu nehmen und bei der nächstmöglichen Schalte nach draußen loszuschrammeln, was das Zeug hält. Alle anderen, mich eingeschlossen, sollen dazu „rocken“ oder die geballte Faust zum Kampfesgruß erheben. Nachdem das Dröhnen der schrammelnden Gitarren im Saal endlich seine Klimax erreicht hat, sehen wir Christian und Paul, wie sie in einem rebellischen Akt eine eher harmlos anmutende Molotow-Champagnerflasche gegen die Außenmauer der Volksbühne schmettern: „I'm beginning to see the light“ – der Funke der Rebellion, er ist entfacht und springt buchstäblich zu uns über auf die Leinwand im abgedunkelten Theatersaal, auf der der draußen brennende Stofffetzen unendlich vergrößert vor sich hin lodert, während die Sängerin mit der Jazzgitarre den entsprechenden Song von The Velvet Underground anstimmt. Für einen längeren Moment ist vollkommene Stille im Raum, alle lauschen gebannt dem Gesang und starren wie hypnotisiert auf die Projektion, bis sich schließlich der Vorhang hebt und unsere beiden Helden, die silberne Fahne schwenkend, auf der Bühne erscheinen.

Diese sehr subjektive Beschreibung jenes Gob-Squad-Abends im März 2014 gibt nur eine kleine Auswahl von Momenten einer komplexen Aufführung wieder. Dies liegt sowohl an meinem bisweilen recht selektiven Gedächtnis als auch an dem Umstand, dass ich diese Inszenierung bereits einmal ein paar Jahre zuvor gesehen hatte und durch den zeitlichen Abstand bestimmte Abläufe nicht mehr korrekt der einen oder der anderen Aufführung zuordnen kann. Eine weitere Erklärung für meine

Erinnerungslücken und Konfusionen, so meine Vermutung, scheint jedoch in dem besonderen partizipativen Format dieser Inszenierung zu liegen. Denn das ständige Involviertsein als Zuschauer und die dadurch erzeugte Distanzlosigkeit zum theatralen Geschehen haben in mir nicht nur bestimmte Wahrnehmungen, Gefühle sowie manche Befragung meiner selbst provoziert, sondern auch zu einer gewissen Unentscheidbarkeit zwischen dem Bühnenereignis und den subjektiven Vorgängen in meinem Kopf bzw. Körper geführt. Doch zeigen Gob Squad mit „Revolution Now!" nicht nur in exemplarischer Weise, welche Kraft partizipative Verfahren im Theater entfalten können, sondern sie werfen auch Fragen über die Wirkungsweise von Partizipation auf, ja, sie stellen mit der Form ihrer Inszenierung *Teilnahme* und *Teilhabe* bisweilen radikal infrage. So werden Momente der Partizipation sowohl der Zuschauer_innen als auch der zunächst unbeteiligten Passant_innen immer auch auf ihren ‚Zwangscharakter' hin befragt. Dies zeigt sich bereits zu Beginn der Performance mit der ironisch vorgetragenen Einladung an das Publikum, endlich den „gap" zwischen Bühne und Zuschauerraum zu schließen. Dabei wird dieser Moment des Partizipierens als etwas Unangenehmes inszeniert, der, wie ein Performer konzediert, für viele Anwesende sicherlich ein „Albtraum" sei und den man daher möglichst schnell hinter sich bringen sollte. Auch die Anweisung an die Zuschauer_innen, sich gegenseitig zu berühren, erscheint zunächst wie eine Zumutung, wird dann aber erstaunlicherweise von allen bereitwillig ausgeführt. Insbesondere solchen von Gob Squad aufgeworfenen Fragen und Ambivalenzen von Partizipation, ihrer Attraktivität sowie ihren intendierten und möglicherweise auch nicht intendierten Wirkungen ist die folgende Untersuchung gewidmet.

2 Der Diskurs um Partizipation in der zeitgenössischen Theaterpädagogik

Ob im partizipativen Forschungstheater am Fundus Theater Hamburg oder in Community-Art-Projekten des Jugendtheaterbüros Berlin: Überall ist heute von Partizipation die Rede. Auch in der aktuellen Literatur zum Theater in der Schule wird Partizipation als entscheidendes Qualitätskriterium von Theaterunterricht diskutiert und im Bereich soziokultureller Theaterarbeit haben neuere Konzepte des Theaters der Unterdrückten Konjunktur. Selbst die Stadt- und Staatstheater haben das Thema kulturelle Teilhabe längst entdeckt, richten Bürgerbühnen ein oder verlassen ihre Häuser und ziehen in sogenannte soziale Brennpunkte. Wie der Dramaturg Björn Bicker in einem Vortrag auf dem Kongress zum 125-jährigen Bestehen des Wiener Burgtheaters konstatiert, ist aus einem Theater der Repräsentation immer mehr ein „Theater der Teilhabe" (Bicker 2013) geworden. Das Theater, so Bicker, müsse sich sowohl für die Themen der Migrationsgesellschaft als auch für Menschen öffnen, „die normalerweise nicht mit der Ressource Stadt- und Staatstheater in Berührung kommen" (ebd.). In einer digitalisierten Welt, in der die Trennung von Darsteller_innen und Zuschauer_innen – weder in der Kunst noch in der Politik – kaum mehr akzeptiert werde, laute das Motto: „Nicht zuschauen, sondern machen. Nicht repräsentiert werden, sondern präsentieren." (Ebd.)

Diese Entwicklungen werden vonseiten der Kulturpolitik nicht nur begrüßt, sondern zunehmend auch ‚gefördert und gefordert', wie zahlreiche von Bund und Ländern finanzierte Initiativen zeigen (z. B. Fonds Heimspiel[1], KulTür auf![2] u. v. m.). Im Anschluss an Hilmar Hoffmanns bekannte Formel aus den 1970er-Jahren heißt es auch heute wieder „Kultur für alle!" (Scheytt/Sievers 2010). Dabei verbindet sich die Forderung nach mehr kultureller Teilhabe mit Zielen des Publikumsmanagements oder „Audience Development" und wird gleichzeitig zu einem Legitimationsfaktor

1 Mit dem Heimspiel-Fonds förderte die Bundeskulturstiftung von 2006 bis 2012 über 50 Projekte, „[...] die sich mit der urbanen und sozialen Realität der Stadt auseinandersetzen und ein neues Publikum für das (Stadt-)Theater gewinnen sollten" (http://www.kulturstiftung-des-bundes.de/cms/de/programme/kunst_der_vermittlung/ archiv/heimspiel_1056_91.html; letzter Zugriff: 11.09.2017).

2 Die Kampagne „KulTür auf!" des Jugendtheaterbüros Berlin setzt sich für mehr Zugangsrechte von Jugendlichen zu den etablierten Kulturbetrieben ein und wird durch den Berliner Projektfonds Kulturelle Bildung gefördert (vgl. http://www.grenzen-los.eu/jugendtheaterbuero/ein-blick-zurueck/festiwalla2011/kultuer-auf/; letzter Zugriff: 12.12.2017).

für die öffentliche Hand (vgl. Rothe 2014, 119). Wie in Bickers Ausführungen deutlich wird, sollen die Nutzer_innen kultureller Angebote in ihrer Teilhabe zudem möglichst selbst aktiv werden. Dies spiegelt sich beispielsweise im Diskurs der Museumspädagogik wider, wo im „partizipative[n] Museum" (Gesser et al. 2012) aus Ausstellungsbesucher_innen aktive „Partizipienten" (ebd., 11) werden.[3] Auch viele staatliche Programme zur Förderung der kulturellen Teilhabe von Kindern und Jugendlichen[4] favorisieren eine möglichst *aktive* Teilnahme der jeweiligen Zielgruppe. Diese kultur- und bildungspolitische Ausrichtung auf Partizipation und Aktivierung hat auch die Legitimationsdiskurse in der Theaterpädagogik erfasst. So gehören Partizipation, kulturelle Teilhabe und aktive Beteiligung schon seit Langem zu den Schlüsselbegriffen aktueller theaterpädagogischer Antragslyrik.

Dass das Ziel einer aktiven Beteiligung sowohl in der Kultur- und Bildungspolitik als auch in der kulturellen Bildung und der Theaterpädagogik eine derart prominente Rolle spielt, lässt sich, wie dies in Bickers Verweis auf die digitalisierte Welt schon angeklungen ist, nur vor dem Hintergrund aktueller gesellschaftlicher und kultureller Entwicklungen verstehen. Demnach scheint Partizipation in der Ära des Internets allgegenwärtig – man denke nur an Social Media: Ob Open Source, Online Gaming oder Fan Fiction, als Internet-User ist man längst kein passiver *consumer* mehr, sondern aktiver *prosumer*. Auch im politischen Diskurs sind die Themen Teilhabe und Bürgerbeteiligung so aktuell wie seit vierzig Jahren nicht mehr. Manch einer beschwört schon eine neue „Bürgermacht" (Roth 2011) oder spricht vom „Zeitalter der Partizipation" (Harles/Lange 2015) – so auch der Titel eines Kongresses der Bundeszentrale für politische Bildung im Jahr 2012 in Berlin. Dabei hat der Ruf nach mehr Partizipation, wie er in den letzten Jahren von der Piratenpartei oder der Occupy-Bewegung vorgetragen wurde, längst die etablierte Politik erreicht. Selbst vonseiten der Verwaltung und Behörden wurden neue, häufig digitale Möglichkeiten der Bürgerbeteiligung *(e-participation)* geschaffen. Ein Mehr an Teilhabe wird offenbar zunehmend als *die* Lösung für die gegenwärtigen sozialen und politischen Probleme angesehen.

Wie der Theaterwissenschaftler Hajo Kurzenberger in einem Plädoyer für die Dresdner Bürgerbühne schreibt, brauche daher „eine partizipatorische Demokratie" auch „[...] partizipatorische Theaterformen. In einer noch genauer zu bestimmenden

3 Vgl. auch Publikationen mit Titeln wie „Museum und Partizipation" (Piontek 2017), „Kommunikation, Interaktion und Partizipation: Kunst- und Kulturvermittlung im Museum am Beginn des 21. Jahrhunderts" (Wenrich/Kirmeier 2016) oder „Partizipatives Kulturmanagement" (Lang 2015).

4 Auf kulturelle Teilhabe ausgerichtete Angebote werden beispielsweise durch das „Bildungs- und Teilhabepaket" der Bundesregierung oder die „Offensive Kulturelle Bildung" des Landes Berlin gefördert. Der MIXED UP-Wettbewerb der Bundesvereinigung Kulturelle Kinder- und Jugendbildung sieht sogar eine eigene Preiskategorie „Partizipation" vor, in der Projekte ausgezeichnet werden, die sich besonders um die Beteiligung von Kindern und Jugendlichen verdient gemacht haben (vgl. https://www.mixed-up-wettbewerb.de/preise/partizipation.html, letzter Zugriff: 10.09.2017).

Bürgergesellschaft braucht es die Bürgerbühne." (Kurzenberger 2014a, 24) Zahlreiche Publikationen in der Theaterpädagogik und der kulturellen Bildung schreiben sich – ähnlich wie Kurzenbergers Beitrag – in die aktuelle Konjunktur der Partizipation ein und stellen selbst partizipatorische Programmatiken dar. Dabei gilt der Begriff der Partizipation in der Regel als etwas unhinterfragt Positives. Eine auf Beteiligung ausgerichtete Theaterpädagogik scheint sogar als die geeignete Vorbereitung auf das Leben in einer solchen partizipatorischen Gesellschaft: „Nur wer im Spiel üben und ausprobieren kann, welche Auswirkungen das eigene Denken und Handeln an sich und seiner Umwelt haben, der ist vorbereitet, sich auch in seinem Alltag im ‚Zeitalter der Partizipation' zurechtzufinden und reflektiert zu handeln." (Wiederhold 2015, 15) Doch lässt sich mit Blick auf aktuelle soziologische Untersuchungen fragen, ob ein solch emphatisches Partizipationsverständnis unter den gegenwärtigen politischen und sozioökonomischen Bedingungen noch angemessen ist. So hat sich manchem Zeitdiagnostiker zufolge Partizipation längst zu einem „Herrschaftsinstrument" (Wagner 2013) entwickelt, und aus der *Möglichkeit* zur Teilnahme ist ein „Partizipationsimperativ" (Bröckling 2005, 22) geworden, der uns permanent dazu anhält und auffordert, teilzunehmen, mitzumachen und aktiv zu sein. Anknüpfend an solchen Diagnosen möchte ich in dieser Arbeit das Augenmerk in erster Linie auf die Ambivalenzen von Partizipation richten und eine kritische Kontextualisierung des theaterpädagogischen Diskurses vornehmen.

2.1 Untersuchungsgegenstand und Fragestellung

Die vorliegende Arbeit untersucht theaterpädagogische Programmatiken der Partizipation in ihrem gesellschaftlich-kulturellen Zusammenhang. Gegenstand der folgenden Analyse ist demnach der theaterpädagogische Partizipationsdiskurs[5] und die mit ihm verbundenen und einhergehenden Strategien sowie diskursiven Veränderungen und ‚Verschiebungen'. Dabei geht diese Untersuchung von einem poststrukturalistischen Diskursbegriff aus, dem zufolge Diskurse nicht nur deskriptiv sind, sondern immer auch präskriptiv wirken und dabei selbst als ‚Wahrheiten' erscheinen. Solche mit der theaterpädagogischen Rede von Partizipation verbundenen Wahrheitsordnungen sollen in dieser Studie herausgearbeitet und in ihrem gesellschaftlich-kulturellen Kontext reflektiert werden. Anstatt Partizipation dabei als eine pädagogische Sollensvorstellung oder gar als anthropologische Konstante vorauszusetzen,

5 Es handelt sich bei dem Begriff „Partizipationsdiskurs" im Singular um einen Arbeitsbegriff. So gibt es nicht *den* Partizipationsdiskurs, sondern verschiedene gegenwärtige Diskurse um Partizipation in sehr unterschiedlichen gesellschaftlichen und kulturellen Bereichen. Die These dieser Arbeit ist allerdings, dass diesen verschiedenen Diskursen bestimmte Tendenzen gemeinsam sind, die hier herausgearbeitet und unter dem Arbeitsbegriff Partizipationsdiskurs zusammengefasst werden.

wird dieser Schlüsselbegriff der Theaterpädagogik und kulturellen Bildung einer Diskurskritik unterzogen. Bei einer solchen Diskurskritik geht es ausdrücklich nicht darum, Definitionen vorzunehmen, etwa in Form einer Abgrenzung der Begriffe „Partizipation", „Teilhabe", „Teilnahme" und „Beteiligung".[6] Eine solche Definition liefe Gefahr, den Blick auf die unterschiedlichen Vorstellungen und Versprechungen, die mit dem „*ubiquitär*, fast schon *universal* anzuwendende[n] Begriff" (Kupke 2016, 58, Hervorh. i. O.) der Partizipation verbunden sind, zu verstellen. Stattdessen sollen die verschiedenen semantischen Konnotationen des Begriffs im Hinblick auf den Zusammenhang zwischen den gesellschaftlichen Diskursen um Partizipation und den Partizipationsprogrammatiken in der Theaterpädagogik untersucht werden.

Ziel dieser Untersuchung ist eine kritische Hinterfragung der verbreiteten positiven Lesart von Partizipation in der Theaterpädagogik. Dazu wird auf (kultur-) soziologische Analysen zurückgegriffen, die die aktuelle Konjunktur des Begriffs im Zusammenhang mit der „Gouvernementalität der Gegenwart" (Bröckling et al. 2000) diskutieren. Im Anschluss an den französischen Philosophen Michel Foucault kann mit Gouvernementalität ein spezifischer Machttypus beschrieben werden, bei dem es sich – anders als etwa bei dem der Disziplin – weniger um ein Regieren durch (äußeren) Zwang oder Unterdrückung, sondern in erster Linie um die Mobilisierung von Kompetenzen der *Selbstregierung* des einzelnen Subjekts handelt. Aus einer gouvernementalitätskritischen Perspektive dienen partizipative Formate und Beteiligungsangebote in den verschiedensten gesellschaftlichen Bereichen vor allem der Aktivierung von Techniken der Selbstführung von Individuen, die z. B. in die Lage versetzt werden sollen, eigen- und selbstverantwortlich zu handeln. Dem liegt die Hypothese zugrunde, dass der gegenwärtige Partizipationsdiskurs in erster Linie auf das Individuum, das einzelne Subjekt zielt.

Vor diesem Hintergrund fragt die Studie nach den Funktions- und Wirkungsweisen des gegenwärtigen Partizipationsdiskurses in Bezug auf sein *Subjekt*, d. h. den_die Teilnehmer_in, dessen_deren Teilnahme am Theaterprozess oder -ereignis – ob als Zuschauer_in, Akteur_in oder Theaterschüler_in – *ver*stärkt und dessen_deren

---

6 In der Theaterpädagogik und ihren Bezugswissenschaften kann von einer einheitlichen Verwendung des Begriffs der Partizipation bzw. seiner deutschen Entsprechungen Teilhabe, Teilnahme und Beteiligung keine Rede sein. Generell hat sich im theaterpädagogischen Diskurs eher der in der bildenden Kunst und im Theater geläufige Begriff der Partizipation etabliert. Dieser ist zudem immer mehr an die Stelle des in den 1970er-Jahren noch auf das soziale Handeln bezogenen Begriffs der Interaktion getreten. Unter Letzterem versteht man seit den frühen 1990er-Jahren hingegen vornehmlich technologische Formen von Interaktivität (vgl. Arns 2007).
In Publikationen zur kulturellen Bildung wird in der Regel das kulturpolitische Konzept der kulturellen Teilhabe verwendet (vgl. Fuchs 2008b, 228 ff.). Der Begriff der Teilhabe ist zudem in der Diskussion um Fragen der Migrationsgesellschaft geläufig und ersetzt nach und nach den Begriff der Integration (vgl. Faist/Ulbricht 2014, 3). Auch in Bezug auf Partizipationsmöglichkeiten von Menschen mit Behinderung wird in der Regel von Teilhabe gesprochen. Mit der 2006 beschlossenen UN-Behindertenrechtskonvention, die unter Teilhabe auch die „Teilhabe am kulturellen Leben" fasst (Art. 30 UN-BRK), werden Fragen kultureller Teilhabe von Menschen mit Behinderung zunehmend im Diskurs der kulturellen Bildung berücksichtigt (vgl. Seifert 2014). Diese Fragen bilden jedoch einen eigenen Themenkomplex und sind daher kein expliziter Gegenstand dieser Arbeit.

Kompetenz zur kulturellen sowie ggf. auch sozialen und politischen Teilhabe gestärkt werden soll. So wird der theaterpädagogische Diskurs um Partizipation hier als ein Produktionsort spezifischer Formen der Subjektivierung analysiert. Der Begriff der Subjektivierung bezieht sich dabei auf den Prozess, „in dem das Subjekt unter spezifischen sozial-kulturellen Bedingungen zu einem solchen ‚gemacht' wird" (Reckwitz 2008, 10). Einem poststrukturalistischen Verständnis von Subjektivität folgend wird das Subjekt nicht als ‚gegeben' vorausgesetzt, sondern als Produkt epistemischer, sozialer und selbstbezogener Praktiken begriffen: „Damit ist das Subjekt zugleich gemacht oder konstruiert wie es sich auch selbst konstituiert und formt." (Saar 2013, 26) Dementsprechend lassen sich die diese Studie leitenden Fragestellungen folgendermaßen formulieren: Welche Formen der Subjektivierung werden in partizipatorisch-programmatischen Diskursen der Theaterpädagogik betrieben? In welchem Verhältnis stehen diese zu hegemonialen gesellschaftlichen Subjektivierungsformen?

Das Material der Analyse bilden zeitgenössische Texte, die sich an die theaterpädagogische Praxis richten und die einen erkennbar programmatischen Charakter haben, d. h. die eine partizipatorische Ausrichtung theaterpädagogischer Arbeit zu fördern beabsichtigen. Hierbei handelt es sich um eine repräsentative Textauswahl aus drei zentralen Arbeitsfeldern der Theaterpädagogik[7]: dem Theater in der Schule (Curricula, Schulbücher sowie didaktische Handreichungen), der soziokulturellen Theaterarbeit (vor allem neuere Konzepte des Theaters der Unterdrückten nach Augusto Boal)[8] sowie dem Bereich der Theaterpädagogik an Theatern (programmatische Beiträge zur aktuellen Diskussion um Bürgerbühnen). Die Einteilung des Textkorpus nach verschiedenen Arbeits- und Berufsfeldern der Theaterpädagogik bietet sich insbesondere aus heuristischen Gründen an. Aufgrund der ihnen jeweils „eigene[n] Logik" (Rehbein/Saalmann 2009, 100) lassen sich durch einen Vergleich der Felder sowohl feldübergreifende Tendenzen des theaterpädagogischen Partizipationsdiskurses als auch feldspezifische Unterschiede identifizieren. Zugleich soll durch die Betrachtung des Diskurses in mehreren Feldern eine höhere Repräsentativität erreicht werden. Während etwa die Theaterpädagogik an Staats- und Stadttheatern – ins-

7 Die vorliegende Studie kann nicht sämtliche theaterpädagogische Bereiche abdecken. Aufgrund meiner eigenen institutionellen Verortung als wissenschaftlicher Mitarbeiter an der Universität der Künste Berlin (UdK) sind hier die zentralen Arbeitsfelder ausgewählt, für die in den Studiengängen „Theaterpädagogik" sowie „Darstellendes Spiel" bzw. „Lehramt Theater" an der UdK ausgebildet wird. Darüber hinaus gibt es selbstredend weitere Berufsfelder, wie etwa die Theaterpädagogik mit den (Aller-)Kleinsten, das Unternehmenstheater sowie den gesamten therapeutischen Bereich u. v. m. (vgl. Radermacher 2003), auf die im Folgenden aber nur kursorisch eingegangen werden kann.

8 Soziokulturelle Theaterarbeit steht hier für sämtliche theaterpädagogische Tätigkeiten in (im engeren Sinne) außerschulischen Einrichtungen, wie z. B. kommunalen, kirchlichen oder sozialen Institutionen, als auch im nichtinstitutionalisierten Freizeitbereich, wie u. a. dem Amateurtheater (vgl. hierzu ausführlich Kapitel III.3). Der Fokus auf die neueren Methoden des Theaters der Unterdrückten erfasst dabei auch Teile der Theaterpraxis an (Fach-)Hochschulen, etwa im Rahmen von Studiengängen der Sozialen Arbeit.

besondere das Modell der Bürgerbühne – eher ein Phänomen jüngeren Datums darstellt und aus diesem Grund hier weniger Quellenmaterial verfügbar ist, können im Diskurs des Theaters in der Schule – als einem Bereich formaler Bildung – durch das Heranziehen älterer Quellen, wie z. B. historischer Curricula, überdies Entwicklungslinien des Partizipationsdiskurses aufgezeigt werden.

2.2 Beitrag zur Forschung

Die Auseinandersetzung mit der Partizipationsthematik steht in der Theaterpädagogik noch am Anfang (vgl. Seitz 2012). Aus diesem Grund haben Ute Pinkert und Hanne Seitz wiederholt Forschungsbedarf angemeldet (vgl. z. B. Pinkert 2008 sowie Seitz 2009) und erste Versuche einer Systematisierung sowohl von Modi als auch von Strategien der Partizipation unternommen. Seitz' Darstellung verschiedener Partizipationsmodi folgend (Seitz 2012) können partizipative bzw. partizipatorische[9] Formen im Theater von der „geistige[n] Teilhabe", d. h. der mentalen Partizipation der Zuschauer_innen, über deren „körperliche Beteiligung", bis hin zum Einbeziehen nichtprofessioneller Spieler_innen in die Theaterproduktion und derem eigenverantwortlichen ‚Selbstproduzieren' reichen (ebd., 5 f.). Partizipation ist demnach ein sehr breiter Begriff, der sowohl rezeptive als auch produktive Formen der Teilnahme im Theater bzw. in der Theaterpädagogik erfasst.[10] Eine weitere Systematisierung schlägt Ute Pinkert für den Bereich der Theatervermittlung vor. In ihrer Untersuchung zu „Theaterpädagogik am Theater" (Pinkert 2014 a) unterscheidet sie zwischen einer eher prozessorientierten „Teilhabe" und einer produktorientierten „Teilnahme" (Pinkert 2014 b, 51). Während es bei Teilhabe in diesem Modell um klassische (z. B. die Vor- und Nachbereitung von Inszenierungen oder Jugendclub-Angebote) sowie neue theaterpädagogische Vermittlungsformate (wie etwa die Winterakademie am Berliner Theater an der Parkaue) geht, meint Teilnahme die Beteiligung nicht ausgebildeter Darsteller_innen in sogenannten professionellen Inszenierungen (vgl. ebd., 51 ff.).

9 Die Begriffe „partizipativ" und „partizipatorisch" werden im Folgenden – wie auch in den meisten der hier untersuchten Texten – weitgehend synonym verwendet. Eine leichte Bedeutungsnuance ergibt sich aus der Intentionalität des Begriffs „partizipatorisch", der stärker auf die „Zielsetzung einer Arbeit" abzielt und das „intendierte, vorerst lediglich potenzielle Ermöglichen aktiver Teilhabe und sozialer Beziehungen" beschreibt, während „partizipativ" eher eine „Teilhabe, die tatsächlich stattgefunden hat", bezeichnet (Feldhoff 2011, 22).

10 So können z. B. „Partizipative Modelle im Theater in der Schule", so die Unterüberschrift des Festivals „Demokratie im Dialog" des Theaters Junge Generation Dresden im November 2013, von Formen künstlerischen Forschens bis hin zum „postmigrantischen Improvisationstheater" umfassen (vgl. TJG Dresden 2013). Partizipation realisiert sich demnach entweder über die verstärkte Beteiligung von Zuschauer_innen am Theaterereignis oder eine intensivere Einbeziehung der nicht-professionellen Spieler_innen in die Stückentwicklung oder aber in Mischformen, wie z. B. neueren Formaten des Klassenzimmertheaters, „bei denen SchülerInnen nicht nur Publikum sind, sondern zu Beteiligten im künstlerischen Prozess werden" (ebd.).

Eine *diskurskritische* Untersuchung der theaterpädagogischen Rede von Partizipation im Zusammenhang mit gesellschaftlichen und politischen Strategien der Beteiligung steht jedoch noch aus. Die vorliegende Studie versteht sich daher als ein Beitrag, um diese Lücke zu schließen. Dabei finden sich im theater- und kulturpädagogischen Fachdiskurs durchaus Anknüpfungspunkte für ein solches Vorhaben. Insbesondere im Bereich der kulturellen Bildung lässt sich in den letzten Jahren eine Art kritische Wende in Publikationen zum Thema Partizipation konstatieren. Eine in der Literatur häufig genannte Problematik betrifft dabei die Frage nach dem Zusammenhang zwischen der (sozial-)politischen Forderung nach Partizipation und kulturpolitischen Zielsetzungen sowie deren konkrete Umsetzung im Bereich kultureller Bildung. Zum einen wird auf die Gefahr hingewiesen, dass durch die Forderung nach mehr Partizipation in Kunst und Theater „die sozialen und ökonomischen Probleme kulturalisiert und der politischen Sphäre entzogen werden" (Seitz 2017, 148). Zum anderen wird hierin auch „eine kompensatorische Form der Verlagerung eines politischen Problems auf ein anderes Feld, das damit überfordert ist" (Pinkert 2014b, 50), gesehen. In diesem Zusammenhang beschreibt die Kunstwissenschaftlerin Maike Aden in ihrem Vortrag auf dem Bundeskongress der Kunstpädagogik 2012 (BuKo12) das „Mantra Partizipation" und seinen „heimliche[n] Lehrplan" als eine zentrale „Herausforderung für die Kunstpädagogik" (Aden 2013). Dabei verweist sie auf die dem „partizipatorische[n] Paradigma" (ebd., 3) eigenen Tendenzen einer „Verantwortungszuschreibung" an Menschen sowie deren „Aktivierung" und „Disziplinierung" (ebd.).[11] Auch Hanne Seitz zufolge zielen viele Beteiligungsprojekte im zeitgenössischen Theater nur selten auf eine „wechselseitige Teilhabe und Teilgabe" (Seitz 2016, 46), da aufseiten der professionellen Theatermacher_innen kaum ernsthaftes Interesse an dem bestehe, was nicht-professionelle Darsteller_innen auf der Bühne „zu geben haben" (ebd., 46 f.). Stattdessen scheine es sich bei diesen Projekten vielmehr um „strategische Überlebensmaßnahmen der Häuser" (ebd., 47) zu handeln, wobei das Potenzial von Partizipation mit ihren möglichen „[u]nerbetene[n] Gaben" (Seitz 2011) ungenutzt bleibe. Für die Fragestellung dieser Arbeit von besonderer Relevanz ist Seitz' Beobachtung, dass es bei vielen Formen sozial engagierter Kunst lediglich „um Techniken der Selbstregulierung, um Gouvernementalität" (Seitz 2013) gehe. Einen ähnlichen Zusammenhang zwischen Partizipation und der zeitgenössischen Gouvernementalität stellt Jörg Zirfas in seinem Beitrag „Kulturelle Bildung und Partizipation" (Zirfas 2017) her. Demnach finde mit dem Rückzug des Wohlfahrtsstaates und der Hinwendung zum Neoliberalismus auch eine „Verschiebung vom Recht zur Pflicht auf Teilhabe" statt (ebd., 33).

11 Vgl. hierzu die Dokumentation des unter dem Motto „kunst.pädagogik.*partizipation*" veranstalteten BuKo12: „convention: Ergebnisse und Anregungen # Tradition # Aktion # Vision" (Burkhardt et al. 2013).

Die These, dass Partizipation in kulturvermittelnden Kontexten eine gouvernementale Funktion haben kann, ist bisher weder in der Theaterpädagogik noch in der kulturellen Bildung einer systematisch-wissenschaftlichen Überprüfung unterzogen worden. Wie dies für eine zugleich anwendungsorientierte und wissenschaftliche Disziplin charakteristisch ist (vgl. Pinkert 2005, 14 f.), stützt sich die vorliegende Untersuchung aus diesem Grund auf die aktuelle Forschung zum Thema Partizipation in den einzelnen Bezugswissenschaften der Theaterpädagogik. Die gegenwärtige Gouvernementalität und die mit ihr verbundenen hegemonialen Formen der Subjektivierung sind in den letzten zwei Dekaden – über die Sozial- und Kulturwissenschaften hinaus – auch Gegenstand erziehungswissenschaftlicher Diskussionen gewesen. In diesem Zusammenhang sind unter anderem methodische Fragen einer gouvernementalitätskritischen Diskursanalyse erörtert worden. Zudem gibt es vereinzelte Beiträge, die explizit den Zusammenhang von partizipatorischer Pädagogik und gouvernementalen Strategien beleuchten. Jan Masschelein und Kerlyn Quaghebeur (2003) etwa analysieren Partizipation als eine gouvernementale Praxis in der Pädagogik. Im Zentrum ihrer Arbeit steht die These, dass eine partizipative Ausrichtung von Unterricht vor allem auf die Selbstregierung und -regulierung des einzelnen Subjekts ziele, wobei gezielte pädagogische Einflussnahmen von außen abgelehnt würden: „The analysis indicates how participation as a governmental strategy strongly emphasises the hegemony of the individual and, hence, denounces influences of external educational interventions opposing to the characterisation of the selfgoverning hegemonic individual." (Ebd., 75) Eine ähnliche Position vertreten auch Roswitha Lehmann-Rommel (2004), Andrea Liesner (2004), Kerstin Rabenstein (2007) sowie Ludwig A. Pongratz (2009). Die Beiträge dieser Autor_innen werden im Laufe der Studie unter anderem zur Diskussion und Einordnung einzelner Analyseergebnisse herangezogen. Zu diesem Zweck wird auch auf die Dissertation Daniel Wranas „Das Subjekt schreiben – Reflexive Praktiken und Subjektivierung in der Weiterbildung" (2006) sowie auf einzelne Aufsätze aus dem Sammelband „Kompetenz, Performanz, soziale Teilhabe – Sozialpädagogische Perspektiven auf ein bildungstheoretisches Konstrukt" (Faas et al. 2013) zurückgegriffen.

Der zentrale Beitrag dieser Arbeit für die theaterpädagogische Theorie und Praxis besteht in der gesellschaftlich-kulturellen Kontextualisierung und diskurskritischen Reflexion eines wesentlichen Schlüsselbegriffs der Theaterpädagogik: Partizipation. Die damit verbundene Frage nach den Formen der Subjektivierung zielt gleichzeitig auf die Problematisierung eines weiteren und ebenso zentralen wie unhinterfragten (theater-)pädagogischen Topos: das „eigenverantwortliche und partizipierende Individuum" (Lehmann-Rommel 2004, 261). Durch die Anwendung von Ansätzen der Gouvernementalitätsforschung möchte diese Studie überdies einen Impuls zur Theoriebildung in der Theaterpädagogik sowie zu deren möglichen (Neu-)Verortung geben. Im Kern geht es dabei um die Suche nach einem professionellen theaterpädagogischen Selbstverständnis diesseits der Alternative, die gegenwärtigen „Tendenzen neoliberaler Bildungspolitik bloß als – entweder erfolgversprechende oder unheilvolle – Wege der Ökonomisierung aufnehmen zu können" (ebd., 262). Darüber hinaus versteht sich diese Arbeit als ein Angebot an Praktiker_innen, ihr eigenes theaterpädagogisches Handeln zu reflektieren, und möchte dazu beitragen, Formen und Strategien der Beteiligung in der Theaterpädagogik auch im Hinblick auf ihre subjektivierenden Wirkungen zu begreifen und wahrzunehmen. Da die Theaterpädagogik auf eine lange Tradition partizipatorischer Praxis zurückblicken kann, leistet eine kritische Betrachtung theaterpädagogischer Praktiken der Partizipation möglicherweise umgekehrt auch einen Beitrag zum Verständnis der Funktionsweisen des gegenwärtigen politisch-gesellschaftlichen Partizipationsdiskurses sowie partizipatorischer Strategien in Kunst und Theater.

Das Selbstverständnis des hier verfolgten Ansatzes entspricht dem einer kritisch-reflexiven Theaterpädagogik, die die facheigenen Wissensbestände und jeweiligen Konjunkturen hinterfragt (vgl. Hentschel/Pinkert 2014). Dabei schlägt eine gouvernementalitätskritische Studie nur *eine* mögliche Lesart des gegenwärtigen Partizipationsdiskurses in der Theaterpädagogik vor und schließt gleichzeitig andere Lesarten aus. Im Anschluss an Maren Schreier muss jede_r, die_der im Namen einer Wissenschaft Kritik übt, diese immer auch auf sich selbst anwenden und sich folgende Fragen stellen: „Welches Wissen, welche Wirklichkeit/en re-/produziere ich, welches Wissen, welche Wirklichkeiten klammere ich aus, indem ich ‚kritisiere'?" (Schreier 2013, 196) Ein Wissen, das in einer diskurskritischen Untersuchung notwendig ausgeklammert wird, ist das spezifische Praxiswissen im Feld. Diese Arbeit kann und will dementsprechend keine Aussagen darüber treffen, wie sich die hier analysierten partizipatorischen Programmatiken und die mit ihnen verbundenen Subjektivierungsformen in der theaterpädagogischen ‚Wirklichkeit' niederschlagen. Außerdem geht diese Studie davon aus, dass jede theaterpädagogische Praxis durch eine Ambivalenz gekennzeichnet ist, die sowohl subjektivierende als auch desubjektivierende Wirkungen entfalten kann.

Unter Bezugnahme auf Ulrike Hentschels Unterscheidung von drei Theorieebenen der anwendungsorientierten Disziplin Theaterpädagogik ist das Wissen, auf das die hier verfolgte Fragestellung zielt und mit dem diese operiert, in erster Linie „Theoriewissen" (Hentschel 2003b, 72). Dieses Theoriewissen kann „sich selbstreflexiv auf die eigenen Bedingungen beziehen [...], gegenüber der Praxis reflexiv und deskriptiv (damit evtl. auch konstruktiv) verhalten und so zur Skepsis gegenüber ihrem Vorgehen anregen. Es ist aber wenig geeignet, präskriptiv auf Praxis zu wirken." (Ebd.) Anstatt eine Lösung für die untersuchte Problematik – etwa in Form einer Gegenprogrammatik – vorzuschlagen, wirkt Gouvernementalitätskritik in erster

Linie destabilisierend. In dieser Destabilisierung von Gewissheiten liegt aber auch eine Chance auf Veränderung. Ein Potenzial dieser diskurskritischen Auseinandersetzung mit dem Begriff der Partizipation in der Theaterpädagogik besteht z. B. in einem möglichen „Umwerten" von durch den Partizipationsdiskurs abgewerteten Praxen (vgl. Pinkert 2017, 194).[12] Somit plädiert eine gouvernementalitätskritische Analyse von Subjektivierungsformen nicht etwa „für ein Ende des Aufklärungsprojekts, sondern für dessen radikalisierte, nämlich skeptische und achtsame, Fortführung" (Kessl 2005, 12). Mit Armin Nassehi gesprochen bestünde ein Ziel der hier verfolgten Kritik dann darin, „*dafür zu sorgen, dass die Dinge auch anders sein können*" (Nassehi 2015, 56 f., Hervorh. i. O.).

2.3 Aufbau der Studie

Die folgende Untersuchung gliedert sich in zwei Hauptteile (II. & III.). Im **II.** Teil werden die theoretischen Voraussetzungen für die spätere Analyse des theaterpädagogischen Partizipationsdiskurses geklärt. Dazu bedarf es zunächst einer Vermessung zentraler Begriffsfelder sowie einer Schärfung der in dieser Diskursanalyse verfolgten gouvernementalitätskritischen Perspektive, wobei auch methodische Fragen zur Vorgehensweise erörtert werden sollen **(II.1)**. Für die in dieser Arbeit vorgenommene gesellschaftliche Kontextualisierung der theaterpädagogischen Diskurse werden zudem verschiedene aktuelle Lesarten des Partizipationsdiskurses in den Sozial- und Kulturwissenschaften vorgestellt **(II.2)**. Darüber hinaus wird die gegenwärtige Diskussion um Partizipation in der Kunst- und Theaterwissenschaft betrachtet, wobei auch ein kurzer historischer Rückblick auf Formen der Partizipation im Theater und der bildenden Kunst geworfen wird, um so die zentralen Bezüge sowohl der theaterwissenschaftlichen als auch -pädagogischen Diskussion aufzuzeigen **(II.3)**. Das zentrale Ziel des gesamten II. Teils ist es, wesentliche Diskursstränge, Fragen und Kategorien zur Partizipationsthematik in den genannten Bezugswissenschaften der Theaterpädagogik herauszuarbeiten, um so eine ‚Folie' zu bilden, vor der der theaterpädagogische Diskurs um Partizipation und die mit ihm einhergehenden Formen der Subjektivierung beurteilt werden können. Dabei wird auch der Forschungsstand der jeweiligen Bezugswissenschaften reflektiert.

Auf dieser Grundlage erfolgt dann im **III.** Teil die Analyse von theaterpädagogischen Programmatiken der Partizipation. In einem ersten Schritt werden dazu Beiträge aus dem Bereich der kulturellen Bildung herangezogen, die ebenfalls für die theaterpädagogische Praxis von Relevanz sind und die einen Rahmen für die Untersuchung

12 Für ein Beispiel eines solchen „Umwertens" vgl. Ute Pinkerts diskurskritische Kontextualisierung der theaterpädagogischen Schlüsselbegriffe „Kreativität und Performance" (Pinkert 2015).

von im engeren Sinn auf Theaterpädagogik bezogenen Texten bieten (**III.1**). Wie oben bereits ausgeführt, wird in einem zweiten Schritt der theaterpädagogische Partizipationsdiskurs in drei unterschiedlichen Arbeitsfeldern der Theaterpädagogik betrachtet, wobei jeweils ein für das jeweilige Feld exemplarischer Themenkomplex untersucht wird: die curriculare Entwicklung sowie Fragen partizipativer Unterrichtsgestaltung im Fach Darstellendes Spiel/Theater für den Bereich Theater in Schulen (**III.2**), aktuelle Ansätze und Methoden des Theaters der Unterdrückten im Feld soziokultureller Theaterarbeit (**III.3**) und die Diskussion um die Bürgerbühne für die Theaterpädagogik an Stadt- und Staatstheatern (**III.4**). Dabei soll insbesondere der Spezifität des Partizipationsdiskurses innerhalb des jeweiligen Feldes Rechnung getragen werden.

Im letzten Teil (**IV.**) bietet sich ein Vergleich der einzelnen Ergebnisse im Hinblick auf die jeweiligen in der Analyse herausgearbeiteten Formen der Subjektivierung an. Dabei soll das hier zu konturierende partizipierende Subjekt in der Theaterpädagogik auch zu gesellschaftlich hegemonialen Subjektivierungsformen, wie etwa dem „unternehmerischen Selbst" (Bröckling), in Beziehung gesetzt werden, um so mögliche Fallstricke einer partizipatorisch ausgerichteten theaterpädagogischen Praxis aufzuzeigen, aber auch alternative Handlungsoptionen zu erörtern. Darüber hinaus werden zentrale Tendenzen des theaterpädagogischen Partizipationsdiskurses sowohl in Bezug auf die gegenwärtigen gesellschaftlich-politischen Bedingungen als auch im Zusammenhang mit den ihnen zugrunde liegenden Kunst- und Theaterbegriffen diskutiert.

2.4 Danksagung

Dieses Buch ist als Dissertationsschrift während meiner Tätigkeit als wissenschaftlicher Mitarbeiter in den Studiengängen „Theaterpädagogik“ und „Darstellendes Spiel“ an der Universität der Künste Berlin (UdK) entstanden. Ich bedanke mich von Herzen bei allen, die in unzähligen Gesprächen durch ihre Kritik, Ermutigungen und Anregungen zum Entstehen dieser Arbeit beigetragen haben. Besonderer Dank gebührt meinen Doktormüttern Ulrike Hentschel und Ute Pinkert für die intensive Begleitung dieses Projekts. Sie haben mich immer wieder bestärkt, auch einmal Umwege zu gehen, und mir durch ihre wertvollen Hinweise und Vorschläge schließlich einen eigenen Schreibweg ermöglicht. Mein Dank gilt auch dem theaterpädagogischen Promotionskolloquium sowie dem theaterwissenschaftlichen Kolloquium bei Barbara Gronau an der UdK Berlin und vor allem meinen Kolleg_innen aus dem Arbeitskreis Kritische Theaterpädagogik, namentlich Tania Meyer für ihr beharrliches Nachhaken und produktives Widersprechen und ganz besonders Ina Driemel, die – wie mir bisweilen schien – als einzige noch den Überblick über meine Arbeit behalten hat. Von unschätzbarem Wert war – besonders in der Endphase – die vielfältige und auch ganz praktische Unterstützung durch meine Freunde und Familie. Ein großes Dankeschön geht dabei an Joanna Scharrel und Christian Wilhelm für das Korrekturlesen, an meine Eltern Maria und Peter Kup für die Formatierung und an meine Schwester Rebecca Kup für ihre Hilfe bei der Erstellung des Literaturverzeichnisses. Ganz besonders danken möchte ich meinem Vater für die Gestaltung von Umschlag, Layout und Satz – und für seine unendliche Geduld bei der Einarbeitung der Korrekturen.

Mein größter Dank gilt Antonio Carbone. Ohne ihn hätte ich dieses Projekt wahrscheinlich gar nicht begonnen und vor allem wohl nie beendet.

II. VORAUSSETZUNGEN

Partizipation und Subjektivierung

1 Gouvernementalität und Subjektivierung – ein blinder Fleck in der Theaterpädagogik?

> *Considering participation from the perspective of governmentality implies its analysis and description as an exemplary programme in the actual government of people. […] [T]he individual as 'participating subject' is not 'naturally resulting' or evolving from the abolishment of traditional or dominant top-down approaches. S/he is, on the contrary, self an effect and an instrument of a certain discourse-and-technology. […] Discursive elements and techniques, in this sense, invite people […] to behave in a certain way. They call upon individuals to see themselves and others, to talk about themselves and others in a certain way, to take a certain position, to transform into a certain identity […].*
>
> (Jan Masschelein/Kerlyn Quaghebeur: Participation as strategy of immunisation? 2003, 73 f.)

Die Konzeption und Analyse von Partizipation als eine gouvernementale Praxis der Subjektivierung, wie dies Masschelein und Quaghebeur (2003) vorschlagen, stellt in der Erziehungswissenschaft einen vergleichsweise neuen Ansatz und in der Theaterpädagogik ein völliges Desiderat dar. So gilt das ‚Leitbild Partizipation' in der pädagogischen Theorie und Praxis in der Regel nicht nur als etwas unhinterfragt Positives, sondern die Konzepte der Gouvernementalität und Subjektivierung spielen im erziehungswissenschaftlichen Diskurs auch insgesamt eine randständige Rolle – obwohl Pädagogik immer eine Form der Subjektivierung betreibt und pädagogische Praktiken durchaus als ein Teil der zeitgenössischen Gouvernementalität beschrieben werden können. Dies bedeutet nicht, dass die Frage nach dem Subjekt in der Erziehungswissenschaft keine Rolle spielt. Im Gegenteil lässt sich bereits seit Längerem – auch im Bereich der Theater- und Kunstpädagogik – durchaus eine kontroverse Diskussion um die Gestalt des Subjekts (kultureller) Bildungsprozesse beobachten.

Vor diesem Hintergrund bedarf es in diesem Kapitel zunächst einer Klärung wesentlicher Begrifflichkeiten für die spätere Analyse theaterpädagogischer Programmatiken (→ III.). Im Anschluss an die Vermessung zentraler Begriffsfelder, wie insbesondere der Termini „Gouvernementalität" und „Subjektivierung" **(1.1)**, soll hier zudem die Diskussion um die Frage nach dem zu bildenden Subjekt in der Theater- und Kunstpädagogik exemplarisch nachgezeichnet werden, um sodann bereits erfolgte Versuche einer Neufassung des Subjektbegriffs in der Pädagogik – insbesondere im Hinblick auf die analytische Figur der Subjektivierung – zu skizzieren und ihre mögliche Anwendung auf die Theaterpädagogik zu diskutieren (**1.2**). Abschließend werden die Grundzüge eines Forschungsprogramms einer gouvernementalitätskritischen Diskursanalyse umrissen, wobei wesentliche Leitfragen und Kategorien für die in dieser Studie verfolgte Analyse partizipatorischer Programmatiken in der Theaterpädagogik herausgearbeitet werden (**1.3**).

1.1 Vermessung zentraler Begriffsfelder

1.1.1 Gouvernementalität

Der Neologismus „Gouvernementalität" leitet sich vom französischen Adjektiv *gouvernemental* („die Regierung betreffend") her und wurde in seiner heutigen Verwendung in den Sozial- und Kulturwissenschaften durch Michel Foucault geprägt. Mit Gouvernementalität bezeichnet Foucault einen spezifischen Machttypus, den er von anderen Machttypen, wie denen der Souveränität und der Disziplin, unterscheidet:

> Unter Gouvernementalität verstehe ich die Gesamtheit, gebildet aus den Institutionen, den Verfahren, Analysen und Reflexionen, den Berechnungen und den Taktiken, die es gestatten, diese recht spezifische und doch komplexe Form der Macht auszuüben, die als Hauptzielscheibe die Bevölkerung, als Hauptwissensform die politische Ökonomie und als wesentliches technisches Instrument die Sicherheitsdispositive hat. (Foucault 2005, 171)

Dieser Machttypus, den Foucault auch als „Regierung" (ebd.) bezeichnet, habe seit Langem eine relative „Vorrangstellung" (ebd.) gegenüber den Machttypen der Souveränität und Disziplin eingenommen. Gleichzeitig betont Foucault, dass Letztere dadurch nicht etwa verschwunden seien: „Daher darf man die Dinge mitnichten als Ersetzung einer Gesellschaft der Souveränität durch eine Gesellschaft der Disziplin und anschließend durch eine, sagen wir, Regierungsgesellschaft verstehen. In Wirklichkeit hat man ein Dreieck: Souveränität – Disziplin – gouvernementale Führung […]" (ebd.).[13]

Foucault verwendet die Wortschöpfung Gouvernementalität als Gegenbegriff zu Souveränität (vgl. Lemke 2008b, 13). Es handelt sich nicht, wie häufig angenommen, um eine Zusammensetzung aus *gouvernement* (Regierung) und *mentalité* (Denkweise)

13 Auch liegt der Foucault'schen Analyse nicht die Annahme einer „allgemeinen historischen Entwicklungslogik" – mit entweder zunehmender Zivilisierung (Elias) oder Rationalisierung (Weber) – zugrunde, sondern vielmehr „die Vorstellung heterogener und diskontinuierlicher ‚Regierungskünste'" (Rabenstein 2007, 44).

und bezeichnet auch keine „Mentalität des Regierens" bzw. lässt sich nicht auf eine solche Bedeutung reduzieren (vgl. ebd.). Das Konzept verweist vielmehr „[...] auf unterschiedliche Handlungsformen und Praxisfelder, die in vielfältiger Weise auf die Lenkung und Leitung von Individuen und Kollektiven zielen [...]" (ebd.).

Der Begriff der Regierung meint bei Foucault mithin etwas Anderes als im klassischen, staatsphilosophischen Sinn: „Unter Regierung verstehe ich die Gesamtheit der Institutionen und Praktiken, mittels derer man die Menschen lenkt, von der Verwaltung bis zur Erziehung." (Foucault 2008, 118) Gouvernementalität bezeichnet zudem eine Form des Regierens, die nicht allein auf die Sphäre staatlicher Interventionen bezogen bleibt, sondern sämtliche „Prozeduren, Techniken, Methoden, welche die Lenkung der Menschen untereinander gewährleisten" (ebd., 119), umfasst.[14] Die Lenkung oder auch „Führung" von Menschen ist dabei in einem doppelten Sinn zu verstehen: „‚Führung' heißt einerseits, andere (durch mehr oder weniger strengen Zwang) zu lenken, und andererseits, sich (gut oder schlecht) aufzuführen, also sich in einem mehr oder minder offenen Handlungsfeld zu verhalten. Machtausübung besteht darin, ‚Führungen zu führen', also Einfluss auf die Wahrscheinlichkeit von Verhalten zu nehmen." (Foucault, zit. nach Münte-Goussar 2009, 156) Macht lässt sich bei Foucault somit als ein komplexes Ensemble von Handlungen verstehen, wobei Freiheit nicht mehr als das Gegenteil von Macht erscheint, sondern vielmehr zu ihrem *Medium* wird:

> Wenn man Machtausübung als eine Weise der Einwirkung auf die Handlungen anderer definiert, wenn man sie durch das ‚Regiment' – im weitesten Sinn dieses Wortes – der Menschen untereinander kennzeichnet, nimmt man ein wichtiges Element mit hinein: das der Freiheit. Macht wird nur auf ‚freie Subjekte' ausgeübt und nur sofern diese ‚frei' sind. (Foucault, zit. nach ebd.)

Macht kann demnach nur dort ausgeübt werden, wo es Freiheit gibt – wobei allerdings Freiheit eher in einem weiten Sinne als Wahlmöglichkeit zwischen verschiedenen Handlungsoptionen zu verstehen ist (vgl. Bröckling/Krasmann 2010, 28). Macht-

14 In diesem Zusammenhang lässt sich auch die Karriere des Begriffs der Governance in der Politikwissenschaft lesen, der dem der Gouvernementalität nicht unähnlich ist (vgl. Wrana 2006, 23). Während jedoch Gouvernementalität eine kritische Kategorie darstellt, mit der Formen der Lenkung und der Steuerung von Menschen analysiert werden, wird Governance in der Regel normativ zur Beschreibung einer Kunst der besseren Regierung gebraucht (vgl. ebd.). Mit der Governance-Perspektive verbindet sich ein politikwissenschaftlicher Perspektivwechsel, der Regieren nicht mehr allein von der Institution her (Regierung im engeren, staatlichen Sinne) betrachtet, als vielmehr das gesamte politische System bzw. den Prozess des Regierens (gover*nance* statt govern*ment*) in den Blick nimmt. Dabei wird häufig der nicht-hierarchische, partizipative und dezentrale Charakter dieser neu entstandenen Governance-Systeme hervorgehoben, wie z. B. in „Partizipative Governance" (Walk 2008). Eine gute Governance wäre dann erreicht, wenn „[...] politische, ökonomische und bürgerschaftliche Steuerungs- bzw. Selbststeuerungsmechanismen in einem ausgewogenen Verhältnis zueinander stehen" (Bröckling 2005, 19). Inzwischen wird jedoch der Begriff der Governance auch in der Politikwissenschaft (vgl. etwa Demirovic/Walk 2011) sowie in der Erziehungswissenschaft (vgl. Forster 2015) zunehmend kritisch diskutiert.

phänomene sind daher auch nicht unbedingt an Hierarchien gebunden, sondern sie „etablieren sich ebenso wirkungsvoll in Praktiken der Demokratisierung und Partizipation“ (Lehmann-Rommel 2004, 263). Damit verschiebt sich die Analyseperspektive des späten Foucault von Fragen der Disziplinierung hin zu Fragen nach den Regierungspraktiken, die das Verhältnis der Individuen zu sich selbst verändern (vgl. Rabenstein 2007, 42).

Gilles Deleuze hat im Zusammenhang mit diesen Überlegungen Foucaults den Begriff der Kontrollgesellschaft ins Spiel gebracht. So konstatiert er zu Anfang der 1990er-Jahre eine allgemeine „Krise aller Einschließungsmilieus“ (Deleuze 2012, 255), in deren Zuge die Disziplinargesellschaften alten Typs durch Kontrollgesellschaften abgelöst werden (vgl. ebd.). Im Unterschied zu Formen der Disziplinierung seien die neuen Kontrollformen von „freiheitlichem Aussehen“ (ebd.). An die Stelle der (klassischen Disziplinaranstalt) Schule etwa trete tendenziell die „permanente *Weiterbildung*“, wobei das „Examen“ durch eine „kontinuierliche Kontrolle“ ersetzt werde (ebd., 257, Hervorh. i. O.). Das neue Bildungs- und Ausbildungswesen sei zudem durch „die Einführung des ‚Unternehmens‘“ auf allen seinen Ebenen gekennzeichnet (ebd., 261). Im Vergleich zu den Disziplinargesellschaften zielten die Kontrollgesellschaften damit auf eine neue Form der Macht, die Menschen nicht mehr einschließt und diszipliniert, sondern vielmehr *„freisetzt* und *kontrolliert*“ (Dzierzbicka/Sattler 2004, 122, Hervorh. i. O.). So werden einerseits die Subjekte dazu angeleitet, „sich im Medium der Freiheit selbst zu regieren“, andererseits gehen mit den konzedierten Freiheiten auch „neue Formen sozialer Kontrolle einher“ (Angermüller/Dyk 2010, 10).

1.1.2 Subjektivierung

Die innovative Bedeutung des Konzepts der Gouvernementalität ergibt sich vor allem aus ihrer „Scharnierfunktion“ zwischen Macht und Subjektivität (Lemke 2008b, 13). Denn Gouvernementalität verknüpft „Herrschaftstechniken mit ‚Praktiken des Selbst‘“ bzw. „Techniken des ‚Sich-selbst-Regierens‘“ (ebd.). Demnach geht es auch hier nicht allein um die Institutionen der Macht und ihre Wirkung auf die_den Einzelne_n, sondern vor allem um die Aktivierung von Techniken der ‚Selbst-Regierung‘ des Subjekts. Die zentrale These der zeitgenössischen Gouvernementalitätsforschung[15] lautet nämlich, „[...] dass Praktiken der Subjektivierung mit der

15 Das Konzept der Gouvernementalität, wie es Michel Foucault in seinen Vorlesungen am College de France von 1978 bis 1979 entwickelte, hat zu einer ganzen Reihe gouvernementalitätskritischer Forschungen französischer Sozialwissenschaftler_innen geführt, die in den 1990er-Jahren im angloamerikanischen Raum breit rezipiert wurden. Die dort geprägten Governmentality Studies werden heute in der deutschsprachigen Soziologie meist mit den Begriffen „Gouvernementalitätsforschung“ oder „Studien zur zeitgenössischen Gouvernementalität“ wiedergegeben (vgl. Wrana 2006, 23).

fortschreitenden Moderne Individuen immer weniger über klassische Disziplinierung objektivieren, sondern dass diese dazu gebracht werden, Praktiken der Subjektivierung auf sich selbst anzuwenden und sich so als Subjekte zu subjektivieren [...]" (Fegter et al. 2015, 25). Die Vorstellung vom autonomen Subjekt wird dabei in der gegenwärtigen Gouvernementalität selbst zur „Einsatzstelle, mittels derer die Individuen regiert werden können und sich selbst regieren, führen, steuern" (Münte-Goussar 2009, 156). Vor diesem Hintergrund konzentrieren sich Gouvernementalitätsstudien in ihrer Analyse häufig auf die von Foucault so genannten „Technologien des Selbst", d. h. auf jene kulturell verbreiteten „Formen, in denen das Individuum auf sich selber einwirkt" (Foucault, zit. nach Reckwitz 2008, 38). Es geht etwa darum, herauszuarbeiten, wie bestimmte Wissensordnungen oder Machttechnologien das Subjekt anleiten, sich selbst auf eine bestimmte Weise zu verstehen und in seinen Alltagspraktiken ein bestimmtes Verhältnis zu sich selbst zu etablieren (vgl. ebd., 37 f.).

Gouvernementale Praktiken betreiben mithin immer eine Form der Subjektivierung, d. h. sie konstruieren Subjekte und Subjekte konstituieren sich in diesen Praktiken. Der Begriff der Subjektivierung bzw. „Subjektivation" beschreibt vor allem den *Prozess*, „[...] in dem das Subjekt unter spezifischen sozial-kulturellen Bedingungen zu einem solchen ‚gemacht' wird" (Reckwitz 2008, 10). Dieser Prozess ist immer ein Prozess der Unterwerfung, wie dies schon in der Doppeldeutigkeit des Begriffs des Subjekts anklingt: „Das ‚Subjekt' präsentiert sich einerseits [...] als die agierende, beobachtende, selbstbestimmte Instanz. Aber zugleich ist das ‚subiectum' dasjenige, das unterworfen ist, das bestimmten Regeln unterliegt und sich ihnen unterwirft [...]" (ebd., 14). So wird das Subjekt nicht mehr als gegeben oder einfach vorhanden vorausgesetzt, sondern als Ergebnis seiner sozialen und kulturellen Produktion betrachtet. Aufgrund seiner Abhängigkeit von sozialen und kulturellen Strukturen – die ihm nicht äußerlich sind, sondern es vielmehr erst hervorbringen –, verliert das Subjekt seine in der westlichen Kultur tradierte Zentralstellung (vgl. ebd., 13), es wird *dezentriert*:

> Im Zuge seiner Dezentrierung kommt dem Subjekt sein Status als ‚transzendental-empirische Dublette' abhanden, den es [...] im post-kantianischen Diskurs der Humanwissenschaften besaß: Das Subjekt ist weder eine Transzendentalie mit Eigenschaften, die ihm a priori, d. h. vor aller Erfahrung, zukommen, noch lässt es sich in seiner mentalen Struktur unabhängig vom kulturellen Kontext zum Objekt empirischer Forschung machen. (Ebd.)

Im Konzept der Subjektivierung wird ‚der Mensch' nicht mehr als autonomer Akteur oder Sinndeuter vorausgesetzt, sondern ist „Träger von sozial-kulturellen Praktiken" (Reckwitz 2010, 190). Im Anschluss an poststrukturalistische Positionen gehen die zeitgenössischen Governmentality Studies daher von einer „minimalistischen Anthropologie" aus (Bröckling/Krasmann 2010, 29). Sie fragen nicht nach dem Wesen des Menschen, sondern immer konkret nach der „historisch"[16] spezifischen Subjektivierungsform: „Über ‚den' Menschen wissen sie nicht mehr, als dass er ein Wesen ist, das geformt werden und sich selbst formen kann [...]" (ebd.). Dabei stellt auch das Individuum nur *eine* (historische) Form der Subjektivierung, oder mit den Worten Andreas Reckwitz', die „Semantik eines für bestimmte Traditionen der westlichen Kultur hochspezifischen Subjektdiskurses" (Reckwitz 2008, 17) dar.

Die soziale Hervorbringung des Subjekts sowie dessen gleichzeitige Selbstkonstitution hat Louis Althusser mit dem Vorgang der „Anrufung" (frz. *interpellation*) beschrieben und anhand des berühmt gewordenen Beispiels erläutert, in dem ein Polizist jemandem „He, Sie da!" hinterherruft (Althusser 1977, 142). Indem sich das angerufene Individuum umdreht, „wird es zum *Subjekt*, [...] [w]eil es damit anerkennt, dass der Anruf ‚genau' ihm galt und dass es ‚gerade es war, das angerufen wurde' (und niemand anderes)" (ebd., 143, Hervorh. i. O.). Diese „Urszene der Subjektivierung" (Saar 2013, 19) macht noch einmal deutlich, dass Subjekte immer der Macht unterworfen sind. *Macht* ist folglich eine strukturelle Voraussetzung dieser Akte der Subjektivierung, in denen dem_der Einzelnen bestimmte Identitäten, Rollen und Verantwortlichkeiten zugeschrieben werden (vgl. ebd.). Das Subjekt ist somit zugleich gemacht und konstruiert, wie es sich auch selbst formt und konstituiert (vgl. ebd., 26). Gleichzeitig geht mit der Anrufung des Subjekts auch dessen Anerkennung (frz. *reconnaissance*) einher. Die Adressat_innen werden nämlich dazu aufgefordert, „[...] die Ordnung des Diskurses, von der her die Anrufung konstruiert ist, anzuerkennen. Mit dieser Anerkennung der Ordnung ist ihnen zugleich Anerkennung als Subjekt in dieser Ordnung versprochen." (Fegter et al. 2015, 25) Das französische Wort *reconnaissance* lässt sich dabei nicht nur mit Anerkennung, sondern auch mit Wiedererkennung übersetzen (vgl. Althusser 1977, 141). Anerkennung funktioniert demnach nicht als ein einmaliger Akt, sondern vielmehr durch ihre Wiederholung und ihr Moment der Wiedererkennung: „Es ist die Serie gehörter Stimmen, es ist das fortgesetzte Ereignis von Anrufungen, die das Subjekt konstituieren [...]" (Wrana 2006, 138). Außerdem ist Anerkennung nicht allein als „Wertschätzung" (Ricken 2013, 88) zu fassen, sondern als ein „stiftendes Handeln" (ebd., 90), das das Subjekt *als jemand* anerkennt und dabei auch darauf festlegt und reduziert (vgl. ebd.). Ein solches relationales Konzept der Anerkennung wird damit zur grundlegenden Struktur und Medium der Subjektkonstitution, die sich wiederum über das Konzept der Adressierung operationalisieren lässt (vgl. Alkemeyer 2013, 63). So ist danach zu

16 Historisch ist im Sinne von Foucaults „Archäologie des Wissens" (1981) auch die Gegenwart. So gibt es keine idealen oder zeitlosen Formen der Subjektivierung, sondern diese lassen sich, in Analogie zu Foucaults Definition des Diskurses, als „durch und durch historisch" begreifen (ebd., 170).

fragen, wie und *als was* bzw. *wer* der_die Einzelne von anderen oder in bestimmten Diskursen adressiert, d. h. angesprochen wird.[17]

Subjekte werden somit in gouvernementalen Praktiken und Diskursformationen selbst erst hervorgebracht bzw. sie bringen sich in ihnen hervor – etwa indem durch Anrufungen bestimmte Selbstbilder oder Positionen aufgerufen werden und die Angerufenen diese Positionen einnehmen: „Zu einem Subjekt (gemacht) zu werden, bedeutet stets, bestimmte Subjektpositionen zu aktualisieren und andere zu verwerfen; es bedeutet, in einer bestimmten Weise als Subjekt angesprochen zu werden, sich selbst als ein Subjekt zu begreifen und im Sinne dieses Selbst-Verständnisses an sich zu arbeiten." (Bröckling/Krasmann 2010, 29) Eine erste „Thematisierungsdimension von Subjektivierung" (Fegter et al. 2015, 24) liegt daher in *Subjektpositionen*:

> Die erste Handreichung, die Foucault dem Subjektanalytiker gibt, ist die Aufforderung, nach den Diskursen zu suchen, welche innerhalb der historischen Gesamtheit von Ereignissen bestimmte ‚Subjektpositionen' auf spezifische Art und Weise definieren, klassifizieren und damit diskursiv ‚hervorbringen'. (Reckwitz 2008, 26)

Im Gegensatz zum Rollenbegriff, der häufig die Existenz eines von der sozialen Rolle zu unterscheidenden (authentischen) Individuums suggeriert, lenkt die Frage nach der Subjektposition das Interesse auf die Gestalt der jeweiligen Praktiken und Diskurse, die die entsprechende Position des Subjekts erst bestimmen. Dabei hat das Einnehmen einer Subjektposition eine „subjektivitätsformierende Performativität" (Fegter et al. 2015, 25): „Wer eine Subjektposition einnimmt und aus dieser Position spricht, subjektiviert sich im Vollzug dieser Artikulation tendenziell anhand der im Diskurs gegebenen Subjektpositionen." (Ebd.) Folglich kann zwischen einem aktiven und passiven Aspekt einer Positionierung des Subjekts unterschieden werden: „[...] die Positionierung des Subjektes ist zugleich ein passives Erfahren wie eine aktive Handlung: Das dezentrierte Subjekt ist immer schon irgendwo positioniert, es wird historisch, sozial und kulturell von außen positioniert und es trägt selbst zu seiner Positionierung bei." (Supik 2015, 69 f.) Zudem müssen Subjektpositionen von den Beteiligten in und durch entsprechende Praktiken auch ausgefüllt und aufgeführt werden (vgl. Balzer/Bergner 2012, 258). Es ist davon auszugehen, dass sich Subjekte

17 Beim Begriff der Adressierung handelt es sich ursprünglich um ein systemtheoretisches Konzept (vgl. Bröckling 2013), das von den Governmentality Studies zunehmend aufgenommen und integriert worden ist. Dabei wird dieses je nach Autor_in und Forschungsausrichtung unterschiedlich ausgestaltet (vgl. exemplarisch Alkemeyer 2013 oder Ricken 2013). In der vorliegenden Studie wird das Konzept der Adressierung insofern von dem der Anrufung unterschieden, als letzteres in einem weiten Sinn sämtliche Anrufungen, die von Diskursen (auch implizit) ausgehen, erfasst, und Adressierung eher die konkrete Ansprache des Subjekts – wie z. B. die „Expertinnen und Experten", „ihr" etc. – bezeichnet.

„[...] nicht nur zu ihrer eigenen Position wie der des anderen positionieren, sondern (gegebenenfalls) auch zu einer vorangegangenen Positionierung oder aber einem ‚Positioniertwerden'" (ebd.).

Bührmann und Schneider unterscheiden vor diesem Hintergrund zwischen Subjektformierungen und -positionierungen auf der einen sowie Subjektivierungsweisen auf der anderen Seite (vgl. Bührmann/Schneider 2008, 69). Unter Subjektformierungen bzw. -positionierungen fassen sie das diskursiv vermittelte Wissen darüber, „[...] wer der einzelne im Verhältnis zu anderen sein soll, welche Praktiken dabei zu verfolgen sind und welche Bewertungen damit einherzugehen haben" (ebd.). Besonders Gouvernementalitätsanalysen beschäftigen sich mit solchen Subjektformierungen und -positionierungen (vgl. ebd.). Subjektivierungsweisen beziehen sich hingegen eher auf die aktive Seite der Subjektivierung, d. h. auf „formierende und darstellende Praktiken des ‚Selbst-Verständnisses' und ‚Selbst-Verhältnisses' von Subjekten" (ebd.). Eine ähnliche Differenzierung schlagen Thomas Alkemeyer, Nikolaus Buschmann und Matthias Michaeler (2015) vor, wobei sie zwei unterschiedliche Perspektiven auf Prozesse der Subjektivierung voneinander unterscheiden: eine Theaterperspektive und eine Teilnehmerperspektive. Damit wollen die Autoren dem Umstand gerecht werden, dass sich Subjektivierung nicht nur über *Praktiken* – verstanden „als kulturell geformte, von wiederkehrenden Mustern geprägte und damit identifizierbare Einheiten" (ebd., 27) – vollzieht, sondern Subjektkonstitution auch als eine *Praxis*, d. h. als ein „kontingentes Vollzugsgeschehen" (ebd.) beschrieben werden muss. Während die Theaterperspektive die kulturell geformten Praktiken und eher die Einpassung der Teilnehmenden in hegemoniale „Subjektformen" fokussiert, zeigt die Teilnehmerperspektive, „[...] wie sich die Teilnehmer konkret auf die wechselseitigen Anrufungen einlassen und sich in ihrem situierten Handeln innerhalb des praktischen Vollzugs ausstellen" (ebd., 40). Wenn in der vorliegenden Arbeit stärker eine „Theaterperspektive" eingenommen wird und damit in erster Linie *diskursive* Praktiken der Subjektivierung in den Blick genommen werden, muss diese Kontingenz der Praxis immer mitgedacht werden. So ist zu berücksichtigen, dass eine Beschreibung hegemonialer Praktiken der Subjektivierung keine Aussage darüber treffen kann, wie sich Subjektivierung in der Praxis konkret vollzieht, d. h. wie sich die Teilnehmenden gegenüber den Anrufungen verhalten und *zu welchen Subjekten* sie in diesem Prozess letztlich werden.

1.2 Die Figur der Subjektivierung in der zeitgenössischen (Theater-)Pädagogik

Die Theorien der Gouvernementalität und Subjektivierung nehmen in der Erziehungswissenschaft im Allgemeinen (vgl. Ricken 2008, 6 f.) und in der Theaterpädagogik im Besonderen (vgl. etwa Hanke 2001 sowie Hafke 2009) weiterhin eine marginale Stellung ein. Erst in den letzten Jahren finden sich Versuche, das Konzept der Subjektivierung – vor allem in Verbindung mit einer praxeologischen Perspektive auf die kulturelle Bildung – für die theaterpädagogische Theoriebildung fruchtbar zu machen (vgl. Hentschel 2014, 71 oder Hentschel/Pinkert 2017, 6). Die Frage nach dem Subjekt kultureller Bildungsprozesse hingegen ist bereits seit Längerem Gegenstand theoretischer Diskussionen. Nicht nur in der Erziehungswissenschaft, sondern auch in der Kunst- und Theaterpädagogik wurde der kartesianische Subjektbegriff in den letzten zwanzig bis dreißig Jahren zunehmend hinterfragt. Insbesondere im Anschluss an poststrukturalistische Positionen versuchte man sich dabei an einer Neubeschreibung des Subjektverständnisses für kunst- bzw. theaterpädagogische Zusammenhänge.

Im Folgenden soll die Diskussion um die Subjektfrage in der Theater- und Kunstpädagogik kurz skizziert werden, um anschließend exemplarisch nachzuzeichnen, wie die analytische Figur der Subjektivierung in der gegenwärtigen Erziehungswissenschaft gelesen wird. Dabei wird insbesondere erörtert, mit welchen Dilemmata die Anwendung der Konzepte der Gouvernementalität und Subjektivierung in der Pädagogik – die ja immer Subjektivierung betreibt und selbst eine Form der „Regierung" (Foucault) darstellt – verbunden ist. Wie sich zeigen wird, scheint das Konzept der Subjektivierung nicht zuletzt aufgrund dessen Fokussierung auf Fragen von Macht und Herrschaft für den pädagogischen Kontext mit Problemen behaftet zu sein.

1.2.1 Die Subjektfrage in der Theater- und Kunstpädagogik

Während das Subjekt in den Theorien der Theater- und Kunstpädagogik lange entweder als autonomes Subjekt vorausgesetzt oder nicht eigens thematisiert wurde, wird es in den postmodern inspirierten Entwürfen ästhetischer Bildung der 1990er-Jahre zum Gegenstand kritischer Hinterfragung. Dementsprechend bemüht sich etwa Pierangelo Maset in seiner Dissertation „Ästhetische Bildung der Differenz" (1995) um ein „zeitgenössische[s] Subjektverständnis", das „das Subjekt nicht mehr als feststehende und autonome Einheit beschreibt“ (ebd., 46). Im Gegensatz zu dem in der traditionellen Pädagogik vorherrschenden kartesianischen Subjektbegriff geht Maset von einer konstitutiven Differenz im Subjekt aus (vgl. ebd., 47): „Es gibt keine unmittelbare, gegenwärtige Selbsterfahrung, das Subjekt ist grundsätzlich durch die Zeitlichkeit in sich *verschoben*, weshalb die passive Form der inneren Anschauung nicht mit dem Selbstbewußtsein identisch sein kann.“ (Ebd., 49, Hervorh. i. O.) Maset knüpft damit an die (post-)strukturalistische Dezentrierung des Subjekts an und spricht von einem dezentrierten und „dividuellen“[18] Subjekt (ebd., 65). Im Anschluss an konstruktivistische und systemtheoretische Positionen versteht er das Subjekt zudem als „*Konstruktion*“ (ebd., 55, Hervorh. i. O.) und den Vorgang seiner Konstitution als „*Autopoiesis*“ (ebd., 63, Hervorh. i. O.).

Zentral für Masets Konzept ästhetischer Bildung ist die ästhetische Erfahrung des_der Einzelnen in der Auseinandersetzung mit Kunst, die einer an außerästhetischen Zielsetzungen orientierten Kunstpädagogik, die sich die Bildung autonomer und selbstbestimmter Subjekte zur Aufgabe macht, entgegengesetzt wird. So seien etwa „ideologische Markierungen aufzukündigen, zu denen auch Kategorien wie *Selbstbestimmung* oder *Emanzipation* gehören“ (ebd., 53, Hervorh. i. O.), und stattdessen ein „spielerischer Umgang mit der eigenen Identität“ zu befördern (ebd., 54). Der Pädagogik komme in diesem Zusammenhang die Aufgabe zu, „solche Konstruktionen zu ermöglichen und zu reflektieren“ (ebd., 61). Differenz, Vielfalt und das Spiel mit (pluralen) Identitäten werden hier, wie dies für den postmodernen Diskurs der 1990er-Jahre gewissermaßen charakteristisch ist, als Chance begriffen.

Eine ähnliche Argumentation findet sich auch in Ulrike Hentschels 1996 erschienener Untersuchung „Theaterspielen als ästhetische Bildung“ (2010). Hentschel fragt explizit nach dem Prozess der Bildung des Subjekts, der mit dem Theaterspielen einhergeht, wobei Bildung – verstanden als Selbstbildung – von gesellschaftlich oder ökonomisch verwertbarem Lernen abgegrenzt wird (vgl. ebd., 18). Die Frage nach der Gestalt des Subjekts, das in künstlerischen Prozessen gebildet werden soll, wird dabei jedoch ebenso offengelassen (vgl. ebd., 74 f.), wie jene „nach der gesellschaftlichen Wirksamkeit des subjektiven ästhetischen Erlebens“ (ebd., 244). Gleichzeitig distanziert sich Hentschel von postmodernen Versprechungen, die in der Kunsterfahrung eine „Vorbereitung auf eine sich rasch wandelnde Gesellschaft und deren Bedürfnis nach flexiblen Individuen mit heteronomen Identitäten“ (ebd., 242) sehen. Ästhetisches Erleben gehe vielmehr mit der Leistung des Subjekts einher, „[...] seine Erfahrungen zu synthetisieren, sich selbst in diesen Erfahrungen als

18 Mit dem Begriff des „dividuellen“ Subjekts, „das zu permanenter Teilung herausgefordert ist“ (Maset 1995, 56), nimmt Maset implizit Bezug auf Gilles Deleuzes „Postskriptum über die Kontrollgesellschaften“ (2012), in dem dieser ebenfalls von Individuen spricht, die unter kontrollgesellschaftlichen Bedingungen „dividuell“ geworden seien (ebd., 258).

Kontinuität zu erleben, und ist nur vor dem Hintergrund eines Ich denkbar, das zu solchen Konsistenzleistungen in der Lage ist" (ebd.). Dabei wird Identität allerdings nicht als statische Größe, sondern als „Potential von Wandlungen und Veränderungen" sowie als ein „prinzipiell unabschließbare[r] Prozeß" aufgefasst (ebd.).

Trotz der grundsätzlichen Infragestellung des kartesianischen Subjekts im Konzept ästhetischer Bildung klingt sowohl bei Maset als auch bei Hentschel durchaus eine bestimmte Vorstellung von dem Subjekt an, das sich in der Auseinandersetzung mit Kunst bzw. Theater bilden soll. So relativiert Maset durch die Übertragung des Konzepts der Autopoiesis auf die Subjekttheorie die Vorstellung vom dezentrierten Subjekt bis zu einem gewissen Grad wieder. Denn der Begriff der Autopoiesis basiert auf der Vorstellung eines sich selbst erzeugenden und erhaltenden Systems.[19] Die Vorstellung vom Subjekt als einem autopoietischen System steht daher im Widerspruch zur Konzeption des dezentrierten Subjekts und seiner gesellschaftlich-kulturellen Hervorbringung.[20] Denn dem konstruktivistisch-systemtheoretischen Modell entsprechend wird einem autopoietischen Subjekt die Fähigkeit zugesprochen, sich selbst entwerfen und konstruieren zu können. Darüber hinaus erhält Masets dezentriertes oder dividuelles Subjekt auch eine inhaltliche Konturierung, indem es unter anderem als selbstdistanziert – „spielerischer Umgang mit der eigenen Identität" (Maset 1995, 54) – und als selbstreflexiv entworfen wird. Auch bei Hentschel soll das sich selbst bildende Subjekt, das von ihr eher in humanistischer Tradition als Individuum konzipiert wird und zu einer Ich-Synthese in der Lage sein soll, insbesondere die „Fähigkeit zur Selbstreflexivität" (Hentschel 2010, 243) erlangen.

Mit dem Aufkommen des Partizipationsparadigmas in der Theaterpädagogik wird der Subjektbegriff der ästhetischen Bildung zunehmend hinterfragt. So kritisiert etwa Mira Sack (2014) unter positiver Bezugnahme auf die „aktuellen Diskurse und Experimente zu Partizipation, Teilhabe und Versammlung" (ebd., 140), dass die Theorie ästhetischer Bildung „letztlich auf dem Individuum und dessen Erfahrungswirklichkeit gegründet" bleibe und dadurch die „dialogische Besonderheit in der Theaterpädagogik", das „unmittelbare, radikale Miteinander theatralen Handelns" nicht fasse (ebd., 142). Einen möglichen alternativen Subjektbegriff sieht Sack in Tobias Künklers Entwurf einer pädagogischen Lerntheorie verwirklicht (vgl. ebd., 141). Künklers Konzept des „Lernen in Beziehung" (2011), das auf einem Verständnis relationaler Subjektivität basiert, scheint dabei der aktuellen Forderung nach einer sich partizipatorisch begreifenden Theaterpädagogik gleichsam eine theoretische Untermauerung zu geben. Im Folgenden soll Künklers Position daher genauer

---

19 Das Konzept der Autopoiesis geht auf die chilenischen Biologen Humberto Maturana und Francisco J. Varela zurück und beschreibt die Selbsterzeugung und Selbsterhaltung von biologischen Zellen (→ III.3.2).

20 Der Problematik einer Übertragung des Modells der Autopoiesis auf die Subjekttheorie widmet sich ausführlich das Kapitel III.3.3.

betrachtet werden. Dabei wird unter anderem erörtert, inwiefern sein Versuch einer Neufassung des Subjektbegriffs für die Theaterpädagogik anschlussfähig ist bzw. an welche Grenzen dieser stößt.

1.2.2 Versuche einer Neufassung des Subjektbegriffs für die Pädagogik

Der Erziehungswissenschaftler Tobias Künkler definiert Lernen als zuvörderst „*relationales Geschehen*, d. h. als ein radikales Beziehungsgeschehen" (ebd., 25, Hervorh. i. O.). Eine pädagogische Lerntheorie bedürfe daher einer Subjektkonzeption, die das herkömmliche individualtheoretische Konzept des Lernens sowie ein dualistisches Verständnis von Wirklichkeit überwinde (vgl. ebd., 26). Künkler basiert seine Lerntheorie auf Norbert Rickens Konzept relationaler Subjektivität, demzufolge sich Menschen immer „in vielfältigen Bedingungen und Relationen zu sich selbst [...] verhalten", wobei sie jedoch „[...] nicht nur in sie bedingenden Kontexten und Relationen zu anderen und zur Welt [leben], sondern – das ist die Pointe eines anderen Verständnisses endlicher Subjektivität – sie selbst sind eben diese Relationen" (Ricken, zit. nach ebd., 347). Auf dieser Grundlage sowie in Bezug auf „lerntheoretische Anschlüsse an ein dezentriertes Subjektverständnis" (ebd., 353) differenziert Künkler sein relationales Lernkonzept weiter aus. So zieht er verschiedene intersubjektivitätstheoretische bzw. relationale Ansätze heran (vgl. ebd., 408 f.), um schließlich „die konstitutive Bedeutung der Beziehungen, vor allem der zwischenmenschlichen, für das Subjekt" aufzuzeigen (ebd., 559).

Im Unterschied zu den noch am Konstruktivismus und der Systemtheorie orientierten Modellen wird hier kein „autopoietisches" – d. h. nach außen abgeschlossenes, sich selbst erzeugendes und erhaltendes – Subjekt entworfen, sondern das Subjekt geht aus diesem „*relationalen Zwischen*" (ebd., 528, Hervorh. i. O.) erst hervor. Allerdings fällt Künkler selbst zu einem gewissen Grad hinter seine Reformulierung eines dezentrierten Subjekts zurück. Denn obwohl er Lernen als einen Prozess definiert, „[...] der zwischen Eigensinn und Partizipation an *überindividuellen* Sinn- und Bedeutungshorizonten changiert, im unhintergehbaren Zwischen von sich, Anderen und anderem verläuft sowie sich im Medium des *Symbolischen* [...] abspielt" (ebd., 563, Hervorh. J. K.), betont er vor allem die „konstitutive Bedeutung zwischenmenschlicher Beziehungen" (ebd., 564). Dadurch verschiebt er jedoch den Fokus von „anderem", wie etwa der Ordnung der Sprache und des Diskurses, hin zu den „Anderen" und in der Folge zu Fragen des Intersubjektiven bzw. der Intersubjektivität. Die Rolle der Ordnung des Diskurses bei der Subjektbildung – etwa durch seine Anrufungen an das Subjekt sowie die Zuweisung bestimmter Subjektpositionen – wird hier weitgehend ausgeblendet.

Subjektbildung, verstanden als Subjektivierung – ein Konzept, das bei Künkler nur am Rande Erwähnung findet (vgl. ebd., 327) –, vollzieht sich zwar, wie oben ausführlicher dargestellt wurde, insbesondere über soziale Praktiken. Diese beschränken sich jedoch nicht allein auf intersubjektive, d. h. zwischenmenschliche Praktiken, sondern können sowohl Praktiken „im Umgang mit Objekten statt mit anderen Subjekten", als auch Aktivitäten in Form von Technologien des Selbst umfassen, „[...] in denen ein Akteur – unter Einschluss von Objekten oder auch ohne diese – in erster Linie auf sich selbst bezogen agiert [...]" (Reckwitz 2003, 292).[21] Künklers Fokussierung auf das Zwischenmenschliche oder Intersubjektive greift daher zu kurz:

> Die geläufige Identifizierung von Sozialität mit Intersubjektivität [...] führt gerade dazu, dass die primär interobjektiven Praktiken und die Technologien des Selbst und damit weite Gebiete sozialer Praxis marginalisiert werden. [...] [D]as Soziale einer Praktik [besteht] stattdessen in der – durch ein kollektiv inkorporiertes praktisches Wissen ermöglichten – Repetitivität gleichartiger Aktivitäten über zeitliche und räumliche Grenzen hinweg, die durch ein praktisches Wissen ermöglicht wird. (Ebd.)

Dass die Bedeutung des Diskurses sowie der Technologien des Selbst, d. h. der auf sich selbst bezogenen sozialen Praktiken, bei der Subjektbildung in Künklers Theorie zugunsten des Zwischenmenschlichen weitgehend ausgeblendet werden, liegt vermutlich in der von ihm intendierten Abgrenzung von individualtheoretischen Entwürfen von Subjektivität begründet. So weist Künkler – und mit ihm Mira Sack – zu Recht darauf hin, dass die Bedeutung des_der Anderen bei der Subjektbildung in den gängigen pädagogischen Theorien – auch in der ästhetischen Bildung – häufig unterbelichtet bleibt. Denn Subjektbildung vollzieht sich immer in Differenz zu anderen Subjekten. Allerdings verläuft ein solcher Prozess nicht nur harmonisch, sondern durchaus auch konflikthaft, ja bisweilen antagonistisch.[22] In Künklers Lerntheorie erscheinen die zwischenmenschlichen Beziehungen hingegen in der Regel als ‚etwas Gutes'. Subjekte bilden sich zudem nicht in einem macht- und herrschaftsfreien Raum – worauf die Kategorie des Diskurses verweist. Doch werden solche Fragen von Macht und Herrschaft in Künklers pädagogischer Lerntheorie eher nachrangig behandelt.

21 Zur Kritik an der Vorstellung von (intersubjektiven) Relationen als dem Ort des Sozialen vgl. auch Schatzki (2002, 39 ff.).

22 Wie Mouffe und Laclau aufgezeigt haben, kann Identitätsbildung als antagonistisch beschrieben werden, wobei der_die Andere nicht nur die Hervorbringung des Selbst erst ermöglicht, sondern gleichzeitig auch verhindert, ‚ganz man selbst' sein zu können (vgl. Laclau/Mouffe 2001, 125).

Dies offenbart ein grundsätzliches Dilemma bei den Versuchen einer Neufassung des Subjektbegriffs für den Kontext der Pädagogik. So verstehen sich (normative) pädagogische Theorien in der Regel als programmatisch. Die Subjektbildung, die sie betreiben wollen, wird daher meist als etwas Positives entworfen. Dies wird auch in Mira Sacks Anwendung der Theorie Künklers auf die Theaterpädagogik deutlich: Vor dem Hintergrund einer – im aktuellen theaterpädagogischen Diskurs als wünschenswert markierten – partizipatorischen Ausrichtung von Theaterpädagogik entwirft Sack eine „relational angelegte Kunstvermittlung" (Sack 2014, 141), deren „Kernaufgabe" darin bestehe, „[...] Situationen zu schaffen, in denen jeder Einzelne sich in und mit einer Gruppe unterschiedlicher Menschen handelnd auseinandersetzt, um eine gemeinsame Sache zu realisieren [...]" (ebd., 142 f.). Übertragen auf die Theatervermittlung gehe es darum, „hierarchiefreie, explorative Erkundungen von Handlungsmöglichkeiten" zu schaffen und damit die „Ausbildung sozialer Banden" zu begünstigen (ebd., 146). Ähnlich der Argumentation Künklers verortet Sack nicht nur das Relationale einer solchen Theaterpädagogik in erster Linie im Zwischenmenschlichen, sondern sie wertet dieses auch normativ auf. Aus dem ursprünglichen „Lernen in Beziehung" wird so leicht „Lernen *von* Beziehungen", wobei ein relationaler Subjektbegriff hier die theoretische Untermauerung bildet.

Dieses grundsätzliche Dilemma bei den Versuchen einer Neufassung des Subjektbegriffs für eine normative Pädagogik ist möglicherweise auch der Grund dafür, dass die Theorie der Subjektivierung in der zeitgenössischen Erziehungswissenschaft bisher nur eine untergeordnete Rolle spielt. So fragen das Konzept der Subjektivierung und insbesondere jenes der Gouvernementalität immer nach den Macht- und Herrschaftsverhältnissen, die dem Prozess der Subjektkonstitution – auch in pädagogischen Kontexten – zugrunde liegen, und scheinen daher möglicherweise einem normativen bildungstheoretischen Entwurf im Wege zu stehen. Zudem beinhaltet *Subjektivierung* – das Verbalabstraktum betont bereits den Prozess gegenüber dem Resultat – keinen alternativen (überzeitlichen) Subjektbegriff, wie etwa ein relationales Subjekt, das sich dem autonomen und selbstidentischen Subjekt entgegensetzen ließe, sondern ist als radikal *historisches* Konzept zu begreifen (vgl. Ricken 2013, 98). Gouvernementalitätskritische Subjektivierungsanalysen im Anschluss an Foucault gehen damit auch über strukturalistische Konzeptionen eines dezentrierten Subjekts hinaus, da sie keine universelle, überzeitliche Gültigkeit mehr beanspruchen, sondern einzelne Subjektformen vielmehr als spezifisch historische Erscheinungen in den Blick nehmen. Das Konzept einer relationalen Subjektivität, wie es von Norbert Ricken als „praktisches Selbstverhältnis" definiert wird, „das sich in seiner Differenzialität zu anderem und Anderen verhält" (Ricken 1999, 246), kann somit durchaus das Subjektverständnis der ästhetischen Bildung erweitern. Es lässt sich aber nur schwer im Sinne einer normativen pädagogischen Programmatik verwerten.

1.2.3 Subjektivierung als Analyseinstrument einer kritischen Theaterpädagogik

An dieser Stelle kann festgehalten werden, dass sich die Konzepte der Gouvernementalität und Subjektivierung eher als analytische Instrumente eignen und – entsprechend der Foucault'schen Unterscheidung zwischen Analytik und Theorie[23] – weniger Theorien im engeren Sinne darstellen. Norbert Ricken u. a. sind in den letzten Jahren in verschiedenen Publikationen der Frage nachgegangen, wie sich eine gouvernementalitäts- und subjektivierungskritische Perspektive in der allgemeinen Pädagogik angemessen berücksichtigen ließe (vgl. hierzu exemplarisch Ricken/Rieger-Ladich 2004, Weber/Maurer 2006 oder Ricken/Liesner 2008). Dabei geht es den Autor_innen weniger um den Entwurf eines normativen Subjektbegriffs für die Pädagogik als vielmehr um den Versuch, den Foucault'schen Ansatz für eine *kritische* Erziehungswissenschaft fruchtbar zu machen. So stellen sie fest, dass das herkömmliche ideologiekritische Instrumentarium der traditionellen Kritischen Erziehungswissenschaft angesichts einer veränderten gesellschaftlich-politischen „Gesamtproblemlage" (Ricken 2008, 9) nur noch unzureichend greife, da ihre zentralen Maßstäbe, wie „Selbstbildung und Identität, Emanzipation und Partizipation", längst Teil der administrativen Rhetorik geworden seien (ebd., 8). Weder Fremd- und Selbstbestimmung ließen sich voneinander trennen bzw. einander gegenüberstellen, noch der Glaube an das „selbsttätige, sich autonom selbst bestimmende und mit sich identische Subjekt" (ebd., 9) hochhalten.

Ricken konstatiert eine neue Aufmerksamkeit für die gouvernementalitätstheoretischen Arbeiten Michel Foucaults in der Erziehungswissenschaft – in Form einer „Abkehr von einer eher einseitigen Kritik der Disziplinarmacht, wie sie noch in den 80er Jahren formuliert worden ist, und Hinwendung zum Problem der Subjektivation" (ebd.). Eine kritische Erziehungswissenschaft habe daher die Aufgabe, die Rolle der Bildung in den gegenwärtigen Gesellschaften selbst in den Blick zu nehmen und zu hinterfragen. Denn Bildung erscheine heute vielfach als eine „moderne Subjektivierungsstrategie – und damit als ein zentrales Moment von Gouvernementalität" (ebd., 4). Insbesondere die aktuellen Reformen im Bildungswesen ließen sich als Ausdruck einer veränderten gouvernementalen Art des Regierens lesen (vgl. ebd., 4 f.). Auch Roswitha Lehmann-Rommel betrachtet die gegenwärtigen Reformdiskurse als funktionierende Regierungspraktiken (vgl. Lehmann-Rommel 2004, 264). So seien auch die „[...] als selbstverständlich

23 Foucault bevorzugt zur Beschreibung vieler seiner Untersuchungen eher den Begriff der Analytik als den der Theorie. Dabei versteht er z. B. unter einer Analytik der Macht „[...] die Definition des spezifischen Bereiches der Machtbeziehungen und die Bestimmung der Instrumente zu ihrer Analyse" (Foucault 1986, 102).

angenommenen Heilmittel – u. a. ‚Partizipation', ‚Reflexivität' und Rückmeldung/ Evaluation – in ihren Effekten und Machtwirkungen auf die Bildungsprozesse der ‚Beteiligten' zu beschreiben" (ebd.).

Das Ziel einer solchen kritischen erziehungswissenschaftlichen Perspektive besteht vor allem in der Analyse und Beschreibung hegemonialer Subjektivierungsformen und nicht etwa in der Formulierung eines neuen ‚Ziel-Subjekts' als anthropologisch-pädagogischer Sollensvorstellung. Auf die Theaterpädagogik übertragen würde dies bedeuten, die eigenen Wissensbestände, Diskurse und Konjunkturen kritisch zu befragen und ebenso als Regierungspraktiken in ihren Machtwirkungen zu analysieren. Dazu gehört auch „Selbstbildung" als Ideal der ästhetischen Bildung. Dies bedeutet nicht, den Bildungsbegriff vollkommen aufzugeben, sondern vielmehr, diesen neu zu justieren. Will man z. B. an den mit dem Subjektbegriff verknüpften Fähigkeiten zu Reflexion und Kritik festhalten, so darf dabei nicht wieder hinter „die Einsicht in die gesellschaftliche und geschichtliche Formbestimmtheit von Subjektivität" (Alkemeyer et al. 2015, 26) zurückgefallen werden. Denn folgt man der Analyse Foucaults, dann kann es keine Selbstbildung ohne Unterwerfung unter die Normen geben, die diese Bildung des Subjekts ordnen: „Das Selbst ist gezwungen, sich zu formen; dies jedoch innerhalb von Formen, die schon mehr oder weniger vorgegeben sind oder sich immerhin schon abzeichnen. Man könnte sagen, das Subjekt ist gezwungen, sich in Praktiken zu formen, die mehr oder weniger schon da sind." (Dzierzbicka/Sattler 2004, 131) Eine kritische Analyse und Beschreibung hegemonialer Subjektivierungsformen bildet somit die Voraussetzung für eine Neujustierung und möglicherweise ein Überdenken der eigenen theaterpädagogischen Bildungsvorstellungen.

Anstatt eine neue (normative) Programmatik für die theaterpädagogische Praxis zu entwerfen, geht es einer kritischen Analyseperspektive, wie sie der vorliegenden Studie zugrunde liegt, zunächst darum, mögliche subjektivierende Wirkungen bestimmter Praktiken und Diskurse zu beschreiben und diese gesellschaftlich zu kontextualisieren. Erst so können auch jene Erfahrung- und Handlungsmöglichkeiten deutlich werden, die dem_der Einzelnen bzw. bestimmten Gruppen innerhalb der beschriebenen gouvernementalen Kraftfelder verwehrt bleiben. Ohne einen konsistenten Gegenentwurf zu den hegemonialen Subjektivierungsformen entwickeln zu wollen, können so zumindest Möglichkeiten einer Selbstbildung „im Ungehorsam gegenüber den Prinzipien, von denen man geformt ist" (ebd.), aufgezeigt werden. Auf diese Weise würde jene Praxis erkennbar,

> [...] durch welche das Selbst sich in der Entunterwerfung bildet; was bedeutet, dass es seine Deformation als Subjekt riskiert und jene ontologisch unsichere Position einnimmt, die von neuem die Frage aufwirft: Wer wird hier Subjekt

> sein, und was wird als Leben zählen, ein Moment des ethischen Fragens, welcher erfordert, dass wir mit den Gewohnheiten des Urteils zu Gunsten einer riskanten Praxis brechen, die versucht, den Zwängen eine künstlerische Leistung abzuringen. (Butler, zit. nach ebd.)

Diese Praxis der Entunterwerfung als Versuch einer Umkehrung von Machtwirkungen zielt in erster Linie auf die Veränderung der eigenen Haltung. So definiert Foucault Kritik als „die Kunst nicht dermaßen regiert zu werden" (Foucault 1992, 12), wobei dies nicht bedeutet, überhaupt nicht regiert werden zu wollen, sondern vielmehr, „[...] nicht dermaßen, nicht von denen da, nicht um diesen Preis regiert zu werden" (ebd., 52). Freiheit meint vor diesem Hintergrund nicht einfach ein Mehr an Handlungsoptionen – genau dies ist der Begriff von Freiheit, der im Zusammenhang mit den gouvernementalen Strategien beschrieben wurde –, sondern die Freiheit, „sich zu den Weisen der Unterwerfung von sich aus verhalten zu können" (Hark 2013, 238):

> Neoliberale Regierungstechniken erweitern die Entscheidungsmöglichkeiten und Handlungsspielräume von individuellen und kollektiven Subjekten durch die Produktion und Zirkulation von Wissen, technologische Innovationen, politisch-rechtliche Reorganisationen etc. Aber das heißt nicht notwendig, dass sich dies in ein Mehr an Freiheit übersetzt. Es ist wichtig, beides auseinanderzuhalten, sonst unterschätzt man die Zwänge und Restriktionen und reproduziert die neoliberale Rhetorik von Autonomie und Freiheitsgewinn. (Lemke 2008 a, 23)

Gleichzeitig lässt sich jedoch ein solcher Freiheitsbegriff der Entunterwerfung nicht einfach gouvernementalen Formen von Freiheit entgegensetzen. Denn auch Befreiungs- oder Emanzipationsbewegungen stellen Subjektivierungsregime dar, die einerseits die hegemoniale Wahrheitsordnung infrage stellen, andererseits jedoch selbst „Gegen-Wahrheiten" propagieren, „[...] die davon handeln, wie ein befreites, emanzipiertes Subjekt sich selbst zu begreifen und wie es zu handeln hat" (Bröckling/Krasmann 2010, 30). Ohne das Telos der Freiheit oder den Anspruch auf Selbstbestimmung aufgeben zu wollen, zielen Gouvernementalitätsanalysen daher immer auch auf eine Problematisierung dieser Konzepte (vgl. ebd.).

Eine Kritik an hegemonialen Subjektivierungsformen sollte demnach nicht, wie Nicole Balzer betont, zu einem neuen „*Pathos der Entunterwerfung*" (Balzer/Bünger 2008, 55, Hervorh. i. O.) führen, da der Gedanke der Entunterwerfung sonst schnell zu einer aufgeladenen Worthülse zu werden droht. So lassen sich aus einer gouvernementalitätskritischen Analyse weder eine Pädagogik der Entunterwerfung noch allgemeine Formen der Handlungsmacht oder eine neue *agency* des Subjekts ableiten. Denn es gibt keine Methode oder Anleitung, wie eine bestimmte Praxis einen unterwerfenden oder befreienden Charakter erhält: „‚Den Gegebenheiten nicht länger zu folgen', erfordert Übung und Experiment [...]" (Lehmann-Rommel 2004, 280). So wenig wie es eine theoriegeleitete und empirisch abgesicherte Wissenschaft des Regierens gibt, kann es ein „Passepartout des Nicht-regiert-werden-Wollens" (Bröckling/Krasmann 2010, 36) geben:

> Jede Untersuchung von Phänomenen des Ungehorsams, der Rebellion und Verweigerung – oder schlichter: von *agency* – steht somit in einer dreifachen Gefahr: Entweder spürt sie Regeln und Regelmäßigkeiten gerade dort auf, wo es um ihre Verletzung geht – die Perspektive der Kriminologie; oder sie reiht heterogene Geschichten aneinander, ohne viel mehr über sie aussagen zu können, als dass es sie eben gab – das Forschungsprogramm einer phänomenologischen Kulturwissenschaft und in weiten Teilen auch der *Cultural Studies* – oder sie argumentiert selbst von der Position des Feldherrnhügels aus und verspricht oppositionelles Regierungswissen, um die Kräfte des Widerstands geeint in die Schlacht zu führen – die leninistische Position, die netzwerktheoretisch aktualisiert auch noch in den post-operaistischen Beschwörungen der ‚Multitude' nachhallt [...] (ebd., Hervorh. i. O.).

Auch eine Form der Kritik als Feier des Eigensinns oder der subversiven Indifferenz läuft Gefahr, von festen Antagonismen auszugehen: „Ihre Protagonisten sind sich sicher, dass Subjekt und Objekt der Kritik fein säuberlich zu trennen, dass sie selbst jedenfalls in keiner Weise von dem kontaminiert sind, was sie kritisch verdammen." (Ebd., 37) Norbert Ricken warnt in diesem Zusammenhang davor, die jeweils analysierten Diskurse und Praktiken lediglich als eine Art neoliberales ‚Unwahrheitsregime' zu entlarven und diesem dann „das pädagogisch Eigentliche" (Ricken 2008, 10) entgegenzusetzen. Eine solche Gouvernementalitätskritik würde sich von einer traditionellen Ideologiekritik nur noch unwesentlich unterscheiden und zudem die eigentlich kritisierte Opposition von Selbst- und Fremdbestimmung reaktivieren (vgl. ebd., 10 f.). So lässt sich nicht einfach auf der Idee der Bildung beharren und diese gegen ihre vermeintliche oder tatsächliche Ökonomisierung verteidigen (vgl. ebd., 17). Stattdessen geht es darum, „[...] die Form gegenwärtiger Subjektivationsmuster nachzuzeichnen und mit Blick auf deren ‚blinde Flecken' zu überschreiten, ohne dabei selbst der Illusion zu verfallen, es ließe sich eine machtfreie Pädagogik erfinden und etablieren" (ebd., 17 f.).

Norbert Ricken sieht den Ausweg aus dem hier skizzierten pädagogischen Dilemma genau darin, „die in der Tat überaus komplexe Problematik der Subjektkonstitution gerade nicht auszuklammern" (ebd., 11). Übertragen auf die vorliegende Arbeit würde dies vor allem bedeuten, die analysierten Diskurse und

Programme auch in ihrer *Komplexität* wahrzunehmen. Nicht selten tendieren Gouvernementalitätsanalysen nämlich dazu, entweder ein historisches Großnarrativ zu behaupten, das der Geschichte des Regierens eine „evolutionäre Logik" unterlegt, oder aber „in kleinformatigen Einzeluntersuchungen die immer gleiche Rationalität und die immer gleichen Strategien und Technologien des Neoliberalismus" herauszuarbeiten (Bröckling/Krasmann 2010, 33). Statt sich gegen Irritationen durch das untersuchte Material abzuschirmen, geht es also darum, die komplexen und „sich wechselseitig überlagernden und modifizierenden, möglicherweise auch einander widersprechenden Wirkungen unterschiedlicher gouvernementaler Kraftfelder" wahrzunehmen sowie „die konstitutive Hybridität diskursiver Ordnungsmuster und Machtdispositive" (ebd., 34) anzuerkennen. Das bedeutet in erster Linie, auch Ambivalenzen im Diskurs zu identifizieren. Zwar unterscheidet Foucault zwischen einer durch das Subjektivierungsregime geformten Handlungsfähigkeit und der ethisch-ästhetischen Macht persönlicher Lebensführung (vgl. Lehmann-Rommel 2004, 279). Doch können auch Regierungspraktiken, in denen eigenverantwortliche Subjekte konstruiert werden, einen Zugewinn von subjektiven Fähigkeiten und Macht bedeuten. Dies erfordert allerdings „eine Gratwanderung, an den Grenzen der Anerkennbarkeit leben zu lernen und darauf zu verzichten, die Spannung von Affirmation und Kritik aufzulösen" (ebd.).

Der Unterschied zwischen Praktiken der Unterwerfung und der „Kunst, nicht dermaßen regiert zu werden", liegt zudem nicht in ihren jeweiligen Inhalten (vgl. ebd., 280). Diese können nicht unabhängig von situativen Kontexten als Prinzipien der Unterwerfung oder der Befreiung gelten: „Partizipation, (Selbst-)Reflexion und Rückmeldung können in beiden Kontexten auftauchen." (Ebd.) Eine gouvernementalitätskritische Analyse des Partizipationsdiskurses in der Theaterpädagogik zielt somit auch nicht auf eine grundsätzliche Kritik am Konzept der Partizipation, sondern verfolgt vielmehr einen differenzierten Blick auf ein spezifisch historisches diskursives Feld (vgl. ebd.). Einem solchen Verständnis von *Kritik als Problematisierung* verpflichtet, versucht sie „[...] Konstellationen sichtbar zu machen, in denen jeweils bestimmte Strategien des Zugriffs, bestimmte Muster von Resistenz und bestimmte Formen, über beides zu sprechen, aufeinandertreffen" (Bröckling/Krasmann 2010, 37). So werden im Foucault'schen Denken Analyse und Kritik strikt von einer Ablehnung des Analysierten bzw. Kritisierten getrennt. Kritik als Problematisierung bedeutet daher, die analysierten Probleme

> [...] mit der größtmöglichen Rigidität, mit höchster Komplexität und Schwierigkeit zu stellen, so daß eine Lösung nicht auf einen Schlag, dank der Überlegung von ein paar Reformern oder gar im Hirn einer politischen Partei auftaucht. [...] Ich hüte mich wohl, Gesetze zu formulieren. Eher gedenke ich, Probleme

> zu bestimmen, sie zu entfesseln und sie innerhalb eines Rahmens von derartiger Komplexität zu zeigen, daß es mir gelingt, den Propheten und Gesetzgebern das Maul zu stopfen: all denjenigen, die für andere und über andere sprechen. Das ist der Augenblick, wo die Komplexität des Problems in seinem Zusammenhang mit dem Leben der Leute auftauchen kann. (Foucault, zit. nach Lehmann-Rommel 2004, 277)

Eine so verstandene *Kritik als Problematisierung* nimmt sowohl Zustimmungen als auch Widersprüche gegen die hegemonialen ‚Regierungsformen' in den Blick, ohne diese dabei zu simplifizieren und ohne sie wieder einem transzendentalen, handlungsmächtigen Subjekt zuzuschreiben. Widersprüche gegen die hegemoniale Gouvernementalität stellen vielmehr „reflektierende Bewegungen" dar, die – das ist ganz zentral im Hinblick auf die hier verfolgte Analyse – „eben nicht im Inneren der Subjekte stattfinden" (Dzierzbicka/Sattler 2004, 130). Dies ist auch für die Frage nach den potenziell kritischen Wirkungen theaterpädagogischer Praxis von entscheidender Bedeutung. So lassen sich kritische Momente, Widerspruch oder auch Widerständiges nicht allein auf ein Subjekt zurückführen. Gleichzeitig ist die Möglichkeit des Widerspruchs oder auch einer (selbst-)kritischen Reflexion nie vollkommen ‚subjektlos', sondern wiederum an das Handeln von Subjekten gekoppelt. Dieser Frage bzw. diesem pädagogischen Dilemma soll im Lichte der Analyseergebnisse noch einmal gesondert nachgegangen werden (→ IV.1.3).

1.3 Zum Forschungsprogramm einer gouvernementalitätskritischen Diskursanalyse

Diskurse nehmen in Gouvernementalitätsanalysen eine zentrale Stellung ein. Nach Foucault wirkt Macht nicht nur, aber doch ganz wesentlich in und durch Sprache. In seinem Buch „Archäologie des Wissens" (1981) entwickelt Foucault seinen Begriff von Diskurs und stellt wesentliche methodische Überlegungen zur Analyse diskursiver Formationen an. Im Unterschied zum Alltagsverständnis ist bei ihm der Diskurs nicht „der Ort, wo sich Gegenstände, die vorher errichtet worden wären, niederlegen" (ebd., 65), sondern vielmehr selbst als „Praxis" (ebd., 70) zu begreifen: Diskurse sind nicht mehr „[...] als Gesamtheiten von Zeichen (von bedeutungstragenden Elementen, die auf Inhalte oder Repräsentationen verweisen), sondern als Praktiken zu behandeln, die systematisch die Gegenstände bilden, von denen sie sprechen" (ebd., 74). Eine

Diskursanalyse[24] nach Foucault unterscheidet sich somit von klassisch-hermeneutischen Ansätzen, da sie

> [...] nicht die Gedanken, die Vorstellungen, die Bilder, die Themen, die Heimsuchungen zu definieren [versucht], die sich in den Diskursen verbergen oder manifestieren; sondern jene Diskurse selbst, jene Diskurse als bestimmten Regeln gehorchende Praktiken. Sie behandelt den Diskurs nicht als *Dokument*, als Zeichen für etwas anderes [...]; sie wendet sich an den Diskurs in seinem ihm eigenen Volumen als *Monument*. (Ebd., 198, Hervorh. i. O.).

Daher fragt eine Diskursanalyse auch nicht nach dem Subjekt einer Sprachhandlung als einem ‚Autor' oder ‚Urheber', sondern die „Aussagen" selbst werden als Ereignisse in den Blick genommen (ebd., 43). Nicht mehr „die Absicht des sprechenden Subjekts" (ebd., 42) steht hier im Zentrum des Interesses, sondern die Frage, wie es kommt, dass „eine bestimmte Aussage erschienen ist und keine andere an ihrer Stelle" (ebd.). Das Subjekt einer Aussage ist dabei mit dem Autor der Formulierung nach Foucault „weder substantiell noch funktional" identisch (ebd., 138), sondern die Aussagen, wie dies mit der Althusser'schen Urszene der Subjektivierung bereits beschrieben wurde, bringen das Subjekt erst hervor. Aussagen haben damit eine Anrufungsfunktion und wirken dementsprechend subjektivierend (vgl. ebd., 139). So werden die einzelnen Adressat_innen durch die „Anrufungsfunktion von Äußerungen" dazu aufgefordert, „die Ordnung des Diskurses, von der her die Anrufung konstruiert ist, anzuerkennen" (Fegter et al. 2015, 25).

Gouvernementalitätstheoretisch orientierte Diskursanalysen konzentrieren sich vor diesem Hintergrund vor allem auf Texte, die solche Aussagen mit Anrufungsfunktion beinhalten, denn „[...] Regime des Regierens und Sich-selbst-Regierens folgen einer mehr oder minder ausgefeilten, in der Regel schriftlich niedergelegten Programmatik [...]" (Bröckling/Krasmann 2010, 36). Subjektivierung vollzieht sich in einem strategischen Feld, in dem der_die Einzelne sich „gezielten und planvollen Zurichtungsanstrengungen" ausgesetzt sieht und sich gleichzeitig „gezielt und planvoll selbst zurichtet" (Bröckling 2007, 32). „Programme des Regierens" (ebd., 43) sind mithin Praktiken, die ihrerseits Praktiken zu beeinflussen suchen (vgl. ebd.). Darum richten Gouvernementalitätsanalysen ihr Augenmerk auf ebendiese Anstrengungen, das Verhalten von Menschen zu lenken (vgl. ebd.). Wie bereits im Zusammenhang mit der Unterscheidung von Theater- und Teilnehmerperspektive erläutert wurde, ist dabei allerdings zu beachten, dass solche Programme oder

24 Nicht nur aufgrund der oben genannten Unterscheidung Foucaults zwischen Theorie und Analytik, sondern auch in Abgrenzung zur Diskurs*theorie* Jürgen Habermas', unter der eine normative Theorie kommunikativen Handelns bzw. eine Diskursethik zu verstehen ist (→ II.2.1.1), lässt sich in Bezug auf Foucaults Ansatz eher von einer Diskurs*analyse* sprechen.

Programmatiken das Handeln zwar anleiten oder anleiten sollen, dadurch aber nicht per se mit diesem Handeln zusammenfallen: „Lehrpläne, Schulbücher oder die Architektur von Klassenzimmern zu untersuchen ist etwas anderes, als individuelle Lernprozesse zu rekonstruieren." (Ebd., 43) Eine gouvernementalitätskritische Diskursanalyse, die immer eine Theaterperspektive einnimmt, verzichtet zwar „[...] keineswegs auf empirische Forschungen, aber die Empirie, auf die sie sich bezieht, sind weder die Regelmäßigkeiten und Wahrscheinlichkeiten noch die unkalkulierbaren Momente individuellen Verhaltens, sondern die Versuche, auf diese einzuwirken" (ebd.).

Eine Beschreibung gouvernementaler Kraftfelder macht somit keine Aussagen darüber, wie die einzelnen Menschen sich in ihnen bewegen: „Welchen Regeln und Regelmäßigkeiten (auch in Bezug auf das Abweichen von den Regeln) ihr Verhalten folgt, dafür interessieren sie sich nur insofern, als die Strategien und Technologien der Menschenführung darauf Einfluss nehmen." (Bröckling/Krasmann 2010, 28) So muss eine gouvernementalitätskritische Diskursanalyse die Frage offenlassen, „[...] wie viele Menschen tatsächlich in den Einflussbereich bestimmter Programme des Regierens und Sich-selbst-Regierens geraten und in welchem Maße diese ihr Verhalten bestimmen" (Bröckling 2007, 35 f.). Gleichzeitig bildet die Lücke zwischen den Programmen des Regierens und dem faktischen Sich-selbst-Regieren ein konstitutives Element dieser Programme: „Sie installieren keine Reiz-Reaktions-Automatismen, sondern erzeugen einen Sog, der bestimmte Verhaltensweisen wahrscheinlicher machen soll als andere." (Ebd., 38) Daher sollen bei einer Analyse gouvernementaler Kraftfelder sowohl die kontingenten Prozesse ihrer Aneignung bzw. Verwerfung als auch der Eigensinn menschlichen Handelns, die „Gegenbewegungen" oder „Neutralisierungstechniken" (ebd., 40), immer mitgedacht werden, auch wenn diese selbst nicht Gegenstand einer gouvernementalitätskritischen Diskursanalyse sein können. Denn der Sinn einer Analyse gouvernementaler Kraftfelder auf der Ebene der Programmatiken liegt letztlich auch darin begründet, dass jede Form der Negation der zeitgenössischen Gouvernementalität immer auch auf diese bezogen bleibt: „Um widerspenstige Momente im Subjekt beschreiben zu können, muss man wissen, wogegen sie sich richten." (Ebd.)

Gouvernementalitätskritische Diskursanalysen konzentrieren sich in der Regel auf programmatische Textquellen, „[...] die konkrete Anweisungen oder Empfehlungen formulieren, wie Menschen zu behandeln sind und wie sie sich zu verhalten haben [...]" (ebd., 24 f.). Hierbei muss immer klar sein, dass eine Analyse solcher Texte immer nur *einen* – wenn auch einen zentralen – Teil gouvernementaler Programme erfasst, die darüber hinaus auch konkrete (physische) Praktiken, Artefakte, Gegenstände, Architektur bis Institutionen umfassen. Eine gouvernementalitätskritisch ausgerichtete Diskursanalyse stellt sich eindeutig gegen eine „Reduktion des Kulturbegriffs auf reine, materialitätsenthobene ‚Sinnwelten'" (Reckwitz 2010, 186). Wie in Foucaults Definition des Begriffs „Diskurs" bereits deutlich geworden ist, begreift sie vielmehr Diskurse selbst als Praktiken. Im Sinne einer *praxeologisch* orientierten Kultursoziologie geht eine solche Diskursanalyse von einem „Verständnis von Kultur als Praktiken" bzw. „als einem Ensemble komplexer ‚Kulturtechniken' aus" (ebd., 188). Diskurse sind dabei den einzelnen Praktiken gegenüber „weder über- noch untergeordnet", sie bewegen sich vielmehr „auf der gleichen, ‚flachen' Ebene von verstreuten Praktiken insgesamt" (ebd., 192). Allerdings stellen Diskurse bzw. diskursive Praktiken eine spezielle Form von Praktiken dar: „Es handelt sich um Praktiken der Repräsentation, d. h. solche der Darstellung von Sachverhalten, Zusammenhängen, Subjekten [...]" (ebd., 191), durch die Wissensordnungen „expliziert" und „selbst zum Thema der Darstellung" werden (ebd., 192). Insofern muss eine Analyse diskursiver Praktiken diese Dimension der Darstellung immer mitberücksichtigen.

1.3.1 Partizipationsdispositiv? – Das Verhältnis von Diskurs- und Dispositivanalyse

Um den Nexus zwischen Macht auf der einen Seite und (im engeren Sinne) diskursiven sowie nicht-diskursiven Praktiken, Institutionen, Artefakten etc. auf der anderen Seite zu beschreiben, hat Foucault später den Begriff des Dispositivs geprägt. Hierunter versteht er ein „[...] entschieden heterogenes Ensemble, das Diskurse, Institutionen, architekturale Einrichtungen, reglementierende Entscheidungen, Gesetze, administrative Maßnahmen, wissenschaftliche Aussagen, philosophische, moralische oder philanthropische Lehrsätze, kurz: Gesagtes ebensowohl wie Ungesagtes umfaßt. [...] Das Dispositiv selbst ist das Netz, das zwischen diesen Elementen geknüpft werden kann." (Foucault 1978, 119 f.) Dispositive beinhalten dabei immer eine Dimension von Subjektivierung, wie etwa das Sexualitätsdispositiv das Begehrens-Subjekt hervorbringt.

Im Anschluss an dieses Konzept ist in den letzten zehn Jahren in den Sozial- und Kulturwissenschaften unter dem Motto „Vom Diskurs zum Dispositiv" (Bührmann/ Schneider 2008) der Versuch unternommen worden, in Analogie zur Foucault'schen Diskursanalyse eine „Dispositivanalyse" zu entwerfen (vgl. ebd.). Dabei wird das Dispositiv als materielle und ideelle Infrastruktur von Diskursen begriffen, die etwa Maßnahmenbündel, Regelwerke, Artefakte umfasse, durch die ein Diskurs (re-) produziert werde und Effekte erzeuge (vgl. ebd., 52). Als weitere Infrastruktur-Beispiele nennen die Autoren Texte, wie „Gesetze, Verhaltensanweisungen wie Hausordnungen, aber auch Gebäude, Messgeräte" (ebd.). Darüber hinaus verstehen sie unter Dispositiven die „Effekte der diskursiv erzeugten und vermittelten

Wissensordnungen auf die (nicht-diskursiven) Praktiken [...] wie auch die (Rück-) Wirkungen dieser Praktiken auf die diskursiven ‚Wahrheitsspiele' [...]" (ebd., 55).

Problematisch an dieser Auffassung von Dispositiv ist jedoch, dass damit wieder die Grenze zwischen diskursiven und nicht-diskursiven Praktiken etc. gezogen wird. Gebäude, Messgeräte oder Texte dienen nicht nur als „Infrastruktur" für Diskurse, die dann subjektivieren, sondern sind selbst auf derselben Ebene angesiedelt, d. h. auch sie subjektivieren. Ulrich Bröckling und Susanne Krasmann haben daher das Konzept der Dispositivanalyse kritisiert und auf die eigentliche Dimension von Dispositiven als strategische Kräfteverhältnisse hingewiesen, die bestimmte Formen der Subjektivierung ermöglichen und andere wiederum unterbinden (vgl. Bröckling/ Krasmann 2010, 40):

> Weder lassen sich Diskurse aus bestimmten Praxisformen ableiten oder werden von diesen determiniert, noch schreiben sich die Diskurse in die Praktiken ein, setzt doch der Begriff der Einschreibung jene Materialitäten schon voraus, die erst im Prozess der Übersetzung entstehen. Als wenig fruchtbar erweist es sich daher, jene Verschränkung zunächst analytisch aufzulösen und feinsäuberlich diskursive und nicht-diskursive Praktiken voneinander zu trennen, um sie anschließend in einer Dispositivanalyse wieder zusammenzuführen. Dispositive sind ‚Macht-Wissens-Formationen', in denen Aussageordnungen und Machtpraktiken nicht in einem additiven Verhältnis zueinanderstehen, sondern strategisch miteinander verknüpft sind. Die Untersuchung dieser strategischen Verschränkungen und ihrer Effekte (und nicht die bloße Tatsache, dass sie den Blick sowohl auf die handlungs(an)leitende Macht von Diskursen wie auf die diskursive Verfasstheit von Sozial- und Selbsttechnologien lenken) machen Gouvernementalitätsanalysen zu Dispositivanalysen. (Ebd., 24 f.)

Eine gouvernementalitätskritische Analyse des Partizipationsdiskurses, die diese strategischen Verschränkungen – und zwar unter der Frage nach der Subjektivierung – in den Blick nimmt, ist somit immer auch eine Dispositivanalyse. Doch soll für den Kontext dieser Arbeit davon abgesehen werden, gleich zur nächsthöheren Kategorie zu greifen. Das schließt nicht aus, dass etwa mit Blick auf die gegenwärtige mediale Bild- und Repräsentationsproduktion von einem „Partizipationsdispositiv" (Traue 2014, 139) gesprochen werden kann, das sich möglicherweise – in anderer Formation – auch für den Bereich der kulturellen Bildung und Theaterpädagogik konstatieren ließe. Dennoch besteht durchaus die Gefahr, dass solch ein behauptetes Dispositiv nur allzu schnell zu einer leeren „Begriffshülse" werden könnte (vgl. Bührmann/ Schneider 2008, 14).

An dieser Stelle soll nicht unerwähnt bleiben, dass es sich auch bei dem hier zu analysierenden Partizipations*diskurs* – insbesondere in seiner singularischen Verwendung – in erster Linie um einen Arbeitsbegriff handelt. Denn es gibt nicht den einen Partizipationsdiskurs, sondern viele verschiedene gegenwärtige Diskurse um Partizipation in sehr unterschiedlichen gesellschaftlichen und kulturellen Bereichen. Die These dieser Arbeit ist allerdings, dass diesen verschiedenen Diskursen bestimmte Tendenzen gemeinsam sind, die hier unter dem Arbeitsbegriff „Partizipationsdiskurs" zusammengefasst werden. So handelt es sich bei dem in dieser Studie analysierten „Diskurs" selbst sowohl um ein „*heuristisches Konstrukt*" als auch um eine „notwendige Fiktion", die wiederum unabdingbar für seine (Re-)Konstruktion ist (Höhne/Karcher 2015, 354, Hervorh. i. O.).

1.3.2 „Weder Ansatz noch Methode" – Zur Analyse des Partizipationsdiskurses

Durchaus von Interesse für die hier vorliegende Untersuchung sind die theoretisch-analytischen Überlegungen der Autor_innen des Konzepts der Dispositivanalyse. Bührmann und Schneider betonen immer wieder, dass eine Dispositivanalyse – genauso wie eine Diskursanalyse – „keine eigenständige Methode, keine ‚geregelte' und ‚verregelte' methodische Vorgehensweise" darstelle (Bührmann/Schneider 2008, 16). Vielmehr sei eine Dispositivanalyse als ein bestimmter „Forschungsstil" zu verstehen, bei dem – je nach Fragestellung – auch unterschiedliche methodische Techniken und Instrumente zur Anwendung kommen (vgl. ebd.). Ähnlich argumentieren auch Bröckling und Krasmann im Hinblick auf mögliche gouvernementalitätskritische Forschungsperspektiven in ihrem Beitrag mit dem Titel „Ni méthode, ni approche" (Bröckling/Krasmann 2010). Gouvernementalitäts- wie Diskursanalysen weiterzuentwickeln, heiße gerade nicht, „[...] sie als eigenständige ‚Ansätze' oder Methoden zu formalisieren (und so für den akademischen Betrieb zu normalisieren), sondern sie kritisch als Korrektiv sozialwissenschaftlicher Theorien und Forschungsstrategien zu begreifen" (ebd., 39). Sowohl der Untersuchungsgegenstand als auch das Analyseverfahren wären vor diesem Hintergrund allenfalls provisorisch zu stabilisieren (vgl. ebd., 40). Anstatt auf eine perfektionierte und standardisierte Methodik ist eine solche Diskursanalyse eher auf ein „heuristisches Experimentieren" (ebd.) angewiesen und betreibt eine in Bezug auf ihren Gegenstand und ihre Fragestellung flexible Forschung: „Die Ausrichtung am Forschungsgegenstand erfordert in den Augen vieler Diskursanalytiker_innen immer wieder die Revision des theoretischen und methodischen Instrumentariums." (Fegter et al. 2015, 12)

Die hier verfolgte gouvernementalitätskritische Analyse des theaterpädagogischen Partizipationsdiskurses folgt daher nicht *einer* bestimmten Methode, sondern greift zur Erfassung ihres Gegenstands auf unterschiedliche methodische Instrumente zurück. Zur Bestimmung des zu analysierenden Textkorpus etwa orientiert sich die vorliegende Untersuchung an der Kritischen Diskursanalyse (KDA) nach Siegfried

Jäger (2009). Ohne Jägers gesamtes Forschungsprogramm auf diese Studie zu übertragen, werden einzelne Kategorien der KDA herangezogen, wie z. B. die Begriffe der Diskursebene oder des Diskursfragments (vgl. ebd., 159 ff.).[25] Die Auswahl der zu analysierenden Texte (→ III.) richtet sich dabei insbesondere nach der „Diskurs*ebene*" (ebd., 163, Hervorh. J. K.). Zum einen werden vor allem Texte in den Blick genommen, die einen – in Bezug auf die Partizipationsthematik – erkennbar programmatischen Charakter haben und, wie oben weiter ausgeführt wurde, möglichst viele *Aussagen mit Anrufungsfunktion* beinhalten. Aufgrund des Selbstverständnisses der Theaterpädagogik als „anwendungsorientierte[r] Disziplin" (Hentschel 2003b, 73) interessiert sich eine solche Diskursanalyse zum anderen weniger für die „‚gepflegte Semantik' sozialwissenschaftlicher Selbstbeschreibung", als vielmehr für die „‚Gebrauchssemantiken' technischer Manuale, [...] Ratgeber und (Selbst-) Managementprogramme" (Bröckling 2007, 24).[26] Im Bereich der Theaterpädagogik wären dies etwa didaktische Handreichungen, Methodentexte sowie Selbstdarstellungen und bildungspolitische Dokumente. Diese Texte werden dabei in erster Linie auf ihre Bezüge zum Partizipationsdiskurs hin befragt und andere Aspekte, Fragen oder Begriffe bewusst ausgeklammert, d. h. die Rede von Teilhabe und Partizipation wird hier als *ein* „Diskurs*fragment*[ ]" (Jäger 2009, 159, Hervorh. J. K.) untersucht.

Das Verfahren einer gouvernementalitätskritischen Diskursanalyse orientiert sich dabei durchaus auch an in der Literaturwissenschaft gängigen Methoden, wie etwa dem *close reading* (vgl. Reckwitz 2010, 196), doch verschiebt sie „[...] die Perspektive weg von den Akteuren hin zu den Anstrengungen, deren Verhalten zu lenken. Was sie auslegt, sind in Praktiken, Texten, Bildern und anderen Artefakten niedergelegte Regierungsprogramme – Sinndeutungen, die Sinndeutungen, Handlungen, die Handlungen zu beeinflussen suchen." (Bröckling 2007, 43) So sollen aus den einzelnen Texten zentrale Semantiken – als eine Art induktives Kategoriensystem – herausgearbeitet werden, die gewissermaßen die Struktur dieser Regierungsprogramme bestimmen. Dazu werden die einzelnen Quellen zunächst einer textgenauen und detailbezogenen Lektüre unterzogen (vgl. Hallet 2010, 294) und anschließend die für die Fragestellung(en) dieser Arbeit relevanten Textstellen ermittelt. Diese werden sodann thematisch geclustert und nach in ihnen enthaltenen Begriffen und Konzepten gesucht, wobei eine repräsentative Begrifflichkeit davon, die den Sinn des jeweiligen

25 Dies begründet sich auch in dem Umstand, dass Jägers Ansatz, was die Analyse der diskursiven Ebene des Sprechens angeht, weitgehend hermeneutisch bleibt (vgl. Wrana 2006, 109), während hier vor allem ein gouvernementalitätskritischer Ansatz verfolgt wird, der Diskurse als diskursive Praktiken in den Blick nimmt.

26 Mit der Gegenüberstellung von „gepflegter Semantik" und „Gebrauchssemantiken" nimmt Bröckling Bezug auf Luhmanns „Gesellschaftsstruktur und Semantik" (Luhmann 1989). Eine Genealogie der Subjektivierung, so Bröckling, könne durchaus an Luhmanns Rekonstruktion historischer Semantik anknüpfen, ohne dabei jedoch dessen differenzierungstheoretische Perspektive sowie das systemtheoretische Verständnis von Semantik als idealisierte bzw. nachlaufende Beschreibung von Gesellschaftsstruktur zu übernehmen (vgl. Bröckling 2007, 24 f.).

Clusters am besten wiedergibt, als zentrale Semantik bestimmt wird. Mit diesen zentralen Semantiken lassen sich dann wesentliche *Diskursfiguren* umreißen, d. h. jene Figuren, „[...] die als Aussagen im untersuchten diskursiven Raum wiederholt anzutreffen sind und anhand derer sich der Diskurs beschreiben lässt" (Wrana 2006, 122).

Wie oben ausführlich dargestellt, geht es bei einer Gouvernementalitätsanalyse insbesondere darum, die dem jeweiligen Diskurs eigenen Formen der Subjektivierung zu identifizieren, indem die einzelnen Texte insbesondere auf die in ihnen enthaltenen Anrufungen an das Subjekt hin gelesen werden. Gefragt wird z. B. danach, als *was* bzw. *wer* das einzelne Subjekt *anerkannt* wird, wobei Anerkennung, wie bereits erläutert wurde, über das Konzept der *Adressierung* operationalisiert wird. Dabei adressieren theaterpädagogische Programmatiken der Partizipation, wie etwa Handbücher, Methodentexte oder auch Schulbücher, nicht nur Teilnehmende an einem Theaterprojekt, einem Kurs des Darstellenden Spiels o. Ä., sondern fordern auch die anleitenden Theaterpädagog_innen oder Theaterlehrer_innen dazu auf, die Teilnehmenden in einer bestimmten Weise zu adressieren, ihnen eine bestimmte *Subjektposition* zuzuweisen und gleichzeitig als Anleitungsperson ebenso eine spezifische *Subjektposition* einzunehmen. Vor diesem Hintergrund ließen sich im Anschluss an Bröckling Theaterpädagog_innen möglicherweise als „Subjektivierungsregisseure" (Bröckling 2007, 41) konzipieren: „Um herauszufinden, wer man ist, braucht man offensichtlich jemanden, der es einem sagt; um dazu zu werden, jemanden, der einem dabei hilft." (Ebd., 42)

Das hier umrissene Forschungsprogramm einer gouvernementalitätskritischen Diskursanalyse ist in erster Linie als ein Orientierungsrahmen zu verstehen, der im Laufe der Untersuchung immer wieder neu justiert werden muss. So kommt es bei der Analyse der einzelnen ausgewählten Texte darauf an, diese auch zu einem gewissen Grad für sich sprechen zu lassen und ihrer eigenen Logik zu folgen. Nur so können Unerwartetes wahrgenommen oder neue Aspekte aufgespürt werden, die möglicherweise mit dem (gesamt-)gesellschaftlichen Partizipationsdiskurs, wie er den Gegenstand des folgenden Kapitels bildet (→ II.2), oder Vorstellungen von Partizipation in der bildenden Kunst und der Theaterwissenschaft (→ II.3) in Widerspruch geraten.

2 Lesarten des Partizipationsdiskurses in den Sozial- und Kulturwissenschaften

Sie ging neben Mae in die Hocke, tippte ein paar Sekunden lang, und auf dem dritten Bildschirm erschien eine Zahl [...] Da stand: MAE HOLLAND: 10.328.
»Das ist dein Partizipations-Ranking, kurz PartiRank. Manche bei uns nennen es auch Popularitäts-Ranking, aber das ist eigentlich nicht richtig. Es handelt sich lediglich um eine algorithmisch generierte Zahl, in die alle deine Aktivitäten [...] einfließen. [...] Jedes Mal, wenn du irgendwas postest oder kommentierst oder irgendeine Veranstaltung besuchst, wird das miteingerechnet, und dein Ranking verändert sich entsprechend. Das macht dann richtig Spaß. Du postest, du steigst im Ranking. Dein Post gefällt einer Menge Leute, und dein Ranking schnellt in die Höhe. Es ist den ganzen Tag in Bewegung. Cool?«
»Total«, sagte Mae.

(Dave Eggers: Der Circle, 2014, 119 f.)

Die aktuelle Konjunktur der Partizipation, die sich für so viele Bereiche des politischen, gesellschaftlichen, wirtschaftlichen und kulturellen Lebens konstatieren lässt, hat in den letzten Jahren zu einer Reihe kritischer Beiträge in den unterschiedlichsten Disziplinen, von den Politik- und Sozialwissenschaften über die Stadtsoziologie bis hin zur Kulturphilosophie, geführt.[27] So spricht etwa der Soziologe Ulrich Bröckling mit Blick auf gegenwärtige Tendenzen der „Mobilisierung des Bürgers zwischen Markt, Zivilgesellschaft und aktivierendem Staat" (Bröckling 2005) von einem „Partizipationsimperativ" (ebd., 22). Problematisiert werden in der aktuellen Literatur nicht nur die zahlreichen Versuche vonseiten der Verwaltung und des politischen Establishments, die Bürger_innen über ‚konventionelle' (Volks- oder Mitgliederbefragungen) oder ‚innovative' Verfahren (*e-participation*)[28] in die Verantwortung zu nehmen (vgl. z. B. Junge 2008; Blühdorn 2013), sondern auch eine sich in den sozialen Medien zunehmend herausbildende „Gouvernemedialität" (Traue 2009). Auch im Bereich der Stadtentwicklung wird das Thema Partizipation bereits seit Längerem kontrovers diskutiert. Der Stadtforscher Klaus Selle kritisiert z. B. eine

27 An der Carl-von-Ossietzky-Universität Oldenburg ist 2014 ein Promotionsprogramm mit dem Titel „Kulturen der Partizipation" eingerichtet worden. Das Ziel der Forschung besteht in der „[...] Konturierung eines kritischen Partizipationsbegriffs, der die normative Dimension von Partizipation als Versprechen und Kategorie der Selbstbeschreibung moderner westlicher Gesellschaften reflektiert" (vgl. https://www.uni-oldenburg.de/kulturen-der-partizipation/; letzter Zugriff: 10.11.2017).

28 Vgl. hierzu Kirschen (2014) sowie Voss (2014).

Tendenz zum „Particitainment“ (Selle 2013, 275) bei Bürgerbeteiligungsverfahren in der Stadtplanung[29], und für Markus Miessen sind partizipative Ansätze in der Architektur längst zu einem „Albtraum Partizipation“ (2010) geworden. In der Entwicklungspolitik ist in Bezug auf partizipatorische Ansätze sogar von einer „neuen Tyrannei“ (Cooke/Kothari 2001) die Rede.[30]

Viele dieser kritischen Lesarten der gegenwärtigen Partizipationsemphase lassen sich nur im Zusammenhang mit der ihnen jeweils impliziten Zeitdiagnose verstehen. Vor dem Hintergrund eines „neuen Geist[s] des Kapitalismus“ (Boltanski/Chiapello 2003), so eine der prominenteren sozialwissenschaftlichen Gegenwartsdiagnosen, stellt Partizipation heute weniger eine „Antithese zu politischer Macht“ oder gar ein „Hindernis ökonomischer Funktionalität dar“ (Lehmann-Rommel 2004, 262), sondern bildet vielmehr selbst eine wichtige wirtschaftliche Ressource, ja, sie ist sogar zu einem wesentlichen Produktionsfaktor geworden (vgl. ebd.). Gleichzeitig lässt sich der Ruf nach mehr Partizipation auch im Zusammenhang mit den gegenwärtigen Herausforderungen in den Zeiten einer „Wirtschaftsdiktatur“ (Schemel 2010) lesen. Partizipation wäre damit sowohl ein mögliches „Gegengift gegen den gegenwärtigen Zustand der Demokratie“ (Pohl/Massing 2014, 5) als auch selbst Symptom von „Postdemokratie“ (Crouch 2013) und „Post-Politik“ (Žižek 2001, 272 ff.).

Die jeweiligen Implikationen dieser Zeitdiagnosen unterscheiden sich je nach Autor_in durchaus und sollen hier nicht ohne Weiteres übernommen oder vorausgesetzt werden. Vielmehr werden in der folgenden Auseinandersetzung mit verschiedenen sozialwissenschaftlichen und kulturphilosophischen Ansätzen unterschiedliche Lesarten des gegenwärtigen Partizipationsdiskurses herausgearbeitet und auf die mit ihnen verbundenen Formen der Subjektivierung befragt. Denn bei allen ihren Unterschieden stellen die hier herangezogenen Gegenwartsdiagnosen doch ausnahmslos „signifikante Zusammenhänge zwischen dem Wandel der Sozialpolitik und den Formen der Vergesellschaftung von Subjektivität, zwischen neuen Formen gesellschaftlicher Selbstorganisation und individueller Existenzsicherung, zwischen Gesellschafts- und Subjektidealen“ fest (Alkemeyer et al. 2013, 11). Mit anderen Worten: Den im Folgenden vorgeschlagenen Lesarten liegt ein Verständnis von Partizipation als einer Praxis der kulturellen Konstruktion und Produktion von Subjekten zugrunde.

Im Unterschied zum Analyseteil (→ III.), in dem einzelne Diskursfragmente analysiert und zu einem Partizipationsdiskurs(strang) in der Theaterpädagogik zusammengesetzt werden, wird in diesem Kapitel auf bereits bestehende Analysen

---

29 Zur Kritik an Bürgerbeteiligungsverfahren in der kommunalen Stadtplanung vgl. auch Leonhard (2013).

30 Vgl. hierzu auch „Paradoxes of Participation: Questioning Participatory Approaches to Delevopment“ (Cleaver 1999) sowie „The Participation Reader“ (Cornwall 2011).

bzw. Darstellungen und Positionen zum gesellschaftlichen Partizipationsdiskurs in den genannten Bezugswissenschaften zurückgegriffen und versucht, diese zu Lesarten zu bündeln. Dabei lässt sich dieser Versuch einer Systematisierung des Partizipationsdiskurses durchaus als erster Schritt zu der in dieser Arbeit verfolgten Diskursanalyse verstehen. Denn die Ergebnisse dieses Kapitels dienen gleichsam als Folie, vor der der theaterpädagogische Diskurs um Partizipation und die mit ihm einhergehenden Formen der Subjektivierung beurteilt werden sollen. Angesichts der Vielzahl an Beiträgen kann hier allerdings nicht der Anspruch erhoben werden, den gesamten Diskurs der Partizipationskritik abzubilden. Es geht vielmehr darum, in einer exemplarischen Befragung zentraler sozialwissenschaftlicher und kulturphilosophischer Beiträge einen Rahmen zu bilden, der weitere Fragen und Kategorien für die Analyse des theaterpädagogischen Partizipationsdiskurses bereitstellt.

Nach einer demokratietheoretischen Einordnung der Debatte um Partizipation werden dazu zunächst die aktuellen Diskurse in den Politik- und Sozialwissenschaften beleuchtet und verschiedene Interpretationen der gegenwärtigen Partizipationskonjunktur gegeneinander abgewogen (**2.1**). Im Einklang mit der gouvernementalitätskritischen Perspektive dieser Arbeit liegt der Schwerpunkt dabei auf jener soziologischen Position, die Partizipation als eine Praxis der zeitgenössischen Gouvernementalität bestimmt. Unter Heranziehung kulturwissenschaftlicher und -philosophischer Beiträge wird in dem Zusammenhang auch die für den aktuellen Partizipationsdiskurs charakteristische Verbindung zwischen Teilhabe- und Authentizitätsanspruch nachgezeichnet (**2.2**). Abschließend werden die wesentlichen Ergebnisse dieses Kapitels unter der Frage „Subjektivierung durch Partizipation?" zusammengefasst (**2.3**).

2.1 Partizipation als Fortschritt oder Krisensymptom?

Die vermehrte Rede von Partizipation und die vielen neuen Beteiligungsformen und -formate in den unterschiedlichsten gesellschaftlichen Kontexten stoßen in politikwissenschaftlichen und soziologischen Publikationen auf ein geteiltes Echo. Während einige Autor_innen diese Entwicklung als eine „‚Demokratisierung liberaler Demokratien'" (Roth 2011, 10) begrüßen, sprechen andere von einer „Mitmachfalle" (Wagner 2013) und von Bürgerbeteiligung als einem „Herrschaftsinstrument" (ebd.). Die meisten sind sich jedoch einig in der Interpretation, dass die neue Konjunktur der Partizipation eine Reaktion auf eine Krise sozialer und politischer Teilhabe und damit gleichzeitig auf eine Krise der Demokratie ist (vgl. Blühdorn 2013, 9 ff.), in der nicht nur durch steigende Ungleichheit Möglichkeiten sozialer Teilhabe schwinden, sondern auch herkömmliche Formen politischer Beteiligung, etwa über Parteien oder Gewerkschaften, zunehmend erodieren. So lassen sich neuere Partizipationsformen auch als Versuch verstehen, verloren gegangene Spielräume demokratischer Politik, die durch eine Übermacht großer international operierender Konzerne entstanden sind, zurückzugewinnen. Entscheidend für die Bewertung der gegenwärtigen Partizipationsemphase ist jedoch insbesondere der Politik- und Demokratiebegriff, der der jeweiligen Analyse zugrunde liegt. Um die Prämissen und Hintergrundannahmen, die bei der gegenwärtigen Diskussion um Partizipation mitschwingen, zu identifizieren, bedarf es daher zunächst eines Blicks auf die neuere demokratietheoretische Diskussion, insbesondere auf den Bereich der partizipatorischen Demokratietheorien.

2.1.1 Neuere partizipatorische Demokratietheorien

Als partizipatorische Theorien der Demokratie gelten insbesondere Ansätze der 1970er-Jahre aus dem angelsächsischen Raum, wie etwa von Carole Pateman: „Participation and democratic theory“ (1970) sowie von Peter Bachrach (1970), der später gemeinsam mit Aryeh Botwinick eine „Radical Theory of Participatory Democracy“ (1992) entworfen hat. Im Anschluss an die „partizipatorische Revolution“ (Kaase 1982) der 1970er- und 1980er-Jahre, der Blütezeit der Bürgerinitiativen in Westdeutschland, kam es in den 1990er-Jahren unter veränderten Vorzeichen zu einer Wiederaufnahme dieser Theorien und zu neueren Entwürfen partizipatorischer Demokratie: Ob „expansive democracy“ (Warren 1992, 8 ff.), „associative democracy“ (Hirst 1994), „starke Demokratie“ (Barber 1994), „dialogische Demokratie“ (Giddens 1997, 37 ff. sowie 165 ff.) oder „deliberative Demokratie“ (Fishkin 1991; Habermas 1992),[31] das gemeinsame Ziel dieser Ansätze liegt in der „[...] Beteiligung möglichst vieler über möglichst vieles und zwar im Sinne von Teilnehmen, Teilhaben und seinen-Teil-Geben einerseits und innerer Anteilnahme am Geschehen und Schicksal des Gemeinwesens andererseits“ (Schmidt 2000, 251). Außerdem betonen diese Theorien den Eigenwert politischer Beteiligung sowie die erzieherische Funktion von Demokratie bei der Heranbildung von Staatsbürger_innen (vgl. ebd.). Ging es in den 1960/70er-Jahren in der alten Bundesrepublik unter dem Brandt'schen Motto „Mehr Demokratie wagen!“ noch stärker um die Frage des Zugangs zu politischer und sozialer Teilhabe, so zielt der partizipatorische Ansatz heute unter der Formel „Mehr Partizipation wagen!“ (Bertelsmann Stiftung 2007) nicht nur auf eine Erweiterung des Kreises der Teilnahmeberechtigten, sondern vor allem auf eine Vertiefung bzw. Intensivierung

31 Vgl. die Darstellung „partizipatorische[r] Demokratietheorie“ in Schmidt (2000, 251 ff.).

ihrer Teilhabe. Dabei wird die angestrebte „authentische Beteiligung möglichst vieler an möglichst vielen öffentlichen Angelegenheiten" (Schmidt 2000, 253) in Form möglichst „tätige[r] Mitwirkung" entworfen (ebd., 252).

Zeitgenössische partizipatorische Demokratietheorien sind daher von direktdemokratischen Entwürfen abzugrenzen, die sich nicht nur durch ein anderes Konzept von Gemeinschaft – in direkten Demokratien ist der Begriff der Partizipation gewissermaßen obsolet –, sondern, im Falle der sozialistischen Rätedemokratien, auch durch eine instrumentelle Sicht auf Demokratie auszeichnen, d. h. Demokratie und Beteiligung stellen für diese Theorien keinen Wert an sich dar, sondern sind ein Mittel zu anderen Zwecken, wie etwa dem Übergang zum Kommunismus (vgl. ebd., 252 f.). Partizipatorische Demokratietheorien indes betonen geradezu den Eigenwert von Partizipation. Dabei lassen sich jedoch grundsätzlich zwei Stränge partizipatorischer Demokratietheorie voneinander unterscheiden. Der erste Strang, wie er etwa von Fritz Vilmar (1973) oder Benjamin R. Barber (1994) vertreten wird, tritt für die weitgehende Demokratisierung sämtlicher gesellschaftlicher Lebensbereiche ein. Für sie stellt Demokratie nicht nur eine Form der politischen Herrschaft, sondern auch eine Lebensweise dar. Zudem wendet sich z. B. Barber explizit gegen Repräsentation, die „Partizipation zerstöre und somit die Grundlagen von Demokratie unterminiere" (Schmidt 2000, 254). Im Gegensatz dazu lehnt ein zweiter Strang partizipatorischer Demokratietheorie, zu dem sich z. B. Jürgen Habermas (1992) und Anthony Giddens (1997) zählen lassen, die repräsentative Demokratie nicht grundsätzlich ab. Giddens etwa zielt vielmehr auf deren „dialogische Demokratisierung" (ebd., 159). Anstatt Partizipation und Repräsentation gegeneinander auszuspielen, bedürfe es der Stärkung des Dialogischen in der Demokratie (vgl. ebd.). Eine „dialogische Demokratie" ist ihm zufolge weder als Erweiterung oder Ergänzung der liberalen Demokratie noch als eine „Ausbreitung der *Rechte* oder die Vertretung von *Interessen*", sondern vielmehr als Förderung eines „*kulturellen Kosmopolitismus*" zu verstehen (ebd., Hervorh. i. O.). Dieser könne dabei helfen, Autonomieansprüche des Individuums und zwischenmenschliche Solidarität miteinander in Einklang zu bringen (vgl. ebd.). Giddens reagiert mit seinem dialogischen Modell auf die zunehmende Individualisierung in den westlichen Gesellschaften, die er grundsätzlich als einen Gewinn an Dialog- und Demokratiefähigkeit begrüßt (vgl. Giddens 1999, 50): „Wir müssen unser Leben heute aktiver gestalten als frühere Generationen, und wir müssen bewusster Verantwortung für die Folgen unserer Handlungen und der von uns gewählten Lebensformen übernehmen." (Ebd., 49) Der gesellschaftliche Zusammenhalt könne daher nicht mehr durch staatliche Eingriffe gewährleistet werden; vielmehr müsse der Sozialstaat grundlegend überdacht werden (vgl. Giddens 1997, 39) und statt klassischer Umverteilungspolitik müssten „Überlegungen zur Politik der Lebensführung angestellt werden" (ebd., 185). Dabei komme es auf eine

Stärkung der Autonomie des_der Einzelnen an, die Voraussetzung für einen erfolgreichen Dialog mit anderen sei. Denn der Dialog lasse sich vor allem als die Fähigkeit definieren, „durch Einsicht in die Integrität des anderen aktives Vertrauen zu schaffen" (ebd., 163): „Der Dialog zwischen einzelnen, die als Gleichberechtigte aufeinander zugehen, ist eine Qualität des Austauschs, die ausschlaggebend ist für das wechselseitige Verhältnis." (Ebd., 167) Eine solche dialogische Demokratie, die vor allem auf die Stärkung der Autonomie des einzelnen Individuums setzt, soll damit auch zur Überwindung des herkömmlichen Politikverständnisses beitragen, dem zufolge es bei Politik in erster Linie um Interessenkonflikte geht, die von großen Kollektiven, d. h. Parteien oder Gewerkschaften, ausgetragen und entsprechend ihrer gesellschaftlichen Kräfteverhältnisse entschieden werden (vgl. Wagner 2013, 131 f.).

Auch dem Ansatz der „deliberativen Demokratie" nach Jürgen Habermas (1992; 1996) liegt ein Politikbegriff zugrunde, der sich weniger über Interesse oder Macht als vielmehr über „öffentlichen Vernunftgebrauch" (ebd., 65 ff.) definiert. Habermas hat dazu in „Faktizität und Geltung" (1992) den aus der US-amerikanischen Rechtstheorie stammenden Begriff der Deliberation als einen „Verfahrensbegriff der Demokratie" (ebd., 349) übernommen und für seine demokratietheoretischen Vorstellungen präzisiert. Am Ideal eines herrschaftsfreien Diskurses orientiert, sieht er vor allem im demokratischen Verfahren die „ideale Prozedur für Beratung und Beschlussfassung" (ebd., 359). So liege der normative Gehalt deliberativer Demokratie in den „Diskursregeln und Argumentationsformen" (ebd., 360) selbst begründet, die dem Meinungs- und Willensbildungsprozess ihre legitimierende Kraft verleihen und es ermöglichen, „vernünftige bzw. faire Ergebnisse" zu erzielen (ebd.). Ausgehend von einer der Sprache immanenten Rationalität erfährt die Demokratie im deliberativen Modell eine Erweiterung ihrer Werte von Gleichheit und Freiheit um die Dimension des öffentlichen Vernunftgebrauchs. Entsprechend der Habermas'schen Theorie des kommunikativen Handelns sollen Sprecher_innen ihre Geltungsansprüche nicht auf Macht oder Interessen, sondern auf rationale Begründungen stützen. Dabei lehnt auch die deliberative Demokratietheorie Repräsentation nicht grundsätzlich ab, sondern setzt eher auf die Beteiligung der Bürger_innen in einem komplexen Geflecht formeller und informeller Diskursarenen (vgl. Buchstein 2005, 259), die neben die institutionalisierten Formen der politischen Willensbildung treten sollen. Die Voraussetzung deliberativer Politik liegt für ihre Verfechter_innen daher in einer vitalen Zivilgesellschaft, die im Habermas'schen Verständnis in expliziter Abgrenzung zu den interessegeleiteten und vermachteten Bereichen der Wirtschaft und des Staates gedacht wird (vgl. Habermas 1992, 443 ff.). Gegenüber den Zentren der Politik zeichne sich die Zivilgesellschaft nämlich durch den „Vorzug größerer Sensibilität für die Wahrnehmung und Identifizierung neuer Problemlagen" (ebd., 460) aus, da es in ihr nicht in erster Linie um Machterhalt oder die Durchsetzung eigener Interessen, sondern um „problemlösende Diskurse zu Fragen allgemeinen Interesses" gehe (ebd., 443 f.). So erscheint die Zivilgesellschaft als der Ort, an dem sich dem Ideal des herrschaftsfreien Diskurses näherkommen lässt: eine Sphäre „authentische[r] nichtvermachtete[r] Öffentlichkeit" (Schmidt 2000, 260). Neue, auch unkonventionelle Formen politischer und gesellschaftlicher Partizipation werden von den Vertreter_innen der deliberativen Demokratietheorie daher in der Regel begrüßt,[32] da sie in besonderem Maße auf einen öffentlichen Verständigungsprozess ausgerichtet seien und „das deliberative Potenzial der Demokratie [stärken], indem sie einen öffentlichen Diskurs einfordern" (Olteanu/de Nève 2013, 295).

2.1.2 Partizipationskritik in Soziologie und politischer Theorie

Wie dieser kurze Blick auf die neueren partizipatorischen Demokratietheorien gezeigt hat, basiert eine häufig anzutreffende Vorstellung von Partizipation auf einem Politikbegriff, dem zufolge Politik weniger über Interesse oder Macht definiert als vielmehr als ein vernunftgeleiteter Dialog aufgefasst wird. Die partizipierenden Subjekte werden hier als gleichberechtigte, autonome und integre Individuen entworfen, deren Autonomie durch mehr bzw. intensivere Partizipation – im Sinne einer „Politik der Lebensführung" (Giddens) – gesteigert werden soll. Vor diesem Hintergrund wird Partizipation auch ein Eigenwert beigemessen, wobei Beteiligung häufig in Form möglichst tätiger Teilnahme des einzelnen Individuums verstanden wird. Daher erscheinen besonders jene Partizipationsformen begrüßenswert, die diesem partizipatorischen Verständnis von Politik als einer Begegnung gleichberechtigter, autonomer und integrer Subjekte entsprechen.

Diese positive Lesart von Partizipation und auch die emphatische Vorstellung von einer nichtvermachteten Zivilgesellschaft, die vielen der neueren Ansätze partizipatorischer Demokratie zugrunde liegt, ist in den letzten Jahren vermehrt auf Kritik gestoßen. Der Kultursoziologe Thomas Wagner (2011; 2013) etwa spricht im Hinblick auf die gegenwärtige Verfasstheit der Bundesrepublik von einer „Mitmachrepublik, die hinter einer Beteiligungsfassade nicht mehr, sondern deutlich weniger Demokratie in sich birgt" (ebd., 11). Die Rede von der Zivil- oder Bürgergesellschaft, die auch die Modernisierungsdebatte bei SPD und Grünen Anfang der 2000er-Jahre bestimmte, habe maßgeblich zu einem heute vorherrschenden Verständnis von Demokratie geführt, „[...] das die gesamte politische Ordnung aus der Perspektive der Selbstorganisation und der Eigeninitiative der

32 Zur Rolle von Partizipation im aktuellen Diskurs der deliberativen Demokratie vgl. beispielhaft die Publikation „DELIKAT – Fachdialoge Deliberative Demokratie: Analyse Partizipativer Verfahren für den Transformationsprozess" (Umweltbundesamt 2014).

Bürger konzipiert […]" (ebd., 135). Dem entspreche auch das zentrale Motto rot-grüner Reformpolitik unter dem ehemaligen Bundeskanzler Gerhard Schröder: „Der Staat muss Verantwortung an die Zivilgesellschaft zurückgeben." (Ebd., 133)[33] Auch für Frank Adloff, einen der führenden Theoretiker der „Zivilgesellschaft" (2005), zielt der heutige gesellschaftspolitische Diskurs um die Zivil- und Bürgergesellschaft häufig „auf die Sozialfigur des aktiven, eigenverantwortlichen und gemeinsinnigen Bürgers", der als Gegenbild zum passiven, auf den Sozialstaat vertrauenden und egoistischen Besitzstandswahrer entworfen werde (ebd., 151 f.). Zudem verspreche man sich von einer Stärkung bürgerschaftlicher Organisationsformen eine Aktivierung von „Sozialkapital" (ebd., 152) und damit eine positive Ausstrahlung der Zivilgesellschaft auf die Funktionsfähigkeit von Wirtschaft und Demokratie (vgl. ebd.). Vor diesem Hintergrund erscheint jedoch die in der deliberativen Demokratietheorie in normativer Absicht vorgenommene Abgrenzung der Zivilgesellschaft von den interessegeleiteten und vermachteten Bereichen der Ökonomie und des Staates ambivalent. Denn wie sich insbesondere am Begriff des Sozial*kapitals* ablesen lässt, wird hier das ‚Nicht-Ökonomische' der Zivilgesellschaft wieder einer Verwertungslogik und den Gesetzen des Marktes unterworfen (vgl. Walk 2008, 106).

Der Haupteinwand gegen die gegenwärtige Partizipationseuphorie betrifft jedoch den mit ihr verbundenen Wandel des Demokratieverständnisses sowie des Begriffs des Politischen. Um diese Kritik nachzuvollziehen, soll im Folgenden zunächst geklärt werden, was genau unter dem Politischen zu verstehen ist. Im Anschluss an Jean-Luc Nancy und Philippe Lacoue-Labarthe wird in der neueren politischen Philosophie zwischen den Begriffen der Politik (*la politique*) und des Politischen (*le politique*) unterschieden. Im Gegensatz zu *la politique*, die sich auf Fragen der politischen Legitimation und Organisation bezieht, wie etwa auf „die Politik der CDU", geht es bei *le politique* um das Sein oder Wesen des Politischen (vgl. Bedorf 2010, 13 f.), das über die Kategorie der Politik im engeren Sinne hinausweist. Dieses Wesen des Politischen wird von den meisten zeitgenössischen Autor_innen, wie etwa von Claude Lefort, Ernesto Laclau und Chantal Mouffe, in einem Dissens, Konflikt oder Streit gesehen, der aus einer grundsätzlichen Spaltung des Sozialen erwächst (vgl. Bröckling/Feustel 2010b, 14).[34] Auch für Jacques Rancière liegt der

33 Hiermit ist nicht gemeint, dass der Staat sich aus allen öffentlichen Belangen zurückzuziehen habe, sondern dass er seine Rolle fortan als „aktivierend" begreifend soll (vgl. Probst 2002, 32). Im Bereich der Arbeitsmarktpolitik wurde diese neue aktivierende Funktion des Staates auf die Formel „Fördern und fordern" gebracht.

34 Für einen Überblick über die Debatte um das Politische vgl. „Das Politische denken" (Bröckling/Feustel 2010a) sowie „Die Rückkehr des Politischen – Demokratietheorien heute" (Flügel et al. 2004). Die Diagnosen der hier genannten postmarxistischen Philosoph_innen werden auch in den Politik- und Sozialwissenschaften zunehmend geteilt. So ist in zahlreichen Publikationen der letzten Jahre die Rede von der „Entpolitisierung" (Hirsch 2007; Serloth 2009), einem „Demokratieverdruss" (Embacher 2009), dem „Verschwinden der Politik" (Fach 2008) oder einer „unpolitischen Demokratie" (Walter/Michelsen 2013).

Kern des Politischen in einem prinzipiellen „Unvernehmen" (2002).[35] Der Unterscheidung in *le politique* und *la politique* nicht ganz unähnlich, differenziert Rancière zwischen „der Politik" (*la politique*) und „der Polizei" (*la police*). „Politik" bedeutet bei ihm etwas anderes als „[...] die Vereinigung und die Übereinstimmung der Gemeinschaften, die Organisation der Mächte, die Verteilung der Plätze und Funktionen und das System der Legitimierung dieser Verteilung" (ebd., 39). Diese klassische Vorstellung von Politik fasst er in Anlehnung an Michel Foucault vielmehr unter den Begriff der Polizei. Politik ist für ihn hingegen eine Praxis, die diese polizeiliche Ordnung ins Wanken bringt, die ihre „sinnliche Gestaltung zerbricht" und einen „Anteil[] der Anteillosen" einfordert (ebd., 41). Politik vollzieht sich demnach als „Bruch" (ebd.) mit der Polizei, es ist der Moment, in dem das Politische in Erscheinung tritt.[36] Der das Politische kennzeichnende Dissens sei jedoch in dem heute vorherrschenden konsensorientierten Demokratieverständnis allmählich verloren gegangen (vgl. ebd., 105 ff.). Unter anderem aus diesem Grund befinden sich für Rancière die westlichen Gesellschaften gegenwärtig im Zustand einer „Post-Demokratie [...], die die Erscheinung [...] und den Streit des Volks liquidiert hat, reduzierbar also auf das alleinige Spiel der staatlichen Dispositive und der Bündelung von Energien und gesellschaftlichen Interessen" (ebd., 111).[37]

Im Anschluss an Rancière spricht auch Slavoj Žižek angesichts dieses Verlusts des Politischen von einer „Post-Politik", in der der einstmalige „[...] Konflikt globaler ideologischer Entwürfe, die durch unterschiedliche Parteien, die um die Macht kämpfen, verkörpert werden, durch die Kollaboration von aufgeklärten Technokraten [...] mit liberalen Multikulturalisten" (Žižek 2001, 273) ersetzt werde. In dieser „Post-Politik", in der politische Fragen immer mehr zu technischen Verwaltungs- oder Managementfragen geworden sind, scheint ‚der Experte' zur dominanten Figur zu werden. Dabei beschränkt sich „Expertenwissen" (ebd.) jedoch nicht allein auf technische oder wissenschaftliche Expertise. Die gegenwärtige „unpolitische Demokratie" (Walter/Michelsen 2013) zeichne sich vielmehr dadurch aus, dass sie vermehrt auch „[...] ‚zivilgesellschaftliche Expertise' und damit, so scheint es, die (gute Seite der) Gesellschaft selbst inkludiert", um so „der Aura der Alternativlosigkeit

35 Mit seinem Buch „Das Unvernehmen", das 1995 im Original unter dem Titel „La Mésentente" erschien, hat Rancière die Debatte um das Politische zudem entscheidend geprägt.

36 Zu Jacques Rancières politischer und ästhetischer Philosophie vgl. ausführlicher Abschnitt II.3.2.1.

37 Auch Colin Crouch hat für seine Analyse der „Postdemokratie" (2013) in den letzten Jahren große Aufmerksamkeit erfahren. Allerdings hebt er, im Gegensatz zu Rancière, weniger auf den Verlust des Politischen ab, sondern übt vielmehr Kritik an der gegenwärtigen Art der Inszenierung von Politik. Postdemokratie bezeichnet bei ihm „[...] ein Gemeinwesen, in dem zwar nach wie vor Wahlen abgehalten werden, Wahlen, die sogar dazu führen, dass Regierungen ihren Abschied nehmen müssen, in dem allerdings konkurrierende Teams professioneller PR-Experten die öffentliche Debatte während der Wahlkämpfe so stark kontrollieren, dass sie zu einem reinen Spektakel verkommt, bei dem man nur über eine Reihe von Problemen diskutiert, die die Experten zuvor ausgewählt haben" (ebd., 10). Wie unter II.3.2.1 weiter herausgearbeitet wird, greift diese Form der Spektakelkritik jedoch zu kurz.

zusätzlichen Halt“ zu verleihen (ebd., 79). Symptomatisch hierfür ist die durchweg positive Konnotation der Begriffe „Bürgerbeteiligung“, „Zivilgesellschaft“ oder „bürgerschaftliches Engagement“. Der_die Bürger_in wird dabei immer als gemeinwohl-, sachorientiert und vernünftig vorausgesetzt. Die Kategorien des Interesses oder der Macht spielen hingegen eine marginale bis untergeordnete Rolle bzw. werden im Diskurs um Bürgerbeteiligung und Zivilgesellschaft nicht selten außer Acht gelassen.

Hinter einer heute häufig anzutreffenden Vorstellung von Partizipation steht demnach eine Konzeption von Politik, die Konflikte und den für das Politische konstitutiven Dissens in der Regel ausblendet, Formen politischer Gegnerschaft sowie die Unterscheidung zwischen Links und Rechts zu überwinden versucht und auf die Herstellung von Harmonie und Konsens abzielt. Darüber hinaus abstrahiert der gegenwärtige Partizipationsdiskurs meist von gesellschaftlichen Machtverhältnissen. Auch in den Theorien dialogischer oder deliberativer Demokratie wird die Frage nach den jeweiligen Machtverhältnissen und die Art und Weise, wie sie die Gesellschaft strukturieren, weitgehend offengelassen (vgl. Mouffe 2007b, 68). Gerade staatliche Angebote von Bürgerbeteiligung haben Thomas Wagner zufolge dazu beigetragen, Politik immer weniger als die Art und Weise zu verstehen, wie Interessenkonflikte ausgetragen werden, und sie stattdessen zu einer „konsensorientierten Kooperation“ zu verharmlosen (Wagner 2013, 135). So erscheint Partizipation in der Regel als ‚etwas Gutes‘. Dabei wird jedoch ausgeblendet, dass bisweilen auch durch bürgerschaftliche Aktivierungsprozesse „[...] ‚unerwünschte‘ marginale gesellschaftliche Gruppen ausgegrenzt bzw. vertrieben werden“ (Walk 2008, 107), wenn es z. B. bei einer Bürgerinitiative darum geht, eine Unterkunft für Geflüchtete in der eigenen Nachbarschaft zu verhindern. Diese Dimension wird im Diskurs der Partizipation, genauso wie die Problematik der Verlagerung staatlicher Funktionen wie etwa Dezentralisierungs- und Privatisierungstendenzen, weitgehend ignoriert (vgl. ebd.). Stattdessen bezeichnet Partizipation häufig „ein konsensbasiertes, entschieden positives und politisch korrektes Mittel der unschuldigen Beteiligung an gesellschaftlichen Strukturen“ (Miessen 2010, 47).

Ein zentraler Grund für diese Entwicklung wird von vielen der hier angeführten Zeitdiagnostiker_innen in einer scheinbaren politischen Alternativlosigkeit zum Neoliberalismus gesehen, wie sie einst von Margaret Thatcher, der Wegbereiterin neoliberaler Reformen in Großbritannien, mit den Worten „There is no alternative“ – im englischen Sprachraum auch unter dem Akronym „TINA“ bekannt – auf eine Formel gebracht wurde. Dieses TINA-Prinzip wird bis heute immer wieder beschworen, wenn suggeriert werden soll, dass es bei politischen Entscheidungen aufgrund nicht vorhandener Alternativen keiner Diskussion bedürfe. Das von der deutschen Bundeskanzlerin Angela Merkel im Zusammenhang mit ihrer Politik während der Finanz- und Staatsschuldenkrise häufig gebrauchte Wort „alternativlos" wurde vor diesem Hintergrund zum Unwort des Jahres 2010 gewählt. Mehr Partizipation scheint dabei weniger ein Gegenentwurf zu diesem vorherrschenden neoliberalen Paradigma, als vielmehr selbst Teil des postdemokratischen TINA-Dogmas zu sein: „In dem Maße, wie die wichtigsten politischen Entscheidungen nach scheinbar objektiven ökonomischen Maßgaben als alternativlos dargestellt werden, erscheint es notwendig, den Bürgern immer neue Möglichkeiten demokratischen Mittuns zu eröffnen." (Wagner 2013, 150) Kennzeichen dieser „partizipativen Erscheinungsform der Demokratie" (ebd.) sei demnach, dass sie subjektiv erlebbar mache, was an demokratischen Verfahren bereits ausgehöhlt wurde (vgl. ebd.).

Die Attraktivität von Partizipation lässt sich somit als Ausdruck einer gesellschaftlichen Krise und insbesondere einer Krise der Parteien des linken politischen Spektrums deuten, die Mitgliederbefragungen oder -entscheide immer mehr zu einem Ersatz für eine inhaltliche Neubestimmung ihrer Politik machen. Partizipative Verfahren stellen damit nicht nur eine „Antwort auf die Steuerungsdilemmata politischer Entscheidungsträger" (Junge 2009) dar, sondern sind gleichzeitig ein Mittel zum „Outsourcing von Verantwortung" (Miessen 2010, 45) in Zeiten allgemeiner politischer Verunsicherung. Es scheint bisweilen, dass Partizipation selbst zum *Inhalt* von Politik, ja, zu einem Selbstzweck geworden ist. So kommt es im Zuge von Bürgerbeteiligungsverfahren nicht selten zu einer Verlagerung des Interesses weg vom (Streit-)Thema hin zu Verfahrensfragen (vgl. Wagner 2013, 15).

Vor diesem Hintergrund wird Partizipation von den genannten Autor_innen weniger als Lösung, denn als Symptom dieser postdemokratischen oder „post-politische[n] Vision" (Mouffe 2007b, 64) gelesen. Mehr Partizipation scheint sogar das postdemokratische Dilemma noch zu verstärken. Dies zeigt sich besonders deutlich anhand aktueller Studien, die belegen, dass an den neuen, unkonventionellen Beteiligungsformen Ober- und Mittelschichtsangehörige zu einem signifikant höheren Anteil partizipieren als Angehörige der sogenannten Unterschicht (vgl. Jörke 2011, 17). Auch eher traditionelle Verfahren der Bürgerbeteiligung, wie Referenden und Volksentscheide, erreichen die sogenannten abgehängten Gesellschaftsschichten noch weniger, als dies etwa Wahlen zum Bundestag oder den Landesparlamenten vermögen (vgl. ebd., 15 ff.). Angesichts dieses Befunds spricht der Politologe Franz Walter in der von ihm mitherausgegebenen Studie „Die neue Macht der Bürger" (Marg et al. 2013) von Partizipation als einem „Katalysator der Ungleichheit": „Die neue Partizipationsdemokratie fördert keineswegs die zivilgesellschaftliche Integration, sie öffnet vielmehr die Schere zwischen ‚unten' und ‚oben' noch mehr, vertieft also die soziale Ungleichheit, statt sie einzudämmen." (Walter 2013, 307)

Dadurch drohe eine Auflösung des Zusammenhangs von politischer und sozialer Gleichheit: „Insofern nämlich die Interessen und Bedürfnisse der sogenannten bildungsfernen Schichten in den politischen Prozess nur noch unzureichend eingespeist werden, es auf deren Stimme kaum noch ankommt, erfolgt eine Verengung der politischen Willensbildung." (Jörke 2011, 17) Die Zunahme direktdemokratischer Mechanismen, aber auch die Einführung neuerer partizipativer Verfahren im Sinne der deliberativen Demokratie verstärken damit den „Trend zur Postdemokratie" (ebd.) möglicherweise noch:

> Postdemokratische Partizipation ist nicht mehr das Gegenstück und Gegengift zu Marginalisierung und Exklusion, sondern sie ist […] ein wichtiges Mittel und Instrument: Postdemokratische Partizipation bedeutet wesentlich Inklusion in die Exklusionspolitik, kooptierte Teilhabe an der Marginalisierungspolitik, Demokratisierung der Politik der zunehmenden Ungleichheit. (Blühdorn 2013, 202 f., Hervorh. i. O.)

Partizipation kann vor diesem Hintergrund auch als ein Mittel der Beschwichtigung und Beruhigung beschrieben werden, als, wie Markus Miessen dies nicht unpolemisch formuliert, eine gesellschaftliche „[…] Beruhigungspille, nicht im Sinne von potenziellen Entscheidungen, die die Bevölkerungsmassen treffen könnten, sondern indem man ihnen den Boden unter den Füßen wegzieht, von dem aus sie aktiv die Aktionen der Entscheider und Volksvertreter kritisieren könnten" (Miessen 2010, 39). Mit anderen Worten: Wenn möglichst viele beteiligt und einbezogen werden, ist auch weniger Widerspruch zu erwarten. Verfahren der Beteiligung fungieren folglich als Mittel zum *Entzug von Distanz*. Die Verringerung der Distanz der Bürger_innen gegenüber politischen Entscheidungsträger_innen hat dann die Konsequenz, dass Erstere als Partizipierende ebenfalls in die Verantwortung genommen werden, wobei gleichzeitig das klassische Prinzip politischer Verantwortlichkeit und Rechenschaftspflicht zu einem gewissen Grad untergraben wird. Während nämlich im repräsentativen System die Gewählten – ob Mandat oder Parteiamt – auch die Verantwortung für ihre Entscheidungen und ihr politisches Handeln tragen und sich gegenüber den Wähler_innen rechtfertigen müssen, verwischt in partizipativen Formen der Entscheidungsfindung diese klare Zuordnung von Verantwortung. Denn alle Partizipierenden tragen eine (zumindest Teil-)Verantwortung für die von ihnen – oder auch nicht von ihnen – getroffenen Entscheidungen. Wenn aber alle ‚im selben Boot' sitzen, gibt es keine eindeutigen Adressat_innen mehr, die zur Verantwortung gezogen werden könnten bzw. an die sich dann eine mögliche Kritik oder auch Protest richten könnte. Der Entzug von Distanz durch partizipative Verfahren kann so auch zu einem Entzug von Möglichkeiten der Kritik führen.

Die vielfältigen Beteiligungsangebote vonseiten der Politik und Verwaltung können daher als „Einbindungstechniken" (Wagner 2013, 15) oder Formen des

„Akzeptanzmanagements" (ebd., 18) gelesen werden.[38] Partizipation ist jedoch nicht nur ein Instrument zur Kanalisierung von Protest, sondern dient möglicherweise ganz real der Entlastung des Staates (vgl. ebd., 23). So konstatiert der Politologe Ingolfur Blühdorn, dass sich in Politik und Verwaltung längst die Einsicht durchgesetzt habe, „[...] dass ein umfassendes Maß an zivilgesellschaftlicher Partizipation die Umsetzbarkeit, Effizienz und Legitimität der öffentlichen Verwaltung erheblich verbessern kann" (Blühdorn 2013, 200). Partizipation werde in der Folge zu einer wichtigen Ressource, da sie „eine Quelle von Wissen bietet [...], den Entscheidungsträgern und den an der Umsetzung beteiligten Institutionen Verantwortung abnimmt, [...] ein Instrument der Kostenersparnis darstellt und/oder den Vollzug [...] des angeblich Alternativlosen zusätzlich mit demokratischer Legitimität ausstattet" (ebd.). Daher handelt es sich bei Beteiligungsangeboten auch so häufig um Aktivierungsprogramme: Der_die einzelne Bürger_in wird hier aktiviert, um seine_ihre potenziell „bedrohliche Passivität" (Žižek 2008, 40)[39] zu unterbrechen und ihn_sie gleichzeitig in die Verantwortung zu nehmen. So sieht auch Žižek die eigentliche Gefahr eher in einer „Pseudoaktivität, im Zwang, aktiv zu sein und teilzunehmen" (ebd.) und weniger in einer angeblichen Passivität der gegenwärtigen Gesellschaft: „Die Leute intervenieren die ganze Zeit, versuchen, ‚etwas zu tun', die Akademiker nehmen an bedeutungslosen Debatten teil. Das wirklich Schwierige ist, einen Schritt zurückzutreten und sich zu entziehen." (Ebd.)

2.1.3 Echte Partizipation versus Demokratiesimulation?

Die Kritik der hier genannten Autor_innen am gegenwärtigen Partizipationsdiskurs und den neueren Formen von Beteiligung ist nicht als grundsätzliche Infragestellung von Partizipation als demokratischem Prinzip misszuverstehen. So setzt Demokratie immer Partizipation voraus – der Berliner Philosoph Volker Gerhardt spricht von Partizipation sogar als *dem* „Prinzip der Politik" (Gerhardt 2007). Allerdings bedeutet „mehr Partizipation [...] nicht automatisch mehr Demokratie" (van Deth 2014, 12). Vielmehr besteht zwischen Demokratie und Partizipation eine „schwierige Beziehung" (ebd.). Problematisch, so der Politikwissenschaftler Jan W. van Deth, sei

38 Zur Veranschaulichung dieser Einbindungstechniken durch Partizipation führt Thomas Wagner folgendes Zitat des Direktors des unternehmernahen Instituts der deutschen Wirtschaft Köln an: „Welche Rahmenbedingungen können geschaffen werden, dass sich die Bürgerinnen und Bürger frühzeitig mit politisch und administrativ geplanten Projekten identifizieren, sich beteiligen und für deren erfolgreiche Realisierung auch verantwortlich fühlen?" (Hüther, zit. nach Wagner 2013, 18). Vgl. hierzu auch: „Strategische Einbindung. Von Mediationen, Schlichtungen, runden Tischen ... und wie Protestbewegungen manipuliert werden. Beiträge wider die Beteiligung" (Wilk/Sahler 2014).

39 Diese von Žižek sogenannte bedrohliche Passivität beschreibt Wolfgang Fach folgendermaßen: „Partizipationsdefizite gefährden nicht allein das repräsentierte Leben, sondern können auch die Repräsentanten selbst in arge Verlegenheit stürzen. Denn eine indifferent ‚schweigende Mehrheit' ist wie ein ‚schwarzes Loch' (Jean Baudrillard). Niemand kann erahnen, was in den Köpfen draußen im Lande eigentlich vorgeht [...]" (Fach 2004, 200).

allerdings, dass auch viele Autor_innen, die den Zustand der gegenwärtigen Demokratie beklagen, sich weniger diesem „schwierige[n] Verhältnis zwischen Partizipation und Demokratie" (ebd., 11) widmen, als sich vielmehr auf „[...] allgemeine Plädoyers für ‚echte' Partizipation [beschränken], wobei die Bürgerinnen und Bürger nicht nur mitmachen, sondern auch ‚tatsächlich' bestimmen, was passieren soll" (ebd., 25). Daher greift z. B. auch die Kritik Thomas Wagners (2013) an der „pseudodemokratischen Mitmachrepublik" (ebd., 154) zu kurz, wenn er in dieser lediglich eine „Beteiligungsfassade" (ebd., 11) und eine „Demokratiesimulation" (ebd., 21) erkennt und stattdessen über „echte Partizipation" zu einer „Überwindung von Herrschaft" (ebd., 11) gelangen will. Denn auch „die Herrschaft aller über alle" bleibt eine Form der Herrschaft, genauso wie „die Selbstregierung eine Regierung und auch das frei gewählte Gesetz ein Gesetz" ist (Bröckling/Feustel 2010b, 17). Machtverhältnisse lassen sich also nicht per se abschaffen, sie lassen sich höchstens verändern: „[...] if we accept that relations of power are constitutive of the social, then the main question for democratic politics is not how to eliminate power but how to constitute forms of power more compatible with democratic values" (Mouffe 2000, 14).

Problematisch ist die ‚reine Lehre' der Partizipation auch deshalb, weil sie auf eine vermeintlich „unmittelbare Beteiligung" (Kohler-Koch 2011, 241) Einzelner setzt und damit Formen der Repräsentation in der Regel ablehnt bzw. abwertet. Repräsentation meint hier nicht allein die Vertretung von Wählenden durch Gewählte, sondern bezieht sich allgemein auf Praktiken der Darstellung politischer Subjekte. Das soziale und politische Subjekt – ob als Individuum, Kollektiv oder auch Gemeinschaft – entsteht jedoch erst über die diskursive Praxis der Artikulation; seine Konstitution kann sich nur über den Vorgang der Repräsentation vollziehen: „We live in a world in which there is no original presence and so we are necessarily caught in the nets of representation. [...] representative processes are essential to the constitution of political identities." (Laclau 2012, 391 f.) Wie auch Juliane Rebentisch in ihrem Buch „Die Kunst der Freiheit" (2012) dargelegt hat, wird jede soziale Wirklichkeit erst durch das Symbolische und Repräsentative hervorgebracht; es kann keine Unmittelbarkeit, kein einfaches Dasein sozialer und politischer Subjekte geben: „Den *demos* der Demokratie gibt es nie jenseits seiner Repräsentation, [...] es gibt ihn nie jenseits von Macht- und Herrschaftsverhältnissen. Ebendieser Umstand wird aber in einer Demokratie nicht verdeckt, sondern ausgestellt, man könnte sagen: aufgeführt [...]" (ebd., 362, Hervorh. i. O.). Indem die reine Lehre der Partizipation auf eine unverstellte und unmittelbare Form der Demokratie abzielt, verdeckt sie jedoch diese fundamentale Selbstdifferenz des *demos* (vgl. Jurt 2012). In der Folge kann es auch keinen Konflikt um die Gestalt (und Ausgestaltung) des *demos* mehr geben, da dieser gleichsam als gegeben und häufig als Gemeinschaft vorausgesetzt wird. Wie unter II.2.1.2 bereits ausgeführt wurde, findet aus der Perspektive einer Philosophie des

Politischen demokratische Politik nur dort statt, „[...] wo sie sich selbst spaltet, wo also Gemeinschaften in ihrer jeweiligen politischen Gestalt durch ihr Anderes politisch infrage gestellt und zu einer Veränderung gezwungen werden" (Rebentisch 2013, 65). Dies bedeutet nicht etwa das Ende, sondern den Anfang von Repräsentationskritik: „Sofern es Modi neoliberaler Repräsentation gibt, die durch die Suggestion einer ‚All-Sichtbarkeit' von allem und jedem (Rancière) der Darstellung des Konflikts entgegenstehen, bedarf es einer Kritik der Repräsentation im ursprünglichen Sinne einer unterscheidenden Tätigkeit." (Rebentisch 2007, 121 f.)

Anstatt für eine angeblich echte Partizipation plädieren viele der neueren politischen Theorien daher für eine Wiedergewinnung der Dimension des Politischen in Form eines Widerstreits zwischen gesellschaftlich-politischen Alternativen. Dabei lassen sich jedoch Unterschiede zwischen dem Begriff des Politischen bei einem Philosophen wie Jacques Rancière und stärker politikwissenschaftlich ausgerichteten Modellen wie bei Chantal Mouffe erkennen. Während Rancière das Politische bzw. „die Politik" gerade von ihren institutionalisierten Formen („Polizei") bewusst abgrenzt, zielen Mouffes Überlegungen auf die Frage, wie sich der für das Politische konstitutive Antagonismus demokratisieren lässt. Dabei strebt sie eine Institutionalisierung der antagonistischen Kräfte im Sinne ihrer demokratischen Einhegung an, die sie als „Agonismus" bezeichnet (Mouffe 2007b, 29).[40] Diese agonistische Form demokratischer Politik erkennt den Antagonismus einerseits an, ‚zähmt' ihn andererseits aber auf eine Weise, damit er die politische Gemeinschaft nicht zerstört: „Das heißt, es muss zwischen den miteinander im Konflikt liegenden Parteien eine Art gemeinsamen Bandes bestehen, damit sie den jeweiligen Gegner nicht als zu vernichtenden Feind betrachten, dessen Forderungen illegitim sind [...]" (ebd.). Hier schließt Mouffe explizit an den antagonistischen Begriff des Politischen bei Carl Schmitt mit seiner Unterscheidung von Freund und Feind an. Im Gegensatz zu Schmitt spricht sie jedoch nicht vom Feind, sondern von einem Gegner.[41] Dieser sei aber etwas anderes als der Konkurrent in der liberalen Wettbewerbsdemokratie, in der die Demokratie lediglich als Wettstreit der Eliten konzipiert wird, die Hegemonie bzw. die bestehenden Machtverhältnisse jedoch nicht infrage gestellt werden (vgl. ebd., 31). Der Begriff des Gegners mache vielmehr deutlich, dass es bei Politik um einen „Kampf zwischen unvereinbaren hegemonialen Projekten" geht, „die niemals rational miteinander versöhnt werden können" (ebd.). Dabei erkenne ein solcher Begriff des Politischen an, dass jede gesellschaftliche Ordnung auf einer Form von Ausschließung basiere und es immer andere, unterdrückte Möglichkeiten gebe, die sich reaktivieren lassen (vgl. ebd., 27).

40 Vgl. in diesem Zusammenhang auch Mouffes jüngere Publikation mit dem Titel „Agonistik" (Mouffe 2015).

41 Auch lehnt sie eine Essentialisierung der Unterscheidung zwischen Freund und Feind ab, wie sie bei Schmitt zu finden ist. Für Schmitt ist nämlich der Feind „der Andere, der Fremde, und es genügt zu seinem Wesen, dass er in einem besonders intensiven Sinne existenziell etwas Anderes und Fremdes ist [...]" (Schmitt 1963, 14).

Markus Miessen schlägt daher im Anschluss an Chantal Mouffe ein alternatives, agonistisches oder konflikthaftes Verständnis von Partizipation vor (vgl. Miessen 2010, 101), das sich gegen das Ideal einer authentischen Konsensgemeinschaft wendet, in der Bürger_innen in einem herrschaftsfreien Diskurs auf rationalem Wege nach der bestmöglichen Lösung für das entsprechende Problem suchen: „Jede Form von Partizipation ist bereits eine Form von Konflikt. […] Um in jeder Umgebung oder gegebenen Situation partizipieren zu können, muss man die Kräfte oder Konflikte verstehen, die diese Umgebung beeinflussen." (Ebd., 46) Insbesondere „Formen der ‚uneingeladenen' eigenständigen Beteiligung" von gesellschaftlichen Gruppen, die sich von „standardisierten Modellen ‚eingeladener' Partizipation" (Wehling 2012, 43) unterscheiden, oder solche, die „den argumentativen Streit um Alternativen fördern" (Linden 2012), können als Beispiele für agonistische Partizipation verstanden werden. Darüber hinaus ließe sich auch die von Thomas Wagner beschriebene Möglichkeit, zur Einbindung von Bürger_innen gedachte Beteiligungsangebote „zum Zwecke der Aufklärung und Gegenmobilisierung" zu nutzen (Wagner 2013, 152), als eine Form agonisitischer oder konflikthafter Partizipation begreifen.

2.2 Zwischen Gouvernementalität und Authentizitätsversprechen

Vor dem Hintergrund der hier dargestellten Problematik beschäftigen sich aktuellere soziologische Untersuchungen (vgl. etwa Bröckling 2005; Junge 2008) vermehrt mit dem gouvernementalen Charakter von Partizipation. Demnach lässt sich der gegenwärtige Diskurs um Beteiligung auch als Teil der zeitgenössischen Gouvernementalität lesen (→ II.1). Die vielen Partizipationsangebote und Mitmachappelle in den westlichen Gesellschaften stellen aus dieser Perspektive nicht nur einen Versuch der Aktivierung von Techniken der Selbst-Regierung dar, sondern sind auch als ein Versuch der Formung dieser Subjekte zu verstehen. Wie im vorangegangenen Abschnitt deutlich wurde, zeichnet sich die Rede von Partizipation insbesondere durch die Betonung des Eigenwerts von Beteiligung und ihrer erzieherischen Funktion bei der Heranbildung von (Staats-)Bürger_innen aus. Subjektivierung ist damit für den gegenwärtigen Partizipationsdiskurs gewissermaßen programmatisch, was sich unter anderem in Giddens' Formel von einer Politik der Lebensführung niederschlägt. Aus diesem Grund steht auch, wie dies Thomas Wagner analysierte, bei vielen Verfahren der Bürgerbeteiligung die subjektive Erlebbarkeit der Teilhabe so stark im Vordergrund, die bisweilen vor das Interesse am Inhalt oder an der Sache, die es eigentlich zu entscheiden gilt, rückt.[42] So dient Partizipation insbesondere der Formung von Subjekten, etwa von eigenverantwortlichen Bürger_innen. Im Folgenden soll daher die hier vorgenommene Systematisierung des Partizipationsdiskurses unter einer solchen gouvernementalitätstheoretischen Perspektive noch einmal fokussiert werden. Dabei werden zwei Fragen im Vordergrund stehen: 1. Wie, d. h. auf welche Weise wird durch Partizipation Subjektivierung betrieben? 2. Welche Formen der Subjektivierung bzw. welche Vorstellungen vom partizipierenden Subjekt liegen dem aktuellen gesellschaftlichen Diskurs um Partizipation zugrunde?

2.2.1 Partizipation als gouvernementale Praxis

Eine wesentliche Eigenschaft partizipativer Praktiken betrifft, wie dies bereits mehrfach angeklungen ist, die mit ihnen einhergehende *Responsibilisierung* der Teilnehmenden. So beinhaltet das Mitmachen und Dabeisein nicht nur einen Verlust an Distanz – und damit möglicherweise an Fähigkeit zu Kritik –, sondern auch eine Übertragung von Verantwortung: Partizipation bedeutet demnach einerseits „Ermächtigung, Verantwortung zu übernehmen“, wird andererseits jedoch zu einer „Regierungstechnologie, die Verantwortungen verlagert“ (Junge 2008, 371). Mit den „Zugeständnissen der Teilhabe“ sind daher auch „tiefgreifende Zumutungen verbunden“, z. B. „[…] sich als verantwortungsbewusstes Subjekt zu konstituieren, das sich als ‚guter Bürger‘ bereit erklärt, die Folgen nicht selbst induzierter Handlungen zu tragen“ (ebd., 375). Dabei erscheinen politische oder soziale Fragen häufig als individuelle Angelegenheiten und werden in die Entscheidungsgewalt des_der Einzelnen gelegt. In der Folge werden auch Gerechtigkeitsfragen weniger auf einer politischen Ebene entschieden, sondern zum Gegenstand von Wahlhandlungen z. B. einzelner Konsument_innen erklärt. Wie bereits im Zusammenhang mit den partizipatorischen Entwürfen deliberativer oder dialogischer Demokratie erörtert wurde, wird das partizipierende Subjekt somit nicht nur als verantwortungsbewusstes Wesen angerufen, sondern auch dazu angehalten, sich rational und gemeinwohlorientiert zu verhalten und nicht allein seinen eigenen Interessen zu folgen.

Die Responsibilisierung der Subjekte erfolgt in der Regel im Modus der Anerkennung. Im ersten Kapitel (→ II.1) wurde Anerkennung als die grundlegende Struktur und das zentrale Medium der Subjektkonstitution bestimmt. Demzufolge geht mit der Anrufung des Subjekts auch dessen Anerkennung einher. Indem die_der Einzelne die (soziale) Ordnung anerkennt, erfährt sie_er Anerkennung als Subjekt dieser Ordnung. Die Operationalisierung des relationalen Konzepts der Anerkennung erfolgt wiederum über das Konzept der Adressierung. In vielen partizipativen

42 Dies kommt beispielsweise im Titel eines Handbuchs zur Durchführung von Beteiligungsprojekten mit Kindern und Jugendlichen der Bertelsmann-Stiftung, „Mitwirklung (er)leben“ (2008), zum Ausdruck.

Formaten (der Bürgerbeteiligung etc.) werden – wie oben bereits erwähnt wurde –, die einzelnen Teilnehmenden häufig als Expert_innen adressiert. So bezeichnet etwa das Institut für Partizipatives Gestalten Oldenburg die Teilnehmenden an partizipativen Prozessen als „Experten des eigenen Lebens" (Rohr 2015). Der Soziologe und Erziehungswissenschaftler Torsten Junge beschreibt in seiner Studie „Gouvernementalität der Wissensgesellschaft" (2008) diese Form der Anrufung anhand des Beispiels von Bürgerkonferenzen zu kontroversen Forschungen in den Biowissenschaften. Auch hier werden Bürger_innen als Expert_innen adressiert:

> Bürger sollen beteiligt und in die Verantwortung genommen werden, eine Entwicklung, die bei den Betroffenen mit Dankbarkeit zur Kenntnis genommen wird, da sie eine Anerkennung verspricht, die weder die prekär gewordene monetäre Auszeichnung noch andere tradierte Formen der Identitätsstabilisierung gewährleisten können [...]. In diesem deliberativen Setting wird der Einzelne in den Stand eines Experten unter Experten erhoben, der kraft seines Verstandes, seiner Mündigkeit und seines Gewissens ein ethisches Urteil fällen soll. (Ebd., 368)

Damit reagieren Bürgerkonferenzen nicht nur auf ein Ohnmachtsgefühl der Bürger_innen angesichts kontroverser Entwicklungen in der Forschung, wie etwa in der Biomedizin (vgl. ebd., 10 ff.), sondern sie nutzen auch den Wissensschatz dieser neuen Expert_innen. *Citizen Science* lautet hier das Schlagwort für eine neue transdisziplinär-partizipative Forschungsform, die zunehmend auch in Deutschland Verbreitung findet. Allerdings, so bemerkt Junge, wird die Rolle des_der Laien_Laiin damit „als oppositionäre aufgegeben" (ebd., 377) und das kontroverse wissenschaftliche Wissen oder Forschungsergebnisse, die zur Disposition standen, werden in ihrer Funktionsweise reproduziert: „Die Deutungsweise, die Bürgerkonferenzen als Moment der freien Meinungsäußerung, Demokratie und Partizipation versteht, vernachlässigt den Effekt der Partizipation als ‚Erziehungsprozess', durch den das dialogische und konsensorientierte Prinzip erlernt werden kann." (Ebd.)

Auf welche Weise die_der Einzelne durch Partizipation responsibilisiert, d. h. in die Verantwortung genommen wird, lässt sich auch an den Entwicklungen im Wirtschafts- und Arbeitsleben ablesen. So ist Partizipation im Managementdiskurs schon seit Langem zu einem *buzzword* geworden. Die Privatwirtschaft war sogar Vorreiter, was Fragen der Beteiligung von Mitarbeiter_innen angeht. Wie Luc Boltanski und Ève Chiapello in ihrer Studie „Der neue Geist des Kapitalismus" (2003) konstatieren, haben die Unternehmen auf die Forderungen nach Emanzipation im Anschluss an die 1968er-Bewegung „die überkommenen Disziplinarformen" der Unternehmensorganisation zugunsten flacherer Hierarchien gelockert (ebd., 524). Im Zuge dieser Entwicklung hat sich jedoch auch das (Arbeitnehmer-)Interesse „[...] von der bis dahin dominanten Frage, wie der Wertzuwachs zu verteilen sei, auf das

Verhalten innerhalb der Hierarchiestrukturen verlagert" (ebd.). Dabei kam es bereits im Laufe der 1980er-Jahre zu einem signifikanten Bedeutungswandel in der Unternehmenskultur. Wie Wolfgang Streeck in einem Vortrag aus dem Jahr 2000 über die Entwicklung der industriellen Demokratie in Westdeutschland konstatiert, ist in deutschen Unternehmen immer weniger von Mitbestimmung (etwa durch den Betriebsrat) als vielmehr von Beteiligung die Rede (vgl. Streeck 2000, 60):

> Beteiligung, im Unterschied zur klassischen Mitbestimmung, bezieht sich auf den Einzelnen als Angehörigen einer *Leistungsgemeinschaft*. Ihr Akteur ist nicht in erster Linie die Belegschaft als Ganze, als organisierte Gruppe (oder auch, wenn man so will, als Klasse), sondern es sind Individuen, die als solche zurechenbare Verantwortung bei dezentralen Entscheidungen, im Grunde bei Unternehmensentscheidungen, übernehmen. Das neue Unternehmen ist dezentral organisiert. Der einzelne Arbeitnehmer am Arbeitsplatz hat Entscheidungen zu treffen, die in traditionellen Unternehmen zentralisiert waren, und das ist im Kern, was Beteiligung heute bedeutet. (Ebd., 61, Hervorh. i. O.)

Beteiligung, so zitiert Streeck den Chef eines führenden europäischen Technologieunternehmens, sei dabei kein Recht, sondern die Pflicht des_der Arbeitnehmer_in, denn: „wer sich bei uns nicht beteiligt, der wird entlassen" (ebd., 60). Partizipation im Unternehmen bedeutet somit in erster Linie „Übernahme von *Verantwortung* für das Unternehmen" (ebd., 61, Hervorh. i. O.) und zwar durch die einzelnen Mitarbeiter_innen. Diese sollen sich nicht mehr als Mitglieder der Belegschaft, d. h. eines bestimmten Teils des Unternehmens verstehen, sondern sich mit dem gesamten Unternehmen identifizieren und Mitverantwortung für die Führung und Entwicklung ihrer Firma übernehmen. Dieses In-die-Verantwortung-Nehmen des_der einzelnen Arbeitnehmer_in durch „partizipative Unternehmensführung" scheint aus Sicht des Managements offenbar durchaus nutzbringend zu sein, da es die, wie es in der einschlägigen Managementliteratur heißt, „Effizienz, Kreativität und Innovationsfähigkeit" des Unternehmens signifikant steigere (Seelinger 2014).

Am Beispiel der Beteiligung in Unternehmen lässt sich zudem die hier beschriebene ‚Verschiebung' im Partizipationsdiskurs besonders gut veranschaulichen. Während das alte Mitbestimmungsmodell den für Gesellschaft und Ökonomie strukturellen und prinzipiell unauflösbaren Konflikt zwischen Arbeit und Kapital und die konstitutive ‚Spaltung' großer Wirtschaftsunternehmen in Belegschaft und Unternehmensführung, die sich grundsätzlich in Opposition zueinander befinden, anerkennt, soll diese Kluft in einer partizipativen Unternehmenskultur zugunsten einer *Corporate Identity* des gesamten Unternehmens überwunden werden. So versuchen manche Unternehmen, die Verfahren zur Beteiligung einzelner Mitarbeiter_innen auszubauen und gleichzeitig den Einfluss des Betriebsrats zu begrenzen. Denn die Identifikation der einzelnen Angestellten oder Arbeiter_innen soll fortan dem gesamten Unternehmen als Leistungs*gemeinschaft* gelten und nicht mehr einem (Teil-)Kollektiv, wie etwa der Belegschaft. Damit verliert auch der Betriebsrat als Repräsentation der Belegschaft an Bedeutung, denn im Modell partizipativer Unternehmensführung wird vielmehr die_der Einzelne als unmittelbar Beteiligte_r mit ihrer_seiner Individualität und ihren_seinen individuellen Fähigkeiten angesprochen. Bei dieser Form ‚unmittelbarer' Partizipation spielen Fragen der Repräsentation und ihrer Ausgestaltung (z. B. über Gewerkschaften etc.) eine immer geringere Rolle. Im Zentrum steht hingegen der_die einzelne Arbeitnehmer_in, der_die in seiner_ihrer Individualität stärker wahrgenommen werden soll. Unterscheidet man Formen der Partizipation einmal nach der Art der Beteiligung, d. h. ob diese direkt oder indirekt erfolgt, und einmal nach der Frage, ob diese verfasst oder nicht verfasst ist (vgl. Schnurr 2011, 1074), so lässt sich hier von einer Verschiebung von Formen indirekt-verfasster Partizipation (d. h. institutionalisierter bzw. repräsentativer Partizipation wie bei der „verfassten Mitbestimmung") hin zu Formaten direkter, nicht verfasster Beteiligung sprechen, die auf eine ‚unmittelbare' Beteiligung eines Individuums zielen (vgl. auch Friedrichsmeier/Wannöffel 2010).

Wie etwa Jascha Rohr vom Oldenburger Institut für Partizipatives Gestalten bemerkt, geht es heute bei diesen Formen (nicht verfasster, direkter) Partizipation neben dem Ziel der individuellen und kollektiven Selbstermächtigung in erster Linie um Potenzialentfaltung und Innovation (vgl. Rohr 2015). Seiner Ansicht nach können besonders partizipative Prozesse solche kreativen und innovativen Potenziale entfalten. Entscheidend ist dabei das Verhältnis zwischen dem einzelnen Individuum und der Gemeinschaft als Ganzem – etwa dem Unternehmen als Leistungsgemeinschaft –, nicht mehr jenes zwischen Kapital und Arbeit oder zwischen Gewerkschaften und Arbeitgebern. So ergibt sich hier eine Analogie zwischen der Rede von Partizipation im Wirtschaftsleben und dem bereits diskutierten partizipativen Politikverständnis, das ebenso danach strebt, politische Spaltungen oder Polaritäten einer *Gesellschaft*, etwa in Links und Rechts, zugunsten einer mit sich selbst versöhnten *Gemeinschaft* aufzulösen. Damit wird allerdings zugleich deutlich, dass sich die gegenwärtige Politik der Aktivierung und Responsibilisierung nicht allein mit den Begriffen der Individualisierung oder Entsolidarisierung beschreiben lässt. Vielmehr zielt diese Responsibilisierung nicht nur auf die Eigenverantwortung des_der Einzelnen, sondern auch auf dessen_deren Sozialverantwortung. Anstatt von einem „Ende des Sozialen" lässt sich daher mit dem Soziologen Stephan Lessenich eher von einer „Neuerfindung des Sozialen" (2008) sprechen:

> Verantwortung tragen die Subjekte der Aktivgesellschaft eben nicht nur für *sich selbst*, sondern zugleich – und darüber vermittelt – für das *gesellschaftliche Ganze*. Eigenverantwortung als und aus Sozialverantwortung lautet der aktivierungs-

> staatliche Wahlspruch, das Credo der Aktivgesellschaft. Eigeninteresse und Gesamtinteresse, Selbstsorge und Gemeinwohl werden auf eine Weise kurzgeschlossen, welche die Subjekte in eine dienende Beziehung zu sich selbst *und* zur gesellschaftlichen Gemeinschaft setzt. (Lessenich 2009, 32, Hervorh. i. O.)

Das Soziale wird Lessenich zufolge nicht etwa abgebaut oder vollends aufgelöst, sondern vielmehr umgesteuert und in die einzelnen Subjekte transferiert: „Der Ort des Sozialen wird verlagert: in die Subjekte, in jede und jeden Einzelnen hinein." (Ebd.)

Auf welche Weise sich die Formung des einzelnen Subjekts in partizipativen Praktiken vollzieht, lässt sich unter anderem anhand der Partizipation in digitalen Medien veranschaulichen (vgl. Traue 2009). Denn die „Gouverne*medialität* des Internets" (ebd., 14, Hervorh. J. K.) zeichnet sich gerade dadurch aus, die Einzelnen „zur Erkundung und Herstellung eines ‚Wissens um sich' anzuregen" (ebd.) und im Rahmen einer aktivierenden Strategie aufzufordern, „sich selbst zu schreiben": „Diese Schrift (und visuelle Selbststilisierung) wird von den Individuen oft freiwillig geleistet, etwa in den persönlichen Profilen der social software. Vor allem Jugendliche und junge Erwachsene gehören zu den habituellen Nutzern dieser Form der Selbstdarstellung." (Ebd., 6) Zugleich bedeutet dieses ‚Sich-selbst-Schreiben' aber immer auch eine „[...] Selbsteinschreibung und -einspeisung in die symbolischen und bewusstseinslenkenden Ströme des Netzes, die in den Produktionsverhältnissen der Informationsgesellschaft Dispositiven der Vereinheitlichung, Normalisierung und Verwertung unterliegen" (ebd., 14). Die partizipativ-interaktive Struktur des Internets mit ihrer Eigenschaft der Organisation von Selbstführung weist dabei Parallelen zur Aktivierungspolitik in der Wohlfahrts- und Gesundheitspolitik auf: „Im Netzmedium ist diese Aktivierungsstrategie allerdings nicht nur diskursiv und institutionell (etwa in der Organisation der Arbeitspolitik), sondern in der Schrift des Netzes implementiert." (Ebd., 6)

Die Art der sozialen Praktiken – und das ist gewissermaßen die Pointe der Subjektivierung – bestimmt somit zugleich die Form (und Norm) des partizipierenden Subjekts. Gerade Formate wie „Fan Fiction oder Online-Gaming, bei denen Partizipation und Konsum eine Verbindung miteinander eingehen" (Weiner 2009, 219), machen deutlich, dass das partizipierende Subjekt heute immer als ein *aktives* gedacht wird – oder in der Sprache des partizipativen Marketings ausgedrückt: Es ist nicht mehr passive_r Konsument_in, sondern aktive_r *Prosument_in*. Egal ob als Facebook-User_in oder Teilnehmer_in an Programmen des aktivierenden Sozialstaats, die Aktivierung des_der Einzelnen durch Partizipation konstruiert diese_n immer zugleich als aktives, tätiges Wesen. Während Guy Debord für die westliche Konsumgesellschaft der 1950er- und frühen 1960er-Jahre noch von einer „Gesellschaft des Spektakels" (Debord 1996) sprach, in der die Bürger_innen die Rolle passiver Zuschauer_innen zugewiesen bekamen, scheint sich heute die Lage geradezu umgekehrt zu haben: „Für den heutigen, aktiven Konsumenten, den Zwangsvernetzten, der dauernd aktiv präsent ist, beurteilt, einstuft, antwortet und als networkender Soft-Skills-Virtuose in der heutigen Freizeit-, Service- und Kulturarbeitswelt einem Terror der surrogat-demokratischen Partizipation ausgesetzt ist, wäre ein neuer Begriff überfällig. Partizipation ist das neue Spektakel." (Diederichsen 2009, 279) In der Folge geht es bei Partizipation weniger „[...] um Teilhabe als um Teilnahme, und zwar um aktive Teilnahme an den allgegenwärtigen Arbeits-, Beziehungs- und Aufmerksamkeitsmärkten" (Bröckling 2005, 22). Die gegenwärtige Vorstellung von Partizipation bezieht sich demnach weniger auf die passive Seite des Begriffs (teil*haben*) als vielmehr auf seine aktive Bedeutung (teil*nehmen*).[43] Sie bezieht sich weniger auf ein Recht im Sinne eines Statusrechts – also ein Recht auf Teilhabe und auch ein Recht darauf, nicht teilzunehmen – als vielmehr auf die aktive Teilnahme des_der Einzelnen: „In seiner überwiegenden Verwendung im gegenwärtigen Sprachgebrauch bezeichnet der Begriff [der Partizipation, J. K.] die *Teilnahme* der Bürgerinnen und Bürger an politischen Beratungen und Entscheidungen, seltener die *Teilhabe* an gesellschaftlicher Macht, Reichtum, Wohlstand, Freiheit und Sicherheit [...]" (Schnurr 2011, 1069, Hervorh. i. O.).

Das partizipierende Subjekt soll darüber hinaus seine Aktivität möglichst steigern bzw. intensivieren. So hebt die gegenwärtige Vorstellung von Partizipation weniger auf Zugänge zu (politischen, sozialen oder ökonomischen) Ressourcen ab, als vielmehr auf die Intensität von Teilhabe – als Teil*nahme* verstanden –, d. h. es handelt sich grundsätzlich um die Forderung nach *mehr* und/oder *intensiverer* Teilnahme und nicht selten um die Suche nach *neuen* partizipativen Formen. Vor diesem Hintergrund lässt sich auch die Attraktivität von Partizipations-Modellen erklären, die verschiedene Stufen oder Intensitäten von Partizipation voneinander unterscheiden.[44] Diese Versuche einer „Operationalisierung" des „altehrwürdige[n] Ideal[s]" der Partizipation (Bröckling 2007, 185) entsprechen dabei voll und ganz der Logik des gegenwärtigen „Modus des Regierens, der sich dadurch definiert, dass all seine Interventionen die Fähigkeit zur Selbstregierung steigern sollen" (ebd., 184). Denn Effektivität wird in der zeitgenössischen Gouvernementalität nicht mehr, wie noch in den Disziplinargesellschaften des 19. Jahrhunderts, durch Disziplinierung (etwa durch Strafen etc.)

43 Zur Veranschaulichung der aktiven und passiven Bedeutung von Partizipation gibt Wolfgang Fach folgende Beispiele: „Passiv verstanden meint Partizipieren *Teil-haben* (‚mein' Tortenstück); in seiner aktiven Bedeutung steht es für *Teil-nehmen* (‚meine' Wählerstimme)." (Fach 2004, 197, Hervorh. i. O.)

44 Aufbauend auf der „Ladder of Citizen Participation" von Sherry R. Arnstein (1969) sowie ihrer Weiterentwicklung in Roger Harts „Children's Participation. From tokenism to citizenship" (1992) finden sich insbesondere in Handbüchern der Sozialarbeit und Demokratiepädagogik eine ganze Reihe an Messinstrumenten, mit denen der Grad der Intensität von Partizipation bestimmt werden soll, wie etwa der „Partizipationswürfel" (Abs 2006) oder die „Partizipationspyramide" (Straßburger/Rieger 2014, 12 ff.). Dabei reichen diese Stufenmodelle häufig von Fremdbestimmung über Mitbestimmung bis zur Selbstbestimmung oder von „Nicht-Beteiligung" über „Schein-Beteiligung" bis zu „Partizipation" (vgl. BLK-Programm „Demokratie lernen & leben" 2005).

geleistet, sondern in erster Linie über die Mobilisierung von Kompetenzen der Selbststeuerung, und zwar durch die Gewährleistung von Freiheit. Auch bei den hier beschriebenen Formen partizipativer Gouvernementalität, ob im wirtschaftlichen, politischen oder kulturellen Leben, handelt es sich weniger um ein Regieren durch Zwang, Disziplinierung oder Unterdrückung als vielmehr um ein „Regieren durch Freiheit" (Bröckling 2005, 22). Allerdings wird Freiheit in dieser Regierungsform, genau wie Partizipation selbst, zu einer „Ressource, die nutzbar gemacht und deshalb gestärkt werden soll" (ebd.). Freiheit wird damit an eine spezifische Haltung des Subjekts gekoppelt; sie ist demnach „kein Recht" und „auch keine Eigenschaft, die voraussetzungslos jedem zugesprochen wird", sondern sie wird zu etwas, „das man zu erwerben hat" (Junge 2008, 378). So lässt sich im Hinblick auf die zeitgenössische Gouvernementalität auch von einem „Partizipationsimperativ" sprechen, denn den Partizipationsmöglichkeiten steht gleichzeitig ein „Partizipationsdruck" gegenüber: „Wer sich weigert mitzumachen, sieht sich leicht als autoritätshörig, verantwortungslos oder entscheidungsschwach gebrandmarkt." (Bröckling 2005, 22) Die Freiheit, die das einzelne partizipierende Subjekt zugesprochen bekommt, ist somit nicht nur an bestimmte Bedingungen gebunden, sondern meint auch eine ganz spezifische Form von Freiheit, die damit immer auch andere Formen von Freiheit bzw. Möglichkeiten, diese Freiheit zu leben, ausschließt.

Neben der Aktivierung sowie der Stärkung der Eigen- und Sozialverantwortung des_der Einzelnen zielt für Ulrich Bröckling daher auch der „Imperativ der Partizipation" (ebd.) auf eine aus seiner Sicht hegemoniale Subjektivierungsform der Gegenwart, die er mit der Figur des „unternehmerischen Selbst" beschreibt – so auch der Titel seiner wegweisenden Untersuchung (Bröckling 2007). Die Vorstellung, dass jemand Unternehmer seiner eigenen Arbeitskraft sei, taucht Bröckling zufolge zum ersten Mal in den 1980er-Jahren auf (vgl. ebd., 54 f.). Heute meint das unternehmerische Selbst jedoch nicht mehr nur, seine eigene Arbeitskraft auf dem Arbeitsmarkt zu verkaufen, sondern als Arbeitnehmer_in unternehmerische Initiative und Verantwortung auch innerhalb eines Unternehmens zu zeigen (vgl. Bröckling 2012, 21). Zudem soll sich das unternehmerische Selbst, über die Arbeitszeit hinaus, auch bei seinen übrigen Aktivitäten unternehmerisch verhalten: „Im unternehmerischen Selbst feiert der romantische Traum vom Leben als Kunstwerk fröhliche Urständ." (Ebd., 23) Dabei lässt sich der aktuelle Erfolg dieser Subjektivierungsform auch auf die Kämpfe der Neuen Sozialen Bewegungen für nichthierarchische Organisationsformen und Selbstbestimmung zurückführen (vgl. ebd., 18). Dieses neue Regime des Selbst treibt daher den_die Einzelne_n an, für die Akkumulation des eigenen Humankapitals ebenso zu arbeiten, wie für sein_ihr „*Personal Growth*" (ebd., 26, Hervorh. i. O.).

Indem sich in der Figur des unternehmerischen Selbst die Ziele der (neoliberalen) Optimierung der eigenen Arbeitskraft mit denen der Selbstverwirklichung verbinden, wird es unhintergehbar ambivalent. Diese Ambivalenz verdeutlicht Bröckling unter anderem am Beispiel des politisch eher links einzuordnenden Diskurses um Empowerment,[45] der bis heute einen großen Teil der partizipatorischen Programmatik bestimmt.[46] Empowerment-Programme setzen insbesondere darauf, ungenutzte „Autonomie- und Partizipationspotenziale" (Bröckling 2007, 192) von Menschen zu aktivieren und ihnen zu einem höheren Grad an Selbstbestimmung zu verhelfen. Dabei setzt der Empowerment-Diskurs in erster Linie aufseiten der Subjekte an: „Sie sind es, deren Selbstwahrnehmung und politisches Bewusstsein sich ändern sollen, um auf diesem Wege dann auch objektive Machtblockaden beiseitezuräumen." (Ebd., 194) Es geht vor allem darum, die Ohnmachtsgefühle der entsprechenden Zielgruppe zu überwinden: „Im Vordergrund steht nicht die Lösung von Problemen, sondern die Förderung der Problemlösungskompetenz." (Ebd.) Ziel der Empowerment-Strategien, und damit neoliberalen Vorstellungen gar nicht unähnlich, ist die Stärkung der „Wahl- und Handlungsfreiheit" und der „Eigeninitiative und Selbstverantwortung" ihrer Adressat_innen (ebd., 205). Im Gegensatz zur neoliberalen Politik, die die Selbstverantwortung von Individuen in der Regel voraussetzt und diese sich selbst überlässt, werden in Empowerment-Konzepten die zu empowernden Personen zunächst einmal als *disempowered* konstruiert. Denn „[...] um Ohnmachtsgefühle abzubauen, müssen sie als gegeben unterstellt werden. Ohne *sense of powerlessness* kein Empowerment." (Ebd., 213, Hervorh. i. O.) Gleichzeitig werden aber über die Definition, wer als *disempowered* zu gelten hat, neue Machtgefälle geschaffen. Damit bleibt Empowerment letztlich eine Form der Menschenführung, die die einen in die Lage versetzt, die anderen zu bemächtigen, und läuft damit dem eigentlichen Ziel der Bemächtigung zuwider (vgl. ebd.).

Indem die Empowerment-Theorie Macht zudem mit Selbstwirksamkeitserwartungen gleichsetzt oder als innere Kraft versteht (vgl. ebd., 194), vernachlässigt sie, wie dies für den Partizipationsdiskurs insgesamt charakteristisch ist, auch die Frage nach den Macht*verhältnissen*. So interessieren sich Empowerment-Ansätze weniger für die Machtstrukturen und ihre Ursachen als vielmehr für die individual- wie sozialpsychologischen Effekte dieser Strukturen: „Im Vordergrund stehen nicht die Machtverhältnisse selbst, sondern das Gefühl der Ohnmacht (*sense of powerlessness*), das sie bei den Machtlosen erzeugen." (Ebd., 192, Hervorh. i. O.) Wenn hier also von Macht die Rede ist, dann bezeichnet diese in erster Linie ein Gefühl. Daher kann sie auch als eine „expandierende Ressource" konzeptualisiert werden: „Was die

45 Der Begriff „Empowerment" (engl. für „Ermächtigung") kam in den 1970er-Jahren in den USA im Zusammenhang mit der Bürgerrechtsbewegung auf und wurde von dem US-Gemeindepsychologen Julian Rappaport in die Sozialpsychiatrie und Sozialarbeit eingeführt. Das Konzept steht in engem Zusammenhang mit der Entwicklung partizipatorischer Demokratietheorie (vgl. etwa „Power and Empowerment. A Radical Theory of Participatory Democracy", Bachrach/Botwinick 1992) und findet heute insbesondere in der Sozialpädagogik, aber auch in der Arbeit von Graswurzelbewegungen und Bürgerinitiativen Anwendung.

46 Vgl. etwa die Ausführungen Roland Roths zum Empowerment in seinem Buch „Bürgermacht. Eine Streitschrift für mehr Partizipation" (Kapitel: „Empowerment für eine solidarische Bürgergesellschaft", Roth 2011, 240 ff.).

einen an Macht gewinnen, muss anderen nicht abgehen. [...] An die Stelle eines Antagonismus von Mächtigen und Ohnmächtigen tritt ein synergetisches Modell, das Versöhnung und Ausgleich verheißt [...]" (ebd., 194). Wenn es allerdings nur noch um die Expansion der Ressource Macht geht, wird Empowerment zu einem unabschließbaren Projekt: „‚Empowered' ist man nie genug." (Ebd., 195) Trotz seiner vollkommen anderen politischen Zielsetzung trifft sich somit auch der Empowerment-Diskurs in Teilen durchaus mit der hegemonialen Vorstellung von Partizipation und den mit ihr einhergehenden Subjektivierungsformen.

2.2.2 Partizipation als Performance des authentischen Selbst

Wie im vorangegangenen Abschnitt herausgearbeitet wurde, zielt die partizipative Gouvernementalität insbesondere auf eine Stärkung von Kompetenzen der Selbststeuerung. Partizipation bedeutet dabei in erster Linie *aktive* Teil*nahme*, d. h. sie dient einer Aktivierung des Individuums, das als unternehmerisches Selbst Eigen- und Sozialverantwortung übernehmen und im Akt seiner Teilnahme vor allem sich selbst einbringen soll. Im Unterschied zu Formen indirekter und verfasster Partizipation, wie z. B. durch Wahlen oder die Wahrnehmung einer Funktion in Gremien, einer Partei oder dem Betriebsrat, versprechen viele neuere Beteiligungsangebote eine Art unmittelbare und direkte Teilhabe, bei der der_die Einzelne nicht mehr nur vermittelt oder in einer Rolle bzw. Funktion angesprochen wird, sondern auch als er_sie selbst teilnehmen soll. Die gegenwärtige Programmatik der Partizipation lässt sich vor diesem Hintergrund auch im Zusammenhang mit einem „Performance-Dispositiv" lesen, das der Performativitätstheoretiker Jon McKenzie für die westlichen Gesellschaften diagnostiziert (McKenzie 2013).[47] Dafür spricht nicht nur die Betonung von Aktivität, sondern auch die dem Partizipationsdiskurs eingeschriebene Form der Selbstdarstellung, wie sie bereits im Zusammenhang mit der von Traue beschriebenen „Gouvernemedialität" (Traue 2009) des Internets konstatiert wurde. So trifft sich im gegenwärtigen Partizipationsimperativ („Bring dich ein!") die Forderung „Sei aktiv!" noch mit einem anderen Appell, nämlich einem „Zeig dich!". Die zwei Wörter „Zeig dich" umfassen dabei zwei Aspekte: erstens das Darstellen („zeigen") und zweitens das Selbst („dich"). Das englische Wort *performance* lässt sich mit den Begriffen „Durchführung", „Darstellung" sowie „Leistung" übersetzen. *To perform* bedeutet nicht allein (aktives) Handeln, sondern beinhaltet immer eine Form der

47 McKenzie begreift Performance als „das zentrale Macht-Wissen-Dispositiv unserer Zeit" (McKenzie 2013, 144), das durch den omnipräsenten Imperativ des „Perform or else!" (McKenzie 2001) bestimmt werde: „Performance wird für das 20. und 21. Jahrhundert das gewesen sein, was Disziplin für das 18. und 19. Jahrhundert gewesen ist, nämlich eine onto-historische Formation von Macht und Wissen." (McKenzie 2013, 144)

Darstellung. Es geht um die Aufführung dieses Handelns, das wiederum über die Leistung bzw. die Bemessung dieser Leistung entscheidet.

Im Zuge dieses Performance-Dispositivs wird Partizipation häufig nicht nur als *aktive* Teilnahme konzipiert, sondern diese Teilnahme soll auch möglichst sichtbar sein und der_die Partizipierende soll dabei ‚unverstellt' als er_sie selbst in Erscheinung treten. Dieses Einbringen des Selbst und Eigenen stellt ein Phänomen dar, dass sich in fast sämtlichen gesellschaftlichen Bereichen beobachten lässt. Besonders die Partizipation über Social Media geht in der Regel mit einer solchen Form der Selbstdarstellung einher. Neuere kulturphilosophische Beiträge (vgl. z. B. Pfaller 2008a & 2008b; Diederichsen 2009 & 2012) konstatieren vor diesem Hintergrund einen Zusammenhang zwischen dem gegenwärtigen Diskurs um Partizipation und den heute vorherrschenden Vorstellungen von personaler Authentizität. So entsprechen viele der gegenwärtigen sozialen und politischen Partizipationsangebote einer allgemeinen gesellschaftlichen Fixierung auf Authentizität, dem Wunsch, ganz man selbst zu sein. Anstatt um „*Teilhabe an etwas Öffentlichem*", geht es dabei, wie der österreichische Philosoph Robert Pfaller konstatiert, immer mehr um „*Teilnahme mit etwas Eigenem*" (Pfaller 2008a, 314, Hervorh. i. O.). Die Folge ist nach Ansicht Pfallers eine Privilegierung des Eigenen gegenüber dem Fremden und eine wachsende Unfähigkeit, von dem Eigenen, vom angeblich authentischen Kern seines Selbst abstrahieren zu können bzw. darüber hinauszugehen: „Alles, was mit dem eigenen Ich (bzw. dem idealisierten Bild von diesem) nicht völlig übereinzustimmen scheint, wird als unerträgliche ‚Entfremdung' oder ‚Heteronomie' empfunden." (Ebd., 317) Den Imperativ dieser Ideologie des authentischen Selbst fasst Pfaller dabei folgendermaßen zusammen: „Sei du selbst und tu das, was du ganz mit deinem Ich vereinbaren kannst. Deswegen gibt es so ein starkes Bedürfnis, eine eigene Identität zu haben. Und nach Partizipation: Es geht nur darum, beteiligt zu sein, nicht aber um die Wahrung der eigenen Interessen." (Pfaller 2008b)

Diese Vorstellung von einem authentischen Selbst korrespondiert zudem, wie dies bereits unter der Frage „Echte Partizipation versus Demokratiesimulation?" (→ II.2.1.3) diskutiert wurde, mit dem Ideal einer authentischen Gemeinschaft, d. h. „einer sozialen Authentizität jenseits aller Vermittlung" und damit letztlich mit der „Vorstellung einer authentischen Identität des demos, des Volkes, mit sich selbst" (Rebentisch 2013, 66). Demnach richtet sich das partizipative Authentizitätsideal gleichermaßen gegen eine angebliche Entfremdung der Gesellschaft bzw. der Gemeinschaft *sowie* gegen die des einzelnen Individuums, das sich durch Partizipation wieder als es selbst *und*, wie Juliane Rebentisch formuliert, als Teil einer Gemeinschaft erfahren soll, „in der wieder jeder selbstidentisch an seinem Platz" (Rebentisch 2012, 373) ist. Rebentisch führt diesen Nexus zwischen Partizipation und Authentizität ideengeschichtlich auf den Genfer Philosophen Jean-Jacques Rousseau zurück (vgl.

ebd., 271 ff.). Rousseaus Demokratieverständnis ist durch die Ablehnung jeder Form von Repräsentation gekennzeichnet. Seine ideale Republik gleicht vielmehr einer Versammlung, an der alle Bürger_innen teilhaben. Die Verbindung zwischen dem Partizipativen und der Vorstellung von Authentizität zeigt sich insbesondere in Rousseaus 1772 erschienenen Schriften „Vom Gesellschaftsvertrag oder Prinzipien des Staatsrechtes" (Rousseau 1986) sowie „Émile oder Über die Erziehung" (Rousseau 1980). So basiert sein „Modell einer totalen demokratischen Teilhabe aller Gesellschaftsmitglieder" (Noetzel 1999, 13) nicht nur auf einer authentischen Lebensweise des einzelnen Individuums, sondern versteht sich selbst als authentische Verwirklichung eines politischen Gemeinwesens:

> Erst wenn alle an allen politischen Entscheidungen mitwirken, kommt es zur Freisetzung der volonté générale. Folgerichtig lehnt Rousseau die Repräsentation dieses Willens durch Abgeordnete ab, denn schon in der Form der Stellvertretung steckt die Inauthentizität. Die Selbstgesetzgebung jedes einzelnen führt zum Allgemeinwohl, weil jedes Individuum dieses schon in seinem Wesenskern angelegt hat. Authentizität wird zur Tugend, die den einzelnen auch anerzogen werden kann. Der ‚Émile' ist der authentische Bürger des ‚Contrat social'. (Ebd., 13)

Die Authentizität des Individuums und die Authentizität des politischen Gemeinwesens sind für Rousseau folglich zwei Seiten ein und derselben Medaille. Damit legt er die Grundlage für ein Authentizitätsverständnis, das sich nicht allein auf den einzelnen Menschen, sondern auch auf ein Kollektiv bezieht. Dieses menschliche Kollektiv wird dabei als harmonische, mit sich selbst im Reinen befindliche Gemeinschaft konzipiert. Eine solche authentische *Gemeinschaft* versteht sich auch im Gegensatz zu einer in sich gespaltenen, pluralen *Gesellschaft*, die im Rousseau'schen Denken durch Ironie, Verstellung und Theatralisierung negativ konnotiert ist (vgl. Rebentisch 2012, 271 ff.). Denn das von ihm als unnatürlich empfundene gesellschaftliche Rollen- und Maskenspiel führe zu einer „Entfremdung der Einzelnen von sich selbst, die maßgeblich für die Zersetzung des politischen Gemeinwesens verantwortlich" sei (ebd., 273).[48]

Das gegenwärtige Ideal einer authentischen Partizipation lässt sich mit Robert Pfaller aber auch auf den Einfluss der Kommunikationstheorien seit den 1960er-Jahren zurückführen. Durch diese Theorien sei zunehmend die Vorstellung entstanden, „[...]

---

48 Rousseaus Repräsentationskritik bezieht sich nicht nur auf die Politik, sondern auch auf das Theater. In seinem „Brief an d'Alembert über das Schauspiel" schreibt er: „Man glaubt, sich zum Schauspiel zu versammeln, dort aber trennt sich jeder von jedem, man vergißt seine Freunde, Nachbarn und Verwandten, um sich mit Märchen aufzuhalten, um traurige Schicksale längst Verstorbener zu beweinen oder auf Kosten der noch Lebenden zu lachen." (Rousseau 1988, 348) Dies bedeutet für Rousseau nicht, dass das Schauspiel vollends abzuschaffen sei. Vielmehr entwirft er eine andere Vorstellung von einem guten Schauspiel, das eher einem öffentlichen Fest gleichen und bei dem die Trennung zwischen Darstellenden und Zuschauenden überwunden werden soll: „In frischer Luft und unter freiem Himmel sollt ihr euch versammeln und dem Gefühl eures Glücks euch überlassen. [...] Pflanzt in der Mitte eines Platzes einen mit Blumen bekränzten Baum auf, versammelt dort das Volk und ihr werdet ein Fest haben. Oder noch besser: stellt die Zuschauer zur Schau, macht sie selbst zu Darstellern, sorgt dafür, daß ein jeder sich im anderen erkennt und liebt, daß alle besser miteinander verbunden sind." (Ebd., 462 f.)

dass das Verhältnis von Sender und Empfänger eine Hierarchie darstelle und dass folglich die Beseitigung dieser Hierarchie eine Demokratisierung bedeuten müsse" (Pfaller 2008a, 313). In der Schule und der Universität seien in der Folge frontale Unterrichtssituationen zu Gunsten diskursiver Formen aufgelöst worden, die jede_n einzelne_n Schüler_in und jede_n einzelne_n Student_in in die Lage versetzen, jederzeit senden zu können (vgl. ebd., 312). Einfaches Sitzen oder Zuhören wird hingegen als passiv und fremdbestimmt angesehen. Dies spiegelt sich nicht nur in der Anordnung der Tische und Stühle im Klassenraum wider, die, wie Pfaller bemerkt, in vielen Schulen heute im Kreis und nicht mehr in Reihen aufgestellt werden (vgl. ebd.), sondern auch in den Formen der Leistungsbemessung. Dementsprechend ist die Bedeutung der sogenannten Mitarbeitsnoten im Vergleich zu den Noten für die schriftlichen Arbeiten kontinuierlich gestiegen. Bestand einst das Leitbild der ‚Disziplinaranstalt Schule' in einem ‚Stillsitzen-und-Mitschreiben', so herrscht heute, überspitzt formuliert, ein Zwang zur permanenten Partizipation. Diese Partizipation der Schüler_innen dient dabei auch deren Kontrolle. Denn durch die aktive Mitarbeit der Schüler_innen kann die Lehrkraft überprüfen, ob bestimmte Lernprozesse auch verinnerlicht wurden.

Doch nicht nur Bildungsinstitutionen, sondern gerade auch alternative, anti-institutionelle soziale Bewegungen seit den 1970er-Jahren orientieren sich an dem hier beschriebenen Ideal authentischer Partizipation. So konstatiert etwa Sven Reichardt in seiner Studie „Authentizität und Gemeinschaft: Linksalternatives Leben in den siebziger und frühen achtziger Jahren" (2014) für den von ihm untersuchten Zeitraum sowohl eine starke Popularität des Authentischen und Eigentlichen als auch dessen Verknüpfung mit der Vorstellung von Partizipation. Demnach wurde gerade im alternativen Milieu großer Wert auf „die unmittelbare personale Interaktion", etwa durch basisdemokratische Verfahren wie Vollversammlungen, offene Plenen usw. gelegt (ebd., 65). Diese Formen „unvermittelter, partizipatorischer face-to-face-Kommunikation" (Heinz Stamm, zit. nach ebd., 66) waren in der Alternativbewegung gerade deshalb von so großer Bedeutung, da sie als „Ausdruck authentischer Nähe" gewertet wurden (ebd.).

Wenn heute zu Recht von einer „Renaissance der Authentizität" (Rössner/Uhl 2012) gesprochen wird, muss jedoch auch berücksichtigt werden, dass sich neben dieser Fixierung auf das Authentische in den westlichen Gesellschaften auch anti-essentialistische Tendenzen beschreiben lassen, wie z. B. queer-feministische Bewegungen (vgl. Diederichsen 2012). Letztere zeichnen sich vor allem dadurch aus, das Nicht-mit-sich-eins-Sein als eine Chance zu begreifen, spielerisch mit der eigenen Identität umzugehen. Diedrich Diederichsen vertritt jedoch die These, dass heute beide Positionen – das authentizistische ‚Ganz man selbst Sein' sowie das antiessentialistische ‚Erfinde dich neu' – bisweilen eine Synthese eingegangen und als ein neuartiger „Imperativ des Authentischen" normativ geworden seien. Diesen neuen Authentizitätsimperativ umschreibt er dabei mit folgenden Worten: „Erfinde Dich neu und Sei [sic] Du selbst, also erfinde Dich haltlos und bodenlos neu und verkörpere das so, als wäre das immer schon Deine Natur gewesen!" (Diederichsen 2012) Mit dieser Beschreibung trifft Diederichsen den Kern dessen, was im vorangegangenen Kapitel als zeitgenössische Gouvernementalität beschrieben wurde. Denn „Identitäten und Verhaltensweisen als authentisch zu erklären oder für authentisch zu halten" ist immer auch „eine politische Machtfrage" (Reichardt 2014, 67).

2.3 Zusammenfassung: Subjektivierung durch Partizipation

Wie diese Darstellung der sozialwissenschaftlichen und kulturphilosophischen Diskussion gezeigt hat, wird heute unter Partizipation häufig eine direkte, nicht verfasste Form der Beteiligung einzelner Individuen verstanden. Dem entspricht eine Vorstellung von Teilhabe, die in erster Linie als *aktive* Teil*nahme* konzipiert wird und auf das subjektive Erleben der Teilnehmenden abhebt, die sich selbst nicht nur unmittelbar einbringen, sondern auch performativ zur Darstellung bringen sollen. Dabei geht diese aktive Teilnahme in der Regel mit einem Entzug von Distanz des partizipierenden Subjekts gegenüber politischen Instanzen bzw. dem_der Arbeitgeber_in o. Ä. einher und soll zu einer stärkeren Identifikation des_der Einzelnen mit ebendiesen Instanzen und zu einer Aktivierung von Techniken der Selbst-Regierung im Sinne einer Stärkung von Selbststeuerungspotenzialen führen. Vor diesem Hintergrund wurde in diesem Kapitel danach gefragt, (1.) auf welche Weise durch Partizipation Subjektivierung betrieben wird und (2.) welche Vorstellungen vom Subjekt dem aktuellen gesellschaftlichen Diskurs um Partizipation zugrunde liegen. Im Hinblick auf die erste Frage konnte festgestellt werden, dass Subjektivierung durch Beteiligung häufig mit der Übertragung von Verantwortung an das einzelne Subjekt verbunden ist. Diese Form der Responsibilisierung des_der Einzelnen geht dabei mit einer Form der Anerkennung der Teilnehmenden einher, etwa indem die einzelnen Teilnehmenden als Expert_innen adressiert werden. Demnach funktioniert Partizipation als eine Praxis der Anerkennung, bei der das einzelne Subjekt nicht nur Anerkennung im Sinne einer Wertschätzung erfährt, sondern auch als Subjekt einer bestimmten Ordnung anerkannt wird. Hinsichtlich der zweiten Frage ließen sich aus den hier diskutierten Lesarten des Partizipationsdiskurses relativ klare Vorstellungen vom partizipierenden Subjekt herausarbeiten, das als „unternehmerisches Selbst" (Bröckling) nicht nur aktiv, autonom und eigenverantwortlich sein soll, sondern sich zugleich als sozialverantwortliches Wesen konstituieren soll.

Partizipative Praktiken, die auf eine Aktivierung der Selbststeuerung des einzelnen Subjekts und damit zuvörderst auf dessen Selbst zielen, verstehen sich häufig als Formen authentischer Beteiligung. Demnach geht es statt um Teil*habe* an etwas *Öffentlichem* bei Partizipation zunehmend um Teil*nahme* mit etwas *Eigenem*. Mit der gegenwärtigen Vorstellung von Partizipation verbindet sich nicht selten das Versprechen, das Individuum aus seiner von sich selbst und seiner Lebenswelt ‚entfremdeten' Position herauszuführen und es in seinem ‚eigentlichen Sein' wahrzunehmen. Dem authentischen Subjekt, das im Akt seiner Partizipation in Erscheinung treten soll, entspricht dabei – insbesondere bei Ansätzen, die auf eine sogenannte echte Beteiligung zielen, – die Vorstellung einer authentischen, unmittelbaren Gemeinschaft. Dabei lässt sich vermuten, dass das dem Partizipativen inhärente Authentizitätsversprechen nicht nur ein verallgemeinertes gesellschaftliches Bedürfnis nach Authentizität bedient, sondern der Partizipationsdiskurs diese Vorstellungen von Authentizität auch selbst mit hervorbringt.

Im politischen Diskurs steht das Ideal der Partizipation oft im Zusammenhang mit der Rede von der Zivilgesellschaft und von bürgerschaftlichem Engagement. Die Rolle des Staates liegt dabei vor allem in der Aktivierung von Sozialkapital, d. h. seiner Bürger_innen, die zu Selbstorganisation und Eigeninitiative angehalten werden, wobei als eine mögliche Folge der Staat auch ganz real entlastet werden soll. Gleichzeitig konstatieren einige Autor_innen, dass neue Beteiligungsformen auch zu neuen Ausschlüssen, etwa von Angehörigen der sogenannten Unterschicht, führen können. Die heute häufig anzutreffende Vorstellung von Partizipation basiert zudem auf einem Politikbegriff, der sich weniger über Interesse oder Macht definiert, als vielmehr als vernunftgeleiteter Dialog aufgefasst wird. Wenn von Macht im Kontext partizipatorischer Programmatik die Rede ist, wie z. B. bei Ansätzen des Empowerments, dann wird diese eher als Gefühl konzipiert, das sich als expandierende Ressource individuell steigern lasse. Hinter der gegenwärtigen Vorstellung von Partizipation steht somit häufig eine Konzeption von Politik, die Machtverhältnisse und den für das Politische konstitutiven Dissens in der Regel ausblendet, Formen politischer Gegnerschaft zu überwinden versucht und auf die Herstellung von Harmonie und Konsens abzielt.

Gegenüber diesem als hegemonial zu beschreibenden Partizipationsverständnis schlägt etwa Markus Miessen im Anschluss an Chantal Mouffe einen alternativen, agonistischen oder konflikthaften Begriff von Partizipation vor. In diesem Zusammenhang werden von einigen Politikwissenschaftler_innen auch Formen der ‚uneingeladenen', eigenständigen Beteiligung, die den argumentativen Streit um Alternativen begünstigen, in den Blick genommen sowie Möglichkeiten eines Umdeutens aktivierender Beteiligungsangebote zum Zwecke der Aufklärung und Gegenmobilisierung diskutiert.

3 Die Diskussion um Partizipation in der Kunst- und Theaterwissenschaft

Ich hab' doch nicht gesagt, jeder Mensch ist ein Dichter, jeder Mensch ist ein Maler, jeder Mensch ist ein Bildhauer. Es ist die soziale Kunst gemeint, wenn ich sage, jeder Mensch ist ein Künstler. Das ist gemeint [...], das In-Erscheinung-Treten einer neuen Kunst, an der alle Menschen nicht nur teilhaben können, sondern teilhaben müssen.

(Joseph Beuys, zit. nach Andres Veiel: Beuys, 2017, 19′)

In der gegenwärtigen Diskussion um Partizipation in Kunst und Theater werden immer wieder bestimmte historische künstlerische Beispiele genannt, bei denen entweder Rezipient_innen einbezogen und aktiviert oder Nicht-Professionelle am Produktionsprozess beteiligt werden. Dabei stellen insbesondere die historischen Avantgardebewegungen sowie die sogenannte Neoavantgarde seit den späten 1950er-Jahren zentrale Bezugspunkte dar. In diesem Kapitel sollen daher in einem ersten Schritt diese historischen Bezüge der aktuellen Diskussion um Partizipation in der Kunst- und Theaterwissenschaft aufgezeigt werden **(3.1)**. Der folgende kurze Abriss einer ‚Geschichte der Partizipation' seit den künstlerischen Avantgarden zu Beginn des 20. Jahrhunderts ist zudem eine Voraussetzung für das Verständnis des gegenwärtigen theaterpädagogischen Partizipationsdiskurses, bildet diese doch ihrerseits eine wichtige historische Quelle der zeitgenössischen Theaterpädagogik (vgl. Streisand 2012, 15 f.). So hatten etwa Brechts Überlegungen zum Lehrstück[49] im deutschsprachigen Raum maßgeblichen Einfluss auf die Entwicklung der Theaterpädagogik zu einer eigenständigen Disziplin.[50]

49 Besonders die theaterpädagogische Praxis der 1970er-Jahre, wie insbesondere die Berliner Lehrstückpraxis (vgl. Pinkert 2005, 142 ff.), bezog sich auf Brechts Ästhetik im Allgemeinen sowie das Lehrstück im Besonderen. Als theoretische Grundlage diente dabei die von Reiner Steinweg (1972) auf der Basis einzelner Schriften Brechts formulierte systematische Lehrstücktheorie. Das „Lehrlingstheater", wie es von Willy Praml und Hansjörg Maier im Rahmen politischer Bildungsangebote in den Jugendbildungsstätten Dietzenbach und Berlin entwickelt wurde, orientierte sich ebenfalls an Brechts Ästhetik, wenn auch in erster Linie an dessen Überlegungen zum Volksstück (vgl. Pinkert 2005, 145). Auch Augusto Boal knüpfte an Brechts Gedanken an und entwarf mit dem Theater der Unterdrückten ein explizit partizipatorisches theaterpädagogisches Konzept, dessen aktualisierte Entwürfe einen wesentlichen Analysegegenstand dieser Arbeit bilden (→ III.3).

50 Heute nehmen wiederum viele partizipative Formate im sogenannten professionellen Theater, wie etwa die Arbeit mit „Experten des Alltags" (Rimini Protokoll) oder Formen der Zuschauerpartizipation wie z. B. bei Gob Squad, und auch der gegenwärtige Diskurs um Partizipation in der bildenden Kunst implizit und bisweilen explizit Bezug auf die Theaterpädagogik und ihre partizipativen Verfahren. So behandelt etwa Claire Bishop, eine der führenden Theoretiker_innen partizipatorischer Kunst, in ihrem Buch „Artificial Hells. Participatory art and the politics of spectatorship" (2012a) ausführlich das Theater der Unterdrückten nach Augusto Boal (ebd., 122 ff.) und geht auch detailliert auf pädagogische Projekte ein (ebd., 241 ff.).

In einem zweiten Schritt werden, ähnlich der Vorgehensweise im vorangegangenen Kapitel, die Stoßrichtung der gegenwärtigen Diskussion um Partizipation in der Theater- und Kunstwissenschaft skizziert und zentrale Diskursstränge herausgearbeitet **(3.2)**. Dabei wird auch der Forschungsstand in den jeweiligen Disziplinen implizit mit reflektiert, wenngleich aufgrund der Fülle von Beiträgen der Schwerpunkt hier auf ausgewählten Positionen und den wesentlichen Aspekten der Diskussion liegen wird. Am Beispiel der kunstwissenschaftlichen Debatte um Nicolas Bourriauds „relationale Ästhetik" **(3.2.1)** sowie der theaterwissenschaftlichen Diskussion um die Authentizität partizipierender Expert_innen des Alltags im zeitgenössischen Theater **(3.2.2)** werden unter anderem Gemeinsamkeiten und Unterschiede aktueller partizipatorischer Kunst im Vergleich zu ihren historischen Vorläufern diskutiert.[51] Zudem lassen sich hier Parallelen zwischen der gegenwärtigen Diskussion um Teilhabe in Politik und Gesellschaft (→ II.2) und dem Kunstdiskurs aufzeigen. Vor diesem Hintergrund sollen in einem dritten Schritt die vorgestellten Lesarten der Partizipationsprogrammatik in der bildenden Kunst und im Theater im Hinblick auf die ihnen immanenten Vorstellungen vom partizipierenden Subjekt befragt werden **(3.2.3)**. Abschließend werden die wesentlichen Ergebnisse dieses Kapitels zusammengefasst und dabei zentrale Fragen und Kategorien für die anschließende Analyse der partizipatorischen Programmatiken in der Theaterpädagogik bereitgestellt **(3.3)**.

3.1 Partizipation in Kunst und Theater seit dem 20. Jahrhundert – ein kurzer Rückblick

Die entscheidende historische Phase für das heutige Verständnis von Partizipation sowohl im Theater als auch in der bildenden Kunst verbindet sich mit den künstlerischen Avantgarden am Anfang des 20. Jahrhunderts. Die „Geschichte der Partizipation" lässt sich daher auch als eine „Sub-Geschichte der Avantgarde" lesen (Kravagna 1998, 31). In ihren theatralen Experimenten, die retrospektiv eher als Performances

51 Die einzelnen Positionen der Kunst- und Theaterwissenschaft werden im Folgenden zusammenfassend behandelt. Denn zum einen lässt sich eine gattungstheoretische Unterscheidung in Theater und bildende Kunst im Hinblick auf das Phänomen der Partizipation nur schwer aufrechterhalten. Zum anderen ist die kunst- und theaterwissenschaftliche Diskussion um Partizipation heute stark miteinander verwoben. So spricht etwa der Theaterwissenschaftler Hans-Thies Lehmann mit Blick auf zeitgenössische partizipative Theaterformen in Analogie zu Bourriauds Entwurf einer relationalen Kunst von einer „relationalen Dramaturgie" (Lehmann 2011) und auch in der bildenden Kunst wird z. B. die Frage nach der Beteiligung nicht-professioneller Performer_innen unter dem Stichwort „Authentizität" diskutiert (vgl. Bishop 2012a, 219). Auch die Grenzen zwischen der Theaterpädagogik und dem (professionellen) Theater, auf das sich die Theaterwissenschaft in der Regel bezieht, sind in Bezug auf das Thema Partizipation fließend. Dennoch richtet sich die Darstellungslogik dieser Arbeit hier erst einmal nach der institutionell-diskursiven Grenze zwischen Theater und Theaterpädagogik. Dementsprechend wird auf partizipatorische Konzepte wie Applied Theatre oder Community Theatre, die auch in der Theaterwissenschaft unter dem Thema Partizipation zunehmend diskutiert werden, erst im Zusammenhang mit der Analyse theaterpädagogischer Programmatiken eingegangen (→ III.3).

oder Happenings zu bezeichnen wären, rückten etwa die Futuristen die Zuschauenden ins Zentrum des Geschehens und machten sie füreinander sichtbar (vgl. Czirak 2014, 244). Ähnliche Tendenzen lassen sich in der Zürcher Dada-Bewegung mit ihren theatralen Provokationen im Cabaret Voltaire oder bei den Straßenaktionen der Pariser Dadaisten ausmachen (vgl. ebd.). Neben diesen avantgardistischen Versuchen der Einbeziehung von Rezipient_innen werden heute häufig auch politisch gegenläufige Aktionen, wie z. B. das sowjetische Massenspektakel oder das proletarische Agitproptheater, unter dem Stichwort „Partizipation" diskutiert (vgl. ebd., 244 f.). Das wohl bekannteste Beispiel in diesem Zusammenhang ist Nikolaj Evreinovs Spektakel „Der Sturm auf das Winterpalais" von 1920, das anlässlich des dritten Jahrestags der Oktoberrevolution mit insgesamt 10.000 Statisten vor etwa zehn Mal so vielen Zuschauenden uraufgeführt wurde (vgl. Scheurle 2012 oder Arns 2016).

Wie der Literaturwissenschaftler Peter Bürger in seiner „Theorie der Avantgarde" (1974) dargelegt hat, bestand das vordringliche Ziel der Avantgardebewegungen in einer „Aufhebung der autonomen Kunst im Sinne einer Überführung der Kunst in Lebenspraxis" (ebd., 72).[52] Die Trennung von Kunst und Leben sollte dabei ebenso überwunden werden, wie die Differenz zwischen Werk und Rezipierenden, die sich im Bereich des Theaters in eine Überwindung der Trennung von Zuschauenden und Darstellenden übersetzte. Viele Theaterreformer konzentrierten sich daher auf die Abkehr von der Guckkastenbühne mit ihrer Trennung von Zuschauer- und Bühnenraum. Bereits Wsewolod E. Meyerhold beklagte, dass der Zuschauer „nur passiv" erlebe, „was von der Bühne kommt", und die Rampe „das Theater in zwei einander fremde Welten teilt: die nur handelnde und die nur aufnehmende" (Meyerhold 1979, 131), und Max Reinhardt bemühte sich mit seiner Arenabühne und anderen theaterbaulichen Neuerungen darum, die unsichtbare vierte Wand auch räumlich zu überwinden. Auch Erwin Piscator entwickelte gemeinsam mit Walter Gropius die – jedoch unverwirklicht gebliebene – Idee eines Theaterbaus mit dem Namen „Totaltheater", das neben der klassischen Tiefenbühne auch ein Proscenium und eine Rundarena umfassen sollte. Erklärtes Ziel war, wie Gropius schrieb, „den zuschauer mehr wie bisher in das scenische geschehen einzubeziehen" (Gropius, zit. nach Piscator 1963, 126). Diese Einbeziehung war dabei weniger als aktives Handeln der Zuschauenden als vielmehr in ihrer räumlichen Zugehörigkeit zum szenischen Geschehen zu verstehen, wodurch unter anderem Filmprojektionsflächen beitragen

52 Hinsichtlich ihrer ideellen Vorstellungen lassen sich zwischen der historischen Avantgarde und den Reformbewegungen am Beginn des 20. Jahrhunderts – als einem weiteren zentralen Strang der Geschichte der Theaterpädagogik – viele Überschneidungen feststellen. So wandten sich beide mit einem kulturkritischen Impetus gegen die rationalistische Moderne, die zu einer Trennung von Körper und Geist und dem Verlust des ‚ganzen Menschen' geführt habe, und setzten ihre „Hoffnung auf die Kreation eines Neuen Menschen" (Streisand 2012, 17). Genau wie die Avantgarde zielte auch die Laienspielbewegung auf eine Überwindung der Trennung von Kunst und Leben sowie die Förderung von Gemeinschaft und verschrieb sich der Emanzipation des Theaters von der (dramatischen) Literatur (vgl. Hentschel 2010, 81 f.).

sollten (vgl. ebd., 128). Eine radikale Umgestaltung der Anordnung von Zuschauenden und Darstellenden verfolgte wiederum der französische Regisseur und Theatertheoretiker Antonin Artaud mit seinem magisch-rituellen „Theater der Grausamkeit", das im Sinne einer Retheatralisierung des Theaters darauf zielte, „die Unterwerfung des Theaters unter den Text zu durchbrechen" (Artaud 1969, 95). Um ein einmaliges, authentisches und mystisches Gemeinschaftserlebnis herzustellen, positionierte Artaud in seinem Theaterkonzept die Zuschauenden in der Mitte des Raumes, wobei das – von ihm als möglichst körperlich vorgestellte – Spiel um das Publikum herum stattfinden sollte. Sein Ziel war vor allem, die Distanz zwischen Spielenden und Zuschauenden zu überbrücken, um Letztere direkter und unmittelbarer zu erreichen.

Demgegenüber zielten die Überlegungen Bertolt Brechts zum epischen Theater darauf, die Zuschauenden eher in eine Distanz zum Bühnengeschehen zu rücken – wenn auch nicht räumlich, so doch zumindest kognitiv. Anstelle der durch das dramatische und illusionistische Theater erzeugten Anspannung und emotionalen Involvierung der Zuschauenden sollten diese im epischen Theater vielmehr, wie es Walter Benjamin ausdrückte, in einen Zustand der „Entspannung" (Benjamin 1977, 532) versetzt werden, um so eine neue kritisch-reflexive Zuschauerhaltung einnehmen zu können. Damit zielte auch das epische Theater auf eine Form der Aktivierung der Zuschauenden, die zunächst als ein aktives Nachdenken und Hinterfragen entworfen wurde. Erst mit seinen Lehrstücken am Ende der 1920er- und zu Anfang der 1930er-Jahre entwarf Brecht ein Modell, bei dem die einstmals Zuschauenden selbst aktiv spielen sollten. Schon in seinem ersten, für das Radio konzipierten Lehrstück mit dem Titel „Der Flug der Lindberghs" – später von ihm aufgrund von Charles Lindberghs Sympathien für den Nationalsozialismus in „Der Ozeanflug" umbenannt – sollten die Radiohörer Teile des Stücks – die Rolle des Fliegers – mitsprechen. Die späteren, im engeren Sinne als Lehrstücke bezeichneten Texte hat Brecht explizit zum ‚Selber-Spielen' geschrieben: „Das Lehrstück lehrt dadurch, daß es gespielt, nicht dadurch, daß es gesehen wird. Prinzipiell ist für das Lehrstück kein Zuschauer nötig, jedoch kann er natürlich verwertet werden." (Brecht 1978, 177) Hinter diesen Überlegungen steht unter anderem Brechts marxistische Überzeugung, dass sich der Mensch allein in der selbstbestimmten Produktion verwirklicht und dazu seine entfremdete Arbeitssituation einerseits sowie seine (in der Weimarer Republik sich ausbreitende) Konsumentenhaltung andererseits überwinden müsse (vgl. Knopf 1980, 420). Während es in der von Brecht so genannten „kleinen Pädagogik", die für ihn in die Übergangszeit der ersten (bürgerlichen) Revolution fällt, allein um eine Demokratisierung des Theaters geht, bei der die Zweiteilung von Spielenden und Zuschauenden, von Tat und Betrachtung im Grunde bestehen bleibt, hebt die für die sozialistische Gesellschaft gedachte „Große Pädagogik" diese Trennung vollkommen auf und verändert die Rolle des Spielens von Grund auf (vgl. ebd., 421 f.): „sie kennt nur mehr spieler, die zugleich studierende sind" (Brecht, zit. nach ebd., 421).

Ähnliche partizipatorische Vorstellungen finden sich auch nach dem Ende des Zweiten Weltkrieges bei vielen avantgardistischen Künstler_innen. So wollten etwa die Aktivist_innen der 1957 in Paris gegründeten Situationistischen Internationale (S. I.) das Leben selbst zum Kunstwerk machen, indem sie auf der Straße Situationen inszenierten, bei denen die Öffentlichkeit in die Aktion miteinbezogen und dadurch unmittelbare Begegnungen hergestellt wurden (vgl. Czirak 2014, 245). Der Schlüsselfigur der S. I., Guy Debord, zufolge sollte dadurch der „Gesellschaft des Spektakels" – d. h. der Gesellschaft des Nachkriegsfrankreichs, in der sich in Debords Wahrnehmung Wirklichkeit allein als mediale Repräsentation manifestierte – ein unwiederholbarer Moment, ein einmaliger Augenblick der Begegnung entgegengesetzt werden (vgl. ebd.). Als Gegenmodell zum *homo oeconomicus*, der durch seine Lohnarbeit von sich selbst entfremdet werde und in seiner Freizeit zum passiven Konsumenten verkomme, setzten die Situationisten dabei auf Johan Huizingas *homo ludens*, der auf spielende Weise zu sich selbst finden sollte.

Auch viele andere partizipatorisch orientierte Kunstbewegungen in den 1950er- und vor allem in den 1960er-Jahren – der sogenannten zweiten oder Neoavantgarde – zielten ganz im Sinne ihrer avantgardistischen Vorläufer auf eine Überführung der Kunst in Lebenspraxis und damit auf eine Überwindung der Trennung von Produzierenden und Rezipierenden (vgl. Bürger 1974, 72). So war in den Aktionen der US-amerikanischen Fluxus-Bewegung der_die Rezipient_in nicht mehr passive_r Betrachter_in eines Kunstwerks als *Objekt*, sondern fortan ein_e am künstlerischen *Ereignis* aktiv Beteiligte_r, wie etwa in den Event-Objekten George Brechts oder in John Cages Komposition „4′33″", bei deren Uraufführung kein einziger Ton erklang, sondern die allein aus den Geräuschen, dem Räuspern oder den Kommentaren des anwesenden Publikums bestand. Auch der Videokünstler und Fluxus-Vertreter Nam June Paik machte etwa mit seinem „Participation TV" den_die Betrachter_in zum_zur Partizipant_in, der_die in ein Mikrofon sprechen, singen oder andere Laute von sich geben konnte, die auf einem Fernsehbildschirm in verschiedenen Mustern abgebildet wurden. Dabei ging es auch Paik unter anderem um eine „Kritik an der durch den massenmedialen Konsum hervorgerufenen Passivität des Zuschauers" (Arns 2007).

Eine noch eindeutigere partizipatorische Ausrichtung lässt sich in den Happenings Allan Kaprows ausmachen, die durch die Teilnehmenden bzw. „spectator-participants" (Kaprow 2003) erst realisiert wurden. Kaprows berühmt gewordene Forderung lautete schließlich, „[…] that audiences should be eliminated entirely" (Kaprow 2006, 103). Geprägt von Deweys „Kunst als Erfahrung" (2010) definierte Kaprow ästhetische Erfahrung als Partizipation: „Handeln wird zur Bedingung von Erfahrung, da ansonsten kein Happening zustandekommt." (Kravagna 1998, 32) Auch Kaprow ging es dabei um die ‚Wiederherstellung' einer Kontinuität zwischen Kunst- und alltäglicher Erfahrung und auch er stellte sich in die Tradition der sogenannten ersten Avantgarde. So zieht Susan Sontag in ihrem 1962 erschienenen Aufsatz „Happening: An art of radical juxtaposition" eine Linie von Artaud bis zu Kaprow: „What goes on in the Happenings merely follows Artaud's prescription for a spectacle which will eliminate the stage, that is, the distance between spectators and performers, and 'will physically envelop the spectator'." (Sontag 1966, 274) In der Tradition von Dada und Surrealismus zielten die partizipativen Happenings[53] nicht nur auf eine Aufhebung der Trennung von Kunst und Leben, sondern auch auf eine Veränderung und Überwindung der herrschenden Verhältnisse.

Auch das von den Piscator-Schüler_innen Judith Malina und Julian Beck gegründete Living Theatre sowie die Performance Group Richard Schechners beriefen sich explizit auf Artaud (vgl. Scheurle 2012, 26). Die meist auf Improvisationen basierenden Inszenierungen des anarchistischen Living Theatre wurden in der Regel auf der Straße aufgeführt, wobei sich die Darstellenden unter die Zuschauenden mischten und ihnen Möglichkeiten zur aktiven Teilnahme anboten. Noch stärker verwischten die Grenzen zwischen ästhetischer und sozialer Praxis in Schechners partizipativen „Environments" – ein Begriff, den er von Kaprow übernimmt (vgl. Schechner 1994, ix). In Bezug auf die erste Produktion seiner Gruppe, *Dionysus in 69* nach Euripides' *Die Bakchen*, erläutert er sein Verständnis von Partizipation: „[...] participation occured at those points where the play stopped being a play and became a social event [...] participation is not about 'doing a play' but *undoing* it, transforming an aesthetic event into a social event [...]" (ebd., 44 f., Hervorh. i. O.). Dabei sollen in seinem „Environmental Theater"[54] – in Anlehnung an Victor Turners ethnologischen Begriff der Liminalität – sogenannte liminale Situationen entstehen. Demensprechend nahmen auch die Zuschauenden von *Dionysus in 69* an einem Geburts- und Todesritual sowie an einem gemeinschaftsstiftenden bacchanalischen Tanz teil (vgl. Fischer-Lichte 2004, 64), zu dem diese vom Darsteller des Dionysus animiert wurden: „Together we make a community. We can celebrate together. Be joyous together." (Schechner, zit. nach ebd.)

Waren die Partizipationsversuche der historischen Avantgarden in der Regel mit einem politisch-revolutionären Anspruch verbunden, so bemühten sich die partizipatorischen Experimente in den 1960er- und 1970er-Jahren vor allem um eine Demokratisierung von Kunst und damit auch der Gesellschaft, wie dies unter anderem

53 Als europäische Beispiele seien hier Jean-Jacques Lebels „L'enterrement de la chose de Tinguely" (1960) – das erste Happening in Europa überhaupt –, Wolf Vostells „In Ulm, um Ulm und um Ulm herum" (1964) oder die Experimente des Wiener Aktionismus, wie etwa Hermann Nitschs „Lammzerreißungsaktionen" (vgl. Fischer-Lichte 2004, 88 f.), genannt.

54 In seinem Buch mit demselben Titel widmet Schechner ein ganzes Kapitel dem Thema „Participation" (vgl. Schechner 1994, 40–86).

von Frank Popper in seinem Buch „Art – Action and Participation" (Popper 1975) postuliert wurde. Dies lässt sich allein vor dem Hintergrund der Politisierung und Demokratisierung der westlichen Gesellschaften zu jener Zeit verstehen. Gerade in der alten Bundesrepublik kam es zu einer Verschränkung von politischer und künstlerischer Aktion. Als paradigmatisch kann hier Joseph Beuys mit seinem Konzept der Sozialen Plastik gelten. Mit seinem Wahlspruch „Jeder Mensch ist ein Künstler" trat Beuys für einen erweiterten Kunstbegriff ein und adressierte die an seinen Kunstaktionen Partizipierenden als Diskussionsteilnehmer oder Kollaborateure (vgl. Czirak 2014, 245): „Kollektives Denken und Diskutieren mit den Galeriebesuchern verstand er als Prozesse der Formierung von Behauptungen über Freiheit, Demokratie oder Sozialismus und zugleich als eine Realisierung ebendieser Ideen." (Ebd.) Zudem versuchte er, seine künstlerische in eine politische Praxis zu überführen, etwa durch die Gründung der „Organisation für direkte Demokratie durch Volksabstimmung" oder sein späteres Engagement für die Partei DIE GRÜNEN. Dabei spielten gerade bei Beuys Vorstellungen von Authentizität und Ganzheitlichkeit, Natur und Körperlichkeit sowohl in seiner Kunst als auch in seiner Politik eine zentrale Rolle. So sprach er etwa im Hinblick auf die damalige Gesellschaft von einem sozialen Organismus, der gesunden müsse.[55]

Ähnliche Vorstellungen von Authentizität und Ganzheitlichkeit lassen sich auch bei dem polnischen Theatermacher Jerzy Grotowski konstatieren. Besonders in seinem „Paratheater" am Ende der 1960er- und vor allem ab Mitte der 1970er-Jahre, das darauf zielte, das Theater zu einem Ort der „gemeinschaftlichen Begegnung" zu machen, an dem eine „unmittelbare Beziehung zwischen Individuen" entstehen kann (Mattioli 2016, 2 f.), verschränkten sich die Ziele der Authentizität und Partizipation. Bei ihren paratheatralischen Experimenten, die von Grotowski und seinen Anhängern häufig ohne jedes Publikum im Wald durchgeführt wurden (vgl. ebd., 4), handelte es sich um ein Theater der reinen Selbsterfahrung und -erforschung. Paratheater meinte hier die absolute Überwindung der Trennung zwischen Darstellenden und Zuschauenden (vgl. ebd., 2). Auch Grotowski knüpfte dabei an Artaud an, wollte den Menschen aus seiner Entfremdung von sich selbst führen und von seiner sozialen Rolle befreien, die für ihn aus der Trennung von Körper und Geist resultierte. Das Theater galt ihm dabei als der Ort des Authentischen – ganz im Gegensatz zur ästhetisierten und mediatisierten Welt.

Trotz dieser vielen Parallelen zwischen der partizipatorischen Programmatik der historischen Avantgarde und den neoavantgardistischen Kunstexperimenten kann hier nicht einfach eine ungebrochene Kontinuität behauptet werden. Dies liegt allein schon an den veränderten gesellschaftlich-politischen Rahmenbedingungen nach

55 Vor diesem Hintergrund werden heute insbesondere Beuys' Prägung durch den Steiner'schen Anthroposophismus und auch eine bei ihm zu konstatierende Nähe zu völkischem Denken kritisch diskutiert (vgl. Riegel 2013).

dem Zweiten Weltkrieg. Zwar wurde, wie schon Peter Bürger Mitte der 1970er-Jahre konstatierte, das programmatische Ziel einer Überführung der Kunst in Lebenspraxis weder von der historischen Avantgarde noch von der Neoavantgarde jemals realisiert (vgl. Bürger 1974, 72). Wenn überhaupt, dann habe im Nachkriegseuropa eine Aufhebung der Trennung von Kunst und Leben durch die Unterhaltungsliteratur und die Warenästhetik stattgefunden (vgl. ebd.). Aufgrund dieser, von Bürger so genannten „falschen Aufhebung" stelle sich jedoch die Frage, ob die Aufhebung der Autonomie der Kunst unter den veränderten gesellschaftlichen Verhältnissen überhaupt wünschenswert sei und „[...] ob nicht vielmehr die Distanz der Kunst zur Lebenspraxis allererst den Freiheitsspielraum garantiert, innerhalb dessen Alternativen zum Bestehenden denkbar werden" (ebd., 73). Gerade weil die Aufhebung nicht stattgefunden habe, hat die Neoavantgarde Bürger zufolge – im Unterschied zu ihrer eigenen Programmatik – die genuin avantgardistischen Intentionen in Wahrheit negiert und dadurch die Avantgarde als Kunst institutionalisiert: „Neoavantgardistische Kunst ist autonome Kunst im vollen Sinne des Wortes, und das bedeutet: sie negiert die avantgardistische Intention einer Rückführung der Kunst in die Lebenspraxis." (Ebd., 80) Dies bedeute nicht, so Bürger, dass dadurch die (neo-)avantgardistische Kunst keine Wirkung mehr erziele. Auch wenn die politischen Intentionen der Avantgardebewegungen uneingelöst geblieben seien, habe die Avantgarde im Bereich der Kunst geradezu revolutionierend gewirkt, indem sie den traditionellen Begriff des organischen Kunstwerks destruiert haben (vgl. ebd.).[56]

Vor diesem Hintergrund müssen partizipative Formen in der Kunst und im Theater auch im Zusammenhang mit der Diskussion um den spezifischen Charakter der Gegenwartskunst (*contemporary art*) gesehen werden. Die Gegenwartskunst, deren Beginn von manchen Kunstkritiker_innen um 1945, von anderen wiederum um 1965 und für die ‚gegenwärtige Gegenwartskunst' auch erst um 1989 angesetzt wird, versteht sich in der Regel in Abgrenzung zum Begriff der modernen Kunst und den mit der Moderne verbundenen Fortschrittsideen (vgl. Rebentisch 2013, 13 ff.). Eine zentrale Rolle spielt dabei die für viele Arbeiten der Nachkriegskunst zu konstatierende Abkehr von der Einheit des Werks, für die der italienische Schriftsteller und Philosoph

56 Entgegen modernistischer Kunstauffassungen lassen sich Bürger zufolge die Neoavantgarden auch nicht mehr auf einen Stil festlegen. Sie können daher, so argumentiert er gegen Theodor W. Adorno, weder mit der Kategorie des Neuen noch mit dem (modernen) Konzept des Fortschritts gefasst werden (vgl. Bürger 1974, 86). In Bezug auf die avantgardistische Forderung nach einer Auflösung der Grenze zwischen Kunst und Leben und damit auch gegenüber partizipatorischen Versuchen ihrer Überwindung zeigte sich jedoch auch Adorno skeptisch. Zwar zeichne sich Kunst generell durch ihren „Doppelcharakter [...] als einem freilich noch in seiner Autonomie sozial determinierten Autonomen und einem Sozialen" aus (Adorno 1970, 312). Wo allerdings „[...] der Sozialcharakter der Kunst den autonomen überwältigt, wo ihre immanente Struktur gesellschaftlichen Verhältnissen eklatant widerspricht, ist Autonomie das Opfer und mit ihr die Kontinuität; es ist eine der Schwächen der Geistesgeschichte, dass sie das idealistisch ignoriert. Meist siegen, wo Kontinuität zerreißt, die Produktionsverhältnisse über die Produktivkräfte; kein Anlaß, in solchen gesellschaftlichen Triumph einzustimmen." (Ebd., 312 f.)

Umberto Eco 1962 das Konzept des offenen Kunstwerks geprägt hat (vgl. Eco 1973).[57] Im Unterschied zum wagnerischen Gesamtkunstwerk meint ein offenes Kunstwerk oder ein „Kunstwerk in Bewegung", wie Eco solche zeitgenössischen Werke auch nennt, eine notwendigerweise *unvollendete* künstlerische Arbeit, die erst durch den_die Rezipient_in und seine_ihre Interpretation bzw. bisweilen sogar „praktische Mitarbeit" Gestalt annimmt (Rebentisch 2013, 32).[58] Angesichts der heteronomen Voraussetzungen von offenen Kunstwerken, die – im Unterschied zu Werken moderner Kunst – nicht mehr vom Standpunkt *einer* Philosophie, *einer* Wahrheit oder Fortschrittidee verstanden werden können, sondern in ihrer Eigengesetzlichkeit wahrgenommen werden müssen, rückt immer mehr die spezifische ästhetische Erfahrung des_der Rezipient_in ins Zentrum der theoretischen Auseinandersetzung mit Gegenwartskunst (vgl. ebd., 44 f.). So sind zeitgenössisches Werk und Erfahrung wechselseitig aufeinander verwiesen. War für die Theorie der modernen Kunst noch das ästhetische Urteil entscheidend, so ist es für die gegenwärtige Diskussion die ästhetische Erfahrung, die sich allein aus einer mentalen, körperlichen oder bisweilen handgreiflichen Partizipation des_der Rezipient_in am Zustandekommen des Werks ergibt (vgl. ebd.).[59] Partizipation – als eine spezifische Modalität ästhetischer Erfahrung – wäre demnach nichts weniger als ein konstitutives Merkmal von Gegenwartskunst.

3.2 Aktuelle theater- und kunstwissenschaftliche Positionen

In der Theaterwissenschaft werden neuere Formen der Partizipation in der Regel im Zusammenhang mit einem sogenannten Einbruch des Realen sowie einem *performative turn* im zeitgenössischen Theater diskutiert. Wie Hans-Thies Lehmann in seinem 1999 erschienenen wegweisenden Buch „Postdramatisches Theater" (2008a)

57 Neben Ecos Konzept des offenen Kunstwerks spielte auch Roland Barthes' 1968 erschienener Essay „Der Tod des Autors" (Barthes 2006) in der damals aufkommenden Diskussion über die sich verändernde Position des_der Rezipient_in eine zentrale Rolle.

58 Eco bezieht sich dabei auf Mallarmés Projekt „Le Livre", das er als eine „klassisch gewordene Antizipation" eines „Kunstwerks in Bewegung" bezeichnet (Eco, zit. nach Rebentisch 2013, 35). Mit seinem utopischen Literaturprojekt „Le Livre" schuf Mallarmé seine Version eines Gesamtkunstwerks: ein sich immerzu fortschreibendes Buch ohne lineare Struktur, das zu keinem Ende kommt und dem_der Leser_in überlässt, an welcher Stelle er_sie zu lesen beginnt (vgl. Finger 2006, 41 f.)

59 Viele der Tradition moderner Kunst verpflichtete Theoretiker_innen standen diesem Konzept des offenen Kunstwerks und auch Werken, die sich als solche bezeichnen lassen, aus diesem Grund kritisch bis ablehnend gegenüber. Zu nennen ist hier vor allem die Kritik des Greenberg-Schülers Michael Fried an der Minimal Art bzw. der von ihm so genannten Literalist Art. Diese ist für ihn deshalb problematisch, weil sie eine Komplizität vonseiten des Betrachters und damit eine Form der Partizipation erzwinge. So schreibt Fried in seinem 1967 erschienenen Essay „Art and Objecthood": „It is a function, not just of the obtrusiveness and, often, even aggressiveness of literalist work, but of the special complicity that that work extorts from the beholder." (Fried 1998, 155)

schreibt, ziele das zeitgenössische Theater „auf eine spezifische Anwesenheitserfahrung, die idealiter gleichberechtigte Kopräsenz von Akteuren und Zuschauern" (ebd., 223). In manchen Formen des postdramatischen Theaters, das sich generell durch eine „Favorisierung der Theatron-Achse gegenüber der innerszenischen Achse" (ebd., 9) und damit durch eine verstärkte Ansprache des Publikums auszeichne (vgl. bd., 45), bringe die körperliche Nähe zu den Akteuren mit sich, dass man in „*unmittelbaren Kontakt* (Blicke, Blickwechsel, womöglich flüchtige Berührungen)" (ebd., 223, Hervorh. i. O.) trete. Außerdem könne man als Zuschauer_in gar nicht anders als auch für „die anderen Besucher zum ‚mitspielenden' Teil des Theaters zu werden" (ebd.), wodurch gleichzeitig ein geschärftes Bewusstsein für die eigene Anwesenheit entstehe: „Ich werde als Zuschauer in eine Situation gebracht, die mich vielleicht mehr involviert, als ich wollte. Über den Grad der Involvierung kann ich in solchen Aufführungen oft nicht mehr allein entscheiden, werde vielmehr reflexartig, unwiderstehlich in eine Situation der Beteiligung, Verantwortung, gar Schuldhaftigkeit gebracht, in eine moralisch-ethische Problematik." (Lehmann 2008b, 24) So ist der Zuschauer heute „[...] praktisch, mehr aber noch ästhetisch die zentrale Frage des Theaters, seiner Praxis und seiner Theorie geworden" (ebd., 26).

Auch Erika Fischer-Lichte unterstreicht diese neue, zentrale Rolle der Zuschauenden im zeitgenössischen Theater. Im Zeichen einer „Ästhetik des Performativen" (Fischer-Lichte 2004) bedürfe es nicht einmal eines Rollenwechsels, der die Zuschauenden zu Mit-Handelnden mache, da der Gegensatz zwischen Handeln und Zuschauen im Prozess der autopoietischen *feedback*-Schleife ohnehin hinfällig sei (vgl. ebd., 100). In Fischer-Lichtes systemtheoretisch inspiriertem Modell der autopoietischen, d. h. sich selbst erzeugenden und erhaltenen *feedback*-Schleife zwischen Publikum und Darstellenden erhalten die Zuschauenden eine für die Aufführung konstitutive Rolle: „Mit seiner Wahrnehmung nimmt der Zuschauer bereits auf den Verlauf der Aufführung Einfluss, die ihrerseits auf Akteure und Zuschauer einwirkt, indem sie Energie mobilisiert und zirkulieren lässt." (Ebd.) So sei „[...] der Zuschauer als Zuschauer, d. h. als Wahrnehmender, immer zugleich auch Handelnder, der durch sein Tun *und* das, was mit ihm geschieht, auf den Verlauf der Aufführung Einfluss nimmt" (ebd., Hervorh. i. O.). In einer Ästhetik des Performativen ließen sich zudem „die Bereiche Kunst, soziale Lebenswelt und Politik kaum säuberlich voneinander trennen" (ebd., 82). Vielmehr sei die soziale Dimension jeder Theateraufführung grundsätzlich durch die „leibliche Ko-Präsenz von Akteuren und Zuschauern" immer schon gegeben (vgl. ebd., 67 f.). Der performative Charakter der (aktiven) Teilnahme am Theaterereignis führe außerdem dazu, dass die im konkreten Handlungsvollzug „hervorgebrachte Gemeinschaft von Akteuren und Zuschauern" nicht nur als ästhetische, fiktive Gemeinschaft, sondern „stets auch als eine soziale Realität erfahren wird" (ebd., 91).

Vor diesem Hintergrund betont z. B. Benjamin Wihstutz die topologische Eigenschaft des Theaters als Raum, dessen politisches Potenzial „[...] auf der Schwelle zwischen Kunst und sozialem Raum zu verorten ist [...]" (Wihstutz 2012, 158). Als „Heterotopie" oder „anderer Raum" werde das Theater durch die gleichzeitige Anwesenheit von Zuschauern und Akteuren „immer auch sozial hervorgebracht" (ebd., 33). Auch Jan Deck sieht im postdramatischen und performanceorientierten Theater die Chance, „[...] das Politische im Theater dort aufzuspüren, wo die Leerstelle politischen Theaters ist: In der Situation des Theatermachens selbst, in seiner Produktion, Inszenierung und Rezeption" (Deck 2011, 14). Im Anschluss an die bekannte zweite Forderung aus Jean-Luc Godards Manifest „Que faire?" (1970), nämlich nicht nur politische Filme, sondern Filme auch *politisch* zu machen, laute das Motto vieler Theatermacher_innen heute: „Politisch Theater machen" (Deck/Sieburg 2011). Anstatt sich auf das Senden politischer Botschaften zu konzentrieren, könnten durch ein Spiel mit den Formen des Theaters „andere Formen von Gemeinschaft, neue Sichtweisen und alternative Praktiken" erprobt werden (Deck 2011, 14). Dabei hat der Begriff der Gemeinschaft für die hier genannten Autor_innen nicht mehr den metaphysischen Charakter, wie er bei manchem (neo-)avantgardistischen Experiment noch durchschien. Mit Blick auf die zeitgenössischen theatralen Experimente lasse sich vielmehr, so Nikolaus Müller-Schöll, von einer „Säkularisierung" dieser Gemeinschaftsmodelle sprechen (Müller-Schöll 2014, 38). Außerdem fehle den meisten theatralen Formen im Unterschied zur ersten und zweiten Avantgarde die „[...] ideologische Klammer einer politischen Haltung, einer gemeinsamen Utopie oder einer Revolutionshoffnung" (ebd.). So entwirft etwa Kai van Eikels (2013) in Abgrenzung zum partizipativen Theater der 1970er-/80er-Jahre ein Konzept von Partizipation, das Teilnahme als „communicating in parts" begreift: „It is not I who participate with a part of my attention, but rather a certain partition of my attention that performs participation" (van Eikels et al. 2011, 9, Hervorh. i. O.). Dementsprechend versucht van Eikels auch das Kollektive jenseits von (authentischer) Gemeinschaft zu denken und vielmehr im zerstreuten Handeln Einzelner zu verorten (vgl. van Eikels 2013).

In diesem Zusammenhang lassen sich auch aktuelle Diskussionen um das partizipative Theater als eine Möglichkeit der Erprobung neuer Formen von „Versammlung" (Peters 2013b, 155 ff.) verstehen. So sehen einige Autor_innen das Potenzial der Kunstform Theater in einem *Erproben* anderer Formen von Gemeinschaft oder sozialer Praxen. Gerald Siegmund etwa unterstreicht die Eigenschaft des Theaters als „konsequenzvermindertes Handeln" sowie sein „spielerisches Moment eines So-tun-als-ob", das die Möglichkeit biete, „Dinge auszuprobieren" (Siegmund 2016). Zwar betont Siegmund, dass die Handlungen im Modus des Als-ob durchaus schon Handlungen sind, allerdings „noch nicht Handlung mit realen gesellschaftlichen Auswirkungen" (ebd.). Ähnlich sieht Sibylle Peters, Co-Leiterin des ehemaligen

Graduiertenkollegs „Versammlung und Teilhabe" an der HafenCity-Universität Hamburg, das Potenzial partizipativer Formen darin, „[...] kollektive Strategien und ökonomische Strukturen im Übergang zur sogenannten Wissensgesellschaft zu erforschen und zu erproben, die sich insgesamt durch ein Unscharfwerden der Grenzen von Produktion und Rezeption – *production* und *consumption* – auszeichnet" (Peters 2013b, 165 f.). Im Unterschied zu theaterpädagogischen Vorstellungen der Interaktionspädagogik erscheint bei Peters dieses gleichzeitige Erforschen und Erproben weniger als eine reine Übung für ein späteres ‚reales' Handeln, sondern das performative Erforschen ist immer schon als reales Handeln, als Hervorbringung von etwas Neuem zu verstehen. Auch Matthias Warstat verweist auf die besonderen Möglichkeiten des Theaters, „heterodoxe Formen von Partizipation hervorzubringen" (Warstat 2011, 16). Der immer wieder anzutreffende Topos vom „Theater als ‚Probebühne' eines besseren und gerechteren gesellschaftlichen Lebens" (Vaßen/Hruschka 2011) bedarf mit Blick auf diese neueren partizipativen Experimente daher einer Differenzierung: Hier geht es nicht allein um ein Als-ob-Handeln zum Einüben bestimmter Verhaltensmuster, sondern auch um das Erforschen von (alternativen) Handlungsmöglichkeiten, das auch deren performative Hervorbringung umfasst.

Für andere Autor_innen hingegen zielen viele zeitgenössische Formen der Einbeziehung von Zuschauenden weder auf ein Erproben oder Erforschen alternativer Formen von Gemeinschaft oder Kollektivität, noch weisen sie eine andere explizit politische Motivation auf. Stattdessen, so etwa Sandra Umathum, gehe es vielen Theatermachenden eher um die Suche nach einem Erzählen anderer Geschichten, „das gleichsam ein anderes In-Bewegung-setzen der Besucher_innen voraussetzt und bedingt" (Umathum 2015, 78). Eine ähnliche Interpretation von Partizipation findet sich bei Patrick Primavesi, der in dem „körperliche[n] Bewegen des Zuschauers" ein Experimentieren mit neuen Schauordnungen sieht, ohne dass damit auf eine „zeremonielle und spirituelle Vereinigung von Zuschauern und Akteuren" (Primavesi 2008, 90) hingearbeitet würde:

> Randgänge, Entgrenzungen des Theaterraumes ebenso wie die derzeit wieder verstärkte Suche nach theatralen Räumen außerhalb des institutionalisierten Theaters reflektieren bereits ein weitgehendes Verschwinden des öffentlichen Raumes in den Medien. Demgegenüber erscheint das Zuschauen wieder als eine szenische Praxis, sobald es aus seiner institutionellen Fixierung gelöst und in Bewegung versetzt wird. (Ebd., 106)

Darüber hinaus wird die meist positive Besetzung des Begriffs der Partizipation von einigen Autor_innen kritisch hinterfragt. In seinem Buch „Audience Participation in Theatre: Aesthetics of the Invitation" (White 2013) problematisiert etwa Gareth White unter ethischen Gesichtspunkten mögliche Manipulationen, denen Zuschauende im Akt ihrer Partizipation ausgesetzt werden, und plädiert für ein Konzept der Einladung zur Partizipation (vgl. ebd., 9 ff.). Dabei gehe eine solche Einladung als „authored procedure“ (ebd., 195) grundsätzlich von den Künstler_innen aus und die Zuschauenden würden, sofern sie die Einladung annehmen, immer auch zu einem manipulierbaren Material (vgl. ebd.).

In den letzten Jahren wird im theaterwissenschaftlichen Diskurs zunehmend ein zum Begriff der Partizipation alternatives, weniger sozial bzw. politisch konnotiertes Konzept diskutiert, nämlich die „Immersion“[60] bzw. das immersive Theater oder „immersive theatre“ (Machamer 2017). Allerdings gehen die Meinungen, wie Immersion von Partizipation abzugrenzen sei, unter den Autor_innen auseinander. Zunächst ließe sich festhalten, dass Immersion in erster Linie den Akt des Eintauchens der Zuschauenden in ein theatrales Geschehen bezeichnet, ohne diesem gleich eine gesellschaftliche Bedeutung zuzuschreiben.[61] Immersives Theater betonte demnach z. B. die „[…] sensory acts that it demands of audiences, such as touching and being touched, tasting, smelling and moving […]“ (Alston 2013, 129). Als zentrales Merkmal einer Ästhetik der Immersion wird die Aufhebung von Distanz genannt. Der Amerikanistin Laura Bieger zufolge wäre Immersion eine „Ästhetik des Eintauchens, ein kalkuliertes Spiel mit der Auflösung von Distanz“ (Bieger, zit. nach Umathum 2015, 72). Vor diesem Hintergrund sieht Brandl-Risi den Unterschied zwischen Immersion und Partizipation darin, „[...] dass Immersion keine Distanz zulässt, Partizipation dagegen eine Freiheit der Entscheidung impliziert“ (Brandl-Risi 2012, 78).

Im Vergleich zur Theaterwissenschaft wird Partizipation in der Kunsttheorie und -kritik schon länger, und zwar explizit unter dem Stichwort „partizipative Kunst“ diskutiert. Meilensteine in der Diskussion um die neuere partizipative Kunst bilden Claire Bishops Anthologie zentraler Texte der Debatte mit dem Titel „Participation“ (Bishop 2006a) und ihre eigenen Aufsätze zum Thema (Bishop 2004; 2006b; 2012b) sowie insbesondere ihr Buch „Artificial Hells – Participatory art and the politics of spectatorship“ (2012a). Silke Feldhoffs umfangreicher Studie „Zwischen Spiel und Politik – Partizipation als Strategie und Praxis in der bildenden Kunst“ (2011) zufolge erfährt das Thema insbesondere mit dem Boom partizipativer Formen in der bildenden Kunst seit Mitte der 1990er-Jahre zunehmend an Aufmerksamkeit, zumal Partizipation nicht nur Künstler_innen zu faszinieren scheint, sondern auch immer

60 Vgl. etwa die Internationale Tagung „Commit Yourself! Strategies of Staging Spectators in Immersive Theater“ am 18. und 19.11.2016 an der Freien Universität Berlin in Zusammenarbeit mit den Berliner Festspielen (Impuls „Partizipation und Immersion“ beim Theatertreffen 2016): www.berlinerfestspiele.de/de/aktuell/festivals/theatertreffen/archiv_tt/archiv_tt16/tt16_programm/tt16_programm_gesamt/tt16_veranstaltungsdetail_165525.php; letzter Zugriff: 11.09.2017)

61 Vgl. in diesem Zusammenhang auch „Theaterinstallationen: Performative Räume bei Beuys, Boltanski und Kabakov“ (Gronau 2010).

mehr Kurator_innen und Kunstvermittler_innen (vgl. ebd., 8). Dabei werden mit dem Begriff der Partizipation „[...] höchst unterschiedliche Arbeiten und Projekte belegt, die eine Teilhabe in einer anderen als der traditionellen visuell-rezeptiven, reflexiven Art anbieten oder erfordern" (ebd., 21). Im Zuge eines „participatory turn", so Suzana Milevska, komme es zu einem „Paradigmenwechsel in der Kunst von einer Beziehung zwischen Objekten zu einer zwischen Subjekten" (Milevska 2006, 1). Der Begriff der Interaktion, wie er teils noch für die Interaktive Medienkunst oder Intermedia Art gebräuchlich ist, wird dabei zunehmend von dem eher politisch und sozial konnotierten Begriff der Partizipation ersetzt, bei dem weniger die Interaktion zwischen Betrachter_in und (medialem) Kunstobjekt als vielmehr diejenige zwischen den einzelnen Rezipient_innen im Fokus steht (vgl. Arns 2007). Von besonderer Tragweite für die Diskussion partizipativer Kunst ist in diesem Zusammenhang die von dem französischen Kunsthistoriker und -kritiker Nicolas Bourriaud aufgestellte These von einer relationalen Ästhetik der zeitgenössischen Kunst. Bourriaud zufolge geht es vielen Künstler_innen in erster Linie um die Herstellung von Räumen für einen sozialen Austausch und die Entstehung zwischenmenschlicher Beziehungen (→ 3.2.1).

Die Expansion partizipatorischer Kunstexperimente seit den 1990er-Jahren geht zudem mit einer Diversifizierung ihrer Bezeichnungen einher. Neben dem Begriff der relationalen Ästhetik bzw. Relational Aesthetics finden sich in englischsprachigen Publikationen unter anderem die Bezeichnungen Conversational Art, Community Art oder Community-based Art, Dialogic(al) Art, Littoral Art, Interventionist Art, Collaborative Art, Contextual Art, Socially Engaged Art oder einfach nur Social Practice (vgl. Bishop 2012a, 1). In den USA gibt es sogar Aus- und Weiterbildungsprogramme in den *Kunst*sparten (!) Public Practice, Contextual Practice sowie Art and Social Practice, in denen inzwischen auch internationale Preise ausgelobt werden, wie z. B. der Leonore Annenberg Prize for Art and Social Change (New York) oder der International Prize for Participatory Art der italienischen Region Emilia-Romagna (vgl. ebd., 287). Eine Erweiterung erfuhr der Begriff der partizipatorischen Kunst durch interventionistische Projekte, etwa im Rahmen der von Suzanne Lacy so genannten „New Genre Public Art" (Lacy 1995) – eine Form öffentlicher Kunst, die die teilnehmenden Besucher_innen zur Diskussion über bestimmte Probleme des öffentlichen (Stadt-)Lebens anregen will. Auch hier können viele Parallelen zur Debatte um Bourriauds relationale Ästhetik beobachtet werden (vgl. Kravagna 1998, 33 ff.). Bei den Versuchen einer Charakterisierung der unter dem Überbegriff „Partizipationskunst" zusammengefassten künstlerischen Experimente seit den 1990er-Jahren lässt sich zudem ein „Richtungswechsel" feststellen (Kube Ventura 2002, 230 f.). Während die frühere (institutionskritische) Kontextkunst ihr Interesse auf feld*externe* Bezüge (etwa durch Recherche etc.) richtete, wird für die heutige

Partizipationskunst „[...] eher feld*intern* die Nützlichkeit von Kunst als Nachweis politischer Dimensionen behauptet" (ebd., 231, Hervorh. J. K.). Diese neue Ausrichtung lässt sich ebenso besonders gut anhand der Debatte um die relationale Ästhetik nachvollziehen.

Trotz der Vielzahl an Beiträgen zu dem Thema ist, wie der Schweizer Kulturhistoriker Max Glauner beklagt, eine konsistente Deutung des Begriffs der Partizipation in den Kunstwissenschaften bislang ausgeblieben (vgl. Glauner 2016, 39). So bleibt der Begriff in der kunsttheoretischen Diskussion bis heute hoch umstritten (vgl. ebd., 33). Glauner zufolge stehen sich dabei zwei Lager gegenüber: ein „konservatives Lager" und ein „aktionistisches Lager" (vgl. ebd., 38). Das konservative Lager verorte die Kraft der Kunst vor allem in der Singularität und Autonomie des künstlerisch gestalteten Ereignisses und wende sich gegen jede Form von emphatisch verstandener partizipativer Kunst. Das aktionistische Lager sehe in der Kunst hingegen eine „wirkungsmächtige Waffe gegen die Versagungen der Welt" und verstehe unter Partizipation vor allem die direkte und unmittelbare (meist körperliche) Involvierung der aktiven Teilnehmer_innen an einer Kunstproduktion: „In letzter Konsequenz wird hier die Sphäre der Kunst verlassen. Sie dient lediglich als Instrument der Aktivierung einer neuen, kritischen Gemeinschaft politisch Handelnder [...]" (ebd.). Demzufolge stünde das aktivistische Lager in der ungebrochenen Kontinuität der ersten und zweiten Avantgarde partizipatorischer Kunst.

Im Unterschied zu einer solchen Lesart konstatiert Pamela Geldmacher in ihrer Untersuchung „Re-Writing Avantgarde: Fortschritt, Utopie, Kollektiv und Partizipation in der Performance-Kunst" (Geldmacher 2015), dass die heutigen partizipatorischen Kunstformen zwar vielfach auf die Verfahren und Strategien ihrer avantgardistischen Vorbilder zurückgriffen und auch deren Ziele heute nach wie vor aktuell schienen. Allerdings würden letztere heute „[...] einem Prozess der spannungsvollen Beiläufigkeit unterzogen, der die Überführung von Kunst und Leben sichtbar machen soll, ohne die Kunst dabei aufheben zu wollen" (ebd., 345). Hatten nach Peter Bürgers Analyse bereits die Experimente der Neoavantgarde zu einer Institutionalisierung der genuin avantgardistischen Intentionen geführt, so lassen sich hier möglicherweise weitere Verschiebungen in den Intentionen aktueller partizipatorischer Kunst feststellen. Diesen soll in der folgenden Darstellung aktueller kunsttheoretischer und -kritischer Beiträge zum Thema, die entlang der Diskussion um die relationale Kunst entfaltet wird, auf die Spur gekommen werden. Dabei werde ich stellenweise der Argumentation der Kunsttheoretikerin Juliane Rebentisch folgen (vgl. Rebentisch 2013, 58 ff.), diese jedoch um aktuelle Bezüge ergänzen und weiterführen, um so die gegenwärtige Entwicklung des Partizipationsdiskurses in der Kunst in ihren groben Zügen zu erfassen.

3.2.1 Relationale Harmonie ...

Als exemplarisch für die kunsttheoretische Diskussion neuer Partizipationsformen in der Kunst kann die Debatte um das von Nicolas Bourriaud formulierte Programm der „Relational Aesthetics" (Bourriaud 2002) angesehen werden. Bourriaud, Kunsthistoriker und -kritiker, Kurator und von 2000 bis 2006 Ko-Leiter des Palais de Tokyo in Paris, stellt in seiner Essaysammlung, die 1998 im Original unter dem Titel „Esthétique relationnelle" erschien, vor dem Hintergrund der Arbeiten z. B. von Pierre Huyghe, Vanessa Beecroft und Rirkrit Tiravanija, die These vom relationalen Charakter der Kunst der 1990er-Jahre auf. Demnach gehe es vielen Künstler_innen nicht mehr darum, das Soziale zur Darstellung zu bringen, als vielmehr um die Herstellung von Räumen für einen sozialen Austausch und die Entstehung zwischenmenschlicher Beziehungen: „[...] artistic praxis appears these days to be a rich loam for social experiments, like a space partly protected from the uniformity of behavioural patterns" (ebd., 9). Relationale Kunst stelle sich gegen die allgemeine Kommodifizierung menschlicher Beziehungen im Alltag, die das Individuum immer mehr zu einem reinen „consumer of time and space" werden lasse (ebd.). Dabei knüpft Bourriaud auch explizit an die Argumentation der französischen Situationisten an. Gerade weil sich in einer „Gesellschaft des Spektakels" (Debord) wirkliche Beziehungen zwischen Menschen in Symbolisierungen, in Waren, Logos und standardisierte Artefakte aufgelöst hätten und nicht mehr direkt erfahren werden könnten, dürfe sich Kunst nicht in weiteren Repräsentationen erschöpfen, sondern müsse die Rolle der Beziehungsstifterin, d. h. der Ermöglicherin echter zwischenmenschlicher Begegnungen, übernehmen (vgl. ebd.).

Als Beispiel für eine solche relationale Kunst nennt Bourriaud unter anderem die Koch-Installationen des Thailänders Rirkrit Tiravanija, bei denen die Ausstellungsbesucher_innen etwa zu einem Teller Suppe eingeladen werden und damit Teil des Kunstwerks bzw. -ereignisses werden, das genau aus diesem gemeinsamen Essen, den Gesprächen unter den Teilnehmer_innen, ihrem Austausch untereinander usw. besteht. Im Unterschied zur ersten und zweiten Avantgarde hingen diese Formen relationaler Kunst keiner gesellschaftspolitischen Utopie mehr an, sondern wollten ganz konkret dazu beitragen, das reale Leben zu verbessern: „[...] the role of artworks is no longer to form imaginary and utopian realities, but to actually be ways of living and models of action within the existing real" (ebd., 13). Soziale Utopien und revolutionäre Hoffnungen hätten daher Platz gemacht für die Ermöglichung von konkreten Veränderungen im alltäglichen Leben: „These days, utopia is being lived on a subjective, everyday basis. In the real time of concrete and intentionally fragmentary experiments. [...] It seems more pressing to invent possible relations with our neighbours in the present than to bet on happier tomorrows." (Ebd., 45) So knüpften die Künstler_innen relationaler Kunst zwar durchaus an die Ideen der Avantgarden an, doch hätten ihre Werke nicht mehr den utopischen Charakter, wie etwa noch Beuys' Soziale Skulpturen (vgl. ebd., 70):

> If these artists do indeed extend the idea of *avant-garde* thrown out with the bath water of modernity (we should stress this point, even if a term with fewer connotations should be found), they are not naïve or cynical enough 'to go about things as if' the radical and universalist utopia were still on the agenda. (Ebd., Hervorh. i. O.)

Anstatt von Utopien sei daher eher von Mikro-Utopien („micro-utopias") zu sprechen, die tatsächlich im sozialen Alltag der Menschen etwas veränderten. Wie die Architektur buchstäblich die Wege der Menschen vorgebe, die in ihr leben, erschaffe die relationale Kunst soziale Modelle, die dazu geeignet seien, tatsächliche soziale Beziehungen zu stiften (vgl. ebd.).

Bourriauds Entwurf einer relationalen Kunst lässt sich somit seiner Selbstbeschreibung zufolge als ein postutopisches Modell charakterisieren, das sich weniger radikal gegen jede Form der Kunstautonomie stellt – so werden etwa die Institutionen der Kunst von Bourriaud nicht infrage gestellt –, als vielmehr der Kunst pragmatisch einen sozialen Wert beimisst (vgl. Rebentisch 2013, 65). Diese ‚pragmatische' Ausrichtung relationaler Kunst, die durch Partizipation zur Lösung konkreter gesellschaftlicher Konflikte beitragen möchte, hat in der Kunstwissenschaft und -theorie der letzten zwei Dekaden zu gleichermaßen vielfältigen und fruchtbaren Kontroversen geführt. Insbesondere die britische Kuratorin und Theoretikerin partizipativer Kunst Claire Bishop hat Bourriauds Vorstellungen mehrfach scharf kritisiert. Ein erster Kritikpunkt wäre Bishop zufolge Bourriauds Überbewertung interaktiver Anteile eines Kunstwerks und die gleichzeitige Abwertung des Akts des Sehens und Betrachtens, der von ihm als rein passiv hingestellt werde (vgl. Bishop 2004, 62):

> To argue, in the manner of funding bodies and the advocates of collaborative art alike, that social participation is particularly suited to the task of social inclusion risks not only assuming that participants are already in a position of impotence, it even reinforces this arrangement. (Bishop 2012a, 38)

Mit ihrer Kritik an der von Bourriaud implizit unterstellten Position der Machtlosigkeit der Rezipient_innen bezieht sich Bishop auf den französischen Philosophen Jacques Rancière, der sich in seiner vielbeachteten Schrift „Der emanzipierte Zuschauer" (2009) mit einem in der Geschichte von Kunst und Theater weit verbreiteten Topos auseinandersetzt, dem zufolge die Zuschauenden aus ihrer angeblich passiven und von sich selbst entfremdeten Rolle zu befreien seien. Dabei werde, so Rancière, nicht nur Zuschauen mit Entfremdung, sondern auch Aktivität mit Emanzipation verwechselt (vgl. ebd., 17 ff.). Sowohl Brechts Versuch, die Zuschauenden in eine Distanz zum Bühnengeschehen zu rücken, als auch Artauds Ziel einer kompletten Aufhebung der Distanz zwischen Akteuren und Publikum basieren Rancière zufolge gleichermaßen auf Platons Kritik am Theater als dem Ort des Zuschauens (vgl. ebd., 15).[62] Indem man jedoch das Zuschauen gegenüber dem (aktiven) Handeln abwerte bzw. versuche, das Publikum zu einem ‚richtigen' Zuschauen zu erziehen, nehme man die Zuschauenden nicht mehr ernst und bevormunde sie: „Was erlaubt es, den an seinem Platz sitzenden Zuschauer für inaktiv zu erklären, wenn nicht die vorher behauptete radikale Opposition zwischen dem Aktiven und dem Passiven?" (Ebd., 22) Hinter der Kritik am (falschen, weil passiven) Zuschauen stehe die Ablehnung der dem Theater eigenen Medialität, seiner Vermitteltheit (vgl. ebd., 17 ff.). Kunst und Theater seien jedoch immer Vermittlung, es gebe immer ein gemeinsames Drittes, und eben dieses Dritte, die Vermittlung, werde bei vielen Versuchen der Aktivierung von Zuschauenden oder Betrachter_innen zugunsten eines (behaupteten) gemeinschaftlichen Wesens von Theater oder Kunst zu überwinden versucht (vgl. ebd., 26).

Daraus ergibt sich ein zweiter zentraler Kritikpunkt an der relationalen Ästhetik, in dem Claire Bishop und Jacques Rancière ebenso weitgehend übereinstimmen. So setzt sich Rancière selbst an verschiedenen Stellen mit Bourriauds Thesen auseinander (vgl. Rancière 2008, 96 ff. sowie 2009, 85 ff.) und sieht in ihnen den Versuch, Kunstanordnungen als Vorschläge von Gesellschaftsverhältnissen darzustellen (vgl. ebd., 85). In einer „Kunst, die direkt Beziehungsformen" herstellen will, liege jedoch die Gefahr eines „Kurzschluss[es]" (ebd., 87). Dieser sei derselbe „[…] desjenigen Werkes, das sich als vorweggenommene Verwirklichung seiner Wirkung darstellt" (ebd.). Auch Bishop zufolge verkürzt Bourriaud die Funktion von Kunst auf eine soziale Praxis und ignoriert damit die Möglichkeiten der Kunst zu einer Reflexion auf Gesellschaft und Politik. In Bezug auf Umberto Ecos Konzept des offenen Kunstwerks schreibt sie: „Eco regarded the work of art as a *reflection* of the conditions of our existence in a fragmented modern culture, while Bourriaud sees the work of art *producing* these conditions." (Bishop 2004, 62, Hervorh. i. O.) Eine Kunst, die zur sozialen Praxis wird, die sich nicht mehr aus bzw. in einem Abstand zur sozialen Wirklichkeit definiert, sondern selbst *direkt* wirken möchte, richte sich dann nicht

62 Platon wendet sich in seiner „Politeía" (Platon 1991) nicht nur gegen die Demokratie, sondern auch gegen das Theater, da sich beide – Herrschafts- *und* Kunstform – durch „Fremdtuerei" auszeichneten (Platon zit. nach Rebentisch 2012, 65). Im Prinzip der theatralen Mimesis sieht Platon nämlich insofern eine Gefahr für den von ihm entworfenen Idealstaat, als es sich nicht in den Grenzen des Theaters halten lasse, es also ernst werden könne (vgl. ebd., 67). Problematisch erscheint ihm insbesondere, dass in der Demokratie, wie im Theater, „die natürliche Ordnung des Gemeinwesens […] in Politikdarsteller auf der einen Seite und Publikum auf der anderen Seite" (ebd., 71) zerfalle.

mehr nach ästhetischen, sondern eher nach ethischen Kriterien (vgl. Bishop 2012a, 19). Diese Verschiebung betrifft nicht allein die relationale Programmatik, sondern den gesamten gegenwärtigen Diskurs um Partizipation in der Gegenwartskunst (vgl. ebd.). Für diese lasse sich nämlich, so Bishop an anderer Stelle, inzwischen von einem „social turn" sprechen, der wiederum eine ethische Wende in der Kunstkritik bewirkt habe (vgl. Bishop 2006b). Hauptkriterium sei demnach immer weniger die ästhetische Qualität einer partizipativen Kunstaktion als vielmehr die Art und Weise sowie der Grad der Beteiligung der Rezipient_innen bzw. Teilnehmer_innen: „[...] artists are increasingly judged by their working process – the degree to which they supply good or bad models of collaboration [...]" (ebd., 180). Im Zentrum stehe immer mehr, ob sich die Teilnehmenden miteinander identifizierten oder Empathie füreinander oder Sensibilität für den_die andere_n empfänden. Typisch für den Diskurs um partizipatorische Kunst sei daher eine Art Ethik der zwischenmenschlichen Interaktion: „It represents a familiar summary of the intellectual trends inaugurated by identity politics and consolidated in 1990s theory: respect for the other, recognition of difference, protection of fundamental liberties, and a concern for human rights." (Bishop 2012a, 25) Bei Tiravanijas Kochinstallationen sei es für Bourriaud z. B. weniger wichtig, was der Künstler wie und für wen koche, sondern allein die Tatsache entscheidend, dass er seine Suppe an die Menschen verschenke (vgl. Bishop 2004, 64). Doch lasse sich die Struktur eines Werkes weder von seinem Inhalt, noch von seinem Kontext trennen. Zu fragen sei daher, „[...] what *types* of relations are being produced, for whom, and why?" (Ebd., 65, Hervorh. i. O.) Die Qualität der Beziehungen in partizipativen Formaten werde in der relationalen Ästhetik jedoch nicht untersucht bzw. infrage gestellt (vgl. ebd.).

Dieser Kritik schließt sich auch Juliane Rebentisch an. So bemerkt sie in Bezug auf Bourriaud, dass die in der White Box hergestellte Gemeinschaft ihrerseits auf einem Ausschluss basiere, nämlich auf der Exklusion all jener, die nicht der Kunst-Community angehörten, was jedoch weitgehend unreflektiert bleibe:

> [D]adurch zieht sich hinter dem Rücken der Akteure die alte Differenz zwischen Kunst und Leben wieder ein, die die relationale Ästhetik überwunden zu haben glaubt. Jetzt aber nicht mehr als Differenz des Ästhetischen zum Nichtästhetischen, sondern als soziale Differenz: Zwischen der wie auch immer gelungenen Herstellung sozialer Verhältnisse in den Kunstinstitutionen und den desintegrierten Verhältnissen draußen liegt der Abstand des Privilegs. (Rebentisch 2013, 62)

Ohnehin könne Partizipation, so Rebentisch, in der Kunst zu keiner Demokratisierung der Produktionsweise führen, da sie immer „Teil des künstlerischen Kalküls" bleibe, auch dort noch, wo „der Rahmen zwischen Kunst und Nichtkunst selbst zum

Gegenstand der Auseinandersetzung wird" (ebd., 36). Darüber hinaus würden die Beziehungen zwischen den privilegierten Museumsbesucher_innen in den relationalen Settings in der Regel als harmonisch und friedlich entworfen. So spricht etwa Diedrich Diederichsen mit Blick auf die von Bourriaud beispielhaft genannten Arbeiten Rirkrit Tiravanijas oder Carsten Höllers von „Partizipismen" und einer „Fetischisierung der Partizipation an sich" (Diederichsen 2009, 265). Bei dieser gehe es lediglich um „[...] das Gelingen einer möglichst heiter gemeinschaftlich und konfliktfrei vertriebenen Zeit mit mehr oder minder zufällig Anwesenden, euphemistisch gerne ‚Community' genannt" (ebd., 269). Diese Vorstellung von einer harmonischen Gemeinschaft, dies konstatiert auch Robert Pfaller, sei typisch für die zeitgenössische Kunst: „[...] die Kreativität aller Anwesenden, die Aufhebung der ‚Hierarchie' zwischen Vorführenden und Betrachtenden, Mitbestimmung in einer intimen, harmonischen ‚Community' etc." (Pfaller 2008a, 319) Wie unter II.2.2.2 bereits ausgeführt wurde, macht Pfaller den Grund hierfür in einer narzisstischen Kultur aus, die auf Authentizität, Unmittelbarkeit, Selbstverwirklichung und eine „völlig unproblematisch gefasste ‚Kreativität'" ziele (ebd.). Das angeblich passive, selbstvergessene Zuschauen von etwas Anderem oder anderer Personen scheint heute offenbar etwas „Inauthentisches" zu haben, bedeutet es doch „[...] dass man eben nicht mehr bei sich sein kann" (Schipper 2013, 152). Indem künstlerische Partizipationsangebote dem_der Einzelnen ermöglichen, sein_ihr ‚Selbst' einzubringen und mit dem ‚Eigenen' präsent zu sein, entsprechen diese offenbar einem generalisierten gesellschaftlichen Bedürfnis nach Authentizität.

Die meisten der hier zitierten Autor_innen sind zudem der Meinung, dass eine partizipatorische Kunst, die auf dieser harmonischen und konsensuellen Vorstellung von Gemeinschaft basiert, den Kern des Politischen, der gerade im Dissens, im Konflikt besteht, zwangsläufig verfehlen muss (→ II.2.1.2). So bemerkt etwa Rancière im Hinblick auf die relationale Programmatik, dass eine harmonie- und konsensorientierte Kunst riskiere, dem postdemokratischen Konsens eher zuzuarbeiten, anstatt diesen infrage zu stellen. Demnach neige das gegenwärtige „Politikdefizit" dazu,

> [...] den Dispositiven, mit denen die Kunst neue Situationen und Beziehungen schaffen will, eine Ersatzfunktion zuzuweisen. Als Ersatz aber läuft die Kunst Gefahr, sich in den Kategorien des Konsens' [sic] insofern zu verwirklichen, als dieser die politischen Anwandlungen einer ihr Gebiet verlassenden Kunst auf die Aufgaben von Nachbarschaftspolitik und eines sozialen Heilmittels beschränkt. (Rancière 2008, 96)

Darüber hinaus passt, wie der Kunsthistoriker Christian Kravagna schon 1998 in Bezug auf manche Tendenzen partizipatorischer Kunst bemerkt hat, eine solche Nützlichkeit sozial-künstlerischen Handelns „[...] unter Umständen ins Kalkül eines Staates, der sich seine Bürger nicht mehr leisten kann und sie deshalb zur Selbsthilfe aufruft" (Kravagna 1998, 45). So mag Bourriauds Skepsis, ob das Festhalten an den ‚alten' Utopien tatsächlich noch die Kraft zur Veränderung der sozialen Verhältnisse aufbringen kann, durchaus berechtigt sein. Indem er allerdings das Mögliche der Kunst immer schon in das Erreichbare übersetzt, läuft seine relationale Kunst unweigerlich Gefahr, diese Wirklichkeit bloß zu perpetuieren (vgl. Rebentisch 2013, 63).

Die politische Funktion relationaler Kunst liegt also weder darin begründet, dass sie sich, wie noch bei den historischen Avantgarden, in den Dienst einer (partei-) politischen, d. h. in der Regel einer linken Utopie stellt, noch in der neoavantgardistischen Ablehnung jeder Form organisierter (Partei-)Politik und gleichzeitigen Erhöhung des alltäglichen Lebens zur Kunst, sondern sie ‚dient' der Gesellschaft vielmehr im Kleinen und Konkreten – vergleichbar einer sozialen ‚Dienstleistung'. Gleichzeitig hält die Programmatik der relationalen Ästhetik – trotz ihres postutopischen Charakters – an bestimmten sozialen und politischen Idealen der Avantgarde, wie etwa dem Glauben an die positive Kraft einer harmonischen, unmittelbaren und authentischen Gemeinschaft, weiterhin fest (vgl. ebd., 65), wenn Bourriaud z. B. einer angeblich rein simulativen Teilhabe in einer „Gesellschaft des Spektakels" so etwas wie echte Partizipation entgegenzusetzen versucht (vgl. Bourriaud 2002, 8 f.).[63] Gerade vor dem Hintergrund des im vorangegangenen Kapitels konstatierten allgemeinen Partizipationsimperativs in den westlichen Gesellschaften (→ II.2.1.3) muss allerdings jeder Appell zum Mitmachen in der Kunst, der mit einem emanzipatorischen Versprechen daherkommt, naiv wirken:

> Neoavantgardisten wie Kaprow hätten nicht vorhersehen können, wie gründlich die Grenzen zwischen Kunst und Leben im spätmodernen Spektakel verwischt würden [...]. Selbst Guy Debords Kritik des Spektakels greift inzwischen nicht mehr so ganz, insofern als seine Gleichsetzung mit Passivität den neu aufkommenden Formen der Kommodifizierung wie Fan Fiction oder Online-Gaming – bei denen Partizipation und Konsum eine Verbindung miteinander eingehen – nicht Rechnung zu tragen vermag. (Weiner 2009, 219)

Sandra Umathum vermisst bei vielen Theaterformen der Gegenwart daher „[...] eine Problematisierung der Ubiquität von künstlerischen Partizipationsangeboten und zugleich ein Sich-ins-Verhältnis-setzen zu der Sachlage, dass wir, anders als in den 1960er und 1970er Jahren längst in einer Zeit und Gesellschaft leben, in der wir [...] ‚ständig aktiv präsent' sein müssen [...]" (Umathum 2015, 78).

63 In dieser Intention konvergieren häufig partizipatorische Kunstprojekte mit politischen Bewegungen, die sich ebenfalls gegen die repräsentative Demokratie oder eine zum Spektakel verkommene Politik richten und stattdessen auf bestimmte Formen direkter Demokratie setzen (→ II.2.1.1). Beispiele hierfür wären etwa das an Debords Theorie orientierte Hamburger Kunst- und Stadtteilprojekt *Park Fiction* oder die 2007 von einem Comité Invisible publizierte, situationistisch geprägte Schrift: „Der kommende Aufstand" (Comité Invisible 2010).

Das eigentliche Problem einer Spektakelkritik, wie sie der relationalen Ästhetik eingeschrieben ist, besteht aber vor allem darin, dass sie eine „Utopie sozialer Authentizität" fortschreibt, „ohne zu merken, dass deren zentrale Motive mittlerweile von der Gegenseite aufgenommen worden sind" (Rebentisch 2007, 121 f.). Eine solche Form der Kritik bleibt zudem einer Repräsentationskritik verhaftet, die Repräsentation pauschal als Macht- und Kontrollinstanz disqualifiziert und dieser vorhält, in ihrer Zeichenhaftigkeit immer nur einen vermittelten Zugang zur Welt zu eröffnen (vgl. Fischer-Lichte 2004, 255). Mit Jean-Luc Nancy ist vielmehr davon auszugehen, dass es keine Gesellschaft ohne Spektakel geben kann, „weil die Gesellschaft aus sich selbst heraus Spektakel ist" (Nancy, zit. nach Primavesi 2011, 50) – genauso wie es keine Präsentation geben kann, „[...] die nicht schon in der ‚Repräsentation' ist, das heißt keine ‚Präsenz', die nicht Präsenz der einen den anderen gegenüber ist" (Nancy, zit. nach ebd.). So können auch solche künstlerischen Experimente, die versuchen, andere Formen von Gemeinschaft zu entwerfen, Ersatz und Stellvertretung nicht ganz ausschließen: „Ebenso unzulänglich bleibt das Bemühen, die ‚guten', authentischen von den ‚schlechten', heterogenen Formen des Spektakels kategorisch zu trennen." (Ebd.)

... versus relationalen Antagonismus?

Die Privilegierung des (aktiven) Handelns vor dem (angeblich passiven) Zuschauen, die Gleichsetzung von ästhetischer mit sozialer Praxis bei gleichzeitiger Ausblendung der dem Theater bzw. der Kunst eigenen Medialität und institutionellen Voraussetzungen sowie die positiv besetzte Idee von einer harmonischen, authentischen Gemeinschaft sind Vorstellungen, die nicht nur bei Bourriaud zu finden sind, sondern sich bis heute durch den gesamten Diskurs um Partizipation in der Kunst ziehen. Dabei gibt es gerade in der Performance Art Beispiele, bei denen Partizipation weniger als ein Moment des authentischen Bei-sich- oder Mit-anderen-Seins erscheint, als vielmehr einen Zwangscharakter erhält oder zumindest die Teilnehmer_innen zu einer Reflexion ihrer Teilnahme anhält, wie etwa in den Arbeiten Yoko Onos, Valie Exports oder Marina Abramović (vgl. Kupke 2016, 61). So wurde z. B. das Publikum von Yoko Onos *Cut Piece* (1964) dazu aufgefordert, nach Belieben ein Stück des von Ono getragenen Kleides abzuschneiden, bis sie am Ende beinahe nackt dastand. Bei ihrer Straßenaktion *Tapp- und Tastkino* (1968) trug Valie Export einen Kasten mit einem kleinen Vorhang vor ihrem Oberkörper, während ihr Partner Peter Weibel die Passanten dazu aufrief, jeweils eine halbe Sekunde lang ihre Hände durch den Vorhang dieses ‚Kinos' zu strecken und Exports Brüste zu berühren. Und in *Imponderabilia* (1977) standen sich Abramović und Ulay in der Eingangstür der Galleria d'Arte Moderna in Bologna nackt gegenüber, sodass sich die Besucher_innen durch beide hindurchdrängen und sie dabei zwangsweise berühren mussten. In allen diesen Beispielen erscheint Partizipation alles andere als harmonisch, sie bringt die Rezipient_innen vielmehr in eine unangenehme Lage, führt ihnen ihren Voyeurstatus vor Augen oder zwingt sie dazu, sich auf eine bestimmte Weise zu verhalten.

Im Anschluss an solche historischen und zeitgenössischen Beispiele der Performance Kunst bemühen sich einige der hier genannten Kritiker_innen Bourriauds um einen Gegenentwurf zu der heute vorherrschenden Idee von einer harmonischen Partizipation und stützen sich dabei auf den Begriff des Politischen bei Chantal Mouffe, Ernesto Laclaus oder Jacques Rancière (→ II.2.1.2). So fordert etwa der Kurator Andrew S. Weiner: „Statt sich mit dem eher schwachen Anspruch auf das Politische zufriedenzugeben, den die Partizipation erhebt, sollten sie [d. h. die Künstler_innen, J. K.] sich für Streit, Forderung und Dissens entscheiden." (Weiner 2009, 220) Auch Claire Bishop sucht nach Alternativen zu den *feel-good*-Installationen der relationalen Ästhetik und findet sie z. B. in den Arbeiten Santiago Sierras, der sowohl seinen Performer_innen als auch seinen Zuschauer_innen jede Form von Zusammengehörigkeitsgefühl verweigere (vgl. Bishop 2004, 70 ff.). In Sierras Aktionen, wie z. B. *133 Persons Paid to Have Their Hair Dyed Blond* auf der Biennale in Venedig 2001, für die er Migrant_innen aus dem Senegal und Bangladesch engagierte und diesen gegen ein ‚Honorar' von je 60 US-Dollar das Haar vor den Augen der Biennalebesucher blond färben ließ, sieht Bishop das genaue Gegenteil zu den harmlosen und geselligen Zusammenkünften in Tiravanijas ‚Kochstudios'. Denn indem Sierra soziale Antagonismen nicht zudecke, sondern diese vielmehr offen ausstelle, könne hier statt von einer *relational art* eher von einem „relational antagonism" gesprochen werden (ebd., 79) – so Bishop in Bezug auf den antagonistischen Politikbegriff Mouffes und Laclaus (vgl. ebd., 65 ff.).[64] Für den Bereich Tanz und Choreographie sieht auch Bojana Kunst in solchen alternativen partizipativen Ansätzen die Chance, zu zeigen, dass

> [...] Partizipation nicht die individualistische Verantwortung eines jeden für ein harmonisches Zusammensein ist und dabei nicht so viel mit der partizipativen Totalität von Vorgehensweisen zu tun hat. Partizipation entsteht nämlich hauptsächlich aus einer antagonistischen Aktivität der Vielen und stellt dadurch die administrative und prozedurale Ausweitung der Inklusion infrage, die nichts daran ändert, wie Machtbeziehungen geschaffen und aufrechterhalten werden. (Kunst 2014)

Weitere auf Mouffe basierende Vorschläge für einen alternativen Partizipationsbegriff lauten etwa „konflikthafte[] Partizipation" (Miessen 2010, 78, vgl. auch II.2.1.3) oder

64 Vgl. auch den Sammelband „Performing antagonism: theatre, performance & radical democracy" (Fisher/Katsouraki 2017), der sich explizit auf Bishops Plädoyer für einen „relational antagonism" beruft.

„Dissensuelle Partizipation" (Bempeza 2016). Als ein Beispiel für eine an einem solchen alternativen Partizipationsbegriff orientierte Kunst werden in einigen Publikationen die Aktionen der Gruppe The Yes Men genannt, die unter verschiedenen Identitäten ins reale politische Leben eingreifen, z. B. indem sie sich als Vertreter der Welthandelsorganisation ausgeben (vgl. Mouffe 2007a, 5). Diese Form von Interventionen an der Schnittstelle von Kunst und Politik, zu denen sich auch die Aktionen des Berliner Zentrums für politische Schönheit zählen lassen, werden in den letzten Jahren zudem vermehrt unter dem Begriff „Artivismus" (Schmitz 2015) bzw. *artivism* – eine Wortschöpfung aus *art* und *activism* – diskutiert.[65] Auch solche Aktionen in der Tradition der Kommunikationsguerilla, so argumentiert Gerald Raunig in seinem Aufsatz für den vom Institut für Theorie der Zürcher Hochschule der Künste herausgegebenen Band „Paradoxien der Partizipation" (2007), zielten auf die Herstellung eines Dissenses im Sinne Rancières und versuchten „in orgischen Formen der Partizipation das Prinzip der Polizei zu durchkreuzen" (Raunig 2007, 70).

Diese verschiedenen Entwürfe einer alternativen Partizipationskunst lassen sich jedoch ihrerseits einer Kritik unterziehen, verkürzen doch auch sie die Funktion von Kunst nicht selten auf eine Herstellung sozialer Situationen (vgl. Rebentisch 2013, 71). So beruht in gewisser Hinsicht auch Bishops Vorstellung von einem *relational antagonism* auf einem Kurzschluss, nämlich dem einer politischen Theorie mit einer bestimmten Form politischer Kunst. Wie im Abschnitt II.2.1.3 dargelegt wurde, geht es der Politikwissenschaftlerin Chantal Mouffe insbesondere um eine Reform demokratischer Politik, die den für das Politische konstitutiven Antagonismus, die Spaltung der Gesellschaft in ein ‚wir' und ein ‚sie', anerkennt und gewissermaßen demokratisch-institutionell einhegt. Die hier genannten Entwürfe einer konflikthaften oder dissensuellen Partizipation wenden somit einen Ansatz aus der politischen Theorie unmittelbar auf die Kunst an. Selbst der im Vergleich zu Mouffe weiter gefasste Begriff des Politischen bei Jacques Rancière, nämlich als „Unvernehmen", das sich in Form eines Bruchs insbesondere in Momenten kategorialer Krisen manifestiert, in denen sich weder soziale Hierarchien noch ästhetische Aufteilungen mehr aufrechterhalten lassen, lässt sich, wie auch Shannon Jackson in ihrem Buch „Social Works" (2011) anmerkt, nicht einfach programmatisch auf die Kunst anwenden (vgl. ebd., 52 f.). Demnach verkürzen auch solche alternativen Versuche partizipativer Kunst, die möglichst antagonistisch und radikal wirken und gegen den gesellschaftlichen Konsens zielen wollen, ihre Funktion auf die Erzeugung sozialer oder politischer Situationen und laufen damit ihrerseits Gefahr, in die „Falle der politischen Zweckmäßigkeit" (Romaschko 2012, 59) zu gehen – diesmal jedoch der politischen Zweckmäßigkeit eines gegenhegemonialen Projekts.

---

65 Vgl. in diesem Zusammenhang etwa den Artikel: „politische pARTizipation jetzt" (Stange 2016).

Jacques Rancière selbst vermeidet diesen Kurzschluss in seiner ästhetischen Theorie. So schreibt er, dass Kunst zwar möglicherweise „Übergänge zu neuen Formen politischer Subjektivierung" (Rancière 2009, 99) eröffne, doch könne sie nie

> [...] den ästhetischen Einschnitt vermeiden, der die Wirkungen von den Absichten trennt. [...] Eine kritische Kunst ist eine Kunst, die weiß, dass ihre politische Wirkung sich durch die ästhetische Distanz vollzieht. Sie weiß, dass diese Wirkung nicht garantiert werden kann, dass sie immer einen Teil Unentscheidbares mit sich führt. (Ebd.)

Aus diesem Grund zeigt sich Rancière auch skeptisch gegenüber einer unmittelbar politischen Kunst, die versucht, direkt zu intervenieren, wie etwa den Provokationen Santiago Sierras oder den Interventionen der Yes Men (vgl. Rancière 2008, 95). Dabei folgt er allerdings nicht dem „altbekannte[n] Schema" zwischen „inhaltistischer" und „formalistischer", d. h. autonomer Kunst, wie Gerald Raunig versucht, *mit* Rancières politischer Theorie *gegen* Rancières ästhetische Theorie zu argumentieren (vgl. Raunig 2007, 69). Der Unterschied zwischen einer direkt intervenierenden politischen Kunst und einer kritischen Kunst im Sinne Rancières liegt vielmehr darin, dass sich letztere nicht auf eine politische oder soziale Praxis reduzieren lässt, sondern, wie auch Juliane Rebentisch argumentiert, das Politische und das Soziale weniger zum Ziel denn zum *Gegenstand* ihrer Operationen macht (vgl. Rebentisch 2013, 72). Die politischen, und das sind vor allem die potenziell kritischen Wirkungen von Kunst und Theater, lägen demnach nicht in einer Intervention in die soziale oder politische Wirklichkeit – auch wenn Rancières „Aufteilung des Sinnlichen" (2008) immer wieder so gedeutet wurde –, sondern in erster Linie in ihren besonderen Möglichkeiten ästhetischer Reflexion auf Gesellschaft und Politik begründet. Dies meint Rancière, wenn er das von Adorno formulierte Paradox – „Die soziale Funktion der Kunst besteht darin, dass sie keine hat." (Adorno, zit. nach ebd., 95) – anführt, oder mit seinen Worten: „Es scheint, dass die Kunst, um politisch zu sein, sich damit einverstanden erklären muss, innerhalb des Widerspruchs ihrer eigenen Politik zu bleiben." (Ebd., 96 f.)

Wenngleich sich Rancière hier auf Adorno bezieht, ist sein Versuch der Rettung ästhetischer Distanz und Autonomie sowie des „Sinn[s] für die Fiktion" (ebd., 91) nicht im Sinne einer modernistischen Vorstellung von Kunst als dem ‚Ort der Wahrheit' gemeint, sondern begründet sich vielmehr in den gegenwärtigen gesellschaftlichen und politischen Bedingungen. So ist Kunstautonomie hier nicht universalistisch zu verstehen, sondern als eine historische Erscheinung und kulturelle Konvention zu begreifen, die Rancière als „ästhetisches Regime" bezeichnet und in Abgrenzung zu ihren historischen Vorläufern – dem ethischen Regime der Bilder sowie dem repräsentativen Regime der Künste – für den Zeitraum der letzten zweihundert Jahre ansetzt (vgl. ebd., 35 ff.). Dabei findet Kunst immer in einem sozialen, politischen und nicht zuletzt ökonomischen Kontext statt, der ebenfalls ästhetischen Kriterien, einer „primären Ästhetik" unterworfen ist: „Das ästhetische Regime der Künste bestätigt die absolute Besonderheit der Kunst und zerstört zugleich jedes pragmatische Kriterium dieser Besonderheit. Es begründet die Autonomie der Kunst und zugleich die Identität ihrer Formen mit jenen, durch die sich das Leben selbst ausbildet." (Ebd., 40)[66]

Die Vorstellung von ästhetischer Distanz – als ein Merkmal des ästhetischen Regimes der Künste – stellt somit ihrerseits ein spezifisches historisches Konstrukt dar (vgl. auch Rancière 2013). Wie oben weiter ausgeführt wurde, korrespondiert dabei in der Argumentation mancher Kritiker_innen partizipativer Kunst – weniger bei Rancière selbst – die Distanz oder Differenz des künstlerischen Werks oder Ereignisses zur sozialen Wirklichkeit mit einer bestimmten (favorisierten) Form distanzierter Rezeption. Ein solches distanziertes Rezipieren und Interpretieren, verstanden als „die ungehetzte Verfügung über Perspektiven und ästhetische Distanzierungsmöglichkeiten", ließe sich jedoch ebenfalls als eine „Utopie der Moderne" problematisieren, die ihrerseits eine privilegierte, bürgerliche Form der Kunstrezeption fortschreibt, wie sie gleichzeitig einen emanzipatorischen Anspruch erhebt (Diederichsen 2009, 266). Denn auch dieser Form distanziert-reflektierter, individueller Teilhabe an Kunst, dem in der Moderne vor allem das Dispositiv des Museums entspricht, kommt durchaus auch eine gouvernementale Funktion zu (vgl. Hantelmann 2016). Die Suche nach anderen Formen der Partizipation an Kunst kann Dorothea von Hantelmann zufolge auch als eine Kritik an der modernen Vorstellung von Teilhabe an Kunst verstanden werden (vgl. ebd.), ohne dass damit wieder das avantgardistische Versprechen einer Auflösung von Kunst in Leben verbunden sein muss. So ist fraglich, ob die ästhetische Distanz oder Differenz des künstlerischen Werks oder Ereignisses zur sozialen Wirklichkeit auch mit einer physischen Distanz der Rezipierenden zur Kunst kurzgeschlossen werden muss (vgl. Gronau 2010, 26). Möglicherweise lässt sich ästhetische Distanz nicht nur als distanziertes Interpretieren verstehen, sondern kann sich auch in partizipativen Formaten herstellen, wie dies etwa in Bezug auf die oben genannten historischen Beispiele von Ono, Export und Abramović beschrieben wurde: „If we take seriously the potential of performative audiences to allow meaning to take place in the present we also allow that criticism does not have to be enacted at a distance but can take place and shape in the realm of the participatory." (Rogoff 2004) Die ästhetische Distanz würde sich dann daraus ergeben, dass sie den_die an Kunst Partizipierende_n in eine *reflexive* Distanz

66 Ähnlich argumentiert auch der Philosoph Martin Seel, der der Kunst den Status einer Sonderform zuweist, die mit allen anderen Formen der Gestaltung bricht und „den Betrachter in die Möglichkeit einer Distanz zur Wirklichkeit rückt" (Seel 2008, 277 f.).

gegenüber sich selbst als auch gegenüber dem Sozialen rückt (vgl. Rebentisch 2013, 70). Auch explizit partizipative Formen in Kunst und Theater, die die Frage nach Nähe und Distanz bereits in ihrer Form angelegt haben, wären demnach durchaus geeignet, eine solche *Distanzerfahrung* zu ermöglichen.

3.2.2 Spektakuläre Authentizität – postpartizipatorisches Theater

Während sich die bisher beschriebenen Positionen auf die Einbeziehung von Rezipient_innen bezogen haben, werden im gegenwärtigen theaterwissenschaftlichen Diskurs auch Formen der Beteiligung nicht-professioneller Spieler_innen, wie etwa von „Experten des Alltags" in den Inszenierungen des Regie-Kollektivs Rimini Protokoll, unter dem Begriff der Partizipation diskutiert. Anstatt mit professionellen Schauspieler_innen arbeiten die Regisseur_innen von Rimini Protokoll mit Menschen, deren erlerntes oder erlebtes Wissen für das in der jeweiligen Inszenierung bearbeitete Thema oder für eine spezifische Fragestellung aufschlussreich sein kann und die ihre Erfahrungen oder Wissensbeiträge durch die persönliche Anwesenheit auf der Bühne beglaubigen (vgl. Behrendt 2007, 65). Dabei präferieren Rimini Protokoll die Bezeichnung „Experte" gegenüber dem Wort „Laie", da Letzteres immer auch Defizite signalisiere (vgl. ebd.):

> Diese alten Damen, Teenager, arbeitslosen Fluglotsen, gescheiterten Bürgermeisterkandidaten, Vietnamsoldaten, Trauerredner, Fernfahrer, Rechtsanwälte, Call-Center-Arbeiter, Polizisten, diese ‚echten Menschen' eben, sind das Markenzeichen von Rimini Protokoll. Sie stehen als Experten (und eben bewusst nicht als Laien) im Mittelpunkt der Inszenierungen, sie gestalten die Aufführungen durch ihre Geschichten, ihr berufliches oder privates Wissen und Nichtwissen, durch ihre Erfahrungen und Persönlichkeiten. (Dreysse/Malzacher 2007, 9)

Aber auch das Theater mit sogenannten Randgruppen sowie theatrale Interventionen unter Beteiligung nicht-professioneller Spieler_innen, wie z. B. Volker Löschs Bürgerchor, der sowohl im Theater als auch auf Demonstrationen auftritt, werden in der theaterwissenschaftlichen Literatur in diesem Zusammenhang diskutiert. Dabei werden solche partizipatorischen Formate in der Regel mit sozialen oder politischen Zielsetzungen verbunden. So begrüßt etwa Patrick Primavesi diese theatralen Experimente als eine Form der Demokratisierung sowie der Öffnung der elitären Institution des Theaters, in deren Folge „[...] Stimmen hörbar [werden, J. K.], die ansonsten stets überhört werden und keine Resonanz finden" (Primavesi 2011, 56). Auch Hans-Thies Lehmann zufolge kann das Theater auf diese Weise „ein Ort der Manifestation, des Ausdrucks, auch der Forderungen solcher Gruppen sein, die man oft als die ‚Stimmlosen' bezeichnet" (Lehmann 2011). Dabei stehe, genau wie in der Diskussion um Teilhabe auf der gesellschaftlich-politischen Ebene, auch bei „der Frage der Partizipation im Theater die Produktionsstruktur dieser Institution zur Debatte" (ebd.). Allerdings, fügt Lehmann hinzu, dürfe man sich z. B. von der Beteiligung bildungsferner Schichten am Theater nicht versprechen, dass dadurch das Grundproblem der Kunst behoben würde, „[...] an alle gedacht, aber nur für wenige wirklich zu sein" (ebd.).

Im Zentrum der theaterwissenschaftlichen Diskussion um die Partizipation sogenannter nicht-professioneller Spieler_innen steht vor allem die Frage nach den Möglichkeiten einer „Inszenierung von Authentizität" (vgl. Fischer-Lichte et al. 2006 oder Fischer-Lichte et al. 2007).[67] Den Hintergrund bildet auch hier die Debatte um den *performative turn* im Theater, der die performative gegenüber der referentiellen Dimension theatraler Praxis, d. h. vor allem die spezifische Präsenz der Performer_innen auf der Bühne betont. Im Unterschied zu einer Vorstellung von Präsenz, die noch in der Performance-Kunst der 1960er/70er-Jahre vorherrschte und die sich vor allem als Unmittelbarkeit sowie als Erfahrung von Ganzheit und Authentizität verstand, definiert Erika Fischer-Lichte Präsenz, genau wie Repräsentation, als ein Resultat spezifischer Verkörperungsprozesse (vgl. Fischer-Lichte 2004, 255 f.). Auch das Hildesheimer Graduiertenkolleg „Authentizität als Darstellungsform" (Berg et al. 1997), das diese Diskussion maßgeblich geprägt hat, setzte an der These an, dass „[...] Authentizität in medialer, ästhetischer wie nichtästhetischer Kommunikation grundsätzlich als Form, Resultat bzw. Effekt medialer Darstellung verstanden werden muss" (ebd., 5) und daher von einer paradoxalen Struktur des Authentischen – als „vermittelte Unmittelbarkeit" (ebd.) – auszugehen sei.

Einen wesentlichen Beitrag zur Entwicklung eines solchen nicht-essentialistischen Authentizitätsbegriffs für das Theater hat insbesondere Geesche Wartemanns Untersuchung „Theater der Erfahrung – Authentizität als Forderung und als Darstellungsform" (Wartemann 2002) geleistet, die im Rahmen des Hildesheimer Graduiertenkollegs entstanden ist. Wartemann setzt sich in ihrer Dissertation zunächst mit den Vorstellungen von Authentizität im Theater der 1960er-/70er-Jahre auseinander. Dabei unterscheidet sie zwischen einer

67 Dieses Phänomen beschränkt sich nicht nur auf das Theater. Auch in der bildenden Kunst, d. h. vor allem der Performance Art, lässt sich seit den 1990er-Jahren die Tendenz beobachten, dass nicht mehr die Künstler_innen selbst als Performer_innen agieren, sondern stattdessen nicht-professionelle Performer_innen engagieren, wie etwa in den bereits erwähnten Arbeiten Santiago Sierras. Claire Bishop bezeichnet diese Arbeiten mit dem Begriff „Delegated Performance", deren zentrales Merkmal in einem „Outsourcing Authenticity" bestehe, d. h. nicht mehr der_die Künstler_in stehe für „live presence" und „immediacy" (vgl. Bishop 2012a, 219), sondern die engagierten Performer_innen, die dem_der Künstler_in eine „guarantee of authenticity, through their proximity to everyday social reality" gäben (ebd., 237). Dabei sei allerdings diese Form der Authentizität nicht im modernistischen Sinn zu verstehen: „Authenticity is invoked, but then questioned and reformulated, by the indexical presence of a particular social group, who are both individuated *and* metonymic, live *and* mediated, determined *and* autonomous." (Ebd., Hervorh. i. O.)

anthropologisch fundierten Authentizitätsforderung, wie etwa bei Grotowski, und einer eher soziologisch fundierten Forderung, wie z. B. im Lehrlingstheater, in dem der soziokulturell geprägte Gestus der Lehrlinge für das Authentische stehe (vgl. ebd., 150). In beiden Fällen werde immer dem Körper der Darstellenden, der „als Speicher ursprünglicher Erfahrung und als Refugium des Natürlichen" erscheint (ebd.), eine besondere Bedeutung für den authentischen Selbstausdruck zugeschrieben. Mit den Authentizitätsbehauptungen sei zudem ein Absolutheitsanspruch verbunden, der eine Reflexion historisch und kulturell spezifischer Interessen und Darstellungsformen unterbinde: „Authentizitätsforderungen wirken deshalb auch als ‚Argumentations- und Diskursstopper'." (Ebd., 151)

Auch Wartemann sieht einen Nexus zwischen dem Authentizitätsanspruch eines „Theater[s] der Erfahrung" und der Forderung nach Partizipation. So ziele insbesondere die Theaterarbeit mit sogenannten Randgruppen darauf, „[...] gesellschaftlichen Gruppen, die traditionell keinen Zugang zum Medium Theater haben, eine neue Möglichkeit zur Selbstverständigung und kulturellem Ausdruck [...]" (ebd., 153 f.) zu eröffnen. Ihre historische Analyse hat dabei gezeigt, dass durch die gleichzeitige Forderung nach Authentizität und Partizipation vom Theater der Erfahrung durchaus eine Innovationswirkung auf das herkömmliche Repertoire theatraler Darstellungsformen und die Darstellungstheorie ausgegangen sind (vgl. ebd., 154). So wird heute im Theater mit Expert_innen des Alltags häufig auf Darstellungskonventionen zurückgegriffen, die in der Tradition der sozialen Ästhetik des Theaters der Erfahrung stehen. In Bezug auf das Verständnis von Authentizität bleiben aber auch viele aktuelle partizipative Theaterformen ambivalent. Daher unterscheidet Wartemann neben den anthropologisch und soziologisch fundierten Authentizitätsbegriffen mit Blick auf das zeitgenössische Theater zwei weitere Authentizitätskonzepte voneinander: eine „Authentizität der Autorität" sowie eine „instrumentelle Authentizität" (ebd., 152). Während erstere nach wie vor eine unmittelbare körperliche Präsenz der Darstellenden und eine von Rollen befreite Selbstdarstellung behauptet, versteht die instrumentelle Authentizität den Authentizitätseindruck als einen Effekt der Darstellung: „Das bedeutet, dass Authentizität nicht länger als Gegensatz zu Darstellung oder Vermittlung verstanden wird. Eine Gestaltung im Medium Theater wird nicht geleugnet, sondern ihre Bedingungen zu reflektieren, wird zur conditio sine qua non, um einen Authentizitätseffekt herstellen zu können." (Ebd.)

Einem solchen Authentizitätsverständnis als Darstellungskonvention verpflichtet, spricht auch Annemarie Matzke in ihrer – ebenfalls im Rahmen des Hildesheimer Graduiertenkollegs entstandenen – Dissertation von „Authentizitätseffekten" (Matzke 2005, 209), die aus der Differenz zwischen verschiedenen Inszenierungsgraden entstehen:

> Authentizität wird hier zu einem relativen Begriff im Bezug auf die Ebene der Inszenierung. Dass das als authentisch Rezipierte nur im Vergleich zur Inszenierung so wirkt, ist der Effekt einer Verwechslung, welcher aber bewusst herbeigeführt und dessen Herbeiführung wiederum ausgestellt wird. Es ist keine Strategie des Offenlegens der Konstruktion mit dem Ziel eines Verfremdungseffekts, sondern ein Spiel mit den Differenzen der verschiedenen Konstruktionen von Authentizitätseindrücken. (Ebd., 209 f.)

Dennoch stellt auch Matzke in Bezug auf ihre eigene Performancepraxis bei She She Pop eine bleibende „Sehnsucht nach Authentizität" fest (ebd., 216). So bleibe der Behauptung des Als-ob immer ein ‚Trotzdem' eingeschrieben: „die Suche nach der Illusion authentischer Darstellung trotz des Wissens um die Täuschung und um die Unmöglichkeit authentischer Darstellung" (ebd., 217). Vor diesem Hintergrund bevorzugt sie den Begriff der „ironischen Authentizität" (ebd., 218), bei der es nicht mehr um „Einheit, Wahrhaftigkeit oder Glaubwürdigkeit" (ebd., 219) geht, sondern darum, „[...] sich diesen Widersprüchen (zwischen Sehnsucht nach und Unmöglichkeit authentischer Darstellung) in der Bühnensituation und vor den Augen der Zuschauer auszusetzen" (ebd., 220).

Während sich die genannten Theaterwissenschaftler_innen um die Entwicklung eines Begriffs nichtessentialistischer Authentizität bemühen und versuchen, diesen für die Beschreibung des zeitgenössischen Performance-Theaters produktiv zu machen, sehen andere Autor_innen nach wie vor eine Ambivalenz dieser partizipativen Theaterformen vor dem Hintergrund einer allgemeinen gesellschaftlichen Fixierung auf Authentizität (→ II.2.2.2). Als besonders scharfer Kritiker des performanceorientierten Theaters insgesamt hat sich dabei der Dramaturg Bernd Stegemann profiliert. Er wirft dem performativen Theater vor, dem gesellschaftlichen ‚Hype' um das Authentische noch zuzuarbeiten: „Die ‚echte' Biokartoffel befriedigt die gleiche Sehnsucht wie der authentische Experte auf der Bühne und die authentische Wirklichkeit der performativen Schlaufe. [...] Die Wiederholung einer marktförmigen Lust am ‚echten Leben' verfestigt seine ideologische Funktion." (Stegemann 2013, 58 ff.) Wie schon in der Diskussion um die relationale Ästhetik sieht mancher Kritiker auch in Bezug auf das partizipative Theater mit Expert_innen eine Tendenz zu Harmonie und Konsens. So spricht etwa Frank Raddatz mit Blick auf die Inszenierungen von She She Pop von einem „diskursiven Habermas-Theater", in dem sich jederzeit über alles sprechen lasse (Raddatz 2012, 36). Kommunikation sei „[...] im Theater des Authentischen notwendig konsensorientiert, weil das Abgründige sich in der Regel kaum auf die Bühne zerren lässt" (ebd., 37). Fragwürdig sei auch der Begriff der Partizipation zur Beschreibung einer Theaterarbeit mit Expert_innen des Alltags, die in der Regel nur einmal an einer Inszenierung teilnähmen, da sie sonst nicht mehr authentisch wirkten. So lasse sich hier nur von einer außerordentlich eingeschränkten Partizipation sprechen (vgl. ebd., 48). Gleichzeitig rentiere sich diese Arbeit mit Expert_innen für die Theater durchaus, denn – im Gegensatz zu Schauspieler_innen oder auch Statist_innen – würden diese in der Regel nicht bezahlt (vgl. ebd., 46 f.).

Demgegenüber schlägt Diedrich Diederichsen eine andere Lesart dieser partizipativen Theaterformen vor, der zufolge sich die Arbeit von Rimini Protokoll als Vorschlag einer anderen Erzählweise des Theaters verstehen lässt. Die Expert_innen des Alltags, die eher als „distanzierte Vertreter ihrer selbst, oft eher Erzähler, Vorleser als Mimen, geschweige denn Performer – zumindest im emphatischen Sinne wie in der klassischen Performancekunst" erschienen, bewegten sich nämlich immer in einem Bezugsrahmen, der im weitesten Sinne als „Erzählung" zu begreifen sei, „also etwas, das von Personen handelt" (Diederichsen 2007, 162). Auch Jan Deck zufolge affirmiert das Theater mit Expert_innen des Alltags weniger Authentizität, als dass es sie hinterfragt. Es könne nicht nur zeigen, dass Authentizität im Kontext des Theaters immer schon inszeniert sei, sondern die spezifische Kritik dieser Theaterform richte sich gerade gegen „Vorstellungen authentischer Subjektivität" (Deck 2008, 11). Dieser Lesart schließt sich auch Elisabeth Fritz in ihrer Studie „Authentizität – Partizipation – Spektakel: Mediale Experimente mit ‚echten Menschen' in der zeitgenössischen Kunst" (2014) an. In vielen partizipativen Kunst- und Theaterprojekten mit nichtprofessionellen Spieler_innen, die sie in Abgrenzung zu den utopistischen Entwürfen der partizipatorischen (Neo-)Avantgarde mit dem Begriff einer „‚postpartizipatorischen' Partizipationskunst" (ebd., 269) belegt, gehe es nicht um einen „[...] Bruch mit den ‚unechten', gespielten Rollen im Gegensatz zum ‚echten' Selbst, sondern vielmehr um einen Bruch mit diesem ‚echten Selbst' *als* eine Rolle" (ebd., 276 f., Hervorh. i. O.) und folglich um den Bruch mit dem gesellschaftlichen „Zwang zur Authentizität" (ebd., 272). Im Unterschied zu Debords Spektakelbegriff, bei dem das Authentische als eine Art Gegenhalt zum Spektakel erscheint, spielten viele zeitgenössische Inszenierungen eher mit einer Form „spektakulärer Authentizität", die jeder Behauptung von Echtheit oder Unmittelbarkeit entgegenstehe (ebd., 273). Das kritische Moment solcher partizipativen Kunstprojekte sei dann genau dort zu finden, „[...] wo Mechanismen der Authentizitätsproduktion, die sonst zur Kommerzialisierung der populärkulturellen Formen beitragen, zwar eingesetzt bzw. ausgeführt, aber eben nicht endgültig erfüllt werden" (ebd., 278). Authentizität wäre demzufolge nicht als der Repräsentation entgegengesetzt, sondern selbst als eine in unserer Gesellschaft hegemoniale Form der Repräsentation zu verstehen (→ II.2.2.2), zu der sich ein postpartizipatorisches Theater spektakulärer Authentizität in Differenz setzen und diese damit auch thematisieren und problematisieren würde:

> Letztlich liegt das kritische Potenzial dieser künstlerischen Praxis in ihrem Widerstand dagegen, als spektakuläre Aufführungsform von ‚echten Menschen' unhinterfragt konsumiert werden zu können. Dabei gibt sie weder den Unterhaltungs- und Zerstreuungscharakter des Spektakels noch die Ernsthaftig- und Kritikfähigkeit der Kunst auf und stellt somit die Kategorisierung von ‚guten' und ‚schlechten' Formen von Partizipation und deren Medialisierung anhand von diesen Kriterien grundsätzlich in Frage. (Ebd., 279)

Auch die Performance-Theoretikerin Sruti Bala schlägt einen Partizipationsbegriff vor, der weder anti-repräsentational noch anti-spektakulär ist, sondern sich explizit auf Repräsentation und Theatralität bezieht. Dabei geht sie davon aus, dass es bei Partizipation in der Kunst im Wesentlichen um zwei Fragen geht: *erstens*, wie Menschen an Kunst bzw. dem künstlerischen Prozess teilhaben, und *zweitens*, wie sich Kunst am politischen und sozialen Leben beteiligt (vgl. Bala 2012, 236). Diese Fragen diskutiert sie entlang dreier von ihr sogenannter Vektoren der Partizipation, nämlich Repräsentation, Kollektivität und Theatralität (vgl. ebd., 238). So gehe es – gerade bei der politischen Forderung nach Partizipation, etwa marginalisierter gesellschaftlicher Gruppen – in der Regel um die Forderung nach (deren Selbst-) *Repräsentation*. Der Vektor Repräsentation fragt danach, in welchem Verhältnis die Form der Repräsentation des künstlerischen Werks bzw. Ereignisses zu dieser politischen Forderung nach Selbstrepräsentation steht (vgl. ebd., 246). *Kollektivität* wiederum radikalisiere die Forderung nach Partizipation und beziehe sich auf die Art und Weise der künstlerischen Praxis (vgl. ebd., 241). Der dritte Vektor, *Theatralität*, mache deutlich, dass Partizipation nicht nur darauf ziele, wer aktiv im künstlerischen Prozess beteiligt sei, sondern sich auch auf den Moment der Begegnung zwischen Sehenden und Gesehenen beziehe: „It implies that participation occurs through the theatricality of an event, through its quality of heightened perceptibility. […] The vector of 'theatricality' critically pushes the artistic question of spectatorship towards the political question of paying attention to ignored realities." (Ebd., 245 f.)

Ein so verstandenes (post-)partizipatorisches Theater würde sich dann weder als Ort unmittelbarer authentischer Präsenz behaupten, noch seine eigene Vermittlung und Theatralität negieren. Anstatt Repräsentation pauschal zu verwerfen, würde es vielmehr die Probleme gesellschaftlicher und politischer Repräsentation bearbeiten (vgl. Peters 2013b, 170). Dies schlösse nicht zuletzt auch eine Auseinandersetzung mit der gesellschaftlichen Ubiquität von Partizipation ein. Repräsentationskritik würde dann mit René Pollesch bedeuten, Kritik an einer Sprache zu üben, die vorgibt, „alle Erfahrung schon gebunkert" zu haben (Hegemann/Pollesch 2005, 11). Es wäre eine Form der Repräsentationskritik, die immer auch Authentizitätskritik ist und so einen Beitrag zu einer differenzierteren Form der Betrachtung hegemonialer Repräsentationsregime leisten könnte.

3.2.3 Partizipation als ästhetische Erfahrung des Subjekts?

Wie die vorangegangene Skizze sowohl der Diskussion um die relationale Ästhetik als auch der Debatte um die Beteiligung sogenannter Expert_innen des Alltags gezeigt hat, besteht eine zentrale Kontroverse um die zeitgenössische partizipative Kunst- und Theaterpraxis darin, ob sich deren politisch-soziales Potenzial eher in einer direkten und unmittelbaren Wirkung, z. B. durch Interventionen in die soziale Wirklichkeit, oder vielmehr in der Distanz bzw. Differenz ästhetischer Praxis zur gesellschaftlichen Realität verorten lässt. Folgt man der zweiten Position, wie sie z. B. von Rancière und Rebentisch vertreten wird, so würde sich ein politisches Theater trotz oder gerade aufgrund der Ähnlichkeit seiner Formen mit der sozialen Wirklichkeit zu dieser in ein Distanz- bzw. Differenzverhältnis setzen, etwa indem es mit der angeblichen Authentizität ‚echter' Menschen auf der Bühne spielt und dadurch Authentizität als eine hegemoniale Form gesellschaftlicher Repräsentation problematisiert oder die (aktive) Teilnahme von Zuschauenden *als Teilnahme* erfahrbar macht und damit auch (implizit oder explizit) thematisiert. Die soziale Wirklichkeit wäre dabei nicht als das eigentlich Wahre und Authentische, sondern ihrerseits als eine ästhetisierte Wirklichkeit zu verstehen.

Das soziale oder politische Potenzial partizipativer Kunst läge dieser Argumentation zufolge in der Eigenlogik des Ästhetischen sowie in einer spezifischen ästhetischen Erfahrung des_der an Kunst Partizipierenden begründet. Wenn aber die möglichen ethisch-politischen Wirkungen von Kunst in erster Linie in einer ästhetischen Erfahrung des Subjekts verortet werden, so stellt sich auch die Frage nach den subjektivierenden und möglicherweise auch desubjektivierenden Wirkungen ästhetischer Erfahrung. An dieser Stelle sollen daher die eben dargestellten theater- und kunstwissenschaftlichen Positionen noch einmal hinsichtlich der in ihnen enthaltenen Formen der (De-)Subjektivierung befragt werden. Dabei muss einschränkend vorausgeschickt werden, dass nicht nur aufgrund der zeitlichen Begrenztheit von Kunstaktionen (vgl. Liebert 2015, 28), sondern vor allem auch aufgrund des ästhetischen Einschnitts, den die Kunst vollzieht (vgl. Rancière 2009, 99), gegenüber Spekulationen bezüglich der subjektivierenden und möglicherweise auch desubjektivierenden Wirkung von Kunst Vorsicht geboten ist.

Während im traditionellen partizipatorischen Diskurs der ersten und zweiten Avantgarde das Subjekt in der Regel als vorhanden vorausgesetzt bzw. als handlungsmächtiges, aktives Subjekt adressiert wird, das aus der ‚entfremdeten' Position des_der passiven Betrachter_in bzw. Zuschauer_in befreit werden müsse, stellt sich die Frage für die zeitgenössischen (postutopischen) Entwürfe partizipativer Kunst und partizipativen Theaters komplexer dar. Zwar lässt sich für den Diskurs der relationalen Ästhetik konstatierten, dass deren Gemeinschaftsbegriff in Teilen weiterhin auf der Vorstellung von vorgängigen autonomen Subjekten basiert (vgl. Bishop 2004, 79). Die überwiegende Mehrheit der hier zitierten Autor_innen geht jedoch davon aus, dass Subjektivität durch soziale oder auch künstlerische Praktiken erst hervorgebracht wird. Dabei muss hinzugefügt werden, dass die meisten Aussagen zu Fragen von Subjektivität sich in den hier angeführten kunst- und theaterwissenschaftlichen Beiträgen vor allem auf die Perspektive der Rezipient_innen beziehen und weniger auf am Produktionsprozess beteiligte Expert_innen, wie dies in der theaterpädagogischen Literatur der Fall ist. Die Frage wäre demnach in erster Linie, welche Formen der Subjektivierung mit Formen der *Zuschauerpartizipation* verbunden sind. Führen etwa partizipative „Performances der Selbstermächtigung" (Liebert/Westphal 2015), wie dies Wolf-Andreas Liebert schreibt, zu „flüchtige[n] Autonomien" (Liebert 2015, 28) aufseiten der Teilnehmenden, die dann möglicherweise mit anderen Autonomie fördernden Formen der Partizipation in der sozialen Wirklichkeit, wie z. B. OpenSource-Kulturen, korrespondieren (vgl. ebd., 29)? Ähnlich argumentieren z. B. Theaterwissenschaftler_innen, die das Potenzial der Kunstform Theater insbesondere in einem *Erproben* alternativer sozialer Praxen sehen (→ II.3.2). Andererseits ließe sich diese Aktivierung und Einbeziehung von Zuschauenden auch als eine gouvernementale Form der Responsibilisierung lesen und problematisieren, etwa wenn die Rede davon ist, dass Partizipation „[...] die *Verantwortung* des Zuschauers für den Theatervorgang [radikalisiert], den er mitgestalten, aber auch durch sein Verhalten stören oder gar zerstören kann" (Lehmann 2008a, 224, Hervorh. i. O.).

Besonders in der theaterwissenschaftlichen Literatur finden sich viele Aussagen zur Wirkung ästhetischer Erfahrung auf das einzelne Subjekt, die in ihrer Emphase den oben skizzierten (neo-)avantgardistischen Versprechungen in Teilen durchaus nahekommen. Im Unterschied zu Letzteren betonen aktuelle Beiträge jedoch eher das desubjektivierende Moment von Kunsterfahrung, das allerdings später wieder zu einer (subjektivierenden) Transformation des_der Einzelnen führen soll. So spricht etwa Erika Fischer-Lichte im Anschluss an Theorien aus der Ritualforschung von ästhetischer Erfahrung als einer „Schwellenerfahrung" (Fischer-Lichte 2004, 305 ff.), die von der autopoietischen *feedback*-Schleife ausgelöst werde und die den_die Zuschauer_in von seiner_ihrer alltäglichen Umwelt und den in ihr geltenden Normen und Regeln entfremde (vgl. ebd., 313). Dabei schränkt die Autorin einerseits ein, dass diese Transformation nicht mit derjenigen eines Rituals zu vergleichen sei, das einen veränderten gesellschaftlichen Status einer Person bewirke, schreibt andererseits jedoch: „Wenn Gewöhnliches auffällig wird, Gegensätze kollabieren und die Dinge sich in ihr Gegenteil verwandeln, dann erlebt der Zuschauer die Wirklichkeit als

‚verzaubert'. Und es ist diese Verzauberung, die ihn in einen Zustand der Liminalität versetzt und zu transformieren vermag." (Ebd., 314) Auch Paul Divjak (2012) zufolge ermöglichen partizipatorisch angelegte Inszenierungen „eine ‚ansteckende Intensität ästhetischer Erfahrungen'" und führen zu einer „‚Befreiung von affektiven Hemmungen' und intellektuellen Blockaden, im Sinne einer Idee der Lebenskunst" (ebd., 26). Auch hier klingen durchaus Versprechungen idealistischer Kunstentwürfe nach.

Solche Vorstellungen von ästhetischer Erfahrung sind charakteristisch für viele theaterwissenschaftliche Darstellungen. Wie Miriam Drewes in ihrer Studie „Theater als Ort der Utopie" (2010) nicht zuletzt am Beispiel von Texten Fischer-Lichtes zeigen konnte, wird in diesen einerseits auf herkömmliche idealistische Kunstkonzeptionen verzichtet, andererseits werden implizit universalistische und teleologische Deutungsmuster fortgeschrieben (vgl. ebd., 82). Als problematisch sieht Drewes nicht nur die Übertragung eines heuristischen Modells aus der Ritualtheorie mit seinen Kategorien der Schwellenerfahrung und Liminalität auf den Bereich der ästhetischen Erfahrung, sondern auch die in einer solchen Konzeption fortlebende Utopie einer Communitas (vgl. ebd.). Zudem sei fraglich, „[...] ob es angesichts einer ausdifferenzierten Gesellschaft überhaupt möglich, respektive notwendig und sinnvoll ist, den mündigen Zuschauer mittels ästhetischer Erfahrung zu transformieren" (ebd., 82 f.). Drewes zufolge zeichnet sich in der Theorie zum postdramatischen und performanceorientierten Theater eine Tendenz ab, die versuche, den Status der Instabilität der Künste in Zeiten ihrer Entgrenzung – der eigentlich im Begriff der ästhetischen Erfahrung seinen Ausdruck finde – zu einem gewissen Grad zu kompensieren, indem eine bestimmte, „nicht-repräsentationale Ästhetik als genuin risikobereit, ideologiekritisch, utopiefähig und innovativ beschrieben" und damit an den Topos der Fortschrittlichkeit gebunden werde (vgl. ebd., 412). Dabei spiele insbesondere ein bestimmtes Verständnis von ästhetischer Erfahrung eine Rolle, das seinen Ausdruck in einer „Apologie des Ereignisses und der Präsenz findet" (ebd.) und eine strukturelle Ähnlichkeit zu einer mystischen Erfahrung aufweise:

> Es liegt der Verdacht nahe, dass bei den [...] Konzepten der ästhetischen Erfahrung eine transzendente Erfahrung ohne Gott angesonnen werden soll. Dies mag als Postulat, als ein Moment einer idealistischen Ästhetik hilfreich sein, eine gegenrepräsentationale, nicht-mimetische Theaterkunst theoretisch abzusichern. Die Frage ist allerdings, ob auf der Ebene der Theoriebildung und ferner der Geschichtsschreibung die Bindung an ein derart teleologisches Denken noch länger sinnvoll ist. (Ebd., 413)

Drewes favorisiert demgegenüber einen Begriff ästhetischer Erfahrung, „[...] der einem Wettstreit der Diskursarten und damit der Annahme einer grundsätzlichen Unentscheidbarkeit über deren Funktionsweisen verpflichtet ist" (ebd., 413 f.). Ein solcher dissensorientierter und ergebnisoffener Kunstbegriff basiere auf dem Prinzip des Aushaltens gesellschaftlicher und philosophischer Antinomien: „Das bedeutet allerdings auch, dass eine unilineare Fortschrittsgeschichte nicht mehr weiter geschrieben werden kann und dass anzuerkennen ist, dass je nach Perspektive und Vorliebe auch die Entscheidung darüber variiert, was als genuin fortschrittlich gilt und was nicht." (Ebd., 414)

Auch Juliane Rebentisch plädiert für ein anderes Verständnis ästhetischer Erfahrung, das sie eher im Sinne einer ästhetischen (Selbst-)Reflexion fasst. Die ästhetische Erfahrung rücke demzufolge das Subjekt gegenüber sich selbst als auch gegenüber dem Sozialen in eine reflexive Distanz (vgl. Rebentisch 2013, 70). Dabei träten dem Subjekt „seine eigenen kulturellen und sozialen Prägungen im Modus des ästhetischen Scheins" so entgegen, „dass es sich reflexiv fremd wird" (ebd., 71 f.). Auch in diesem Sich-selbst-Fremdwerden lässt sich durchaus ein desubjektivierendes Moment erkennen. Ob es danach jedoch zu einer Transformation des Subjekts kommt, lässt Rebentisch offen. Eine ästhetische Erfahrung zu machen, würde zunächst einmal bedeuten, „[...] Erfahrung zu erfahren, das heißt: den lebensweltlich bekannten Erfahrungswelten im Modus einer reflexiven Distanz neu zu begegnen" (ebd., 80).

Alexander García Düttmann hingegen kritisiert diese Lesart von Kunst und ästhetischer Erfahrung. Beides lasse sich nicht einfach auf eine Form der Reflexion oder Selbstreflexion reduzieren, da der „vor- oder unkünstlerisch[e]" Begriff der Reflexion „die Kunst mit einer semantischen Bestätigung gleichsetzt, mit der ausstellenden Bestätigung eines vorausgesetzten, ungewussten, sich selbst undurchsichtigen Wissens" (García Düttmann 2016, 49). Das Verhältnis von Kunst und Politik könne daher nicht im Sinne eines bewusstmachenden oder selbstermächtigenden Reflektierens gedacht werden:

> Der Künstler, der Kritiker, der Theoretiker, der Philosoph, der Teilnehmende stoßen auf das, was sie schon wussten – was ‚man' schon wusste, ohne es zu wissen, und bestätigen es, indem sie es ausstellen, sei es in der reflexiven künstlerischen Arbeit oder in der theoretischen Reflexion oder in beiden, wobei die beunruhigenden, unvorhersehbaren, unkontrollierbaren, ‚ästhetischen' Implikationen [...] zumeist von der der Reflexion zugesprochenen Kraft, die bewusstmachende Durchsichtigkeit eines Sinnzusammenhangs zu schaffen, ausgeblendet werden. (Ebd.)

Aus diesem Grund müssten Kunst und ästhetische Erfahrung anders gedacht werden. Anstatt eines Moments der Reflexion erfahre man, so García Düttmann, in der „Teilnahme"[68] an Kunst vielmehr die „Gewalt einer Unterbrechung" und renne „gegen eine Wand" (ebd., 46), ohne dass man aus dieser Erfahrung gleich mögliche Handlun-

68 Vgl. auch „Teilnahme – Bewusstsein des Scheins" (García Düttmann 2011).

gen ableiten könne. Auch García Düttmann scheint es somit in erster Linie um das desubjektivierende Moment ästhetischer Erfahrung zu gehen, wenngleich deren Wirkungsmacht hier als wesentlich drastischer beschrieben wird als bei Rebentisch. Während Rebentisch allerdings offenlässt, ob diese Kunsterfahrung zu einer Form von politischer Handlungsmacht führen kann, sieht García Düttmann weder „einen kausalen Zusammenhang zwischen Kunst und Politik noch eine Reflexion der Kunst, die an die Politik, an die politische Handlung heranführt“ (ebd.).

Ob ästhetische Erfahrung als Schwellenerfahrung verstanden wird, die zu einer Transformation des Subjekts und zur Befreiung affektiver Hemmungen sowie intellektueller Blockaden führen kann, oder als radikale Unterbrechung konzipiert oder aber ihre Funktion eher in der Möglichkeit einer ästhetischen (Selbst-) Reflexion gesehen wird: Diese kunsttheoretischen Überlegungen beschreiben immer ein Ideal und sagen noch nichts darüber aus, welche Wirkungen eine bestimmte künstlerische Praxis in einem spezifischen Kontext auslöst oder auslösen kann (vgl. Kube Ventura 2016, 210). Auch die Gegenüberstellung des Eigenwerts des Ästhetischen auf der einen Seite und der häufig (verworfenen) Funktionalisierung bzw. Instrumentalisierung von Kunst auf der anderen Seite bleibt eine rein theoretische und findet sich so weder in der Kunstpraxis noch im Alltag eines Kulturbetriebs (vgl. ebd.). Gerade Plädoyers für eine Kunst als „radikale Negation des Gesellschaftlichen im Mysterium“ (ebd., 209) laufen möglicherweise ihrerseits Gefahr, einen zu unübersichtlich gewordenen Kunstbegriff wieder zu verengen (vgl. ebd.) Darüber hinaus darf auch die subjektivierende Macht von Kunst in ihrer gesellschaftlichen Funktion als Distinktionsmechanismus und der damit einhergehenden Aufrechterhaltung von Ungleichheit (vgl. Bourdieu 1987) – was in der kunst- und theaterwissenschaftlichen Diskussion oft unberücksichtigt bleibt – nicht außer Acht gelassen werden. So bleiben partizipative Kunst und partizipatives Theater in (fast) jeder Hinsicht immer beides, ästhetische *und* soziale Praxis: „[…] participatory art has always had a double ontological status: it is both an event in the world, and at one remove from it.“ (Bishop 2012 a, 284)

3.3 Zusammenfassung: Partizipation in der bildenden Kunst und im Theater

Die vorangegangene Skizze der aktuellen Diskussion um Partizipation in der Kunst- und Theaterwissenschaft und ihrer historischen Bezüge hat gezeigt, dass die jeweilige Vorstellung von Partizipation in den Künsten zuvörderst mit dem ihr zugrundeliegenden Kunst- bzw. Theaterbegriff zusammenhängt sowie mit bestimmten politischen und sozialen Versprechungen in Bezug auf die Wirkung von Kunst verbunden ist. Andere

Lesarten partizipativer Formen in der Kunst, die von solchen Zielsetzungen absehen bzw. für die diese Fragen nachrangig sind, greifen daher eher auf alternative Termini zurück, wie etwa den der Immersion, der weniger politisch oder sozial konnotiert ist. Der Begriff der Partizipation bleibt hingegen in der Regel mit sozialen und politischen Fragen verknüpft und bezieht sich im kunst- und theaterwissenschaftlichen Diskurs sowohl auf die Beteiligung von Rezipient_innen als auch auf die Teilnahme nichtprofessioneller Performer_innen oder Spieler_innen. Dem Theaterwissenschaftler Hans-Thies Lehmann zufolge stellt die Frage nach Partizipation bisweilen gar die Produktionsstruktur der Institution Theater zur Debatte.

Historisch gesehen fand die Idee der Partizipation in der ersten und zweiten künstlerischen Avantgarde ihren Höhepunkt und richtete sich vor allem gegen ein auf Autonomieästhetik und Repräsentation basierendes bürgerliches Kunstverständnis – ja, sie verstand sich bisweilen sogar als explizit antitheatral und wollte die Trennung von Kunst und Leben und damit auch die Differenz zwischen Werk und Rezipierenden respektive zwischen Darstellenden und Zuschauenden überwinden. Das Ziel dieser Überführung von künstlerischer in soziale bzw. politische Praxis lag häufig in der Herstellung einer unmittelbaren und authentischen Gemeinschaft, die, je nach politischer Ausrichtung, unterschiedlich entworfen wurde. Während die avantgardistischen Experimente am Anfang – und im Fall der Situationistischen Internationale – bis Mitte des 20. Jahrhunderts oft linksrevolutionäre Ziele verfolgten, zielte die partizipatorische Neoavantgarde ab den 1960er-Jahren eher auf eine Demokratisierung von Kunst, die gleichzeitig einen Beitrag zur Demokratisierung der Gesellschaft leisten sollte. Dem Partizipationsverständnis sowohl der ersten als auch der zweiten Avantgarde zufolge galt Zuschauen als Passivität und Entfremdung, Handeln hingegen als Aktivität und Emanzipation. Die Idee, dass möglichst alle Rezipierenden zu Mit-Produzierenden werden sollen, zielte demnach auf eine Befreiung ‚von sich selbst entfremdeter' Menschen. So findet sich die bereits für den gesellschaftlichen und politischen Diskurs (→ II.2) konstatierte Verschränkung zwischen Partizipation und Authentizität ebenso in der Diskussion in bildender Kunst und Theater wieder.

Zwar ließ sich das avantgardistische Versprechen einer Aufhebung der Trennung von Kunst und Leben nicht einlösen, doch hatten die partizipatorischen Experimente der Avantgarden – nicht zuletzt durch die mit ihnen verbundene Infragestellung des traditionellen Werkbegriffs – eine starke Innovationswirkung auf die Gegenwartskunst. Dementsprechend dreht sich die gegenwärtige Diskussion weniger um die Frage, wie Kunst in Leben überführt werden kann, als vielmehr darum, welche (politische, soziale) Wirkung partizipatorische Kunst *als Kunst* entfalten kann. Im Zuge einer Entgrenzung der Kunst und einer Auflösung des Werkbegriffs wird Partizipation, verstanden als verstärkte kognitive bis hin zu handgreifliche Teilhabe bzw. Teilnahme von Rezipient_innen, gleichsam zu *der* spezifischen Modalität ästhetischer Erfahrung von Gegenwartskunst. Mit dem sogenannten *performative turn* in den zeitgenössischen Künsten, in dessen Folge immer weniger von Kunst*werken* als von *-ereignissen* die Rede ist, erfährt diese Entwicklung noch einmal eine Zuspitzung. Dies betrifft in besonderer Weise das postdramatische, performanceorientierte Theater, das vor allem die leibliche Ko-Präsenz von Darstellenden und Zuschauenden betont und mit dieser spielt. Dabei klingen in manchen theaterwissenschaftlichen Beiträgen zum partizipativen Theater weiterhin bestimmte, den avantgardistischen Versprechungen nicht unähnliche Vorstellungen an, was sich unter anderem an der Emphase der gemeinsamen *Präsenz* von Darstellenden und Zuschauenden zeigt, die über eine spezielle „Energie" in Form einer „autopoietischen Feedback-Schleife" (Fischer-Lichte) in einem sozialen Raum gleichberechtigt die Aufführung hervorbringen.

Auch im zeitgenössischen Kunstdiskurs finden sich nach wie vor manche Topoi der partizipatorischen Avantgarden, wie etwa die Privilegierung des aktiven Handelns vor dem angeblich passiven Zuschauen oder auch die Idee einer authentischen und harmonischen Gemeinschaft. Dies trifft im besonderen Maße auf Nicolas Bourriauds Entwurf einer relationalen Ästhetik zu. Dabei tendiert Bourriaud zu einer Gleichsetzung von ästhetischer mit sozialer Praxis, ohne die spezifischen institutionellen Voraussetzungen künstlerischer Arbeiten im White Cube oder die der Kunst eigenen Medialität angemessen zu berücksichtigen. Partizipative Kunst ist jedoch immer *sowohl* ästhetische *als auch* soziale Praxis, die sich nicht einseitig zugunsten des Ästhetischen oder des Sozialen auflösen lässt. In diesem Zusammenhang muss auch die in verschiedenen Publikationen geäußerte Vorstellung gesehen werden, dass sich in partizipativen Experimenten auch alternative Handlungsmöglichkeiten sowie heterodoxe Formen der Partizipation erproben und erforschen lassen. Dieses Erproben ist dabei nicht nur ein ‚so tun als ob', sondern umfasst als Erforschen von und Experimentieren mit gesellschaftlichen Handlungsalternativen zu einem gewissen Grad auch deren performative Hervorbringung. Allerdings wird in der gegenwärtigen Diskussion – sowohl um die relationale Ästhetik als auch um die Beteiligung sogenannter Expert_innen des Alltags – die Frage aufgeworfen, ob das politisch-soziale Potenzial partizipativer Kunst- und Theaterpraxis eher in einer direkten, unmittelbaren Wirkung – etwa in Form einer Intervention in die gesellschaftliche Realität – oder aber in der Distanz bzw. Differenz ästhetischer Praxis zur sozialen Wirklichkeit gesehen werden kann. Besonders vor dem Hintergrund der sozialwissenschaftlichen Kritik am Diskurs der Partizipation (→ II.2), die in Teilen der neueren Kunst- und Theaterwissenschaft durchaus rezipiert wird, sehen manche Autor_innen die Chance partizipativer Kunst eher in einer Problematisierung der gesellschaftlichen Ubiquität von Partizipation, z. B. indem sie die (aktive) Teilnahme von Zuschauenden an Kunst *als Teilnahme* erfahrbar macht und damit auch (implizit oder explizit) thematisiert. Eine ähnliche Argumentation findet sich auch in der Diskussion um das sogenannte Expertentheater, die sich vor allem auf die Frage nach der Authentizität nicht-professioneller Spieler_innen konzentriert. Im Anschluss an ein theaterwissenschaftliches Verständnis von Authentizität als Darstellungsform wird in der Partizipation von Expert_innen des Alltags eine Möglichkeit gesehen, durch das Spiel mit der Behauptung von Authentizität Vorstellungen authentischer Subjektivität bzw. Authentizität als eine in der gegenwärtigen Gesellschaft hegemoniale Form der Repräsentation zu thematisieren und zu problematisieren.

Die möglichen sozialen oder politischen Wirkungen partizipativer Kunst lägen dieser Argumentation zufolge in der Eigenlogik bzw. Differenz des Ästhetischen zur sozialen Wirklichkeit sowie in einer spezifischen ästhetischen Erfahrung begründet, die das einzelne partizipierende Subjekt in eine Distanz zum Sozialen und zu seinen eigenen (sozialen, kulturellen) Prägungen rückt. Dabei ist diese ästhetische Distanz nicht mit einer physischen Distanz der Rezipierenden zum Kunstwerk bzw. -ereignis kurzzuschließen. Auch explizit partizipative Formen in Kunst und Theater, die die Frage nach Nähe und Distanz bereits in ihrer Form angelegt haben, scheinen durchaus geeignet, eine solche *Distanzerfahrung* zu ermöglichen. In diesem Zusammenhang wurde der Frage nach den subjektivierenden und möglicherweise auch desubjektivierenden Wirkungen von ästhetischer Erfahrung nachgegangen. Während manchen theaterwissenschaftlichen Publikationen zufolge ästhetische Erfahrung als eine Schwellenerfahrung zu einer Transformation des Subjekts führen kann, sehen andere Kunsttheoretiker_innen, wie etwa Alexander García Düttmann, in ihr die „Gewalt einer Unterbrechung", die sich eher als ein desubjektivierendes Moment interpretieren lässt. Einer dritten Position zufolge, die unter anderem Juliane Rebentisch vertritt, liegt die Funktion ästhetischer Erfahrung eher in der Möglichkeit einer spezifischen ästhetischen (Selbst-)Reflexion begründet. Ob sich aus dieser Erfahrung dann wieder eine Transformation des Subjekts – d. h. eine subjektivierende Wirkung – ergibt, wird hier offengelassen. Neben der Frage nach der ästhetischen Erfahrung ergeben sich subjektivierende Wirkungen von Kunst auch aus ihrer gesellschaftlichen Funktion der Produktion von Distinktion und Ungleichheit. Gerade bei der nachfolgenden Betrachtung des theaterpädagogischen Kontextes kommt es darauf an, auch solche möglichen subjektivierenden Effekte im Blick zu haben.

II. ANALYSE

Programmatiken der Partizipation in der Theaterpädagogik

Programmatiken der Partizipation in der Theaterpädagogik

„It's all about participation" – Hanne Seitz' Diagnose mit Blick auf die gegenwärtige Theaterlandschaft (Seitz 2014) lässt sich ohne Weiteres auch auf die aktuelle Publikationslage in der kulturellen Bildung und der Theaterpädagogik übertragen: Die Anzahl sowohl an kultur- und bildungspolitischen Veröffentlichungen als auch an theaterpädagogischen Beiträgen zum Thema Partizipation ist inzwischen unüberschaubar geworden. Die in diesem III. Teil verfolgte gouvernementalitätskritische Diskursanalyse kann daher nur einen Ausschnitt der Diskussion erfassen. Wie bereits im Methodenkapitel dargestellt (→ II.1.3.2), sind vor allem solche Texte zur Analyse ausgewählt, die sich an die theaterpädagogische Praxis richten und die einen erkennbar programmatischen Charakter haben, d. h., die eine partizipatorische Ausrichtung theaterpädagogischer Arbeit zu befördern beabsichtigen. Ein weiteres Auswahlkriterium stellt die Aktualität der Quellen sowie der Grad ihrer Rezeption im deutschsprachigen Raum dar. Den Gegenstand der folgenden Analyse bilden vor diesem Hintergrund insbesondere didaktische Handreichungen, Schulbücher, Methodentexte, Selbstdarstellungen sowie kultur- und bildungspolitische Dokumente.[69] Hierzu gehören auch Beiträge aus dem der Theaterpädagogik kulturpolitisch übergeordneten Bereich der kulturellen Bildung, die ebenfalls für die theaterpädagogische Praxis von Relevanz sind.

Eine kurze Skizze des Diskurses um Teilhabe in der kulturellen Bildung **(1.)** bildet auch den Einstieg in diesen zentralen Teil der Untersuchung sowie den Rahmen für die anschließende Analyse von im engeren Sinn auf Theaterpädagogik bezogenen Texten. Um ein möglichst hohes Maß an Repräsentativität zu gewährleisten, soll der Partizipationsdiskurs in drei unterschiedlichen Arbeitsfeldern der Theaterpädagogik betrachtet werden. Innerhalb dieser zentralen theaterpädagogischen Arbeitsfelder wird dabei jeweils ein exemplarischer Themenkomplex untersucht: die curriculare Entwicklung sowie Fragen partizipativer Unterrichtsgestaltung im Fach Darstellendes Spiel/Theater für den Bereich Theater in Schulen **(2.)**, aktuelle Ansätze und Methoden des Theaters der Unterdrückten im Feld soziokultureller Theaterarbeit **(3.)** und die Diskussion um die Bürgerbühne für die Theaterpädagogik an Stadt- und Staatstheatern **(4.)**. Dabei soll auch der Spezifität des Partizipationsdiskurses innerhalb des jeweiligen Feldes Rechnung getragen werden.

Der Blick auf die hier ausgewählten theaterpädagogischen Texte ist insbesondere von einer gouvernementalitätskritischen Perspektive geprägt. So liegt der Fokus der

69 Bei regionalen kultur- und bildungspolitischen Dokumenten beschränke ich mich, aufgrund meiner eigenen geografischen Verortung und Perspektive, auf die Bundesländer Berlin und Brandenburg.

folgenden Untersuchung auf der Frage nach den spezifischen Formen der Subjektivierung, die durch diese Diskurse betrieben werden. Die Analyse orientiert sich dazu insbesondere an dem Konzept der *Anrufung* des Subjekts, das wiederum über das Konzept der *Adressierung* operationalisiert wird. Gefragt wird also danach, auf welche Weise das partizipierende Subjekt in den einzelnen Quellen adressiert wird, wobei auch implizite Anrufungen identifiziert werden sollen. Demnach geht es hier um die Freilegung jenes diskursiv vermittelten Wissens darüber, wer das Subjekt im Verhältnis zu anderen sein soll, welche Praktiken dabei zu verfolgen sind und welche Bewertungen damit einhergehen (→ II.1.1.2). In dem Zusammenhang werden auch mögliche Zuschreibungen in Bezug auf die jeweiligen *Subjektpositionen* sowohl von Teilnehmenden (an einem Theaterprojekt, -kurs etc.) als auch von Anleitenden (Theaterpädagog_innen, Lehrer_innen etc.) in den Blick genommen.

Die sozialwissenschaftliche Kritik am gegenwärtigen gesellschaftlich-politischen Diskurs der Partizipation (→ II.2) sowie die Diskussionen um partizipative Formate in der bildenden Kunst und im Theater (→ II.3) dienen der folgenden Analyse dabei als ‚Folie'. So wird beispielsweise untersucht, welches Verständnis von Partizipation sowie welche Vorstellungen von Authentizität den Diskursen in der Theaterpädagogik zugrunde liegen und welche Zielsetzungen mit einer partizipatorischen Theaterpädagogik sowohl in Bezug auf die Bildung des partizipierenden Subjekts als auch in gesellschaftlich-politischer Hinsicht verfolgt werden. Zudem soll der jeweilige Theater- bzw. Kunstbegriff, der mit diesem Partizipationsverständnis zusammenhängt, in Augenschein genommen werden.

Die wesentlichen Aspekte und Ergebnisse der Analyse werden dabei entlang *zentraler Semantiken* für das jeweils untersuchte Themenfeld diskutiert, die in einem textimmanenten Verfahren gewonnen wurden (→ II.1.3.2). Andere Fragen oder Begrifflichkeiten sowie angrenzende Thematiken, die sich in einem weiten Sinn auf die Diskussion um Partizipation beziehen, werden dabei bewusst ausgeklammert. Auch auf Beiträge, die unter einem anderen begrifflichen Zugriff erfolgen bzw. sich nicht einem der genannten Themenbereiche zuordnen lassen,[70] kann hier nur am Rande eingegangen werden. So lassen sich – über den hier erfassten Diskurs hinaus – inzwischen für sämtliche theaterpädagogische Arbeitszusammenhänge konzeptuelle Verschiebungen konstatieren, die sich unter anderem auf die verstärkte Rede von Partizipation zurückführen lassen. Im Zusammenhang mit den gegenwärtigen

70 So kann etwa auf das in der Theaterpädagogik viel diskutierte Konzept des Devising Theatre bzw. der Divising Performance, das ebenfalls Bezüge zu Fragen der Partizipation aufweist (vgl. Heddon/Milling 2005, 15 f.; Hartmann 2010, 113 ff.), im Rahmen dieser Arbeit nicht eigens eingegangen werden, da dieses bereits einen Themenkomplex für sich darstellt. Ähnlich verhält es sich mit den Themen künstlerische/theatrale Forschung (vgl. z. B. Peters 2013a), kollektive Stückentwicklung bzw. kollektive Arbeitsformen (vgl. hierzu exemplarisch Dreysse 2012 oder Kurzenberger 2012), partizipative Strategien der Performance Art mit Jugendlichen (vgl. Pfeiffer 2009) sowie neuere „politisch-ästhetische" Bildungskonzepte (vgl. Richter 2006 sowie Bundeszentrale für politische Bildung 2013), die im Folgenden nur implizit mit angesprochen werden.

Erscheinungen des Jugendtheaters[71] spricht beispielsweise Gerd Taube grundsätzlich von „partizipative[m] Jugendtheater" (Taube 2012, 141), wenn Jugendliche selbst Theater spielen. Partizipatives Jugendtheater umfasst bei ihm Theater in der Schule, soziokulturelle Theaterarbeit mit Jugendlichen bis hin zu Jugendtheaterclubs an städtischen Bühnen (vgl. ebd., 143 f.). Allein dieses Beispiel führt die Wirkmacht des Partizipationsdiskurses vor Augen, in dessen Folge unter anderem traditionelle theaterpädagogische Arbeitsweisen heute als „partizipative Theaterpädagogik" ausgewiesen werden. Doch geht es in dieser Analyse – das muss an dieser Stelle betont werden – nicht um eine Kritik an einem möglicherweise vordergründigen Labeling. Vielmehr ist es die Hypothese dieser Arbeit, dass mit dem aufgekommenen Partizipationsdiskurs durchaus Veränderungen einhergehen, die sich möglicherweise auch auf das Selbstverständnis der Theaterpädagogik und letztlich auch auf die theaterpädagogische Praxis auswirken.

71 Zur Partizipationsthematik im Kinder- und Jugendtheater vgl. exemplarisch „Spielweisen der Teilhabe – Partizipative Formate des zeitgenössischen Kinder- und Jugendtheaters" (Kuhn 2009) sowie „Children as Experts – Contemporary Models and Reasons for Children's and Young People's Participation in Theatre" (Wartemann 2015).

1 Der Diskurs um Teilhabe in der kulturellen Bildung

Seit Hilmar Hoffmanns berühmter Forderung nach einer „Kultur für alle" (Hoffmann 1979) sind bald vier Jahrzehnte vergangen. Wenn der aktuelle Wahlspruch der offiziellen Kulturpolitik in Anspielung auf und im Unterschied zu Hoffmanns Formel „Kulturelle Bildung für Alle" (Deutsche UNESCO-Kommission 2008) lautet, so macht dies deutlich, dass sich der gegenwärtige Teilhabediskurs in der kulturellen Bildung einerseits durchaus in dieser historischen Tradition versteht, andererseits jedoch unter heute signifikant veränderten gesellschaftlichen Rahmenbedingungen zu lesen ist. Diese entsprechen nicht mehr denen der 1970er-Jahre, in denen Teilhabe und Partizipation vor allem mit der Vorstellung von politischer Emanzipation verbunden waren. Zwar trägt der Begriff der kulturellen Bildung selbst den historischen Bezug zur „partizipatorischen Revolution" (Kaase) der alten Bundesrepublik in sich, denn er ist unter anderem ein Kind der Bildungsreformen der 1960er- und 1970er-Jahre und verstand sich vor allem in Abgrenzung zum damals vorherrschenden und als ideologisch belastet geltenden Begriff der musischen Bildung (vgl. Fuchs 2009).[72] Allerdings konnte er sich erst nach und nach durchsetzen[73] und konkurrierte vor allem in den 1980er- und 1990er-Jahren mit dem damals in der Öffentlichkeit geläufigeren Begriff der Kulturpädagogik (vgl. Reinwand-Weiss 2013). Zu ihrem gegenwärtigen ‚Boom' verhalfen der kulturellen Bildung vor allem die Diskussionen im Nachgang zur ersten PISA-Studie aus dem Jahr 2000 (vgl. ebd.), und in diesem Zusammenhang muss der Begriff heute auch verstanden werden. Wie im Folgenden anhand aktueller kulturpolitischer Publikationen gezeigt wird, spiegelt die kulturelle Bildung nämlich in Teilen auch jenen gesellschaftlichen Wandel wider, der bereits für den gegenwärtigen gesellschaftlich-politischen Partizipationsdiskurs

72 Die Begriffe „musische Bildung" oder „musische Erziehung" stehen vor allem in der Kontinuität künstlerischer Erziehung im Westdeutschland der Nachkriegszeit: „Geprägt von der politischen Vereinnahmung der Künste im Faschismus legte man in den 1950er und 1960er Jahren Wert auf einen politikfreien Raum, in dem die schönen Künste als bürgerlicher Zeitvertreib und Mußestunden gepflegt wurden." (Reinwand-Weiss 2013)

73 So kam es zu einer Reihe von Umbenennungen, z. B. 1968 der Bundesvereinigung Musische Bildung in die Bundesvereinigung Kulturelle Jugendbildung oder 1973 des Programms „Musische Bildung" in den Förderrichtlinien des Kinder- und Jugendplans in „Kulturelle Bildung" (vgl. ebd.). Dennoch findet sich in vielen kulturpolitischen Veröffentlichungen der 1970er-/80er-Jahre noch der ältere Begriff „musische Bildung" oder die Verbindung „musisch-kulturelle Bildung", wie z. B. im Ergänzungsplan „Musisch-kulturelle Bildung" zum Bildungsgesamtplan von 1973 oder auch in Hoffmanns Buch „Kultur für alle" (Hoffmann 1979).

beschrieben werden konnte (→ II.2). Gleichzeitig lässt sich insbesondere in den letzten Jahren im Fachdiskurs der kulturellen Bildung eine Strömung beobachten, die sich genau mit diesen gesellschaftlichen Verhältnissen sowie mit der wieder aufgekommenen Rede von Partizipation kritisch auseinandersetzt und auf die am Ende dieses Kapitels eingegangen werden soll.

Die enge Verbindung des Konzepts der kulturellen Bildung zu den aktuellen Diskursen um Partizipation und Teilhabe lässt sich bereits an heute gängigen Begriffsbestimmungen ablesen. So definiert etwa Karl Ermert, langjähriger Leiter der Bundesakademie für Kulturelle Bildung in Wolfenbüttel, kulturelle Bildung als „Bildung zur kulturellen Teilhabe", die „Partizipation am künstlerisch-kulturellen Geschehen einer Gesellschaft im Besonderen und an ihren Lebens- und Handlungsvollzügen im Allgemeinen" umfasse (Ermert 2009). Auch Max Fuchs, ehemaliger Vorsitzender des Deutschen Kulturrats und früherer Direktor der Akademie Remscheid, beschreibt „kulturelle Teilhabe" als eine Leitformel der Kulturpolitik (vgl. Fuchs 2011, 64 f.). In seinem Buch „Kultur – Teilhabe – Bildung" (Fuchs 2008a) betont er die Bedeutung der „Einbeziehung von Partizipation in die kulturpädagogische Praxis", die dazu diene, „Entfremdung und Herrschaft zugunsten von Freiheit und Demokratie abzubauen und zugleich soziale Individualität – eben: Bildung als humane Lebensform – zu ermöglichen" (ebd., 37). Für die Diskussion am Ende der 2000er-Jahre konstatiert er dabei eine „Wiederentdeckung von ‚Teilhabe'" (Fuchs 2008b, 229). In der Tat bestimmt das Thema Partizipation seit etwa 15 Jahren den Diskurs der kulturellen Bildung nachhaltig. Allein im Jahr 2017 sind drei umfangreiche Sammelbände zur kulturellen Bildung mit folgenden Titeln erschienen: „Illusion Partizipation – Zukunft Partizipation" (Braun/Witt 2017), „Teilhabe. Versprechen?!" (Hübner et al. 2017) sowie „Partizipation als Programm" (Schneider/Eitzeroth 2017).[74] Besonders die Bundesvereinigung Kulturelle Kinder- und Jugendbildung e.V. (BKJ) treibt die Diskussion um kulturelle Teilhabe voran (vgl. z. B. BKJ 2014; 2015; 2016).[75]

Die gegenwärtige Konjunktur des Themas wird vor allem von (bildungs- und kultur-)politischer Seite forciert. Im Folgenden sollen daher exemplarische kultur- und bildungspolitische Dokumente hinsichtlich ihrer Zielsetzungen zur kulturellen Teilhabe in den Blick genommen werden **(1.1)**. Herangezogen werden dazu – gleichsam in einem Bogen ‚vom Globalen zum Lokalen' – Dokumente der internationalen (UNESCO), der nationalen (Deutscher Bundestag) sowie der regionalen bzw.

74 Die beiden letztgenannten Publikationen sind wenige Wochen vor der Fertigstellung dieser Dissertation erschienen und konnten daher in diesem Kapitel nur noch kursorisch berücksichtigt werden.

75 So hat die BKJ wichtige Fachtagungen zu dem Thema (mit-)organisiert, wie insbesondere der MIXED UP-Fachtag „Kulturelle Bildung in der Schule: Tür auf für mehr Partizipation!" am 26.10.2015 in Düsseldorf, die Fachtagung „Die Kunst der Partizipation – Jugendbeteiligung im internationalen Austausch in und mit den Künsten" vom 15. bis 18.10.2015 in Paris sowie die bundesweite Fachtagung „Illusion Partizipation – Zukunft Partizipation" am 13. und 14.11.2015 in Berlin.

Landesebene (hier am Beispiel von Berlin). Im Zuge einer kurzen Zusammenschau dieser Dokumente wird sich zeigen, dass sich im kultur- und bildungspolitischen Diskurs unter anderem eine Verbindung zwischen dem Partizipationsdiskurs und der zunehmenden bildungspolitischen Orientierung auf Kompetenzen feststellen lässt **(1.2)**. Diesem Zusammenhang soll in diesem Kapitel ebenso nachgegangen werden wie der Frage, wie die zunehmende Rede von Partizipation im Fachdiskurs der kulturellen Bildung bewertet wird **(1.3)**. Dabei kann an dieser Stelle weder eine detaillierte Analyse der bildungs- und kulturpolitischen Dokumente erfolgen, noch ein Anspruch auf eine vollständige Abbildung des gesamten Diskurses der kulturellen Bildung zu dieser Thematik erhoben werden. Die folgenden Ausführungen verstehen sich vielmehr als eine Vorarbeit sowie ein Rahmen für die anschließende detaillierte Analyse der Partizipationsprogrammatiken in der Theaterpädagogik.

1.1 Der Stellenwert von Partizipation in kultur-und bildungspolitischen Dokumenten

Ein Meilenstein in der seit der Jahrtausendwende aufgekommenen Diskussion um kulturelle Bildung ist der auf der UNESCO-Weltkonferenz 2006 verabschiedete „Leitfaden für kulturelle Bildung“ mit der Unterüberschrift: „Schaffung kreativer Kapazitäten für das 21. Jahrhundert“ (UNESCO 2006) – häufig auch „UNESCO Road Map der Kulturellen Bildung“ genannt. Der Partizipationsgedanke steht in diesem politisch bedeutenden Dokument an erster Stelle. So lautet das erste Ziel kultureller Bildung: „Erhaltung des Menschenrechtes auf Bildung und Teilnahme am kulturellen Leben“ (ebd., 3). Bezieht sich dieses Ziel unter Verweis auf die Allgemeine Erklärung der Menschenrechte sowie die UN-Kinderrechtskonvention in erster Linie auf das *Recht* auf Teilhabe bzw. Teilnahme, wie es etwa in Art. 27 der UN-Menschenrechtscharta[76] niedergelegt ist, fokussiert das zweite Ziel kultureller Bildung die „Entwicklung individueller Fähigkeiten“ (ebd., 4). Dabei gehe es darum, das „kreative Potential“ aller Menschen durch „kreative Erfahrungen, Prozesse und Entwicklungen“ zu fördern (ebd.). Partizipation wird hier vor allem als „aktive Teilnahme“ (ebd., 18) verstanden, die gefördert werden soll. Im Vordergrund steht die Aktivierung der Teilnehmenden in und durch kulturelle Angebote und die Entfaltung ihres kreativen Potenzials. Die Gründe dafür werden nicht zuletzt in wirtschaftlichen Anforderungen gesehen:

76 Der Art. 27, Abs. 1 der Menschenrechtscharta der Vereinten Nationen im Wortlaut: „Jeder hat das Recht, am kulturellen Leben der Gemeinschaft frei teilzunehmen, sich an Kunst zu erfreuen und am wissenschaftlichen Fortschritt und dessen Errungenschaften teilzuhaben.“

> Die Gesellschaften des 21. Jahrhunderts verlangen zunehmend Arbeitskräfte, die kreativ, flexibel, anpassungsfähig und innovativ sind, und Bildungssysteme müssen sich auf Grund dieser wechselnden Bedingungen weiterentwickeln. Kulturelle Bildung stattet die Lernenden mit diesen Fähigkeiten aus, die es ihnen erlauben, sich auszudrücken, ihre Umgebung kritisch wahrzunehmen und aktiv an verschiedenen Aspekten des menschlichen Lebens teilzunehmen.
> Kulturelle Bildung ermöglicht es auch einem Staat die Humanressourcen hervorzubringen, die zum Erschließen seines wertvollen kulturellen Kapitals notwendig sind. Aus diesen Mitteln und diesem Kapital zu schöpfen ist unerlässlich, wenn die Staaten starke und nachhaltige kulturelle (kreative) Industrien und Unternehmen entwickeln wollen. [...] (ebd., 5).

Hier wird bereits das Subjekt dieser kulturellen Bildung relativ klar umrissen: Es soll kreativ, flexibel, anpassungsfähig und innovativ sein sowie zum Selbstausdruck, zur kritischen Wahrnehmung und zur aktiven Teilnahme fähig sein. Kreativität wird dabei nicht als etwas aufgefasst, das in Angeboten der kulturellen Bildung erst zu erlernen ist, sondern diese Kreativität sei bereits in jedem Menschen angelegt und müsse folglich lediglich freigelegt werden: „Alle Menschen haben kreatives Potential." (Ebd., 4) Die Rolle der Kunst ist in diesem Zusammenhang, ein „praxisbezogenes Umfeld" zu schaffen, „in dem die Lernenden in kreative Erfahrungen, Prozesse und Entwicklungen aktiv eingebunden werden" (ebd.). Doch nicht nur „Kreativität und Initiative" (ebd.), Flexibilität sowie Innovations- und Anpassungsfähigkeit werden als anzustrebende Eigenschaften genannt, sondern ebenso „eine fruchtbare Vorstellungskraft, emotionale Intelligenz und moralische Leitlinien" (ebd.). Kulturelle Bildung, die vor allem das Emotionale im Menschen anspreche, könne nämlich „durch die Förderung emotionaler Entwicklung mehr Ausgewogenheit zwischen kognitiver und emotionaler Entwicklung" bewirken und dadurch zur „Aufrechterhaltung einer Kultur des Friedens" beitragen (ebd., 5), denn „[m]oralisches Verhalten, als Basis menschlichen Handelns, verlangt nach emotionaler Beteiligung" (ebd.). Des Weiteren wird argumentiert, dass „Sinn für Kreativität und Initiative" vor allem durch die Einbindung von Elementen aus der „eigenen Kultur" der Teilnehmenden erzeugt werden könne (ebd., 4). Während diese Betonung des Eigenen und des kreativen Potenzials des Menschen eher an klassische Authentizitätsvorstellungen anschließt (→ II.2.2.2), nennt die Road Map mit der „Fähigkeit zu kritischer Reflexion, Selbständigkeit, Gedanken- und Handlungsfreiheit" (ebd.) Ziele, die bereits aus der partizipatorischen Programmatik der 1970er-Jahre geläufig sind. Demnach wird hier durchaus an emanzipatorische Gedanken dieser Zeit angeknüpft, wenngleich der Begriff der Emanzipation keine Verwendung findet und stattdessen von „Empowerment" (ebd., 14) die Rede ist.

Zielbestimmungen wie Selbstverwirklichung, Selbstbestimmung und Autonomie finden sich, wenn auch nicht mehr in der Konzentration wie etwa noch bei Hilmar Hoffmann (1979), nach wie vor in der aktuellen Programmatik der kulturellen Bildung und scheinen offenbar neoliberalen Zielen wie Flexibilität in keiner Weise entgegenzustehen.

Ein ähnliches Bild ergibt auch ein Blick in den „Schlussbericht der Enquete-Kommission ‚Kultur in Deutschland'" (Deutscher Bundestag 2007). Im Abschnitt „Bedeutung und Wirkung kultureller Bildung" zitiert der Bericht zunächst ausführlich die Ziele im Ergänzungsplan „Musisch-kulturelle Bildung" zum Bildungsgesamtplan von 1973, wie etwa die Förderung der „schöpferische[n] Fähigkeiten und Kräfte des Menschen", seines „Beurteilungsvermögen[s] für künstlerische oder andere ästhetische Erscheinungsformen des Alltags" sowie seine „Persönlichkeitsbildung und -entfaltung" und „Selbstverwirklichung" (zit. nach ebd., 378 f.). Diese „Erkenntnisse" (ebd., 379) aus den 1970er-Jahren behielten auch heute noch ihre Gültigkeit, allerdings seien sie um weitere zu ergänzen. So würden durch kulturelle Bildung eine „[…] höhere Kreativität, bessere soziale Ausgeglichenheit, höhere soziale Kommunikationsfähigkeit, höhere Lernleistungen in den nichtkünstlerischen Fächern (Mathematik, Informatik), bessere Beherrschung der Muttersprache und allgemein bessere Gesundheit erreicht" (ebd., 379). Dies begründe sich vor allem in der neurowissenschaftlichen „Erkenntnis", dass Kunst zu einer „Stimulierung der Neuroplastizität", die die „Voraussetzung für eine hohe Kreativität" bilde, führe (ebd.). Doch scheint es bei diesem Verständnis von kultureller Bildung nicht allein um die Steigerung von Leistungsfähigkeit zu gehen. Auch „erschöpft" sich kulturelle Bildung nicht in Wissensvermittlung, sondern sie sei „vor allem auch Selbstbildung" (ebd.). Was genau unter Selbstbildung verstanden wird, wird an dieser Stelle allerdings nicht weiter ausgeführt. Stattdessen werden mögliche „Kompetenzen" hervorgehoben, die sich durch kulturelle Bildung entwickeln ließen: „Sie fördert soziale Handlungskompetenz und Teilhabe und qualifiziert den Menschen für neue gesellschaftliche Herausforderungen […]" (ebd.). Auch diene sie der Stärkung von grundlegenden „Fähigkeiten und Fertigkeiten […], die für die Persönlichkeitsentwicklung des jungen Menschen, die emotionale Stabilität, Selbstverwirklichung und Identitätsfindung von zentraler Bedeutung sind", wie z. B. „Integrations- und Partizipationskompetenz und auch Disziplin, Flexibilität, Teamfähigkeit" (ebd.). Interessant ist hier nicht nur, dass Disziplin, Flexibilität und Teamfähigkeit in einer Reihe mit den Zielen Integration und Partizipation genannt werden – eine Verquickung von Zielvorstellungen, die sich bereits für die Road Map konstatieren lässt –, sondern vor allem die Wortverbindung von Partizipation bzw. Integration mit „Kompetenz".

Der Begriff der Kompetenz spielt auch im „Berliner Rahmenkonzept Kulturelle Bildung“ (SenBJW Berlin 2008)[77] eine zentrale Rolle: ob „interkulturelle Kompetenz“ (ebd., 2), „soziale Kompetenzen“ (ebd., 3) oder „sozial befähigende Schlüsselkompetenzen“ (ebd., 4), alle diese Kompetenzen gelte es durch kulturelle Bildung zu entwickeln und zu fördern. Wie die Road Map und der Schlussbericht der Enquete-Kommission knüpft das Berliner Rahmenkonzept in Teilen an die partizipatorische Programmatik der 1970er-Jahre an, wobei der Begriff der Emanzipation ebenfalls nicht verwendet wird und stattdessen von „Selbstermächtigung“ (SenBJW Berlin 2013, 13) die Rede ist. Auch die Stärkung von Selbstverantwortung der Kinder und Jugendlichen ist laut Berliner Rahmenkonzept eine zentrale Aufgabe kultureller Bildung. So sollen diese dazu befähigt werden, „[...] am kulturellen Leben der Gesellschaft, in der sie leben, aktiv und selbstverantwortlich teilnehmen zu können“ (SenBJW Berlin 2008, 3). Aufschlussreich sind hier zudem Wortverbindungen mit „Teilhabe“ bzw. „Partizipation“ und damit auch die begrifflichen Verschiebungen in der aktuellen Programmatik der kulturellen Bildung: So geht es einmal um die Förderung von „Eigeninitiative und Partizipation“ (ebd., 4) bzw. die Bereitstellung von Angeboten mit „Partizipation und Lebensweltbezug“ (SenBJW Berlin 2013, 32). Während das Wort „Eigeninitiative“, ähnlich wie „Flexibilität“ oder „Innovations- und Anpassungsfähigkeit“, eher dem Vokabular des „unternehmerischen Selbst“ zu entstammen scheint (→ II.2.2.1), schließt die Betonung des Lebensweltbezugs wiederum an Authentizitätskonzeptionen an, die eher charakteristisch für kulturpädagogische Positionen der 1980er-Jahre waren, denen es insbesondere auf den Selbstausdruck und die Authentizität des Subjekts ankam (vgl. Pinkert 2008, 259). Dazu passt auch eine Konzeption von „Teilhabe am kulturellen Leben“, die in der Intention des Berliner Rahmenkonzepts darauf abzielt, die „Kinder und Jugendlichen in *ihren* Sozialräumen und Lebenszusammenhängen zu stärken, jugendkulturellen Szenen Raum zu ihrer *eigenständigen Entfaltung* zu bieten“ (SenBJW Berlin 2008, 4, Hervorh. J. K.). Ob in der UNESCO Road Map, dem Schlussbericht der Enquete-Kommission oder dem Berliner Rahmenkonzept, im gegenwärtigen Partizipationsdiskurs der kulturellen Bildung gehen offenbar klassische emanzipatorische Ziele und Authentizitätskonzeptionen (→ II.2.2.2) mit neoliberal geprägten Subjektvorstellungen eine Synthese ein.

77 Neben dem „Berliner Rahmenkonzept Kulturelle Bildung“ (SenBJW 2008) wird hier zudem aus dem Dokument „Die Umsetzung des Berliner Rahmenkonzepts Kulturelle Bildung – Dritter Fortschrittsbericht“ (SenBJW 2013) zitiert.

1.2 Kulturelle Teilhabe und Kompetenzorientierung

Der Begriff der Kompetenz, so hat diese kurze Zusammenschau kultur- und bildungspolitischer Dokumente gezeigt, nimmt in den Beschreibungen der Zielvorstellungen kultureller Bildung einen zentralen Stellenwert ein. Auch ist in Bezug auf das Ziel kultureller Teilhabe unter anderem von einer „Partizipationskompetenz" die Rede, die es durch kulturelle Bildung zu entwickeln gelte. Diesem Zusammenhang zwischen kultureller Teilhabe und dem Kompetenzbegriff soll daher an dieser Stelle – als eine weitere Vorarbeit insbesondere im Hinblick auf das anschließende Kapitel zum Partizipationsdiskurs im Bereich des Theaters in der Schule, in dem dieser Nexus ebenso eine zentrale Rolle spielt – noch einmal vertieft nachgegangen werden.

Ähnlich wie beim Konzept der kulturellen Bildung beginnt die eigentliche Karriere des Kompetenzbegriffs erst mit der Veröffentlichung der ersten PISA-Studie im Dezember 2001. Seither bestimmt die Rede von Kompetenzen den bildungspolitischen Diskurs in der Bundesrepublik und bildet ein zentrales Instrument zur Restrukturierung des Bildungswesens unter ökonomischen Vorzeichen (vgl. Höhne/Karcher 2013). Charakteristisch für den Kompetenzdiskurs ist seine stufenlogische Konstruktion qualitativer Fähigkeiten, die dem Individuum zugeschrieben und skalenförmig unterschieden werden können (vgl. ebd.): „Kompetenzen und Kompetenzmodelle enthalten daher Indikatoren, die der Standardisierung von immateriellen Ressourcen auf Subjektseite [...] dienen." (Ebd.) Auch für die bildungspolitische Definition von Partizipation als Kompetenz lassen sich solche Versuche einer Standardisierung kultureller Teilhabe konstatieren: vom „Kompetenznachweis Kultur" über den „Kulturführerschein" bis hin zu dem unter anderem vom multinationalen Konzern sodexo organisierten „Bildungs Pass" zur Umsetzung des „Bildungs- und Teilhabepakets" der Bundesregierung. Partizipationskompetenz wird dabei erst in der *Performance* von Partizipation, verstanden als deren aktive Durchführung, Leistung und Darstellung, erkennbar und messbar. Eine Messung von Partizipationskompetenz stellt auch eine leistungsorientierte „Performancemessung" (ebd.) dar, bei der eine vorab definierte Leistung abgefragt wird. Die von der EU-Kommission vorgenommene Definition von Kompetenz als „Übernahme von Verantwortung und Selbstständigkeit" (zit. nach ebd.) macht zudem die „responsibilisierende Funktion von Kompetenz in der neoliberalen Neuausrichtung von Individuum und gesellschaftlicher Verantwortung" (ebd.) deutlich. Zielten frühere (Aus-)Bildungskonzepte noch auf die fachliche „Qualifikation" des sich bildenden Subjektes, geht es bei der Kompetenz um seine „gesamte Person(alität)" (ebd.).

Auch die gängige Definition von Kompetenz nach Franz E. Weinert umfasst nicht nur die „bei Individuen verfügbaren oder durch sie erlernbaren kognitiven Fähigkeiten und Fertigkeiten, um bestimmte Probleme zu lösen", sondern auch die damit verbundenen „motivationalen, volitionalen und sozialen Bereitschaften und Fähigkeiten, um die Problemlösungen in variablen Situationen erfolgreich und verantwortungsvoll nutzen zu können [...]" (Weinert 2002, 27 f.). Während somit jede Form von Kompetenz sowohl Aspekte des Wissens, Könnens und Reflektierens als auch des Wollens integriert, pointiert nach Meinung des Erziehungswissenschaftlers Eberhard Jung, „[...] Partizipationskompetenz den volitionalen Bereich in besonderer Weise. Sie basiert auf dem Willen zur teilnehmenden Gestaltung realer Situationen und reicht bis zur machtvollen Durchsetzung des als richtig Empfundenen." (Jung 2010, 80) „Partizipationslernen" (ebd.) beschreibt Jung dabei vor allem als ein Verhaltenslernen, das sowohl „Lernen *von* partizipativem Verhalten" als auch „Lernen *durch* partizipatives Verhalten" (ebd., 81, Hervorh. i. O.) umfasst. Ein solch individualisierter Blick auf das Subjekt und seine Fähigkeiten und sein Wollen verändert nicht nur die Sichtweise von Individuen auf sich selbst, sondern „[...] blendet darüber hinaus die Kontingenz pädagogischer Prozesse von Lernen und schulischem Unterricht wie auch die außerschulischen sozialen Bedingungen von Kompetenz und Kompetenzerwerb aus (z. B. informelles Lernen, kulturelles Kapital der Eltern, Bildungsbarrieren)" (Höhne/Karcher 2013). Im Konzept der Partizipationskompetenz sind nicht die Gesellschaft, der Staat, das Bildungssystem oder der Kulturbetrieb die Adressaten der Forderung nach Partizipation, sondern das Subjekt selbst. Der Mangel, den es durch kulturelle Bildung zu beheben gelte, wird folglich im Individuum, d. h. im partizipierenden Subjekt selbst verortet, das an Partizipationskompetenz gewinnen soll. Analog suggeriert auch der Begriff „Integrationskompetenz", dass die Integrationsleistung nicht in erster Linie aufseiten des Staates oder der (Mehrheits-)Gesellschaft zu sehen sei. Stattdessen wird Integration als Kompetenz definiert und als solche in das sich zu integrierende Individuum verlagert. Wie im Kapitel II.2.2.1 herausgearbeitet wurde, ist diese Form der Responsibilisierung für den gegenwärtigen Partizipationsdiskurs geradezu charakteristisch, denn sie beinhaltet nicht nur Anrufungen an die Eigenverantwortung des Subjekts, sondern appelliert im Zuge einer „Neuerfindung des Sozialen" (Lessenich 2008) immer auch an dessen Sozialverantwortung. Diese Neuerfindung des Sozialen, um Lessenichs Definition hier noch einmal in Erinnerung zu rufen, besteht darin, „die ehedem öffentliche Verantwortung für das Soziale [...] jedem und jeder Einzelnen selbst zuzuweisen, die Sorge um das Soziale jedem einzelnen Selbst in dessen subjektive Handlungsorientierungen und alltägliche Lebensführungsmuster einzuschreiben" (Lessenich 2009, 30). Die Folge ist eine Verlagerung des Orts des Sozialen in das einzelne Subjekt hinein (vgl. ebd., 32).

Diesen Zusammenhang zwischen einer „Zunahme an wechselseitigen Bezugnahmen auf Kompetenz und Partizipation" und dem von Lessenich beschriebenen neosozialen Umbau des Sozialstaates konstatiert auch Andreas Walther für den Bereich der Jugendhilfe (Walther 2013, 155). Walther zufolge knüpft der aktivierende Wohlfahrtsstaat „Teilhabeansprüche und -chancen zunehmend an Bedingungen der Selbstverantwortung und der Performanz von Kompetenz" (ebd., 156). In der Konsequenz habe man es mit einer „Verkehrung von Partizipation in Selbstverantwortlichkeit" (ebd., 159) zu tun. Die Behauptung der Kompetenzabhängigkeit von Partizipation sei dabei „funktional für die Normierung von Partizipationsformen und -inhalten" und stelle letztlich einen Versuch dar, „Teilhabe- und Beteiligungsansprüche einzuschränken" (ebd., 161). Mit diesem kritischen Blick auf den Kompetenzdiskurs sollen nicht etwa die wissenschaftlichen und fachlichen Differenzierungsgewinne durch den Begriff der Kompetenz, die deutlich älter als der Kompetenzdiskurs selbst sind (vgl. ebd., 158), in Abrede gestellt werden. Zudem muss auch beim Begriff der Partizipationskompetenz zwischen verschiedenen Modellen differenziert werden. So schlägt etwa Eckard Liebau, Inhaber des UNESCO-Lehrstuhls für Kulturelle Bildung an der Friedrich-Alexander-Universität Erlangen-Nürnberg, ein Verständnis von „Partizipationskompetenz" (Liebau 2013, 8) vor, das einerseits zwar auf die Notwendigkeit bestimmter Kompetenzen für eine Realisierung des Rechts auf Teilhabe abhebt. Andererseits kritisiert Liebau aber, dass „bei PISA und überhaupt in den meisten psychologischen Ansätzen" übersehen werde, dass Kompetenz eine „Doppelbedeutung von Fähigkeit und Befugnis" habe: „Hier müssen also durch die pädagogische Arbeit innerhalb und außerhalb der Schule Mindeststandards nicht nur im Blick auf die Lernanforderungen, sondern auch und vor allem im Blick auf die Bildungs- und Lerngelegenheiten geschaffen und gewährleistet werden." (Ebd.)[78] Trotz dieser Differenzierung in Bezug auf den *Begriff* der Partizipationskompetenz, lässt sich mit Andreas Walther festhalten, dass der *Diskurs*, d. h. die vermehrte Rede von Kompetenz im Zusammenhang mit Partizipation heute vor allem einer bildungspolitischen Steuerung (vgl. Walther 2013, 158) und nicht zuletzt auch einer „leistungsabhängigen Zuteilung von Teilhabechancen" (ebd.) dient.

Aufschlussreich ist vor diesem Hintergrund zudem der Gebrauch des bildungstheoretischen Begriffs der Selbstbildung, der, wie zuvor bereits erwähnt, auch in aktuellen kulturpolitischen Beiträgen zur kulturellen Teilhabe bemüht und dort mit sozialen und politischen Zielsetzungen verknüpft wird (vgl. Deutscher Bundestag 2007, 379). Dadurch unterliegt auch dieser Begriff im Diskurs der kulturellen Bildung einigen Bedeutungsverschiebungen, etwa wenn die Rede davon ist, dass gerade

78 Vgl. auch „Erfahrung und Verantwortung: Werteerziehung als Pädagogik der Teilhabe" (Liebau 1999) sowie „Die Bildung des Subjekts: Beiträge zur Pädagogik der Teilhabe" (Liebau 2001).

Konzepte der „Bildung als Selbstbildung, wie sie in der Kunst und Kultur weit verbreitet sind", für gesellschaftliche Zielsetzungen „wertvolle Anknüpfungspunkte" (Fietz 2009) bieten. In dieser Lesart bergen Angebote der kulturellen Bildung ein „sehr großes Potenzial zur Bewältigung gesellschaftlicher Herausforderungen" (ebd.), da in ihnen Jugendliche aktiv an einem gesellschaftlichen Veränderungsprozess teilnähmen: „Die Teilhabe an den gesellschaftlichen Werten, die sich in Kunst und Kultur manifestieren und verdichten, wird durch kulturelle Bildung zu einer Teilhabe an der demokratischen Gesellschaft insgesamt." (Ebd.) Im Unterschied zur Verwendung des Begriffs der Selbstbildung im Diskurs der ästhetischen Bildung, der eine Vorabbestimmung von der Gestalt des sich zu bildenden Subjekts weitgehend vermeidet (→ II.1.2.1),[79] wird „Selbstbildung" im Partizipationsdiskurs der kulturellen Bildung zu einem (Subjektivierungs-)Programm, denn die Vorstellung von dem Subjekt, das sich selbst bilden soll, wird hier immer gleich ‚mitgeliefert', wie z. B. in dem Katalog an Eigenschaften, den die Road Map Arbeitskräften des 21. Jahrhunderts zuschreibt, die kreativ, flexibel, anpassungsfähig und innovativ zu sein haben (vgl. UNESCO 2006, 5).[80]

Die Gründe für die Notwendigkeit einer Selbstbildung durch Partizipation werden häufig in den heutigen gesellschaftlichen Bedingungen gesehen, wie etwa in den „demografischen Entwicklungen", die eine „Stärkung individueller Kompetenz für gelingende Lebensentwürfe" notwendig mache: „Kulturelle Bildung liefert einen grundlegenden Beitrag hierzu." (Deutscher Bundestag 2007, 379) Auch Heiner Keupp schreibt in seinem Beitrag „Sozialpsychologische Dimensionen der Teilhabe" (2014), dass es in der „spätmodernen Gesellschaft [...] keine dauerhaften und stabilen Bezugspunkte für die individuelle Lebensführung" mehr gebe und „Identitätsarbeit" daher auch nicht mehr „als Übernahme von traditionellen kulturellen Entwurfsschablonen gelingen" könne (ebd.). Stattdessen bedürfe es eines aktiven Prozesses „identitärer Passungsarbeit", deren Gelingen sich „für das Subjekt von innen am Kriterium der Authentizität und von außen am Kriterium der Anerkennung" bemesse (ebd.). So komme es darauf an, die Teilnehmenden einerseits „in *ihren*

79 Zudem gibt die Theorie der ästhetischen Bildung keine Auskunft über die „gesellschaftliche oder politische Nützlichkeit" ästhetischer Bildungsprozesse. Denn diese, so Klaus Mollenhauer, seien grundsätzlich „keinem evaluierbaren Lernzielbegriff subsumierbar" (Mollenhauer 1996, 15).

80 Ob eine solche Art der Selbstbildung gelingt, hängt zudem von der subjektiven Erfahrung dieser Partizipation ab, denn, so vermerkt das „Handbuch kulturelle Bildung" im Abschnitt „Partizipation und Teilhabe", erst durch „die subjektive Erfahrung von Teilhabe entsteht intrinsische Motivation zur Teilhabe" (von Schwanenflügel/Walther 2012, 277). Dass sich die Selbstbildung des Subjekts insbesondere in partizipativen Arrangements erfolgreich realisiert, stellt dabei eine Annahme dar, die auch in der Sozialpädagogik seit Langem vertreten wird (vgl. Hansen et al. 2006). So soll das Kind möglichst immer „aktiver Produzent und Bestimmer eigener (Lern-)Tätigkeit" sein, um dabei auch erkennen zu können, „dass es das Subjekt der eigenen Bildung ist" (ebd.). Das partizipierende Subjekt ist also nicht nur aktiv beteiligt, sondern soll sich als solches vor allem auch selbst wahrnehmen, d. h. es soll sich im Akt der Teilnahme aktiv und bewusst als sich selbst bildendes Subjekt erfahren. Dieser Aspekt wird insbesondere im Zusammenhang mit der Analyse des Partizipationsdiskurses im Bereich Schultheater noch einmal vertieft (→ III.2).

Ressourcen so zu stärken, dass sie ihre *eigene* Identitätspassung finden" (ebd., Hervorh. J. K.), ihnen andererseits jedoch auch das entsprechende Maß an sozialer „Anerkennung" zu vermitteln (ebd.). Die Schlüssel dazu seien Empowerment und eine „verbindliche und *umfassende Partizipation*" (Keupp 2007, 469, Hervorh. i. O.), die nur durch einen Wandel der gesellschaftlichen und politischen Verhältnisse in Richtung einer lebendigen Zivilgesellschaft erreicht werden könne. Leider habe sich jedoch unser politisch-soziales Gefüge „noch längst nicht als ‚aktivierender Staat' erwiesen" (ebd., 468), der eine solche „Politik der Lebensführung", so Keupp im Anschluss an Anthony Giddens (→ II.2.1.1), ermögliche: „Wir brauchen keinen ‚Vater Staat', der uns fürsorglich und obrigkeitlich sagt, was wir zu tun haben, sondern einen ‚ermöglichenden Staat', der ermutigende Rahmenbedingungen schafft." (Ebd.) Auch in Keupps Auffassungen spiegeln sich grundlegende Züge des aktuellen gesellschaftlichen Partizipationsdiskurses wider, wie sie unter II.2 herausgearbeitet wurden. Dies gilt nicht nur für die Konstruktion des_der Teilnehmer_in als authentisches Subjekt sowie die Konzeption von Partizipation als eine Praxis der Anerkennung, sondern auch für die Bezugnahme auf Diskurse der Zivilgesellschaft sowie des aktivierenden Sozialstaats.

Dieser Gedanke der Aktivierung des_der Einzelnen durch kulturelle Partizipation, der bereits im Teilhabediskurs der 1960er-/70er-Jahre angelegt war, ist in der kulturellen Bildung weit verbreitet und erfährt dabei gleichermaßen eine Ausweitung und Generalisierung. Kulturelle Bildungsangebote werden besonders dann als gut befunden, wenn sie, wie etwa im Berliner Rahmenkonzept Kulturelle Bildung zu lesen ist, „[...] aktivierenden Charakter (‚Mach-mit-Charakter') haben, das heißt eher partizipativ angelegt sind" (SenBJW Berlin 2008, 5). In den verschiedenen Bereichen der Kulturvermittlung lassen sich dabei ähnliche Argumentationsmuster beobachten. So heißt es z. B. in der Publikation „Das partizipative Museum" (Gesser et al. 2012), dass heutige Museumsbesucher nicht mehr länger als „passive Rezipienten von Informationen" anzusehen seien, sondern „in ihrer Rolle als aktive Konsumenten und Produzenten von Bedeutungen ernst genommen" werden müssten (ebd., 11). Wie dies auch für viele Verfahren der Bürgerbeteiligung charakteristisch ist (→ II.2.2.1), erfolgt dabei die Anerkennung der Teilnehmenden zudem über deren Adressierung als Expert_innen: „Der Besucher ist kein unbeschriebenes Blatt, dem im Museum Wissen vermittelt wird. Im Gegenteil, er wird als (Alltags-)Experte angesprochen, seine Erfahrungen, Meinungen und Ansichten sollen in die Ausstellungen integriert werden." (Ebd.)

1.3 Kritische Stimmen zur aktuellen Partizipationsemphase

Im Unterschied zu den oben genannten offiziellen kultur- und bildungspolitischen Texten finden sich im Diskurs der kulturellen Bildung der letzten Jahre zunehmend auch kritische Beiträge zum Thema Partizipation, wie z. B. die Denkschrift des Rats für Kulturelle Bildung „SCHÖN DASS IHR DA SEID. Kulturelle Bildung: Teilhabe und Zugänge" (2014). So fragt der Rat für Kulturelle Bildung in erster Linie nach den politischen und finanziellen Voraussetzungen für kulturelle Teilhabe und dreht damit die Blickrichtung um: „Wer Teilhabe wirklich will, muss eine grundlegende Veränderung in der Deutungs- und Verteilungshoheit wollen." (Ebd., 29) Ähnlich argumentiert auch Jens Maedler, Leiter des Geschäftsbereiches Freiwilliges Engagement bei der Bundesvereinigung Kulturelle Kinder- und Jugendbildung (BKJ) und Herausgeber des Bands „TeilHabeNichtse: Chancengerechtigkeit und kulturelle Bildung" (Maedler 2008). In seinem mit Kirsten Witt veröffentlichten Beitrag „Gelingensbedingungen kultureller Teilhabe" (Maedler/Witt 2014) lenkt er die Aufmerksamkeit auf die „Zugangsschranken zur Kulturellen Bildung" und kritisiert im Anschluss an Bourdieu, dass die Teilnahme an kulturellen Bildungsangeboten häufig dazu genutzt werde, „soziale und gesellschaftliche Unterschiede zu markieren und zu verstärken" (ebd.). Diese Kritik richtet sich dabei insbesondere gegen ein elitäres Kunstverständnis von Entscheidungsträgern, die „[…] mit der Förderung Kultureller Bildung vor allem selbst glänzen möchten" (ebd.).

Maedlers und Witts Argumentation ist charakteristisch für eine kritische Strömung innerhalb der kulturellen Bildung, die die Kritik an einer ungerechten Ressourcenverteilung,[81] welche im gegenwärtigen Partizipationsdiskurs in der Tat häufig vernachlässigt wird, mit einer grundsätzlichen Infragestellung einer als bürgerlich beschriebenen Autonomieästhetik verbindet. Einem als elitär kritisierten Kulturbegriff setzen die Autor_innen ein Konzept kultureller Bildung entgegen, das „im Sinne des Empowerment" darauf zielt, „Selbstwirksamkeitserfahrungen" zu ermöglichen und „Bewältigungskompetenzen" des_der Einzelnen zu stärken, indem es „Handlungsspielräume sichtbar" und „das Individuum zum Mit-Gestalter" mache. Dabei klingt hier ein Verständnis von selbstbestimmter oder ‚echter' Teilhabe durch, die von Formen „angebotsorientierte[r]" (ebd.), d. h. vor allem an der Kunst oder am Kulturbetrieb

81 So weist z. B. Uli Glaser darauf hin, dass der öffentlich finanzierte Kulturbereich eigentlich „eine finanzielle Umverteilung von unten nach oben" darstelle: „von der Gesamtheit der Steuern zahlenden Bürger zu der besserverdienenden, gut- und hochgebildeten Schicht, die den Großteil der Nutzer öffentlich finanzierter und unterstützter Kultureinrichtungen ausmacht" (Glaser 2012, 6).

orientierter Partizipation abgegrenzt wird. So böten kulturelle Bildungsangebote, die sich mit den „Lebenswelten" der Teilnehmenden auseinandersetzen, auch „Chancen des Einzelnen zur Selbstverwirklichung" (ebd.). Die den Begriffen der Selbstverwirklichung und Lebenswelt eingeschriebenen Authentizitätsvorstellungen spiegeln sich überdies in der anthropologischen Begründung von künstlerischem Selbstausdruck als einem „menschliche[n] Grundbedürfnis [...]: von den Höhlen von Lascaux bis zu Medienkunst und Urban Art" (ebd.). Die Konzepte der Selbstverwirklichung, Selbstbestimmung oder die angestrebte Stärkung von „Bewältigungskompetenzen" werden dabei von den Autor_innen – trotz gleich oder ähnlich lautender neoliberaler Anforderungen an das Subjekt – nicht weiter hinterfragt.

Eine andere Haltung nimmt hier der Rat für Kulturelle Bildung ein, der – unter Verweis auf Max Fuchs' kritischen Zwischenruf „Kulturelle Bildung als neoliberale Formung des Subjekts?" (Fuchs 2014) – auch auf die Gefahren einer solchen Ausrichtung kultureller Bildungsangebote hinweist:

> Diese optimistische Vorstellung eines selbstbestimmten Subjekts entfaltet seine Kehrseite im Zusammenspiel mit neoliberalen Interessen, wenn die unterschiedlichen Startbedingungen jedes Einzelnen nicht bedacht werden und die vollständige Verantwortung des Bildungsverlaufes auf die einzelne Person abgewälzt wird. [...] Da geht es dann nicht mehr um kulturelle Inhalte als solche, sondern um abgeleitete Bildungsziele, vor allem um die Entwicklung von Flexibilität und Kreativität. (Rat für Kulturelle Bildung e.V. 2014, 26 f.)

Vor diesem Hintergrund betont der Rat für Kulturelle Bildung auch die Bedeutung ästhetischer Erfahrung sowie die „Unverfügbarkeit individueller Bildungsprozesse" (ebd., 11) und warnt davor, „von einer Planbarkeit der bildungsrelevanten Prozesse auszugehen" (ebd., 58). Darüber hinaus finden sich auch bezüglich der aktivierungspolitischen Ausrichtung, von der jedoch die Denkschrift in Teilen selbst bestimmt wird, vereinzelt skeptischere Töne: „Es sind die Zugänge, die gestaltet werden – Teilhabe kann nur ermöglicht werden." (Ebd., 18 f.)

Auch in anderen Beiträgen, wie etwa dem von Reinhold Knopp und Karin Nell herausgegebenen Band „Keywork[4] – Ein Konzept zur Förderung von Partizipation und Selbstorganisation in der Kultur-, Sozial- und Bildungsarbeit" (2014), wird unter anderem die Notwendigkeit einer kritischen Hinterfragung von partizipativen Strukturen vor dem Hintergrund postdemokratischer Entwicklungen (→ II.2.1.2), in deren Zuge Beteiligung nicht selten der Entkräftung kritischer Einwände oder allein der Einholung von Zustimmung diene, erörtert (vgl. Knopp 2014, 40). In der Konsequenz sei darauf zu achten, dass partizipative Projekte „nicht zum Selbstzweck werden oder gar als Plattform für Selbstverwirklichung dienen" (ebd., 43) oder dazu führten, „die Positionen zwischen zu bezahlender Arbeit und bürgerschaftlichem

Engagement zu verwischen“ (ebd., 44). Trotz dieser warnenden Hinweise auf die Gefahren einer „Vereinnahmung und Zuweisung von Verantwortung“ (ebd.) hält Knopp jedoch an der Forderung nach mehr Partizipation fest. Diese sei allerdings „mehr als Mitbestimmen zu verstehen denn als Mitwirken“ (ebd., 45). Auch im Konzept des Keywork[4] scheint die Lösung letztlich in einer Art richtiger oder ‚echter‘ Teilhabe gesehen zu werden, die jedoch subjektivierenden Tendenzen in Form einer Responsibilisierung und Steigerung von Selbststeuerungskompetenzen in keiner Weise entgegenstehen muss. Dies wird unter anderem an der Beschreibung des Konzepts selbst deutlich, das anhand von Faktoren charakterisiert wird, wie z. B. „Faktor 1 – Innovation: Neue Verantwortungsrollen entwickeln und eigene Projekte realisieren“ oder „Faktor 2 – Partizipation: Sich auf Augenhöhe begegnen und gemeinsam gestalten“ (Nell 2014, 49). Hier zeigt sich unter anderem die unter II.2.2.1 beschriebene Verbindung der Rede von Partizipation und dem aktuellen gesellschaftlichen und ökonomischen Innovationsdiskurs.

Besonders im Anschluss an verschiedene, insbesondere von der BKJ mitorganisierte Tagungen zum Thema Partizipation im Jahr 2015 lässt sich eine Art kritische Wende im Fachdiskurs der kulturellen Bildung im Hinblick auf die Einschätzung der aktuellen Partizipationsemphase beobachten. Max Fuchs etwa spricht inzwischen von Partizipation als einer „Pathosformel“ (Fuchs 2017, 44) und Werner Lindner machte in seinem Eröffnungsvortrag mit dem Titel „‚Es muss was gescheh'n – aber es darf nix passier'n‘“ (Lindner 2015) auf dem MIXED UP-Fachtag am 26.10.2015 in Düsseldorf auf die Gefahr neuer Ausschlüsse durch Partizipation aufmerksam (→ II.2.1.2). So könnten manche Formate der Partizipation Ungleichheit und Benachteiligung sogar noch verstärken: „Denn die Gelegenheiten zur Mitwirkung werden eher von den artikulationsstarken Milieus ergriffen, während Partizipationsabstinenz als ein ausgewiesenes Merkmal ohnehin schon sozial benachteiligter Bevölkerungskreise gilt [...]“ (ebd.). Auch sieht Lindner die zunehmende „Betonung der Selbstregulierung oder [...] der Eigenverantwortung“ der Partizipierenden kritisch (ebd.). Im Anschluss an Wehling (→ II.2.1.3) seien eher Formen der „uninvited participation“ zu erproben sowie eine Verbindung von „invited“ und „invented participation“ Jugendlicher auszuloten (ebd.). Auch Jörg Zirfas sieht nicht nur positive, sondern auch „kritikwürdige Formen der Partizipation“, etwa im Kontext neoliberaler Debatten, in denen „Partizipation ganz eng mit ökonomisch-utilitaristischen Interessen“ (Zirfas 2017, 33) kurzgeschlossen würden. Auch beschreibt er Partizipation als eine Strategie, Menschen „[...] in Verantwortlichkeiten einzubinden, die sie eigentlich nicht verantworten können bzw. sie für Aufgaben in die Pflicht zu nehmen, die im Kern von pädagogischen oder staatlichen Institutionen erfüllt werden sollten [...]“ (ebd.) und stellt explizit einen Bezug zwischen Partizipation und der gegenwärtigen Gouvernementalität her:

> Denn mit dem Rückzug des Wohlfahrtstaats und der Hinwendung zum Neoliberalismus findet auch eine Verschiebung vom Recht zur Pflicht auf Teilhabe statt. Diese Entwicklung kann Formen eines gouvermentalen [sic] Selbst erzeugen, das sich nicht nur ökonomisch konform, sondern auch sozial exklusiv verhält, insofern es das Ziel verfolgt, am Markt oder in der Schule zu bestehen, was etwa damit einhergeht bzw. einhergehen kann, seinen Mitbürgerinnen und Mitbürgern wie Mitschülerinnen und Mitschülern nicht den gleichen Handlungsspielraum einzuräumen. (ebd.)

Gleichzeitig sieht Zirfas gerade in den Künsten eine Chance, sich von der „partizipativen Wirklichkeit" (ebd., 39) zu distanzieren bzw. sich zu dieser in ein Verhältnis zu setzen, indem gesellschaftliche und politische Strukturen „artistisch und ästhetisch" (ebd.) befragt und infrage gestellt würden: „Kulturelle Bildung könnte insofern als analytisches Instrument, als kritisches Korrektiv oder auch als normatives Regulativ von Formen und Prozessen der Partizipation, aber auch von Formen und Prozessen der Verhinderung von Partizipation fungieren [...]" (ebd.). Diese Überlegungen Zirfas' zeigen einen interessanten Weg eines möglichen künstlerischen und auch theaterpädagogischen Umgangs mit der partizipativen Gouvernementalität auf und sollen daher im Zusammenhang mit der Auswertung der folgenden Analyse noch einmal aufgegriffen werden (→ IV.1).

2 Theater in der Schule: Theaterunterricht und Partizipation

Theaterarbeit in der Schule kann als das wohl traditionellste Berufsfeld der Theaterpädagogik gelten, reichen doch die Wurzeln des Schultheaters im deutschsprachigen Raum bis (mindestens) ins 15. Jahrhundert zurück.[82] Während es Theater in der Schule lange Zeit – und mancherorts bis heute – nur als extracurriculares Angebot gab, etwa in Form von Arbeitsgemeinschaften, ist es seit den 1960er-Jahren in der Mehrzahl der deutschen Bundesländer als eigenständiges Schulfach eingerichtet worden. Dabei stellt sich die Situation des Fachs nach wie vor sehr heterogen dar. Dies spiegelt sich nicht zuletzt in den je nach Bundesland verschiedenen Fächernamen wider. So finden sich – neben der in den meisten Ländern gängigen Bezeichnung „Darstellendes Spiel" – auch Fächer mit den Namen „Theater und Film" (Bayern), „Literatur und Theater" (Baden-Württemberg), „Kultur und Künste" (Sachsen-Anhalt), „Gestalten" (Schleswig-Holstein) sowie „Darstellen und Gestalten" (Nordrhein-Westfalen, Thüringen und bis einschließlich des Schuljahres 2016/17 auch Brandenburg). Seit einigen Jahren lässt sich jedoch eine von vielen Fachvertreter_innen (vgl. Mieruch 2008) schon seit Längerem geforderte Umbenennung des Fachs Darstellendes Spiel in „Theater" beobachten, womit dieses als gleichberechtigtes künstlerisches Fach neben den etablierten Fächern Musik und (Bildender) Kunst profiliert werden soll, wie etwa in Hamburg sowie seit dem Schuljahr 2017/18 auch in Berlin und Brandenburg. Während in den meisten Bundesländern das Fach Theater erst ab der Mittelstufe im Wahl(pflicht)bereich bzw. nur in der Oberstufe belegt werden kann, ist es in Hamburg ein Pflichtfach, das bereits in der Grundschule unterrichtet wird.

Das Thema Partizipation wird im Bereich des Theaters in der Schule in den letzten Jahren immer breiter diskutiert. So hat etwa der Bundesverband Theater an Schulen (BVTS) seine Zentrale Arbeitstagung 2016 in Rostock unter den Titel „Theater der Vielfalt und Teilhabe" gestellt. Eine wichtige Rolle spielt das Thema darüber hinaus im Zusammenhang mit Kooperationsmodellen wie insbesondere „TUSCH – Theater und Schule", in dessen Rahmen Schulen mit einem (Stadt- oder

82 Zur Geschichte des Fachs Darstellendes Spiel/Theater vgl. Mieruch (2016).

Staats-)Theater eine dreijährige Partnerschaft eingehen[83] Doch bevor sich hier der aktuellen Diskussion gewidmet wird, soll zunächst die historische Entwicklung des Partizipationsdiskurses im Schultheater nachgezeichnet werden. Im Unterschied zu den der non-formalen Bildung zuzurechnenden Arbeitsfeldern der soziokulturellen Theaterarbeit (→ III.3) sowie der Theaterpädagogik am Theater (→ III.4) liegen für den Bereich des Theaters in der Schule – als Teil formaler Bildung – seit den 1970er-Jahren auch offizielle Unterrichtsvorgaben in Form von Bildungs-, Lehr- oder Rahmen(lehr)plänen vor. Anhand der curricularen Entwicklung wird im Folgenden nachgezeichnet, wie sich die Rede von Partizipation im Fach Darstellendes Spiel/Theater nach und nach durchgesetzt hat und mit welchen Implikationen dies verbunden ist. Bei der Auswahl der zu analysierenden Dokumente ist allerdings zu berücksichtigen, dass sich das Fach im deutschen Bildungsföderalismus nur langsam etablieren konnte und je nach Bundesland unterschiedlich ausgestaltet wurde. Während in einigen Bundesländern bereits in den 1970er- und 1980er-Jahren Unterrichtsvorgaben für das Fach existierten, wurden auf Bundesebene von der Kulturministerkonferenz erst im Jahr 2006 „Einheitliche Prüfungsanforderungen in der Abiturprüfung" (EPA) für das Fach Darstellendes Spiel beschlossen (vgl. KMK 2006), was neben der bundesweiten Anerkennung des Darstellenden Spiels als mündliches Prüfungsfach im Abitur auch zu einer gewissen Vereinheitlichung der Curricula geführt hat.

Um die Entwicklung des Partizipationsdiskurses in curricularen Dokumenten zum Darstellenden Spiel besser nachzuvollziehen, bietet sich daher an dieser Stelle eine exemplarische Betrachtung von Unterrichtsvorgaben aus einer Region in diachroner Perspektive an **(2.1)**. Die folgende Analyse konzentriert sich dabei auf die Rahmen(lehr)pläne Berlins und Brandenburgs – da beide Länder heute bildungspolitisch kooperieren – sowie die EPA Darstellendes Spiel als dem auf Bundesebene bedeutendsten bildungspolitischen Dokument. Die Entscheidung für die Region Berlin-Brandenburg begründet sich nicht nur in der eigenen geographischen Verortung des Autors dieser Studie, sondern auch in der Tatsache, dass das ehemalige

83 Partizipation wurde z. B. im Zusammenhang des TUSCH-Projekts „Speaker's Corner – Sag deine Meinung" (TUSCH Berlin 2015, 4) sowie auf verschiedenen TUSCH-Arbeitstagungen als wesentliches Qualitätskriterium diskutiert. Darüber hinaus ist Partizipation auch ein zentrales Thema im Kulturagentenprogramm, wie z. B. in der Qualifizierung von Kulturagenten (vgl. etwa das „3. Akademiemodul: Partizipation, Kollaboration und Kooperation in der Kunst – 18. bis 22. Juni 2012 in Berlin", Forum K&B 2015).

West-Berlin[84] – neben Hamburg[85] – zu den Pionieren bei der Einführung des Fachs zählt. Im Anschluss an die historische Skizze des Partizipationsdiskurses im Schultheater werden dann ausführlich aktuellere Texte, wie insbesondere didaktische Ratgeber und Handreichungen sowie Schulbücher im Hinblick auf die spezifischen Formen der Subjektivierung, die in und durch diese Diskurse betrieben werden, einer Analyse unterzogen (2.2). Abschließend werden die zentralen Ergebnisse dieses Kapitels zusammengefasst und aus der Perspektive der Governmentality Studies kritisch erörtert (2.3).

2.1 Die curriculare Entwicklung des Fachs Darstellendes Spiel/Theater

Im Folgenden wird am Beispiel der Bundesländer Berlin und Brandenburg analysiert, inwieweit sich der Partizipationsdiskurs auch in den offiziellen curricularen Vorgaben zum Fach Darstellendes Spiel bzw. Theater abbildet.[86] In einem ersten Schritt werden dazu der erste „Vorläufige Rahmenplan für Unterricht und Erziehung in der Berliner Schule, Gymnasiale Oberstufe, Fach Darstellendes Spiel" (SenSW 1978) sowie seine überarbeitete und erweiterte Fassung von 1984 (vgl. SenSJS 1984) herangezogen. Diese Fassung bzw. ihre Nachdrucke (z. B. von 1987 und 2002) bildeten in (West-)

84 In Westberlin sind bei der Herausbildung des Fachs historisch zwei Stränge zu unterscheiden:
Zum einen konnten Lehramtsstudierende der Grundstufe sowie der Sekundarstufe I von 1968 bis zur bundesweiten Vereinheitlichung der Lehrerausbildung im Zuge des Lehrerbildungsgesetzes von 1980 als zweites Wahlfach „Schulspiel" studieren, das insbesondere von interaktionspädagogischen Zielsetzungen geprägt war (vgl. Ritter 1990, 5). Schulspiel konnte von den Absolvent_innen des Fachs in der Grundschule als Arbeitsgemeinschaft und in der Haupt- und Realschule im deutsch-musischen Bereich unterrichtet werden oder auch in anderen Fächern, wie Deutsch oder Fremdsprachen, als Unterrichtsmethode eingesetzt werden. Es war „[...] zwar Studienfach (als 2. Wahlfach) für Lehramtsstudierende mit 2 Fächern für Grund- und Sek.Stufe I, galt aber dem Gesetzgeber als besonderer pädagogischer Bereich, nicht als Fach in der Schule" (Ritter 2016a, E-Mail an den Autor vom 17.05.16). Ein eigenes Curriculum in Form eines Rahmenplans für den Unterricht in der Schule existierte für das Schulspiel nicht (vgl. ebd.).
Zum anderen wurde in den 1970er-Jahren neben dem Schulspiel der Kurs „Darstellendes Spiel" in der gymnasialen Oberstufe eingerichtet, der zudem abiturfähig war bzw. bis heute ist (vgl. Ritter 1990, 6). Im Gegensatz zum Schulspiel war dieses Fach von Anfang an ‚produktorientiert', d. h. auf eine Theaterpräsentation hin angelegt. So wahrte der Initiator des Fachs Darstellendes Spiel, der Berliner Lehrer und spätere Honorarprofessor an der Hochschule der Künste Berlin, Rudi Müller-Poland, eine „deutliche Distanz zu dem von ihm [als] eher ‚pädagogisch' eingeschätzten Schulspiel" (Ritter 2016b, E-Mail an den Autor vom 19.05.16). Dies schlägt sich auch im ersten Rahmenplan für das Darstellende Spiel von 1978 (SenSW 1978) nieder, der weitgehend aus seiner Feder stammt. An den ersten Konzeptionen dieses Curriculums waren – neben Mitgliedern aus dem von ihm initiierten Arbeitskreis Darstellendes Spiel – auch Hans Martin Ritter, Professor am Studiengang Schulspiel, sowie Eva Brandes beteiligt (vgl. Ritter 2016a, E-Mail an den Autor vom 17.05.16). Für das Fach kann in Berlin seit der Einstellung des grundständigen Wahlfachs Schulspiel lediglich eine Zusatzqualifikation nach dem ersten Staatsexamen erworben werden (vgl. Ritter 1990, 7).

85 Zur Geschichte des Fachs im Bundesland Hamburg vgl. Hesse (2005).

86 Dieses Korpus aus curricularen Texten wird dabei in erster Linie auf seine Bezüge zum Partizipationsdiskurs hin befragt. Andere Aspekte werden hingegen bewusst ausgeklammert, d. h. die Rede von Teilhabe und Partizipation wird hier als ein Diskursfragment untersucht (→ II.1.3.2).

Berlin bis 2006 die Grundlage für den Unterricht des Fachs in der gymnasialen Oberstufe. Nur für das Darstellende Spiel im Wahlpflichtbereich an Gesamtschulen (Klassen 7–10) wurde im Jahr 2000 ein neuer „Vorläufiger Rahmenplan“ (SenSJS 2000) erlassen. Als weitere Vorläufer werden zudem der erste brandenburgische „Vorläufige Rahmenplan Darstellendes Spiel“ (MBJS 1992) für die Sekundarstufe II sowie die Brandenburger „Unterrichtsvorgaben“ für das in der Sekundarstufe I neu eingeführte Fach „Darstellen und Gestalten“ (MBJS 1998) und ihre Überarbeitung zum „Rahmenlehrplan“ (MBJS 2002) analysiert. Neben den EPA Darstellendes Spiel (KMK 2006) werden dann in einem zweiten Schritt die mit deren Einführung grundlegend überarbeiteten Berliner Rahmenlehrpläne für das Fach Darstellendes Spiel in der Sekundarstufe I (SenBJS 2006b) und der Sekundarstufe II (SenBJS 2006a) sowie der an letzterem angelehnte „Vorläufige Rahmenlehrplan für den Unterricht in der gymnasialen Oberstufe im Land Brandenburg – Darstellendes Spiel“ (MBJS 2011) einer Analyse unterzogen. Schließlich wird der neueste und für beide Bundesländer seit dem Schuljahr 2017/18 gültige Rahmenlehrplan „Theater (Wahlpflichtfach) Jahrgangsstufen 7–10“ (LISUM 2015c) betrachtet.

2.1.1 Von Kommunikations- und Interaktionsfähigkeit ...

Die ersten curricularen Vorgaben zum Fach Darstellendes Spiel in West-Berlin sind der 1978 beschlossene „Vorläufige Rahmenplan für Unterricht und Erziehung in der Berliner Schule, Gymnasiale Oberstufe, Fach Darstellendes Spiel“ (SenSW 1978) und dessen Überarbeitung von 1984 (SenSJS 1984). In der „Vorbemerkung“ zum ersten Teil des Rahmenplans werden die Besonderheiten dieses neuen Fachs herausgestellt (vgl. SenSW 1978, 2). Betont wird, dass das Darstellende Spiel kein „herkömmliches Unterrichtsfach“ sei, sondern „experimentellen Charakter“ habe: „es ist für die Beteiligten ein Erprobungsfeld [...]“ (ebd.). Zentrales Ziel des Fachs Darstellendes Spiel ist im Rahmenplan von 1978/1984 „die Erarbeitung kommunikativer und ästhetischer Phänomene“ (ebd.): „Kurse des Darstellenden Spiels sollen in kreativer Gruppenarbeit kommunikative und ästhetische Erfahrungen vermitteln und vertiefen.“ (Ebd., 15) Die kommunikativen Lernziele stehen dabei an erster Stelle, d. h. vor den ästhetischen Lernzielen, und sollen durch die „Herstellung von aktiven und produktiven Beziehungen zwischen den Beteiligten vermittels gemeinsamer Entwicklung von Handlungssituationen“ verwirklicht werden (ebd.). Die in Bezug auf jedes Projekt zu formulierenden kommunikativen und ästhetischen Lernziele bilden zudem die Grundlage für die Leistungsbewertung (vgl. ebd., 12). Kriterien zur Bewertung der „Leistungen in der Sachaufgabe“ sind unter anderem „Umfang und Differenziertheit des Rollenverständnisses; darstellerische Interpretationsleistung (körperliche und sprachliche Gestaltung der Rolle); Trainingsfortschritte“ oder

„Interaktionsfähigkeit (Partnerspiel, Publikumsbezug)" (ebd., 13). Der Begriff der Interaktion findet sich noch an anderer Stelle: So komme es gerade am Anfang der Kursarbeit darauf an, die „Interaktionen" innerhalb der „Projektgruppe" und die Entwicklung eines „Gruppengefühls" zu fördern (ebd., 8).

Die starke Ausrichtung an kommunikativen Lernzielen lässt sich vor dem Hintergrund der seit den 1960er-Jahren aufgekommenen kommunikativen Wende in den Sozialwissenschaften verstehen, die den pädagogischen Diskurs der 1970er- und 1980er-Jahre nachhaltig prägte. Auch der Begriff der „Stellungnahme" im Zusammenhang mit „theatralische[n] Gestaltformen" (ebd., 2) deutet darauf hin, dass Theater hier insbesondere unter dem kommunikativen Paradigma, d. h. gleichsam als kommunikativer Akt, gesehen wird. So stellt dieser erste Rahmenplan – trotz seiner generellen Produktorientierung und der grundsätzlichen Ausrichtung des Fachs Darstellendes Spiel am „Medium Theater" (ebd., 2 ff.) – Ziele kommunikativen Lernens in den Vordergrund und nimmt Bezug auf die in den 1970er-Jahren in der Spiel- und Theaterpädagogik dominierende Theorie des symbolischen Interaktionismus.[87] Insgesamt kommt den sozialen Lernzielen in dem Rahmenplan ein zentraler Stellenwert zu. Neben den „fachlich-sachlichen Einzelleistungen" wird z. B. die „Leistung des einzelnen als Gruppenmitglied in Betracht gezogen", wobei hier „[...] soziale Lernziele im Vordergrund [stehen], die besonders über den affektiven Bereich die Entwicklung positiver und aktiver Einstellungen beim einzelnen fördern und damit die kreative Gruppenarbeit unterstützen können" (ebd., 12).

Ein ähnliches Bild ergibt ein Blick in den von der ersten brandenburgischen Landesregierung nach der Wende beschlossenen „Vorläufige[n] Rahmenplan Darstellendes Spiel" (MBJS 1992), der sich in weiten Teilen an den Berliner Rahmenplan von 1978/1984 anlehnt. Im Unterschied zu diesem jedoch wird hier Beteiligung – wenn auch nur an einer Stelle des gesamten Textes – zum Thema. So heißt es in einem Nebensatz, dass „[...] die Teilnehmerinnen und Teilnehmer aktiv und kreativ am Prozeß der Inszenierung beteiligt werden sollen" (ebd., 21). Zudem wird im Gegensatz zum Berliner Vorgänger weder zwischen kommunikativen und ästhetischen Lernzielen unterschieden, noch werden die kommunikativen Lernziele eigens benannt. Stattdessen ist hier lediglich die Rede von der Entwicklung von „Kommunikations- und Ausdrucksfähigkeiten" als Teil der „Spielfähigkeit" (ebd., 26). Auch das im Berliner Rahmenplan genannte Ziel der Interaktionsfähigkeit findet sich nicht. Erwähnt wird jedoch, dass die Schüler_innen „in Interaktionen mit Personen sowie Objekten den Umgang mit Konflikten und Möglichkeiten zu deren Bewältigung"

87 Der Begründer des Fachs Darstellendes Spiel in Westberlin und maßgebliche Autor dieses ersten Rahmenplans, Rudi Müller-Poland, bemühte sich eigentlich um eine Abgrenzung vom interaktionspädagogisch ausgerichteten „Schulspiel". Dennoch schlägt sich der Diskurs der Interaktionspädagogik in Teilen auch in diesem ersten Rahmenplan nieder, was sich möglicherweise auch auf die Beteiligung von Hans Martin Ritter und Eva Brandes an den ersten Konzeptionen dieses Curriculums zurückführen lässt (vgl. Fußnote 84).

(ebd., 18) lernen sollen und dass der Arbeitsprozess des Darstellenden Spiels zur Entwicklung einer „Interaktion zwischen allen Beteiligten“ (ebd., 20) führe. Des Weiteren soll die Erzeugung eines „positive[n] Sozialklima[s]“ zur Entstehung von „Gemeinschaftsgefühl, Mitverantwortlichkeit für Gruppenprozesse, Hilfsbereitschaft gegenüber anderen Teilnehmerinnen und Teilnehmern, gemeinsames Lösen von Problemen; Gruppendisziplin u. a.“ aufseiten der Schüler_innen beitragen (ebd., 18). Insgesamt, so lässt sich hier vorläufig festhalten, stehen in den ersten (West-)Berliner und brandenburgischen Rahmenplänen Ziele des „sozialen Lernens“ (ebd., 16) im Vordergrund. Weder spielen Teilhabe oder Partizipation hier eine zentrale Rolle, noch bilden sie ein „Lernziel“ – ein in den Rahmenplänen verwendeter Begriff, der ab Mitte der 1990er-Jahre und besonders im Anschluss an die PISA-Studie von 2000 zunehmend von dem der Kompetenz abgelöst wird.

... zu aktiver Beteiligung

In den „Unterrichtsvorgaben“ von 1998 für das in Brandenburg neu eingeführte Fach „Darstellen und Gestalten“ im Wahlpflichtbereich der Sekundarstufe I (MBJS 1998) findet sich, wie schon im brandenburgischen Rahmenplan Darstellendes Spiel für die gymnasiale Oberstufe, lediglich an einer Stelle ein Bezug zur Partizipationsthematik. Im Unterschied zum oben zitierten Nebensatz aus dem Rahmenplan von 1992 ist dieser jedoch wesentlich expliziter: „Im Sinne der Schülerorientierung wird in allen Phasen des Projekts, von der Ideenfindung und Planung bis hin zur Auswertung und Dokumentation, die aktive Beteiligung der Schülerinnen und Schüler angestrebt.“ (Ebd., 10) Wie schon im Rahmenplan Darstellendes Spiel fällt dabei weder der Begriff der Partizipation noch der der Teilhabe, sondern es geht hier um „Beteiligung“, die zudem als „aktiv“ beschrieben wird. Dabei richtet sich diese Forderung in erster Linie an die Lehrkraft, die die Schüler_innen an der Gestaltung des Unterrichts bzw. Theaterprojekts beteiligen soll, und stellt weniger eine Anforderung dar, die die Schüler_innen zu erfüllen haben. Zudem findet sich in den „Unterrichtsvorgaben“ anstelle von Lernzielen zum ersten Mal ein Kompetenzmodell für das Fach Darstellendes Spiel. Differenziert werden die Kompetenzen dabei „nach der Beziehung der Person zu sich selbst und zu den anderen (Subjektkompetenz) und zum Gegenstand des Unterrichts zur Sache (Sach- und Methodenkompetenz)“, wobei „[a]ufgrund des besonderen ästhetischen Charakters des Faches [...] innerhalb der Sachkompetenz nochmals zwischen ästhetischer und theoretischer Kompetenz unterschieden“ wird (ebd., 7). Wie dies schon im Zusammenhang mit dem Diskurs der kulturellen Bildung erörtert wurde (→ III.1.2), zielt der Kompetenzbegriff nicht nur auf die Entwicklung von Fähigkeiten und Fertigkeiten, sondern auch auf die Motivation und Bereitschaft des_der Lernenden, d. h. auf seine_ihre Persönlichkeit. Unter „Subjektkompetenz" wird z. B. „die Entwicklung der Fähigkeit und Bereitschaft zur Selbst- und Fremdwahrnehmung" sowie „zur selbstbestimmten und selbstbewussten Eigentätigkeit" (ebd., 7 f.) und unter „Methodenkompetenz" unter anderem das „eigen- und mitverantwortliche Schaffen von Projektbedingungen" sowie „Kooperationsbereitschaft" (ebd., 8) verstanden.

Die neue Ausrichtung an den genannten Kompetenzen wird unter anderem mit dem „die Gegenwartsgesellschaft kennzeichnenden Prozess der Individualisierung" begründet, der es notwendig mache, „die Gestaltung individueller Entscheidungen eigenverantwortlich zu übernehmen und sie immer wieder neu zu überdenken und als veränderbar zu begreifen" (ebd., 7). Das Fach Darstellen und Gestalten stelle „ein Erprobungsfeld für individuelle und soziale Kompetenzen" (ebd.) dar. „Erprobungsfeld" ist dabei ein Begriff, der schon im Berliner Rahmenplan von 1978/84 im Zusammenhang mit dem „experimentellen Charakter" des Darstellenden Spiels Verwendung findet. In den „Unterrichtsvorgaben" von 1998 hat die Erprobung allerdings weniger experimentellen Charakter, sondern dient der Ausbildung von „individuellen und sozialen Kompetenzen". Allerdings finden sich auch Aussagen, die im Widerspruch zur Vorstellung eines solchen Probehandelns im Theaterunterricht stehen. So wird z. B. betont, dass die Lernenden im Spiel nicht nur zur „grundlegenden Einsicht in die Konstruktion (medialer) Wirklichkeiten" (ebd., 6) gelangten, sondern sich „[i]n der spielerischen Bearbeitung und Gestaltung eigener Erfahrungen" auch als „Konstrukteure einer Wirklichkeit" (ebd.) erlebten:

> Der spielerische Umgang mit Rollen- und Figurenvorhaben, das Handeln in inszenierten und/oder vorgestellten Situationen erfordern von allen Beteiligten ein bewusstes Sich-Einlassen auf eine gemeinsam konstruierte Wirklichkeit. Die dazu notwendige Ausbildung der Fähigkeit, eine Balance zwischen der Wirklichkeit des Spiels und der Wirklichkeit des Alltags zu finden, geht einher mit den Fähigkeiten zur Rollendistanz und der Fähigkeit, mit widersprüchlichen Situationen umgehen zu können, ohne ihre Vereindeutigung zu verlangen. (Ebd., 7)

Der Hinweis auf die Konstruktion einer eigenständigen Wirklichkeit im Spiel sowie die Betonung von Möglichkeiten der Distanzierung und des Umgangs mit Widersprüchen lassen sich eher dem Diskurs der ästhetischen Bildung zurechnen. Dafür spricht auch die Betonung des Ziels einer „Sensibilisierung der Schülerinnen und Schüler gegenüber der allgegenwärtigen Ästhetisierung und ihrer Kehrseite, der Abstumpfung der Sinne angesichts dieser Reizüberflutung" (ebd., 6).

Dieses – in Teilen durchaus widersprüchliche – Nebeneinander unterschiedlicher diskursiver Stränge ist, wie oben bereits erwähnt wurde, charakteristisch für die Textsorte „Rahmen(lehr)plan" und nicht selten auf die Übernahme bereits vorhandener Textbausteine sowie die Mitwirkung unterschiedlicher Autor_innen zurückzuführen.[88] Wie Susanne Fontaine in Bezug auf die „Gattungspoetik von Rahmenlehrplänen" (Fontaine 2017) bemerkt, bringen diese Autor_innen immer auch „[...] ihre eigene Bildungsgeschichte, ihre Wünsche, Fähigkeiten, Vorlieben, Stärken und Schwächen, blinden Flecken und Lieblingsbaustellen mit, die persönlichen ebenso wie diejenigen, die Zeit und Situation geschuldet sind. Sie fließen mehr oder weniger offensichtlich in die Verwaltungsprosa ein." (Ebd., 5)

Die Ausarbeitung der „Unterrichtsvorgaben" zum „Rahmenlehrplan Darstellen und Gestalten" (MBJS 2002), die im folgenden Abschnitt analysiert wird, übernimmt wiederum viele der Formulierungen der Unterrichtsvorgaben von 1998. Die Schüler_innen werden hier zwar nicht mehr als Konstrukteure einer Wirklichkeit beschrieben, doch sollen sie lernen, „[...] dass nicht nur die Medien, sondern auch sie selbst Wirklichkeiten konstruieren können" (ebd., 25). Eingang in den Rahmenlehrplan von 2002 finden zudem die in den „Unterrichtsvorgaben" genannten Fähigkeiten zur Distanzierung und zum Umgang mit Widersprüchen (vgl. ebd.), die ebenfalls eher dem Diskurs ästhetischer Bildung zuzurechnen sind.

Auch der „Vorläufige Rahmenplan" (SenSJS 2000) für das Darstellende Spiel im Wahlpflichtbereich an Berliner Gesamtschulen scheint diese stärkere Ausrichtung an Zielen ästhetischer Bildung nachzuvollziehen. So wird das Darstellende Spiel nicht nur explizit als künstlerisches Fach neben Musik und Bildender Kunst vorgestellt (vgl. ebd., 3), sondern „[ä]sthetische Aspekte" stehen hier an erster Stelle (ebd.). Auch indem er „Theaterproduktionen" als „gestaltete Wirklichkeit" (ebd.) definiert, schließt der Berliner Plan an die brandenburgischen Unterrichtsvorgaben an. Hierzu heißt es, dass die Schüler_innen in „eigener Spielpraxis und in begleitender Reflexion" erfahren sollen, „wie sich das Theater als Kunst mit Wirklichkeit auseinandersetzt und dabei gestaltend eigene Wirklichkeit schafft" (ebd.). Dies führe dann zur Bildung von „experimentierende[n] Haltungen gegenüber der Wirklichkeit" (ebd., 4). Im Unterschied zu den „Unterrichtsvorgaben" findet sich hier noch kein Kompetenzmodell. Stattdessen wird auf „[i]ndividualpsychologische, kommunikative und soziale Aspekte" (ebd.) des Fachs verwiesen: Neben „Eigenverantwortung" und „Kommunikationsfähigkeit" (ebd.) würden unter anderem „Verhaltensweisen" gefördert, wie z. B. „Vertrauen schaffen und entwickeln können, Offenheit, Einfühlungsvermögen, Verständnis für andere, Hilfsbereitschaft und solidarisches Handeln, Konfliktbereitschaft und -fähigkeit, Zuverlässigkeit, Disziplin" (ebd., 5). Im Zentrum des Unterrichts stehen jedoch die ästhetisch-künstlerischen Ziele, wie etwa im Zusammenhang mit Fragen der Leistungsbewertung betont wird: „Im Vordergrund

88 Im Falle der „Unterrichtsvorgaben" (MBJS 1998) werden die Autor_innen – im Unterschied zu den meisten anderen hier analysierten Curricula – auch namentlich erwähnt. So haben an diesem Curriculum von 1998 Christina Dalchau, Peter Förster, Ulrike Hentschel, Frank Radüg, Ingo Scheller, Wulf Schlünzen und Hermann Zöllner mitgewirkt (vgl. ebd., 2).

der Bewertung stehen Leistungen im gesamten ästhetischen Bereich [...]" (ebd., 7). Auch Partizipation wird hier nur indirekt und, wie in den „Unterrichtsvorgaben", in Form von Beteiligung thematisiert. So soll die Lehrkraft „Offenheit für alle Vorschläge und Vorstellungen der Schülerinnen und Schüler" zeigen und „Vorschläge aus der Gruppe heraus" aufgreifen (ebd., 10).

2.1.2 Von Teilhabefähigkeit ...

Während in den hier untersuchten „Vorläufigen Rahmenplänen" und Unterrichtsvorgaben von den 1970er-Jahren bis zur 2000er-Wende Teilhabe und Partizipation keine explizite Rolle spielen, sondern nur vereinzelt als Beteiligung thematisiert werden, ändert sich dies mit den aktuelleren „Rahmen*lehr*plänen", wie die curricularen Vorgaben in Berlin und Brandenburg fortan bezeichnet werden. So sieht der im Jahr 2002 erlassene brandenburgische „Rahmenlehrplan Darstellen und Gestalten" (MBJS 2002) den spezifischen Beitrag dieses Fachs in den „besonderen Bildungsmöglichkeiten ästhetischer Aneignungs-, Gestaltungs- und Darstellungsweisen" und der damit einhergehenden Förderung der „ganze[n] Persönlichkeit" der Lernenden (ebd., 21). Damit schaffe das Fach die Bedingungen, um „[...] die vier wesentlichen pädagogischen Ziele der Sekundarstufe I, die Anschlussfähigkeit und Vorbereitung auf ein lebenslanges Lernen, die Mitbestimmungsfähigkeit und Teilhabefähigkeit, die Ausbildungsfähigkeit und die Stärkung der Persönlichkeit, zu erreichen" (ebd.). Bemerkenswert ist nicht nur, dass „Teilhabefähigkeit" als eines der zentralen pädagogischen Ziele genannt wird, sondern auch die Verbindung von „Teilhabe" mit dem Wort „Fähigkeit" stellt eine Zäsur innerhalb der curricularen Entwicklung dar. Während sich „Beteiligung" in den älteren Curricula in erster Linie als Forderung an die Lehrkräfte richtet – wie in der oben zitierten Formulierung, dass „die Teilnehmerinnen und Teilnehmer aktiv und kreativ am Prozeß der Inszenierung beteiligt werden sollen" (MBJS 1992, 21) –, geht es nun auch um die Ausbildung einer *Fähigkeit* zur Teilhabe aufseiten der Schüler_innen, womit diese gleichzeitig zu den Adressat_innen der Rede von Teilhabe werden. Wie die Analyse der nachfolgenden Curricula zeigen wird, ist immer mehr die Rede davon, dass die Schüler_innen sich beteiligen (sollen), und weniger davon, dass sie beteiligt werden (sollen). Die schon für die kulturelle Bildung konstatierte Fokusverschiebung im Teilhabediskurs (→ III.1.2) scheint sich in ähnlicher Weise auch in den Rahmenlehrplänen zum Darstellenden Spiel abzubilden. Neben Fragen der Struktur von (Theater-) Unterricht geht es zunehmend um das partizipierende Subjekt und dessen „Teilhabefähigkeit", die im allgemeinen Teil des „Rahmenlehrplan[s] Darstellen und Gestalten" (MBJS 2002) folgendermaßen definiert wird:

> Mitbestimmungs- und Teilhabefähigkeit bezeichnen die Bereitschaft und die Fähigkeit zur Mitgestaltung der Gesellschaft. Zu ihr gehören zunächst die Kenntnis und Einsicht, dass die Verhältnisse gestaltbar sind; weiter die Fähigkeit zur

> Entwicklung von Entwürfen für die eigene Zukunft und die des gesellschaftlichen Umfeldes; die Fähigkeit, an allgemeinen gesellschaftlichen Entscheidungsprozessen kompetent teilhaben zu können und die dem eigenen Einfluss zugängliche gesellschaftliche Umwelt mitzugestalten; schließlich die Fähigkeit und Bereitschaft zur Selbstverantwortung und Selbstbestimmung, die den unaufgebbaren Kern der Bildung darstellen. (Ebd., 8)

Für die Fragestellung dieser Arbeit sind bei dieser Definition vor allem zwei Aspekte von Interesse: Erstens wird in diesem Dokument von 2002 Teilhabe als ein Teil von „Mitbestimmungs- und Teilhabefähigkeit" und damit beinahe synonym mit dem Begriff der Mitbestimmung genannt. Wie im Folgenden gezeigt wird, ändert sich dies im neueren curricularen Diskurs. So spielt der Begriff der Mitbestimmung weder in den nachfolgend analysierten Berliner Rahmenlehrplänen Darstellendes Spiel noch im ab 2017/18 in Berlin und Brandenburg gültigen Rahmenlehrplan Theater eine Rolle.[89] Zweitens wird im Rahmenlehrplan von 2002 noch von Teilhabe*fähigkeit* gesprochen und nicht von *-kompetenz*, obwohl hier, wie schon in den „Unterrichtsvorgaben" von 1998 – auf ein Kompetenzmodell zurückgegriffen wird. Diese Orientierung an Kompetenzen wird im Rahmenlehrplan von 2002 – vermutlich unter dem Eindruck der Ergebnisse der PISA-Studie – noch verstärkt. Die obige Definition macht allerdings deutlich, dass sich das Wort „Fähigkeit" auch hier bereits problemlos durch den später geläufigeren Begriff der „Kompetenz" ersetzen ließe. Denn „Mitbestimmungs- und Teilhabefähigkeit" umfasst nicht nur „Fähigkeiten" im engeren Sinne, sondern auch die „Bereitschaft" des Individuums, z. B. zur „Mitgestaltung der Gesellschaft" oder „zur Selbstverantwortung und Selbstbestimmung". Damit entspricht die obige Definition bereits dem Kompetenzbegriff der Kultusministerkonferenz, die unter Kompetenzen nicht nur „Fähigkeiten und Fertigkeiten [...], die eine erfolgreiche Bewältigung bestimmter Anforderungssituationen ermöglichen", sondern auch „die dafür erforderliche motivationale Bereitschaft, Einstellungsdispositionen und soziale Fähigkeiten" (KMK 2009, 3) versteht. Die Betonung der Begriffe „Selbstverantwortung" und „Selbstbestimmung", die hier miteinander in Verbindung gebracht werden, unterstreicht diesen Kompetenzcharakter von „Mitbestimmungs- und Teilhabefähigkeit" zusätzlich.

Im Zuge der verstärkten Kompetenzorientierung bezieht sich der Rahmenlehrplan Darstellen und Gestalten von 2002 zudem auf ein für alle Fächer in der brandenburgischen Schule eingeführtes Kompetenzmodell. Dieses unterscheidet sich von dem in den „Unterrichtsvorgaben" entworfenen Modell insofern, als der Begriff der „Selbstkompetenz" durch den der „personalen Kompetenz" ersetzt wird

89 Dies gilt auch für die allgemeinen Teile A und B des 2017/18 in Kraft getretenen und für alle Fächer der Sekundarstufe I geltenden Rahmenlehrplans in Berlin und Brandenburg.

und hier eine weitere Kompetenzdimension – nämlich die der „Sozialkompetenz" (MBJS 2002, 21) – hinzugefügt wird. Auch wird im Rahmenlehrplan zugunsten dieses fächerübergreifenden Kompetenzmodells auf eine eigene (fachspezifische) *ästhetische* Kompetenzdimension verzichtet, d. h. es stehen hier nicht Kompetenzen im Vordergrund, die sich aus dem besonderen (ästhetischen) Gegenstand bedingen und sich dadurch möglicherweise von in anderen Fächern angestrebten Kompetenzen unterscheiden, sondern das Fach richtet sich an einem übergeordneten Modell aus. Wie die folgende Analyse der neueren Rahmenlehrpläne zeigen wird, wird dieses allgemeine (fächerübergreifende) Kompetenzmodell zunehmend von einem auf das Fach Darstellendes Spiel/Theater zugeschnittenen (fachspezifischen) Kompetenzmodell abgelöst.

… zum Kompetenzbereich „soziokulturelle Partizipation"

Einen Meilenstein in der curricularen Entwicklung des Fachs bilden die von der Kulturministerkonferenz (KMK) im Jahre 2006 beschlossenen „Einheitlichen Prüfungsanforderungen in der Abiturprüfung (EPA)" (KMK 2006), mit denen das Darstellende Spiel bundesweit als mündliches Prüfungsfach im Abitur anerkannt wurde. Das in den EPA beschriebene Kompetenzmodell für das Fach wird später Eingang in viele Rahmenlehrpläne finden bzw. von diesen adaptiert und bedarf daher hier einer genaueren Betrachtung. Das übergeordnete Ziel des Unterrichts im Darstellenden Spiel bildet laut EPA die „Entwicklung einer allgemeinen theaterästhetischen Handlungskompetenz" (ebd., 6), die folgendermaßen definiert wird: „*Theaterästhetische Handlungskompetenz* umfasst solche auf die Inhalte des Faches bezogenen Fähigkeiten und Fertigkeiten, die zur Lösung und Reflexion komplexer Gestaltungsaufgaben angewendet werden, dabei mannigfaltige kommunikative Prozesse in Gang setzen und so eine Teilhabe am kulturellen Leben der Gesellschaft ermöglichen." (Ebd., Hervorh. i. O.) Der besondere Stellenwert von Teilhabe und Partizipation in den EPA wird bereits in dieser Definition deutlich. Doch auch in den weiteren Ausführungen wird dem Thema eine hohe Bedeutung beigemessen. Betont wird etwa, dass das Fach nicht nur die „Kooperationsfähigkeit" der Schüler_innen fördere, sondern ihnen auch Möglichkeiten – etwa durch gemeinsame Theaterbesuche – der „Erfahrung einer aktiven, kreativen Partizipation am gesellschaftlichen und kulturellen Leben der Gegenwart" (ebd., 5) biete. Doch nicht nur Partizipation, sondern auch Kommunikation – ein Lernziel, das in den 1990er-Jahren offenbar in den Hintergrund getreten war – steht in den EPA an prominenter Stelle, mehr noch: Ihm wird sogar emanzipatorisches Potenzial zugesprochen – ein Wort, das sich in sonst keinem der hier untersuchten Rahmen(lehr)pläne findet: „Kommunikation durch und über Theater bewirkt einen Erkenntnisgewinn, der emanzipatorische Kraft hat." (Ebd.) Die Bedeutung der Ziele Kommunikation und Partizipation schlägt sich auch in dem in den EPA entworfenen fachspezifischen Kompetenzmodell nieder, in dem das Ziel einer „theaterästhetischen Handlungskompetenz" in vier „Kompetenzbereiche" aufgefächert wird:

> - **Sachkompetenz:** Schülerinnen und Schüler verfügen über Grundkenntnisse und -fertigkeiten in Bezug auf die theatralen Bedeutungskonstituenten und performativen Handlungen.
> - **Gestaltungskompetenz:** Sie verwenden diese Grundkenntnisse und -fertigkeiten zur Lösung komplexer theatraler Gestaltungsaufgaben.
> - **Kommunikative Kompetenz:** Sie begreifen, deuten, reflektieren und evaluieren theaterästhetische Prozesse und Produkte als kommunikative Akte.
> - **Soziokulturelle Kompetenz:** Sie verfügen über exemplarische Kenntnisse einiger für das Theater der Gegenwart relevanter Aspekte der Theaterkultur, -theorie und -geschichte. (Ebd., 6 f., Hervorh. i. O.)

Der letzte Kompetenzbereich („Soziokulturelle Kompetenz") wird in den weiteren Ausführungen als „Soziokulturelle Kompetenz: soziokulturelle Partizipation" (ebd., 10) bezeichnet, wobei hierunter insbesondere Folgendes verstanden wird: *„Schülerinnen und Schüler reflektieren die soziokulturelle Funktion von Theater."* (Ebd., Hervorh. i. O.) Diese Reflexion der soziokulturellen Funktion von Theater setze das Vorhandensein von „exemplarische[n] Kenntnisse[n] einiger für das Theater der Gegenwart relevanter Aspekte der Theaterkultur, -theorie und -geschichte" voraus (ebd.). Zu deren Erläuterung folgt eine Aufzählung verschiedener „Themenbereiche", die neben „Bezüge[n] zur eigenen Lebenswelt" (ebd.) insbesondere theaterspezifische bzw. -historische Themen enthält. Während bei den Bezügen zur eigenen Lebenswelt zwischen individuellen („z. B. das eigene Ich, Familie, Schule, Freunde"), gesellschaftlichen („z. B. Staat, Arbeitswelt, Konfliktfelder wie Gewalt, Umwelt") sowie interkulturellen Bezügen („z. B. multikulturelle Gesellschaft, Globalisierung, fremde Kulturkreise") unterschieden wird (ebd.), zählen zu den theaterspezifischen bzw. -historischen Themen unter anderem das „Theater in der Kultur der Gegenwart" oder „[h]istorische Theaterformen, -epochen und Produktionsbedingungen" (ebd.), aber auch die kulturell-soziale Dimension von Theater, wie z. B. „Theatralität als essentielles Merkmal kultureller Praxis, z. B. Inszenierungs-, Darstellungs- und Aufführungsformen im Alltag" (ebd., 11). Im Unterschied zur oben genannten Definition von Teilhabefähigkeit wird „soziokulturelle Partizipation" hier also in erster Linie als *Reflexion* der soziokulturellen Bedeutung von Theater sowie als das Vorhandensein von theoretischen (historischen, kulturwissenschaftlichen) *Kenntnissen* über Theater beschrieben. Nicht die Fähigkeit und Bereitschaft zur Teilhabe oder Mitbestimmung – die sich z. B. in einer aktiven Mitgestaltung des Unterrichts oder des Inszenierungsprozesses zeigen würde –, sondern das Wissen um die soziale und kulturelle Bedeutung von Theater und deren Reflexion wird hier in erster Linie unter „soziokultureller Partizipation" verstanden. Eine solche fachspezifische Definition soziokultureller Partizipation, die das Besondere des Gegenstands Theater fokussiert, unterscheidet sich sowohl von den allgemeinen (gesellschaftlich-politischen) Zielsetzungen in Bezug auf das soziale Lernen, wie sie den älteren Curricula zugrunde lag, als auch von den später noch zu analysierenden jüngsten Rahmenlehrplänen, die wieder stärker die Förderung sozialkompetenten Handelns in den Mittelpunkt rücken.

2.1.3 Von „an Theater teilhaben" ...

Das 2006 von der KMK für das Fach beschlossene Kompetenzmodell der EPA hat noch im selben Jahr Eingang in die vom Berliner Senat zum Schuljahr 2006/2007 in Kraft gesetzten Rahmenlehrpläne für das Fach Darstellendes Spiel in der Sekundarstufe I (SenBJS 2006b) sowie in der Sekundarstufe II (SenBJS 2006a) gefunden. Im Vergleich zu allen anderen vorherigen Curricula spielt hier das Thema Partizipation eine zentrale Rolle. Allerdings wird in den neuen Rahmenlehrplänen die Bezeichnung des EPA-Kompetenzbereichs „Soziokulturelle Kompetenz: soziokulturelle Partizipation" zu „Kulturelle Kompetenz – an Theater teilhaben" (ebd., 12; SenBJS 2006 b, 10) abgewandelt. Im Unterschied zu den EPA, die (noch) keine (Bildungs-)Standards fixieren, werden zudem im Rahmenlehrplan der Sekundarstufe I erstmalig für jede Doppeljahrgangsstufe Standards in der Kompetenzentwicklung definiert (ebd., 5). Diese Standards, so wird betont, seien „[...] so verständlich und klar dargeboten, dass sie den Lernenden zunehmend als Referenzsystem für die Bewusstmachung, Gestaltung und Bewertung von Lernprozessen und Lernergebnissen dienen" (ebd., 6). Somit handelt es sich bei den Standards nicht nur um ein Bezugssystem für die Lehrkraft, sondern auch die_der einzelne Schüler_in soll sich als lernendes Subjekt begreifen und ihre_seine Kompetenzzuwächse, z. B. im Bereich „Kulturelle Kompetenz – an Theater teilhaben", einschätzen lernen. Diesem Ziel dienen auch neuere Formen der Leistungskontrolle, wie etwa das „Portfolio" (ebd., 8), in dem die eigene Kompetenzentwicklung dokumentiert und reflektiert werden kann. Als Standards für das Ende der Doppeljahrgangsstufe 7/8 im Bereich „Kulturelle Kompetenz – an Theater teilhaben" werden z. B. definiert: „Die Schülerinnen und Schüler haben einen ersten Überblick über die Entwicklung des Theaters; nutzen die Geschichte einzelner Spielformen als Hintergrundwissen für eigene Projekte, kennen die drei traditionellen Sparten des Theaters [...], verfügen über ein sachkundiges Urteilsvermögen zur Arbeit anderer

Theatergruppen." (Ebd., 14) Die Standards für das Ende der Doppeljahrgangsstufe 9/10 im Bereich „Kulturelle Kompetenz – an Theater teilhaben" lauten unter anderem:

> Die Schülerinnen und Schüler kennen in altersgemäßem Umfang theatergeschichtliche Fakten und historische Zusammenhänge und beziehen sie in das geplante Projekt mit ein, reflektieren das besondere Wechselverhältnis zwischen Spieler und Zuschauer im Theater, [...] erfahren, wie eine professionelle Inszenierung entsteht [...], reflektieren das Berufsbild des Schauspielers und stellen seine Idealisierung durch die Gesellschaft in Frage [...], werden für die kulturelle Lebenswirklichkeit außerhalb der Schule sensibilisiert. (Ebd., 16)

Die *Kompetenz* zu soziokultureller Partizipation wird demnach in diesen Standards weniger in einem aktiven Mitwirken oder Sich-Einbringen gesehen, sondern – wie schon in den EPA – in erster Linie als fachspezifisches Wissen und deren gestalterische Nutzung sowie als Reflexion und Urteilskompetenz konzipiert. Gleichzeitig finden sich im Rahmenlehrplan durchgängig Aussagen, die auch an ersterem Partizipationsverständnis anknüpfen: Beispielsweise sollen die Lernenden Möglichkeiten erhalten, „Verantwortung zu übernehmen und sich aktiv an der Gestaltung von Unterricht zu beteiligen" (ebd., 6). Partizipation geht hier also auch mit der Übertragung von Verantwortung an Schüler_innen einher. Diese sollen sich zudem an der Planung und Organisation von Projekten „ihrem Alter entsprechend aktiv beteiligen" und sich so „auf die Anforderungen der jeweils folgenden Schulstufe sowie der Lebens- und Arbeitswelt und damit auf eine zunehmend aktive Teilnahme am gesellschaftlichen Leben" (ebd., 8) vorbereiten. Das Fach Darstellendes Spiel ermögliche den Jugendlichen demnach „die Erfahrung einer aktiven, kreativen und innovativen Teilhabe am kulturellen Leben der Gegenwart" (ebd., 9).

Der Rahmenlehrplan Darstellendes Spiel für die gymnasiale Oberstufe (SenBJS 2006 a) knüpft an den der Sekundarstufe I an und übernimmt teilweise dieselben Formulierungen. Viele der genannten Ziele – auch im Zusammenhang mit Partizipation – werden hier jedoch auf ein höheres Niveau gehoben. Beispielsweise heißt es, dass die Lernenden „zunehmend selbstständig" handeln und „Verantwortung in gesellschaftlichen Gestaltungsprozessen" sowie „für sich und ihre Mitmenschen" übernehmen (ebd., 5). Als zentrales Ziel des Fachs nennt auch dieser Rahmenlehrplan „die Förderung der aktiven Teilhabe am kulturellen Leben" (ebd., 9). Im Zusammenhang mit „sozialer und kultureller Heterogenität" ist dabei zum ersten Mal von „gleichen Zugangs- und Teilhabechancen" die Rede: „Darstellendes Spiel ermöglicht den Schülerinnen und Schülern aufgrund der reflektierten Auseinandersetzung mit der eigenen Rolle und Sichtweise die gleichen Zugangs- und Teilhabechancen." (Ebd.) Zudem werde durch das szenische Spiel und dessen Analyse eine „Fähigkeit zur Selbstreflexion" gefördert (ebd.). Im Zusammenhang mit der gesellschaftlichen Bedeutung verweist der Rahmenlehrplan auch auf das „für das Fach Darstellendes Spiel konstitutive ‚Probehandeln'" (ebd.) – ein Leitgedanke, der sich bereits in den früheren Curricula (hier noch unter dem Begriff „Erprobungsfeld") sowie in den brandenburgischen „Unterrichtsvorgaben" (MBJS 1998) fand. Dabei wurde unter Erprobung einmal das (ästhetische) Experimentieren mit Mitteln theatraler Gestaltung und einmal das Erproben von individuellen und sozialen Kompetenzen verstanden. Im Rahmenlehrplan von 2006 bezieht sich die Vorstellung des Probehandelns jedoch noch auf etwas Anderes: „Das Herangehen an soziale und politische Probleme und das spielerische Entwickeln von Alternativen können zur Herausbildung der eigenen gesellschaftlichen Identität beitragen." (SenBJS 2006a, 9) Die unter II.3.2 vorgenommene Differenzierung des Topos vom Theater als einer Probebühne eines besseren Lebens in *erstens* ein Als-ob-Handeln zum Einüben bestimmter Verhaltensmuster und *zweitens* ein Erproben und Erforschen gesellschaftlicher Handlungsalternativen bildet sich auch im curricularen Diskurs ab, wobei der Rahmenlehrplan Darstellendes Spiel (SenBJS 2006a) eher an die zweite Vorstellung von Erprobung anschließt.

Auch in Bezug auf das Kompetenzmodell baut der Rahmenlehrplan für die gymnasiale Oberstufe auf dem der Sekundarstufe I auf. Die mit der Kompetenzorientierung einhergehende Betonung der Eigenverantwortlichkeit des lernenden Subjekts, das sich als solches auch bewusst wahrnehmen und seine Kompetenzen gezielt steigern soll, wird hier noch verstärkt. So sollen „[...] die Lernenden Verantwortung für den Lernprozess und den Lernerfolg übernehmen und sowohl den Unterricht als auch das eigene Lernen aktiv selbst gestalten" (ebd., 6). Dazu beitragen sollen unter anderem eine Lernkultur, „[...] in der sich die Schülerinnen und Schüler ihrer eigenen Lernwege bewusst werden, diese weiterentwickeln sowie unterschiedliche Lösungen reflektieren und selbstständig Entscheidungen treffen", sowie „Lernumgebungen", die das „selbst gesteuerte Lernen von Schülerinnen und Schülern fördern" (ebd.). Auch im Kompetenzbereich „an Theater teilhaben" schließt der Sek-II-Plan an den der Sekundarstufe I an: „Im Feld der soziokulturellen Partizipation entwickeln die Schülerinnen und Schüler eine kulturelle Kompetenz, indem sie Theater in seiner soziokulturellen Bedeutung und gesellschaftlichen Wirksamkeit wahrnehmen, verstehen und produktiv nutzen." (Ebd., 13) Dazu sollen die Schüler_innen Theater „in der Kultur der Gegenwart" sowie „in historischen Kontexten" kennen, „Theater in theoretischen und konzeptionellen Kontexten" verstehen und „zwischen Medienkompetenz und Theaterwahrnehmung eine Verbindung" herstellen lernen (ebd.). Wie schon im Rahmenlehrplan der Sekundarstufe I wird hier also unter soziokultureller Partizipation insbesondere fachspezifisches Wissen über Theater und dessen Anwendung verstanden. Darüber hinaus findet sich im Plan für die Sekundarstufe II eine Definition des

Kompetenzbereichs „Kulturelle Kompetenz – an Theater teilhaben“ (ebd., 12), in der auch die gesellschaftliche Dimension dieser Kompetenzdimension deutlicher hervorgehoben wird:

> In der spielerischen Begegnung und inhaltlichen Auseinandersetzung mit dem historisch, kulturell oder sozial Fremden reflektieren die Schülerinnen und Schüler den Hintergrund ihres eigenen Agierens. Sie erfahren dabei unterschiedliche Perspektiven von Wirklichkeit, gewinnen Einsicht in die Konstruierbarkeit von Wirklichkeiten und erweitern somit den Handlungsspielraum für ihr künftiges berufliches und privates Leben. [...]. Die Schülerinnen und Schüler haben Teil [sic] an der Theaterkunst der Jugend- und Erwachsenenkultur. [...] Im Darstellenden Spiel erwerben die Schülerinnen und Schüler Inszenierungswissen und entwickeln die Fähigkeit, die Darstellungsdimension privater, öffentlicher und medialer Kommunikation zu erkennen, öffentliche und mediale Inszenierungen zu beurteilen und mit Theater, Film und Fernsehen reflektiert umzugehen. Die Teilhabe am politischen und kulturellen Leben wird gefördert. (Ebd.)

Auffällig an dieser Definition ist, dass hier das Ziel soziokultureller Partizipationskompetenz – als Voraussetzung sowohl für kulturelle als auch für politische Teilhabe – aus dem *ästhetischen* Gegenstand des Theaters selbst abgeleitet wird, was sich insbesondere am Ziel der Vermittlung von Einsicht in die „Konstruierbarkeit von Wirklichkeiten“ und die „Darstellungsdimension privater, öffentlicher und medialer Kommunikation“ ablesen lässt. Im Unterschied zu den oben im Rahmenlehrplan herausgearbeiteten Bezügen zu Teilhabe und Partizipation, die in der Regel auf die soziale Dimension des Proben- und Gruppenprozesses im Theater abheben, wird hier die Definition „soziokulturelle[r] Partizipation“ eng an den ästhetischen Gegenstand Theater geknüpft.

Die Orientierung am besonderen Gegenstand eines Faches ästhetischer Bildung einerseits sowie die Orientierung an Kompetenzen andererseits scheinen bisweilen auch miteinander in Konflikt zu geraten. So wird etwa bei den „Eingangsvoraussetzungen“ (ebd., 14) die kulturelle Kompetenz nicht mehr eigens ausgewiesen und auch die „Abschlussorientierten Standards“ richten sich nicht mehr, wie noch im Rahmenlehrplan der Sekundarstufe I, nach den einzelnen Kompetenzbereichen (vgl. ebd., 16). Stattdessen wird bei den „Abschlussorientierten Standards“ einmal zwischen „Einzelleistung“ und „Ensembleleistung“ sowie den Bereichen „Regie/Dramaturgie/Inszenierung“, „Szenische Darstellung“, „Bild“, „Musik“ und „Rezeption“ unterschieden (vgl. ebd., 16 ff.). Diese Bereiche finden sich dann – ergänzt um den weiteren Bereich „Theaterformen“ – im vierten Kapitel unter der Überschrift „Kompetenzen und Inhalte“ wieder (ebd., 21). Dabei fällt allerdings auch hier die

Unterscheidung zwischen den Kompetenzbereichen weg. Trotz der Ankündigung, dass bei der Auswahl der Themenfelder und Inhalte „nicht nur die Systematik des Faches, sondern vor allem der Beitrag zum Kompetenzerwerb berücksichtigt werden" (ebd., 6) soll, scheint sich hier teilweise die Logik des Gegenstands gegen die Kompetenzlogik (noch) durchzusetzen. Demgegenüber versucht der nur fünf Jahre später erschienene „Vorläufige Rahmenlehrplan für den Unterricht in der gymnasialen Oberstufe im Land Brandenburg. Darstellendes Spiel" (MBJS 2011), der in weiten Teilen den Berliner Rahmenlehrplan wortgleich übernimmt und daher an dieser Stelle keiner weiteren ausführlichen Behandlung bedarf, die Kompetenzorientierung konsequenter umzusetzen. So weicht er in einem Punkt von seiner Berliner Vorlage ab, indem er auch kompetenzorientierte „Eingangsvoraussetzungen" sowie „abschlussorientierte Standards" formuliert, bei denen zwischen den einzelnen Kompetenzbereichen differenziert wird. Als Eingangsvoraussetzungen im Bereich „Kulturelle Kompetenz: Soziokulturelle Partizipation" (ebd., 15) greift der brandenburgische Rahmenlehrplan dabei auf die oben zitierten Definitionen zurück. Unter anderem sollen die Schüler_innen „über grundlegende bildungs- und kunstästhetische Wertungskategorien" sowie „über die Fähigkeit, die Darstellungsdimension privater, öffentlicher und medialer Kommunikation zu erkennen" (ebd.), verfügen. Auch hier wird also die Beschreibung der Teilhabe-Kompetenz aus dem ästhetischen Gegenstand Theater heraus entwickelt. Bei den „abschlussorientierte[n] Standards" wird „soziokulturelle Partizipation" darüber hinaus als das Finden von „Zugänge[n] zu Formen und Werken der zeitgenössischen Theater-, Film- und Medienkunst" sowie das Erproben von „Formen des gesellschaftlichen Diskurses" gefasst (ebd., 18), wobei diese Erprobung insofern ‚real' erfolgen soll, als die „theaterkünstlerischen Produkte[ ] und Projekte[ ]" auch ganz konkret die „Schul- und Regionalkultur" bereichern sollen (ebd.). Das oben beschriebene Spannungsverhältnis zwischen Gegenstands- und Kompetenzorientierung lässt sich damit dennoch nicht ganz auflösen. So orientiert sich der Aufbau des vierten Kapitels „Kompetenzen und Inhalte" weiterhin an der Logik der Fachsystematik und es werden je Themenfeld – der anderslautenden Überschrift zum Trotz – lediglich „Inhalte", aber keine „Kompetenzen" formuliert. Im Unterschied zur Berliner Vorlage, die je „Themenfeld" eine Reihe von Kompetenzen – wenn auch nicht weiter nach Kompetenzbereichen differenziert – auflistet, werden hier gar nicht erst Kompetenzen formuliert. Stattdessen findet sich lediglich der Hinweis, dass die Projektarbeit den Schüler_innen „[...] zahlreiche miteinander verzahnte, komplexe Themenfelder [bietet], in denen die oben beschriebenen Kompetenzen erworben und entwickelt werden" (ebd., 19).

... zu den Standards der Kompetenz „Teilhaben“

Diesen Konflikt zwischen Kompetenz- und Gegenstandsorientierung versucht der neue, für beide Bundesländer ab dem Schuljahr 2017/18 gültige Rahmenlehrplan „Theater (Wahlpflichtfach) Jahrgangsstufen 7–10“ (LISUM 2015c) zugunsten ersterer zu lösen. Die Kompetenzentwicklung steht hier ganz klar im Zentrum und zieht sich konsequent durch die drei Kapitel des Dokuments. Im Unterschied zu seinen Vorgängern formuliert der Rahmenlehrplan dabei auch Standards, bei denen unterschiedliche „Niveaustufen“ (ebd., 9) differenziert werden. Anhand dieser Niveaustufen sollen die jeweils angestrebten Kompetenzen – dazu gehört auch die Kompetenz „Teilhaben“ – gemessen werden. Deutlicher noch als in den zuvor untersuchten Curricula wird hier betont, dass die Schüler_innen in die Lage versetzt werden sollen, „[...] sich unter Anleitung und mit steigendem Alter zunehmend selbstständig auf das Erreichen des jeweils nächsthöheren Niveaus vorbereiten [zu] können“ (ebd.). Die Standards und Niveaustufen sollen somit auch hier den Lernenden selbst als Referenzsystem dienen. Im Unterschied zu den vorherigen Rahmenlehrplänen gliedern sich erstmals auch die Themenfelder und Inhalte nach den Kompetenzen, d. h. den einzelnen Kompetenzbereichen, und nicht, wie zuvor, die Kompetenzen nach den Themenfeldern. Zudem wurde das Kompetenzmodell der bislang gültigen Rahmenlehrpläne überarbeitet: „Im Zentrum des Faches Theater steht die theaterästhetische Handlungskompetenz der Schülerinnen und Schüler, die in den sich wechselseitig bedingenden Kompetenzbereichen Wahrnehmen, Gestalten, Reflektieren und Teilhaben entwickelt wird.“ (Ebd., 4) Während also das zentrale Ziel des Fachs weiterhin in der Entwicklung einer „theaterästhetischen Handlungskompetenz“ besteht, haben sich die Bezeichnungen der vier Kompetenzbereiche im Vergleich zu den älteren Curricula zum Teil geändert. So fällt der Begriff der Sachkompetenz – ein aus einem ursprünglich fächerübergreifenden Kompetenzmodell stammender Begriff – weg und wird durch die Kompetenz „Wahrnehmen“ ersetzt. Auch die kompetenzeigenen Operatoren werden dementsprechend angepasst: Auf die Verben „wissen“ bzw. „kennen“ wird im Rahmenlehrplan verzichtet, stattdessen „erfahren“ die Schüler_innen etwas oder „nehmen“ etwas „wahr“ (vgl. z. B. ebd., 5). Zudem wird Kommunikation nicht mehr explizit als Kompetenz ausgewiesen, sondern unter dem Kompetenzbereich „Reflektieren“ (ebd., 7) subsumiert, wo unter anderem von dem Ziel einer Erweiterung von „Kommunikationsfähigkeiten im Alltag“ (ebd.) die Rede ist.

Diese neuen Kompetenzbereiche sprechen dafür, dass sich im aktuellen Rahmenlehrplan ein stärker fachspezifisches Kompetenzmodell durchgesetzt hat. Die nachfolgende Tabelle soll die Entwicklung der Kompetenzmodelle für das

Fach Darstellendes Spiel/Theater in den hier analysierten bildungspolitischen Dokumenten noch einmal veranschaulichen. Wie deutlich wird, setzt der Prozess der Ausbildung stärker fachspezifischer Modelle bereits mit den EPA und der in ihnen definierten übergeordneten „theaterästhetischen Handlungskompetenz“ ein, die unter anderem die Dimension „Gestaltungskompetenz“ umfasst. Indem nun auch die aus einem fächerübergreifenden Modell stammende „Sachkompetenz“ durch „Wahrnehmen“ ersetzt wird, findet diese Entwicklung im aktuellen Rahmenlehrplan gewissermaßen ihren vorläufigen Höhepunkt. Gleichzeitig verdeutlicht die folgende Übersicht die kontinuierliche Herausbildung des Bereichs Partizipation/Teilhaben als eine zentrale Kompetenzdimension von Theaterunterricht:

Die Entwicklung der Kompetenzmodelle für Darstellendes Spiel/Theater im Überblick

Unterrichtsvorgaben 1998 (Brandenburg)	RLP Darstellen + Gestalten 2002 (Brandenburg)	EPA Abiturprüfung DS 2006 (Kultusministerkonferenz)	RLP DS Sek I/II 2006 (Berlin)	RLP Theater 2017/18 (Berlin/Brandenburg)
Subjektkompetenz	Sachkompetenz	Sachkompetenz: theaterästhetische Grundlagen	Sachkompetenz: Theater verstehen	Wahrnehmen
Sachkompetenz: theoretische Kompetenz	Methodenkompetenz	Gestaltungskompetenz: theaterästhetische Gestaltung	Gestaltungskompetenz: Theater gestalten	Gestalten
Sachkompetenz: ästhetische Kompetenz	Sozialkompetenz	Kommunikative Kompetenz: theaterästhetische Kommunikation	Kommunikative Kompetenz: Theater reflektieren	Reflektieren
Methodenkompetenz	personale Kompetenz	**Soziokulturelle Kompetenz: soziokulturelle Partizipation**	**Kulturelle Kompetenz: an Theater teilhaben**	**Teilhaben**

Das aktuelle Kompetenzmodell für das Fach Theater lehnt sich zudem stark an jenes der anderen künstlerischen Fächer Kunst und Musik an (vgl. LISUM 2015a; LISUM 2015b). Letztere beide unterscheiden dieselben drei Kompetenzbereiche: „Wahrnehmen, Gestalten und Reflektieren“ im Fach Kunst (LISUM 2015a, 4) bzw. „Musik wahrnehmen und deuten, Musik gestalten und aufführen, Musik reflektieren und kontextualisieren“ im Fach Musik (LISUM 2015b, 4). Neben den Bereichen „Wahrnehmen“, „Gestalten“ und „Reflektieren“ führt der Rahmenlehrplan Theater jedoch noch einen weiteren Kompetenzbereich auf, der sich in den Rahmenlehrplänen Kunst und Musik nicht findet: „Teilhaben“. Damit erscheint Teilhaben als eine spezifische Kompetenzdimension des Fachs Theater, durch die es sich von den anderen künstlerischen Fächern unterscheidet. Zudem stärkt der neue Rahmenlehrplan insgesamt das Thema Partizipation, auch im Sinne einer aktiven Beteiligung am Unterricht bzw. am theatralen Prozess. Unter „Ziele des Unterrichts“ heißt es etwa: „Da Schülerinnen und Schüler umfassend beteiligt werden und sie die Ergebnisse ihrer Arbeit in der Regel einem Publikum präsentieren, geht es hier um etwas.“ (LISUM 2015c, 3) Hiermit wird unter anderem zu verstehen gegeben, dass die

Schüler_innen durch das Erleben der eigenen Beteiligung auch eine Form der Anerkennung erfahren sollen. Das Thema Beteiligung zieht sich zudem durch sämtliche andere Kompetenzbereiche. So wird im Bereich „Reflektieren" formuliert, dass die Schüler_innen „ihre kommunikativen Fähigkeiten im Sinne einer aktiven Mitgestaltung des Unterrichts anwenden" (ebd., 21) sollen. Das Ziel dieser „aktive[n] Beteiligung an Themenfindung, Planung und Projektdurchführung", wie es wiederum unter der Kategorie „Gestalten" heißt, liegt unter anderem in der Entwicklung von „wesentliche[n] Fähigkeiten in Teamarbeit und Projektmanagement" (ebd., 6).

Obwohl sich der neue Rahmenlehrplan mit seinem Kompetenzmodell eindeutig an den anderen künstlerischen Fächern orientiert, scheint er sich durch die Betonung des Themas Partizipation und insbesondere durch das Festhalten an der Kompetenzdimension Teilhaben, wie sie sich bereits in den Curricula der 2000er-Jahre herausgebildet hat, von einer rein ästhetischen Ausrichtung des Fachs Theater abzugrenzen.[90] So wird bereits auf der ersten Seite des Rahmenlehrplans betont: „Theaterspielen ist zugleich künstlerische wie auch soziale Praxis." (Ebd., 3) Im Fach Theater geht es demnach nicht allein um ästhetische Bildung im engeren Sinne, sondern auch um das Erlernen von „Demokratiefähigkeit" sowie von „Toleranz gegenüber punktuellem Scheitern als Bestandteil eines Wissens um die grundsätzliche Gestaltbarkeit von Welt" (ebd.). Aus der Bestimmung von Theater als gleichsam künstlerischer wie sozialer Praxis folgt zudem, dass alle vier Kompetenzbereiche „sowohl im Hinblick auf theaterästhetisches Gestalten als auch auf sozialkompetentes Handeln beschrieben" (ebd., 4) werden. Diese Gleichrangigkeit von sozialem Lernen und ästhetisch-künstlerischer Bildung stellt einen signifikanten Unterschied zu den vorherigen Rahmenlehrplänen von 2006 und 2011 dar. Indem die Förderung sozialkompetenten Handelns hier als zweite gleichberechtigte Säule neben dem theaterästhetischen Gestalten etabliert wird, knüpft das neue Curriculum eher an den Berliner Rahmenplan der 1970er- und 1980er-Jahre sowie den theaterpädagogischen Diskurs in der Tradition der Interaktionspädagogik an. Gleichzeitig ist hier aber nicht mehr von sozialem *Lernen* oder kommunikativen *Lernzielen* die Rede, sondern von sozialer *Kompetenz* bzw. „sozialkompetente[m] Handeln", das als konstitutiver Bestandteil aller vier Kompetenzbereiche – Wahrnehmen, Gestalten, Reflektieren und Teilhaben – konzipiert wird. Damit verändert sich auch die Vorstellung von Teilhabe-Kompetenz: In den EPA sowie in den Rahmenlehrplänen Darstellendes Spiel von 2006 bzw. 2011 wurde unter soziokultureller Partizipation in erster Linie das Wissen um sowie die Reflexion der soziokulturellen Bedeutung von Theater verstanden bzw. deren poli-

90 Wie der Autor der vorliegenden Studie in verschiedenen Gesprächen mit an der Entstehung des Rahmenlehrplans Beteiligten erfahren hat, wurde als weiteres Argument für einen eigenen Kompetenzbereich „Teilhaben" angeführt, dass darunter, wie schon in den EPA, auch gemeinsame Theaterbesuche im Rahmen des Unterrichts zu verstehen seien – auch wenn dies im Rahmenlehrplan nicht weiter expliziert wird.

tisch-sozialer Aspekt vor allem in der Einsicht in die „Konstruierbarkeit von Wirklichkeiten“ und die „Darstellungsdimension privater, öffentlicher und medialer Kommunikation“ gesehen (SenBJS 2006a, 12). Im neuen Rahmenlehrplan ist der Kompetenzbereich „Teilhaben“ hingegen durch eine soziale bzw. gesellschaftliche Ausrichtung gekennzeichnet – vergleichbar mit Teilhabefähigkeit im Rahmenlehrplan Darstellen und Gestalten (vgl. MBJS 2002, 8).

Diese stärker ‚soziale‘ Ausgestaltung des Kompetenzbereichs „Teilhaben“ zeigt sich auch an seinen drei zentralen Feldern bzw. Scharnierstellen, nach denen die Teilhabe-Aspekte theaterästhetischen Gestaltens sowie sozialkompetenten Handelns gegliedert werden bzw. an denen sie ineinandergreifen: erstens der Bereich „Gesellschaft“ – „Das Fach Theater ermöglicht den Schülerinnen und Schülern, den eigenen Platz in der Gesellschaft zu erproben [...]“ –, zweitens „(inter-)kulturelle Teilhabe“ – „Im Fach Theater können sich die Schülerinnen und Schüler mit Traditionen der eigenen Kultur und fremder Kulturen auseinandersetzen [...]“ – sowie drittens „Ensemble“ – „Die Schülerinnen und Schüler entwickeln und erproben als produktives Ensemble den theaterspezifischen Gestaltungs- und Projektprozess.“ (LISUM 2015c, 8) Die Vorstellung vom Theater als Erprobungsfeld bzw. als Probehandeln, wie sie in den Vorläufern des aktuellen Rahmenlehrplans in unterschiedlicher Ausprägung zu finden ist, bildet hier – verstanden als das Erproben des eigenen Platzes in der Gesellschaft – ein zentrales Merkmal des Kompetenzbereichs „Teilhaben“. Aspekte von Alltagstheatralität zählen im Unterschied zu den EPA nicht mehr unter den Kompetenzbereich „Teilhaben“, sondern werden unter dem Bereich „Gestalten“ aufgeführt: „Durch die Auseinandersetzung mit theatralen und künstlerischen Gestaltungsformen eröffnen sich die Schülerinnen und Schüler einen Zugang zu fremden Gedankenwelten und zum Aspekt der Theatralität des Alltags.“ (Ebd., 6) Auch das Ziel der Förderung von Selbstreflexivität findet sich hier im Kompetenzbereich „Reflektieren“: „Die Schülerinnen und Schüler erfahren in Einzel-, Partner- und Gruppenübungen ein hohes Maß an Selbstreflexion im sozialen Kontext.“ (Ebd., 7)

Entlang der zwei Säulen „theaterästhetisches Gestalten“ und „sozialkompetentes Handeln“ werden für den Bereich „Teilhaben“ zudem die einzelnen Kompetenzen je nach Feld – „Gesellschaft“, „(inter-)kulturelle Teilhabe“ und „Ensemble“ – beschrieben. Unter dem Feld „(inter-)kulturelle Teilhabe“ wird etwa in der Spalte „sozialkompetentes Handeln“ vermerkt, dass Theater und Kultur den Lernenden „Impulse für das eigene Erleben und die Teilhabe am gesellschaftlichen Leben“ böten und sie so „ihren Blick [...] auf unbekannte Lebensumstände und Konflikte [weiten]“ (ebd., 8), während es in der Spalte „theaterästhetisches Gestalten“ heißt: „Theater und Theaterformen werden in ihrer Bedeutung für die Gesellschaft und die Gemeinschaft wahrgenommen und erlebt. Schülerinnen und Schüler nehmen theatrale und künstlerische Angebote und Projekte aktiv wahr und entwickeln sich als kreative und offene Produzentinnen und Produzenten sowie Rezipientinnen und Rezipienten." (Ebd.) Wie bereits in den Kompetenz-Definitionen „soziokulturelle Partizipation" bzw. „an Theater teilhaben" wird hier auf die Wahrnehmung der Bedeutung von Theater für die Gesellschaft und – im Unterschied zu den Curricula der letzten 20 Jahre – auch „Gemeinschaft" verwiesen, ein Begriff, der sich sonst allein im Brandenburger Rahmenplan von 1992 nachweisen lässt. Darüber hinaus zielt die Kompetenzentwicklung im Bereich „Teilhaben" auf die Ausbildung aktiver, kreativer und offener – sowohl produzierender als auch rezipierender – Teilnehmer_innen am kulturellen und gesellschaftlichen Leben. Unter dem Feld „Ensemble" wird in der Spalte „sozialkompetentes Handeln" insbesondere das soziale Lernen hervorgehoben, wie etwa das Einüben von Konfliktfähigkeit: „Sie üben, Konflikte zu erkennen und auszuhalten. Erlernte Sozialformen und Verfahrensrituale werden verwendet und soziale Beziehungen bewusst gestaltet." (Ebd.) Zudem erlebten die Schüler_innen auch „den Wert der eigenen Mitarbeit" (ebd.). Partizipation lässt sich hier wieder als eine Praxis der Anerkennung – als grundlegende Struktur und zentrales Medium der Subjektkonstitution – verstehen. Indem die Schüler_innen als partizipierende Subjekte angerufen werden, erfahren sie eine Form der Anerkennung, mit der gleichzeitig die Anerkennung als Subjekt einer bestimmten Ordnung verbunden ist (→ II.1.1.2 und II.2.2.1).

Im Kapitel „Themen und Inhalte" bilden die drei Scharnierstellen „Gesellschaft", „(inter-)kulturelle Teilhabe" sowie „Ensemble" auch die „Themenfelder" im Kompetenzbereich „Teilhaben" (ebd., 23 ff.). Im Gegensatz zu den vorherigen Rahmen(lehr)-plänen werden hier nicht mehr verschiedene Kompetenzen den jeweiligen Themen bzw. Inhalten zugeordnet, sondern die Themenfelder und Inhalte gliedern sich im Sinne einer konsequenten Kompetenzorientierung nach den einzelnen Kompetenzbereichen. Den jeweiligen Unterüberschriften nach zu urteilen scheint es bisweilen so, als seien die Kompetenzbereiche selbst Inhalt von Theaterunterricht. Im Bereich „Teilhaben" wird etwa dem Themenfeld „Gesellschaft" der Inhalt „gesellschaftliche, kulturelle, individuelle Werte und Normen als Gegenstand des Projekt- und Gruppenprozesses" zugeordnet, unter „interkulturelle[r] Teilhabe" sollen unter anderem „Beispiele der regionalen Theater- und Kulturlandschaft" behandelt werden bzw. Inhalte des Themenfelds „Gruppe, Ensemble" bilden unter anderem „Rituale: Begrüßung, Warm-up, Präsentationen, Feedback, Abschluss" (ebd., 26). Die gesellschaftliche Dimension der Kompetenz „Teilhaben" erwächst somit nicht mehr in erster Linie aus dem *ästhetischen* Gegenstand des Theaters – d. h. im Sinne der Einsicht in die Konstruierbarkeit sowie in die Theatralität sozialer Wirklichkeit –, sondern aus der Definition von Theater als zugleich künstlerischer wie sozialer Praxis, wobei das Soziale hier vor allem in Fragen von Wertvorstellungen, Identität, gesellschaftlichem und interkulturellem Zusammenleben sowie sozialen Beziehungen gesehen wird.

Auch die Operatoren zur Messung des Kompetenzzuwachses im Bereich „Teilhaben" bzw. zur Beschreibung der jeweils zu erreichenden Standards orientieren sich an den drei Scharnierstellen bzw. Themenfeldern „Gesellschaftliche Zusammenhänge theatral erforschen", „Formen (inter-)kultureller Teilhabe nutzen" sowie „Sozial und spielerisch im Sinne eines Ensembles interagieren" (ebd., 22). Bei den einzelnen Operatoren werden zudem – gemäß eines für alle Fächer eingeführten „Niveaustufenbandes" – verschiedene Niveaustufen unterschieden, die es zu erreichen gilt. Im Fach Theater in der Sekundarstufe I sind dies die Niveaustufen D–H. Während die Schüler_innen in den Integrierten Sekundarschulen in der siebten Klasse auf der Stufe D beginnen und am Ende der Jahrgangsstufe 10 Niveau G erreicht haben müssen, setzen Gymnasiast_innen bereits bei Stufe E ein und sollen zum Übergang in die zweijährige Qualifikationsphase bereits Niveaustufe H erreicht haben. Im Bereich „Sozial und spielerisch im Sinne eines Ensembles interagieren" lautet z. B. der Operator für die niedrigste Niveaustufe D: „im gemeinsamen Lern- und Arbeitsprozess einer Gruppe Verantwortung für Teilaufgaben übernehmen" (ebd.). Für die höchste Niveaustufe H heißt es hingegen: „Die Schülerinnen und Schüler können zunehmend eigenständig produktiv in einem Ensemble agieren [...]" (ebd.). Das zentrale Kriterium für das Erreichen der jeweils höheren Niveaustufe wird vor allem in der (zunehmenden) Eigen- oder Selbstständigkeit der Schüler_innen gesehen. Dies geht auch aus den Operatoren der anderen genannten Scharnierstellen hervor. Während etwa die Schüler_innen der mittleren Niveaustufen E und F im Bereich „Gesellschaftliche Zusammenhänge theatral erforschen" allein „mit strukturierenden Hilfen selbstständig recherchierte Phänomene des Lebens gestaltend darstellen [können]", sind Lernende der Stufen G und H schon in der Lage, „zunehmend selbstständig ihre Fragen zu gesellschaftlichen Phänomenen künstlerisch erforschend und gestaltend dar[zu]stellen" (ebd.).

2.1.4 Zusammenfassung: Partizipation in den Curricula des Fachs Theater

Die diachrone Betrachtung verschiedener Rahmen(lehr)pläne und Unterrichtsvorgaben im Fach Darstellendes Spiel/Theater hat gezeigt, wie Partizipation im curricularen Diskurs des Theaters in der Schule in den letzten 15 Jahren nach und nach zu einem zentralen Thema geworden ist. Während sich in den älteren Rahmenplänen bis in die 1990er-Jahre weder Partizipation noch Teilhabe als Begriffe finden und Beteiligung als Thema keine oder nur eine marginale Rolle spielte, wurde Partizipation um die 2000er-Wende zunächst im Sinne einer stärkeren Beteiligung der Schüler_innen am DS-Unterricht thematisiert – eine Forderung, die sich insbesondere an die Lehrer_innen richtete. Diese Entwicklung setzt sich fort, wobei unter einer stärkeren Partizipation der Schüler_innen an der Theater(projekt)arbeit auch eine höhere Verantwortungsübernahme durch dieselben verstanden wird. Der neuere curriculare Diskurs dreht sich jedoch vor allem um die Ausbildung einer Fähigkeit zur Teilhabe aufseiten der Schüler_innen. In einem der älteren untersuchten Curricula schloss diese auch eine Mitbestimmungsfähigkeit ein – ein Begriff, der sich in den neueren Rahmenlehrplänen nicht mehr findet. Zudem lässt sich in der curricularen Entwicklung des Schulfachs Darstellendes Spiel/Theater eine Verbindung des sich immer stärker durchsetzenden Partizipationsdiskurses mit einer – vor allem seit den Ergebnissen der PISA-Studie von 2000 aufkommenden – Kompetenzorientierung konstatieren. Diese zwei diskursiven Stränge oder Entwicklungslinien treffen sich in der Konzeption einer Partizipations- oder Teilhabekompetenz als einer zentralen Zielsetzung von DS- bzw. Theaterunterricht. So geht es bei der verstärkten Rede von Partizipation nicht mehr allein um Fragen der Beteiligung von Schüler_innen am Unterrichtsprozess bzw. an der (Theater-) Projektarbeit – und damit um Fragen der Struktur von Unterricht –, sondern vor allem um das partizipierende Schülersubjekt und dessen Fähigkeit und – dies ist im Kompetenzbegriff immer mit eingeschlossen – auch dessen Bereitschaft zu partizipieren.

Der historische Abriss curricularer Vorgaben zum Fach Darstellendes Spiel/ Theater hat darüber hinaus deutlich gemacht, dass die unterschiedlichen Konzeptionen von Theaterunterricht signifikante Auswirkungen auf die jeweiligen Vorstellungen von Partizipation bzw. von der Fähigkeit oder Kompetenz zur Teilhabe/ Partizipation haben. Eine zentrale Rolle spielt in dem Zusammenhang, ob sich Theaterunterricht stärker an fächer*übergreifenden* oder fach*spezifischen* Lernzielen bzw. Kompetenzmodellen orientiert. Während „Teilhabefähigkeit" als fächerübergreifendes Lernziel im brandenburgischen Rahmenlehrplan Darstellen und Gestalten von 2002 vor allem im Sinne sozialer und gesellschaftlicher Partizipation gefasst wurde, wird unter der EPA-Kompetenzdimension „Soziokulturelle Kompetenz – soziokulturelle Partizipation" oder, wie es in den Rahmenlehrplänen von 2006 ff. heißt: „kulturelle Kompetenz – an Theater teilhaben", in erster Linie das (Fach-)Wissen um Theater und Theatergeschichte, die gesellschaftliche Dimension von Theater sowie die Theatralität von Inszenierungs- und Darstellungsformen im Alltag verstanden. Dies lässt sich einerseits auf die zunehmende Durchsetzung fachspezifischer Kompetenzmodelle, andererseits auf die seit den 1990er-Jahren im curricularen Diskurs zu beobachtende Verschiebung von sozialen hin zu Zielen ästhetischer Bildung zurückführen. Die Kompetenz zu soziokultureller Partizipation bleibt demnach zunächst eng an den ästhetischen Gegenstand des Fachs gebunden, d. h., die Kompetenz zu sowohl kultureller als auch gesellschaftlicher Teilhabe leitet sich gewissermaßen selbst aus dem ästhetischen

Gegenstand des Theaters ab. Darüber hinaus ist in den EPA auch die Teilhabe am kulturellen Leben gemeint, etwa durch gemeinsame Theaterbesuche im Rahmen des Unterrichts.

Trotz der stärker fachspezifischen Kompetenzmodelle lässt sich für die Curricula bis Ende der 2000er-Jahre ein Spannungsverhältnis zwischen der Orientierung am ästhetischen Gegenstand des Faches und der zunehmenden Ausrichtung an Kompetenzen feststellen. Zwar scheint man die Logik des Gegenstands Theater und die Kompetenzlogik miteinander ‚versöhnen' zu wollen, indem das jeweilige Kompetenzmodell und der fachliche Gegenstand aufeinander abgestimmt werden. So wird das Kompetenzmodell immer stärker dem fachlichen Gegenstand angepasst und umgekehrt wird der Gegenstand Theater dem Kompetenzmodell ‚passend gemacht'. Doch setzt sich auch in den Berliner Rahmenlehrplänen von 2006 vereinzelt noch die Fachsystematik gegen die Kompetenzlogik durch. Der neueste Berlin-Brandenburger Rahmenlehrplan von 2015 versucht nun, dieses Spannungsverhältnis zugunsten einer konsequenteren Kompetenzorientierung zu lösen. Möglicherweise unter dem Eindruck einer erneuten Konjunktur von Zielen sozialen sowie interkulturellen Lernens scheint der Rahmenlehrplan dabei nach einer Synthese zwischen ästhetischen und sozialen Kompetenzen zu suchen: Einerseits orientiert sich das Kompetenzmodell für das Fach Theater an jenem der Fächer Kunst und Musik; andererseits wird Theater als zugleich künstlerische wie soziale Praxis definiert, wodurch für jede Kompetenzdimension jeweils ästhetische wie soziale Kompetenzen beschrieben werden (als „theaterästhetisches Gestalten" und „sozialkompetentes Handeln"). Hervorzuheben ist an dieser Stelle, dass der neue Rahmenlehrplan – im Unterschied zu den Fächern Musik und Kunst – die Kompetenzdimension „Teilhaben" vorsieht. Teilhaben erscheint damit gleichsam als eine spezifische Kompetenzdimension des Fachs Theater. Doch wird Teilhaben als Kompetenz nicht mehr in erster Linie aus dem *ästhetischen* Gegenstand des Theaters bestimmt – d. h. im Sinne einer Einsicht in die Konstruiertheit und Theatralität sozialer Wirklichkeit, wie dies noch in den stärker am Modell ästhetischer Bildung ausgerichteten Curricula der Fall war –, sondern leitet sich eher aus dem sozialen (Gruppen- und Ensemble-) Charakter von Theaterarbeit ab. Neben der Fähigkeit zur Wahrnehmung der Bedeutung von Theater für Gesellschaft und „Gemeinschaft" – ein Begriff der allein im Kompetenzbereich „Teilhaben" Verwendung findet – sowie der Kompetenz zur aktiven Teilhabe am kulturellen und gesellschaftlichen Leben (sowohl im produktiven als auch rezeptiven Sinne), zielt der Kompetenzbereich „Teilhaben" insbesondere auf soziale Kompetenzen, wie etwa Konfliktfähigkeit. Auch die Themen, die dem Bereich Teilhaben zugeordnet sind, behandeln vor allem Fragen von Wertvorstellungen, Identität, gesellschaftlichem und interkulturellem Zusammenleben sowie sozialen Beziehungen.

„Teilhaben“ – als der theater(fach)spezifische Kompetenzbereich – scheint somit in besonderem Maße auf aktuelle gesellschaftliche Herausforderungen zu antworten. Dies spiegelt sich auch in der Vorstellung wider, dass die Schüler_innen im Theaterunterricht ihren Platz in der Gesellschaft erproben könnten. Dieses Erproben bzw. Probehandeln, das im neuen Rahmenlehrplan Theater als ein zentraler Bestandteil in der Ausbildung von Teilhabe-Kompetenz verstanden wird, stellt einen Topos des theaterpädagogischen Legitimationsdiskurses dar und findet sich in vielen, auch älteren Curricula. Mal wird das Erproben eher als ein Experimentieren gefasst, wie im Berliner Rahmenplan von 1978/84, mal wird es explizit in den Dienst der Ausbildung bestimmter (ästhetischer und sozialer) Kompetenzen gestellt (vgl. MBJS 1998). Im Berliner Rahmenlehrplan von 2006 wiederum gilt das Erproben der Entwicklung gesellschaftlicher (Handlungs-)Alternativen und im neuesten Rahmenlehrplan dient es ganz ausdrücklich der Ausbildung der Kompetenz „Teilhaben“ und wird als das Erproben des eigenen Platzes in der Gesellschaft verstanden. Der Gedanke des Probehandelns bzw. des Erprobens lässt sich somit möglicherweise weiter differenzieren zwischen einer an vorab bestimmten Zielen orientierten Form des Erprobens und einer eher offenen, experimentell ausgerichteten Erprobung. Darüber hinaus müsste zwischen einem ‚ästhetischen‘ Erproben und einem auf soziale und gesellschaftliche Zwecke ausgerichteten Erproben unterschieden werden, das entweder der Ausbildung vorab definierter Kompetenzen dient oder sich als offener Prozess der Suche nach sowie des Erforschens und Ausprobierens gesellschaftlicher Handlungsalternativen versteht.

Durch seine konsequente Ausrichtung an der Systematik eines Kompetenzmodells enthält der neue Rahmenlehrplan nur wenige Ausführungen zum eigentlichen Gegenstand des Fachs, wie etwa Theaterformen, -geschichte o. Ä. – selbst die einzelnen Themen des Unterrichts bzw. der Projektarbeit leiten sich aus den einzelnen Kompetenzen ab. Obwohl in der curricularen Tradition des Fachs Darstellendes Spiel/Theater weniger von einem tradierten Kanon die Rede sein kann, scheint der neue Rahmenlehrplan die Entwicklung in den anderen künstlerischen und literarischen Fächern nachzuvollziehen, die die einst starke Orientierung an kanonisierten Werken, künstlerischen Formen oder Texten – und vor allem den Streit um diese Kanonisierung – mit einer stärkeren Ausrichtung auf Kompetenzen und mehr inhaltlicher Offenheit zu beantworten suchten.[91] So scheinen auch im neuen Rahmenlehrplan der (Fach-)Gegenstand bzw. die Inhalte und Formen des Theaters nur noch nachrangig behandelt zu werden. Indem jedoch auf ästhetische oder auch inhaltliche Bestimmungen des Gegenstands weitgehend verzichtet und Theater vielmehr einfach als ‚gegeben‘ vorausgesetzt wird – und zwar als künstlerische *und* soziale Praxis –, wird der

91 Dies ist mitunter auf die starke Ausdifferenzierung von ästhetischen Formen in der Gegenwartskunst zurückzuführen, die sowohl die Musik als auch die Bildende Kunst sowie das Theater erfasst hat.

Gegenstand des Fachs zu einem gewissen Grad ‚neutralisiert' (im Sinne von ‚entpolitisiert') und jeder Form einer möglichen Auseinandersetzung um diesen der Boden entzogen. Dabei ließe sich angesichts solistischer Darbietungen im postdramatischen Theater oder Aufführungen, bei denen Menschen kaum oder gar nicht zu sehen sind (vgl. Eiermann 2009), allein über die Frage, ob sich Theater *per se* als soziale Kunst[92] bestimmen lässt, trefflich streiten. Zudem sind künstlerische Erfahrungen nicht immer auch soziale Erfahrungen. Der Fokus auf die einzelnen zu erwerbenden Kompetenzen – etwa im Bereich des theaterästhetischen Gestaltens – lassen jedoch das Theater wie auch die einzelnen auszubildenden Kompetenzen selbst als objektive Gegebenheiten erscheinen. Auch die theater(fach)spezifische Kompetenz „Teilhaben" wird zu einer Art objektiven Größe, was sich noch dadurch verstärkt, dass sie einer Standardisierung unterworfen wird, die sich – wie bei den anderen Kompetenzdimensionen auch – in Niveaustufen ausdrückt. Somit liegt mit dem neuesten Rahmenlehrplan erstmals ein Modell der Messbarkeit von Partizipationskompetenz vor. Hauptkriterium für die Messung der Kompetenz „Teilhaben" ist dabei die (zunehmende) Selbstständigkeit der Schüler_innen. Diese Aktivierung des lernenden Subjekts durch Partizipation wird darüber hinaus noch verstärkt, indem es selbst an seinem eigenen Kompetenzerwerb – im Sinne eines Bewusstseins sowie einer Mitverantwortung für den Lernprozess – partizipiert, d. h. der_die Schüler_in soll hier Verantwortung für den eigenen Lernprozess übernehmen und das eigene Lernen aktiv selbst gestalten (vgl. SenBJS 2006a, 6). Die Kompetenz-Standards und Niveaustufen dienen somit den Lernenden selbst als Referenzsystem.

Vor dem Hintergrund dieser Analyse sollen nachfolgend zeitgenössische Texte – gemeint sind Schulbücher und didaktische Ratgeber bzw. Handreichungen zur Theaterarbeit in der Schule – auf ihre programmatischen Aussagen zum Thema Partizipation hin untersucht werden. Dabei wird unter anderem danach gefragt, wie diese didaktische Literatur bzw. diese Lehrwerke die oben skizzierten curricularen Vorgaben umsetzen oder sich möglicherweise von diesen unterscheiden.

92 Der Begriff „sozial" ist im Konzept einer sozialen Kunst in der Regel emphatisch gemeint und nicht in einem soziologischen Sinne zu verstehen.

2.2 Aktuelle Lehrwerke und didaktische Ratgeber im Fach Theater

In den letzten Jahren ist eine ganze Reihe von Schulbüchern für den Theaterunterricht erschienen.[93] Neben rein theatertheoretischen oder -historischen Lehrwerken erfreuen sich insbesondere eher praktisch ausgerichtete Bücher, die sich zum Teil wie Übungskompendien oder Anleitungen für ein Theaterprojekt lesen, großer Beliebtheit. Das wohl bekannteste und am weitesten verbreitete Schulbuch ist das 2009 im Klett-Verlag erschienene und für die Sekundarstufe II konzipierte „Kursbuch Darstellendes Spiel" (Pfeiffer/List 2009c). Das Buch basiert auf einem kompetenzorientierten Ansatz und orientiert sich an dem von der Kultusministerkonferenz (KMK) für das Fach Darstellendes Spiel definierten Kompetenzmodell mit den Bereichen „theaterästhetische Grundlagen, theaterästhetische Gestaltung, theaterästhetische Kommunikation und soziokulturelle Partizipation" (ebd., 5). Es versteht sich gewissermaßen als Umsetzung der zuvor skizzierten curricularen Vorgaben und soll daher im Folgenden Gegenstand einer exemplarischen Betrachtung sein. In Ergänzung dazu wird punktuell das in derselben Kursbuch-Reihe für die Mittelstufe erschienene „Kursbuch Theater machen" (List 2014b) herangezogen. Zusätzlich wird auf Zeitschriftenartikel sowie Veröffentlichungen im Internet zurückgegriffen, in denen einer der Autoren des Lehrwerks, Volker List, den Ansatz des Buches weiter erläutert.

Auch im Bereich der pädagogischen und didaktischen Ratgeberliteratur lassen sich für das Fach Theater zahlreiche Neuerscheinungen verzeichnen. Dem Thema Partizipation hat sich in den letzten Jahren insbesondere Maike Plath, ehemalige Lehrerin an einer Hauptschule in Berlin-Neukölln und heute freischaffende Theaterpädagogin, in ihrem Buch „Partizipativer Theaterunterricht mit Jugendlichen" (Plath 2014c) sowie in mehreren Artikeln auf ihrer Webseite „Spielraum Theater – Selbstermächtigung und Partizipation"[94] gewidmet. Auch diese programmatisch zu verstehenden Texte werden in der folgenden Analyse herangezogen, um so dem aktuellen Diskurs um Partizipation im Bereich des Theaters in der Schule weiter ‚auf die Spur' zu kommen. Dieser wird dabei aus einer gouvernementalitätskritischen Perspektive entlang der für die analysierten Texte charakteristischen Semantiken

93 Exemplarisch seien hier, neben den im Folgenden herangezogenen Kursbüchern des Klett-Verlags, die durch das Zusatzwerk „Kursbuch Impro-Theater" (List 2012) noch ergänzt werden können, das im Schöningh-Verlag erschienene Buch „Darstellendes Spiel und Theater" (Herrig/Hörner 2012) sowie die Schroedel-Lehrwerke „Grundkurs Darstellendes Spiel I" (Kündiger et al. 2006) und „Grundkurs Darstellendes Spiel II" (Kündiger et al. 2007) sowie „Grundkurs Darstellendes Spiel: Theatertheorien" (Kunz et al. 2010) genannt.

94 www.maikeplath.de (letzter Zugriff: 09.11.2016).

(→ II.1.3.2) – *Eigenverantwortung und Selbststeuerung, Selbstermächtigung und Selbstbestimmung, Selbstständigkeit und Eigenständigkeit, Eigenes und Fremdes* – fokussiert und diskutiert.

2.2.1 Eigenverantwortung und Selbststeuerung

Das „Kursbuch Darstellendes Spiel" (Pfeiffer/List 2009c) gliedert sich in vier Kurse (Grundkurs 1 & 2 sowie Aufbaukurs 1 & 2), die ihrerseits wieder in einzelne Module unterteilt werden. Für jedes Modul und für jede Übung werden die einzelnen zu erwerbenden Kompetenzen am Seitenrand graphisch als rote Punkte ausgewiesen, wobei zudem nach drei Anforderungsbereichen unterschieden wird: „Anforderungsbereich 1 umfasst das Verstehen und Beschreiben, Anforderungsbereich 2 die bewusste Gestaltung und Anforderungsbereich 3 die Reflexion und Weiterentwicklung." (Ebd., 5) Das Ziel dieses modularisierten Arbeitens nach einem Schulbuch besteht in erster Linie im Kompetenzerwerb (vgl. ebd., 7). „Oberstes Lernziel" ist neben dem Erwerb von Wissen, praktischen und gestalterischen Kompetenzen die Förderung der „Selbstständigkeit und Eigenverantwortlichkeit" in den einzelnen Kompetenzbereichen (ebd., 5). Wie schon für die neueren Rahmenlehrpläne lässt sich auch für dieses kompetenzorientierte Lehrwerk eine Fokusverschiebung in der Konzeption von Theaterunterricht konstatieren. Nicht der ästhetische Gegenstand Theater, sondern das Kompetenzen erwerbende Schülersubjekt steht hier im Vordergrund. So richten sich auch der Modulaufbau und die Auswahl der Übungen in erster Linie nach einem systematischen Kompetenzaufbau und weniger nach der Eigenlogik des künstlerischen Prozesses, der im Theater in der Regel in einer Aufführung mündet. Zwar zielten die jeweiligen Kurse durchaus auf eine Abschlusspräsentation bzw. eine Aufführung, die im Falle eines Halbjahreskurses 20 bis 30 Minuten und bei einem Jahreskurs 40 bis 50 Minuten dauern könne (vgl. ebd.). „Abendfüllende Veranstaltungen" seien jedoch nur über die eigentliche Kursarbeit hinaus und „mit erheblichem zeitlichen Mehraufwand zu realisieren" (ebd.). Bei der Arbeit mit dem Kursbuch geht es somit insbesondere um die Ausbildung von Kompetenzen aufseiten der Schüler_innen, wobei eine zu starke Produktorientierung als eher hinderlich angesehen wird: „[W]elche Schwerpunkte gesetzt werden, hängt letztendlich auch davon ab, ob der Kurs umfassend, konsequent und zielgeführt auf die Abiturprüfung im Fach Darstellendes Spiel vorbereiten soll oder ob Zeit und Muße bleiben soll für die intensive Arbeit an der Inszenierung, weil das Ziel eine gelungene Aufführung vor größerem Publikum im öffentlichen Rahmen heißt." (Ebd., 6)

Die Kompetenz „soziokulturelle Partizipation" entspricht in weiten Teilen der Definition der EPA und bezieht sich in erster Linie auf das Wissen um die soziokulturelle Bedeutung von Theater. Für eine Beispielklausur, die vor allem diesen

Kompetenzbereich fokussiert, beschreibt der Kursbuch-Autor Volker List das zentrale Ziel im Zusammenhang mit soziokultureller Partizipation folgendermaßen: „Sie [die Schüler_innen, J. K.] stellen bereits weitgehend eigenständig Zusammenhänge zwischen Gesellschaft und Theater her und machen dabei reflektierbare Erfahrungen soziokultureller Partizipation." (List 2016) Wie aus einem Blogeintrag des Autors hervorgeht, zielt soziokulturelle Partizipation zudem auf Kompetenzen, die im heutigen Wirtschafts- und Arbeitsleben gefordert werden (vgl. List 2010b).[95] Kompetenzen seien dabei nicht nur Fähigkeiten und Fertigkeiten, sondern müssten als Teil der eigenen Persönlichkeit verinnerlicht werden: „Nur dann können wir von einem Kompetenzerwerb sprechen, wenn dauerhaft Verhaltensmerkmale als Haltung und letztlich vielleicht auch als Charaktereigenschaft in die Persönlichkeit integriert sind." (Ebd.) Wesentlich für einen „Zugewinn an persönlicher, Alltags-, Schlüssel- oder Zukunfts-Kompetenz" (ebd.) sei, dass die Schüler_innen lernten, „ihre theatralen Lernprozesse sukzessive auch selbst zu planen, zu steuern und letztlich auch zu bewerten" (ebd.). Bemerkenswert ist in diesem Zusammenhang, dass das eher funktionalistische Ziel der Selbststeuerung (von Lernprozessen) von den Autoren des Kursbuchs bisweilen mit jenem der Selbstbestimmung kurzgeschlossen wird. So soll ihr partizipativer Ansatz zu einem „zunehmend selbstgesteuerten und damit auch selbstbestimmten" – d. h. nicht von der Lehrkraft ‚fremdbestimmten' – „Lernprozess der Lernenden" führen (Pfeiffer/List 2009b, 3). Die Schüler_innen erlebten es in der Kursbuch-Arbeit nicht nur als „lustvolle Erfahrung, Unterricht vorzubereiten, mit zu gestalten und eigenverantwortlich zu steuern [...]", sondern sie erführen zudem, „[...] dass sie mit einem systematischen Kompetenzerwerb theaterästhetische Qualität herstellen können, die nicht fremdbestimmt ist" (ebd., 5).

Anhand von Balkendiagrammen im hinteren Einband des Kursbuches werden die einzelnen Kompetenzbereiche nach ihren Anteilen an den jeweiligen Kursen aufgeschlüsselt. Während im Grundkurs 1 der Anteil der Kompetenz „soziokulturelle Partizipation" im Verhältnis zu den anderen Kompetenzbereichen noch relativ gering ist, wächst er über den Grundkurs 2 und den Aufbaukurs 1 kontinuierlich an, um dann im Aufbaukurs 2 den größten Anteil auszumachen. Obwohl die hier zugrunde gelegte Definition von soziokultureller Partizipation den EPA folgt und sich in erster Linie auf Wissen um die soziokulturelle Bedeutung von Theater bezieht, korreliert der stetige Zuwachs an Partizipationskompetenz in gewisser Weise indirekt mit der im Kursverlauf zunehmenden (Eigen-)Verantwortung der Schüler_innen für ihren persönlichen Lernprozess sowie die Gruppe. Die zentrale Idee des Buches ist, dass die

95 List orientiert sich in seinem Beitrag an einer Publikation der Bertelsmann-Stiftung – „Synergie durch Vielfalt – Praxisbeispiele zu Cultural Diversity in Unternehmen" (Köppel/Sandner 2008), die in einem „auffälligen Zusammenhang" mit dem „Kompetenzbereich 4 – soziokulturelle Partizipation" stehe und als eine „Orientierungshilfe" für den Theaterunterricht zu verstehen sei (List 2010b).

Schüler_innen im Laufe der Kurse Stück für Stück Verantwortung übernehmen und zunehmend eigenständig agieren. Demnach zielt die partizipative Ausrichtung des Kursbuchs auch auf eine veränderte Subjektposition der Schüler_innen: „In allen vier Kursen werden Anregungen für mehr Eigentätigkeit, Selbstständigkeit und Selbstverantwortung beim Kompetenzerwerb in einem transparenten Prozess angeboten. Insofern finden sich schon in den Grundkursen Hinweise und Vorschläge dazu, diesen Prozess der Selbstorganisation des Lernens in Gang zu setzen und voranzutreiben und ihn auf höherem Niveau in den Aufbaukursen fortzusetzen." (Pfeiffer/List 2009c, 6) Dabei richtet sich das Lehrwerk als „Schülerbuch" in erster Linie an die Schüler_innen selbst, die als (eigen-)verantwortliche und ihren Lernprozess selbst steuernde Subjekte angerufen und als solche auch direkt adressiert werden:

> Während des Kurses entwickelt und übernehmt ihr auch Verantwortung für die Gruppe und den gemeinsamen Lernprozess. Ihr leitet euch z. B. gegenseitig bei bestimmten Übungen an und tragt mehr und mehr die Verantwortung für das Gelingen der gemeinsamen Arbeit. [...] In den weiteren Kursen dieses Buches übernehmt ihr immer mehr Verantwortung für die Gestaltung der einzelnen Kurseinheiten, bis ihr dann im Aufbaukurs 2 ‚Theater-Labor – Moderne Theaterformen' vollständige Einheiten selbst anleitet. (Ebd., 9)

Auch das „Kursbuch Theater machen" (List 2014b) für die Sekundarstufe I folgt diesem Prinzip. So heißt es auf der ersten Seite: „Im Verlauf des Projekts könnt ihr mehr und mehr Verantwortung übernehmen – je nach Alter und Lernjahren im Fach Theater/Darstellendes Spiel – und der Theaterlehrer wird mehr und mehr zum Begleiter und fordert eure zunehmende Selbstständigkeit beim Kompetenzerwerb, bei der inhaltlichen Arbeit und bei der Prozess- bzw. Projekt-Steuerung." (Ebd., 4) Das grundlegende „Kriterium für die Benotung der Mitarbeit" orientiert sich dementsprechend daran, „dass ihr [die Schüler_innen, J. K.] die systematisch-methodischen Trainingsangebote des Unterrichts nutzt und konsequent und schrittweise eure Kompetenzen entwickelt" (ebd., 27). Für dieses neuere Buch wurden zudem Bildungsstandards in Form von „Kompetenz-Checks" (List 2014a) formuliert, bei denen in den jeweiligen Teilbereichen (z. B. „Proben organisieren", „Regie", „Dramaturgie" etc.) zwischen „fachlichen Kompetenzen" und „aufbauenden Kompetenzen" unterschieden wird (ebd.). Für den „Kompetenz-Check/Bildungsstandard" im Bereich „Proben organisieren" etwa lautet der höchste Operator bei den „aufbauenden Kompetenzen" – fast wortgleich wie in den anderen Teilbereichen auch: „[...] Verantwortung übernommen, selbstständig geeignete Angebote für diesen Teilbereich gemacht und Impulse gegeben, die Inszenierungsidee zu konkretisieren und in Darstellung auf der Spielfläche umzusetzen" (ebd.). Auch hier richtet sich also der jeweilige Standard nach dem Grad der Verantwortungsübernahme und der Selbstständigkeit der Lernenden.

Die Schüler_innen sollen jedoch nicht nur immer mehr Verantwortung für den Lernprozess und die Gruppe übernehmen, sondern diese Verantwortungsübernahme auch möglichst bewusst (nach-)vollziehen. So werden sie als (eigen-)verantwortliche und ihren Lernprozess selbst steuernde Subjekte angerufen und sollen diesen Kompetenzzuwachs auch bei sich selbst einschätzen und beurteilen (lernen) – etwa anhand der genannten „Kompetenz-Checks" für die Sekundarstufe I oder den online zum Kursbuch Darstellendes Spiel verfügbaren Rastern zur Kompetenzanalyse (vgl. List 2009). Die Funktion solcher „Kompetenzanalysebögen" (Pfeiffer/List 2009c, 6) liegt insbesondere darin, den Schüler_innen „ihren aktuellen Lernstand transparent und bewusst [zu] machen" (ebd.). Zu diesen Verfahren der Selbstevaluation bemerken die beiden Autoren des Schulbuchs, Volker List und Malte Pfeiffer: „Die Lernenden werden zu Trägern ihres eigenen Lernprozesses und können letztlich eigenständig Werkschau mit Benotung, Werkschauanalyse, Nachgespräch oder Theaterkritik bewerkstelligen – und den größtmöglichen Lernerfolg aus dieser Eigenständigkeit ziehen." (Pfeiffer/List 2009a, 5) Eine weitere „angemessene Form, wie Schüler ihren theatralen Lernprozess reflektierend begleiten", stelle das Portfolio dar (List 2010a). List verweist dabei auf Bettina Tonscheidts Artikel zur „Portfolio-Arbeit im Theaterunterricht" (Tonscheidt 2011), das die Autorin als Ergänzung zu Lists und Pfeiffers Lehrbuchansatz entworfen hat (vgl. ebd., 9). Die Reflexion des eigenen Lernprozesses im Portfolio soll sich dabei an den vier EPA-Kompetenzbereichen orientieren (vgl. ebd., 8). Die Arbeit mit einem Portfolio entspreche „[...] in hohem Maße den Zielen und der Didaktik des Theaterunterrichts, der immer schon Projektunterricht war und das eigenverantwortliche und selbstgesteuerte Lernen wie kaum ein anderes Fach fordert und fördert" (ebd., 6). Ein Ziel ist dabei unter anderem die Förderung von Selbstreflexivität und Selbstdistanzierung (vgl. ebd., 8).

In dem eigenverantwortlichen und selbstreflexiven Prozess des Kompetenzerwerbs erhalten sowohl der ästhetische Gegenstand Theater als auch die zu entwickelnden Kompetenzen eine Art objektiven Charakter. Theater wird hier weniger in seiner Historizität und kulturell-gesellschaftlichen Bedingtheit in den Blick genommen, als vielmehr als „Handwerk"[96] verstanden, das es nach und nach zu erlernen gelte. Weder der Theaterbegriff noch die genannten Kompetenzen scheinen demnach

96 In den ersten drei Kursen – Grundkurs 1 „Körper, Raum und Improvisation", Grundkurs 2 „Figuren und Ensemble" sowie Aufbaukurs 1 „Dramaturgie und Inszenierung" – werden zunächst die Grundlagen des Theaterhandwerks vermittelt, bevor ganz zum Schluss auch „Moderne Theaterformen" (Aufbaukurs 2) behandelt werden (Pfeiffer/List 2009c, 3). In einer ersten Evaluation des Buchs heißt es dazu: „Die Theater-Lehrkräfte erkennen die Bedeutung des theatralen Handwerks, wie es das Training im Kursbuch anregt, und des Erwerbs der entsprechenden Kompetenzen als Voraussetzung dafür, theaterästhetische Prozesse – zunehmend auch selbstständiger – zu initiieren und eine ästhetische Gesamtwirkung in einer Aufführung anzustreben." (List 2015)

verhandelbar zu sein, da sie offenbar ‚gegeben' sind. Auch die Lehrkraft ist kein ‚Gegenpart' mehr in der Verhandlung von Noten oder des Theaterbegriffs etc., sondern begleitet die Lernenden lediglich in ihrem Prozess der Aneignung des „theatralen Handwerks" (List 2015). Wie ein solcher Prozess gestaltet werden kann, zeigt der Autor des Schulbuchs, Volker List, in einigen online verfügbaren Videomitschnitten aus seinem eigenen Unterricht im Fach Darstellendes Spiel.[97] In einem Video ist z. B. zu sehen, wie sich die Schüler_innen gegenseitig anhand des Kursbuches anleiten.[98] Dabei scheinen sie vollkommen selbstständig zu verfahren und konsultieren bei Fragen, z. B. bei unklaren Fachbegriffen, das Kursbuch, während sich der Lehrer im Hintergrund hält. In einem weiteren Video sieht man einen Schüler, der den Unterricht anleitet und dabei meist das Buch in der Hand hält.[99] Die gefilmte Sequenz ähnelt weniger einer Theaterprobe, sondern hat eher Unterrichtscharakter, wozu unter anderem die Bezeichnungen „Modul" und „Hausaufgaben" beitragen. So folgen die Schüler_innen konsequent den Anweisungen des Lehrbuchs und lesen z. B. Theorieimpulse gemeinsam laut vor („Heute sind wir mit Modul 12 dran, das nennt sich Szenencollage entwickeln [...]"; „Und wir sollen den Szenen dann prägnante Namen geben [...]"; „Jetzt kommen wir zum nächsten Punkt, eine Szenencollage entwickeln. Und da gab's einen schönen Theorieimpuls dazu [...]"). Der Unterrichtsprozess und die einzelnen theatralen Verfahren erhalten durch das Schulbuch einen objektiven Anstrich und sind nicht mehr an eine Lehrperson gebunden. Es lässt sich zudem vermuten, dass durch das ‚Selber-Anleiten' die Identifikation mit der methodischen Vorgehensweise aufseiten des anleitenden Schülers gesteigert wird, da dieser auch die Subjektposition des Anleiters übernehmen und sich dazu die jeweiligen Verfahren und Inhalte zu eigen machen muss, um seine Mitschüler_innen für ‚sein' Vorgehen gewinnen zu können (vgl. seine Aussage: „einen schönen Theorieimpuls").[100]

List zufolge sollen diese Videos zeigen, „[...] wie Selbststeuerungs- und Selbstlernprozesse bei Schülern aussehen und wodurch sie in Gang gesetzt werden können. Die Rolle des Lehrers beschränkt sich weitgehend auf Supervision und Beratung."[101] Demnach verändert sich mit der zunehmenden Selbststeuerung und Eigenverant-

97 http://volkerlist.de/category/unterrichtsmaterial/ (letzter Zugriff: 24.02.2016).

98 www.dropbox.com/s/5k1xgkj042psfj8/Kursbuch%20Darstellendes%20Spiel%20GK%202%20M%209.m4v (letzter Zugriff: 24.02.2016).

99 www.dropbox.com/s/ct424wbbvjdqujk/Kursbuch%20Darstellendes%20Spiel%20Gk%202%20M%2012.m4v (letzter Zugriff: 24.02.2016).

100 In dem Videoausschnitt lässt sich jedoch punktuell auch eine Distanzierung des Schülers von seiner Anleiterposition beobachten, z. B. wenn er – sich auf das Schulbuch stützend – formuliert: „Und wir *sollen* den Szenen dann prägnante Namen geben [...]" (Hervorh., J. K.) und damit die Verantwortung für das Verfahren gewissermaßen an das Schulbuch zurückgibt. Diese Interpretation des Videos bleibt allerdings spekulativ, denn wie genau sich die Umsetzung dieses partizipativen Unterrichtskonzepts im schulischen Alltag gestaltet, kann und soll hier nicht anhand eines so kurzen Videoausschnitts beurteilt werden.

101 http://volkerlist.de/category/unterrichtsmaterial/ (letzter Zugriff: 24.02.2016).

wortung nicht nur die Subjektposition der Schüler_innen, sondern, wie dies bereits mehrfach angeklungen ist, auch jene der „Kursleitung" (Pfeiffer/List 2009c, 6). Diese soll sich, wie im Kursbuch zu lesen ist, als „Lernprozessinitiator, Lernbegleiter, Unterstützer/Coach und Supervisor" (ebd.) verstehen, dessen „Hauptaufgabe" (ebd.) sich darauf konzentriert,

> - in den Anfangsphasen der Lerneinheiten und Kursen die nötigen Informationen und Impulse zu geben, um den Prozess anzustoßen und ins Laufen zu bringen,
> - in der Hauptphase des Prozesses [...] das Ensemble zu supervisieren und zu beraten und dafür zu sorgen, dass es das Ziel nicht aus den Augen verliert,
> - in der Schlussphase des Projekts das Ensemble bei der Lösung von Problemen zu unterstützen, die es nicht allein lösen kann, z. B. Reservierung eines geeigneten Aufführungsraumes, Genehmigungen für Plakatierungen usw. und möglicherweise die unter Zeitdruck erarbeitete Dramaturgie für eine erfolgreiche Aufführung rund zu machen. (Ebd.)

Darüber hinaus soll die Theaterlehrkraft die Schüler_innen bei der „Nutzung ihrer Kompetenzanalysebögen" unterstützen und mit ihnen eine „Lernprozessberatung" durchführen (ebd.). In einem solchen „Abgleich von Fremd- und Selbsteinschätzung" könne es zu einer angemessenen „Selbstbeurteilung" durch die Schüler_innen kommen, „[...] die am Ende zu einem gesunden Selbstbild führt und dem Heranwachsenden Möglichkeiten und Chancen von Partizipation in relevanten Lebensbereichen eröffnet" (List 2016).

2.2.2 Selbstermächtigung und Selbstbestimmung

Eine sich von dem Unterrichtskonzept der Kursbuch-Reihe unterscheidende Position vertritt Maike Plath in ihrem Buch „Partizipativer Theaterunterricht mit Jugendlichen" (2014c),[102] in dem sie für „Partizipation als entscheidendes Qualitätskriterium für erfolgreichen Theaterunterricht" (ebd., 20) plädiert. Im Gegensatz zu den aktuellen Rahmenlehrplänen und den Kursbüchern wendet sich Plath ausdrücklich gegen das „Bestreben, Bildung messbar zu machen" (ebd., 14). Dies habe „zu einer fatalen Begrenzung und Verengung des Bildungsbegriffes geführt" (ebd.). Ihr Buch versteht sich generell als entschiedene Kritik am deutschen Bildungssystem. So sollten Noten grundsätzlich – nicht nur im Theaterunterricht – abgeschafft werden und an ihre Stelle sollte ein „auf positive Verstärkung setzendes, Verschiedenartigkeit unterstützendes, individuelles und präzises Rückmeldesystem treten, das sich nicht auf Vergleichbarkeit stützt" (ebd., 19). Zudem sollten die klassischen Unterrichtsstunden durch größere Projektzeiträume sowie altershomogene Lerngruppen durch jahrgangs-

102 Das Buch ist eine Weiterentwicklung der 2009 erschienenen Publikation „Biografisches Theater in der Schule" (Plath 2009) – mit einem neuen Fokus auf Partizipation (vgl. Plath 2014c, 9).

übergreifende ersetzt werden und der Unterricht mobiler und flexibler gestaltet werden (vgl. ebd.). Im Unterschied zu den aktuellen Curricula und den Kursbüchern spricht Plath in ihrem Buch weder von Teilhabe- noch von Partizipationskompetenz. Der Partizipationsbegriff, der ihren Texten zugrunde liegt, lässt sich eher als „tatsächliche Partizipation" (Plath 2015c) verstehen:

> Um Jugendliche zu Fragesteller_innen und zu Forschenden in der Kunst zu machen, müssen wir den Begriff der ‚Partizipation' wieder ernst nehmen und sie dazu befähigen, Fragen stellen zu *können*. Das heißt, dass wir mehr tun müssen, als ‚mit ihnen ein Stück einzuüben', dessen konzeptionelle Koordinaten schon im Vorfeld weitestgehend feststehen, wir müssen es zu *ihrem* Stück werden lassen. (Plath 2014c, 26, Hervorh. i. O.)

Die partizipierenden Schülersubjekte werden hier als forschende, fragende, kreative und selbstreflexive Individuen entworfen: „Der in diesem Buch beschriebene Theaterunterricht versteht sich als ein Konzept des kreativen, forschenden, individualisierten Lernens. Schwerpunkt bilden dabei die Persönlichkeitsbildung und Partizipation der Schüler_innen, die unter anderem durch sprachlichen Kompetenzerwerb und Reflexion des eigenen Ichs im künstlerischen Handeln erfolgen." (Ebd., 19)

Im Zusammenhang mit diesem Partizipationsverständnis spielt bei Plath insbesondere das Konzept der Selbstermächtigung eine zentrale Rolle (vgl. ebd., 28).[103] Dabei ist zu beachten, dass sich ihr Entwurf eines biografischen, partizipativen Theaterunterrichts vor allem an benachteiligte Jugendliche aus sogenannten bildungsfernen Schichten richtet bzw. an „[…] diejenigen, die Schule oft als Ort der Demütigung erleben und sich als Verlierer begreifen" (Plath 2015a). Unter Selbstermächtigung wird hier im Sinne der Aufklärung der „Ausgang aus der fremd- und selbstverschuldeten Unmündigkeit, d. h. das Erkennen, Entwickeln und Aneignen von Handlungsmöglichkeiten" (Plath 2014c, 28) verstanden. Das Selbstermächtigungsprinzip gewinne „in unserer heutigen globalen Welt zunehmend an Bedeutung" (ebd., 29). In Bezug auf den Theaterunterricht meine das Konzept, „[…] dass die Jugendlichen die Formen von Theater nicht in ehrfurchtsvoller Haltung vor der Hochkultur erlernen und nachspielen sollen, sondern sie als ‚Spielwiese' kreativer Möglichkeiten des Selbstausdrucks nach Belieben nutzen dürfen" (ebd.). So sollen sich die Jugendlichen weniger als Schüler_innen, denn als „potenzielle Künstler_innen" begreifen: „Selbstermächtigung in diesem Sinne stellt eine Schlüsselqualifikation für ein selbstbestimmtes Leben in nicht mehr vorhersehbaren beruflichen und sozialen Kontexten dar, in denen sich Bedeutungszuschreibungen fortwährend verändern." (Ebd., 30)

103 Vgl. auch den Titel ihrer Webseite: „Spielraum Theater – Selbstermächtigung und Partizipation", http://www.maikeplath.de/blog/ (letzter Zugriff: 25.09.2016).

Selbstermächtigung bildet damit die Bedingung für Selbstbestimmung – ein weiterer zentraler Begriff in Plaths Texten: „Anrecht auf persönlichkeitswirksame Bildung, auf selbstbestimmte Teilhabe an der zukünftigen Gesellschaft und auf ein erfülltes, glückliches Leben – dabei kann der professionell angeleitete, partizipative und Fragen stellende Theaterunterricht einen entscheidenden Beitrag leisten." (Ebd., 46)

Vor diesem Hintergrund lassen sich weitere Unterschiede zwischen Plaths partizipativem Ansatz und der Programmatik des Kursbuches festhalten: Während es bei Letzterem in erster Linie um die Übertragung von Verantwortung an die Schüler_innen geht, die ihren Lernprozess eigenverantwortlich und selbst steuern sollen, spricht Plath vor allem von Selbstermächtigung und Selbstbestimmung. Der Begriff der Selbstbestimmung erhält dabei eine andere – politisch emphatischere – Färbung als in den Texten zum Kursbuch, in denen das Wort nur sehr selten und eher in der Bedeutung von Selbststeuerung zu finden ist (vgl. den „zunehmend selbstgesteuerten und damit auch selbstbestimmten Lernprozess der Lernenden" [Pfeiffer/List 2009b, 3]). Zwar übernehmen auch in Plaths Modell die Schüler_innen Verantwortung für einzelne Bereiche und bisweilen ist auch die Rede von „Eigenverantwortung", die den Jugendlichen durch bestimmte partizipative Verfahren ermöglicht werden soll (vgl. Plath 2014c, 140). Gleichzeitig wird jedoch immer wieder betont, dass es die Lehrer_innen oder Theaterpädagog_innen seien, die den „Arbeitsprozess leiten und damit verantworten" müssten (ebd., 48). So ist einerseits bei Plath die Position der Theaterlehrkraft – ähnlich wie bei List – die eines „Ermöglichers" statt eines „Bestimmers" (ebd., 51 ff.). Partizipativ zu arbeiten bedeute daher auch, die Rolle abzugeben: „Ich habe einen partizipativen Ansatz: Ich gebe die Rolle ab. Ich sage: ‚Ich bin gespannt auf dich.'" (Plath 2014b, 47) Andererseits könne Partizipation aber nur fruchtbar sein, wenn die Spielleitung „die gesamte Verantwortung für den Prozess" übernehme:

> Meiner Erfahrung nach gelingen partizipatorische Prozesse mit Jugendlichen aber nur in einer Atmosphäre gegenseitiger höchster Wertschätzung aller Beteiligten. Eine solche Kultur kann aber nur jemand durchsetzen und langfristig zur Selbstverständlichkeit werden lassen, der von allen als ‚Ranghöchste_r' anerkannt ist. Daher kommen wir um diese Verantwortung – und die damit einhergehende Anstrengung – einfach nicht herum. (Plath 2015b)

Auch finden sich bei Plath keine Kompetenzmodelle, obwohl sie sich nicht grundsätzlich gegen eine Kompetenzorientierung im Theaterunterricht wendet. Sie beklagt vielmehr, dass das heutige Schulsystem der geforderten Kompetenzentwicklung nicht ausreichend nachkomme:

> All das sind zentrale Kompetenzen – soziale Kompetenz, Kommunikationsfähigkeit, Kooperation, Konfliktlösung, Fach- und Sachkompetenz, Führung, verbale und nonverbale Sprachkompetenz, Durchsetzungsvermögen, Selbst-

> kompetenz, Lernkompetenz, Innovationskompetenz und interdisziplinäre Kompetenz –, die in den Rahmenlehrplänen zahlreicher Fächer gefordert werden, im Theaterunterricht aber viel offensichtlicher tatsächlich erreicht werden! (Ebd., 32)

Das „Theater als wirkmächtigstes Bildungsmittel unserer Zeit" (Plath 2016) könne daher dazu beitragen, das Schulsystem insgesamt zu reformieren (vgl. Plath 2014d). Plaths Ansatz eines partizipativ-biografischen Theaterunterrichts zielt dementsprechend darauf, „den Unterricht aufzubrechen und den Jugendlichen ihre Potenziale aufzuzeigen" (Plath 2014b, 46). Dabei stützt sie sich unter anderem auf Erkenntnisse des Neurobiologen Gerald Hüther („Potentialentwicklungsgesellschaft") sowie Olaf-Axel Burows „Positive Pädagogik" (2011), der gezeigt habe, „in welchem Umfang ‚unser Gehirn eine Lustmaschine ist' […]" (Plath 2014c, 83). Theaterunterricht könne somit als „[…] die ‚Medizin' verstanden werden, die der ‚Patient' Schule dringend braucht, um zu gesunden" (ebd., 25). Theaterarbeit mit Jugendlichen sollte sich daher „als Gegenentwurf zur Schule und in der Konsequenz als ihre heilende Medizin definieren" (ebd., 149). So müssten im Bildungsbereich insgesamt neue Wege gegangen werden, „mit denen die Jugendlichen innerlich erreicht werden können, mit denen es gelingt, diese Potenziale freizusetzen" (ebd., 27). Denn die heutigen Schüler_innen seien nichts weniger als die „‚Ingenieurinnen und Ingenieure[] unserer Zukunft'" (ebd., 30) bzw. „die Gestalter_innen unserer Gesellschaft von morgen" (ebd., 35): „Es gibt also kaum etwas Spannenderes, als ihre Gedanken, ihre Meinungen, ihre Vorstellungen sicht- und hörbar zu machen." (Ebd., 35) Theaterunterricht könne die Schüler_innen „auf verschiedensten Ebenen zu extrem hohen Leistungen motivieren" (ebd., 27). Der partizipative Ansatz ziele dabei auf ein „individualisiertes Lernen" (ebd.) und sei in besonderem Maße geeignet, zur „Stärkung des Selbstbewusstseins, Förderung der sprachlichen Kompetenzen oder eines selbstsicheren Auftretens (Präsenz)" (ebd., 172) beizutragen. Zudem würden die Schüler_innen auch kritikfähiger, was unter anderem durch Feedback-Verfahren in der Theaterarbeit eingeübt werde. Hier erlangten die Jugendlichen „[…] eine Kompetenz, die sie fürs Leben brauchen. Sie ist der Schlüssel zu einem bewussteren, emanzipierteren und damit selbstbestimmteren Verhalten und Auftreten innerhalb der Gesellschaft." (Ebd., 140)

2.2.3 Selbstständigkeit und Eigenständigkeit

Neben den genannten Unterschieden lassen sich durchaus auch Gemeinsamkeiten zwischen den Kursbüchern auf der einen sowie Plaths Konzept auf der anderen Seite feststellen. Dies betrifft nicht nur zentrale Begriffe, sondern auch die partizipative Konzeption des jeweiligen Ansatzes. Zwar spricht Plath vor allem von

Selbstermächtigung und Selbstbestimmung, während in den Kursbüchern eher die Rede von der Selbststeuerung und Eigenverantwortung der Schüler_innen ist. Beide partizipative Ansätze treffen sich jedoch in ihrer zentralen Intention, die Schüler_innen in ihrer „Selbstständigkeit" – oder „Eigenständigkeit", ein Begriff, der sich insbesondere bei Plath, aber auch bei List und Pfeiffer findet – zu stärken. So bilden für Plath „Strategien des selbstständigen [...] Lernens" die Voraussetzung für ein „selbstbestimmtes Leben" (Plath 2014c, 15). Die „zukünftige Gesellschaft" brauche zudem „selbstständig denkende Menschen, kreative Konfliktlöser/innen, die führungsstark und in höchstem Maß teamfähig sind" (ebd., 172). Eine zentrale Fragestellung ihres didaktischen Ansatzes laute daher: „Wie können wir Jugendliche dabei unterstützen, künstlerisch eigenständig zu handeln?" (Ebd., 24) Die Begriffe „Selbstständigkeit" und „Eigenständigkeit" werden dabei – wie in den Texten zu den Kursbüchern – weitgehend synonym verwendet.

Plaths partizipative Methode soll einer Gruppe ermöglichen, „komplexe Themen, Inhalte und Geschichten durch den Einsatz ästhetischer Mittel selbstbestimmt auf die Bühne zu bringen" (ebd., 30). Ihre Vorgehensweise ähnelt ebenfalls dem Ansatz der Kursbücher: „Wissen wird in seine *Einzelteile* zerlegt und in größeren, inhaltlichen Zusammenhängen systematisch spielerisch verfügbar gemacht. Die Jugendlichen können aus unendlich vielen *Möglichkeiten* immer neue, eigene Lernwege kombinieren." (Plath 2016, Hervorh. i. O.) Ähnlich wie beim Kursbuch besteht das Ziel dieser Vorgehensweise – an anderer Stelle auch als „Prinzip der ‚Partizipativen Spielwiesen' (Open knowledge durch Fragmentarisierung)" bezeichnet (Plath 2015a) – darin, dass „auf der Grundlage eines zuvor vermittelten, klar definierten Fachwissens ein Freiraum geschaffen" wird, der den Jugendlichen „tatsächlich Eigenständigkeit ermöglicht" (Plath 2014c, 34). Im Kern basiert ihre Methode dabei auf einem Baukasten-Prinzip – von ihr als „Theatrales Mischpult" (ebd., 59) bezeichnet. Dieses Mischpult besteht aus einer „Vielzahl ästhetischer Mittel", die „zusammengemischt bzw. kombiniert" werden können (ebd.). Diese Mittel werden auf verschiedenfarbigen Karten[104] festgehalten, die „die wichtigsten Elemente der Regie zur Verfügung" stellen (ebd., 67). Die orangen Spielkarten etwa umfassen die „ästhetischen Mittel des Theaters", wie z. B. „Synchronität" der Bewegungen der Spielenden oder den „Blick ins Publikum" (ebd., 69). Das Mischpult, das sich am „traditionelle[n] Platz der Regie" befindet, wird dabei zunächst von der Spielleitung, mehr und mehr aber „von den Spieler_innen selbst bedient" (ebd., 67). Die Schüler_innen dürfen jeweils abwechselnd das Mischpult bedienen, indem sie sich an die Mischpult-Station mit Mikrofon stellen und den Spieler_innen im Raum Anweisungen geben (vgl. ebd., 77). Auf diese Weise soll „jeder mal in die Position der ‚Regie'" geraten (ebd., 79). Des

104 Diese Karten sind inzwischen auch im Buchhandel erhältlich. Ein erstes Set mit 96 Karten ist 2011 unter dem Titel „Freeze!' & ‚Blick ins Publikum!' – Das Methoden-Repertoire für Darstellendes Spiel und Theaterunterricht" (Plath 2011) erschienen und kann durch ein neues Erweiterungsset ergänzt werden (Plath 2014a).

Weiteren gibt es „Positionskarten für die Gruppenarbeit", auf denen jedem_r Schüler_in ein „Verantwortungsbereich" (ebd., 121), wie z. B. Regie oder Dramaturgie, zugeteilt wird (vgl. ebd.), sowie „Inszenierungsjoker" („dunkelgrüne Spielkarten"), auf denen theatrale Gestaltungsprinzipien, wie z. B. „Erzähler und Chor" oder „Figurensplitting" gedruckt sind, die dann in Kombination mit „den anderen farbigen Karten (dem ‚Buffet der ästhetischen Möglichkeiten') sowie mit dem ‚Buffet der biografischen Texte' eine unendliche Anzahl von kreativen Darstellungsalternativen" ergeben (ebd., 129).

2.2.4 Eigenes und Fremdes

Die *Eigen*ständigkeit, die bei den Jugendlichen durch diese partizipative Vorgehensweise gestärkt werden soll, geht bei Plath mit dem Ziel einher, den Jugendlichen auch zu einem *eigenen* Ausdruck zu verhelfen:

> Die in der Praxis bereits vielfach erfolgreich angewandte Methode vermittelt den Jugendlichen umfangreiches ‚Geheimwissen' zur theatralen, künstlerischen Gestaltung ihrer eigenen Inhalte. Sie sind nicht länger ‚Ausführende' eines von Spielleiter_innen und Regisseur_innen entwickelten Konzeptes, sondern werden befähigt, eine eigene künstlerische Ausdrucksform zu finden. (Ebd., 29)

Mit den verschiedenen ästhetischen Möglichkeiten ließe sich demnach „etwas Eigenes produzieren", für das man außerdem „Anerkennung" erhalte (ebd., 74): „Partizipieren zu können mit dem, was man selbst kann, bzw. durch die Weiterentwicklung des eigenen, vorhandenen Potentials macht glücklich." (Plath 2014d) Durch Partizipation – als eine Praxis der Anerkennung – erfahren die Schüler_innen, wie dies oben bereits in Bezug auf den neuen Berlin-Brandenburger Rahmenlehrplan Theater ausgeführt wurde, eine Form der Anerkennung. Diese ist nicht nur als Wertschätzung, sondern auch als Anerkennung der Schüler_innen als Subjekte einer bestimmten Ordnung zu verstehen. In dieser Ordnung, wie sie sich auch in Plaths Verständnis von Partizipation äußert, partizipiert das einzelne Subjekt weniger *an* etwas, wie z. B. an ‚der' Kultur, als vielmehr *mit* etwas – und zwar mit etwas Eigenem oder „mit dem, was man selbst kann" (ebd.). Dabei stellt Plath in ihren Texten das ‚Eigene' der Jugendlichen nicht selten gegen die Institution Schule oder die „Hochkultur" (Plath 2014c, 29) und kritisiert, dass der „reguläre Theaterunterricht [...] zunehmend in den bildungsverkürzenden Schulstrukturen" mitschwimme und „vor allem theatrale Formen" vermittele: „Der Schwerpunkt liegt hier [...] inzwischen mehr auf der Vermittlung bestehenden Wissens als auf der Ermutigung zum kreativen bzw. kritischen Umgang mit der Kunstform Theater." (Ebd., 25) So stelle auch das Fach Theater häufig „vor allem Inhalte in den Mittelpunkt, weniger die kreative Erkundung des Theaters als Mittel zur Befragung von Welt" (ebd., 25). Skeptisch sieht sie auch Kooperationsprojekte, bei denen Künstler_innen für einen kurzen Zeitraum in der Schule mit Schüler_innen an einem Theaterprojekt arbeiten (vgl. ebd., 23). Besonders problematisch sei dabei,

> [...] dass Jugendliche es selbst oft gar nicht merken, wenn sie für ein fremdes künstlerisches Konzept, eine fremde politische Weltanschauung oder gar eine ideologische Botschaft der Spielleitung instrumentalisiert werden. Ganz im Gegenteil tendieren Jugendliche sogar eher dazu, stark lenkende Spielleitungen zu bewundern und sich ihnen unterzuordnen. Hier sprechen Jugendliche dann eben nicht ‚mit eigener Stimme', hier haben sie sich nicht eigenständig mit künstlerischen Formen auseinandergesetzt und ihre eigene Form, ihre eigenen Inhalte gefunden. (Ebd., 24)

Das Eigene und das Individuelle, das von der (bürgerlichen) Gesellschaft mit ihrer Hochkultur und ihrem elitären Kunstverständnis entfremdet wird, erscheint hier bisweilen als eine Art Gegenhalt zu diesem entfremdenden, exkludierenden System:

> Wer seinen Selbstwert und seine Chance, am Großen und Ganzen partizipieren zu können, an einer vorgegebenen Norm ausrichten muss, wird immer ein Stück weit von sich selbst entfremdet sein. Denn selbst diejenigen, die die vorgegebenen Normen erfüllen, würden vielleicht lieber etwas anderes anbieten, tun es aber nicht, weil sie ihre Fähigkeiten an die gesetzte Norm anpassen – und nicht dem eigenen, intrinsischen Antrieb folgen. Denn das exklusive System belohnt nicht die individuelle Fähigkeit, sondern die Anpassung. (Plath 2014d)

Auch in Plaths neuerer Konzeption theaterpädagogischer Angebote unter dem Label „ACT – Führe Regie über dein Leben!" (Plath 2015a) scheint ein Verständnis von Theater als ein solcher Gegenhalt zur sozialen Wirklichkeit auf: „Dabei besinnen wir uns auf Altbewährtes: Auf die direkte, analoge Kommunikation von Mensch zu Mensch. Denn nicht alles, was neu ist, ist auch gut. Was wir in vergangenen Zeiten schon einmal besser konnten, war die Pflege stabiler, wertvoller Beziehungen." (Ebd.) In diesem Zusammenhang lässt sich möglicherweise auch Plaths Bezugnahme auf das Konzept der Ganzheitlichkeit verstehen: „In diesem komplexen und kreativen Prozess steht der Mensch ganzheitlich im Mittelpunkt: Mit seinem Intellekt, mit seinem körperlichen Ausdruck und mit seinen Emotionen – mit seiner ganzen persönlichen und einzigartigen Biografie und dem gesamten Potenzial, das daraus erwächst." (Plath 2014c, 172 f.) So ermögliche Theaterarbeit nicht nur „Lernen und Toleranz, Verstehen und Teilhabe", sondern auch „eine ganzheitliche Persönlichkeitsentwicklung" (Plath 2016).

Den von ihr kritisierten Tendenzen im Schulsystem und in der Entwicklung des Fachs Theater setzt Plath ein Verständnis von kultureller Bildung entgegen, das etwas anderes beinhalte und verspreche, „[...] nämlich eine Bildung, die in der Entfaltung des Selbst gegründet ist und aus der aktiven Auseinandersetzung mit Kultur gegründet ist“ (Plath 2014c, 24). Im Kontext der kulturellen Bildung bedeute Partizipation „kreative und gestaltende Beteiligung“ (ebd., 28) und zu den „Prinzipien der Stückentwicklung beim Partizipativen Theater“ (Plath 2015b) gehöre daher, dass die Spieler_innen sähen, dass „die gesamte Produktion ausschließlich aus *ihren* Texten, aus *ihren* Vorschlägen und Ideen“ (ebd., Hervorh. i. O.) bestehe:

> So erfahren sie zahlreiche eigene Möglichkeiten, die ästhetischen Mittel des Theaters auf immer wieder neue, überraschend vielfältige Weise zur Anwendung zu bringen. Die Jugendlichen werden dabei befähigt, selbst Regie zu führen und maßgebliche Teile einer Theaterproduktion selbst zu entwickeln. Die biografisch-partizipative Methode vermittelt den jungen Spieler_innen auf äußerst motivierende Weise einen ‚künstlerischen Sprachcode', über den sie vielfältige Dimensionen von Theater verstehen lernen. So entwickeln sie den Mut und das Selbstvertrauen, um auf dieser Basis etwas Eigenes zu erschaffen. (Plath 2014c, 29)

Der Ausdruck des Eigenen gelingt allerdings nur auf der Grundlage des „zuvor vermittelten, klar definierten Fachwissens“ (ebd., 34), das sich die Schüler_innen nach und nach anzueignen haben. So würden die Jugendlichen „zunehmend zu *Experten* und sehen ihre eigenen *Fortschritte* und was die nächste, eigene Herausforderung sein könnte – wie in einem Computerspiel“, wie Plath auf ihrem Blog vermerkt (Plath 2016, Hervorh. i. O.). In diesem Aneignungsprozess von Expertenwissen sollen die Schüler_innen zudem durch ein Feedback-Verfahren unterstützt werden: „In einem komplexen und vielfältigen Feedback-Verfahren, das schrittweise angeleitet wird, lernen die Jugendlichen ihre eigenen Lernfortschritte zu erkennen und zunehmend präzise zu benennen. Sie werden zu Expert_innen und selbstbewussten künstlerischen Gestalter_innen.“ (Plath 2014d) Darüber hinaus würden die Schüler_innen zu „Beobachtungs- und Auswertungsexperten“ und könnten „zunehmend selbstständig ihre Arbeit konstruktiv voranbringen“ (Plath 2014c, 140). Das angestrebte Expertentum bezieht sich hier – anders als etwa im Diskurs des neueren Theaters der Unterdrückten (→ III.3.2.2) – nicht auf das eigene Leben, sondern durchaus auf die von der Lehrkraft vorgegebenen ästhetischen Mittel. Die Schüler_innen sind hier also nicht Expert_innen ihrer selbst, sondern „Auswertungsexperten“ oder eben Expert_innen für die ästhetischen Mittel des Theaters.

„*Die* ästhetischen Mittel des Theaters“ (ebd., 69, Hervorh. J. K.) erscheinen dabei allerdings, ähnlich wie in den Kursbüchern, objektiv gegeben zu sein. Als „künstlerische[r] Sprachcode“ (ebd., 29) erhalten sie eine Art instrumentellen Charakter, da sie in erster Linie dazu dienen, den Jugendlichen zum Ausdruck von etwas Eigenem zu verhelfen. Doch sind die genannten (Theater-)Mittel weder universell noch neutral, sondern auch ihnen liegt immer eine spezifische ästhetische Vorstellung zugrunde. Ob es sich dabei um die auf Rudolf von Laban basierenden „Basic Body

Activities" (ebd., 70), Gestaltungsprinzipien aus dem Bereich der Pantomime, wie „Tocs" (ebd., 87), Bewegungselemente aus dem Film „Matrix" (ebd., 97) oder um „Verfremdungen" (ebd., 86) handelt, alle diese Elemente lassen sich nur im Zusammenhang mit spezifischen historischen (Theater-)Formen verstehen, die ihrerseits in einem bestimmten historisch-gesellschaftlichen Kontext stehen. Selbst die Entscheidung, die einzelnen Gestaltungsmittel gleichberechtigt nebeneinander stehen zu lassen, rückt Plaths Ansatz in die Nähe einer postdramatischen Ästhetik – wofür auch die biografische Ausrichtung ihres partizipativen Theaterunterrichts spricht. Damit gibt die Theaterlehrkraft allerdings durchaus auch eine bestimmte Theaterform ‚von außen' vor, was jedoch bei Plath nicht weiter thematisiert wird.

Der häufige Bezug auf das Eigene und Individuelle in Plaths partizipativem Ansatz muss jedoch vor allem im Zusammenhang mit dem Konzept der Selbstermächtigung verstanden werden. Die Ziele einer auf Selbstermächtigung zielenden partizipativen Theaterarbeit liegen insbesondere in der Entwicklung von Selbstvertrauen, Selbstwert und das Erleben von Selbstwirksamkeit. So sollen die Jugendlichen „[...] befähigt und darin bestärkt [werden], eigenes auszuformulieren, schrittweise weiterzuentwickeln und eine entsprechende, individuelle künstlerische Form dafür zu finden" (Plath 2014d). Dadurch lasse sich „Selbstwirksamkeit" erleben: „Die Gewissheit, dass das eigene, subjektive Kleine von größter Bedeutsamkeit ist für das allgemeine, objektive Große." (Ebd.) Auf diese Weise erlernten die Jugendlichen „eine individuelle theatrale Sprache, durch die sie sich einem Publikum mit eigener Stimme mitteilen können" und würden so erst „ermächtigt, sich in einem größeren gesellschaftlichen Kontext zu sehen, sich dazu äußern zu können und dabei sicht- und hörbar zu werden" (Plath 2014c, 30).

Vor diesem Hintergrund bleibt die Konzentration auf das Eigene und Individuelle der Jugendlichen in Plaths Konzept ambivalent. Einerseits erscheint es als das ‚Echte' oder ‚Nicht-Entfremdete' und wird als ein solches gegen eine exkludierende Gesellschaft und eine normierende Hochkultur in Stellung gebracht. Andererseits kommt der Betonung des Eigenen eine eher strategische Funktion zu und ist weniger in einem affirmativ-authentizistischen Sinne zu verstehen. Plaths Ansatz ist dabei vor allem vor dem Hintergrund ihrer eigenen Erfahrungen als Lehrerin an einer Berliner Hauptschule zu lesen. Ihr zufolge stoße man gerade bei „Jugendlichen aus bildungsfernen Kontexten vermehrt auf Widerstand", wenn es darum gehe, „Sehweisen zu erweitern und für Neues zu sensibilisieren. [...] Vieles, was unverständlich oder fremd erscheint, wird (zunächst) abgelehnt [...]" (ebd., 82). Die Stärkung des ‚Eigenen' erscheint daher als eine Art Voraussetzung für die Öffnung für Anderes: „[...] wenn das Eigene Anerkennung durch die gesamte Gruppe findet, und gerade dieses Eigene erkennbar einen Sinn für *alle* erfüllt und dadurch größere gemeinsame Ziele erreicht werden, laufen Kinder zur Hochform auf – und lernen, das Andersartige, Fremde als

Bereicherung zu begreifen." (Plath 2016, Hervorh. i. O.) In diesem Zusammenhang ist es wichtig zu erwähnen, dass sich Plath gegen die Verwendung des Begriffs der Authentizität ausspricht bzw. eine solche als „fraglich" (Plath 2014c, 67) bezeichnet: „Jeder spielt in seinem Alltag unentwegt irgendwelche Rollen. Wir inszenieren uns situationsbedingt immer wieder anders und wissen das auch. Authentizität ist also ein wenig hilfreiches Kriterium für einen künstlerischen Prozess." (Ebd.)

Plaths Ansatz eines biografisch-partizipativen Theaters bewege sich zudem „zwischen Fiktion und ‚Wirklichkeit'" und es gehe „immer um ein Konstrukt aus Selbsterlebtem, Erfundenem und/oder Erträumten bzw. Ersehntem" (ebd., 105). Auch sieht Plath die Aufgabe der Spielleitung darin, „inhaltliche Ideen und biografische Texte der Jugendlichen fortwährend thematisch [zu] ordnen, Bezüge [zu] schaffen zu den ‚großen' literarischen und/oder gesellschaftspolitischen Themen" (ebd., 56). Gerade in der biografisch-partizipativen Theaterarbeit komme es auf die „Reibung mit dem Fremden, dem Vergangenen und mit der Außenwelt" sowie die „Auseinandersetzung mit fremden Inhalten" (ebd., 44) an: „Durch die Beschäftigung mit dem Außen wird eine Distanz zum Selbst ermöglicht, die eine Generierung von Sinn und Bedeutung für die eigene Biografie überhaupt erst ermöglicht." (Ebd.) Mit dieser Distanz entstehe zudem die Möglichkeit, „andere Perspektiven auf das Eigene, Private einzunehmen. […] Als Theaterlehrer_innen ist es unsere Aufgabe, einen Prozess in Gang zu setzen, der eine zunehmende Distanz zur eigenen privaten Befindlichkeit ermöglicht." (Ebd., 43) Im Idealfall münde die „Distanz zu sich selbst" und die Fähigkeit „über sich selbst [zu] lachen" (ebd., 33, J. K.) in eine Form der „Selbstreflexion" (ebd.). Ein weiteres zentrales Ziel ihres Ansatzes ist zudem, kommunikative Prozesse in Gang zu setzen, „die die Wahrnehmung auf das Gewohnte verrücken und zeigen, dass alles auch ganz anders sein könnte" (ebd., 30). Festhalten lässt sich an dieser Stelle, dass diese Ausführungen nicht nur die teils emphatische Betonung des Eigenen relativieren, sondern sie zudem einen Bezug zum Diskurs der ästhetischen Bildung herstellen. Wie dies schon für die Rahmenlehrpläne konstatiert wurde, lässt sich somit auch hier ein Nebeneinander unterschiedlicher diskursiver Stränge beobachten.

2.3 Auswertung: Die selbstständige Theaterschülerin

In diesem Kapitel wurde in einem ersten Schritt die curriculare Entwicklung im Fach Darstellendes Spiel/Theater im Hinblick auf den Stellenwert des Themas Partizipation nachgezeichnet. Dabei ließen sich wesentliche Verschiebungen konstatieren. Diese betrafen nicht nur die Forderung nach mehr Partizipation der Schüler_innen am Theaterunterricht und die mit ihr einhergehende Übertragung von Verantwortung an dieselben, sondern auch die zunehmende Kompetenzorientierung in den Curricula.

Charakteristisch für die neueren Rahmenlehrpläne ist eine Verbindung von Kompetenz- und Partizipationsdiskurs, die sich in der für das Fach Theater konstitutiven Kompetenzdimension „soziokulturelle Partizipation" ausdrückt. Neben Fragen der Beteiligung von Schüler_innen am Unterricht bzw. an der Theaterarbeit geht es in den aktuellen Curricula zunehmend um die Ausbildung einer Partizipationskompetenz aufseiten des Schülersubjekts. Diese Kompetenzdimension, die sich im neuesten Rahmenlehrplan „Teilhaben" nennt und – im Unterschied zu den Fächern Kunst und Musik – allein für das Fach Theater vorgesehen ist, erfährt außerdem eine Standardisierung in Form einer Unterscheidung verschiedener Niveaustufen. Das Hauptkriterium für die Messung der Kompetenz Teilhaben ist dabei, wie bei den anderen Kompetenzen auch, die (zunehmende) Selbstständigkeit der Schüler_innen. Die Niveaustufen und Kompetenzstandards dienen zudem als Referenzsystem für die Lernenden selbst, die durch Partizipation nicht nur aktiviert werden, sondern auch für ihren eigenen Kompetenzerwerb Verantwortung tragen und diesen bewusst nachvollziehen sollen. Im Zuge der immer stärkeren Ausrichtung am Kompetenzerwerb werden dem eigentlichen (ästhetischen) Gegenstand von Theaterunterricht im Rahmenlehrplan hingegen nur noch wenige Ausführungen gewidmet.[105] Eine mögliche Folge dieser Entwicklung könnte darin bestehen, dass gut ausgebildete Lehrkräfte in den neuen kompetenzorientierten Curricula wesentlich mehr Spielraum für eigene inhaltliche und künstlerische Setzungen erhalten. Für diejenigen allerdings, die sich über Anregungen und Hilfestellungen freuen würden, sind die aktuellen Rahmenlehrpläne, wie Susanne Fontaine konstatiert, „[...] weder Hilfe noch Instrument für Kontrolle und Qualitätssicherung. Der Rückzug des Staates bzw. der Bildungsaufsicht aus Debatten über Inhalte von Unterricht ist also eine durchaus zweischneidige Sache." (Fontaine 2017, 5)

Vor dem Hintergrund der curricularen Fachentwicklung wurden in einem zweiten Schritt Schulbücher der im Klett-Verlag erschienenen Kursbuchreihe und didaktische Ratgeberliteratur, wie insbesondere das Buch „Partizipativer Theaterunterricht mit Jugendlichen" sowie weitere Publikationen Maike Plaths, analysiert. Dabei wurde unter anderem danach gefragt, wie sich die in den Curricula konstatierten Verschiebungen auch in den analysierten Texten niederschlagen. Das kompetenzorientierte Kursbuch Darstellendes Spiel nimmt die oben genannten curricularen Entwicklungen weitgehend auf. So richtet sich sein modularer Aufbau vor allem nach dem systematischen Kompetenzerwerb der Schüler_innen und folgt weniger einer Fachsystematik bzw. der Logik der für das Fach Theater konstitutiven Projektarbeit,

105 Diese Entwicklung beschränkt sich nicht allein auf den Rahmenlehrplan Theater, sondern betrifft sämtliche künstlerischen sowie darüber hinaus auch nicht-künstlerischen Fächer (vgl. Fontaine 2017, 4 f.). Die Orientierung an Kompetenzen hat demnach die inhaltliche Bestimmung des (Fach-)Gegenstands weitgehend ersetzt, da sich dieser aufgrund seiner kontinuierlichen Erweiterung und Ausdifferenzierung immer weniger fassen lässt (vgl. ebd.).

was sich unter anderem darin äußert, dass (größere) Aufführungen hier eher optionalen Charakter haben. Damit zeigt sich in diesem Lehrwerk eine Fokusverschiebung in der Konzeption von Theaterunterricht, wie sie für die neueren Rahmenlehrpläne konstatiert wurde: Im Zentrum des Kursbuch-Ansatzes steht das Kompetenzen erwerbende Schülersubjekt und weniger der ästhetische Gegenstand Theater. Dieser scheint vielmehr weitgehend vorausgesetzt bzw. als eine Art Handwerk verstanden zu werden, das es Schritt für Schritt bzw. ‚Kompetenz für Kompetenz' zu erwerben gilt.

Hinsichtlich des Kompetenzmodells („theaterästhetische Handlungskompetenz") basiert das 2009 erschienene Buch noch auf den EPA und sieht wie diese unter anderem den Kompetenzbereich „soziokulturelle Partizipation" vor. Wie in den EPA bezieht sich dieser Kompetenzbereich im Kursbuch in erster Linie auf das Wissen um die soziokulturelle Bedeutung und die gesellschaftliche Dimension von Theater. Damit ist hier eine Partizipationskompetenz gemeint, die noch weitgehend an den ästhetischen Gegenstand des Theaters gebunden bleibt. Eine solche durchaus sinnvolle fachspezifische Konzeption von Teilhabe – d. h. im Sinne einer Einsicht in die Konstruiertheit und Theatralität sozialer Wirklichkeit –,[106] wird jedoch zunehmend abgelöst von dem Ziel einer allgemeinen Kompetenz zu sowohl kultureller als auch sozialer Partizipation. Auch der Autor des Kursbuchs sieht den Kompetenzbereich „soziokulturelle Partizipation" im Zusammenhang mit „persönlicher, Alltags-, Schlüssel- oder Zukunfts-Kompetenz" und spricht von einem Kompetenzerwerb, bei dem Kompetenzen als Haltung in die Persönlichkeit integriert würden. Damit orientiert sich der Ansatz des Kursbuches in Bezug auf Teilhabekompetenz bereits in ähnlicher Weise an gesellschaftlich-politischen Zielsetzungen wie der neue Berlin-Brandenburger Rahmenlehrplan von 2015. Letzterer definiert den Kompetenzbereich „Teilhaben" darüber hinaus entlang der zwei Dimensionen „theaterästhetisches Gestalten" und „sozialkompetentes Handeln", wobei er – stärker als beim Ansatz des Kursbuches – die sozialen Dimensionen dieser Teilhabe-Kompetenz betont.

Das Kursbuch zielt wie die aktuellen Curricula auf eine Standardisierung bzw. Operationalisierung von Kompetenzen, wie unter anderem von Partizipationskompetenz. Dazu finden sich auf das Schulbuch zugeschnittene Raster zur Kompetenzanalyse sowie Kompetenz-Checks. Wie im neuen Rahmenlehrplan orientieren sich diese Raster an dem Grad der Selbstständigkeit der Schüler_innen.

106 So plädiert etwa Uta Ena Iaconis für eine Stärkung fachspezifischer Kompetenzen im Theaterunterricht gegenüber allgemeinen sozialen oder personalen Kompetenzen (vgl. Iaconis 2008, 145). Gerade aus einer Perspektive, die für eine Eigenständigkeit des Schulfachs Theater eintritt, ist Vorsicht geboten vor einer zu starken Ausrichtung des Fachs auf „Humankompetenzen" (ebd.). Nicht zuletzt das (historische) Beispiel des „Schulspiel" (vgl. Fußnote 84) hat gezeigt, dass ein solcher an allgemeinen Zielen sozialen Lernens ausgerichteter „besonderer pädagogischer Bereich" – das Schulspiel war kein eigenständiges Fach – unter neuen bildungspolitischen Vorzeichen schnell wieder ‚abgewickelt' werden kann.

Insgesamt besteht das zentrale Ziel des Kursbuches in einer Stärkung der Selbstständigkeit der Lernenden, die ihren Lernprozess möglichst selbst und eigenverantwortlich steuern sollen. Darüber hinaus sollen die Schüler_innen in einer Weise angeleitet werden, dass sie ihre theatralen Lernprozesse nicht nur sukzessive selbst planen, sondern auch bewerten. So richten sich auch die Kompetenz-Checks an die Schüler_innen selbst, die den Prozess ihres Kompetenzerwerbs bewusst nachvollziehen sollen – genau wie dies in den aktuellen Rahmenlehrplänen gefordert wird. Wie im Berliner Rahmenlehrplan von 2006 (Sekundarstufe I) wird darüber hinaus auf die Möglichkeit einer Portfolio-Arbeit im Theaterunterricht hingewiesen, bei der die Schüler_innen ihren Lernprozess individuell dokumentieren und sich dadurch noch stärker als lernendes Subjekt erleben. Ein solches „individualisiertes Lernen" im Theaterunterricht, wie es auch von Maike Plath gefordert wird, schreibt sich damit nicht nur in gesellschaftliche Individualisierungsprozesse ein, sondern treibt diese möglicherweise auch mit voran. So führen „Kompetenzen als Techniken der Individualisierung" (Hentschel 2017, 6) bzw. die zunehmende bildungspolitische Orientierung auf den Kompetenzerwerb des_der Einzelnen dazu, dass „Fragen von Macht und Anerkennung, von Subjektpositionen in kompetenzvermittelnden Institutionen" immer mehr aus dem Blick geraten (ebd.).

Im Unterschied zum Kursbuch wendet sich Plaths Konzept eines partizipativen Theaterunterrichts entschieden gegen eine Standardisierung und Operationalisierung von Bildungsprozessen. Die Autorin plädiert hingegen dafür, den Begriff der Partizipation wieder „ernst zu nehmen" und die Schüler_innen „tatsächlich" zu beteiligen, um so zu deren Selbstermächtigung und Selbstbestimmung beizutragen. Dabei sollen die Schüler_innen weniger *an* etwas teilhaben, wie etwa an der (Hoch-)Kultur, sondern vielmehr *mit* etwas Eigenem partizipieren. Wie bei manchen Autor_innen der kritischen Strömung innerhalb des Diskurses der kulturellen Bildung (→ III.1.3) wird auch hier einer an der (Hoch-)Kultur orientierten Kulturpädagogik ein Konzept entgegengesetzt, das auf eine Form von selbstbestimmter oder ‚echter' Teilhabe abzielt und sich von ‚fremdbestimmten' Formen der Partizipation abgrenzt. Zentrale Begriffe sind in diesem Zusammenhang die Entfaltung des Selbst oder der Selbstausdruck der Jugendlichen, aber auch die Vorstellung von direkter bzw. unmittelbarer Kommunikation oder Ganzheitlichkeit. In diesem Zusammenhang sei nochmals darauf hingewiesen, dass sich Plaths Entwurf eines biografischen und partizipativen Theaterunterrichts vor allem an sogenannte benachteiligte Jugendliche richtet und die Betonung des Eigenen und Individuellen der Jugendlichen eher strategisch zu verstehen ist: Plath wendet sich explizit gegen die Kategorie der Authentizität und betont die Auseinandersetzung mit und die Reibung an etwas Fremden als zentralen Bestandteil biografisch-partizipativer Theaterarbeit. Um dies zu erreichen, d. h. bei Jugendlichen – vor allem aus bildungsfernen Schichten – eine Öffnung für das Theater, für Fremdes und Anderes zu bewirken, bedarf es ihr zufolge aber zunächst einer Stärkung ihres Eigenen – auch im Sinne einer Anerkennung dieses Eigenen.

Doch auch eine solche ‚strategische' Anerkennung des Eigenen bleibt eine Form der Anerkennung, die – als grundlegende Struktur und zentrales Medium der Subjektkonstitution – nicht nur Wertschätzung bedeutet, sondern auch die Anerkennung als Subjekt einer bestimmten Ordnung meint. In dieser Ordnung, wie sie sich in Plaths Verständnis von Partizipation äußert, soll das einzelne Subjekt vor allem als es selbst in Erscheinung treten, als einzelnes Individuum „sicht- und hörbar" (Plath) werden. Das Anliegen, den Jugendlichen zu ermöglichen, sich selbst mit ihrem Eigenen einzubringen, kann in der Konsequenz auch zu deren Formung als auf Authentizität und (Selbst-)Identität bedachte Subjekte beitragen (→ II. 2.2.2). Indem versucht wird, den Jugendlichen gleichsam neutrale Theater*mittel* zum Ausdruck ihres Eigenen zur Verfügung zu stellen, wird zudem der Blick darauf verstellt, dass auch diese Theatermittel nicht einfach ‚gegeben' sind, sondern ebenfalls einer bestimmten Logik und ästhetischen Programmatik folgen. Denn auch bei diesen partizipativen Verfahren handelt es sich um spezifische ästhetische Entscheidungen der Spielleitung, die ebenso wenig losgelöst sind von gesellschaftlichen Machtverhältnissen, wie die Arbeitsweise von Künstler_innen in schulischen Kooperationsprojekten, bei denen Plath zufolge die Schüler_innen potenziell für ein „fremdes künstlerisches Konzept" oder auch „eine ideologische Botschaft" der Spielleitung instrumentalisiert werden. Wenn also Plath „stark lenkende Spielleitungen" oder den Fokus des heutigen Theaterunterrichts auf ästhetische Formen kritisiert, muss auch ihr biografisch-partizipativer Ansatz im Hinblick auf das ihm zugrundeliegende Theaterverständnis und seine Form der Lenkung oder Steuerung befragt werden. So lenkt und steuert auch eine partizipative Theaterarbeit, wenn auch möglicherweise auf subtilere Art und Weise als in einer Theaterform, bei der die Regieposition eindeutig durch die Lehrkraft besetzt ist.

Hier zeigt sich eine Parallele zwischen den aktuellen Rahmenlehrplänen, den Kursbüchern sowie dem partizipativen Ansatz Maike Plaths. Bei allen hier analysierten Programmatiken partizipativen Theaterunterrichts mit ihrem Fokus auf das partizipierende Subjekt und seine Kompetenzentwicklung – oder bei Plath: seine Selbstermächtigung – erscheinen der ästhetische Gegenstand Theater und seine konkreten historischen und gegenwärtigen Formen entweder als nachrangig oder sie werden nur am Rande thematisiert. *Das* Theater wird vielmehr als gegeben vorausgesetzt und auch die einzelnen theatralen Verfahren erhalten eine Art instrumentellen Charakter. Während im Kursbuch großer Wert auf das „theatrale Handwerk" gelegt wird, ist in Plaths Texten die Rede von einem „künstlerischen Sprachcode", mit dem die Jugendlichen sich selbst ausdrücken könnten. Die einzelnen ästhetischen Mittel oder das theatrale Handwerkszeug wirken auch deshalb neutral, weil sie durch das partizipative Verfahren von der jeweiligen Theaterlehrkraft oder der Spielleitung, wie oben diskutiert, zu einem gewissen Grad ‚losgelöst' werden. Deren Subjektposition entspricht vielmehr der eines_r Begleiters_in oder eines_r Coach_s. Das partizipative Setting, in dem die Schüler_innen sich selbst gegenseitig anleiten und den Prozess weitgehend selbst steuern sollen, fördert darüber hinaus vermutlich deren Identifikation mit den vorgegebenen theatralen Verfahren, da sie sich – zumindest in der Anleitungsposition – das entsprechende Vorgehen zu eigen machen müssen. Stärker noch als bei Plath zeigt sich dies in den Kursbüchern, die auf die schrittweise Übertragung von immer mehr Verantwortung an die Schüler_innen und die Stärkung von deren Eigenverantwortung abzielen. Zwar sieht auch Plaths Ansatz eine verstärkte Eigenverantwortung der Schüler_innen vor, doch betont sie gleichzeitig, dass der_die Theaterlehrer_in immer die Verantwortung für den Prozess zu übernehmen habe. Im Unterschied zum modularisierten Kursbuch scheint Plaths Ansatz auch weniger ‚eng' und den Jugendlichen mehr Freiraum zuzugestehen. Hier folgen die Schüler_innen nicht Schritt für Schritt den Anweisungen eines Buches, sondern komponieren „nach Lustprinzip".

Eine weitere Parallele zwischen den hier analysierten partizipativen Programmatiken besteht in der Betonung der Selbst- oder Eigenständigkeit der Schüler_innen, die im partizipativen Theaterunterricht gefördert werden soll. Sowohl im aktuellen Rahmenlehrplan als auch in den Kursbüchern ist die zunehmende Selbstständigkeit der Lernenden zudem *das* Kriterium zur Messung von Partizipationskompetenz und anderer Kompetenzen. Diese Orientierung auf Selbstständigkeit beschränkt sich jedoch nicht allein auf den Diskurs um das Theater in der Schule. Die Vorstellung von dem_der selbstständigen Schüler_in ist vielmehr längst zu einem „Leitbild" (Rabenstein 2007) geworden, das im gegenwärtigen bildungspolitischen Diskurs „einen geradezu hegemonialen Status" erreicht hat (ebd., 39). Dieser breite Konsens im Bildungsdiskurs, der im Hinblick auf die Idee vom Lernen als selbstständige Tätigkeit von einem „kognitivistisch-konstruktivistischen Paradigma" (ebd.) noch gestützt wird, basiert dabei auf der Vorstellung eines „(selbst-)verantwortlichen und partizipierenden, sich selbst managenden Subjektes", das auch in anderen gesellschaftlichen Feldern an Bedeutung gewonnen hat: „Und beide Vorstellungen, die reformpädagogisch inspirierte didaktische vom selbstständigen Schüler und die neoliberale Idee des sich selbst managenden Subjekts, gehen [...] derzeit eine erstaunliche Allianz ein." (Ebd.)

In ihrer Untersuchung „Das Leitbild des selbstständigen Schülers – Machtpraktiken und Subjektivierungsweisen in der pädagogischen Reformsemantik" (Rabenstein 2007) analysiert Kerstin Rabenstein unter anderem neue

Aufgaben und Formen der Leistungsbewertung, die mit einer erhöhten Selbstständigkeitsanforderung aufseiten der Schüler_innen verbunden sind. Dabei zeigen sich interessante Parallelen zwischen den Resultaten ihrer Untersuchung und den Ergebnissen der vorliegenden Analyse programmatischer Texte im Bereich des Theaters in der Schule. Die in den aktuellen Rahmenlehrplänen und den Kursbüchern geforderte Selbstständigkeit der Schüler_innen beschränkt sich nämlich nicht nur auf die einzelnen Aufgaben im Theaterunterricht, sondern betrifft auch den eigenen Kompetenzerwerb sowie dessen Evaluation. So sollen die Schüler_innen sich selbst und ihre Mitschüler_innen als lernende Subjekte wahrnehmen und ihren jeweiligen Kompetenzzuwachs beurteilen, etwa mithilfe der Kompetenz-Checks im Kursbuch oder aber anhand der Standards des Rahmenlehrplans, die sich auch für den Kompetenzbereich „Teilhaben“ finden. Darüber hinaus wird in einzelnen Rahmenlehrplänen und in Erläuterungen zum Kursbuch die Arbeit mit Portfolios im Theaterunterricht empfohlen. Diese Entwicklungen entsprechen den von Rabenstein beschriebenen Tendenzen zur Selbstpräsentation sowie Selbstbeobachtung und -einschätzung in einem auf Selbstständigkeit zielenden Unterricht. In Bezug auf Kompetenzraster zur gegenseitigen Bewertung von Präsentationen konstatiert sie etwa, dass die Schüler_innen durch diese „nur in Maßen angehalten [werden], Prozesse und Abläufe zu beobachten und präzise zu beschreiben“ (ebd., 51). Sie würden vielmehr dazu angeregt „[...] Zuschreibungen hinsichtlich des Wesens der Präsentation und des präsentierenden Schülers zu machen, sie werden also gezwungen sich bzw. die Beobachteten auf bestimmte essenzielle Unterstellungen festzulegen“ (ebd.). Im Unterschied dazu diene die Arbeit mit Portfolios vor allem der Selbstbeobachtung: „Die Schüler sind angehalten, ihrem Lernprozess bzw. einzelnen Schritten des Lernprozesses subjektiv einen Sinn zu unterstellen und diesen nach außen zu präsentieren.“ (Ebd., 46) So würden die Schüler_innen nicht nur ihren eigenen Arbeitsprozess stetig beobachten, sondern müssten sich bei der Veröffentlichung des Portfolios auch selbst „als nachdenkliche, sich selbst erkennende Subjekte“ präsentieren (ebd., 47). Neben den Zuschreibungen, die sich die Schüler_innen gegenseitig etwa bei Präsentationen anhand von Kompetenzrastern machen, sind sie in Praktiken der Selbstbeobachtung dazu angehalten, sich selbst – z. B. hinsichtlich der eigenen Partizipationskompetenzen – Zuschreibungen zu machen und diese, wie vom Autor der Kursbücher gefordert, auch (als Haltung) in die Persönlichkeit zu integrieren. Darüber hinaus erfordern Rabenstein zufolge Präsentationen und Lernprozessreflexionen eine bestimmte Form der „Selbstpräsentation“, die möglicherweise gerade im Theaterunterricht besonders gefördert wird: „Der Schüler muss sich in eine sinnvolle, subjektiv bedeutsame Beziehung zu den schulischen Aufgaben setzen bzw. diese nach außen demonstrieren. Teil davon ist, sich als mitdenkendes, sich selbst reflektierendes, konstruktiv an der Unterrichtsgestaltung beteiligtes Subjekt zu präsentieren." (Ebd., 57)

Aus der Perspektive der Governmentality Studies heißt dies, dass die einst stärker gelenkte Kontrolle von Unterrichtsabläufen ersetzt wird durch „[...] einen Selbstzwang zur kontinuierlichen Reflexion, einen Selbstzwang sich selbst zu beobachten und daraus zu lernen, sich zu verbessern und zu entwickeln. Die Schüler können sich der Aufforderung, sich zu beteiligen – wie hier dem Zwang zur Beteiligung an Bewertungen – kaum entziehen [...]" (ebd., 46). Wie auch in den partizipativen Programmatiken Lists oder Plaths vorgesehen, verändern partizipative Verfahren die Beziehung zwischen Lehrenden und Lernenden. So konstatiert Rabenstein für die auf Selbstständigkeit zielenden Verfahren der Lernprozessdokumentation „eine vermeintliche Gleichrangigkeit zwischen Lehrern und Schülern [...], die alle zu mehr oder weniger gleichermaßen Beteiligten macht und zu mehr oder weniger gleichermaßen verantwortungsbewussten und kompetenten Akteuren" (ebd.). Indem möglichst viele Schüler_innen sowohl in der Arbeit mit dem Kursbuch als auch in Plaths partizipativem Theaterunterricht die Rolle der Anleitung übernehmen sollen, identifizieren sich diese zudem tendenziell stärker mit den vorgegebenen Verfahren. Auch Rabensteins Analyse von mit erhöhten Selbstständigkeitsanforderung verbundenen Aufgaben der Leistungsbewertung konnte zeigen, „[...] dass über die fehlerfreie Erledigung von Schulaufgaben hinaus eine höhere Identifikation der Schüler mit den Aufgaben, die sie bearbeiten und ein Prozess der Zuschreibung von Sinn bezüglich der Aufgabenbearbeitung in das Anforderungsprofil der Aufgaben eingeschrieben sind" (ebd., 51).

Vor diesem Hintergrund stellt sich die Frage nach den Selbstverhältnissen, die durch auf Selbstständigkeit orientierte Unterrichtsverfahren möglicherweise konstruiert werden (vgl. ebd., 57). Von der Programmatik her konnten diesbezüglich in den hier untersuchten selbstständigkeitsorientierten Ansätzen durchaus Unterschiede festgestellt werden. Während etwa im Kursbuch im Zusammenhang mit der angestrebten Selbstständigkeit der Lernenden die Rede von Selbststeuerung und Eigenverantwortung ist, dient bei Plath die zunehmende Selbstständigkeit eher der Förderung von einer im (politisch) emphatischen Sinne verstandenen Selbstermächtigung und Selbstbestimmung der Jugendlichen. Unter einer gouvernementalitätskritischen Perspektive wäre allerdings zu fragen, ob sich bei der in den hier analysierten Texten beabsichtigten größtmöglichen Selbstständigkeit der Schüler_innen überhaupt zwischen zwei verschiedenen Zielvorstellungen unterscheiden lässt, wie z. B. zwischen einer Selbstbestimmung und Autonomie fördernden Selbstständigkeit sowie einer auf Effizienz und Selbstmanagement zielenden Selbstständigkeit. Ein solcher Gegensatz zwischen einem reformpädagogischen „Mehr an Selbstbestimmung" auf der einen Seite und einem „Stärken instrumenteller Haltungen zu sich selbst unter dem Vorzeichen der nach außen zu demonstrierenden Selbstverwirklichung" lässt sich nur schwer aufrecht erhalten (ebd.). Im Rückgriff auf Foucaults Begriff der Macht, die immer produktiv ist und dadurch auch etwas schafft, kann nicht von einer solchen Opposition zwischen Selbstbestimmung und Zwang ausgegangen werden (vgl. ebd., 58). Vielmehr gerät mit Foucault in den Blick, dass „ein verantwortliches, sich selbst reflektierendes Subjekt" durch die Schüler_innen auch „aufgeführt" werden muss (ebd.).[107] Sich selbst als Subjekt aufzuführen würde dann ermöglichen, „sich nicht auf das Arbeitsergebnis endgültig festlegen und fixieren zu lassen" (ebd.).

Eine Möglichkeit der Distanzierung von den gestellten Anforderungen der Selbstdarstellung und Identifikation mit den schulischen Aufgaben liegt Rabenstein zufolge in einer Form der Ironisierung oder eines ironischen Verhältnisses (vgl. ebd., 56). Möglicherweise bietet gerade der Theaterunterricht den erforderlichen Raum für ein solches ironisches „Spiel mit den Anforderungen der Selbstpräsentation" (ebd., 59), weil hier Subjektivierungsprozesse zur Darstellung kommen und damit reflexiv gemacht werden können. Doch stellen Ironisierung und Distanzierung nicht den einzigen möglichen Umgang mit den entsprechenden Anforderungen eines partizipativen, selbstständigkeitsorientierten Unterrichts dar. Gerade die Subjektivierung des_der Einzelnen als selbstständiges, aber auch selbstreflexives Subjekt eröffnet diesem gleichzeitig ein Potenzial, ebendiese Formen der Subjektivierung zu hinterfragen und eine eigene Form des Umgangs mit ihnen zu finden (vgl. ebd.). Wie bereits oben angeführt, finden sich auch in den hier analysierten Entwürfen eines partizipativen Theaterunterrichts solche Überlegungen: Das Potenzial von Theaterarbeit, so etwa Maike Plath, liege nicht nur darin, eine „Distanz zum Selbst" zu ermöglichen, sondern auch die Wahrnehmung auf das Gewohnte zu verrücken und zu zeigen, „dass alles auch ganz anders sein könnte."

107 So müssen Subjektpositionen von den Beteiligten immer auch „ausgefüllt und aufgeführt" werden (Balzer/Bergner 2012, 258).

3 Soziokulturelle Theaterarbeit: Aktuelle partizipatorische Konzepte

Ein weiteres zentrales Arbeitsfeld der Theaterpädagogik lässt sich mit dem Begriff der Soziokultur umschreiben. Der Terminus wurde von Hermann Glaser und Karl Heinz Stahl mit dem Buch „Die Wiedergewinnung des Ästhetischen – Perspektiven und Modelle einer neuen Soziokultur" (1974) in die westdeutsche Debatte eingeführt und beschreibt einen kulturpolitischen Reformanspruch aus den 1960er- und 1970er-Jahren (vgl. Knoblich 2003, 277), der einen erweiterten Kulturbegriff proklamierte und sich gegen die „eher restaurative Kulturpolitik im Westen Nachkriegsdeutschlands wandte" (ebd.). Es ging gleichzeitig darum, *Kultur* zu demokratisieren und *mit* Kultur zu *demokratisieren* (vgl. ebd.). Kultur sollte fortan ganzheitlich gefasst und mit dem Leben versöhnt werden, um so Chancengleichheit und Mitbestimmung zu ermöglichen (vgl. ebd.). Dabei sollte „die Mitbestimmung des Individuums durch Mitbestimmung in und an der Gemeinschaft [...] in den Spielräumen der Kultur" (Glaser, zit. nach ebd.) eingeübt werden. An die Stelle einer „elitären Hegemonialkultur des schönen Scheins" setzte man einen „Entwurf partizipativer Soziokultur" (ebd.). Als Gestaltungsprinzip zielte Soziokultur insbesondere auf „umfassende Partizipation, ganzheitliche Aneignung, Abbau von Zugangshemmnissen, offenere und flexiblere Planung und Durchführung von Vorhaben, Herstellung gesellschaftlicher Relevanz und individueller Handlungsfähigkeit" (ebd., 278).

Das hier als Soziokultur bezeichnete theaterpädagogische Arbeitsfeld ist mithin selbst ein Ergebnis der „partizipatorischen Revolution" (Kaase) der 1960er- und 1970er-Jahre und bleibt bis heute eng mit dem Teilhabe-Gedanken verbunden. Während sich allerdings große Teile der Soziokulturbewegung in ihren Anfangsjahren vor allem als „Kultur von unten" verstanden und dabei auf Autonomie, Selbstverwaltung und Unabhängigkeit von staatlichem Einfluss setzten – und häufig auch ohne öffentliche Gelder auskommen mussten –, hat sich Soziokultur heute weitgehend professionalisiert und wird als Sozial- und Kulturarbeit sowie im Rahmen sonstiger non-formaler Bildungsangebote in der Regel staatlich finanziert. Diese Entwicklung ist das Resultat eines Zusammentreffens der alternativen, freien Soziokulturbewegung mit den genannten Reformbemühungen der offiziellen Kulturpolitik (vgl. B. Wagner 2011, 25; 27), die später unter dem Hoffmann'schen Motto „Kultur für alle (und von allen)" firmierten (→ III.1). Auch die Gründung von Jugendzentren sowie

„Soziokulturellen Zentren“ und – seit den 1980er-Jahren – auch „Theaterpädagogischen Zentren“ (TPZ) sind im Kontext dieser Entwicklungen zu verstehen.

Mit soziokultureller Theaterarbeit bzw. der in der deutschsprachigen Theaterpädagogik geläufigen alternativen Bezeichnung „Theaterarbeit in sozialen Feldern“ (Koch et al. 2004)[108] wird hier ein theaterpädagogisches Berufsfeld an der Schnittstelle von (freier) Theaterarbeit mit Sozialer Arbeit, Sozialpädagogik, sozialer Kulturarbeit, Jugendarbeit, Stadtteil- und Gemeinwesenarbeit bis hin zu entwicklungsbezogener Projektarbeit beschrieben. In den letzten Jahren lässt sich für dieses zentrale Arbeitsfeld der Theaterpädagogik eine neue ‚Welle‘ partizipatorischer Konzepte konstatieren, wie etwa das Community Theatre oder das auch in der Theaterwissenschaft vielfach diskutierte Applied Theatre,[109] das sich explizit als „participatory theatre“ (J. Thompson 2012, xiii) versteht. Die partizipatorische Ausrichtung des Applied Theatre hat dabei vor allem historische Gründe: „[…] it is also a product of the practicalities of creating an engaged, participatory theatre in the particularly brutal and unforgiving economic environment of the 1980s and 1990s“ (ebd.). Wie die Forschergruppe des Projekts „The Aesthetics of Applied Theatre“ an der Freien Universität Berlin konstatiert,[110] stellt der Begriff der Partizipation heute „einen mehr als zentralen Terminus im Diskurs dar“ (Warstat et al. 2015, 168). Obschon sich die „Wirkungsversprechen“ des Applied Theatre „in der Regel eher an Mitwirkende als an Zuschauer“ richten (ebd., 8), meint Partizipation hier sowohl die Involvierung nichtprofessioneller Spieler_innen als auch Zuschauerbeteiligung im engeren Sinne: „[…] the course of a project might involve participants in a series of differing participative

108 Vgl. auch die Einrichtung des – inzwischen wieder eingestellten – Lehrgangs „Theaterpädagogik/Theatre Work in social fields“ an der Karl-Franzens-Universität Graz (in Kooperation mit InterAct), den Studiengang „Theater im Sozialen“ an der Hochschule für Künste im Sozialen Ottersberg sowie das Profilstudium „Theater als soziale Kunst“ an der Fachhochschule Dortmund.

109 Der Begriff „Applied Theatre“ bzw. „Applied Drama“ verbreitete sich in den englischsprachigen Ländern seit den 1990er-Jahren zur Bezeichnung von Theaterformen außerhalb von „[…] conventional mainstream theatre institutions, and which are specifically intended to benefit individuals, communities and societies“ (Nicholson 2005, 2). Applied Theatre bezieht sich damit auf Anwendungsformen von Theater außerhalb des Kunstraums bzw. der Institution Theater, wie etwa in „community and educational settings“ (Prentki/Preston 2009a, 11). Warstat u. a. fassen hierunter sogar alle Theaterformen außerhalb eines im engeren Sinne zu verstehenden Kunstkontextes, womit Applied Theatre zum Überbegriff für sämtliche Formen der Theaterpädagogik (Theater in der Schule, Theaterjugendclubs, Gefängnistheater, Unternehmenstheater etc.) sowie der Theatertherapie wird (vgl. Warstat et al. 2015, 9). In den letzten zwanzig Jahren wurden in den USA, Großbritannien und Australien zudem Studiengänge zum Applied theatre gegründet (vgl. Taylor 2003, xxi). Unabhängig von den häufig differierenden Klassifizierungen ist beim Applied Theatre der erste Begriffsteil – das ‚applied‘ im Sinne von ‚angewandt‘ – entscheidend. So verweist der Begriff weniger auf eine bestimmte Theaterform oder ein Genre, als vielmehr auf verschiedene Anwendungskontexte (vgl. Warstat et al. 2015, 10). Helen Nicholson, eine Hauptvertreterin des Ansatzes in Großbritannien, beschreibt Applied Theatre in Analogie zur Unterscheidung zwischen reiner und angewandter Mathematik als eine Form angewandten Theaters, das sich der Lösung konkreter Probleme verschreibt (vgl. Nicholson 2005, 5 f.). Der Begriff antwortet damit vor allem auf die Frage, „[…] in welchem Rahmen und zu welchem Zweck Theater gespielt wird“ (Warstat et al. 2015, 10). Dabei wird nicht Theater um des Theaters willen gemacht, sondern es werden konkrete „Zwecke im Voraus explizit formuliert“ (ebd.), wie etwa „self-development, wellbeing and social change“ (Prentki/Preston 2009a, 14).

110 Vgl. www.applied-theatre.org (letzter Zugriff: 22.09.2016).

relationships and theatrical transactions according to the needs of the project." (Prentki/Preston 2009a, 10) Insbesondere die partizipatorischen Verfahren des Theaters der Unterdrückten nach Augusto Boal – ob zur Durchführung eines Workshops, zur Entwicklung eines (z. B. Forumtheater-)Stücks oder zur gezielten Beteiligung von „ZuSchauspielenden"[111] – stellen zentrale Methoden des Applied Theatre dar: „The majority of the theatre forms discussed within this book ['Applied Theatre: Creating Transformative Encounters in the Community', J. K.] are in some way derived from the 'theatre of the oppressed' tradition of August Boal. This is exhibited in the centrality offered to participatory workshop, the blurring of spectator and audience divisions and the role of interactive 'forum'-style performances." (Taylor 2003, xvi)

Auch das Konzept des Community Theatre,[112] das sich in den letzten Jahren im deutschsprachigen Raum vor allem im Bereich der Jugendkultur- und sozialen Stadtteilarbeit[113] verbreitet hat und in der Regel als Spielart des Applied Theatre beschrieben wird (vgl. ebd., xviii), versteht sich als genuin partizipatorische Theaterpraxis. Dabei zielt das heutige Community Theatre in der Regel auf eine Form der Partizipation, bei der die Beteiligten möglichst aktiv in den künstlerischen Prozess miteinbezogen werden: „In order for a work to be considered community art, the bottom line is that it actively involves people in an artistic process or in the production of a work of art." (Gielen 2011, 20) Wie der Begriff schon suggeriert, beschreibt Community Theatre[114] eine Theaterform, die sich auf eine Community bezieht: „We might define community theatre as theatre made by and intended for, members of a community." (P. Thompson

111 Zu den Begrifflichkeiten und Verfahren des Theaters der Unterdrückten nach Augusto Boal siehe den folgenden Abschnitt III.3.1.

112 Historisch gesehen geht das Community Theatre auf die Community-Arts-Bewegung in Großbritannien seit Mitte der 1960er-Jahre zurück und ist bis heute vor allem im angloamerikanischen Raum sowie in den Niederlanden stark verbreitet (vgl. Gielen 2011, 29). In der deutschsprachigen Theaterpädagogik spielte der Ansatz hingegen lange eine untergeordnete Rolle. So findet sich im „Wörterbuch der Theaterpädagogik" (Koch/Streisand 2003) kein eigener Eintrag zu dem Begriff – im Unterschied etwa zu Braunecks „Theaterlexikon" (1992). Dies mag damit zusammenhängen, dass das Konzept in Deutschland zunächst von theaterwissenschaftlicher Seite – und eher aus der Perspektive des professionellen Theaters sowie professioneller Theaterschaffender – rezipiert wurde (vgl. Bleike 1992, 247). Zu seiner Entstehungszeit vergleichbare Reformbewegungen in (West-)Deutschland waren etwa das Arbeiter- und Lehrlingstheater – allerdings mit dem Unterschied, dass im ursprünglichen britischen Community Theatre die Arbeiter_innen oder Lehrlinge nicht zwingend selbst auf der Bühne standen. Es ging vielmehr darum, „Theaterarbeit in die kommunalen Strukturen einer Stadt oder Region einzubringen und inhaltlich an den Problemen ihrer Bewohner anzuknüpfen", wobei auch „theaterfremde[ ] Spielstätten wie pubs, Werkskantinen oder picket lines" erschlossen wurden (ebd., 6).

113 Im Feld des Community Theatre verorten sich z. B. in Berlin das Jugendtheaterbüro Moabit, das Seniorentheater Theater der Erfahrungen sowie das Expedition Metropolis Community Theater, das in Kooperation mit der Berliner Rosa-Parks-Grundschule das alljährliche „Kreuzberger Community Festival – Die Kunst der Versammlung" organisiert.

114 Bisweilen wird der Begriff im englischen Sprachgebrauch auch zur Unterscheidung von ‚professionellem' (*professional*) und ‚nicht-professionellem' (*community*) Theater verwendet, wobei sich dies in der Regel auf die Theaterspielenden bezieht (vgl. in dem Zusammenhang z. B. das Buch: „Royston Maldoom. Community Dance – Jeder kann tanzen: Das Praxisbuch", Carley 2010).

2012) Allerdings wird in der Regel offengelassen, wer oder was alles eine Community sein kann. So heißt es etwa in einer Broschüre des Berliner Expedition Metropolis Community Theater: „Das Miteinander tritt in den Vordergrund, sodass Kommunikations- und Austauschebenen nicht durch Sprache, Alter und Bildungshintergrund bestimmt sind. Diese sich immer neu formenden Gemeinschaften (Communities) ermöglichen einen anderen Zugang zu Identität und Eigensinn." (ExMe 2013, 4) Das englische Wort *community* scheint zudem für den deutschsprachigen Kontext besonders attraktiv, da sich bei ihm, wie Gerd Koch schreibt, „ein anderer Assoziationsraum" als beim deutschen Gemeinschaftsbegriff eröffnet: „Es wird nicht ans Volk als ethno-nationaler Größe [...] erinnert, sondern an eine bürgerschaftliche Zivilisation, die den *citoyen* als soziales und Rechts-Subjekt versteht" (Koch 2009, 86). So kann der Begriff der Gemeinschaft im Konzept des Community Theatre – von Koch mit „CT" abgekürzt – „[...] auch eine positive Konnotation haben, nämlich dann, wenn man die Binnenverhältnisse, die ‚sozial-nahen' Produktionsverhältnisse einer CT-Gruppe beschreiben oder gestalten will" (ebd., 87). Community Theatre sei daher als ein dynamisches Modell von gesellschaftlicher Beteiligung im Kleinen zu verstehen (vgl. ebd., 89). Partizipation, so Koch im Anschluss an Harald Welzer, spiele dabei eine Schlüsselrolle: „Das Konzept einer guten Gesellschaft favorisiert nicht Verzicht, sondern Teilhabe und Engagement [...], und eine Gesellschaft, die größere Teilhabe und höheres Engagement erlaubt, ist besser in der Lage, die dringenden Probleme zu lösen, als eine, die ihre Mitglieder gleichgültig lässt." (Welzer, zit. nach ebd., 97 f.) Das Community Theatre stehe zudem methodisch in der Tradition des Mitspieltheaters: „Es ist Beteiligungsmodell, das Partizipation, kulturelle Dynamisierung, empowerment, Lernen am Erfolg, Selbstkräftigung kennt und nicht Hilfe als Abhängigkeitsverhältnis, sondern als Assistenz versteht [...]" (ebd., 95). Dazu greift auch das Community Theatre insbesondere auf die Methoden des Theaters der Unterdrückten und ihr Modell des „ZuSchauspielers" zurück (vgl. ebd., 91 ff.):[115]

> Spieler werden zu Zuschauern/Beobachtern – das Zuschauspieler/spect-actors-Modell einmal so zu nutzen (in diesem Kunst-Begriff speCT-aCTor steckt zweimal die hier verwendete Abkürzung für community theatre: CT!). Mitspielmomente sollen, können bewusst eingeplant werden und Teil der offengelegten Inszenierungsprinzipien sein. (Ebd., 93)

Die partizipativen Methoden des Theaters der Unterdrückten spielen demnach sowohl im Applied Theatre als auch im Community Theatre eine zentrale Rolle. Dies

115 Auch international spielen die Boal'schen Methoden im Community Theatre eine große Rolle, wie etwa aus den Publikationen „Theatre and Empowerment – Community Drama on the World Stage" (Boon/Plastow 2004) oder „Using participatory theatre in international community development" (Sloman 2011) hervorgeht.

gilt jedoch nicht nur für diese beiden aktuell populären Konzepte, sondern trifft auf die soziokulturelle Theaterpädagogik insgesamt zu. Vor allem im Bereich der Sozialen Arbeit und der Sozialpädagogik, aber auch in der entwicklungsbezogenen Theaterarbeit sind insbesondere aktuelle Adaptionen und Weiterentwicklungen des Theaters der Unterdrückten sehr beliebt und weit verbreitet. Zwar gibt es in der Bundesrepublik[116] – im Unterschied etwa zu Österreich[117] – nur wenige feste Forumtheater-Gruppen, die vor Publikum spielen (vgl. Clausen/Hahn 2009c, 131). Dafür lassen sich seit etwa 15 Jahren neuere Praktiken des Forumtheaters an der Schnittstelle zur Stadtteil- und Gemeinwesenarbeit beobachten, wie z. B. das Kieztheater in Berlin-Kreuzberg, das – ähnlich dem schon länger im österreichischen Graz praktizierten Ansatz der Gruppe InterACT – zudem mit Formen des „Legislativen Theaters“[118] experimentiert. Auch in der politischen Bildung wird das Forumtheater häufig als Mittel eingesetzt, wie etwa beim Bundeskongress „Partizipation von Kindern und Jugendlichen als gesellschaftliche Utopie?“ 2001 in Berlin (vgl. Zinser/Letsch 2004) oder im Rahmen des EU-Projekts „Active Citizenship and Participation“ (vgl. Wrentschur 2006, 38). Darüber hinaus hat sich eine breite Workshopkultur in der Erwachsenenbildung und an Hochschulen herausgebildet, bei der mit Boal'schen Verfahren „Themen wie der Umgang mit dem Fremden, Gewalt- und Ohnmachtserfahrungen im öffentlichen wie privaten Bereich und Genderfragen“ szenisch diskutiert werden (Kempchen 2001, 148). Gerade neuere Ansätze im Theater der Unterdrückten wie David Diamonds „Theater zum Leben“ (2013) erfreuen sich zudem in der NGO-Arbeit und in der Postwachstumsbewegung großer Beliebtheit. Auch die globalisierungskritische Bewegung, wie z. B. attac, setzt vermehrt auf Aktionsformen des Theaters der Unterdrückten (vgl. Bastian Fritz 2006).

Aufgrund dieser zentralen Stellung im Feld der soziokulturellen Theaterarbeit soll das sich explizit partizipatorisch verstehende Theater der Unterdrückten den Gegenstand dieses Kapitels bilden. Nach einem kurzen Überblick über seine Geschichte und Entwicklung **(3.1)** werden insbesondere die zeitgenössischen Ausprägungen des Theaters der Unterdrückten – d. h. in Form der genannten aktuellen Entwürfe und Konzeptionen – in den Blick genommen, wobei auch hier wieder Vorstellungen von Partizipation sowie das in den jeweiligen Programmatiken angerufene partizipierende Subjekt im Fokus stehen **(3.2)**. Angesichts der beein-

116 Zu den bekannteren Forumtheater-Gruppen in Berlin zählen etwa KURINGA Berlin, die Neuköllner Gruppe Die Sultantinen sowie das Forumtheater RAAbenschwarz.

117 Für einen Überblick über die österreichischen Forumtheater-Gruppen vgl. die Webseite der „ARGE Forumtheater Österreich – Plattform für Theaterpädagogik und partizipative Theaterarbeit“ (http://argeforumtheater.at; letzter Zugriff: 14.04.2016).

118 Zum Legislativen Theater nach Augusto Boal siehe den folgenden Abschnitt III.3.1.

druckenden Menge der in den letzten Jahren erschienenen Publikationen[119] bedarf es dabei einer Eingrenzung des zu analysierenden Textkorpus. So wird sich hier insbesondere auf die im deutschsprachigen Raum erschienenen bzw. breiter rezipierten Publikationen beschränkt. Den Schwerpunkt bilden dabei sich als partizipatorisch sowie als Aktualisierung des Theaters der Unterdrückten begreifende Entwürfe: Untersucht werden das bereits erwähnte Buch David Diamonds, „Theater zum Leben – Über die Kunst und die Wissenschaft des Dialogs in Gemeinwesen" (2013), Birgit Fritz' „Von Revolution zu Autopoiese – Auf den Spuren Augusto Boals ins 21. Jahrhundert" (2013b) sowie zentrale Publikationen des Leiters der Grazer Gruppe InterACT, Michael Wrentschur (2004; 2006; 2011; 2012; 2013; 2014). Darüber hinaus werden Texte aus dem von Harald Hahn, dem künstlerischen Leiter des Kieztheaters Kreuzberg und des Legislativen Theaters Berlin, mitherausgegebenen Band „Das Kieztheater: Forum und Kommunikation für den Stadtteil" (Clausen et al. 2009a) sowie Thomas Haugs Publikation „‚Das spielt (k)eine Rolle!' Theater der Befreiung nach Augusto Boal als Empowerment-Werkzeug im Kontext von Selbsthilfe" (2005) herangezogen. Die wesentlichen Ergebnisse dieser Analyse werden abschließend wieder zusammengefasst und unter der hier verfolgten gouvernementalitätskritischen Perspektive diskutiert **(3.3)**.

3.1 Das Theater der Unterdrückten nach Augusto Boal

Das „Theater der Unterdrückten" (im Folgenden mit „TdU" abgekürzt) geht auf den brasilianischen Theatermacher Augusto Boal zurück (vgl. seine gleichnamige, erstmals 1979 auf Deutsch erschienene Publikation).[120] Boal wählte den Begriff in Anlehnung an Paulo Freires „Pädagogik der Unterdrückten" (1972)[121] zur Bezeichnung

119 Für eine Übersicht über die in den letzten Jahren erschienenen internationalen sowie deutschsprachigen Publikationen zum Theater der Unterdrückten vgl. Fritz (2013, 25 ff.).

120 Für eine Einführung in das Leben und Werk Augusto Boals (1931–2009) vgl. Staffler (2009). Eine ausführliche Darstellung der Entstehungsgeschichte des Theaters der Unterdrückten im Zusammenhang mit der Biografie Augusto Boals findet sich zudem bei Haug (2005, 44 ff.) sowie in dem Buch „Die Entwicklung des Theaters der Unterdrückten seit Beginn der achtziger Jahre" (Wiegand 1999). Die meisten Publikationen zum Theater der Unterdrückten enthalten detaillierte Ausführungen zum Werdegang Augusto Boals und den einzelnen Entwicklungsstufen des Theaters der Unterdrückten.

121 Paulo Freire (1921–1997) gilt als einer der weltweit einflussreichsten Pädagog_innen des 20. Jahrhunderts. Seine „Pädagogik der Unterdrückten" (1972) stellt den Versuch dar, pädagogische Praxis mit dem Ziel der Befreiung der unterdrückten Klassen zu verbinden. So kritisierte er die herkömmlichen Unterrichtsverfahren als „Bankiers-Methode", bei der die Lehrkraft die Köpfe der Schüler_innen lediglich mit Inhalten fülle („Spareinlage"). Stattdessen bedürfe es einer neuen Pädagogik des gleichberechtigten Dialogs zwischen Lehrenden und Lernenden, die als handlungsfähige Subjekte anzusehen seien. Dabei hatte Freire insbesondere jene Menschen im Blick, die den unterdrückten Klassen angehören, wovon unter anderem das von ihm in den 1960er-Jahren entwickelte Alphabetisierungsprogramm zeugt.

einer Vielzahl unterschiedlicher, sich als politisch begreifender Theaterformen, die er ab Mitte der 1960er-Jahre in Abgrenzung zu dem auch von ihm zuvor praktizierten Agitprop-Theater entwickelte, wie unter anderem das „Zeitungstheater" während seiner Tätigkeit als Leiter des Núcleo do Teatro de Arena[122] in São Paulo zur Zeit der brasilianischen Militärdiktatur, das „unsichtbare Theater" während seines Exils in Argentinien und das „Forumtheater" während seines Aufenthalts als Alphabetisierer in Peru (vgl. Boal 1979, 97) sowie zahlreiche Übungen und Theaterspiele (vgl. Boal 1989).[123] Besonders relevant für die im Folgenden analysierten neueren TdU-Entwürfe sind – neben dem Forumtheater – die von Boal im europäischen Exil entwickelten Verfahren „Regenbogen der Wünsche" und „Polizisten im Kopf" (vgl. Boal 1999) sowie das „Legislative Theater" (Boal 1998), das er nach seiner Rückkehr nach Brasilien als Stadtverordneter von Rio de Janeiro in den 1990er-Jahren praktizierte.[124] Zentral für alle diese unter dem Dach des TdU vereinten „Techniken" ist ein Verständnis von Theater als einem Mittel sozialen und politischen Wandels, wobei Boal hierunter zunächst eine „Revolution" verstand: „Auch wenn Theater selbst nicht revolutionär ist, diese Theaterformen sind ohne Zweifel eine Probe zur Revolution." (Boal 1979, 58) Probe wird dabei im Boal'schen „Volkstheater" weniger als ein Probieren und Einstudieren vorgegebener Handlungsweisen denn als Experiment verstanden. Im Gegensatz zum bürgerlichen Theater, in dem eine bereits „fertige, geschlossene Welt" repräsentiert werde, könnten die ausgebeuteten Klassen nämlich noch nicht wissen, wie ihre Welt sein wird: „Folglich ist ihr Theater die Probe und nicht das fertige Schauspiel." (Ebd.) Zudem versteht Boal das Theater als eine „Sprache", die von jedem verwendet werden könne, „[...] unabhängig davon, ob er künstlerische Fähigkeiten besitzt oder nicht" (Boal, zit. nach Baumann 2001, 11).

Boal geht es in erster Linie um die „Befreiung" von Unterdrückung, weshalb er alternativ zum Begriff des TdU auch die Bezeichnung „Theater der Befreiung" verwendet (vgl. Boal 1979, 67 ff.). Das zentrale Ziel seiner „Volkstheater-Techniken" ist dabei „die Befreiung des Zuschauers" (ebd., 66), der „das passive Wesen par excellence" und „weniger als ein Mensch" sei: „Es tut not, ihn wieder zum Menschen zu machen, ihm seine Handlungsfähigkeit zurückzugeben. Er muss Subjekt,

122 Das Teatro de Arena bestand aus einem reinen (professionellen) Schauspielensemble, das allein im Theater arbeitete, sowie verschiedenen „núcleos" (Kerngruppen), die sich aus Schauspieler_innen, Laien, Studierenden und Mitarbeiter_innen der Volkskulturzentren zusammensetzen und insbesondere im brasilianischen Hinterland Stücke aufführten sowie in den Volkskulturzentren mitwirkten (vgl. Boal 1979, 12).

123 Beim Zeitungstheater soll durch bestimmte Techniken, wie z. B. rhythmisches oder pointiertes Lesen, oder indem einzelne Meldungen aus dem Zeitungskontext herausgelöst und ohne verzerrende Vermittlung dem Publikum vorgetragen werden, die sogenannte Objektivität des Journalismus entlarvt werden (vgl. Boal 1979, 28 ff.). Das Unsichtbare Theater findet in der Regel im öffentlichen Raum statt. Die Spielenden folgen meist einem Skript und einer festumrissenen Konfliktsituation. Die Zuschauenden, z. B. Passant_innen, wissen nicht, dass sie Zuschauende sind; sie sollen vielmehr zum Eingreifen in den Konflikt motiviert und dadurch zu Handelnden werden (vgl. ebd., 34 ff.). Für eine Erläuterung des Forumtheaters siehe weiter unten.

124 Für eine Erläuterung dieser Verfahren siehe weiter unten.

Protagonist werden." (Ebd.) Den Zuschauern[125] müsse daher geholfen werden, „sich von ihrer ersten Unterdrückung zu befreien: von ihrer Zuschauerrolle" (ebd., 118). Während Boal zufolge im Aristotelischen Theater die Zuschauer die Figuren ermächtigten, für sie zu denken und zu handeln, und bei Brecht zwar eine Bewusstmachung bei den Zuschauern erreicht werde, gleichzeitig jedoch das Handeln den Figuren überlassen bleibe, ziele die „Poetik der Unterdrückten" als eine „Poetik der Befreiung" auf die Handlungsebene: „Der Zuschauer befreit sich: er denkt und handelt selbst." (Ebd., 66) Dementsprechend sei die Grenze zwischen Zuschauern und Schauspielern aufzuheben, indem die Zuschauer von Anfang an in den Theaterprozess involviert würden bzw. die Gelegenheit erhielten, selbst auf die Bühne zu treten und zu intervenieren. In Anspielung an die Joker-Karte in einem Kartenspiel erschuf er dazu eine Art Moderatoren- oder vermittelnde Figur: den „Joker" (port. *coringa* oder *curinga*), der die Zuschauer zu einer aktiven Teilnahme animieren und sie dabei unterstützen soll, ihre Handlungsvorschläge auf der Bühne umzusetzen.[126] Im Unterschied zu Brechts Lehrstücken, bei denen man allein zwischen zwei vorgegebenen Möglichkeiten wählen könne (vgl. Boal 1999, 159 f.), ermögliche das TdU einen offenen Prozess, „der den Einzelnen kreativ werden lässt" (ebd., 160). Obwohl Boal, wie schon Brecht, von der marxistischen Grundannahme ausgeht, dass der Einzelne durch die gesellschaftlichen Strukturen bestimmt ist (vgl. „Osmose", s. u.), erhält bei ihm das Individuum, das nun kreativ aus sich selbst schöpfen kann, einen anderen, neuen Stellenwert. Dieser äußert sich vor allem in der veränderten Rolle des Zuschauers, der weder, wie im konventionellen Theater, Empathie empfinden, noch, wie im epischen Theater, in eine kritische Distanz zum Bühnengeschehen treten, sondern „selbstverantwortlich als Subjekt" (ebd., 49) handeln soll, sodass sich jeder als Subjekt fühlen und folglich für den anderen Sympathie empfinden könne. Spricht Boal in seinen älteren Schriften noch von „mitwirkenden Zuschauer[n]" (Boal 1979, 71) oder „Zuschauer-Mitwirkenden" (ebd., 85), so führt er in seinen jüngeren Publikationen einen neuen Terminus für diesen Typ des partizipierenden Zuschauers ein: den „spect-actor" (port. *espect-ator*), der im Deutschen in der Regel mit „Zu-Schauspieler"[127] wiedergegeben wird (Boal 1999, 24).

Damit die angestrebte „Aktivierung des Zuschauers" (Boal 1979, 98) erfolgreich verläuft, beginnt ein TdU-Workshop in der Regel mit Körperarbeit, bei der sich der

---

125 Um Boals Originaltext möglichst eng zu folgen, wird im Folgenden von der gendergerechten Schreibweise abgewichen.

126 Der Joker spielt insbesondere im Forumtheater eine zentrale Rolle. Zu den verschiedenen Formen des Jokers bzw. Curinga vgl. Fritz (2013, 156 ff.).

127 Die Schreibweise dieses Boal'schen Neologismus variiert in den deutschsprachigen Publikationen zwischen „Zu-Schauspieler" bzw. „Zu-Schauspielerin" (mit Bindestrich) und „ZuSchauspieler" bzw. „ZuSchauspielerin" sowie „ZuSchauspielende". In der folgenden Darstellung der neueren TdU-Entwürfe wird in der Regel der gendergerechten Variante ohne Bindestrich gefolgt.

Teilnehmer „seiner körperlichen Vermögen ebenso wie der Deformationen, denen sein Körper durch die ihm auferlegte Arbeit ausgesetzt ist“ (ebd., 47), bewusst werden soll. In einem ersten Schritt geht es um das Erleben der „Entfremdung“ des eigenen Körpers (ebd., 48), um sich in einem zweiten Schritt von dieser zu befreien und durch verschiedene Übungen eine grundlegende körperliche Ausdrucksfähigkeit (wieder) zugewinnen (vgl. ebd., 49 ff.). Erst dann wird ein Forumtheater durchgeführt, in dem zunächst ein Zuschauer „[...] ein politisches oder soziales Problem schildert, von dem er selbst betroffen ist“ (ebd., 56). Daraus wird im Anschluss eine kurze Szene entwickelt, die einen – in der Regel unbefriedigenden – Lösungsvorschlag enthält (vgl. ebd.). Sodann werden die Zuschauer gefragt, ob sie damit einverstanden sind. Zudem dürfen die Zuschauer die Szene durch einen Stopp-Ruf unterbrechen, um den Protagonisten der Szene – d. h. die unterdrückte Person – zu ersetzen und eine alternative Möglichkeit zur Überwindung der Unterdrückung zu erproben (vgl. ebd., 83). Grundsätzlich dürfen zwar alle Schauspieler ersetzt werden, d. h. es darf auch die Rolle der Unterdrücker übernommen werden (vgl. ebd., 84). Die Perspektive, aus der die Szene erfolgt, bleibt jedoch die der unterdrückten Person, die durch „neue Versionen der Repression“ dazu gezwungen wird, „neue Wege zu ihrer Überwindung zu finden“ (ebd.).[128]

Seit seiner Zeit im europäischen Exil in den 1970er- und frühen 1980er-Jahren entwickelte Augusto Boal gemeinsam mit seiner Frau, der Psychoanalytikerin Cecília Boal, zudem die sogenannten „prospektiven“ und „introspektiven“ Techniken, die er später in seiner – der letzten ins Deutsche übertragenen – Publikation, „Der Regenbogen der Wünsche – Methoden aus Theater und Therapie“ (Boal 1999), niederschrieb. Diese neueren Techniken sind vor allem zur Arbeit im Sozialbereich, in der politischen Bildung oder der Psychotherapie bestimmt (vgl. ebd., 22). Dabei basieren erstere auf dem Bilder- bzw. Statuentheater und dienen der Herstellung von Beziehungen zwischen individuellen und kollektiven Problemen in der Gruppe, etwa indem, wie beim „Bild der Bilder“, jedes Gruppenmitglied zunächst sein jeweils individuelles (Stand-)Bild zu demselben Thema entwirft und anschließend aus den verschiedenen Bildern ein gemeinsames Gruppenbild geformt wird (vgl. ebd., 74 ff.). Demgegenüber zielen die introspektiven Techniken wie der „Regenbogen der Wünsche“ oder „Polizisten im Kopf“ auf die Bearbeitung individueller Problemlagen bzw. „Formen von seelischer Unterdrückung“ (ebd., 21). Beide Techniken werden im Folgenden kurz erläutert, da sie in den neueren partizipatorischen TdU-Entwürfen, insbesondere bei David Diamond (→ III.3.2.1), eine wichtige Rolle spielen.

---

128 Während Boal dieses Modell des Forumtheaters in Lateinamerika ursprünglich mit wenigen Teilnehmenden durchführte, bildeten sich in Europa Forumtheater-Gruppen, die vor und mit bis zu hundert Menschen arbeiten (vgl. Boal 1979, 82). Diese Gruppen, wie z. B. Cardboard Citizens (Adrian Jackson, London), Giolli (Roberto Mazzini, Italien), Stichting Formaat (Ronald Mattyssen, Rotterdam), Kuringa (Bárbara Santos & Till Baumann, Berlin) sowie InterACT (Michael Wrentschur, Graz) u. v. a. m., haben dabei das Forumtheater-Modell entscheidend weiterentwickelt (vgl. Wrentschur 2006, 33).

Der Ausgangspunkt sowohl beim „Regenbogen der Wünsche“ als auch bei den „Polizisten im Kopf“ ist meist eine von einem Teilnehmer geschilderte spezifische Konfliktsituation, die in verschiedenen Phasen erforscht werden soll. Beim Regenbogen der Wünsche bildet der Teilnehmer (der Protagonist) einzelne Bilder von persönlichen Wünschen bzw. Gefühlszuständen mittels Körperausdruck, die von weiteren Teilnehmern reproduziert werden und die jeweils für eine Farbe des Regenbogens stehen (vgl. ebd., 128 f.). Diese Farben sollen darnach aktiviert werden und sich gegen den Antagonisten durchsetzen, der von einem anderen Teilnehmer gespielt wird und meist die (reale) Person repräsentiert, an die sich die Wünsche des Protagonisten richten (vgl. ebd., 129). Am Ende folgt eine Auseinandersetzung zwischen dem Antagonisten und dem Protagonisten, der – nach verschiedenen Übungsphasen der Auseinandersetzung mit seinen eigenen Wünschen – diesen gestärkt Ausdruck verleihen und gegen den Antagonisten durchsetzen soll (vgl. ebd., 132). Die Technik „Polizisten im Kopf“ verläuft auf ähnliche Weise wie der „Regenbogen der Wünsche“ und wird vor allem für Situationen angewandt, in denen sich der Protagonist aus verständlichen oder unverständlichen Gründen zu handeln gehindert fühlt (vgl. ebd., 116). Eine solche Situation wird zunächst von Protagonist und Antagonist improvisiert. In der Folge formt der Protagonist mithilfe weiterer Teilnehmer Bilder von „Polizisten“, d. h. Instanzen in seinem Kopf, die ihn daran hindern, frei zu handeln, wie z. B. (die Stimme) des eigenen Vaters, Arbeitgebers etc. (vgl. ebd., 117). Danach wird die Szene zwischen dem Protagonisten und dem Antagonisten reimprovisiert, wobei die einzelnen Polizisten zunächst „unsichtbar“ bleiben, auf einer „surrealistischen Ebene“ jedoch improvisieren und Gedanken äußern können, die ihnen in den Sinn kommen (vgl. ebd., 118). Der Protagonist handelt sowohl auf der Ebene der Szene mit dem Antagonisten als auch auf der „surrealistischen Ebene“ in der Auseinandersetzung mit den einzelnen Polizisten, was nicht selten zu einer Überforderung des Protagonisten führt (vgl. ebd., 119). Daraufhin bildet der Protagonist mithilfe weiterer Teilnehmer „Antikörper“, die die einzelnen Polizisten „entwaffnen“ können. Die Antikörper und Polizisten treten nun in eine Auseinandersetzung, die vom Protagonisten in Ruhe beobachtet werden kann (vgl. ebd., 120). Sowohl beim „Regenbogen“ als auch bei den „Polizisten“ tauschen sich die Teilnehmer am Ende in einer Diskussion über ihre Beobachtungen aus (vgl. ebd., 120 f.; 132).

Diese eher therapeutisch ausgerichteten Techniken lassen sich als eine Reaktion auf die gesellschaftlich-politische Situation in (West-)Europa verstehen. Bereits in seinem ersten Buch schreibt Boal: „Wenn die Unterdrückung subtiler, schwerer durchschaubar ist, dann müssen auch die Mittel zu ihrer Bekämpfung subtiler sein.“ (Boal 1979, 68) Zwar seien auch die Menschen in Europa von Unterdrückung betroffen, doch werde diese in der Regel auf subtilere Art und Weise ausgeübt als die

„konkrete und sichtbare Unterdrückung" in Lateinamerika (Boal 1999, 21). Vor allem im europäischen Kontext geht es ihm daher in erster Linie „[...] um die Überwindung von innerer Unterdrückung, genauer um die Befreiung des Ichs von internalisierten Zwängen und um die Erweiterung des Blickfeldes in der Dialektik von Selbst- und Fremdwahrnehmung" (Weintz 1999, 8).

Während seiner Zeit als *vereador* (port. Stadtverordneter) von Rio de Janeiro von 1991 bis 1996 entwickelte Boal mit dem „Legislative Theatre" (Boal 1998) eine weitere TdU-Form. Dieses Legislative Theater basiert im Wesentlichen auf dem Verfahren des Forumtheaters, doch sollen nun die sich aus dem Forumprozess ergebenen Wünsche und Änderungswünsche der Teilnehmer „in Protokollen festgehalten und von Rechtsexperten in konkrete Gesetzesinitiativen umgesetzt" (Weintz 1999, 11) werden. In seiner Funktion als Vereador für die brasilianische Arbeiterpartei (*Partido dos Trabalhadores*) versuchte Boal dann, diese theatral erarbeiteten Gesetzesinitiativen ins Stadtparlament einzubringen (vgl. Clausen/Hahn 2009c, 140). Wie im TdU der Zuschauer zum Schauspieler werde, so solle der Bürger im Legislativen Theater zum Gesetzgeber werden (vgl. Boal 1998, 15). Dabei versteht Boal sein Legislatives Theater als ein Teil einer „'transitive', or 'participatory', 'interactive' democracy" (ebd.).

Während das Legislative Theater auf konkrete gesetzliche Änderungen zielt und damit gewissermaßen direkt wirken möchte, gehen sämtliche andere TdU-Formen von einer eher indirekten Wirkung des Theaters aus, die Boal mit den drei zentralen Hypothesen des TdU beschreibt (vgl. Boal 1999, 47 ff.). Als erste Hypothese hält er fest, dass auch die „kleinsten Zellen der Gesellschaft [...] alle moralischen und politischen Werte der Gesellschaft, all ihre Strukturen von Herrschaft, Macht und Unterdrückung" (ebd., 47) beinhalten: „Diese Verbreitung von Ideen, Werten und Geschmack bezeichne ich als *Osmose*, als Durchdringung." (Ebd., 48, Hervorh. i. O.) Daher müsse im Theater jede individuelle Geschichte auch einen „symbolisch-universalen Zuschnitt erfahren" (ebd., 47). Die zweite Hypothese besagt, dass, wenn „der Unterdrückte in der Rolle des Künstlers Bilder seines eigenen Lebens gestaltet, [...] gleichzeitig zwei verschiedenen, autonomen Wirklichkeiten" angehört: „Dieses Phänomen, zugleich dem Bild der Realität und der Realität des Bildes anzugehören, nennen wir *Metaxis*." (Ebd., 49 f., Hervorh. i. O.) Das Wort leitet sich von *methexis* (griech. Teilhabe bzw. Teilnahme) ab und beschreibt in Platons Ideenlehre die Teilhabe der Dinge der Sinneswelt an den platonischen Ideen, d. h. ihr Verhältnis zu ihren ewigen Urbildern (vgl. auch Ebbers 2014, 61). Boal überträgt diese Vorstellung auf das Theater und beschreibt damit das Verhältnis zwischen Kunstwelt und sozialer Realität. Diese seien einerseits jeweils autonome Wirklichkeiten, andererseits lasse sich aber aus dem, was man „in der Fiktion vollbracht hat, für sein eigenes Leben Schlüsse ziehen" (Boal 1999, 50). Die dritte und letzte Hypothese geht davon aus, dass von einzelnen individuellen Unterdrückungserlebnissen auf dem Wege der „analogen

Induktion" zu einer Beschreibung der „allgemeinen Mechanismen von Unterdrückung" (ebd., 51) gelangt werden könne. Alle drei Hypothesen basieren wiederum auf folgender, dem TdU zugrundeliegenden „Kernhypothese": „Wenn der Unterdrückte selbst und nicht der Künstler an seiner Stelle eine Handlung ausführt, dann wird das Handeln im Kontext einer theatralischen Fiktion ihn dazu befähigen, auch in seinem wirklichen Leben so zu handeln." (Ebd.)

Dieser letzte Satz drückt das für das TdU zentrale Verständnis vom Theater als „Übungsraum für das reale Leben" (ebd., 50) aus. Dieser „Übungsraum" ist indes, wie schon die Metaxis-Hypothese besagt, als „autonome Wirklichkeit" zu betrachten, die von ästhetischen Prinzipien bestimmt wird. Gerade in den letzten Jahren vor seinem Tod setzt sich Boal verstärkt mit der Frage nach den Besonderheiten dieses „ästhetischen Raums" auseinander, der er sich zuvor bereits im „Regenbogen der Wünsche" (1999) ausführlich widmet. Dabei geht es ihm vor allem um die „gnoseologische (wissenssteigernde) Bedeutung des Theaters" (ebd., 38), die sich aus den besonderen „ästhetische[n], das heißt, an die Sinne gebundene[n]" (ebd.) Eigenschaften des Theaters ergebe. So bezieht sich Boals Ästhetikbegriff vor allem auf die Wahrnehmung (griech. *aísthēsis*). Ein Ästhet sei „etymologisch gesehen – derjenige, der fühlt. Und wir alle fühlen, wir alle sind Ästheten." (Boal, zit. nach Baumann 2001, 11) Die Kraft des TdU liege vor allem „[...] in der Schaffung eines ästhetischen Raumes (port. *espaço estetico),* der allen zugänglich ist, der an jedem Ort entstehen kann und in dem gesellschaftliche Zusammenhänge mit theatralen Mitteln kommuniziert und Veränderungsspielräume handelnd ausgetestet werden" (ebd., Hervorh. i. O.). Das TdU gebe daher keinen Stil vor, sondern allein „Techniken", die weltweit zu unterschiedlichen stilistischen Formen führen können.[129] Allerdings suggerieren viele seiner Ausführungen, dass die Spielweise möglichst ‚niedrigschwellig' sein müsse, da ansonsten die Hürde für die jeweiligen ZuSchauspieler zu hoch läge. Diesem auf *aísthēsis* (Wahrnehmung) bezogenen Ästhetikbegriff bleibt Boal auch in seinem letzten – bislang nur auf Englisch erschienenen – Buch „The Aesthetics of the Oppressed" (Boal 2006) verpflichtet: „*The Aesthetics of the Oppressed* – which I want to become an inseparable part of the Theatre of the Oppressed – is essential, in so far as it produces a new form of understanding, helping the subject to *feel* and, through the senses and not just the intelligence, to *understand* social reality." (Ebd., 36, Hervorh. i. O.) Dieses Verständnis von Ästhetik basiert er unter anderem auf neurowissenschaftliche Befunde und definiert dabei Theater als die natürlichste Form des Lernens (vgl. ebd., 37 f.). Das Ziel seines Ansatzes sei, den Unterdrückten zu ihrer eigenen Ästhetik zu verhelfen, indem sie sich selbst entdecken könnten:

129 Das immer wieder anzutreffende stereotype Beispiel lautet dabei, dass die TdU-Praxis in Italien wesentlich ‚expressiver' sei als in anderen europäischen Ländern.

> The Aesthetics of the Oppressed is a project about helping the oppressed to discover Art *by discovering their art and, in the act, discovering themselves;* to discover the world, *by discovering their world and, in the act, discovering themselves,* instead of receiving information from the media, TV, radio, foreign music, etc., to create their own artistic metaphors of their own world. (Ebd., 39, Hervorh. i. O.)

Boals letztes Buch lässt sich somit auch als Plädoyer gegen eine fremde Mainstream- oder ‚Einheits-Ästhetik' verstehen, der er verschiedene ‚eigene' Ästhetiken unterschiedlicher Individuen entgegensetzt, die diese ‚aus sich selbst' schöpfen und auf diesem Wege gleichsam zu sich selbst finden sollen.

3.2 Neuere Ansätze im Theater der Unterdrückten

In seinem Vorwort zum „Regenbogen der Wünsche" (Boal 1999) beschreibt Jürgen Weintz drei Tendenzen in der Entwicklung des TdU nach Boal am Ende der 1990er-Jahre: *erstens* die Orientierung hin zu den ‚quasi-therapeutischen' Möglichkeiten des Theaters – für die insbesondere der „Regenbogen der Wünsche" steht –, *zweitens* das von Boal in den 1990er-Jahren aus dem Forumtheater weiterentwickelte Modell des Legislativen Theaters sowie *drittens* ein neues Interesse an ästhetischen Fragen in Bezug auf das TdU als „Darstellende Kunst" (vgl. Weintz 1999, 10 ff.).[130] Die im Folgenden untersuchten aktuellen Programmatiken knüpfen durchaus an diesen drei Strängen des neueren TdU an, wobei sie diese allerdings entscheidend weiterentwickeln. David Diamonds „Theater zum Leben" (2013) lässt sich z. B. eher dem ersten ‚quasi-therapeutischen' Strang zuordnen. Gleichzeitig entwickelt Diamond die Methoden „Regenbogen der Wünsche" und „Polizisten im Kopf" jedoch so weiter, dass diese auch in anderen, z. B. Community-Theatre- und politaktivistischen Kontexten praktizierbar werden. So bietet z. B. die Marburger Gruppe Transition Theater[131] regelmäßig öffentliche „interaktive Theaterabende" zu Postwachstumsthemen nach der Diamond-Methode des „Regenbogen der Wünsche" an. Auch viele der heutigen Anwendungen des Forumtheaters lassen sich zum ersten Strang zählen, da sie eher zur Lösung – bzw. ‚Therapie' oder ‚Heilung' (s. u.) – von konkreten gesellschaftlichen Problemen eingesetzt werden. Selbst in explizit politischen, z. B. globalisierungskritischen Kontexten dient das Forumtheater häufig der „Konflikt-

130 Dabei betont auch Weintz, dass sich die neueren prospektiven und introspektiven Techniken durchaus auch in einer auf eine Aufführung hin orientierten Theaterarbeit eignen, etwa zur „Differenzierung des körpersprachlichen Ausdrucks" oder aber zur „seelischen Einfühlung in eine (komplexe) Theaterrolle" (Weintz 1999, 12).

131 Vgl. www.transitiontheater.net sowie www.dominikwerner.net (letzter Zugriff: 14.04.2016).

bearbeitung" oder der Verbesserung der „zwischenmenschliche[n] Zusammenarbeit" innerhalb einer sozialen Bewegung (Bastian Fritz 2006, 102).

Das Wirkungsversprechen sämtlicher Theaterformen dieses ersten Strangs basiert in der Regel auf der oben beschriebenen Metaxis bzw. der Vorstellung von Theater als einem Übungsraum für späteres Handeln in der sozialen Realität. In diesem Zusammenhang spielt in den neueren TdU-Programmatiken der Begriff der Partizipation eine zentrale Rolle. Während sich Partizipation bei Boal entweder auf konkrete Zuschauerbeteiligung bezieht oder in seiner politischen Bedeutung auf Anwendungen des Legislativen Theaters beschränkt, wird heute in den Techniken des TdU häufig ein Mittel zur Einübung von Partizipation gesehen. Dies zeigt sich bereits an manchem Titel der hier analysierten Texte, wie etwa den Publikationen Michael Wrentschurs: „Theaterarbeit, Partizipation und politisches Empowerment" (Wrentschur 2013) oder „Politisch-partizipative Theaterarbeit: ästhetische Bildung und politische Beteiligung" (Wrentschur 2014). Das TdU wird dabei als „Übung zur Wirklichkeit, zur Teilhabe" (Wrentschur 2004, 87) beschrieben, wodurch der_die Einzelne in seinem_ihrem Selbstbewusstsein und seiner_ihrer Handlungsmacht gestärkt werden soll. Hierfür steht insbesondere das „Empowerment", das als ein weiterer Begriff in den aktuellen TdU-Entwürfen eine zentrale Rolle spielt. Im Sinne des Empowerments zielt die partizipative Ausrichtung des neueren TdU auf eine verstärkte Abgabe von „Verantwortung" an die (Zu-)Schauspielenden und eine gleichzeitige Beschränkung der „Macht" des Jokers bzw. Curingas (vgl. Diamond 2013, 82 sowie Kempchen 2001, 146).

Im Unterschied zum Boal'schen Original geht es den neueren am Konzept des Empowerments ausgerichteten TdU-Entwürfen nicht mehr um die Ermächtigung einer bestimmten sozialen Klasse *gegen* eine andere Klasse bzw. einen unterdrückenden Staatsapparat, sondern um das Empowerment des Individuums bzw. einer bestimmten Community. So versucht etwa David Diamond das Boal'sche „Unterdrücker-Unterdrückten-Modell" (Diamond 2013, 353) durch ein – vage an Niklas Luhmann[132] angelehntes und vor allem durch den österreichisch-amerikanischen Autor Fritjof Capra inspiriertes – ganzheitlich-systemtheoretisches Modell zu ersetzen. Zentral für Diamonds systemtheoretisch inspiriertes Denken ist dabei der auf die chilenischen Biologen und Begründer des radikalen Konstruktivismus, Humberto Maturana und Francisco J. Varela, zurückgehende Begriff der Autopoiesis. Dieses Konzept, mit dem die Selbsterzeugung und Selbsterhaltung von biologischen Zellen beschrieben wird und das von Luhmann auf soziale Systeme übertragen wurde, dient Diamond als

132 So schreibt Diamond selbst: „Ich behaupte nicht, dass dieses Buch ein akademisch kohärentes Verständnis oder klares Konzept an systemischer Theorie liefert. Die Systemtheorie hilft mir in gewissem Sinn, auf klare und überzeugende Weise zu erklären, was sich über viele Jahre hinweg in theatralen Prozessen in der Arbeit mit Gemeinwesen auf organische Weise abgespielt hat und was ich dabei beobachtet habe." (Diamond 2013, 38)

Beleg für sein Argument, dass sich erst durch die Veränderung der eigenen (Verhaltens-)Muster soziale und politische Strukturen verändern ließen. Wenn Diamond vom „Forumtheater als Mittel zur Veränderung" (Diamond 2013, 175) spricht, dann geht es ihm in erster Linie darum, die eigenen „Verhaltensmuster radikal [zu] ändern" – denn diese „Verhaltensmuster erzeugen Strukturen" (ebd., 12). Die Methode „Polizisten im Kopf" (vgl. ebd., 236 ff.) etwa eigne sich dazu, „zu ergründen, was uns daran hindert, etwas gegen den Klimawandel zu unternehmen" oder um „Blockaden aufzuheben, die uns davon abhalten, unsere Abhängigkeit von übermäßigem Konsum zu überwinden" (ebd., 12).[133]

Von einer ähnlich ganzheitlichen Sichtweise geprägt – nicht nur hinsichtlich des auch für die Systemtheorie zentralen Begriffs der Autopoiesis – ist Birgit Fritz' Buch „Von Revolution zu Autopoiese – Auf den Spuren Augusto Boals ins 21. Jahrhundert" (Fritz 2013b),[134] in dem sie das TdU mit der Feldenkraismethode und neueren biologisch-neurophysiologischen Befunden sowie radikalkonstruktivistischen Vorstellungen verknüpft. Im „Kontext von Friedensarbeit" und um eine „Ästhetik der Wahrnehmung" bemüht, löst sie das TdU „von den politisch eher plakativen Wirkweisen und sucht nach eher leisen und subtilen Wahrnehmungen der Individuen" (Antczack 2016, 20). Eine durch das „autopoietische Theater" (Fritz 2013a) ausgelöste „Veränderung der Verhaltens- und Bewegungsweisen" könne nicht nur zu einer neuen Art des Denkens führen, sondern schreibe sich auch „tatsächlich fleischlich-biologisch ins menschliche Gehirn" ein (Fritz 2013b, 15). Impulse für eine zeitgenössische TdU-Praxis sucht Fritz zudem in den politisch engagierten Künsten und Wissenschaften Lateinamerikas während der Entstehungszeit des TdU, wie etwa der Partizipatorischen Aktionsforschung und der Creación Colectiva. In dem Zusammenhang setzt sich die Autorin auch eingehend mit dem Begriff der Partizipation auseinander. Im Anschluss an Peter Reason und Hilary Bradbury sieht sie in Partizipation einen Bezugsrahmen für eine neue Weltsicht. Demnach hätten die Postmoderne und der Poststrukturalismus zwar zur Entmystifizierung des Mythos der Moderne beigetragen, könnten jedoch keine Perspektiven aufzeigen. Um nicht in eine Geisteshaltung der Entwurzelung und Bedeutungslosigkeit zu verfallen, brauche es daher einen neuen Bezugsrahmen, der sich auf Partizipation gründen könne (vgl. ebd., 223): „Diese partizipatorische Weltsicht beinhaltet Menschen und Gemeinschaften als Bestandteile der Welt, einer

133 Armin Staffler, Verfasser des Buches „Augusto Boal: Einführung" (Staffler 2009) und Übersetzer von David Diamonds „Theatre for Living" (Diamond 2008) ins Deutsche beschreibt seine Faszination für Diamonds Ansatz mit den Worten: „Das *Theatre for Living* gab mir eine Sprache und ein Gedankengebäude, die sich viel geschmeidiger in meine sonstige Lebenswelt einfügten. Damit meine ich zum einen den banalen Umstand, dass ich mich einem Ansatz aus Vancouver des Jahres 2003 näher fühlte als den Ansätzen Augusto Boals aus den 70er-Jahren des 20. Jahrhunderts in Lateinamerika […]" (Staffler 2013, 20, Hervorh. i. O.).

134 Die Grundlage der Publikation bildete ihre Dissertation mit dem Titel „Auf den Spuren des revolutionären Theaters von Augusto Boal zur autopoietischen Theaterarbeit ins 21. Jahrhundert", die Fritz 2013 an der Universität Wien eingereicht hat.

Welt, die sowohl menschlich als auch ‚alles was über das Menschliche hinaus geht' ist, als Verkörperungen dessen, was die Welt gemeinsam erschafft." (Ebd.) Darüber hinaus bezieht sich Fritz auch auf kritische Beiträge zum Thema Partizipation, wie etwa den im „Applied Theatre Reader" (Prentki/Preston 2009b) erschienenen Betrag von Majid Rahnema (2009), der davor warnt, Partizipation zu einem gefährlichen Instrument der Manipulation verkommen zu lassen (vgl. Fritz 2013b, 216). Fritz selbst sieht in der Partizipation dann eine Chance, wenn Menschen von außen an spezifischen, für sie neuen Prozessen partizipieren: „Geschieht dies, dann werden sie ebenfalls ermächtigt, da sich ihnen Welten öffnen, die sie nicht vorher ahnen konnten." (Ebd., 217)

Während sich die genannten Ansätze gewissermaßen als eine Aktualisierung der Boal'schen Metaxis lesen lassen – auch was die Vorstellung von theaterpädagogischen Methoden als „Übungen zur Teilhabe, zur Partizipation [...]" (Wrentschur 2004, 210) betrifft –, wird das TdU in vielen seiner aktuellen Anwendungen nicht selten selbst zu einem Mittel oder ‚Werkzeug' zur Lösung konkreter (sozialer, politischer etc.) Probleme: „Forumtheater als Übung für Beteiligung ist selbst ein Mittel zur Beteiligung." (Ebd., 203) So untersucht etwa Linda Ebbers das Potenzial des „Theater der Unterdrückten als kreative Methode der Konflikttransformation" (Ebbers 2014) und Michael Thonhauser beschreibt in seinem Artikel „Partizipative Konfliktlösung im öffentlichen Raum", wie sich durch Forumtheater Konflikte im städtischen Raum lösen lassen: „Partizipative Konfliktlösungen – also solche, bei denen wie im Forumtheater Betroffene unmittelbar an der Suche nach Handlungsalternativen beteiligt werden – sind direkt und nachhaltig, weil sich dabei Betroffene in ihrer Lebenswelt ernst genommen fühlen." (Thonhauser 2006, 70) Hier scheint ein Wirkungsversprechen auf, das sich von der Boal'schen Vorstellung vom Theater als einem Übungsraum zu einem gewissen Grad unterscheidet. So erscheint das TdU hier nicht mehr allein als Probe für ein späteres Handeln in der sozialen Wirklichkeit, sondern wirkt gewissermaßen direkt – etwa dadurch, dass sich „Betroffene in ihrer Lebenswelt ernst genommen fühlen", d. h., indem es den Partizipierenden Anerkennung vermittelt. Auch Markus Runge zufolge lasse sich durch Forumtheaterprozesse im Bereich Stadtteilarbeit „soziales Kapital" fördern, „indem sie Menschen zusammenbringen, den Austausch zwischen ihnen fördern und Partizipation ermöglichen" (Runge 2009a, 124). Hierin liege auch die „gesellschaftsverändernde Dimension" (ebd., 125) des TdU: „Partizipationstheater als Methode beziehungsweise Handwerkszeug der Gemeinwesenarbeit" (ebd., 118) ziele auf die „Förderung von sozialem Kapital", das „durch Beziehungen zwischen Menschen sowie zwischen Menschen und Organisationen" entsteht (ebd., 124): „Wenn das Theater in besonderer Weise dazu geeignet ist, Prozesse kommunikativen Handels (im positiven Sinne) zu inszenieren, dann entfaltet es seine Wirkung im Kontext der Bildung sozialen Kapitals." (Ebd., 125) Andere Autor_innen hingegen meiden den

Begriff des Sozialkapitals, da er, wie Birgit Fritz schreibt, „die informellen Beziehungen zwischen Menschen nach wirtschaftlichen Kriterien misst“ (Fritz 2013b, 215).

Auch die neueren TdU-Formen des zweiten, ‚legislativen‘ Strangs versprechen eine direkte(re) Wirkung. Dabei unterscheidet sich das aktuelle Legislative Theater, wie es in Deutschland und Österreich praktiziert wird, vom ursprünglichen Modell insofern, als hier in der Regel kein_e gewählte_r Politiker_in selbst in den Theaterprozess involviert ist, wie dies bei Boal noch der Fall war. So versteht sich etwa das Legislative Theater Berlin nicht als „Kopie des brasilianischen Konzeptes“, sondern als „etwas Eigenständiges“ (Clausen/Hahn 2009c, 140). Als Teil des im Nachbarschaftshaus Urbanstraße e. V. in Berlin-Kreuzberg angesiedelten „Kieztheater“, das als „eine Form von Community Theatre“ (Clausen et al. 2009b, 12) Stadtteilarbeit betreibt, beschäftigt sich das 2008 gegründete Legislative Theater Berlin mit der Frage, „welche gesetzlichen Rahmenbedingungen notwendig sind, um den [im Forumtheater] dargestellten Konflikt zu entschärfen“ (Clausen/Hahn 2009c, 128). Dabei richtet es sich direkt an „Repräsentanten des parlamentarischen Systems“ sowie an Jurist_innen, die dem Forumtheater als Zuschauende beiwohnen und im Anschluss – in einem eigenen Zeitblock – über verschiedene auf Karteikarten gesammelte Vorschläge diskutieren (ebd., 141). Auch die legislativen Formate der Grazer Gruppe InterACT richten sich direkt an politische Entscheidungsträger_innen, die als Zuschauende ins Forumtheater eingeladen werden. Dies hat bereits mehrfach zu einer Änderung der Gesetzgebung geführt und einmal sogar die Einsetzung eines Landtagsausschusses zur Folge gehabt (vgl. Wrentschur 2011, 55 f.).

Neben dieser direkten legislativen Wirkung, die jedoch bei weitem nicht immer so erfolgreich verläuft wie in Graz,[135] konzentriert sich auch die aktuelle Diskussion im Bereich des Legislativen Theaters insbesondere auf die Potenziale im Zusammenhang mit dem Thema Partizipation. Dabei knüpfen die Autor_innen an Boals Entwurf einer transitiven, partizipatorischen und interaktiven Demokratie an. Menschen, „die am öffentlich-politischen und kulturellen Leben sonst nur wenig partizipieren“, sollen dazu ermutigt werden, „mit ihrer eigenen Stimme zu sprechen und auf unkonventionelle Weise ihre Anliegen und Interessen zum Ausdruck zu bringen“ (Wrentschur 2014, 6). Auch das Legislative Theater Berlin richtet sich – im Gegensatz zu anderen TdU-Workshop-Angeboten, an denen sonst eher „bildungsbürgerliche Schichten“ partizipieren – explizit an „Arme und Marginalisierte“ (Clausen/Hahn 2009c, 131). Zentral für das Partizipationsverständnis ist dabei, dass das Legislative Theater die Demokratie „um eine neue Kommunikationsform bereichert: die theatrale Sprache“ (Baumann 2001, 155). So sei das Legislative Theater „ein aktiver Beitrag zur Demokratisierung der Politik“ (Haug 2005, 64) und erweitere „das vorherrschende

135 Selbst zur Mandatszeit Boals ließen sich viele Ideen nur bedingt als Gesetze umsetzen (vgl. Baumann 2001, 157 f.).

Verständnis von Demokratie" (Wrentschur 2014, 6). Ein zentrales Argument, das in diesem Zusammenhang von verschiedenen Autor_innen immer wieder angeführt wird, besagt, dass die Form der Partizipation im Legislativen Theater zu mehr Innovation und Kreativität in der Politik beitragen könne: „Das führt in der Folge zu innovativen Formen des Dialogs zwischen Betroffenen, der gesellschaftlichen Öffentlichkeit und der Politik – als Schritt in Richtung einer stärker dialogorientierten und partizipativen Demokratie." (Ebd.) Auch ließen sich auf „kreative Weise gemeinsam Lösungs- und Veränderungsideen" entwickeln (Wrentschur 2011, 57) und „neue Wege kreativer Partizipation an (politischen) Entscheidungsprozessen eröffnen" (Haug 2005, 74). Und an anderer Stelle heißt es: „Dies ist ein Prozess sozialer Kreativität, die als Kompetenz zur unkonventionellen, innovativen und flexiblen Bearbeitung sozialer Probleme und Konflikte verstanden wird." (Ebd., 84) Doch gewinne nicht nur die Demokratie durch diese Form der Partizipation an Innovation und Kreativität, sondern das Legislative Theater entfalte seine positiven Wirkungen auch auf die Teilnehmenden. Indem es „Menschen zur direkten Beteiligung am Spielgeschehen zu aktivieren" versteht, rege es „zur gesellschaftlichen und politischen Partizipation" an (Wrentschur 2011, 56 f.). So werde das Legislative Theater „[...] zu einem Werkzeug transitiver und partizipativer Demokratie, bei dem sich politische Beteiligung und politische Bildung verschränken" (Wrentschur 2014, 6).

Im Hinblick darauf, dass die Boal'schen Methoden im deutschsprachigen Raum vor allem in pädagogischen und sozialen Kontexten praktiziert wurden, betont Michael Wrentschur seit einigen Jahren die ästhetische Dimension des TdU (vgl. Wrentschur 2006) und knüpft damit an den dritten Strang der jüngeren TdU-Entwicklung an, den Weintz mit einem erneuten Interesse an ästhetischen Fragen beschrieben hat. Wrentschur erinnert daran, dass Boal selbst in erster Linie Theatermacher gewesen sei und das TdU „ursprünglich weder aus der sozialen noch aus der pädagogischen Arbeit" komme (ebd., 34). Ästhetische Bildung sei daher auch ein zentrales Ziel des TdU, ohne dass dabei die „(sozial)pädagogischen oder therapeutischen Wirkungsweisen" verloren gehen müssten (ebd., 33). In seinen aktuelleren Veröffentlichungen, wie z. B. „Theaterspielen als Werkzeug für ästhetische und soziale Differenzerfahrungen" (Wrentschur 2012) oder „Politisch-partizipative Theaterarbeit: ästhetische Bildung und politische Beteiligung" (Wrentschur 2014), diskutiert Wrentschur daher, wie sich im TdU „ästhetische Bildung mit politischer Bildung und Beteiligung" (ebd., 4) verbinden lasse. Unter ästhetischer Bildung wird dabei unter anderem die Aktivierung der „ästhetischen und künstlerischen Fähigkeiten, Ausdrucks- und Wahrnehmungsmöglichkeiten der TeilnehmerInnen" (Wrentschur 2012, 7) verstanden. Ästhetische Bildung bezieht sich damit nicht nur auf die (Sinnes-)Wahrnehmung – wie sie bei Boal noch im Vordergrund stand –, sondern auch auf eine zu erlernende Ausdrucksfähigkeit:

> Angesichts sozialer Distinktions- und Ungleichheitsverhältnisse will das TdU ausgrenzenden Prozessen ästhetischer Sozialisation dadurch entgegenwirken, dass ästhetische Werkzeuge und Codes als kulturelles Kapital vermittelt werden: Die kreativen, kulturellen, ästhetischen und sozialen Gestaltungskräfte der Menschen stehen im Vordergrund, Einzelne und Gruppen werden bestärkt, ihre gemeinsamen Anliegen und Interessen zu entwickeln und zum Ausdruck zu bringen als eine Grundlage, um an den gesellschaftlichen und politischen Prozessen selbstbewusst und selbstverantwortlich zu partizipieren und diese aktiv mitzugestalten. (Wrentschur 2014, 5)

So kommt der (künstlerischen) Ausdrucksfähigkeit in Wrentschurs Überlegungen durchaus eine politische Bedeutung zu. Bereits in seiner Dissertation „Theaterpädagogische Wege in den öffentlichen Raum: Zwischen struktureller Gewalt und lebendiger Beteiligung“ (Wrentschur 2004) betont er die Bedeutung des Theaters für die Wiedergewinnung eines symbolischen Ausdrucks. Dabei schließt er sich der Analyse Richard Sennetts an, der für die westlichen Gesellschaften einen Rückgang des öffentlichen Lebens – im Sinne einer Interaktion zwischen den Menschen im öffentlichen Raum – und damit einhergehend einen Verlust an Spielkultur, an Qualität des (öffentlichen) Ausdrucks und der Fähigkeit zur Selbst-Distanz konstatiert (vgl. ebd., 169 ff.). Heute liege alles Gewicht – so zitiert Wrentschur Sennett – auf der „psychologische[n] Authentizität“, wodurch die Menschen immer weniger in der Lage seien, „mit externen Selbstbildern zu spielen“ (ebd., 173 f.). Diese Fixierung auf Authentizität, die sich etwa in der Politik an der zunehmenden Aufmerksamkeit für einzelne politische Persönlichkeiten äußert, verstelle den „Blick für Macht und Herrschaft und die damit im Zusammenhang stehenden Interessen, Gegensätze und Konflikte“ (ebd., 174). Die Theaterformen Boals können Wrentschur zufolge ein Gegenmodell zu dem von Sennett konstatierten Niedergang der öffentlichen Sphäre sein und zu einer „(Re)kultivierung von Ausdrucksfähigkeit durch die Praxis des Theaterspiels“ (ebd., 203) beitragen: „Dem Habitus des konsumorientierten, passiven und teilnahmslosen Städters, der schwierigen, komplexen und fremden Situationen und Personen lieber aus dem Weg geht, wird jener gegenübergestellt, der sich an Interaktionen beteiligt und Kontakt und Austausch mit Personen sucht, die er/sie persönlich nicht kennt.“ (Ebd., 175) Damit zeichnet sich bei Wrentschur ein Begriff von Teilhabe und Partizipation ab, der auch die „Fähigkeit der Selbst-Distanz“ (ebd., 171) sowie „schauspielerische und darstellerische Fähigkeiten“ (ebd., 203) mit einschließt.

Vor dem Hintergrund dieser Skizze der neueren Entwicklungen im TdU werden im Folgenden einzelne der hier herausgearbeiteten Aspekte unter Heranziehung weiterer aktueller Beiträge und Publikationen vertieft und dabei die für die analysierten Texte zentralen und charakteristischen Semantiken (→ II.1.3.2) genauer beleuchtet: *Autopoiesis und Heilung, Gemeinschaft und Authentizität, Empowerment und Aktivierung, Dialog und Probehandeln*. Der Blick auf die hier ausgewählten Quellen ist dabei vor allem wieder von der in dieser Arbeit verfolgten gouvernementalitätskritischen Perspektive geprägt.

3.2.1 Autopoiesis und Heilung

Viele der hier untersuchten Weiterentwicklungen des TdU sehen die Unterscheidung in Unterdrückte und Unterdrücker, wie sie dem Boal'schen Original zugrunde liegt, kritisch. Thomas Haug etwa, der für seine eigene Arbeit die Bezeichnung „Theater der Befreiung" (Haug 2005) präferiert, rät vom Gebrauch des Begriffs der Unterdrückung in der Anfangsphase eines TdU-Prozesses ab, da dieser oftmals auf Ablehnung stoße (ebd., 69). Auch Armin Staffler schreibt, dass ihm die Unterscheidung in Unterdrückte und Unterdrücker immer wieder Schwierigkeiten bereitet habe: „Ich behalf mir mit einem Konstrukt und verwendete anstatt ‚Unterdrückung' als zentralem Begriff die Umschreibung ‚unter Druck', um mit Jugendlichen zu Situationen aus ihrem Alltag in Verbindung mit dem Thema ‚Sucht' zu arbeiten." (Staffler 2013, 20)[136] Birgit Fritz konstatiert in diesem Zusammenhang, dass der Begriff der Unterdrückung „heute fast nicht mehr verwendet" werde und stattdessen Adjektive wie „benachteiligt" oder „beeinträchtigt" gebräuchlich seien (Fritz 2013b, 52). Obwohl Fritz selbst an dem Begriff der Unterdrückung festhält, erfährt dieser auch bei ihr eine andere Nuancierung: „Die Unterdrückung, der wir im Außen begegnen, muss erst einmal im Inneren konfrontiert werden, das ist der Ausgangspunkt jeder eigenverantwortlichen emanzipatorischen Handlung und Haltung." (Ebd., 54) Ihrem Verständnis nach ist das TdU

> [...] kein Theater gegen mehr oder weniger fiktive Unterdrücker_innen außerhalb von uns selbst, sondern ein Theater, in dem wir als konkrete Menschen, um unsere eigene Menschlichkeit ringen [...]. Es gilt herauszufinden, inwiefern Menschen zu Passivität und Unterwürfigkeit erzogen werden, und es ist notwendig, sich diesen Tendenzen entgegen zu stellen. Dies verlangt nach der Ausformung einer eigenen Ethik und Verantwortungsübernahme. (Ebd., 398)

Anstatt die Verantwortung für die eigene Lage allein im Anderen – im Unterdrücker – zu verorten, komme es darauf an, die Verantwortung für sein Leben selbst zu

136 Auch Linda Ebbers kommt in ihrer Untersuchung zu den Möglichkeiten des TdU als Methode der Konflikttransformation in der zivilen Konfliktbearbeitung (vgl. Ebbers 2014) zu dem Schluss, dass die Techniken des TdU zwar „auf verschiedenen Ebenen konflikttransformativ wirken können" und dabei besonders „der dialogische und beziehungsfördernde Ansatz zur Vergangenheitsbearbeitung beiträgt" (ebd., 123). Die Parteinahme des TdU für die Unterdrückten stelle in der zivilen Konfliktbearbeitung nach Lederach und Galtung jedoch ein Problem dar, basiere diese doch auf der grundsätzlichen Annahme einer „Unparteilichkeit" (ebd., 120). Daher müssten die Methoden des TdU „überdacht und gegebenenfalls modifiziert werden" (ebd.).

übernehmen und eigenverantwortlich zu handeln. Die für den aktuellen Partizipationsdiskurs charakteristische Übertragung von Verantwortung an das partizipierende Subjekt zeigt sich somit auch im Diskurs des neueren TdU und hängt hier möglicherweise mit der Abkehr von der für das klassische TdU konstitutiven Unterscheidung in Unterdrücker und Unterdrückte zusammen.

Am entschiedensten wendet sich David Diamond, der für seinen eigenen Ansatz die Bezeichnung „Theater zum Leben" wählt, gegen die Unterdrücker-Unterdrückten-Dichotomie. Insbesondere kritisiert er, dass im herkömmlichen Forumtheater die Figuren sehr „eindimensional" als entweder die „guten Unterdrückten" oder die „bösen Unterdrücker" gestaltet würden (Diamond 2013, 91). Die Unterscheidung in Unterdrückte und Unterdrücker sei jedoch nicht nur „unrealistisch", sondern es lasse sich so auch nicht an die „Wurzeln und Ursachen der Probleme" gelangen (ebd.). Die beiden entgegengesetzten Pole von Unterdrücker und Unterdrückten seien nämlich „in Wirklichkeit Teile desselben großen Organismus" (ebd., 57), der nicht im Einklang mit sich lebe (vgl. ebd.). Denn eigentlich gebe es „auf unserem kleinen Planeten kein ‚wir' und keine ‚anderen'", sondern nur „ein sich ständig weiterentwickelndes ‚Wir'" (ebd., 12 f.). Demnach würden Unterdrücker nicht nur von den „Gemeinwesen"[137] selbst hervorgebracht (vgl. ebd., 57), sondern sie seien auch Teil dieser Gemeinwesen: „entweder auf der Mikro- oder Makroebene, als Individuum oder als internalisierte Empfindung", d. h. „in Form von verinnerlichten Tätern" (ebd., 59).

Diamond geht davon aus, dass Unterdrücker auch „in irgendeiner Form immer im Publikum anwesend sind" (ebd.). In einem Forumtheater, das die Komplexität des Lebens anerkenne, müsse in der Konsequenz auch die Frage, wer wen ersetzen könne, weiter gefasst werden (vgl. ebd., 60). Während im Boal'schen Modell die Zuschauenden (in der Regel) nur die Position des_der Unterdrückten ersetzen konnten, erweitere das „Theater zum Leben" die Einladung im Forumtheater (vgl. ebd., 58) insofern, als hier von den ZuSchauspielenden auch die Position des Unterdrückers eingenommen werden könne:

> Wenn es unser Wunsch ist, dabei zu helfen den Kreislauf der Gewalt mittels Theater zu durchbrechen, dann haben wir die Verantwortung, ein Theater zu schaffen, das um Authentizität in Bezug auf die Unterschiedlichkeit der betroffenen Menschen bemüht ist. Das bedeutet ein Theater, in dem beide Seiten, die Unterdrückten und die Unterdrücker, sich selbst auf der Bühne als wahrhaftige Menschen und legitime Mitglieder der Gemeinschaft sehen, die in ihre jeweils eigenen komplexen Schwierigkeiten verwickelt sind. Das heißt nicht, dass wir unterdrückendes Verhalten gutheißen. Es heißt allerdings, dass die entwickelten Stücke so viel als möglich von der Komplexität des wirklichen Lebens enthalten müssen. (Ebd., 60)

137 Im englischen Original: „Living communities" (Diamond 2008, 38).

Anstatt im Forumtheater die Figuren klar in Unterdrücker und Unterdrückte einzuteilen, müsse man sie als Menschen wahrnehmen: „Die Figuren sind zu Mitgliedern der Gemeinschaft geworden, die in unterschiedliche Auseinandersetzungen verstrickt sind, sich anstrengen, bemühen und miteinander oder mit sich selbst zu kämpfen haben." (Ebd., 62) In Diamonds „Regenbogen der Wünsche" werden daher – im Unterschied zum Boal'schen Original – nicht nur die Wünsche und Ängste des Protagonisten, sondern auch die des Antagonisten animiert (vgl. ebd., 224). Denn auch Unterdrücker seien „als Menschen zu betrachten" (ebd., 234) und das „Theater zum Leben" lade dazu ein, „[...] sich an den Auseinandersetzungen der Figuren zu beteiligen, die wir auch als unsere eigenen Auseinandersetzungen erkennen, nicht um die Unterdrückung zu durchbrechen (das loszuwerden, was wir nicht wollen), sondern um ein gesundes Gemeinwesen zu gestalten oder Sicherheit oder Respekt zu erlangen (das zu erreichen, was wir wollen)" (ebd., 63). Diese Auffassung schlägt sich auch in der Bezeichnung seines Ansatzes „Theater zum Leben" nieder – verstanden als ein „Theater, um in einer gesunden Gesellschaft zu leben (Theatre, for living in healthy communities) ... *Theatre for Living*" (ebd., 40, Hervorh. i. O.). Im Zentrum dieses Theaters zum Leben stehe „die Erforschung von Möglichkeiten, die uns helfen sollten, auf gesündere Art und Weise zusammen zu leben" (ebd.).

Andere zeitgenössische Vertreter des TdU halten wiederum am Begriff der Unterdrückung fest und sprechen sich explizit für die Beibehaltung der Unterscheidung zwischen Unterdrücker und Unterdrückte in der praktischen Theaterarbeit aus. Zwar konstatiert auch Harald Hahn, dass es im Forumtheater häufig „zu einer Vereinfachung der Realität und eventuell zu einer eindimensionalen Perspektive" (Clausen/Hahn 2009a, 26) komme und ein „Gut/Böse-Schema" in einer komplexen Welt „nicht mehr zeitgemäß" erscheine (Clausen et al. 2009b, 10). Allerdings warnt er davor, den Begriff der Unterdrückung „zu tilgen", denn dieser habe auch eine politische Funktion: „Ich gehe davon aus, dass es Unterdrückung auch in unserer Gesellschaft gibt. [...] Wenn man den Terminus ‚Theater der Unterdrückten' verändert, sollte man zumindest die politische Positionierung beibehalten." (Clausen/Hahn 2009b, 31) Auch Julian Boal, der Sohn Augusto Boals, kritisiert, dass die Ersetzung der Bezeichnung „Unterdrückte" durch andere Ausdrücke, wie „Opfer" oder „benachteiligte Person", häufig Machtverhältnisse ausblende:

> Gemäß seiner Logik [des Wortes ‚benachteiligt', J. K.] würde es keine UnterdrückerInnen und keine unterdrückten Menschen geben, nur noch benachteiligte Personen. Das Wort ‚benachteiligt' versteckt die beiläufige Beziehung, die zwischen den Privilegien der einen Gruppe und der Unterdrückung der anderen Gruppe existiert. (Boal 2013, 110)

Birgit Fritz weist zudem darauf hin, dass durch die Verwendung von Adjektiven wie „beeinträchtigt" oder „nicht integriert" häufig „die Frage nach der Veränderbarkeit der Systeme" ausgelassen werde (Fritz 2013b, 52). Ihrer Ansicht nach beruht die ablehnende Haltung, die der Begriff der Unterdrückung häufig evoziert, „[...] auf einer Selbstlüge (nicht nur des reichen Nordens) und Angst vor Schlimmerem, denn alle Gesellschaften kennen die grausamen Spitzen der Unterdrückung [...]" (ebd., 23).

Neben dem Terminus der Unterdrückung stellt ein weiterer Boal'scher ‚Originalbegriff' die neueren TdU-Entwürfe vor konzeptionelle Herausforderungen: das Wort „Revolution". Zwar zielt die Arbeit vieler zeitgenössischer TdU-Vertreter_innen weiterhin auf soziale und auch politische Veränderungen, jedoch nicht mehr auf eine umfassende Revolution, wie sie noch Augusto Boal vorschwebte. Das TdU hat sich in den letzten zwei Jahrzehnten von einem „Revolutions- und Befreiungstheater" (Wrentschur 2006, 36) zu einer von der UNESCO anerkannten Methode des sozialen Wandels weiterentwickelt (vgl. ebd.). An die Stelle des Wortes „Revolution" treten heute – insbesondere bei Birgit Fritz (2013b) und David Diamond (2013) – Begriffe, wie „Heilung" und „Autopoiesis" bzw. „Autopoiese". In ihrem Buch „Von Revolution zu Autopoiese" (2013b) geht Fritz in Anbetracht veränderter Weltbilder und Produktionsbedingungen der Frage nach, „[...] ob und wie das Theater Augusto Boals im 21. Jahrhundert zur nachhaltigen Entwicklung von (heilenden und lernenden) Gesellschaften beitragen kann" (ebd., 11). Das TdU sei heute in erster Linie „Menschenrechtstheater" und stehe „ausdrücklich im Dienste der Menschenrechte" (ebd.). Das „heutige ‚Revolutionäre'" liege dabei in einer „intrinsische[n] Humanisierung durch das Theater" (ebd., 24). Fritz knüpft für ihren Entwurf eines „autopoietischen Theaters" an Boals letztes Werk, „The Aesthetics of the Oppressed" (Boal 2006), an, das sie als „sein spirituellstes Werk, welches die große Hoffnung auf die menschliche Fähigkeit zur Heilung im Sinne von Wiederherstellung beinhaltet", bezeichnet (Fritz 2013b, 12). Das Theater sei nichts weniger als „der ästhetische Raum für die Neuerschaffung der Welt" und damit „ein Ort des modernen Schamanismus und der Heilung" (ebd., 13). Für die angestrebten sozialen und politischen Veränderungen setzt das Konzept des autopoietischen Theaters beim einzelnen Individuum an: Der Weg führe zur Heilung und Neuerschaffung der Welt über die „persönliche[] Veränderung", über die Suche nach „Bewusstheit, Wachstum und einer daraus entstehenden Verpflichtung sich auf einer persönlichen Ebene zu verändern" (ebd., 13 f.). Zentral sind für Fritz in diesem Zusammenhang erstens die körperliche Erfahrung in der Theaterarbeit und zweitens, dass man sich als Protagonist_in der eigenen Geschichte erlebt (vgl. ebd., 23 f.).

In Bezug auf den Autopoiesis-Begriff bei Maturana und Varela versteht Fritz Menschen als „autopoietische Systeme", d. h. als sich selbst schöpfende und selbst erhaltende Lebewesen, die „[...] ihrer Einsamkeit nur entgehen [können], wenn sie mit anderen, durch Rückkoppelung, gemeinsame Systeme erschaffen. Dies geschieht über die Wahrnehmung." (Ebd., 333) Das TdU als „Ort der Selbst-Schöpfung" (ebd.,

331) entspreche einer solchen „Ästhetik der Wahrnehmung“ (ebd., 397). Eine zentrale Rolle spielt in ihrem Konzept zudem die Vorstellung von Ganzheitlichkeit bzw. geht es ihr darum, sich „[...] dem ganzheitlichen Menschen, der wir sind, [zu] nähern. [...] Diese Rekonstruktion des ‚totalen Menschen‘, wie Schechner es nennt, ist ein politischer Akt.“ (Ebd., 395) Ihrer Ansicht nach dient das TdU heute in erster Linie „der gesellschaftlichen und persönlichen ‚Heilung‘ als Wiederherstellung der persönlichen Integrität“ (ebd., 396):

> Das ästhetische Potential zu leben und zu erleben ist unmittelbar mit der Intention des *Theaters der Unterdrückten*, der Humanisierung der Menschheit verbunden. Dieses ästhetische Erleben ist heute ein Proben für die Revolution, die nichts mehr mit den alten Revolutionen zu tun hat. Sie ist eine Revolution der Menschwerdung, gegen eine Monokultur der Angst. Das *Theater der Unterdrückten* und die *Ästhetik der Unterdrückten* finden sich im 21. Jahrhundert als autopoietischer, selbst-schöpferischer Akt, der zur Humanisierung von Individuen und Gemeinschaften beiträgt. (Ebd., 399, Hervorh. i. O.)

Ihren Entwurf eines autopoietischen Theaters, der neben dem TdU auch Elemente der Feldenkrais-Pädagogik aufnimmt, versucht Fritz unter Rückgriff auf (radikal-) konstruktivistische sowie biologisch-neurophysiologische Ansätze wissenschaftlich zu fundieren. Dabei gibt sie sich überzeugt davon, dass eine solche autopoietische Theaterarbeit zu einer fundamentalen Veränderung von Verhaltens- und Bewegungsweisen beitrage. Diese Veränderung führe nämlich nicht nur „[...] zu einer neuen Art zu denken (psychologische Veränderung), sondern schreibt sich auch tatsächlich fleischlich-biologisch ins menschliche Gehirn“ (ebd., 15).

Einen ähnlichen Stellenwert nehmen die Begriffe „Autopoiesis“ und „Heilung“ bei David Diamond (2013) ein. Diamond bezieht sich in seiner Argumentation auf die Systemtheorie in ihrer populärwissenschaftlichen Ausprägung bei Fritjof Capra, der als einer der Hauptvertreter der New-Age-Bewegung in den 1970er-Jahren gilt und heute ein ganzheitlich-ökologisches Weltbild vertritt. Capras Orientierung an der Systemtheorie versteht Diamond im Zusammenhang mit der Entwicklung der Wissenschaft im 21. Jahrhundert, die sich ihm zufolge zunehmend an dem ausrichtet, „was als Mystik bezeichnet wird“ (ebd., 38). Den Begriff der Autopoiesis definiert Diamond im Anschluss an Capra als einen „[...] Prozess, bei dem ein System seine eigene Organisationsform erzeugt und sich innerhalb eines Raumes selbst aufrechterhält und formt, wie z. B. eine biologische Zelle, ein lebendiger Organismus und bis zu einem gewissen Maß *eine Gemeinde oder eine Gesellschaft* [...]“ (Capra zit. nach ebd., 64 f., Hervorh. Diamond). Dem Theater komme daher die Aufgabe zu, die einzelnen Beziehungs- und Verhaltensmuster zu verändern – dies sei die Voraussetzung für einen Wandel der Strukturen des „Gemeinwesens“: „Ich bitte festzuhalten, dass es *die Beziehungsmuster sind, die die Strukturen erzeugen*, nicht umgekehrt. Die *Struktur* ist die *Manifestation, die reale Ausgestaltung* der *Muster*." (Ebd., 66, Hervorh. i. O.) Dank der Systemtheorie seien die Menschen nicht länger „Gefangene der Strukturen", denn die Natur lehre uns, „dass Strukturen durch Verhaltensmuster entstehen und nicht umgekehrt" (ebd., 57). Wie Fritz setzt auch Diamond in erster Linie beim einzelnen Individuum an, das sich bzw. sein Verhalten zu ändern habe, um soziale bzw. politische Veränderungen zu bewirken. Beispielsweise wendet er die Technik „Polizisten im Kopf", die Boal unter anderem zu Therapiezwecken entworfen hat (→ III.3.1), zur Bearbeitung von Fragen des Klimawandels (vgl. ebd., 241) oder von Blockaden an, „[...] die uns davon abhalten, unsere Abhängigkeit von übermäßigem Konsum zu überwinden" (ebd., 12).

Mit Capra geht Diamond zudem davon aus, dass soziale Systeme lebendig seien und ein Bewusstsein erlangten (vgl. ebd., 65). Daher zielen viele seiner Übungen auf das „Erwachen des Gruppenbewusstseins" (ebd., 214), das Diamond im Anschluss an Varela „Epoché" nennt (ebd., 212 ff.). Gerade das Bildertheater nach Boal sei in der Lage, „[...] eine Atmosphäre zu erzeugen, innerhalb derer sich das Gruppenbewusstsein unter Verwendung der Bildersprache ausdrücken kann [...]" (ebd., 122). Bilder könnten tief im Bewusstsein der Gruppe „eine Resonanz erzeugen und ein Katalysator sein, um die Seele des Gemeinwesens erforschen zu können" (ebd., 129). Auch in der Körpergebundenheit und der nonverbalen Kommunikation des Theaters sieht Diamond, ähnlich wie Fritz und viele andere TdU-Vertreter_innen, ein großes Potenzial für einen möglichen Heilungsprozess: „Vor Entwicklung der gesprochenen Sprache kommunizierten die Menschen durch Gesten. Gesten sind ursprünglich. [...] Die These lautet, dass die Verwendung der Zeichensprache das Sprechvermögen auslöste, weil beide Funktionen vom selben Bereich des Gehirns gesteuert werden." (Ebd., 135 ff.) Vor dem Hintergrund solcher neurowissenschaftlichen Theorien könne Theaterarbeit den Menschen wieder zu ihrer ursprünglichen Sprache verhelfen (vgl. ebd., 137 f.).

Zentral bei der Entwicklung seines Ansatzes waren insbesondere Diamonds Erfahrungen mit den unterschiedlichen Gemeinschaften von First Nations in Kanada, die nach den Traumata der kolonialen Vergangenheit daran arbeiteten, „wieder gesunde Gemeinwesen zu werden" (ebd., 95). Das Potenzial von Theaterarbeit – insbesondere in Bezug auf das Nonverbale – beschreibt er z. B. anhand eines Forumtheater-Workshops mit einer First-Nation-Community, der für diese eine „heilende Wirkung" (ebd., 201) gehabt habe:

> Wir sahen, dass es befreiend auf die Zuschauer/innen wirkte, wenn wir ausdrücklich um nonverbale Einstiege für die Bewegungssequenz baten. Diese Einstiege gaben wundervolle, nonverbale Einblicke in den Heilungsprozess, dessen

> Erforschung sehr wertvoll war. Beispielsweise erhob sich ein First-Nation-Mann […] von seinen Knien und erwies den ‚Vier Richtungen' seine Ehre. Das ist Teil einer traditionellen First-Nations-Zeremonie. Was er uns zeigte, war der Weg, wie er seine eigenen ‚Stimmen' überwunden hatte, indem er wieder Kontakt mit der Spiritualität seiner Kultur aufnahm. (Ebd., 182 f.)

Wenn Diamond von Heilung spricht, geht es ihm in der Regel nicht um eine Therapie im eigentlichen Sinne, sondern er nutzt die (ursprünglich ‚therapeutisch' ausgerichteten) Methoden des „Regenbogen der Wünsche" und wendet sie auf die Arbeit mit „Communities" an. Das Ziel seines Ansatzes ist dabei eine Art gesellschaftlicher Heilungsprozess bzw. die Heilung von Gemeinschaften:

> Ein *Theater zum Leben*-Workshop, der in eine öffentliche Aufführung mündet, ist keine Therapiesitzung für die Teilnehmer/innen und darf nicht als solche angelegt werden. Er ist eine Gelegenheit für die Workshopteilnehmer/innen, etwas über relevante Themen auf die Beine zu stellen und etwas mitzuteilen, das für ihre Gemeinschaft von großem Nutzen ist. Das ist es, was die stärkende Natur des Prozesses ausmacht. (Ebd., 80 f.)

Daher habe sein Theater – „[w]ie jedes gute Theater" – zwar auch eine „therapeutische Wirkung", sei aber keine Therapie im eigentlichen Sinne (ebd., 81).

3.2.2 Gemeinschaft und Authentizität

Zwei weitere zentrale Semantiken im Diskurs des neueren TdU – wie dies bereits in einigen der obigen Zitate angeklungen ist – sind die der „Gemeinschaft" und der „Authentizität", wobei die beiden Begrifflichkeiten von manchen TdU-Vertreter_innen zusammengedacht werden. Darüber hinaus findet sich neben Gemeinschaft auch der Begriff „Communitas", wie etwa bei Wrentschur, der diesen in Anschluss an Victor Turner als „wesenhafte Wir-Erzeugung" in Form eines intensiven, gegenseitigen Verstehens sowie als „direkte, unmittelbare, totale Konfrontation menschlicher Identitäten" definiert: „Dabei verschmelzen Handeln und Bewusstsein, die Aufmerksamkeit wird im Jetzt gebündelt, es setzt ein freiwilliger Ich-Verlust bei gleichzeitiger Kontrolle über die Handlungen ein." (Wrentschur 2004, 205) Besonders zentral ist der Begriff der Gemeinschaft in David Diamonds „Theater zum Leben" (2013) oder „Theatre for Living", bei dem es darum gehe – wie er im englischen Originaltext schreibt –, „about how communities function as living, conscious organisms and about how we can use theatre, a symbolic and primal language, as a vehicle for living communities to tell their stories" (Diamond 2008, 23). Die Begriffe „community" oder „living communities" werden dabei in der deutschen Übersetzung mal mit „Gemeinschaft", mal mit „Gesellschaft" sowie mit „(lebendiges) Gemeinwesen" wiedergegeben (vgl. Diamond 2013, 34 ff.). Der Übersetzer von Diamonds Buch, Armin Staffler, begründet dies folgendermaßen: „Die Community ist die Gemeinschaft und eine lebendige Gemeinschaft, wie sie David Diamond vor sich sieht, ist ein Gemeinwesen – ein lebendiges Wesen. Etymologisch kommt das Wesen aus dem Sein. Etwas, das nicht mehr ist, ist ge-wesen und ver-west." (Staffler 2013, 21, Hervorh. i. O.) Diamond definiert Gemeinschaft als eine Gruppe von Menschen, die „[...] sich einen geografischen Raum, Werte, Erfahrungen, Erwartungen oder Glaubensvorstellungen teilt. Ihre Verbindung mag freiwillig oder unfreiwillig sein. Manchmal werden wir ganz einfach in eine Gemeinschaft hineingeboren. Eine Person kann Mitglied in vielen verschiedenen Gemeinschaften sein." (Diamond 2013, 68) Zentral bei seinem Gemeinschaftsbegriff ist die Vorstellung von Lebendigkeit sowie das Bild des Organismus:

> So wie unser Körper aus Zellen besteht, die einen lebendigen Organismus ausmachen, besteht eine Gemeinschaft aus Individuen, die ebenso einen Organismus bilden, den ich als lebendiges Gemeinwesen bezeichne. Gemeinwesen sind lebendig und müssen sich ebenso wie Einzelwesen ausdrücken. Wenn sie es nicht tun, erkranken sie ebenso wie Einzelwesen. Die Beweise dafür sind überall zu finden. Im Zuge der zunehmenden Konsumorientierung des kulturellen Lebens wurden Erkrankungen der Gemeinwesen immer ausgeprägter. (Ebd., 34)

Die Abhängigkeit von Konsum, von Substanzen oder Arbeit fülle heute jene Räume, „[...] die sich zwischen Menschen und in uns eröffnen. Diese Räume wurden einst mit einem Gefühl von ‚Heimat', von Zugehörigkeit und echter Verbundenheit gefüllt." (Ebd., 337) Der Grund für die zunehmende Konsumorientierung und die mit ihr einhergehenden Erkrankungen der Gemeinwesen sei eine „kulturell tief verankerte Abhängigkeit von unserem mechanistischen Weltbild bzw. unsere Sicht auf das Universum als Maschine" (ebd., 336). Das kartesianische Weltbild mit seiner „künstliche[n] Trennung von Geist (Psyche) und Materie (Physis)" (ebd., 37) habe dazu geführt, die Menschen „[...] getrennt voneinander zu sehen, getrennt von ihrer unmittelbaren Gemeinschaft und ihrer Umgebung. In diesem Zusammenhang ist es auch möglich, mit dem Lügenmärchen einer scharfen Abgrenzung zwischen Gut und Böse zu leben. Damit lässt sich auch eine künstliche, streng umrissene Konstruktion mit Unterdrückern und Unterdrückten entwerfen." (Ebd., 85) Während also die Gemeinschaft hier als etwas Unmittelbares und Natürliches verstanden wird, erscheint die Unterscheidung zwischen Unterdrückern und Unterdrückten als etwas Künstliches und als Produkt einer „reduktionistischen und mechanistischen" Denkweise, die es zu überwinden gelte:

> Erst wenn wir beginnen, unseren Blick auf den lebendigen Organismus der gesamten Gemeinschaft zu richten – sei es eine Familie, oder zwei Völker auf

> engem geografischen Raum, oder diese eine mannigfaltige Familie, die die Erde bevölkert – und erst wenn wir verstehen, dass die Grenze, die wir zwischen Unterdrückern und Unterdrückten ziehen, eine künstliche ist, werden wir die Chance haben, den Ursachen, die diesen Taten zugrundeliegen, gegenüberzutreten, anstatt nur den Symptomen, den Taten selbst. (Ebd., 94 f.)

Dem „mechanistischen" Denken setzt Diamond im Anschluss an Capra ein systemisches Weltbild entgegen, das sich an der „Natur" orientiert: „Alle Menschen, selbst jene, mit denen wir nicht einverstanden sind, sind Teil der Natur." (Ebd., 85 f.) Gemeinschaften funktionierten dabei wie ein Stoffwechselsystem (vgl. ebd., 69): „In der Natur können wir beobachten, dass jeder Organismus, von der einzelnen Zelle über den Menschen bis hin zu einem Volk, bestimmte Verhaltensmuster aufweist. Die Verhaltensmuster erzeugen durch Handlung, die Wahrnehmung der Handlung durch die unmittelbare Umgebung des handelnden Organismus und die Reaktion darauf eine Folge von Aktionen und Reaktionen." (Ebd., 85) Diese Aktionen und Reaktionen wiederum bezeichnet er in seinem systemtheoretisch inspirierten Modell als Feedback- bzw. Rückkopplungsschleifen: „Jedes Lebewesen (Zelle, Mensch, Gemüse, Organisation, Gemeinschaft, Volk) befindet sich in einem komplexen Geflecht aus sich überlappenden Rückkopplungsschleifen, oder in Dialogen mit der Welt um sich herum. Diese Dialoge sind Teil dessen, was die Welt formt." (Ebd.)[138] Auch Kreativität, als „Erzeugung von neuen Formen" und „Schlüsseleigenschaft aller lebenden Systeme" (Capra, zit. nach ebd., 207), erfährt bei Capra und Diamond eine Naturalisierung. Ungleichheit und andere gesellschaftliche Probleme werden wiederum als ein „Zeichen der Störung innerhalb des lebendigen Organismus als Ergebnis einer ausgedehnten Zeitspanne in Rückkopplungsschleifen, die für die Gesundheit des Organismus schädlich sind" (ebd., 85 f.), interpretiert. An dieser Stelle müsse das „Theater zum Leben" ansetzen, indem es Gemeinschaften ermögliche, Rückkopplungsschleifen wieder „absichtlich" zu erzeugen und sich über die Verwendung symbolischer Sprache wieder auf neue Art und Weise auszudrücken (vgl. ebd., 29):

> Theater diente ursprünglich, wie alle anderen Formen kulturellen Ausdrucks auch, gewöhnlichen Menschen dazu, zu singen, zu tanzen und Geschichten zu erzählen. Auf diese Art und Weise hat ein Gemeinwesen sich seiner Siege, Niederlagen, Freuden und Ängste erinnert und diese zelebriert. Als sich das kartesianische oder mechanistische Weltbild etablierte und als sich später die Kolonialisierung über die Erde ausbreitete und mit den Mechanismen des Kapitalismus zusammenfiel, entwickelte sich auch die ursprüngliche Tätigkeit des Geschichtenerzählens zunehmend mechanistischer. Kulturelles Schaffen wurde, wie viele andere Dinge auch, zu einer Ware. Es verwandelte sich von

138 Vgl. Abschnitt „Dialog und Probehandeln" (→ III.3.2.4).

> etwas, das Menschen selbstverständlich ‚als Gemeinwesen' ausübten, in ein hergestelltes Konsumprodukt. (Ebd., 34)

Die Fähigkeit von Gemeinwesen, sich auszudrücken, „ihre kollektiven Geschichten zu erzählen" und „ihre ursprüngliche Sprache zu verwenden" sei somit immer mehr verlorengegangen: „[...] Entfremdung, Gewalt, selbstzerstörerisches Verhalten auf allen Ebenen. Gemeinwesen sind abgestumpft, erstarrt durch die ständige Abspeisung mit vorgefertigter Kultur." (Ebd., 35) Erst in seiner Arbeit mit den First Nations in Kanada sei Diamond bewusst geworden, wie „Kultur an die landschaftlichen Gegebenheiten gebunden ist" (ebd.). In einem seiner Workshops habe z. B. eine First-Nation-Community versucht, „das Gleichgewicht wieder her[zu]stellen, das es vor der Invasion durch die Europäer gab" (ebd., 254). Diese Vorstellung von Natürlichkeit bzw. einer natürlichen Ordnung scheint in seinem Buch immer wieder durch, etwa wenn er von der „Reinheit aller Kinder" spricht, die „in eine Kultur des Konsums geboren werden" und „sich an ein unnatürliches Wertesystem anpassen" müssten (ebd., 143).

Das „Theater zum Leben" versteht sich somit als Weg zu einer Art ursprünglichem oder ‚natürlichem' Sein – ob auf individueller oder der Ebene von „Gemeinwesen", die wieder zu ihrer ‚ursprünglichen Kultur' zurückfinden sollen. So will Diamond den „lebendigen Gemeinwesen" – verstanden als natürliche und „gesunde[] Gemeinschaften" (ebd., 38) – durch Theater zu einem neuen Ausdruck verhelfen. Allerdings könne solch ein Prozess der Heilung nicht von außen verordnet werden, denn „[...] [a]lles Lebendige verändert sich und wächst auf gesunde Art und Weise, nicht weil es mit Gewalt von außen dazu gezwungen wird, sondern weil es das will oder weil es das so von Natur aus macht. Selbst in Fällen, in denen der Impuls für eine Veränderung durch eine Anregung von außen entsteht, kommt die eigentliche Verhaltensänderung von innen." (Ebd., 71) Demnach müssten die jeweiligen Gemeinschaften, mit denen ein „Theater zum Leben"-Workshop durchgeführt werde, selbst die Initiative ergreifen oder zumindest eine Einladung aussprechen (vgl. ebd.). Diesem Selbst-die-Initiative-Ergreifen kommt in Diamonds Konzept noch eine andere Bedeutung zu und zwar im Hinblick auf das Thema „Authentizität": „Ein Teil der Kraft und Stärke des *Theaters zum Leben* ist dessen authentische Stimme. Die Menschen aus der Gemeinschaft, die die untersuchten Fragen und Probleme leben und die die Expertinnen und Experten für ihre eigenen Leben sind, entwickeln das Theaterstück und führen es auf." (Ebd., 103, Hervorh. i. O.) So mache es in der Theaterpraxis einen Unterschied, ob die Menschen der Gemeinschaft selbst aktiv würden und ihre Probleme auf der Bühne zur Darstellung brächten, oder ob diese Aufgabe von (professionellen) Schauspieler_innen übernommen werde. Dies veranschaulicht Diamond anhand eines Projekts, das er mit Straßenkindern durchgeführt hat und in dem diese Kinder und Jugendlichen selbst das Forumtheaterstück erarbeiteten. Wäre dieses Projekt mit

Schauspieler_innen durchgeführt worden, so Diamond, dann wäre das Stück „ein Phantasieprodukt" geblieben: „Es hätte bedeutet, dass der Dialog, den wir gehabt hätten, obwohl er vielleicht unterhaltsam gewesen wäre, nicht authentisch und deshalb von geringem Wert für unser Verständnis von der Komplexität der vorhandenen Probleme gewesen wäre." (Ebd., 104) Um Authentizität zu erreichen, sei es auch möglich, „*reale Orte* als Spielorte zu verwenden" (ebd., 112, Hervorh. i. O.). Anhand eines Beispielprojekts zum Thema Gewalt an Schulen erläutert er etwa, wie der ‚echte' Spielort, eine Schule, „ein Maß an Authentizität innerhalb der erzählten Geschichte" erschaffen habe, „das wir in einem konventionellen Theater für dieses spezielle Projekt sonst nie erreicht hätten" (ebd.).

Um die größtmögliche Authentizität zu erzielen, müsse in einem „Theater zum Leben"-Projekt den Teilnehmenden vor allem Sicherheit vermittelt werden. Erst diese Sicherheit ermögliche es ihnen, „ihre Wahrheit zu erzählen" (ebd., 55) und ihr Eigenes zu zeigen. Dieser Fokus auf Authentizität als etwas Wahres oder Eigenes zeigt sich z. B. in einer Beschreibung einer Übung, in denen die Teilnehmenden ein Bild zu einem Moment aus ihrem Leben entwerfen sollen: „Es muss euer eigener Moment sein, nicht der eines Freundes oder Verwandten, nicht Hollywood [...] Es soll jenes [Bild, J. K.] gewählt werden, das euch am tiefsten berührt, jenes, das die stärkste Verbindung zu eurem eigenen Leben hat." (Ebd., 126) Je nach Projekt erfolgt auch die Auswahl der Teilnehmenden unter anderem nach dem Kriterium, ob diese die Bereitschaft zeigen, „offen und ehrlich in Bezug auf ihre persönliche Lebenserfahrung zu sein" (ebd., 172). Allerdings werde das eigene Material dabei weder „direkt" verwendet noch einem der Teilnehmenden persönlich zugeordnet (vgl. ebd.), wodurch die Teilnehmenden einen gewissen Schutz erführen. Im Unterschied jedoch zu partizipativen Formen postdramatischen Theaters, in denen bewusst mit Fiktion und dem angeblich Wahrem gespielt und das sogenannte Authentische dabei nicht selten hinterfragt wird (→ II.3.2.2), zielt Diamonds Ansatz im Kern auf „Wahrheit" und „Authentizität". Selbst wenn (professionelle) Schauspieler_innen am Forum beteiligt sind, sollen deren „Authentizität und Ehrlichkeit" eine Atmosphäre erzeugen, „[...] in der die Gemeinschaft fähig ist, neue Perspektiven in Bezug auf das Thema zu gewinnen" (ebd., 105 f.). Zwar wird auch im „Theater zum Leben" Persönliches bisweilen fiktionalisiert. Dies geschieht jedoch immer mit dem Ziel einer authentischen Darstellung. Diamonds Authentizitätsbegriff ist somit nicht nur auf ‚echte' Personen oder ‚echte' Orte bezogen, sondern auch auf die Darstellungsweise. Da Theater eine emotionale *und* symbolische Sprache sei, brauche es sowohl eine „emotionale" als auch eine „metaphorische Beteiligung" (ebd., 156):

> Es ist die Authentizität der Geschichtenerzählung, die das Publikum packt. Und weil wir Menschen in Metaphern denken, sind es ebenso die starken theatralen

> Symbole, die aus der Gemeinschaftserfahrung herauswachsen und die tief in das Bewusstsein der Gemeinschaft reichen. Es sind diese künstlerischen Elemente, genauso wie das Ensemble und die Auswahl der Geschichte, die die Mitglieder des Gemeinwesens dazu drängen und ermutigen, die heilige Regel des Theaters zu durchbrechen und die Spielfläche zu betreten, um in das Stück einzusteigen, zu intervenieren, und so auf ihre eigene authentische Weise an der Überwindung der Probleme zu arbeiten oder für Sicherheit in der Welt des Stückes zu sorgen. (Ebd.)

Um eine authentische Wirkung auf der Bühne zu erreichen, brauche es daher auch grundlegende schauspielerische Fähigkeiten: „Unser Theater handelt vom wahren Leben, aber es ist Theater und nicht das wahre Leben." (Ebd., 158) Viele Übungen, wie etwa die „speed gestures" (ebd., 138 ff.), dienten daher der Schulung von Spontaneität und Authentizität aufseiten der Spieler_innen, z. B. indem diese Angebote der Spielpartner annehmen, „hinhören und authentisch reagieren" etc. (ebd., 140).

Auch im Hinblick auf sein Subjektverständnis spielen bei Diamond Vorstellungen von Authentizität eine zentrale Rolle. Dies zeigt sich z. B. in seinen Adaptionen der Boal'schen Techniken „Regenbogen der Wünsche" und „Polizisten im Kopf":

> Während der *Regenbogen der Wünsche* die inneren Stimmen von Ängsten und Wünschen behandelt, also unterschiedliche Aspekte derselben Person, handelt die Übung *Polizisten im Kopf* von anderen Personen, die in unsere Köpfe eingezogen sind. Diese eingelernten Stimmen von unseren Eltern, Vorgesetzten, Lehrern, Freunden, Geliebten usw., die uns sagen, dass wir dumm seien oder nicht in der Lage, etwas zu erreichen, sind ursprünglich nicht unsere eigenen Stimmen. Sie sind von woanders gekommen und geben sich als unsere Stimmen aus. (Ebd., 236, Hervorh. i. O.)

Wie Boal unterscheidet Diamond hier klar zwischen den eigenen, ursprünglichen, d. h. authentischen Stimmen und fremden, eingelernten Stimmen, die nicht zum eigenen Ich zählen und von denen man sich befreien muss. Während bei Boals „Polizisten im Kopf" diese fremden Stimmen immer konkrete Personen repräsentieren, wie z. B. den Vater oder den Boss (vgl. Boal 1999, 117), zählt Diamond in seiner Adaption „*Corporations in Our Heads (Firmen in unseren Köpfen)*" (Diamond 2013, 242, Hervorh. i. O.) auch nicht-menschliche Stimmen wie Werbe-Botschaften etc. zu solchen eingelernten Stimmen. Genau wie von den Stimmen konkreter Personen gelte es, sich auch von diesen Firmen und „ihrer Kontrolle über unser Leben und unsere kollektive Psyche zu befreien" (ebd., 245). Hier scheint die Diskursfigur der Entfremdung des_der Einzelnen durch die ökonomischen oder gesellschaftlichen Bedingungen durch – eine Figur, die sich nicht nur im Boal'schen Original, sondern auch in vielen zeitgenössischen TdU-Entwürfen nachweisen lässt. So geht es Diamond darum, die aus den kapitalistischen Lebensbedingungen und einem mechanistischen Weltbild resultierende Entfremdung des Selbst zu überwinden und wieder zum Eigenen, Ursprünglichen zurückzufinden.

Auch Thomas Haug betont die Bedeutung des Eigenen der Teilnehmenden in der Theaterarbeit, wenn er schreibt, dass sein „Theater der Befreiung" zur „(Wieder-) Entdeckung eigener Denk-, Sicht- und Ausdrucksweisen" (Haug 2005, 80) beitragen und die „jeweils eigene Art, subjektive Wahrnehmungen auszudrücken, darzustellen und zu kommunizieren" sichtbar und erfahrbar werden soll (ebd., 81). Mit den Mitteln des Theaters lasse sich „die eigene Lebenswelt und das eigene Erleben aus dem ‚Unsichtbaren'" holen: „Dadurch, dass die scheinbar unspektakuläre Lebenserfahrung ins Licht der Öffentlichkeit gerückt wird, gewinnt sie an Bedeutung [...]" (ebd., 99). Ähnlich dem Ansatz Birgit Fritz' unterstreicht Haug dabei die Funktion intensiver Körperarbeit, die zur „Entmechanisierung" und einem sich „Frei-Spielen" (ebd., 67) der Teilnehmenden diene. Um an das Eigene zu gelangen, gelte es, wie bei Diamond, das Mechanische zu überwinden. Die dem Körper eingeschriebenen „Gesellschaftsstrukturen" werden dabei als „Mechanisierungen" bzw. „Entfremdungsstrukturen" aufgefasst, die zunächst aufzuspüren und dann auch aufzubrechen seien (ebd., 67 f.). Die Gruppenmitglieder sollen „auf diese Weise ‚frei werden' für ihre eigenen Wünsche, Träume und Visionen [...]" (ebd., 68). Neben dem Wort „eigenen" oder „Eigenes" verwendet er dabei vor allem die Begriffe „eigenartig" bzw. „Eigen-Art": Das Theater der Befreiung sei „eigenartig" und kultiviere „Eigen-Art" in einem doppelten Wortsinn: „[...] es geht vom einzelnen Menschen mit seiner eigenen Art, seiner Individualität aus, und fördert die jeweils eigene Kunst (englisch: art) des Ausdrucks der Menschen." (Ebd., 80) So würden die „Betroffenen als ‚ExpertInnen in eigener Sache' selbst aktiv" und entwickelten „eigenartige" Ideen zur Veränderung (ebd., 81). In der szenischen Auseinandersetzung mit sich selbst und anderen lernten die Menschen, „ihre ‚eigenartigen' Erfahrungen wahr- und ernst zu nehmen, sowie ihre ‚eigenartigen' Bedürfnisse und Wünsche zu erkennen und zu vertreten" (ebd.).

Wie deutlich geworden ist, geht mit dem Authentizitätsanspruch mancher TdU-Konzepte eine Anrufung bzw. Adressierung der Workshop-Teilnehmenden bzw. ZuSchauspielenden als Expert_innen ihres eigenen Lebens einher. In diesem Zusammenhang schreibt auch David Diamond: „Ein Teil der Kraft und Stärke des *Theaters zum Leben* ist dessen authentische Stimme. Die Menschen aus der Gemeinschaft, die die untersuchten Fragen und Probleme leben und die die Expertinnen und Experten für ihre eigenen Leben sind, entwickeln das Theaterstück und führen es auf." (Diamond 2013, 103, Hervorh. i. O.) In dem Konzept des „Experten des eigenen Lebens" kristallisiert sich erneut die hier mehrfach konstatierte

Verbindung zwischen Partizipations- und Authentizitätsdiskurs heraus (→ II.2.2.2). Denn mit der Adressierung und damit auch der Anerkennung der Teilnehmenden als Expert_innen wird zum einen deren Partizipationsanspruch unterstrichen. So habe der Joker oder der_die Spielleiter_in die Teilnehmenden nicht zu belehren, sondern mit diesen einen Theaterprozess auf Augenhöhe zu gestalten:

> Es ist nicht die Aufgabe eines Theaterregisseurs oder Jokers, in der Arbeit mit Gemeinschaften den Teilnehmern in einem Workshop etwas über ihr Leben beizubringen. Sofern ein Joker auf irgendeine Weise ein ‚Lehrer' ist, dann einer für die Techniken des Theaters. Die Teilnehmer/innen sind selbst die Experten, wenn es um ihr Leben geht. (Ebd., 247)

Zum anderen wird hier jedoch deutlich, *wofür* die Teilnehmenden als Experten anerkannt werden. Während der Joker Experte für das Theater ist, sind es die Teilnehmenden für ihr *eigenes Leben* und nicht in erster Linie für ein bestimmtes, z. B. berufliches Wissen bzw. eine konkrete Fähig- oder Fertigkeit.[139] Die Vorstellung vom „Experten des eigenen Lebens" findet sich in vielen der hier analysierten Texte: Gerd Koch etwa spricht von „Experten und Expertinnen für sich selbst" (Koch 2009, 88), Thomas Haug von „ExpertInnen in eigener Sache" (Haug 2005, 81) und Michael Wrentschur von „ExpertInnen ihres Lebens" (Wrentschur 2004, 390). Unter anderem gehe es etwa darum,

> [...] aus Betroffenen betroffene ExpertInnen zu machen, die sich artikulieren, die ihre Anliegen und Interessen zum Ausdruck bringen. Dies zeigt, wie Theaterspiel zu Empowerment und Veränderung beitragen kann: Die ‚Betroffenen' werden dabei nicht ‚als arme Opfer' angesehen, sondern als ‚experimentierfreudige Kunstschaffende', die durch ‚authentische Theaterarbeit' ihre spezifischen Erfahrungen und Sichtweisen auf die Bühne bringen, denn sie sind es, die über einen reichen Fundus an existentiellen Lebenserfahrungen verfügen. (Wrentschur/Ruckerbauer zit. nach Haug 2005, 99)

Experte seiner selbst oder seines Lebens zu sein, muss sich allerdings nicht, wie in diesem Zitat ebenfalls deutlich wird, auf ein ‚Ganz-man-selbst-Sein' beschränken, sondern das ‚Expertentum für das eigene Leben' erfährt bisweilen durchaus eine thematische Spezifizierung. Indem die Betroffenen zu „betroffenen ExpertInnen" oder „ExpertInnen ihrer Probleme" (Wrentschur 2004, 397) werden, sind sie, wie Michael Wrentschur betont, auch Experten für ein bestimmtes Thema, wie z. B. Armutserfahrungen (vgl. Wrentschur 2011). Auch gegenüber einer zu starken Fixierung auf Authentizität äußert sich Wrentschur skeptisch. Wie bereits erwähnt,

139 Hier liegt auch ein Unterschied zu den Inszenierungen von Rimini Protokoll, die ihre „Experten des Alltags" meist im Hinblick auf ihr spezifisches (häufig berufliches) Wissen oder Können und ihre Erfahrung damit auswählen.

unterstreicht er im Anschluss an Richard Sennett die Bedeutung einer Fähigkeit zur Selbstdistanz, die es durch die Theaterarbeit zu erwerben gelte (vgl. Wrentschur 2004, 169 ff.). Ähnlich argumentiert auch Michael Thonhauser in seinem Aufsatz „Partizipative Konfliktlösung im öffentlichen Raum“ (2006): „Gleichzeitig ermöglicht das Sehen eigener und fremder Muster eine Distanz, aus der heraus die Situation auch mit Humor betrachtet werden kann, neue Standpunkte und Sichtweisen eingenommen und gegenseitiges Verständnis aufgebracht werden können.“ (Thonhauser 2006, 70) Dennoch lässt sich für die meisten der hier rezipierten Autoren ein eher affirmativer – oder mit den Kategorien Geesche Wartemanns gesprochen (→ II.3.2.2) – „anthropologischer Authentizitätsbegriff“ konstatieren. Selbst Wrentschur geht hinter seine eigene Kritik an einer zu starken Fixierung auf Authentizität zurück, wenn er z. B. schreibt: „Menschen können an ihren Orten und in ihren Zusammenhängen dazu ermutigt werden, sich des künstlerischen Mediums des Theaters zu bedienen, um sich als Personen und als Gruppe auch in der Öffentlichkeit über ihre Lebenssituation authentisch auszudrücken, zu artikulieren und sich dadurch Gehör zu verschaffen.“ (Wrentschur 2004, 412) Zudem betont er unter anderem die „Unmittelbarkeit und Wirklichkeitsnähe“ des Forumtheaters (ebd., 207). Es lässt sich jedoch festhalten, dass dem Authentischen bei Wrentschur vor allem eine politisch-strategische Funktion zukommt: Im Forumtheater gehe es nicht nur darum, „das Persönliche als das Politische zu sehen bzw. Zusammenhänge zwischen individuellen Erfahrungen und gesellschaftlichen Strukturen bewusst zu machen“ (ebd., 206), sondern auch um die Herstellung von „Gegen-Öffentlichkeiten“ oder „subalternen Öffentlichkeiten“ – gleichsam als „Stachel gegen die hegemoniale Kultur der Reichen und Etablierten“ (Thiersch, zit. nach ebd., 413). Öffentlichkeit bedeute dabei nicht, seine „[…] Persönlichkeit und intimsten Geheimnisse [zu] offenbaren, sondern in eine gemeinsame, engagierte Auseinandersetzung [zu] finden, in der es nicht nur auf individuelles Vermögen, sondern auch auf den Blick für gesellschaftliche Zusammenhänge und Verhältnisse ankommt“ (ebd., 206). Solche „[v]olkskulturelle[n] Praktiken“ (ebd., 179) seien sowohl als Abwehrreaktionen gegen Sozialdisziplinierung als auch als politisches Energiepotenzial sozialer Bewegungen zu verstehen (vgl. ebd.).

3.2.3 Empowerment und Aktivierung

Wie sich schon an manchem Titel der hier analysierten Publikationen ablesen lässt, nimmt der Begriff „Empowerment“ in den neueren Entwürfen des TdU eine zentrale Stellung ein, wie z. B. in Thomas Haugs Buch „‚Das spielt (k)eine Rolle!‘ Theater der Befreiung nach Augusto Boal als Empowerment-Werkzeug im Kontext von Selbsthilfe“ (2005) oder bei Michael Wrentschur: „Theaterarbeit, Partizipation und politisches

Empowerment" (2013). Im Boal'schen Original spielt das Konzept hingegen noch keine Rolle, auch wenn Boal selbst sein Theater an die „Pädagogik der Unterdrückten" (Freire 1972) anlehnt, die die Entwicklung des heutigen Empowerment-Konzepts maßgeblich beeinflusst hat (vgl. Bröckling 2007, 189 und Haug 2005, 38). Der Empowerment-Begriff findet sich heute insbesondere bei jenen TdU-Vertreter_innen, die sich im Bereich der Sozialen Arbeit sowie der Gemeinwesen- und Stadtteilarbeit verorten. Im Kontext Sozialer Arbeit hat sich das Konzept inzwischen fest etabliert und steht hier für einen Paradigmenwechsel seit dem Ende der 1980er-Jahre: „weg von der Defizitorientierung – hin zu einem Denken und Handeln, das von Stärken und Kompetenzen ausgeht" (Haug 2005, 31). So habe sich „die Ausrichtung der Sozialen Arbeit von einer disziplinierend-kontrollierenden, bürgerlich-normierenden und symptombekämpfenden zu einer lebensweltorientierten gewandelt" (Wrentschur 2004, 386) – mit dem Ergebnis, dass heute „Soziale Arbeit in der Lebenswelt der AdressatInnen, an ihren Deutungs- und Handlungsmustern und im Medium dieser Problemdeutungen und Ressourcen ansetzt" (ebd., 387). Eine solche lebensweltorientierte Soziale Arbeit wolle dazu beitragen, „in gegebenen Ungerechtigkeiten und Ungleichheiten in Bezug auf Partizipation kompensatorisch tätig zu sein" (ebd.). Sie wolle „[...] Räume und Praktiken einer ‚Civil Society' eröffnen und unterstützen, in der Menschen und Gruppen auf Basis von Eigeninitiative, Selbstorganisation und Zusammenschluss vermehrt soziale, gesellschaftliche und politische Verantwortung zu tragen beginnen" (ebd., 388). Dabei orientiere sich Soziale Arbeit an einem „Menschen- und Gesellschaftsbild der aktiven beziehungsweise mündigen Bürger und Bürgerinnen" (Schaurhofer u. a. zit. nach ebd.):

> Das Konzept ‚Empowerment' lenkt den Blick auf die Selbstgestaltungskräfte und die Ressourcen der Menschen, um diese produktiv zur Veränderung belastender Lebensumstände einzusetzen. Dabei geht es um die Entdeckung eigener Stärken, um die Fähigkeiten zur Selbstbestimmung und Selbstveränderung und um die Suche nach neuen Lebensräumen – im persönlich-seelischen, wie im politischen-öffentlichen Bereich, um einen Zugewinn an Autonomie und von sozialer Teilhabe [...] (ebd.).

Eine etwas andere Färbung erhält das Empowerment-Konzept im Kontext der Selbsthilfe, die ebenfalls auf ein Wiederauffinden oder eine Reaktivierung von Selbsthilfepotenzialen (vgl. Haug 2005, 14) setzt, ohne dabei aber auf Hilfe von außen zu warten: „Eine sicherlich fundamentale Charakteristik aller Selbsthilfe(-gruppen) ist deren selbstbestimmte Entscheidung, nicht passiv auf ‚bessere Zeiten' oder ‚Veränderungen von oben' zu warten, sondern eigenverantwortlich aktiv zu werden." (Ebd., 17). Im Anschluss an Brigitte Runge und Fritz Vilmar lasse sich daher als gemeinsame Zielrichtung von Selbsthilfe – neben „Autonomie" und „selbstbestimmte[m] Handeln" –

die „Wiederaneignung dessen, was der Obrigkeits- und Wohlfahrtsstaat uns an soziokultureller Kompetenz weggenommen, ‚abgenommen' hat" (Runge/Vilmar zit. nach ebd., 14 und 34), bestimmen. Insbesondere Thomas Haug versucht in seinem Entwurf eines „Theater der Befreiung" die Konzepte Empowerment, Selbsthilfe und das TdU zu verbinden: „Alle drei ermutigen und unterstützen Menschen in ihrem Engagement, sich selbst zu helfen und sich selbst zu bemächtigen, um eine aktive Rolle im eigenen Leben und in der Gesellschaft zu spielen." (Ebd., 7) Boals Theater sei dialogisch, emanzipatorisch und ganzheitlich und verwirkliche damit den „Kern von Empowerment: den Glauben an die Wirkung des eigenen Einflusses und an die Veränderungsfähigkeit von Menschen sowie an die Veränderbarkeit von Situationen und insbesondere Strukturen" (ebd., 77). Im Laufe dieser „Selbstbefreiung" werde die eigene Handlungsfähigkeit und Gestaltungsmacht wieder erfahrbar: „Eigene Stärken, Ressourcen, Kompetenzen und Möglichkeiten können (wieder-)entdeckt werden." (Ebd., 79) Die Grundlagen der „theatralen Empowermentprozesse" seien dabei insbesondere „das subjektive (Er-)Leben der Menschen", seien ihre eigenen „generativen Themen" (ebd., 80).

Im Unterschied zu manchen Empowerment-Konzepten in der Sozialen Arbeit wird Empowerment im Kontext der Selbsthilfebewegung in erster Linie als „*Selbst*bemächtigung" (ebd., 31, Hervorh. J. K.) konzipiert. Zwar lasse sich dieser Prozess – im Sinne einer Hilfe zur Selbsthilfe – von außen unterstützen, d. h. „anstoßen und fördern" (ebd., 36).[140] Nötig sei dazu allerdings eine reflexive Haltung von Professionellen, insbesondere „ein[] selbstkritische[r] Umgang mit der eigenen ExpertInnen-Macht, die Bewusstwerdung eigener Kompetenzen und eine partnerschaftliche Arbeitsbeziehung" (ebd., 108). Dabei müsse das „Ziel der Unterstützung" sein, „[...] sich selbst überflüssig zu machen, was in der Konsequenz bedeutet, alle Beteiligten in die Verantwortung für die Rahmenbedingungen (z. B. Zeit, Raum, Finanzen, etc.) einzubinden" (ebd., 110). Verantwortung erscheint damit als die zentrale Kategorie in Empowerment-Prozessen – nicht nur in Prozessen der Selbst-Bemächtigung, sondern auch in stärker angeleiteten Empowerment-Projekten bzw. -Programmen. Michael Wrentschur etwa betont, dass auch sozialen Randgruppen ein Bürgerstatus anzuerkennen sei, wozu gehöre, dass sie „in Verantwortungs- und Entscheidungsstrukturen eingebunden werden" (Wrentschur 2004, 415). Neben diesem In-die-Verantwortung-Nehmen der Einzelnen bedürfe es zudem deren Aktivierung. Haug spricht in

140 Hier ergibt sich eine Parallele zu David Diamond, der ebenfalls betont, dass „Theaterarbeit" zwar „den Menschen sehr gut den Rücken stärken" könne, Empowerment sich jedoch nicht von außen erzwingen lasse (Diamond 2013, 76). Die Einladung zur Durchführung eines Theaterprojekts müsse daher „von der Gemeinschaft" selbst kommen und „nicht nur von einer einzigen Person oder von außerhalb" (ebd.). Darüber hinaus sei die Stärkung der Unterdrückten nur ein Schritt auf dem Weg, den Kreislauf der Unterdrückung zu beenden: „Empowerment kann nicht nur dem Selbstzweck dienen, ohne an der Veränderung der strukturerzeugenden Verhaltensmuster zu arbeiten." (Ebd., 87)

diesem Zusammenhang davon, dass „viele Menschen" nur „passive ZuschauerInnen ihres eigenen Lebens" seien und dass die Theaterarbeit den Teilnehmenden helfen könne, sich „selbstbestimmt von ihren reduzierten und passiven Rollen (z. B. Patientin, Arbeitslose/r, etc.) [zu] distanzieren und sich in ganzheitlichen und aktiven Rollen als Subjekte eigenen Handelns [zu] erfahren" (Haug 2005, 79). Das Theater unterstütze damit einen „[...] Prozess der Aktivierung und Dynamisierung von Menschen, indem sich diese mit Hilfe des Theaters aus der Opferrolle (passives Objekt) herausspielen, sich von Fremdbestimmung frei spielen können" (ebd.).

Diese Vorstellung von einer notwendigen Aktivierung der Menschen durch Techniken des TdU zieht sich durch sämtliche hier untersuchten programmatischen Entwürfe. Wrentschur zufolge eröffnet etwa der Einsatz des Forumtheaters im öffentlichen Raum Menschen die Möglichkeit, aus der „[...] Rolle des ‚passiven' und ‚schweigenden Beobachters' zu treten und sich als handelnder, eingreifender Akteur zu erfahren, der soziale Wirklichkeit (mit)gestalten und verändern kann" (Wrentschur 2004, 203). Denn anders als im „sonstigen öffentlichen, gesellschaftlichen und politischen Leben" werde das Publikum im Forumtheater zur „eigentlich aktiven, eingreifenden, expressiven und gestaltenden Kraft" (ebd., 204). Im Kontext der Gemeinwesenarbeit, die sich insbesondere die Förderung des bürgerschaftlichen Engagements zum Ziel gesetzt hat, wird Aktivierung vor allem als „Aktivierung zu Eigeninitiative und zur Lösungskompetenz" verstanden: „Menschen sollen dazu ermächtigt und befähigt werden, eigeninitiativ zu handeln, damit sie zu Subjekten politisch aktiven Handelns und Lernens werden." (Ebd., 396) Dabei orientiert man sich auch hier am Ideal einer „‚Selbst-Bemächtigung' vormals Ohnmächtiger" (ebd.). Es gehe „um Teilhabe an Macht, um Verfügungs- und Entscheidungskraft sowie um Selbstaneignung von Lebenskultur [...]" (ebd.).

Wie im Diskurs der kulturellen Bildung (→ III.1) und des Theaters in der Schule (→ III.2) wird Empowerment unter anderem als der Weg zu mehr Partizipationskompetenz aufgefasst – nämlich als „Transformation von einer Situation und einem Gefühl der Machtlosigkeit (powerlessness) zu einer partizipatorischen Kompetenz" (Wolfgang Stark, zit. nach ebd., 397). Auch das von Harald Hahn geleitete Kieztheater in Berlin-Kreuzberg versteht sich als Teil einer „Stadtteil- oder Gemeinwesenarbeit", die sich insbesondere darum bemüht, die Menschen in ihrem Lebensumfeld aufzusuchen und bei ihren eigenen Themen und Ressourcen anzusetzen:

> Indem sie [d. h. die Stadtteil- und Gemeinwesenarbeit, J. K.] in erster Linie von der Lebenswelt der Menschen ausgeht, zeigt sie sich in der Aktivierung und Beteiligung besonders erfolgreich. Es ist die Suche nach Veränderungsbedarf aus der Sicht der Betroffenen, die hier zu relevanten Kristallisationspunkten für Aktivitäten führt. Ziel der Arbeit ist es, in Zusammenarbeit mit den Menschen ihre Handlungsspielräume und daran anknüpfend ihre Lebensverhältnisse zu

> verändern. Die Selbstbefähigung ist somit ein zentrales Anliegen. Eine Fülle unterschiedlicher Methoden sorgt für zahlreiche Möglichkeiten der Teilhabe und Partizipation. (Runge 2009b, 14)

Auch im Bereich der globalisierungskritischen Bewegung verspricht sich Bastian Fritz von den Methoden des TdU den Effekt einer Aktivierung. Diese dient bei ihm jedoch vor allem konkreten politischen Zwecken. Zentral ist hier die „aktivierende [ ] Erfahrung“ im Forumtheater: „Die Aktivierung beginnt durch den szenischen Konflikt, nimmt Gestalt an in der direkten Kommunikation und endet – im besten Falle – in der gemeinsamen Entscheidung.“ (Bastian Fritz 2006, 101) Eine solche Aktivierung sei im Interesse einer emanzipatorischen, politischen Bewegung, die den Menschen als Antriebskraft zur Veränderung der Welt begreife (vgl. ebd., 100). Dabei stellt auch für Fritz die Übernahme von Verantwortung das zentrale Kriterium einer gelungenen Aktivierung dar: „Und vor allem kann nur so eine echte Partizipation des Einzelnen entstehen, die Verantwortung und Engagement beinhaltet, nicht als leere Worthüllen [sic], sondern in praktischen Taten.“ (Ebd., 101) ‚Echte‘ Partizipation wird somit an tatsächliche Verantwortungsübernahme gebunden. Diese Sicht teilt auch Wrentschur, der betont, dass bei jedem Empowerment-Prozess die „tatsächliche Möglichkeit bestehen [muss], an Entscheidungsprozessen zu partizipieren und auf sie Einfluss zu nehmen. Nur so kann es zu wirklicher Teilhabe an Macht und Verantwortung kommen.“ (Wrentschur 2004, 402) Der Begriff der Macht, der dem Konzept des Em*power*ments zugrunde liegt, vereine dabei ein Verständnis von struktureller, politischer Macht mit persönlichem Wachstum bzw. Emanzipation und eigenem Selbstbewusstsein (vgl. ebd.). So lasse sich Macht mit den Worten Haugs auch als „individuelles Durchsetzungsvermögen“ beschreiben, „das durch soziale Einbindung sowohl potenziert als auch kontrolliert wird [...]“ (Haug 2005, 108).

Dass ein auf Empowerment zielendes TdU-Projekt auch scheitern kann, beschreibt Birgit Fritz in ihrem Artikel „Stadtteilarbeit“ (Birgit Fritz 2006). Unter der Leitfrage „Was passiert mit einer naturgemäß ‚subversiven‘, gegen die herrschende Macht ankämpfenden Methode, wenn sie plötzlich in den Mainstream kommt und ganz offen für BürgerInnen-Beteiligung und Mitbestimmung kämpfen ‚darf‘?“ (ebd., 87) reflektiert sie sehr kritisch von ihr selbst begleitete Forumtheater-Projekte im Wiener Gemeindebau – d. h. dem kommunalen sozialen Wohnungsbau in Wien –, die von der städtischen Gebietsbetreuung initiiert wurden und zur aktiven Beteiligung der Bewohner_innen an der Neugestaltung ihres Hofes anregen sollten (vgl. ebd., 93). Die Themen der Forumtheaterstücke wurden gemeinsam mit der Gebietsbetreuung festgelegt und unter anderem wurde darüber diskutiert, wie „eine mögliche Beteiligung der BewohnerInnen“ aussehe und wie man „durch Eigeninitiative und Verantwortungsübernahme Änderungen erreichen [kann], die anderenfalls aufgrund finanzieller Unabdeckbarkeit nicht stattfinden würden“ (ebd.). Das Resultat dieser

Intervention wird von der Autorin als „unbefriedigend" beschrieben (ebd.). Zwar habe das Forumtheaterstück möglicherweise Gesprächsimpulse geliefert, doch gab es während der Forumphase „kaum konstruktive Einstiege von nüchternen Personen" (ebd., 94). Auch nach Gesprächen der Gebietsbetreuung mit den Mietern über die bevorstehende Hofgestaltung wollte „unter den Bewohnerinnen niemand weiter dafür verantwortlich sein" (ebd.). Der Appell an die Bewohner_innen, zu partizipieren und dabei Eigeninitiative zu zeigen und Verantwortung zu übernehmen, scheint hier offenbar ins Leere gelaufen zu sein. Auch ein weiteres Projekt zur Verbesserung der Wohnatmosphäre in einem Gemeindebau, bei dem nun die Bewohner_innen in die Entwicklung eines Forumtheaterstücks einbezogen wurden, stieß auf ähnliche Schwierigkeiten. Die in den Treppenhäusern ausgehängten Einladungen zur Theaterwerkstatt wurden von unbekannten Personen entfernt und es kamen nur vereinzelt Interessent_innen, was eine kontinuierliche Arbeit unmöglich machte (vgl. ebd., 95). Das Projekt scheint von den Bewohner_innen gewissermaßen boykottiert oder zumindest ignoriert worden zu sein. Als Konsequenz wurde festgehalten, dass es für ein Theaterprojekt in diesem Hof noch zu früh sei bzw. man dafür „grundlegend andere Ressourcen und intensivere Möglichkeiten zur Zusammenarbeit mit Fachleuten" brauche (ebd., 96). Als weitere Schlussfolgerungen nennt die Autorin, dass Projekte möglichst langfristig angelegt und dementsprechend von den Auftraggebern finanziert werden müssten und dass es mehr Recherche zum Ort bzw. den Menschen sowie Offenheit für unvorhersehbare Prozessergebnisse bedürfe (vgl. ebd., 96 f.). Auf ihre zu Anfang des Artikels aufgeworfene Leitfrage, was mit einer ursprünglich subversiven Methode passiere, wenn sie plötzlich im Mainstream ankommt und für Beteiligung kämpfen darf, geht Fritz hingegen nicht mehr ein. Zum Schluss hält sie lediglich fest: „Partizipation muss auf allen Ebenen passieren. Grundlegend ist das Demokratieverständnis aller Beteiligten." (Ebd., 97)

Nur selten finden sich in der TdU-Literatur Projektbeschreibungen, die so klar auch Momente des Scheiterns benennen wie der hier zitierte Aufsatz Birgit Fritz'. Dass ein von der intendierten Planung abweichendes Verhalten von Teilnehmenden an TdU-Projekten jedoch nicht immer als ein Scheitern interpretiert werden muss, zeigt die sehr interessante Projektbeschreibung der Theaterwissenschaftlerin Sruti Bala, die als „participant-observer" an einem TdU-Workshop für Frauen in Südindien teilnahm, der von der lokalen Kongresspartei organisiert wurde (Bala 2017, 276 ff.). Balas Hypothese, mit der sie an dem Workshop teilnahm, liest sich fast wie eine mögliche Antwort auf Fritz' oben genannte Leitfrage: „when citizen participation comes as a requirement from the ruling powers, the people who are meant to be its beneficiaries refuse to participate or do so by making a bad job of it." (Ebd., 278) Allerdings musste Bala feststellen, dass diese Hypothese nur zum Teil zutraf und die Teilnehmenden an dem Workshop diesen nicht einfach boykottierten, sondern sie vielmehr mal kooperierten, mal die Aufgaben nicht befolgten, vor allem aber auf eine Art und Weise partizipierten, die von der Workshop-Leitung nicht geplant bzw. vorgesehen war (vgl. ebd., 279). Beispielsweise sollten die Teilnehmerinnen bei einer Übung persönliche Gegenstände im Raum verteilen und eine Teilnehmerin, deren Augen verbunden wurden, allein über Klatschen und andere Geräusche durch diesen Objektparcours lotsen, ohne dass diese die Gegenstände berühren durfte. Aus Sorge, ihre Gegenstände könnten wirklich Schaden nehmen, führten sie jedoch die Teilnehmerin anstatt *zwischen* den Gegenständen entlang einfach *um* den Parcours herum, wodurch sie die Übung zwar nicht boykottierten, jedoch zu einem gewissen Grad umdeuteten (vgl. ebd., 280 f.). Bala warnt jedoch davor, diese Verhaltensweisen entweder zu unter- oder sie zu überschätzen und gleich als subversive Handlungen zu überhöhen (vgl. ebd., 282). Anstatt davon auszugehen, dass Bottom-up-Partizipation immer gut, Formen der Top-down-Beteiligung hingegen immer schlecht oder neoliberal seien, schlägt sie eine Unterscheidung zwischen formalisierter Partizipation, wie sie etwa von der TdU-Methodologie vorgesehen wird, und unerbetener Partizipation vor (vgl. ebd., 283 f.): „the unsolicited forms of participation are attempts at reimagining and reformulating on aesthetic and theatrical terms the larger, sometimes formalized, call for social and political participation." (Ebd., 286) Damit trifft sie für den Theaterbereich eine ähnliche Unterscheidung von Partizipationsformen, wie sie Peter Wehling für politische Beteiligungsmöglichkeiten vorgeschlagen hat (→ II.2.1.3). Im Unterschied zu Wehlings Differenzierung von Formen standardisierter (eingeladener) Partizipation und eigenständiger (uneingeladener) Beteiligung von gesellschaftlichen Gruppen öffnet Balas Beschreibung auch den Blick auf einen Zwischenbereich, nämlich Formen abweichender Partizipation, die sich innerhalb standardisierter Verfahren ergeben können.

3.2.4 Dialog und Probehandeln

Eine weitere zentrale Semantik in den neueren TdU-Entwürfen, die ebenso die Frage nach der Verteilung von Macht und die Vorstellung von Partizipation berührt, ist der Begriff des Dialogs. Bereits Boal definierte das TdU als ein Theater des Dialogs: „*Das Theater der Unterdrückten ist immer Dialog: Wir lehren und lernen.*" (Boal 1979, 68, Hervorh. i. O.) Damit knüpfte er an die Pädagogik der Unterdrückten nach Freire an, dessen zentrales Anliegen es war, die von ihm so beschriebene Kultur des Schweigens in eine „Kultur des Dialogs" zu überführen. Im Unterschied zum sogenannten traditionellen, „durch tief verinnerlichte autoritäre Strukturen" (Kolb-Mzalouet 2006, 80) gekennzeichnete Theater, dessen Markenzeichen in Bezug auf das Verhältnis von Zuschauenden und Darstellenden der Monolog bleibe, zeichnet sich z. B. nach

Meinung von Lisa Kolb-Mzalouet das Forumtheater durch seinen dialogischen Charakter aus: „Wir leben zu oft in einer Kultur des Monologs. Andere sprechen, wir hören zu. Und wir sind es gewohnt, dass andere, Wichtigere, etwas Wichtigeres zu sagen haben als wir selbst, im Theater und zu oft auch im Leben sind wir ZuschauerInnen." (Ebd., 81) Im Vergleich zum Boal'schen Original unterstreichen viele der neueren Publikationen zum TdU die Bedeutung des Dialogs noch einmal zusätzlich. So lautet etwa der vollständige Titel von David Diamonds Buch: „Theater zum Leben. Über die Kunst und die Wissenschaft des Dialogs in Gemeinwesen" (Diamond 2013). Der Dialog steht dabei unter anderem für eine unmittelbare Kommunikation: Das Ziel des „authentischen Spiel[s] einer Aufführung des *Theaters zum Leben*" sei es, „einen aufrichtigen und echten Dialog entstehen zu lassen" (ebd., 106, Hervorh. i. O.). Ähnliche Zielvorstellungen finden sich auch bei Harald Hahn und Jens Clausen, die den entscheidenden Unterschied zwischen dem Forumtheater und anderen, z. B. TV-Beteiligungsformaten in einem unmittelbaren Dialog zwischen Bühne und Publikum ausmachen (Clausen/Hahn 2009a, 27).

Der Dialog steht in vielen neueren TdU-Konzeptionen zudem für eine andere Verteilung von Macht. Der entscheidende Schritt eines Theaters, das eine „dialogische, also gleichwertige partnerschaftliche Beziehung" zwischen Zuschauenden und Darstellenden (Kolb-Mzalouet 2006, 80) etablieren möchte, liegt Kolb-Mzalouet zufolge in einem „‚Macht-Teilen[]'" (ebd., 80) – im Gegensatz zum traditionellen Theater, in dem der „Machtraum der Bühne [...] den SchauspielerInnen vorbehalten" bleibe (ebd.). Dazu brauche es beide Seiten: „Es braucht den Machtanspruch der Unterdrückten auf Gleichwertigkeit, und es braucht die Fähigkeit der Mächtigen, Macht zu teilen. Beide Schritte, Macht zu beanspruchen und Macht zu teilen, führen aus gewohnten hierarchischen Beziehungsmustern hinaus in eine dialogische Situation." (Ebd., 84) Demnach sei es an den Forumtheater Spielenden, den Zuschauenden eine gleichberechtigte Rolle einzuräumen: „Als Forumtheaterspielerin trete ich zurück, ich biete einen Platz im Machtraum Bühne an." (Ebd., 85) Doch nicht nur die Spielenden, auch der Joker bzw. Curinga soll manchen TdU-Autor_innen zufolge Macht abgeben. Doris Kempchen, die in ihrem Buch „Wirklichkeiten erkennen – enttarnen – verändern: Dialog und Identitätsbildung im Theater der Unterdrückten" (Kempchen 2001) versucht, die Theorie des TdU im Rückgriff auf tätigkeitstheoretische Ansätze und vor allem in Bezug auf Dialog und Kooperation zu erweitern, fordert z. B. vonseiten des Curingas die Bereitschaft zur Reflexion der eigenen Rolle: „Dies könnte beispielsweise in regelmäßiger Supervision durch Dritte stattfinden." (Ebd., 146) Auch Diamond plädiert für eine Begrenzung der Macht des Jokers, der nicht sämtliche Aufgaben und Funktionen übernehmen und gleichzeitig Sozialarbeiter_in und Theatermacher_in sein könne: „Wenn der Joker beides übernimmt und Theatermacher/in und Beistand gleichzeitig ist, dann liegt viel zu viel Macht in den Händen einer einzigen Person [...]" (Diamond 2013, 82).

Die Etablierung eines echten und gleichberechtigten Dialogs und die Übertragung von Macht an das Publikum stellt für Bastian Fritz nichts weniger als „eine praktische Umsetzung des viel thematisierten Begriffes der Basisdemokratie dar" (Bastian Fritz 2006, 100). Doch sehen viele TdU-Autor_innen im Forumtheater nicht nur eine Verwirklichung von Demokratie auf dem Theater, sondern auch einen Beitrag zur Entwicklung einer „stärker dialogorientierten und partizipativen Demokratie" (Wrentschur 2014, 6) in der politischen Wirklichkeit. In ihrem Artikel „Forumtheater und Partizipation – ‚Demokratie Lernen'" (Kolb-Mzalouet 2006) beschäftigt sich Kolb-Mzalouet mit dem „in seiner Form zutiefst demokratisch[en]" (ebd., 80) Forumtheater und seinen Möglichkeiten, den gesellschaftlichen Demokratieprozess zu befördern:

> Viele Bühnen des Lebens stehen zur Verfügung, wo dialogische und partnerschaftliche Szenen gefragt sind, wo Monologe in Dialoge umgewandelt werden müssen, wo Randgruppen integriert werden sollen, wo viele mitspielen wollen, wo es notwendig wird, Gewaltstrukturen in kreative dialogische Prozesse umzuwandeln. (Ebd., 86)

Hier ergibt sich nicht nur implizit eine Parallele zu den Modellen der dialogischen Demokratie (Giddens) und der deliberativen Demokratie (Habermas), wie sie im Zusammenhang mit den partizipatorischen Demokratietheorien diskutiert worden sind (→ II.2.1.1), sondern von manchen TdU-Autor_innen wird dieser Bezug auch explizit hergestellt: „Der Bezug zu Jürgen Habermas ist zugleich auch ein Bezug zum Kieztheater, weil wir dort auch das Postulat des ‚herrschaftsfreien Diskurses' als Idealtypus anstreben." (Clausen et al. 2009b, 12) Doch finden sich neben dieser Ausrichtung an der deliberativen Theorie, die Kategorien wie Macht und Interesse zugunsten einer Konsensorientierung weitgehend ausblendet, auch Bezüge zu konkurrierenden Demokratie-Modellen. So plädiert etwa Gerd Koch in seinem Beitrag für „Das Kieztheater" (Clausen et al. 2009a) im expliziten Verweis auf Chantal Mouffe für eine Theaterpädagogik, „[...] die das Gegnerische nicht eliminiert. Es werden gesellschaftliche Machtverhältnisse verschoben; es werden [...] Trennungen, Spaltungen (im Publikum, hier also in der Gesellschaft) hervorgerufen, weil man (sich) jetzt genauer wahrnimmt, nicht alles mehr so, wie es ist, hinnimmt, sich mit Gründen zu entscheiden lernt, andere Positionen und Begründungszusammenhänge kennen lernt und verstehen kann." (Koch 2009, 90) Ähnlich argumentiert auch Michael Wrentschur, der die Aufgabe des TdU darin sieht, „entgegen einem hegemonialen Diskurs, der in der Herrschaft von Konsens und Harmonie gründet" (Wrentschur, zit. nach Haug 2005, 88), gesellschaftliche Konflikte zu thematisieren.

Ob Demokratie im Habermas'schen Sinne eines herrschaftsfreien Diskurses oder eher in einer a(nta)gonistischen Konzeption wie bei Mouffe verstanden wird, viele der hier angeführten TdU-Entwürfe sehen im Forumtheater nicht nur eine Demokratisierung von Theater, sondern auch die Möglichkeit eines *Lernens* von Demokratie. Das dialogische Forumtheater wird daher als Möglichkeit gesehen, Demokratiefähigkeit einzuüben. Eine zentrale Rolle spielt dabei Boals Vorstellung vom Theater als einer „Probe für die Revolution oder die Veränderung", was – wie Boals Sohn Julian Boal anmerkt – allerdings auch bedeutet: „Es *ist* nicht die Veränderung oder die Revolution aus sich selbst heraus." (Boal 2013, 112, Hervorh. i. O.) In diesem Zusammenhang ist auch Augusto Boals Begriff der Metaxis von Bedeutung, demzufolge einerseits Kunstwelt und soziale Realität jeweils zwei autonome Wirklichkeiten bilden, sich andererseits jedoch aus dem, was man in der Fiktion vollzieht, für das Leben Schlüsse ziehen lassen (vgl. Boal 1999, 50). Dementsprechend wird in vielen TdU-Entwürfen Theater als „Probe für die Realität" (Haug 2005, 49), „Probe für den Alltag" (ebd., 60) oder als „Probe-Raum" (ebd., 81) bezeichnet. Hier ergibt sich eine Parallele zum Partizipationsdiskurs im Bereich des Theaters in der Schule (→ III.2). Während in den Curricula des Darstellenden Spiels zwischen einem (ästhetischen) Erproben und Experimentieren mit Mitteln theatraler Gestaltung auf der einen Seite und einem auf soziale und gesellschaftliche Zwecke ausgerichteten Erproben auf der anderen Seite unterschieden werden konnte, bezieht sich das TdU eindeutig auf letztere Vorstellung. Damit schließt das TdU an den Topos vom Theater als einer Probebühne eines besseren Lebens an, der sich auch im aktuellen theaterwissenschaftlichen Diskurs um partizipative Theaterformen findet. Dabei konnte für die Theaterwissenschaft, neben der Betonung des Als-ob-Handelns, auch die Vorstellung eines Erprobens identifiziert werden, das eher als ein Erforschen von und Experimentieren mit Handlungsmöglichkeiten und bisweilen auch als deren performative Hervorbringung zu verstehen ist (→ II.3.2). In den neueren TdU-Entwürfen finden sich sowohl die Vorstellung eines Erprobens im Sinne von Ab-Ob-Handeln als auch das Ziel eines Experimentierens bzw. Erforschens von gesellschaftlichen Handlungsalternativen. Michael Wrentschur etwa spricht an einer Stelle vom TdU als einem „Proberaum" mit dem Ziel einer „Bewusstmachung als Vorstufe zur Aktion, zur Veränderung der eigenen Situation und zum gesellschaftlichen Eingreifen" (Wrentschur 2012, 6) und an anderer Stelle von einem „[...] experimentellen Raum, in dem neue Haltungen und Handlungen für einschränkende, belastende, unterdrückende (Konflikt)Situationen gefunden und ausprobiert werden können, die im gesellschaftlichen Alltag nachwirken können" (Wrentschur 2004, 210). Ob als Einüben von Verhaltensweisen oder als Experimentieren und Erfinden neuer gesellschaftlicher Handlungsoptionen, immer wird jedoch das TdU als eine „erprobende Vorbereitung auf und von Veränderungen der Wirklichkeiten" (Haug 2005, 82) entworfen, wobei im Sinne der Boal'schen Metaxis vorausgesetzt wird, dass sich das jeweilige Handeln im Theaterraum auch auf das reale Leben übertragen lässt. Dieses

Schlussfolgern für das reale Leben bezeichnete Boal auch als „Extrapolation", also als „Transfer des im ästhetischen Raum des Theaters Erfahrenen und Erprobten in den Alltag" (ebd., 51).

In den hier untersuchten Quellen finden sich jedoch auch Stimmen, die die Ideen der Metaxis und Extrapolation, die im TdU-Diskurs in der Regel weitergehend unhinterfragt bleiben, infrage stellen. Beispielsweise fordert Jens Clausen ein stärkeres Bewusstsein für die Fiktion im Theater: „Was im Forumtheater stattfindet, ist keine gesellschaftlich fundierte Auseinandersetzung, sondern es ist ein Anreißen von Wirklichkeitswahrnehmungen, -schilderungen und -äußerungen, die im Kontext von Theater stattfinden und fiktiv bleiben." (Clausen/Hahn 2009b, 34) Demnach stellt sich erstens die Frage, ob sich aus diesen fiktiven Handlungen tatsächlich ‚reale' Handlungen ableiten lassen, und zweitens, wie Clausen dies formuliert, „warum man diesem ‚Probehandeln' zuschauen soll" (ebd., 36). Damit berührt Clausen die Frage nach dem Verständnis von Ästhetik im TdU und ob dieser eine eigene Dimension zugestanden wird.[141] Zwar ist in vielen der hier untersuchten Quellen die Rede von Boals „ästhetischen Raum" (z. B. Fritz 2013b, 396). Doch bleibt Boals Ästhetikbegriff in erster Linie auf Wahrnehmung (griech. *aísthēsis*) bezogen und bezeichnet weniger eine spezifische Form künstlerischer Gestaltung als vielmehr eine bestimmte Wahrnehmung, die, wie insbesondere Fritz und Diamond betonen, durch die Körpergebundenheit und die nonverbale Kommunikation des Theaters angeregt werde. Theater wird dabei, wie schon bei Boal, in erster Linie als „Sprache" verstanden, als ein Kommunikationsmittel, das allen Menschen zur Verfügung steht und vor allem funktionalen Charakter hat. Zwar betonen einige TdU-Vertreter_innen wie Michael Wrentschur zunehmend auch Fragen der Ästhetik im TdU und unterstreichen dabei die Bedeutung eines symbolischen Ausdrucks, der auch „schauspielerische und darstellerische Fähigkeiten" (Wrentschur 2004, 203) sowie die „Fähigkeit der Selbst-Distanz" (ebd., 171) mit einschließt. Theater soll dabei allerdings niemals „Selbstzweck" (Wrentschur 2006, 39) sein, sondern vielmehr „‚Transportmittel'" bleiben, „um Menschen etwas vor Augen zu führen" (Wrentschur 2013, 32). Die starke „Betonung des Gebrauchswerts der Methoden des Theaters der Unterdrückten" (Axter 2001, 141) führt somit dazu, dass auch in der TdU-Praxis (ästhetische) Fragen der Darstellungsweise gegenüber dem auf der Bühne verhandelten *Inhalten* in der Regel eine nachgeordnete Rolle spielen.

141 Mit Robert Pfaller ließe sich die Vorstellung, dass das Handeln auf der Bühne ein entsprechendes Handeln in der sozialen Realität bewirken muss, auf eine „ikonografische[] Naivität" (Pfaller 2008a, 20) zurückführen, die immer nur den Inhalt eines Spiels mit dem Inhalt des Handelns in der Wirklichkeit vergleicht (vgl. ebd.), eine eigene Dimension des Spiels dabei jedoch negiert. Wie Menschen sich in einem ‚Theaterrahmen' verhalten, sagt demnach noch nichts darüber aus, wie sie sich im ‚realen Leben' verhalten.

3.3 Auswertung: Das autopoietische Subjekt

Partizipation ist in den neueren Programmatiken des Theaters der Unterdrückten (TdU) zu einem zentralen Thema geworden. Dabei bezieht sich der Begriff heute nicht mehr allein auf die Partizipation von ZuSchauspielenden, sondern Theaterarbeit wird hier sowohl als Mittel zur Einübung von Partizipation für späteres Handeln in der sozialen Wirklichkeit – d. h. zur Entwicklung von Partizipationskompetenz – als auch als Instrument zur effektiven Beteiligung von bestimmten, meist sogenannten benachteiligten Bevölkerungsgruppen bei der Bearbeitung konkreter sozialer oder politischer Probleme verstanden. Eine in vielen der hier untersuchten TdU-Entwürfen diskutierte Frage ist dabei, ob Partizipations- und Empowerment-Prozesse von außen angestoßen werden können oder diese nicht eher von der jeweils betroffenen Gruppe selbst ausgehen müssten. Insbesondere im Kontext der Selbsthilfe wird das Ideal eher in einer *Selbst*bemächtigung der Teilnehmenden gesehen. Der Workshop-Leitung kommt in diesem Zusammenhang die Rolle zu, den Self-Empowerment-Prozess lediglich anzuregen und zu unterstützen. Das Ziel besteht jedoch immer in einer Übertragung von Verantwortung an das partizipierende Subjekt. Verantwortung ist die zentrale Kategorie bei Empowerment-Prozessen und wird von manchen der hier zitierten Autor_innen – in Form von tatsächlicher Verantwortungsübernahme – auch als Kriterium für eine gelungene, eine ‚echte' Partizipation diskutiert.

Viele TdU-Projekte zielen darauf, den Teilnehmenden Anerkennung zu vermitteln, und möchten, dass sich diese ernst genommen fühlen. Beteiligung funktioniert auch hier als eine Praxis der Anerkennung (→ II.2.2.1), bei der das einzelne partizipierende Subjekt z. B. als „Experte des eigenen Lebens" angerufen wird. In der Subjektivierung der Teilnehmenden als Expert_innen des eigenen Lebens verschränken sich Partizipations- und Authentizitätsdiskurs. Denn die Anerkennung der einzelnen Partizipierenden wird an deren Status als authentische Subjekte gebunden – sie sind in erster Linie Expert_innen für ihr eigenes authentisches Selbst. Während einige TdU-Vertreter_innen auf die Überwindung einer angeblichen Entfremdung des eigenen Selbst und die Wiederentdeckung des eigenen authentischen Ausdrucks zielen, lässt sich bei anderen, wie insbesondere bei Michael Wrentschur, ein eher ‚strategisches' Verständnis von Authentizität ausmachen, etwa wenn Wrentschur von der Herstellung subalterner (Gegen-)Öffentlichkeiten spricht, die einer hegemonialen Kultur entgegengesetzt werden sollen. Zudem geht es ihm nicht um eine authentische Offenbarung persönlicher oder intimer Gefühle, sondern vielmehr um eine Auseinandersetzung um gesellschaftliche Machtverhältnisse.

Indem sich die zeitgenössische TdU-Praxis in der Regel im Kontext der Sozialen Arbeit, der Stadtteil- und Gemeinwesenarbeit oder der entwicklungsbezogenen Projektarbeit verortet, schreibt sie sich in eine Entwicklung ein, die sich für das gesamte Feld der Soziokultur konstatieren lässt: den Wandel von einer weitgehend von staatlichem Einfluss unabhängigen Alternativbewegung hin zu einer in der Regel staatlich finanzierten und professionellen Sozial-, Bildungs- und Kulturarbeit. Einerseits knüpft das neuere TdU damit an die bereits von Augusto Boal mit dem „Regenbogen der Wünsche" (1999) eingeleitete „Verlagerung des Schwerpunkts des Theaters der Unterdrückten vom politischen in den psychosozialen Bereich" (Axter 2001, 144) an. Von den sozialrevolutionären Zielsetzungen, wie sie Boal noch in den 1970er-Jahren verfolgte, kann somit in der heutigen TdU-Praxis im deutschsprachigen Raum keine Rede mehr sein. Andererseits verstehen sich viele aktuelle TdU-Programmatiken durchaus als politisch. Eine explizit politische Ausrichtung haben dabei die neueren Formen des Legislativen Theaters, die sowohl strukturelle Veränderungen – in Form von Gesetzesänderungen – als auch eine Aktivierung von Menschen, die sonst weniger am politischen und sozialen Leben partizipieren, anstreben. Aber auch die meisten anderen zeitgenössischen TdU-Entwürfe verfolgen eine politische Absicht, wie etwa Birgit Fritz' „autopoietisches Theater" oder David Diamonds „Theater zum Leben". Allerdings erfährt das Politische insbesondere bei letzterem eine Umdeutung. So gibt Diamond die traditionelle Unterscheidung in Unterdrücker und Unterdrückte sowie jede Form einer politischen Wir-Sie-Konfrontation auf. Um heute politischen oder sozialen Wandel zu bewirken, ist ihm zufolge nicht mehr an den großen gesellschaftlichen Strukturen, sondern beim einzelnen Individuum anzusetzen, das – anstatt Verantwortung im Anderen, d. h. dem Unterdrücker zu lokalisieren – selbst Verantwortung zu übernehmen und seine eigenen Verhaltens- und Beziehungsmuster zu ändern habe.

Ähnlich wie Birgit Fritz, die sich auf neurowissenschaftliche sowie radikal-konstruktivistische Theorien (Maturana/Varela) stützt, bildet David Diamonds theoretischen Referenzrahmen vor allem die Systemtheorie Luhmanns bzw. deren populärwissenschaftliche Auslegung durch Fritjof Capra. Der Begriff der Autopoiesis bzw. Autopoiese ist dabei sowohl für Fritz als auch für Diamond zentral. Während Maturana und Varela den Begriff ursprünglich zur Beschreibung der Organisationsweise von lebenden Systemen verwendeten und damit vor allem die Selbsterschaffung und -erhaltung biologischer Zellen bezeichneten, übertrug Niklas Luhmann ihn auf soziale Systeme, wobei er Kommunikation als den zentralen Modus der autopoietischen Reproduktion sozialer Systeme definierte. Diamond verbindet nun – mit Capra – gewissermaßen die biologische Systemtheorie Maturanas und Varelas mit der soziologischen Interpretation des Begriffs der Autopoiesis und bezeichnet damit alles Leben bzw. alles Lebendige. Dabei definiert er nicht nur das Subjekt, sondern auch eine „Gemeinschaft“, ein „Volk“, eine „Familie“ oder eine sonstige „Community“ als „lebendiges“ autopoietisches System, das sich selbst erzeugt und erhält. Diese eher als biologistisch zu beschreibende Auslegung von Autopoiesis wird bei Diamond mit mystisch-spirituellen Elementen zu einem „ganzheitlichen“, an der „Natur“ ausgerichteten Weltbild verquickt, das einem angeblich vorherrschenden mechanistisch-rationalistischen Weltbild entgegengesetzt wird. Überdies wird der sehr positiv besetzte Begriff der Gemeinschaft (*community*) von ihm mit einem „Organismus“ gleichgesetzt. Damit knüpft Diamond zu einem gewissen Grad an die organizistische Denktradition des 19. Jahrhunderts an, in der die Gesellschaft wie ein Organismus konzipiert wurde und die besonders in Deutschland verbreitet war. Zwar erhält der Begriff „*community*“ im englischen Sprachgebrauch eine andere Konnotation als der deutsche Begriff der Gemeinschaft. Doch ob Gemeinschaft, Gemeinwesen, Community oder Gesellschaft – eine Gleichsetzung kollektiver Gruppierungen mit einem Organismus ist aus Sicht der heutigen Soziologie unzulässig, da sie „sowohl die Eigenart des Individuums als soziales Wesen wie auch die der sozialen Prozesse und Gebilde“ (Laatz/Rammstedt 2011, 491) verfehlt: „Weder in ihrer biologischen noch in ihrer spiritualistischen Ausprägung entsprechen Organismustheorien den Anforderungen gegenwärtiger soziologischer Theoriebildung.“ (Weiß 2014, 347) Die Organismusanalogie, die bei Diamond und Capra vorliegt, stellt zudem eine Verkürzung des systemtheoretischen Ansatzes nach Luhmann dar. Wenn Luhmann etwa von einem „Immunsystem“ im Hinblick auf „Widerspruchsvermehrungen“ in einer Gesellschaft, z. B. durch soziale Bewegungen, spricht, schränkt er gleichzeitig ein, dass dieser Vergleich „nicht im Sinne der berühmt/berüchtigten Organismus-Analogie überdeutet werden“ dürfe (Luhmann 1987, 507). Statt des Weges der „Analogie“, der „dazu verführen [würde], Ähnlichkeiten für wesentlich zu halten“, geht es Luhmann in seiner Theorie darum, „stärker für Differenzen zwischen den Systemtypen [zu] sensibilisieren“ (ebd., 32). Luhmann spricht zudem von Gesellschaft und distanziert sich vom Gemeinschaftsbegriff und der damit verbundenen Vorstellung einer „partielle[n] Verschmelzung personaler und sozialer Systeme“ (ebd., 298 f.).

Der Rückgriff auf systemtheoretische und (radikal-)konstruktivistische sowie neurowissenschaftliche und evolutionstheoretische Versatzstücke im Diskurs des neueren TdU ist dabei kein Zufall. Diese Großtheorien sind in den letzten zwanzig bis dreißig Jahren zu einem wichtigen Bezugsrahmen in der (Sozial-)Pädagogik und der erziehungswissenschaftlichen Theoriebildung geworden. Auch für den Bereich des Theaters in der Schule konnte bereits ein Nexus zwischen der Vorstellung vom selbstständigen und partizipierenden Schülersubjekt und dem konstruktivistischen Paradigma in der Pädagogik konstatiert werden (→ III.2.3). Aber auch Erika Fischer-Lichtes theaterwissenschaftliche Definition der Aufführung als autopoietische *feedback*-Schleife basiert auf einem systemtheoretischen Modell (→ II.3.2). Im Folgenden soll daher dieser Zusammenhang zwischen dem Partizipationsdiskurs und den genannten Theoriemodellen, auf die sich viele der neueren TdU-Ansätze beziehen, noch einmal im Hinblick auf die Frage nach dem partizipierenden Subjekt in Augenschein genommen werden. Dabei stütze ich mich insbesondere auf Ludwig Pongratz' Studie „Untiefen im Mainstream. Zur Kritik konstruktivistisch-systemtheoretischer Pädagogik" (2009), die sich aus einer gouvernementalitätskritischen Perspektive mit der Anwendung (radikal-)konstruktivistischer und systemtheoretischer Theorie auf die Erziehungswissenschaft befasst.

Wie bei vielen Vertreter_innen konstruktivistisch-systemtheoretischer Pädagogik wird auch bei Diamond und Fritz Subjektivität als „‚empirische Selbstschöpfung' eines autopoietischen Systems" (ebd., 36) verstanden. Der Begriff des „Subjekts selbst und seine Version von Identität" erscheinen daher „als eigene Leistungen des Subjekts [...] seiner Zuschreibungen, Selbstbilder und Selbstbewertungen" (Heinz-Elmar Tenorth, zit. nach ebd.). Problematisch an der Auslegung des Begriffs der Autopoiesis durch Diamond und Capra ist zudem die mit ihr verbundene Essentialisierung sowie Naturalisierung. Diamonds Vorstellung von *der* Natur erscheint nicht nur als das Maß aller Dinge, sondern auf ihr gründet sich auch seine pauschale Kulturkritik, die dem klassischen Dreischritt „Paradies – Sündenfall – Erlösung" folgt. Während die First Nations Kanadas als ursprüngliche, „gesunde" und sich in einem natürlichen „Gleichgewicht" befindende „Gemeinschaften" entworfen werden (= Paradies), erscheinen die westliche Gesellschaft und Kultur, die unter Konsum- und sonstigen Abhängigkeiten litten, vollkommen von sich entfremdet (= Sündenfall). Zu diesem Gleichgewicht bzw. dieser „natürlichen" Ordnung gelte es nun wieder zurückzufinden (= Erlösung). Diese Naturalisierung – wie auch Diamonds Naturalisierung von Kreativität usw. – lässt sich unter anderem vor dem Hintergrund des *naturalistic turn* in der neueren Anthropologie lesen (vgl. ebd., 161), die auf die Bestimmung einer „evolutionsbiologisch bzw. stammesgeschichtlich sedimentierten, positiv bestimmbaren Menschennatur" (ebd., 162) zielt. Dem Menschen kommt dabei keine besondere Stellung mehr zu, sondern er „[...] schrumpft der Tendenz nach auf seine eruierbare empirische Faktizität zusammen; er ist, was die ‚Gesetze der Evolution' aus ihm machten" (ebd., 165). Gleichzeitig verfügt der Mensch jedoch auch über Freiheit (vgl. ebd., 168). Pongratz sieht hier einen Widerspruch im evolutionären Ansatz: „Zum einen werden die Menschen für ihre hausgemachten Probleme zur Verantwortung gezogen, zum anderen wird aber gerade darin eine Selbständigkeit vorausgesetzt, die der Menschheit im Kontext einer evolutionstheoretisch begriffenen Geschichte gar nicht zusteht." (Ebd., 168) Indem man den Menschen allein von seiner Natur her zu begreifen versucht, verliere man zudem die Geschichtlichkeit sowohl des Menschen als auch der Anthropologie aus dem Blick (vgl. ebd., 169). Die Reflexion des Menschen über sich selbst schließe jedoch immer eine prinzipielle Differenz ein: „Das empirisch-objektivistische Denken der Evolutionsbiologie aber findet für jene ‚anthropologische Differenz', für das Nichtidentifizierbare, das Nichtidentische im Begriff vom Menschen keinen Ausdruck." (Ebd.)

Das autopoietische Subjekt wird zudem als autonom vorausgesetzt, „wobei die Begriffe ‚Autonomie', ‚Autopoiese' und ‚Leben' häufig unscharf ineinander übergehen" (ebd., 151). Zwischen den einzelnen sich selbst schöpfenden Individuen könne es zwar zu „wechselseitigen Perturbationen" kommen (ebd., 142). Diese ließen sich jedoch von außen nicht gezielt beeinflussen (vgl. ebd.). Die konstruktivistisch-systemtheoretische Pädagogik wendet sich daher gegen jede Form von Instruktionsdidaktik und setzt auf partizipative Lernsettings, in denen die Einzelnen ihren Lernprozess weitgehend selbstständig steuern. Auch hier wird deutlich, warum gerade die partizipativen Verfahren des TdU, die die Zuschauenden von ihrer angeblich passiven Rolle befreien sollen, in den Augen der hier zitierten Autor_innen als geeignet erscheinen, Autopoiesis zu ermöglichen. Wie die konstruktivistisch-systemtheoretische Didaktik setzen auch die autopoietischen TdU-Entwürfe weniger auf eine direkte äußere Steuerung als vielmehr ein „subtiles Netz indirekter Steuerung" (ebd., 152). Dabei sollen sich die Teilnehmenden „als Subjekte von Prozessen erleben", denen sie, wie Pongratz anmerkt, als strukturdeterminierte Systeme „zugleich vollständig ausgeliefert sind" (ebd., 145). Die Subjektivierung des_der Einzelnen als autopoietisches System entspricht damit den für den Partizipationsdiskurs konstatierten Tendenzen einer Responsibilisierung – verstanden als Übertragung von Verantwortung an den_die Einzelne. Indem der Konstruktivismus „die Selbstverantwortlichkeit des Einzelnen" beweist, entlastet er „das System" (Rolf Arnold/Horst Siebert, zit. nach ebd., 175). In der Folge dürfen sich auch Pädagog_innen, wie Pongratz bemerkt, „entlastet fühlen von der Vorstellung, über andere Menschen Kontrolle ausüben zu müssen [...]" (ebd.).

Diese Responsibilisierung entspricht überdies der allgemeinen Tendenz zur Individualisierung als einer Form von Vergesellschaftungsprozess: „Die Menschen müssen heute mit sich, ihren Identitätskrisen und ihren Zukunftsängsten alleine zurechtkommen. Der Konstruktivismus treibt die Individualisierung erkenntnistheoretisch auf die Spitze [...]" (Rolf Arnold/Horst Siebert, zit. nach ebd.). Aus der Perspektive der Governmentality Studies lässt sich hinter der Vorstellung vom Subjekt als autopoietisches, selbstorganisiertes System ein Sozialtypus vermuten, „[...] dessen vorgebliche Autonomie auf vielfältigen verinnerlichten Disziplinarprozeduren aufruht. Sie erst machen ihn fähig zur Einhaltung selbstgesetzter Normen, zur Methodisierung des Umgangs mit sich selbst und zu planmäßigem Handeln, zur Selbsterforschung und zum selbstbewussten Umgang mit den eigenen Affekten." (Ebd., 150) Dementsprechend wird das autopoietische Subjekt auch dazu angehalten, über Selbstmanagementprogramme, die häufig auf (auto-)suggestive Methoden zurückgreifen, eigene Denk- und Verhaltensmuster ‚umzuprogrammieren' (vgl. ebd., 213). Auch TdU-Techniken, wie z. B. „Polizisten im Kopf", zielen auf eine solche Veränderung persönlicher Verhaltensmuster. Dienen diese, wie in ihrer Variante bei Diamond, darüber hinaus zur Bearbeitung von gesellschaftlichen Problematiken auf individueller Ebene, wie etwa Fragen des Klimawandels oder die „Abhängigkeit von übermäßigem Konsum", so lässt sich hierin ebenso eine Form der Responsibilisierung sowie eine Individualisierung gesellschaftlich-politischer Problemlagen sehen. Dieser Responsibilisierung und Individualisierung entspricht auch Diamonds Ablehnung der in der Bezeichnung „Theater der Unterdrückten" angelegten Subjektivierungsform des_der Unterdrückten. Sich als Unterdrückte_r oder als „Opfer der Verhältnisse" (Wrana 2006, 46) zu begreifen, war eine Subjektivierungsstrategie von Betroffenen, die unter den Bedingungen der gegenwärtigen Gouvernementalität zunehmend delegitimiert wird (vgl. ebd.).

Auch Fragen von Macht und Herrschaft sowie einer möglichen Kritik am System erscheinen vor diesem Hintergrund nachrangig. Besonders deutlich zeigt sich auch dies bei Diamond und seinem Ideal einer „lebendigen Gemeinschaft". Die heutigen westlichen Gesellschaften mit ihren „künstlichen" Interessensgegensätzen erscheinen ihm als von sich selbst entfremdet. Indem er jedoch die Gemeinschaft als ein autopoietisches System (gleich einer biologischen Zelle) definiert, verschiebt sich der Fokus von Fragen der Verteilung von Verantwortung und Macht hin zu Fragen einer funktionalen Kommunikation innerhalb der Gemeinschaft in Form von „Rückkopplungsschleifen" (Diamond 2013, 85 ff.). Auch in vielen Entwürfen konstruktivistisch-systemtheoretischer Pädagogik findet sich eine ähnliche „Gemeinschaftsrhetorik" (Pongratz 2009, 149) und auch hier geht es um „[s]oziale Kopplungen", die dazu geeignet seien, „den Gegensatz von Altruismus und Egoismus" zu überbrücken (Horst Siebert, zit. nach ebd.). Wie Pongratz bemerkt, kann es im systemtheoretisch-konstruktivistischen Denksystem streng genommen keine Macht geben, da „einzig die Strukturdeterminiertheit eines Systems darüber entscheidet, wie welche Einflüsse von außen wirken" (ebd., 153). Die Botschaft laute daher: „Vertraue dem System, seiner subjektlosen Selbsterschaffung, seiner Autopoiesis, seinen Entwicklungsspielräumen. Denn die Systemevolution hält immer differenziertere, reichere Perspektiven bereit. Prinzipielle Systemkritik hingegen ist nicht nur sinnlos, sondern kontraproduktiv." (Ebd., 177) Wie bei Diamond und auch Fritz liegt der Schlüssel zur Veränderung oder „Verbesserung" des Systems einzig bei der „‚selbstschöpferischen Qualität' autopoietischer Systeme bzw. dem ‚Leben'" (ebd., 36). Dabei geraten allerdings jene Widersprüche aus dem Blick, „die die funktional differenzierte Gesellschaft aus sich selbst hervortreibt und die sie weder ignorieren, noch funktionalistisch integrieren kann" (ebd., 200). Die Dialektik von Individuum und

Gesellschaft, von Autonomie und Unterwerfung oder von Identität und Nichtidentität, die für die (post-)modernen westlichen *Gesellschaften* – *nicht* Gemeinschaften – kennzeichnend waren und sind, hat in einem systemtheoretisch-konstruktivistischen Modell wie Diamonds „Theater zum Leben" jedoch keinen Platz.

Doch finden sich im aktuellen TdU-Diskurs auch Autor_innen, die zu den hier aufgeworfenen Fragen eine dezidiert andere Position einnehmen als etwa David Diamond. Dies zeigt sich z. B. anhand der Auseinandersetzung um die Unterdrücker-Unterdrückten-Dichotomie. So wird von manchen Autor_innen in Zweifel gezogen, ob sich der ursprünglich politische Anspruch des TdU noch einlösen lässt, wenn Theaterarbeit in erster Linie mit persönlichen Wirkungen und individuellem Empowerment zu tun hat (vgl. Wrentschur 2006, 36). Dabei werden gerade die genannten Tendenzen einer Individualisierung im Diskurs des TdU kontrovers diskutiert. Es wird z. B. auf die Gefahr beim Forumtheater hingewiesen, „[...] Konflikte zu individualisieren, in dem Sinne, dass die Menschen selbst verantwortlich sind für ihr Handeln und dafür, Konflikte auszutragen [...]" (Wrentschur 2004, 200 f.). Auch Thomas Haug warnt vor einer möglichen Psychologisierung sozioökonomischer und gesellschaftlich-politischer Ursachen im Bereich der Selbsthilfe: „Denn wenn Kontexte ausgeblendet werden, verkommt S elbsthilfe zur bloßen Symptombehandlung und hemmt somit die grundsätzliche Auseinandersetzung mit Ursachenkomplexen." (Haug 2005, 24) Selbsthilfe dürfe nicht zu einem Lückenbüßer in Verantwortungsbereichen werden, aus denen sich der Staat herausgezogen hat: „Die Aufforderung, sich selbst zu helfen, ist dann nichts anderes mehr als ein neoliberales ‚Jeder ist seines Glückes Schmied!' [...]" (ebd.). Ähnlich argumentiert auch Wrentschur, der Empowerment zwar als eine wichtige Voraussetzung für politisches Handeln ansieht, gleichzeitig jedoch anmahnt, „[...] die Arbeit noch mehr an Gruppen und Kollektive zu richten und zur Veränderung der Macht-Beziehungen zwischen Gruppen, Institutionen und Klassen beizutragen. Das wäre der politische Auftrag vor allem in Europa, wo starke Individualisierungstendenzen mit Politikverdrossenheit einhergehen [...]." (Wrentschur 2006, 36)[142]

[142] Auch die Anerkennung der TdU-Methoden durch staatliche oder privatwirtschaftliche Institutionen wird unter den TdU-Vertreter_innen kritisch diskutiert. Wrentschur etwa weist auf die Gefahr einer möglichen Instrumentalisierung des TdU durch ebenjene Institutionen hin (vgl. Wrentschur 2006, 37) und Michael Hüttler zeigt in seiner Untersuchung „Unternehmenstheater – Vom Theater der Unterdrückten zum Theater der Unternehmer?" (2005) auf, wie aus einer TdU-Arbeit in Unternehmen, die das Ziel hatte, „*Unterdrückungen* im Unternehmen aufzuzeigen", ein Unternehmenstheater wurde, das heute eher für „*funktionierende* Unternehmensstrukturen" sorgt (ebd., 204, Hervorh. i. O.): „Den Angestellten wird zwar suggeriert, dass Unternehmenstheater zu ihrem Wohl ist, tatsächlich profitieren aber hauptsächlich das Unternehmen bzw. seine Manager und die Beraterfirmen davon." (Ebd., 211) So sei es vielleicht eine Illusion gewesen zu glauben, „[...] dass das Theater die *Wirtschaft* verändern kann – vielmehr hat im Laufe der Jahre die Wirtschaft das *Theater* verändert" (ebd., 204, Hervorh. i. O.). Einige TdU-Praktiker_innen, wie etwa Bárbara Santos, halten aus diesem Grunde eine TdU-Arbeit für Unternehmen der Privatwirtschaft für unvereinbar mit der grundsätzlichen Ausrichtung des TdU (vgl. Santos 2013).

Wenn einige TdU-Vertreter_innen am Begriff der Unterdrückung festhalten, dann auch um sich gegen solche Formen der Individualisierung und die damit einhergehenden Tendenzen der Entpolitisierung zu wehren. Andererseits lassen sich die Zweifel David Diamonds und anderer TdU-Praktiker_innen an der Eignung des Konzepts der Unterdrückung zur Beschreibung vieler aktueller gesellschaftlicher Problemlagen nicht so leicht ausräumen. Bereits Boal konstatierte mit Blick auf die gesellschaftlich-politische Situation im Westeuropa der 1970er-Jahre, dass dort die Unterdrückung wesentlich „subtiler, schwerer durchschaubar" sei. Damit beschrieb Boal zu einem gewissen Grad auch die von Foucault konstatierte Verschiebung vom Machttypus der Disziplin zu jenem der „Regierung", d. h. der Gouvernementalität (→ II.1.1). Unter anderem im Zusammenhang mit seinen Arbeiten zum Sexualitätsdispositiv hinterfragte Foucault die häufig anzutreffende Gleichsetzung von Macht mit Unterdrückung oder Repression (vgl. Foucault 1986, 15 ff.). Macht äußert sich Foucault zufolge in jeder denkbaren sozialen Beziehung und nicht allein auf dem Wege von Unterdrückung. Dies bedeutet nicht, dass es heute keine Unterdrückung mehr gibt, aber gerade gouvernementale Praktiken lassen sich mit dem Begriff der Unterdrückung nur noch schwer fassen und auch Boals Vorstellung einer subtilen Unterdrückung trifft auf die gegenwärtigen Formen gouvernementaler Selbstregierung nur eingeschränkt zu. Der Begriff der Macht hingegen und die Frage nach den spezifischen Machtverhältnissen sind damit jedoch keineswegs überholt. Problematisch an Diamonds Neufassung des TdU ist also nicht die Infragestellung des Begriffs der Unterdrückung, sondern dass er in seinem autopoietischen Modell des „Theater zum Leben" den gegenwärtigen Machttypus mit seiner Fokussierung auf Selbstregierungstechniken nicht nur ignoriert, sondern tendenziell zu dessen Reproduktion beiträgt, indem er gesellschaftliche Probleme zu individuellen Angelegenheiten erklärt und deren Lösung in erster Linie im autonomen und eigenverantwortlichen Individuum sieht. Anstatt den für die zeitgenössische Gouvernementalität charakteristischen Tendenzen der Responsibilisierung und Individualisierung durch TdU-Techniken wie „Regenbogen der Wünsche" oder „Polizisten im Kopf" noch zuzuarbeiten, läge vielmehr gerade in diesen von Boal für ‚gouvernementale Verhältnisse' konzipierten Methoden eine Chance, die Mechanismen der Verantwortungsübertragung oder Formen der Selbstoptimierung zu hinterfragen und zu bearbeiten. Denn das Besondere an diesen Techniken ist ja, dass sie Prozesse der Subjektivierung zur Darstellung bringen und damit thematisieren und reflexiv machen können. Dies ist nicht als Plädoyer für eine andere Ästhetik im TdU zu verstehen, etwa im Sinne Tim Zumhofs, der fordert, aus klassischen TdU-Techniken „postdramatische Theaterperformances" zu entwickeln (Zumhof 2012, 107). Vielmehr ist das TdU als eine spezifische Theaterpraxis im Feld des Sozialen ernst zu nehmen und innerhalb ihrer eigenen Logik und (TdU-eigenen) Ästhetik anzusetzen.

4 Theaterpädagogik am Theater: Die Bürgerbühne als partizipatives Modell

Ob Jugendclub, *education project*, Performance-Wettbewerbe wie *unart*, Kooperationen zwischen Theatern und Schulen (TUSCH) oder reguläre Spielplaninszenierungen mit Kindern und Jugendlichen, Senior_innen und anderen nicht-professionellen Spieler_innen: Die Entwicklung theaterpädagogischer Formate und der Ausbau eigener Theaterpädagogikabteilungen an deutschen Stadt- und Staatstheatern haben in den letzten Jahren eine rasante Entwicklung genommen. Dass Partizipation und kulturelle Teilhabe wieder ganz oben auf die kultur- und bildungspolitische Agenda gerückt sind, scheint diesen Ausbau der „Theaterpädagogik am Theater" (Pinkert 2014a) noch weiter befördert zu haben. An vielen Häusern, wie etwa dem Maxim-Gorki-Theater Berlin, ist Theaterpädagogik längst zur Chefsache geworden (vgl. Pinkert/Sack 2014, 7) und nicht wenige Intendant_innen sehen gerade in partizipativen Formaten das geeignete Instrument zu einem zeitgemäßen „Audience Development" (Mandel 2008). Gleichzeitig entdecken Regisseur_innen das Potenzial nichtprofessioneller Spieler_innen für ihre künstlerische Arbeit und greifen auf Ästhetiken des „Theater der Erfahrung" (Wartemann 2002) zurück (→ II.3.2.2). Ähnlich dem *educational turn* in der kuratorischen Praxis verwischen damit auch am Theater zunehmend die Grenzen zwischen theaterpädagogischer (Vermittlungs-)Arbeit und künstlerischen Projekten des sogenannten professionellen Theaters. So lässt sich gleichsam von einer „Professionalisierung der Theaterpädagogik oder von einer Pädagogisierung des professionellen Theaters" sprechen (Hentschel/Pinkert 2008, 20).

Allein in Berlin sind in den letzten Jahren vonseiten verschiedener Stadt- und Staatstheater zahlreiche Veranstaltungen und Tagungen zum Thema Partizipation durchgeführt worden, wie z. B. das Symposium „Was geht II" des Arbeitskreises Theaterpädagogik der Berliner Bühnen im März 2012, die Tagung „Mind the gap!" am Deutschen Theater im Januar 2014[143] oder die „Konferenz: Beteiligung" vom Theater an der Parkaue im April 2017. Unter dem Motto „KulTür auf!" thematisieren zudem junge Kulturschaffende des Jugendtheaterbüros Berlin seit einigen Jahren auf Konferenzen und Veranstaltungen Zugangsbarrieren zum Berliner Kulturbetrieb und fordern ein „Theater für alle [...] von allen" (Shah/Erhard 2014, 5). Angesichts dieses

143 Vgl. die Tagungsdokumentation: „Mind the gap!" – Zugangsbarrieren zu kulturellen Angeboten und Konzeptionen niedrigschwelliger Kulturvermittlung" (Mandel/Renz 2014).

inzwischen sehr breiten Teilhabediskurses an Theatern kann hier, wie in den vorangegangenen Kapiteln auch, nur ein Ausschnitt der Diskussion erfasst werden.[144] Die folgenden Ausführungen konzentrieren sich daher auf die „Bürgerbühne" als einem aktuell sehr erfolgreichen partizipativen Modell an städtischen und staatlichen Bühnen.

Die „Bürgerbühne" verortet sich genau an der Schnittstelle zwischen Kunst und Kunstvermittlung und erfährt sowohl vonseiten der Theaterwissenschaft als auch vom theaterpädagogischen Fachdiskurs[145] zunehmend Aufmerksamkeit. Die 2009 unter der Intendanz von Wilfried Schulz am Dresdner Staatsschauspiel gegründete Bürgerbühne stellt wohl die bekannteste und gemessen an der Teilnehmerzahl[146] erfolgreichste Ausprägung dieses partizipativen Ansatzes dar. Aber auch das Nationaltheater Mannheim, das städtische Volkstheater Rostock, das Salzburger Landestheater, die sachsen-anhaltinische Landesbühne Theater der Altmark, das Meininger Staatstheater und das Düsseldorfer Schauspielhaus haben in den letzten Jahren Bürgerbühnen eingerichtet. Die letzteren beiden haben dabei auch einzelne Elemente des Dresdner Modells, wie z. B. das „Bürger Dinner"[147], übernommen. Ähnliche Entwicklungen lassen sich am Staatstheater Braunschweig und am Badischen Staatstheater verzeichnen, die allerdings statt des Begriffs der Bürgerbühne die Bezeichnungen „Stadt-Theater – ein Bürgerprojekt" bzw. „Volkstheater Karlsruhe" verwenden. Auch am Theater Freiburg gibt es seit 2006 ein „erweitertes Ensemble", das sowohl aus dem „‚klassischen' Ensemble der festangestellten Darsteller" als auch aus Bürger_innen Freiburgs besteht (Theater a – z Freiburg Wiki 2016), die sich zusammen in einen künstlerischen Forschungsprozess begeben und diesen gemeinsam auf die Bühne bringen. Nach Dresden (2014) und Mannheim (2015) fand dort 2017 auch das „3. Internationale Bürgerbühnenfestival" statt.

Bisweilen ist sogar von einer „Bürgerbühnen-Bewegung" (Hintze 2014) die Rede bzw. davon, dass die Bürgerbühne auf dem besten Wege sei, sich zu einer „Genrebezeichnung oder auch ‚Marke' [zu] etablieren" (Gloystein 2013, 91). Darüber hinaus reklamieren auch mehrere sogenannte Laienspiel- oder Amateurtheater-Gruppen den Begriff der Bürgerbühne für sich, die diesen nach eigener Darstellung zum Teil

144 So kann in dieser Arbeit z. B. auf die Debatte um das sogenannte „postmigrantische Theater" im Zusammenhang mit der Partizipationsprogrammatik nur punktuell eingegangen werden. Für eine ausführliche Diskussion dieses Themas vgl. etwa „Theater für Alle? Partizipation von Postmigranten am Beispiel der Bühnen der Stadt Köln" (Sharifi 2011) sowie „Theater und Migration – Herausforderungen für Kulturpolitik und Theaterpraxis" (Schneider 2011).

145 Vgl. z. B. die Beiträge von Miriam Tscholl (2014b) und Hajo Kurzenberger (2014d) im Band „Theaterpädagogik am Theater" (Pinkert 2014a).

146 Allein von 2009 bis 2015 haben über 2000 Dresdner_innen an einem Projekt der Bürgerbühne teilgenommen (vgl. Staatsschauspiel Dresden 2015b).

147 Für eine Erläuterung des Formats „Bürger Dinner" s. weiter unten.

schon wesentlich länger verwenden.[148] Diese Gruppen sind jedoch weder auf den Bürgerbühnenfestivals vertreten, noch sind sie in den hier analysierten Publikationen gemeint.

Nach einem kurzen Porträt der Bürgerbühne Dresden **(4.1)** wird zunächst der Begriff der Bürgerbühne beleuchtet, um sodann den gegenwärtigen programmatischen Diskurs um dieses partizipative Modell entlang der für ihn charakteristischen Semantiken (→ II.1.3.2) zu diskutieren: *Neue Bürgerlichkeit und Bürgergesellschaft, Aktivierung und Identifikation* sowie *Authentizität und Spiel* **(4.2)**. Gegenstand der Analyse bildet vor allem das Dresdner Bürgerbühnen-Modell, von dem zahlreiche (Selbst-)Beschreibungen vorliegen und auf das auch die meisten Publikationen zu dem Thema in erster Linie Bezug nehmen, wie z. B. „Partizipation und Theater – die Bürgerbühne als institutionalisiertes Partizipationsmodell" (Gloystein 2013). Zu den programmatischen Texten zählen insbesondere Beiträge der Leiterin der Dresdner Bürgerbühne, Miriam Tscholl (2010; 2011a; 2011b; 2014a; 2014b), sowie einige Veröffentlichungen Hajo Kurzenbergers (2013b; 2013a; 2014d) – vor allem seine in dem von ihm und Tscholl gemeinsam herausgegebenen Sammelband „Die Bürgerbühne – Das Dresdner Modell" (Kurzenberger/Tscholl 2014b) erschienenen Beiträge (Kurzenberger 2014a; 2014c). Neben diesen Texten mit stark programmatischem Charakter enthält der Sammelband auch kritisch-nachdenkliche Beiträge, wie insbesondere die Aufsätze Karl-Siegbert Rehbergs (2014) und Viola Hasselbergs (2014), die in der folgenden Diskussion ebenfalls berücksichtigt werden. Ähnlich den Publikationen zum Theater der Unterdrückten bilden sich damit zentrale Linien der Kontroverse um Partizipation (→ II.2) im Diskurs um die Bürgerbühne selbst ab. Unter der Überschrift „Der aktive Zuschauer-Bürger" werden schließlich die wesentlichen Ergebnisse der Analyse zusammengefasst und diskutiert **(4.3)**.

4.1 Die Bürgerbühne am Beispiel des Staatsschauspiels Dresden

Die Bürgerbühne Dresden stellt eine eigene Sparte am Staatsschauspiel dar und wird von der Regisseurin Miriam Tscholl geleitet, zu deren Team ferner der Dramaturg und Produktionsleiter David Benjamin Brückel, die Theaterpädagogin Christiane Lehmann und die Leiterin des „Montagscafé"[149] Wanja Saatkamp gehören. Pro Spielzeit sind fünf Bürgerbühnen-Inszenierungen geplant, die einen Teil des regulären

148 Vgl. z. B. Geesthachter Bürgerbühne (vgl. www.geesthachter-buergerbuehne.de; letzter Zugriff: 18.02.18).

149 Das „Montagscafé" stellt einen Ort der Begegnung für Dresdner_innen dar und richtet sich insbesondere an geflüchtete Menschen. Im Rahmen dieses Angebots finden unter anderem Workshops zum Thema Migration und Kultur statt (vgl. Staatsschauspiel Dresden 2018).

Spielplans bilden. Für sie gelten dieselben Produktionsbedingungen, wie für „jede andere Inszenierung auch", wie Wilfried Schulz[150] betont (zit. nach Tscholl 2014a, 11), d. h., sie werden von einem_r Regisseur_in geleitet und es steht für sie ein künstlerisches Team aus Kostüm- und Bühnenbildnern sowie ggf. eines_r Autors_in zur Verfügung. Grundsätzlich kann an diesen Inszenierungen, für die durchschnittlich zwei Monate lang abends geprobt wird, jede_r Bürger_in Dresdens teilnehmen. Die Interessent_innen müssen sich einem Auswahlverfahren unterziehen, das im Hinblick auf ein Thema und eine vorher definierte Zielgruppe erfolgt (vgl. ebd.). Außerdem gilt die Regel, dass jede_r Dresdner_in nur jeweils einmal an der Bürgerbühne teilnehmen darf. Neben den fünf größeren Bürgerbühnen-Projekten bestehen noch elf Spielclubs, wie z. B. der „Club der anders begabten Bürger" für Menschen mit geistiger Behinderung oder der „Club der altersstarken Bürger" für Menschen ab 60 Jahren, die von Theaterpädagog_innen, Schauspieler_innen oder Regieassistent_innen geleitet werden und deren Ergebnisse in Werkstattaufführungen präsentiert werden (vgl. Staatsschauspiel Dresden 2015b). Im Unterschied zu den größeren Bürgerbühnen-Inszenierungen gibt es hier kein eigenes Auswahlverfahren und die Bürger_innen können auch längerfristig an einem der Clubs und an mehreren seiner Aufführungen teilnehmen. Dabei sei der Vorteil der Clubs, dass hier „der soziale Prozess innerhalb der Gruppe, das brisante Thema oder die Partizipation und Mitbestimmung beim Aufführungskonzept stärker zur Geltung kommen können als bei den Spielplanproduktionen" (Kurzenberger 2014d, 166). Darüber hinaus finden im Kleinen Haus des Dresdener Staatsschauspiels regelmäßig sogenannte „Bürger Dinner" statt. Zu dieser „Plattform für ernste und unernste Begegnungen" (Staatsschauspiel Dresden 2015a) werden unterschiedliche Gruppen von Bürger_innen eingeladen, die vor Publikum miteinander zu Abend essen sollen, wie z. B. „Hebammen mit Bestattern oder Punks" (ebd.).

Die Unterscheidung zwischen ‚größeren', von Regisseur_innen inszenierten Bürgerbühnen-Produktionen auf der einen Seite und den häufig von Theaterpädagog_innen geleiteten Clubs auf der anderen Seite zeigt, dass die oben konstatierten verschwimmenden Grenzen zwischen Theater*pädagogik* und Theater*kunst* zu einem gewissen Grad *innerhalb* der Bürgerbühne wieder eingezogen werden. Auch der Theaterwissenschaftler Hajo Kurzenberger ordnet in seinem Beitrag „Mehr Pädagogik, weniger Kunst?" (2014 d) die Entstehung der Bürgerbühne einerseits in den Kontext der Theaterpädagogik ein, konstatiert andererseits jedoch, dass sich der „strukturelle Zwiespalt zwischen Kunst und Theaterpädagogik [...] auch im Konzept der Bürgerbühne" abbilde (ebd., 166). Dieser „Zwiespalt" spiegelt sich auch in den

150 Wilfried Schulz war von 2009 bis 2016 Intendant am Staatsschauspiel Dresden und gründete dort die Sparte „Bürgerbühne". 2016 wechselte er an das Düsseldorfer Schauspielhaus. Neuer Intendant am Staatsschauspiel Dresden ist seit der Spielzeit 2017/18 Joachim Klement.

Äußerungen der Leiterin der Bürgerbühne, Miriam Tscholl, wider: „du wirst gezwungen, dich zu entscheiden, ob du dich als Theaterpädagoge oder Regisseurin verstehst." (Tscholl zit. nach ebd.) Letztlich habe diese Frage, so Kurzenberger, etwas mit Fragen von Reputation und Ressourcen zu tun (vgl. ebd.). Demnach wird deutlich, dass es bei der Frage, ob es sich bei der Bürgerbühne um ein Modell der Theaterpädagogik oder eines *des* Theaters handelt, in erster Linie um ein *wording* geht, das nicht zuletzt mit Machtansprüchen und Prestigefragen verbunden ist. Gerade aus diesem Grund erscheint das Bürgerbühnen-Modell für die Fragestellung dieser Arbeit besonders interessant.

4.2 Die partizipatorische Programmatik der Bürgerbühne

Die partizipatorische Programmatik der Bürgerbühne ist bereits im Begriff „Bürgerbühne" angelegt, der in sich eine Anrufung an das Subjekt beinhaltet: Im Determinativkompositum „Bürgerbühne" verbindet sich das Determinans „Bürger" mit dem Determinatum „Bühne" und schränkt Letzteres gleichzeitig ein. Es handelt sich damit um eine spezifische Bühne, nämlich die der Bürger bzw. auf der Bürger[151] zu sehen sind – im Unterschied zu möglichen anderen Bühnen, auf denen z. B. Schauspieler zu sehen sind. Gleichzeitig suggeriert das Wort eine Art Besitzverhältnis: Es bezeichnet eine Bühne *der* Bürger, eine Bühne, die den Bürgern ‚gehört'. Das Spezifikum der Bürgerbühne sind in jedem Fall Menschen in ihrer Eigenschaft als Bürger und als solche werden sie in den Ausschreibungen der Dresdner Bürgerbühne auch adressiert. Dabei stellt sich zunächst die Frage, welche_r Bürger_in hier eigentlich gemeint ist. Bezieht sich „Bürger" (im Sinne von französisch *bourgeois*) auf das städtische Bürgertum oder meint der Begriff vielmehr Staatsbürger (im Sinne von *citoyen*), oder aber kreuzen sich möglicherweise beide Begriffe? Um diese Fragen zu klären, bedarf es zunächst eines Blicks auf die zentralen Begrifflichkeiten in der Zusammensetzung mit dem Wort „Bürger", die sich in aktuellen Darstellungen der bzw. Publikationen über die Dresdner Bürgerbühne finden, wie z. B. „Bürgertum", „Neue Bürgerlichkeit" sowie „Bürgergesellschaft".

151 In den Publikationen der Dresdner Bürgerbühne wird in der Regel die männliche Form Plural „Bürger" verwendet. Dieser Schreibweise folge ich in direkten und – wenn ich mich in meiner Darstellung eng am Originaltext orientiere – auch in indirekten Zitaten. In allen anderen Fällen verwende ich die gendergerechte Schreibweise „Bürger_innen".

4.2.1 Neue Bürgerlichkeit und Bürgergesellschaft

Hajo Kurzenberger, der die Entstehung der Bürgerbühne am Staatsschauspiel Dresden nicht nur intensiv begleitet und hierzu in den letzten Jahren zahlreiche programmatische Beiträge verfasst hat (vgl. z. B. Kurzenberger 2013a; 2013b; 2014a; 2014b; 2014c), sondern auch als Dramaturg bei zwei Inszenierungen („Ich armer Tor“, 2012; „Irrfahrten des Odysseus“, 2014) mitgewirkt hat, sieht das Dresdner Bürgerbühnen-Modell „an der theatralen Spitze einer aktuellen gesellschaftlichen Diskussion“, die „derzeit unter dem Etikett der ‚Neuen Bürgerlichkeit‘ geführt“ werde und „offenkundig eine mentale Wende“ markiere (Kurzenberger 2014a, 23 f.). Bürgerlichkeit ist seiner Auffassung nach heute „mehr als ein weit verbreitetes Lebensgefühl, das sich eher vage auf Werte und Sekundärtugenden besinnt“ (ebd., 24). Zur Debatte stünde, so Kurzenberger im Anschluss an den Soziologen Heinz Bude, ein „Konservatismus ohne Ressentiments“ und ein „zivilgesellschaftliches Engagement, wie es unterschiedliche Bürgerbewegungen an verschiedenen Orten praktizieren und für gesellschaftliche Entscheidungs- und Willensbildungsprozesse dabei einfordern“ (ebd.). Auch nach Ansicht des ehemaligen Intendanten des Staatsschauspiels, Wilfried Schulz, ist die Bürgerbühne Dresden eine Antwort auf die „Sehnsucht dieser Stadt nach Bürgerlichkeit“, wobei allerdings in Dresden häufig „Bürgerlichkeit und Konservatismus gleichgesetzt“ würden (Schulz, zit. nach ebd., 23). Dies gelte es zu „entkoppeln“ und stattdessen auf ein „fortschrittliches, eroberndes Bürgertum, ein neugieriges, ein offenes“ (Schulz, zit. nach ebd.) zu setzen. Schulz verortet die Bürgerbühne in diesem Zusammenhang vor allem im Kontext des bürgerlichen Theaters:

> Der Reiz des Dabei-Seins, des Selber-Spielens, des Selber-seine-Stimme-Erhebens in einem gemeinsamen Raum, der ist ganz besonders vorhanden vor dem Hintergrund unserer klassischen Aufgabe im Theater: Ein Ort der Begegnung zu sein. Ich kann mir nicht vorstellen, eine Bürgerbühne zu begründen, ohne diesen Kontext des bürgerlichen Theaters zu haben. (Schulz, zit. nach Kurzenberger/Tscholl 2014a, 142 f.)

Auch mit dem Motto ihrer ersten Bürgerbühnen-Tagung im Januar 2013 – „Was kann eine gute stehende Bürgerbühne eigentlich wirken?“ (Staatsschauspiel Dresden 2013) – evoziert die Dresdner Bürgerbühne die Zeit der Entstehung des deutschen Nationaltheaters sowie der Emanzipation des Bürgertums: „Das Theater wird ab Ende des 18. Jahrhunderts zu einem der wichtigsten Foren bürgerlicher Öffentlichkeit. Es ist also kein Zufall oder nur ein Wortspiel, dass der Titel der Dresdner Tagung zur Bürgerbühne darauf Bezug nimmt.“ (Kurzenberger 2014a, 24) Zudem stellt sich die

Bürgerbühne mit einigen Inszenierungen, wie z. B. „Diesen Kuss der ganzen Welt“ (2011) oder „Ich armer Tor“ (2012), in die Tradition Schillers und Goethes. Vor allem Kurzenberger bringt in seinen Texten (vgl. Kurzenberger 2013; 2014a; 2014b) die Bürgerbühne in Zusammenhang mit Schillers „moralischer Anstalt“, die als „Wegweiser durch das bürgerliche Leben“ zur „Aufklärung des Verstandes“ und „sittliche[n] Bildung“ dienen sowie „den Menschen aus seiner Unmündigkeit“ führen soll (Kurzenberger 2014a, 24 f.). Die Gestalt des Subjekts ‚Bürger‘, auf das sich die Bürgerbühne bezieht, scheint somit in weiten Teilen durch klassische Subjektvorstellungen bestimmt zu sein: „Ihre programmatische Zielsetzung [...] holt die Bürgerbühne aus dem Arsenal der deutschen Klassik und ihrer Bildungsideale.“ (Kurzenberger 2014d, 168) Im Sinne dieser Bildungsideale sei es z. B. das Ziel der Bürgerbühne, zur „Selbsttätigkeit und Selbstaufklärung der Spieler an[zu]stiften“ (Kurzenberger/Tscholl 2014c, 8) und ihnen eine Stimme zu geben: „Auf der Dresdner Bürgerbühne können sich seither die Bürger der Stadt selber, als auch die sie betreffenden Themen, Probleme und Theaterstücke darstellen.“ (Kurzenberger 2013a)

In einem zentralen Punkt unterscheidet sich die Bürgerbühnen-Programmatik jedoch von derjenigen der deutschen Klassik und des bürgerlichen Theaters, in deren Tradition sie sich stellt. Der Weg, auf dem die beschriebenen subjektivierenden Wirkungen (Selbsttätigkeit, Selbstaufklärung, etc.) erzielt werden sollen, ist hier ein anderer als im klassischen Modell. Die Subjektivierung des_der Einzelnen als Bürger_in wird zwar in beiden Fällen über dessen_deren Partizipation angestrebt. Während sich jedoch Schillers und auch Lessings Überlegungen in erster Linie auf die im Zuschauerraum befindlichen *Zuschauenden* beziehen, die durch „Nähe und Einfühlung“ in die Bühnenfigur zu einer „mimetischen Identifikation und einer damit verknüpften Selbsterkenntnis“ (Kurzenberger 2014a, 26) geführt werden sollten, stehen nun bei der Bürgerbühne „die Zuschauer selbst auf der Bühne“ (Gloystein 2013, 53). Dementsprechend bezieht sich auch die „programmatische Zielsetzung“ (Kurzenberger 2014d, 168) der Bürgerbühne in erster Linie auf die auf der Szene agierenden Bürger_innen. Ziel der Projekte sei es, den „Handlungsspielraum“ der Beteiligten zu erweitern und deren „Persönlichkeit zu entwickeln“, – so Hajo Kurzenberger, der sich hierbei auf Miriam Tscholl bezieht (Tscholl, zit. nach ebd.). Nicht unerwähnt bleiben soll hier, dass der von Kurzenberger zitierte Halbsatz bei Tscholl ursprünglich als eine Frage formuliert ist[152] und erst Kurzenberger diesen, vermutlich aufgrund des programmatischen Charakters seines Textes, zu einer „programmatische[n] Zielsetzung“ erklärt.

152 Tscholl fragt in ihrem Artikel: „Weshalb mache ich ein konkretes Projekt? Um Menschen zu ermöglichen, Theater zu spielen und ihnen somit eine Möglichkeit zu geben, ihren Handlungsspielraum zu erweitern und ihre Persönlichkeit zu entwickeln? Oder um durch die Einbeziehung von ‚Spezialisten des Alltags‘ eine öffentliche Brisanz auf der Bühne zu schaffen [...]?“ (Tscholl 2011b, 44 f.)

Der Verweis auf die Entstehung des Nationaltheaters und der Bezug auf die deutsche Klassik sind auch weniger als theoretische Fundierung des Bürgerbühnen-Modells denn als programmatische Formeln zu verstehen. Dies zeigt sich insbesondere an den von Kurzenberger zitierten Zielsetzungen Friedrich Schillers, wie etwa die Verwirklichung sittlicher Bildung oder die Aufklärung des Verstandes durch die Schaubühne. An dieser Stelle ist anzumerken, dass die Ausführungen Kurzenbergers nur einen Ausschnitt des Schiller'schen Denkens darstellen und sich ausschließlich auf seine frühe Schaffensperiode beziehen. So distanzierte sich der ‚späte Schiller' von manchen Vorstellungen wieder, wie er sie noch in seiner 1784 vor der Kurfürstlichen Deutschen Gesellschaft in Mannheim gehaltenen Rede, „Was kann eine gut stehende Schaubühne eigentlich wirken?", darlegte. Vor allem nach seiner Kant-Lektüre sah er auch negative Folgen der kulturellen Entwicklung im Zeitalter der Aufklärung, wie etwa eine zu einseitige Orientierung am Nützlichen und Zweckdienlichen, die für ihn zu einer Zerrissenheit des Menschen geführt hat (vgl. Hentschel 2010, 35). Hierauf wird jedoch in den genannten Schriften zur Bürgerbühne nicht weiter eingegangen. Stattdessen findet eine Verkürzung bzw. Vereindeutigung der Position Schillers statt. Auch die Beschwörung der mit der Entstehung des deutschen Nationaltheaters verbundenen Idee des Theaters als Forum bürgerlicher Öffentlichkeit bleiben solche programmatischen Formeln, denn wie ein Blick in die „Kurze Geschichte des deutschen Theaters" (Fischer-Lichte 1999) zeigt, waren es die deutschen Fürsten, die dem Nationaltheater zum Durchbruch verhalfen (vgl. ebd., 81 ff.), und nicht – wie häufig angenommen – das städtische Bürgertum:

> Die gesicherte und solide ökonomische Basis, die sich das Bürgertum verschafft hatte, wurde ihm nicht Anlaß, die Trägerschaft für kulturelle Institutionen wie das Theater zu übernehmen. Es brauchte das Theater nicht als Forum für die Diskussion öffentlicher Belange oder brennender philosophischer Probleme, wie sie die kleine Elite bürgerlicher Intellektueller umtrieben; das Theater war ihm Stätte privater Erbauung und Unterhaltung, wo es seine Innerlichkeit pflegen und sich von den Strapazen des Arbeitslebens erholen konnte. Das vom Fürsten getragene Hoftheater genügte seinen Ansprüchen vollauf. (Ebd., 115)

Festhalten lässt sich hier, dass sich die Bürgerbühnen-Programmatik eher auf ihre *programmatischen* Vorläufer zu beziehen scheint als auf historische ‚Tatsachen'.

Der Rekurs auf die Debatte um die „Neue Bürgerlichkeit" wird von Kurzenberger zudem vielfach mit dem Diskurs der Zivil- sowie „Bürgergesellschaft" (Kurzenberger 2013a; Kurzenberger 2014c, 129) verknüpft. Diese gerade im Entstehen begriffene Bürgergesellschaft zeichne sich insbesondere durch ihren partizipatorischen Charakter aus: „Partizipation heißt das Schlagwort. So scheint naheliegend: Eine partizipatorische Demokratie braucht partizipatorische Theaterformen. In einer noch genauer zu bestimmenden Bürgergesellschaft braucht es die Bürgerbühne." (Kurzenberger 2014a, 24) Der Verweis auf das Ideal der partizipatorischen Demokratie macht deutlich, dass hier der Begriff des_der Bürger_in nicht nur im Sinne von *bourgeois_e*, sondern durchaus auch in seiner Bedeutung als *citoyen_ne*, als Staatsbürger_in zu verstehen ist. Gleichzeitig ist diese_r (Staats-)Bürger_in immer auch aktive_r Akteur_in der Bürgergesellschaft, bringt sich ein und verlangt nach Mitsprache. Auch nach Ansicht Miriam Tscholls reagiert die Dresdener Bürgerbühne auf eine solche „Gesellschaft, in der nach Formen der Mitbestimmung und Bürgerbeteiligung gesucht wird" (Tscholl, zit. nach ebd., 25):

> Da spielen solche Prozesse wie Partizipation in vielen Bereichen natürlich eine Rolle. Es gibt Laienpriester, es gibt Stuttgart 21, es gibt Occupy, es gibt irgendwie auch ein Aufbegehren mitzubestimmen und dabei zu sein und das kommt auch in diese Bewegung mit rein. (Tscholl, zit. nach Gloystein 2013, 51)

Vor diesem Hintergrund sei „die Öffnung der Bühne für Bürger dieser Stadt ein konsequenter und fast zwingender Schritt" (Tscholl, zit. nach Kurzenberger 2014a, 25), wobei dies gleichzeitig auch „eine Demokratisierung von Theater" bedeute (Tscholl, zit. nach Gloystein 2013, 81). Dabei reagiert die Bürgerbühne nach Meinung Wilfried Schulz' auch auf eine „Sehnsucht nach oder auch die Notwendigkeit von Gemeinschaft" und bietet sich „als produktiver Ort" an (Schulz, zit. nach Kurzenberger/Tscholl 2014a, 142). Auch Kurzenberger konstatiert ein „gesellschaftliches Bedürfnis" nach Begegnungen zwischen „Bürger[n] und Bürgerinnen unterschiedlichen Alters, verschiedener sozialer Herkunft, diverser Milieus und Berufe", das durch die Bürgerbühne „befriedigt" werde (Kurzenberger 2014d, 166) – oder mit den Worten Miriam Tscholls: „Hier begegnen sich Arm und Reich, Weiß und Schwarz, Jung und Alt." (Tscholl 2014b, 162) Die „sozialen Folgen" der Bürgerbühne seien dabei nicht nur gegenseitige „Einladungen zu privat organisierten Aktionen wie Grillabenden, Tauffeiern" etc. (Tscholl 2014a, 21), sondern es komme durchaus auch zu „Solidaritätseffekten" (Kurzenberger 2014d, 138) unter den Teilnehmer_innen einer Bürgerbühnen-Produktion. Hieraus sowie aus dem Anspruch der Bürgerbühne, „neue Beziehungen zwischen Menschen aus Dresden" zu stiften (Müller 2014, 177), ergibt sich eine Analogie zu Diskussionen in der bildenden Kunst wie insbesondere zur Relational Art, die sich in erster Linie der Herstellung von Räumen für einen sozialen Austausch und die Entstehung zwischenmenschlicher Beziehungen verschreibt (→ II.3.2.1).

Den hier genannten programmatischen Aussagen zufolge begreift sich die Bürgerbühne sowohl als Konsequenz als auch als Motor einer gesellschaftlichen Entwicklung. Denn einerseits sei die Öffnung des Theaters als eine Reaktion auf einen gestiegenen Partizipationsanspruch der Bevölkerung zu verstehen. Andererseits stellt sich die Bürgerbühne als den Ort dar, an dem sich diese Neue Bürgerlichkeit bzw. Bürgergesellschaft erproben kann: „Zu einer Bürgergesellschaft, die einfordert, sich an gesellschaftlichen und politischen Willensbildungs- und Entscheidungsprozessen zu beteiligen, gehören auch theatrale Erprobungsräume." (Kurzenberger 2013a) Die Bürgerbühne als „Probebühne" eröffne dabei „neue Spielräume": „Sie propagiert und praktiziert einen phantasievollen Umgang mit der Wirklichkeit [...]" (Kurzenberger 2014a, 36). Auch Miriam Tscholl spricht von der Bürgerbühne als einer „Probebühne des Lebens" (Tscholl, zit. nach Kurzenberger 2013a). Hier ergibt sich eine Parallele zum theaterwissenschaftlichen Diskurs über partizipative Theaterformen, die in diesen ein *Erproben* alternativer sozialer Praxen sehen (→ II.3.2). In diesem Zusammenhang konnten zwei verschiedene Vorstellungen vom Erproben differenziert werden: einmal die Betonung der Eigenschaft des theatralen Als-ob – d. h. eines Als-ob-Handelns im Unterschied zu einem realen Handeln in der sozialen Wirklichkeit – und einmal die Hervorhebung der Möglichkeiten des Ausprobierens im Sinne einer Erforschung von Handlungsmöglichkeiten und damit auch deren performative Hervorbringung. Die programmatischen Texte der Dresdner Bürgerbühne knüpfen eher an die zweite Vorstellung an: „Die Bürgerbühne wird zu einem Forum des Austausches und der (Selbst-)Reflexion in der Stadtgesellschaft [...]" (Müller 2014, 181). Auch Viola Hasselberg, Schauspieldirektorin und leitende Dramaturgin am Theater Freiburg, spricht vom Stadttheater als einem „öffentliche[m] ‚Lern-Raum', ein[em] Untersuchungsraum für wichtige gesellschaftliche Fragen" (Hasselberg 2014, 161).

Den eher affirmativen Bezügen der Bürgerbühnen-Programmatik zum Diskurs der Bürger- und Zivilgesellschaft steht der Soziologe Karl-Siegbert Rehberg in seinem in Teilen sehr kritischen Beitrag „Darstellendes Verhalten als Selbst- und Zeiterfahrung" (Rehberg 2014) skeptisch gegenüber. Obwohl Rehbergs Aufsatz keinen programmatischen Text im engeren Sinne darstellt, soll er an dieser Stelle nicht unerwähnt bleiben, handelt es sich dabei doch um einen Beitrag für den Sammelband „Die Bürgerbühne" (Kurzenberger/Tscholl 2014b). Damit bildet der Diskurs der Bürgerbühne auch die Kritik an ihm zu einem gewissen Grad in sich selbst ab. Die „Mobilisierung von Menschen zum Mittun auf dem Theater", wie Rehberg das Anliegen der Bürgerbühne umschreibt, interpretiert der Autor etwa in folgendem gesellschaftlich-historischen Zusammenhang:

> Heute sind die Partizipationsbedürfnisse verallgemeinert (wenn institutionell, etwa in betrieblicher Mitbestimmung, von der niemand mehr spricht, gerade nicht durchgesetzt, vom Abbau der Mitbestimmungsrechte in den Hochschulen ganz zu schweigen). Dafür hat man nun die technisch totalisierte virtuelle Web 2.0-Kommunikativität und ein allgemeines Netzwerk-Gerede. (Rehberg 2014, 198)

Rehberg gibt außerdem zu bedenken, dass im Kulturbereich eine „neue Dynamik der Eigeninitiativen" oft instrumentalisiert werde und nicht zuletzt „der Selbstentlastung öffentlicher Instanzen" (ebd., 200) diene, was allerdings, wie er einschränkend hinzufügt, bei der Dresdner Bürgerbühne nicht der Fall sei (vgl. ebd.). Zudem bringt er den Bürgerschaftsdiskurs in Zusammenhang mit Bröcklings „unternehmerischem Selbst" (vgl. ebd.): „Unter den neuen historischen und ökonomischen Bedingungen werden Autonomie und Risiko, Aktivierung und Unsicherheit als Bedingungen und Folgen der inzwischen zumindest auf dem Arbeitsmarkt geforderten Selbstorganisation gedacht." (Ebd.) Dass im Fall der Bürgerbühne die Mobilisierung der Bürgerschaft und der mit ihm verbundene „Appell an die Eigeninitiative gerade von einer staatlichen Institution ausgeht", bezeichnet er dabei als eine „Paradoxie" (ebd., 198 f.). Kritisch sieht Rehberg auch die Rede von einer Neuen Bürgerlichkeit (vgl. ebd. 200 f.). Seiner Meinung nach gründen solche Bürgerlichkeitsdiskurse nicht selten auf einem „Abgrenzungsbedürfnis gegenüber gleichermaßen sozial wie kulturell unterlegenen, gleichwohl als beängstigend empfundenen Bevölkerungsgruppen" (ebd., 201): „Nicht mehr ist es legitim, diese ethnisch oder gar rassistisch zu kennzeichnen und auszugrenzen. Aber mit einem Bild der ‚Bürgerlichkeit' als Faszinosum der eigenen Hochkultur können sie doch deutlich auf Abstand gehalten werden." (Ebd.)

4.2.2 Aktivierung und Identifikation

Mit seinem Hinweis auf die Ambivalenz bürgerschaftlicher Aktivierung spricht Rehberg implizit das Partizipationsverständnis an, das dem Modell der Bürgerbühne zugrunde liegt. Wie oben bereits festgehalten wurde, besteht hier ein zentraler Unterschied zwischen der Bürgerbühne und dem bürgerlichen Theater, in dessen Tradition sich erstere stellt. Der im Diskurs der Bürgerbühne gedachte Modus der Partizipation ist nicht mehr nur der des Zuschauens, sondern eine aktivere, „produzierende" Form von Partizipation (vgl. Seitz 2014). In Analogie zur Diskussion im Bereich des Marketings ließe sich in dem Zusammenhang von einer *Prosument_innen*-Rolle der Zuschauenden sprechen, die nicht mehr nur einfache Konsument_innen sind, sondern immer auch produktiv werden sollen (→ II.2.1.3). So ist mit Blick auf das Bürgerbühnen-Modell eine veränderte *Subjektposition* des_der Zuschauers_in auszumachen, der_die nicht mehr ‚nur' Rezipient_in im engeren Sinne ist, sondern auf verschiedene Weise ‚aktiviert' wird und die Möglichkeit zu mehr Sichtbarkeit eingeräumt bekommt: ob über die (einmalige) Teilnahme an einer der größeren Bürgerbühneninszenierungen, die Mitgliedschaft in einem Bürgerbühnen-Club oder aber die Teilnahme an einem „Bürger Dinner". Dabei bleibt die Subjektposition des „aktive[n] Zuschauer[s]" (Tscholl 2014a, 18) von ihrem institutionellen Status her die eines Rezipienten kultureller Angebote – selbst bei der Teilnahme an einer Inszenierung als Darsteller. Denn auf der Bürgerbühne sollen, mit den Worten David Benjamin Brückels, „[a]us

Laien […] keine Schauspieler gemacht werden“ (Brückel zit. nach Krutzinna 2014) und die Teilnahme an einer der größeren Bürgerbühneninszenierungen bleibt für jede_n Bürger_in Dresdens eine einmalige Angelegenheit. Die Subjektposition eines_r aktiven Zuschauers_in des Dresdner Staatsschauspiels besteht folglich in einem Sowohl-als-auch, nämlich sowohl Teil eines herkömmlichen Publikums bei der Aufführung des festen Schauspielensembles zu sein als auch als Teilnehmer_in an einem der aktivierenden Angebote der Bürgerbühne zu partizipieren. Der Grund für diese veränderte Subjektposition der Zuschauenden wird in vielen Schriften zur Bürgerbühne vor allem in einem angeblich gestiegenen Bedürfnis aufseiten der (potenziellen) Theater-Rezipienten nach einer aktiveren Partizipation gesehen: Es ist der „Reiz des Dabei-Seins, des Selber-Spielens, des Selber-seine-Stimme-Erhebens“ (Schulz, zit. nach Kurzenberger/Tscholl 2014a, 142 f.). Das zentrale Ziel der Bürgerbühne besteht demnach darin, „dem Publikum und darüber hinaus der Bevölkerung aktive Teilhabe am Theater zu ermöglichen“ (Müller 2014, 171). Die Bürgerbühne erscheint unter dieser Perspektive als die Verwirklichung eines Rechts des Bürgers auch auf *aktivere* Teilhabe am bzw. auf dem Theater. Wie der Kulturjournalist und Theaterkritiker Volker Oesterreich in Bezug auf eine Bürgerbühneninszenierung bemerkt, seien die Zeiten endgültig vorbei, „[…] da das Publikum brav auf den Sitzreihen ausharrte, um die Kunst über sich ergehen zu lassen. Partizipation heißt das Gebot der Stunde.“ (Oesterreich, zit. nach Gloystein 2013, 7) Hier klingt wieder der von Jacques Rancière beschriebene und kritisierte Topos des angeblich passiven und von sich selbst entfremdeten Zuschauers an (→ II.3.2.1).

Die Aktivierung von Bürger_innen im Sinne ihrer Beteiligung an einer Bürgerbühneninszenierung soll zudem den Nebeneffekt haben, neue Zuschauer_innen für das Theater zu gewinnen. Demnach wird die Bürgerbühne inzwischen als ein zentrales Instrument der „Publikumsbildung“ (Müller 2014, 178) bzw. des Audience Developments diskutiert. Als ein solches wird sie von den Vertreter_innen der Bürgerbühne, wie z. B. von Miriam Tscholl, auch anerkannt.[153] Auch wenn die Leiterin der Dresdner Bürgerbühne nicht von einem „Marketinginstrument“ sprechen will (Tscholl 2014a, 16), so konstatiert sie doch lakonisch: „Wahrscheinlich gäbe es die Bürgerbühne nicht, wenn Intendanten und Intendantinnen nicht auf Zuschauerjagd sein müssten.“ (Tscholl 2014b, 160) In der Tat werden in der aktuellen Literatur zum Audience Development insbesondere aktivierende und partizipative Formen als die geeigneten Instrumente zur (Neu-)Gewinnung bzw. Bindung von Publikum an die Theater diskutiert. Neueren Erkenntnissen der Kulturnutzerforschung zufolge sind dabei vor allem „[e]ventorientierte Formate der Kulturrezeption, die Kommunikation und Partizipation ermöglichen,“ am beliebtesten (Mandel 2014, 111). Außerdem gebe

153 Vgl. den Abschnitt „Audience Development mit der Bürgerbühne“ in: Tscholl (2014a, 16 ff.).

es vielfältige Hinweise darauf, dass „Vermittlungsangebote vor allem aktiv (im Sinne von künstlerisch-praktisch), und partizipativ (im Sinne der Möglichkeit für Teilnehmer_innen eigene relevante Themen und ästhetische Interessen einzubringen) angelegt sein müssen" (ebd., 114).

An diese Erkenntnisse schließt auch das Modell der Bürgerbühne an (vgl. Müller 2014, 172 ff.), indem es möglichst vielen Bürger_innen möglichst viele Angebote zu einer aktiveren, im Sinne von *handelnden* und *sichtbaren*, Partizipation bietet, wie unter anderem das „Bürger Dinner". Außerdem gibt es am Staatsschauspiel insgesamt elf Spielclubs, während an den meisten anderen Häusern häufig nur ein bis zwei (Jugend-)Clubs existieren: „Hier können viele Menschen aktiv werden, ohne sich sofort für eine Bürgerbühnenproduktion zu bewerben." (Ebd., 174) Die eigene (Spiel-) Aktivität soll dann wiederum der „Aktivierung zum Besuch von Vorstellungen" (ebd., 172) dienen und in der Konsequenz dazu führen, dass die einmal an einem Bürgerbühnenprojekt Beteiligten dem Theater „als aktive Zuschauer [...] verbunden" (Tscholl 2014a, 18) bleiben. Offenbar gibt es Hinweise darauf, dass ehemalige Teilnehmende der Bürgerbühne bis zu dreimal so häufig ins Theater gehen als vorher (vgl. Behrendt 2010). Die Regel, dass jede_r nur einmal an einer der größeren Inszenierungen teilnehmen darf, diene dabei einer „breitere[n] Öffnung zur Stadt" (Tscholl 2014a, 17) und damit dem Ziel, möglichst viele Bürger_innen an einer der Inszenierungen aktiv zu beteiligen: „Nur so kann das Theater möglichst vielen Menschen der Stadt eine Bühne bieten, neues Publikum anlocken und neue Themen auf der Bühne erschließen." (Ebd., 19) Außerdem können auf diese Weise mit „[...] jeder Produktion neue Menschen mitsamt ihrem persönlichen Umfeld an die Bürgerbühne herangeführt werden" (Müller 2014, 182). Denn die Teilnehmenden laden zu den Aufführungen in der Regel Freund_innen und Verwandte ein, die – so die Hoffnung – auch in Zukunft häufiger Vorstellungen besuchen könnten (vgl. Tscholl 2014a, 16 ff.). Auf diese Weise fungieren sie „als Botschafter und Werber für Publikum in ihrem sozialen Umfeld" (Müller 2014, 171). Dabei sollen auch Menschen erreicht werden, die teilweise noch nie im Theater waren (vgl. ebd., 177).

Ob es durch das Instrument Bürgerbühne gelingt, auch sogenannte bildungsferne Menschen für das Theater zu gewinnen, erscheint allerdings fraglich. Einer Studie des Instituts für Kultur- und Medienmanagement der Freien Universität Berlin zufolge, auf die sich Achim Müller in seinem Aufsatz für den Sammelband „Die Bürgerbühne" (2014) bezieht, werden von der Bürgerbühne in der Mehrzahl Menschen, die „bereits in unterschiedlichem Maße offen für Theater sind", erreicht und nur begrenzt „jene ‚theaterfernen' Menschen, die in Kulturpolitik, -wissenschaft und -management häufig als Zielgruppe formuliert werden" (ebd., 173). Demnach werden insbesondere jene Menschen angesprochen, die bereits über „ein latentes Wissen um die Existenz und den Wert von Theater" verfügen und die „mit geeigneten Angeboten aktiviert werden können" (ebd.). Auf der Grundlage von aktuellen Erkenntnissen der Kulturnutzerforschung ist davon auszugehen, dass es wohl überwiegend eher gebildete Bürger_innen der Mittel- und Oberschicht sind, die durch die Bürgerbühne aktiviert werden. So zeigen z. B. die empirischen Untersuchungen Eva Gansens (2014) zur Bürgerbühne des Mannheimer Nationaltheaters,

> [...] dass wir es auch bei der Bürgerbühne mit einem klassischen Theaterpublikum zu tun haben. Der Terminus ‚Wiederholungstäter' scheint darüber hinaus in höchstem Maße zutreffend. Die *Bürgerbühne* spricht demnach vor allem die Personen an, die bereits sehr regelmäßig ins *Nationaltheater* gehen, dort an unterschiedlichen Angeboten teilnehmen und durch ein vielseitiges kulturelles Interesse mit einer leichten Präferenz für die E-Kultur geprägt sind. Die Angebote der *Bürgerbühne* bieten ihnen also – überspitzt gesagt – lediglich neues ‚Futter'. [...] Demzufolge scheint die *Bürgerbühne* besonders erfolgreich darin zu sein, bereits bestehende Bindungen zu stärken [...] (ebd., 62, Hervorh. i. O.).

Der Haupteffekt des Instrumentes Bürgerbühne im Kontext des Audience Developments liegt daher vor allem in einer Stärkung der Identifikation der Zuschauer_innen mit *ihrem* Theater: „Fest steht [...], dass circa 1500 Dresdner Bürger, die sich bisher auf dieses Theaterexperiment eingelassen haben, ein Potential an Theaterkennern darstellen, die mit erweitertem Blick auch andere Produktionen ‚ihres Hauses' auf den Bühnen der Regie- und Schauspielkunst besuchen und diskutieren." (Kurzenberger 2014c, 132) Die Erklärung für die erzielte stärkere Identifikation der Zuschauer_innen mit dem Theater liegt, wie Eva Behrendt vermutet, in Folgendem: „Wer selber spielt, sieht gerne zu. [...] Schließlich könnte man das selbst sein, der da oben singt" bzw. spielt (Behrendt 2010). Partizipation kann also wie ein Mittel zur Steigerung von Identifikation wirken. Hierzu schreibt die partizipatorisch arbeitende Gruppe geheimagentur treffend:

> Wo immer der Kampf um Aufmerksamkeit offen geführt wird, ist es hilfreich einen Prozess der Identifikation in Gang zu bringen. Will sagen: Ein Projekt, an dem viele Leute teilnehmen, kann sich zumindest schon einmal der Aufmerksamkeit all jener Leute erfreuen, die daran teilgenommen haben (nebst Nahestehenden). Je mehr das sind, desto besser. (Geheimagentur 2003)

Die oben für den Bürgerbühnen-Diskurs konstatierte Verknüpfung der Konzepte neuer Bürgerlichkeit, Bürgertum und partizipatorischer Zivilgesellschaft erscheint vor diesem Hintergrund durchaus konsequent: Nicht *die* Bevölkerung im Allgemeinen scheint hier nach mehr und aktiverer Partizipation am Theater zu streben. Vielmehr fühlt sich offenbar vor allem die bildungs- und kulturaffine Mittel- und Oberschicht von den neuen partizipatorischen Angeboten angesprochen (→ II.2.1.2).

Dieses „Bürgertum" lässt sich dabei offenbar durch eine *aktivere* Form von Partizipation auch auf *effektivere* Weise an das Theater binden. Ein zentrales Ziel der Bürgerbühne als partizipativ-aktivierende Form des Audience Development besteht daher darin, die Identifikation der Bürger_innen mit ihrem Theater zu erhöhen (vgl. Müller 2014, 175 und 177).[154] Demnach liegt die Vermutung nahe, dass auch beim Modell der Bürgerbühne insbesondere die Identifikation der Bürger_innen – und hier scheint sich der Begriff „Bürger" eher auf das „Bürgertum" zu beziehen – mit *ihrer* Bürgerbühne und dem Staatsschauspiel als Ganzem gesteigert werden soll. Die Bürgerbühne erscheint vor diesem Hintergrund als ein Instrument, um nicht nur die bürgerliche Identität der Institution Theater zu erneuern, sondern um gleichzeitig auch zur Identitätsbildung des sich auf *seiner* Bühne selbst repräsentierenden Bürgertums – und damit zur Herausbildung der programmatisch beschworenen Neuen Bürgerlichkeit – beizutragen.

Wie Achim Müller konstatiert, scheint der Mechanismus der Identifikation dabei offenbar umso besser zu funktionieren, je mehr Persönliches von den Spieler_innen auf der Bühne sichtbar wird: „Insbesondere bei Stücken, in denen eigene Erfahrungen der Ausgangspunkt der Stückentwicklung waren, führte dies zu besonderer Intensität in der Arbeit und Identifikation mit dem Stück und der Aufführung." (Ebd., 175) Und weiter: „Produktionen, die hauptsächlich aus dem biographischen Material der Teilnehmer entwickelt wurden, scheinen dabei intensivere Erfahrungen und stärkere Bindung an das Haus zu bewirken als relativ klassische Inszenierungen bestehender Stücke." (Ebd., 184) Wie bereits im Zusammenhang mit Maike Plaths Entwurf eines partizipativen Theaterunterrichts diskutiert wurde (→ III.2.2.4), vermittelt auch hier Partizipation – verstanden als Teil*nahme* mit etwas *Eigenem* – den Partizipierenden eine besondere Form der Anerkennung. Müller zufolge wird auch ein „kleines spielerisches Aufnehmen des Eigenen, zum Beispiel die Übernahme von Kleidungsstücken als Kostüm" von den teilnehmenden Bürger_innen „als überraschendes Moment erinnert" (ebd., 175) und viele äußerten „Freude über das Interesse an der eigenen Biographie" (ebd., 176). Die Anerkennung des_der Einzelnen ist jedoch subjektivierungstheoretisch nicht nur als Wertschätzung zu verstehen, sondern meint immer auch dessen_deren Anerkennung als Subjekt einer bestimmten Ordnung. In diesem Zusammenhang ist Müllers Feststellung interessant, dass die Anerkennung des Eigenen der Bürger_innen mit einer Anerkennung der Trennung von Bürgerbühne und festem Schauspielensemble einhergeht: „Bei allem Stolz auf das Eigene schärfen die im Produktionsprozess hautnah erlebten Anforderungen an schauspielerisches

154 Dies beschreibt auch Viola Hasselberg, Schauspieldirektorin und leitende Dramaturgin am Theater Freiburg, in ihrem Beitrag für das Buch Kurzenbergers und Tscholls „Die Bürgerbühne" (2014b) als zentrale Herausforderung, vor der die staatlichen und städtischen Bühnen gegenwärtig stehen: „Stadttheater brauchen neue Zuschauer, die sich mit dem Ort ‚Theater' identifizieren, ihn inhaltlich mit Leben füllen und ein emotionales Verhältnis zu ihm haben" (Hasselberg 2014, 161).

Arbeiten eher das Bewusstsein für den Unterschied zwischen dem eigenen Schaffen und der Arbeit ‚echter' Schauspieler, als dass sie ihn verwischten." (Ebd.) Die Ordnung „Theater mit Laien" (Tscholl 2014a, 19) versus Hochkultur wird demnach durch die Bürgerbühne weniger infrage gestellt als vielmehr gefestigt.

In Abgrenzung zu dieser Programmatik wird in dem Projekt „Theater als künstlerische Forschung am Theater Freiburg", das sich explizit als „Gegenmodell zur Dresdner Bürgerbühne" (Hasselberg 2014) versteht, nicht zwischen einem professionellen und einem nicht-professionellen Ensemble unterschieden. Die Dramaturgin am Theater Freiburg, Viola Hasselberg, setzt vielmehr auf ein „erweiterte[s] Ensemble", in dem festangestellte Schauspieler_innen mit „Laien" gemeinsam arbeiten (ebd., 165 ff.). Während in der Bürgerbühne „das Bewusstsein für den Unterschied zwischen dem eigenen Schaffen und der Arbeit ‚echter' Schauspieler" (Müller 2014, 176) eher geschärft und das „eigene Agieren" der beteiligten Bürger_innen „als die Darstellung des Selbst erkannt und vom professionellen Schauspielen abgegrenzt" (ebd.) wird, strebt das Freiburger Modell durch ein „gemischtes Laien-Profi-Ensemble" eine „Erweiterung des Repertoires von Ausdrucksmöglichkeiten" (Hasselberg 2014, 167) an. Im Unterschied zur Bürgerbühne werden den nicht-professionellen Spieler_innen dabei auch Grundlagen des Schauspiels vermittelt: „Sie [die nicht-professionellen Spieler_innen, J. K.] sprechen über sich selbst, aber sie sind nicht privat auf der Bühne, sondern erarbeiten sich in Stimm- und Bewegungstrainings sowie durch Improvisationsübungen ein Repertoire an Ausdrucksmöglichkeiten, das ihnen anfangs meist fremd ist." (Ebd., 168) Lautet in Dresden die Regel, dass jede_r Bürger_in nur einmal an einer größeren Inszenierung teilnehmen kann, geht es in Freiburg um „Formarbeit und Langfristigkeit" (ebd., 163). In diesem Zusammenhang betont Hasselberg, dass sich die gemeinsame Beforschung und Untersuchung von Fragestellungen im erweiterten Ensemble an „künstlerischen Mitteln" zu orientieren habe: „Dies ist das zentrale Kriterium, weil jeder künstlerische Prozess zweckfrei ist und sich nicht nach irgendwelchen Zielvorgaben richtet, weder nach ökonomischen, politischen oder sozialen. Künstlerische Konzepte und Verfahren lassen sich nicht durch Partizipation ersetzen. Partizipatorische Verfahren können aber wichtige Impulsgeber sein […]" (ebd., 161). Hier klingt ein anderes Partizipationsverständnis an als jenes der Dresdner Bürgerbühne. Die Beteiligung nicht-professioneller Spieler_innen an künstlerischen Prozessen soll hier eher Strukturen aufbrechen und gewohnte Ordnungen durchkreuzen.

4.2.3 Authentizität und Spiel

Ein weiterer Unterschied zwischen der Bürgerbühne und dem bürgerlichen Theater, in dessen Tradition die Dresdner Bürgerbühne sich sieht, besteht in Bezug auf die

Darstellungsform. Wie oben erörtert wurde, gelten für Bürgerbühnen-Produktionen und Inszenierungen mit dem festen Ensemble offenbar unterschiedliche Maßstäbe – nicht zuletzt in Bezug auf ihre ästhetische Form. Zwar knüpft die Bürgerbühne sowohl an Schiller als auch an „Lessings Bürgertheater" an, doch habe Lessing, wie Kurzenberger anmerkt, „freilich nicht daran gedacht, Theaterlaien auf die Bühne zu stellen" (Kurzenberger 2014a, 26). Die Figur ‚des Bürgers' wird auf der Bürgerbühne nämlich – anders als im klassischen Theater – durch ihn selbst repräsentiert und nicht durch einen Schauspieler: „Auf der Dresdner Bürgerbühne können die Bürger und Bürgerinnen der Stadt sich selbst, die sie betreffenden Themen, Probleme und Theaterstücke darstellen." (Kurzenberger 2014d, 164) Für Wilfried Schulz orientiert sich die Bürgerbühne damit ästhetisch an einem „professionelle[n] Theater", das stärker auf „die Momente des Authentischen" setze, wobei „sich die private Person ausagiert und die Unterscheidung zwischen Rolle und darstellender Person obsolet" werde – ein Phänomen, das „natürlich in noch viel extremerer Form bei Laien der Fall [ist], bei Spielern, die kein Handwerk zur Verfügung haben" (Schulz, zit. nach Kurzenberger/Tscholl 2014a, 154). Aus diesem Grund hätten die Regisseur_innen die „Eigen- und Besonderheiten ihrer Darsteller, deren sogenannte Authentizität, zu entdecken" (Kurzenberger 2014c, 131). Wie der Bürgerbühnen-Dramaturg David Benjamin Brückel erläutert, bietet sich die Arbeit mit Bürger_innen nicht nur aus politischen, sondern auch aus ästhetischen Gründen an:

> Es geht immer um eine Art künstlerischen Mehrwert, der durch die Beteiligung von nicht-professionellen Darstellern entsteht. Dieser Mehrwert kommt meistens dadurch zustande, dass die Darsteller in ihrer Persönlichkeit sichtbar werden und Erfahrungen aus ihrer Lebenswirklichkeit auf die Bühne bringen. (Brückel, zit. nach Krutzinna 2014)

Auch Miriam Tscholl betont diese ästhetische Eigenständigkeit der Bürgerbühne: „Damit Theater mit Laien künstlerisch eine ernstzunehmende Erweiterung innerhalb des Theaterdiskurses ist und somit nicht ausschließlich aufgrund von Partizipationsbewegungen subventioniert wird, sollten Laiendarsteller nicht einfach versuchen, Profischauspieler zu imitieren, denn da schneiden sie vergleichsweise schlecht ab. Sie müssen alternative Inhalte und Formen entwickeln." (Tscholl 2014a, 19) Die Glaubwürdigkeit der Darstellung der teilnehmenden Bürger_innen verdankt sich – anders als bei einer klassischen Figurendarstellung – nicht bestimmten schauspielerischen Konventionen, sondern vielmehr ihrer Authentizität: „Aus der beschriebenen Notwendigkeit, dass das auf der Bühne Dargestellte an die Privatperson des Darstellers angebunden sein muss, wird der Blick in das Leben der Spieler zwingend." (Ebd., 20) Obwohl die Texte der Teilnehmenden bisweilen fiktionalisiert würden, „[...] behält der Darsteller die persönliche Bindung an den Text, da er zumindest Teile davon so erlebt hat. Diese Beteiligung wirkt sich positiv auf die Glaubhaftigkeit des Erzählens und somit auf die Identifikation des Publikums mit den Spielern aus." (Tscholl 2014c, 122) Auch die Regel, dass jede_r Bürger_in nur einmal an einer größeren Inszenierung teilnehmen kann, lässt sich in diesem Zusammenhang lesen: „In jeder neuen Produktion, so das Ziel der Bürgerbühne, stehen Theaterunerfahrene auf der Bühne." (Tscholl 2014a, 18)

Die Bürgerbühne stelle sich damit in die Tradition eines „Theater[s] der Authentizität, das auch als ‚Theater der Erfahrung' firmiert" und die „Theaterentwicklung der letzten dreißig Jahre bestimmte" (Kurzenberger 2014a, 27). Der programmatische Bezug der Bürgerbühne auf das „Theater der Erfahrung" (Wartemann 2002), dessen Anfänge Geesche Wartemann in den Erscheinungsformen des Freien Theaters der 1960er- und 1970er-Jahre sieht (→ II.3.2.2), wirft allerdings Fragen auf. Denn diese von Wartemann untersuchten, sehr heterogenen Theaterformen – ob Jerzy Grotowski oder Willy Praml – verband vor allem ihr „Widerstand gegen das tradierte bürgerliche Theater" (ebd., 28). Grotowskis „armes Theater" zielte unter anderem darauf, sich von „bürgerlichen Verhaltens- und Darstellungskonventionen zu befreien" (ebd., 33) und Pramls Lehrlinge galten deshalb als „authentisch", da ihr „Ausdruckspotenzial [...] der konstatierten Nivellierung der bürgerlichen Gesellschaft widerstehe" (ebd., 49). Während Authentizität in diesen historischen Beispielen *gegen* das bürgerliche Theater und auch gegen die Institution Theater in Stellung gebracht wurde, geht hier – wie dies auch Rehberg konstatiert – der Impuls zur Partizipation und der damit verbundene Authentizitätsanspruch von der Institution Stadttheater selbst aus (vgl. Krutzinna 2014).[155]

Vor diesem Hintergrund stellt sich die Frage, auf welchen Authentizitätsbegriff die ‚bürgerliche Programmatik' der Bürgerbühne hier genau Bezug nimmt. Handelt es sich dabei, um im Kategoriensystem Wartemanns zu bleiben (→ II.3.2.2), um eine „anthropologische" Authentizitätsvorstellung, bei der ein von jeglichen sozialen Prägungen befreiter „ursprünglicher Ausdruck" angestrebt wird, oder eher um eine „soziologisch fundierte Authentizitätsforderung", bei der gerade der „soziokulturell geprägte Gestus" der nicht-professionellen Darsteller als authentisch gilt (Wartemann 2002, 50)? Darüber hinaus wäre zu fragen, ob hier Authentizität „instrumentell", d. h. als Darstellungsform, verstanden wird, oder ob bei der Bürgerbühne eher ein Fall von „Authentizität der Autorität" (ebd., 152) vorliegt, bei der nach wie vor eine unmittelbare körperliche Präsenz und eine von Rollen befreite Selbstdarstellung behauptet werden.

Bei der Bestimmung des hier verwendeten Authentizitätsbegriffs ist zu berücksichtigen, dass Hajo Kurzenberger, der den programmatischen Diskurs um die

155 Auch dass Inszenierungen aus dem Bereich des Amateurtheaters, die z. T. schon wesentlich länger den Begriff „Bürgerbühne" für sich reklamieren, weder auf den Bürgerbühnenfestivals vertreten sind noch im Diskurs der Bürgerbühne eine Rolle spielen, muss in diesem Zusammenhang verstanden werden.

Bürgerbühne Dresden selbst nachhaltig (mit)bestimmt, als Professor für Theaterwissenschaft Mitglied des 1995 an der Universität Hildesheim eingerichteten Graduiertenkollegs „Authentizität als Darstellungsform" war, in dessen Rahmen Wartemann als eine der ersten Stipendiat_innen promovierte. Wie es im Vorwort des von der Hildesheimer Universität herausgegebenen Bands „Authentizität als Darstellung" (Berg et al. 1997) heißt, war der Ausgangspunkt des Graduiertenkollegs die These, dass „Authentizität in medialer, ästhetischer wie nichtästhetischer Kommunikation grundsätzlich als Form, Resultat bzw. Effekt medialer Darstellung verstanden werden muss" und dass dem Authentischen eine „paradoxale Struktur" zugrunde liege, die durch eine „vermittelte Unmittelbarkeit" gekennzeichnet sei (ebd., 5 sowie → II.3.2.2). Kurzenberger selbst widmete sich in seinem Beitrag für den Band, in dem erste Zwischenergebnisse des Kollegs präsentiert wurden, dem Zusammenhang zwischen der traditionellen „Rede von ‚Verkörperung', Menschendarstellung und Verwandlung'" (Kurzenberger 1997, 106) und der „sog. ‚authentische[n]' Rollenbesetzung im ‚Theater der Erfahrung'" (ebd., 115). Dabei kritisierte er die tradierten Vorstellungen vom Schauspielen als „Verkörperung" und „Menschendarstellung", da sie auf einem „Bild vom Selbst" basierten, das von „Kern, Wesen und Vollendung einer zu entwickelnden Persönlichkeit ausgeht" (ebd., 109). Dies sei zweifelhaft, denn „[...] weder die fingierte Figur oder Rolle noch die real anwesende Körperlichkeit des Schauspielers, noch sein, wie auch immer gedachtes Selbst, sind feste Größen" (ebd., 114). Für das Theater der Erfahrung, so Kurzenberger in Bezug auf das Obdachlosentheater RATTEN 07, gelte hingegen diese Vorstellung von der „Ganzheit der Figur bzw. das ihr zugrunde liegende Menschenbild" (ebd., 118) nicht mehr: „Keine Vermischung oder Verwischung im schlechten Sinne von Menschendarstellung findet hier also statt, sondern Klarheit und Transparenz, weil in der Tat Darsteller und Figur miteinander konfrontiert werden und nicht miteinander verschmelzen." (Ebd., 119) Problematisch sei allerdings, dass in den Programmankündigungen der freien Szene weiterhin ein Authentizitätsverständnis anzutreffen sei, das „anstelle von Schauspielerei Lebenswirklichkeit pur auf der Bühne" (ebd., 115) verspreche. So kritisiert er am Begleitheft einer Inszenierung der RATTEN 07, dass sich hier „[d]urch die Hintertür" das alte Verständnis von Authentizität wieder „einzuschleichen" scheine, wenn etwa die besondere Körperlichkeit der obdachlosen Schauspieler betont wird (ebd., 116). Authentizität könne jedoch im Theater der Erfahrung immer nur „ein Produkt der Darstellung" sein (ebd., 115).

Einem solchen Verständnis von Authentizität als Darstellung scheinen Hajo Kurzenberger und Miriam Tscholl, die ebenfalls an der Universität Hildesheim studierte und nach ihrem Diplom dort als künstlerische Mitarbeiterin tätig war, weiterhin verpflichtet zu sein, wenn sie bald zwanzig Jahre später im Vorwort zu ihrem Buch „Die Bürgerbühne" schreiben, „[...] dass ein naiver Authentizitätsbegriff, der behauptet, mit den Laiendarstellern käme Wirklichkeit pur und direkt auf die Bühne, szenisch hinterfragt und reflektiert" (Kurzenberger/Tscholl 2014c, 8) werden soll. Tscholl verweist zudem auf den hohen „Grad der Bewusstheit, mit welchem die Spieler Authentifizierungsstrategien nutzen" (Tscholl 2014c, 122): „Sie wissen, dass Authentizität auf der Bühne eine Strategie ist. Sie benutzen ihre Texte als Material, mit dem sie Wirkung beim Publikum erzielen." (Ebd.) Darüber hinaus mache die Arbeit mit den biografischen Erfahrungen der Darsteller_innen der Bürgerbühne diesen „erfahrbar und bewusst, dass Biografie und persönliche Identität eine Konstruktion sind" (Kurzenberger 2014d, 167 f.). Und für David Benjamin Brückel, den Dramaturgen der Bürgerbühne, stellt das Theater eine Möglichkeit dar, „[...] das eigene Leben als Rolle zu betrachten und auf einer Bühne spielerisch damit umzugehen" (zit. nach Krutzinna 2014).

„Durch die Hintertür" scheint sich jedoch auch in den programmatischen Texten Kurzenbergers und Tscholls zur Bürgerbühne „das alte Verständnis [von Authentizität, J. K.] wieder einzuschleichen" (Kurzenberger 1997, 116), das Kurzenberger 1997 am Begleitheft der Aufführung des Obdachlosentheaters RATTEN 07 kritisierte – etwa dann, wenn es heißt, dass die Teilnehmer_innen „sich und ihre Probleme darstellen" (Kurzenberger 2014a, 23) oder, wie Kurzenberger aus Publikationen des Staatsschauspiels zitiert, „erst einmal sie selbst" sein sollen (zit. nach ebd., 29). Indem Kurzenberger die Bürgerbühne „zwischen Theater und Leben, Authentizitätssuche und Spiel, darstellerischem Als-Ob [sic] und performativem Sein" (ebd., 31) verortet, stellt er zudem die Pole Authentizität versus Darstellung zu einem gewissen Grad selbst wieder her. Zwar führt für ihn das Spiel mit Authentizität und Wirklichkeit unter anderem zu einem steigenden „Ironiekoeffizient[en]" (ebd.) oder zu einer Eingrenzung von „Stellvertreterauthentizität" (ebd., 33). Auch sei es „der Modus des Spiels, der neben dem biographischen Authentizitätsanspruch dieser Theaterform ihr besonderes Gesicht gibt" (Kurzenberger 2014d, 169). Gleichzeitig wird mit dieser Formulierung ein solcher „Authentizitätsanspruch" jedoch erst erhoben. Denn auch ein „Mischungsverhältnis von Authentizität und Spiel" (Tscholl 2014c, 114) setzt so etwas wie Authentizität voraus: „Authentizität gilt es immer wieder zu suchen und zu wahren, performative Prozesse auf der Bühne, die nah am Alltag der Darsteller sind, können wichtig werden, aber möglicherweise verkörpert eine sächsische alte Dame auch einen wunderbaren Eisbären." (Tscholl 2010, 22)

Trotz der Betonung des Spielerischen und der fiktionalen Anteile wird in der Programmatik der Bürgerbühne eine „Authentizitätssuche" und ein „Authentizitätsanspruch" beschworen, die in einem gewissen Widerspruch zu der im Vorwort des Buches angekündigten Hinterfragung des Konzepts stehen. Gleichwohl muss festgehalten werden, dass der Begriff der Authentizität in der Bürgerbühnen-Programmatik nicht im Sinne eines unmittelbaren oder ursprünglichen Ausdrucks verwendet wird, wie ihn

Wartemann etwa für das Theater Grotowskis beschrieben hat (Wartemann 2002, 30 ff.). Greift man auf ihre Unterscheidung zwischen anthropologischer und soziologischer Authentizitätsvorstellung zurück, so lässt sich die Bürgerbühne eher zwischen diesen beiden Polen verorten. So schreibt etwa Kurzenberger, dass bei der Auswahl der Teilnehmer_innen an einem Bürgerbühnenprojekt nach deren „Potential nonverbaler Darstellung, für das, was die Soziologen und Kulturwissenschaftler die Selbstdarstellung im Alltag oder ‚die primäre Mimesis' nennen" gesucht werde, wobei sich ein „ehemaliger Pfarrer" möglicherweise eher an „rhetorischen Kategorien" ausrichte, ein „Museumspädagoge" hingegen „durch lakonisches Understatement" auszeichne: „Sie alle spielen ihr (alltägliches) Theater, aber in ganz verschiedener Weise." (Kurzenberger 2014b, 73) Die Darsteller_innen der Bürgerbühne interessieren hiernach auch aufgrund ihres „soziokulturell geprägte[n] Gestus" (Wartemann 2002, 50).

In diesem Zusammenhang muss auch die in den hier analysierten Texten gebrauchte Formel von den „bürgerlichen ‚Experten des Alltags'" (Kurzenberger/ Tscholl 2014c, 8) gelesen werden. Im Unterschied zum Diskurs des Theaters der Unterdrückten, in dem die Partizipierenden vor allem als „Experten des eigenen Lebens" oder „Experten für sich selbst" adressiert werden (→ III.3.3.2), ist hier von „Experten des Alltags" (Kurzenberger 2014a, 23) die Rede. Damit bezieht sich die Bürgerbühne vor allem auf das Regie-Kollektiv Rimini Protokoll, das in seinen Inszenierungen in der Regel nicht-professionelle Spieler_innen beteiligt, deren berufliches oder erlebtes Wissen für die im jeweiligen Projekt behandelte Fragestellung aufschlussreich ist (→ II.3.2.2). Allerdings, so beobachtet etwa der Theaterwissenschaftler Jens Roselt in seinem Vortrag „Das Publikum auf der Bühne" (Roselt 2015) beim 2. Bürgerbühnenfestival in Mannheim, spielt auf der Bürgerbühne die berufliche Qualifikation – im Gegensatz zum „Expertentheater" von Rimini Protokoll – nur eine „untergeordnete Rolle" (ebd.). Auch die Distanz, die Riminis Expert_innen zu Figuren werden lässt, „die eine Haltung zu ihrer eigenen Geschichte einnehmen, ohne sich mit dieser und mit sich selbst zu identifizieren" (ebd.), ist Roselt zufolge hier weniger ausgeprägt. Anders als bei vielen Formen postdramatischen Theaters würden vielmehr die Kategorien der Individualität und Subjektivität auf der Bürgerbühne nicht mehr aufgelöst (vgl. ebd.).

Die Analyse der hier herangezogenen Texte zur Bürgerbühne scheinen diese Beobachtungen Roselts zu bestätigen. So geht es meist um die „Individualität jedes Spielers" (Kurzenberger 2014b, 73) und den „unverwechselbare[n] Ausdruck der jeweiligen Person" (ebd.). Die_der einzelne Teilnehmende soll in erster Linie als „Individuum" in ihrer_seiner Eigenschaft als Bürger_in in Erscheinung treten. Mit ihrem Bezug zur deutschen Klassik und der Suche nach einer neuen Bürgerlichkeit grenzt sich die Bürgerbühne gleichzeitig von postmodernen Positionen in der Kunst ab und praktiziert stattdessen „[...] eine neue alte Form von Menschendarstellung, die im Kontrast steht zur Dekonstruktion von Figuren- und Menschenbildern, wie sie in den letzten zwei Jahrzehnten auf deutschen Bühnen üblich geworden ist" (Kurzenberger 2014a, 35). Demnach scheinen die von Kurzenberger noch in den 1990er-Jahren kritisierte Vorstellung von der „Menschendarstellung" und „das ihr zugrunde liegende Menschenbild" (Kurzenberger 1997, 118) auf der Bürgerbühne ein Stück weit wieder aufzuleben, wenn auch unter anderen ästhetischen Vorzeichen. Anstatt eines theatralen Experimentierens mit Subjektivität ist hier Subjekt*bildung* Programm – und dies nicht nur hinsichtlich der Darstellungsweise, sondern, wie oben bereits ausgeführt, auch in Bezug auf die beabsichtigte Wirkung auf das einzelne partizipierende Subjekt.

4.3 Auswertung: Der aktive Zuschauer-Bürger

In diesem Kapitel wurde die aktuelle Diskussion um das partizipative Modell der Bürgerbühne als ein Beispiel für den gegenwärtigen Partizipationsdiskurs der Theaterpädagogik an Theatern untersucht. Als ein wesentliches Ergebnis kann an dieser Stelle festgehalten werden, dass sich die Programmatik der Bürgerbühne – insbesondere bei Hajo Kurzenberger – in den Diskurs der Neuen Bürgerlichkeit einschreibt und diesen gleichzeitig voranzutreiben beabsichtigt. Das neue Bürgertum wird dabei als ein „fortschrittliches, eroberndes", ein „neugieriges" und „offenes" (Wilfried Schulz) entworfen. In bisweilen zweifelhaften historischen Analogien zur Zeit der Entstehung des deutschen Nationaltheaters wird die Bürgerbühne dabei in die Tradition des bürgerlichen Theaters gestellt. Demzufolge soll sie sich als Forum einer neuen bürgerlichen Öffentlichkeit anbieten und bürgerliche Bildungsideale wie Selbsttätigkeit und Selbstaufklärung befördern. In dem Subjekt Bürger_in, dessen_deren Handlungsspielraum erweitert und dessen_deren Persönlichkeit entwickelt werden soll, verschränken sich die Vorstellungen von dem_der Bürger_in als *bourgeois_e* sowie als Staatsbürger_in (*citoyen_ne*), der_die sich aktiv in eine partizipatorische Demokratie einbringen und darüber hinaus auch zivilgesellschaftliches Engagement zeigen soll. So wird die Rede von der Neuen Bürgerlichkeit in den hier analysierten Quellen auch mit dem Diskurs der Zivil- und Bürgergesellschaft verknüpft. Die Bürgerbühne stellt sich dabei einerseits als eine Reaktion auf den gesteigerten Partizipationsanspruch der Bevölkerung dar; andererseits will sie selbst Motor dieser gesellschaftlichen Entwicklung sein, indem sie sich als Probebühne einer kommenden Bürgergesellschaft präsentiert. Im Zuge dessen soll diese Probebühne als öffentliches Forum dem Austausch und der Begegnung von Bürger_innen dienen und damit ganz konkret zur performativen Herausbildung der programmatisch beschworenen Bürgergesellschaft bzw. des neuen Bürgertums beitragen.

Die zentralen Linien in der sozialwissenschaftlichen Kontroverse um Partizipation, wie sie im Kapitel II.2 nachgezeichnet wurden, bilden sich in Teilen auch im Diskurs der Bürgerbühne ab. Wie oben ausführlicher zitiert, weist etwa Karl-Siegbert Rehberg auf mögliche Fallstricke einer programmatischen Ausrichtung der Bürgerbühne an den Diskursen der neuen Bürgerlichkeit sowie der Zivil- und Bürgergesellschaft hin. Dabei stellt Rehberg auch einen Zusammenhang zwischen der Aktivierung von Zuschauer_innen und Bröcklings Untersuchungen zum „unternehmerischen Selbst" her. Im Lichte der in diesem Kapitel zusammengetragenen Analyseergebnisse scheint diese Analogie durchaus plausibel. Bröckling zufolge ist nämlich sowohl die Betonung einer starken Zivilgesellschaft als auch der Verweis auf die aktive Rolle von (Staats-) Bürger_innen geradezu charakteristisch für die Gouvernementalität der Gegenwart (vgl. Bröckling 2003, 60): „Die Anrufungen des unternehmerischen Selbst, des sozial verantwortlichen Zivilgesellschaftsakteurs und des mündigen Staatsbürgers verhalten sich komplementär zueinander [...]" (ebd., 66). Gleichzeitig lassen sich zwischen diesen Anrufungen eine Reihe übereinstimmender Merkmale ausmachen: „Kompetenzen wie Selbstverantwortung, Eigeninitiative, Kooperationsfähigkeit und Flexibilität" sollen als Schlüsselqualifikationen „gleichermaßen die Türen zum marktwirtschaftlichen Erfolg wie zum zivilgesellschaftlichen Engagement und zur staatsbürgerlichen Partizipation öffnen" (ebd., 66 f.). Das hier umrissene autonome Subjekt komme dabei, „[...] so zumindest die Ratio des Aktivierungsdiskurses, seinen Verpflichtungen gegenüber dem Gemeinwesen ebenso bereitwillig nach wie es mit seinem bürgerschaftlichen Engagement das Sozialkapital mehrt und die öffentlichen Haushalte entlastet" (ebd., 66).

Ob allerdings mit dem Modell der Bürgerbühne eine Entlastung des Staates im Sinne finanzieller Einsparungen einhergeht, darf eher bezweifelt werden. Zwar erhalten die teilnehmenden Bürger_innen keine Bezahlung für ihre Partizipation an einer Bürgerbühnen-Produktion – ein Umstand, den Frank Raddatz auch am sogenannten Expertentheater kritisiert (→ II.3.2.2). Die Dresdner Bürgerbühne wurde jedoch nicht auf Kosten bzw. zu Lasten des regulären Schauspielensembles, sondern eher als ein zusätzliches, ergänzendes Programm eingerichtet. Von einem Rückzug des Staates kann hier also keine Rede sein. Wie bereits im Zusammenhang mit der von Stephan Lessenich sogenannten „Neuerfindung des Sozialen" erörtert wurde (→ II.2.3), wird das Soziale in der gegenwärtigen Gouvernementalität nicht einfach abgebaut, sondern vielmehr umgesteuert und in die einzelnen Subjekte transferiert. Anstatt also von einem Rückzug des Staates zu sprechen, lässt sich eher eine Verschiebung bzw. eine „Modifizierung des Regierens" (Liesner 2004, 294) konstatierten. Dies hängt nicht zuletzt mit einem für den Diskurs der Bürger- und Zivilgesellschaft charakteristischen Partizipationsverständnis zusammen, nach dem sich Politik weniger über Interesse oder Macht definiert als vielmehr als ein vernunftgeleiteter und gleichberechtigter Dialog erscheint, in den sich alle gleichermaßen aktiv einzubringen haben (→ II.2.1.2). Somit lässt sich in den aktuellen Bemühungen um eine Aktivierung von Bürger_innen und eine Stärkung der Zivilgesellschaft insofern eine ökonomischere oder effektivere Form des Regierens erkennen, als damit nicht selten eine „Invisibilisierung von Herrschaft" einhergeht, die sowohl „die Gemeinschaft der Regierten als auch das machtförmige Band zwischen ihr und den Regierenden zu bewahren vermag" (ebd.). Das Ergebnis partizipativen Regierens ist demnach eine Stabilisierung der gesellschaftlichen Ordnung und Machtverhältnisse.

Diese Analyse trifft auch auf das Modell der Dresdner Bürgerbühne zu, bei dem klar zwischen Bürgerbühnen-Produktionen und Inszenierungen des regulären Ensembles – als dem „Theater der Kunst" (Kurzenberger 2014a, 35) – unterschieden wird. Einer qualitativen Studie zufolge schärft die Beteiligung von Bürger_innen im Modell der Bürgerbühne sogar deren Bewusstsein für die Leistungen ‚richtiger' Schauspieler_innen und stabilisiert damit die Ordnung „Theater mit Laien" (= Bürgerbühne) versus Hochkultur (= Schauspielensemble). Dies zeigt sich unter anderem an der vermehrten Verwendung des Begriffs des Laien in den Programmatiken der Bürgerbühne. Demgegenüber setzt das Theater Freiburg auf ein erweitertes Ensemble, in dem festangestellte Schauspieler_innen mit nicht-professioneller Spieler_innen gemeinsam arbeiten. Dabei soll sowohl das Theater sein „Repertoire an Ausdrucksmöglichkeiten" erweitern als auch die sogenannten „Laien", denen zudem Grundlagen des Schauspiels vermittelt werden. Während damit in Freiburg versucht wird, durch Partizipation gewohnte Ordnungen infrage zu stellen, werden im Dresdner Modell hierarchische Strukturen eher gefestigt. Dies zeigt sich auch an der Unterscheidung zwischen der Funktion eines_r Regisseurs_in einer Bürgerbühnen-Produktion und derjenigen eines_r Theaterpädagogen_in, der_die einen der Bürgerbühnen-Clubs anleitet. Während Erstere_r eine klare Leitungsfunktion einnimmt, entspricht die Subjektposition des_der Theaterpädagogen_in – aufgrund der, wie es heißt, stärkeren Partizipation und Mitbestimmung der Teilnehmenden in den Clubs – eher der Position eines_r Coach_s. Dass sich auf diese Weise *innerhalb* des Bürgerbühnen-Konzepts der „strukturelle Zwiespalt zwischen Kunst und Theaterpädagogik" nicht nur „abbildet", wie Kurzenberger schreibt, sondern vielmehr durch die Unterscheidung zwischen Bürgerbühnen-Produktionen (= Kunst) und Bürgerbühnen-Clubs (= Theaterpädagogik) auch hergestellt wird, festigt eher bestehende Ordnungen und Hierarchien. Die Vermutung Hans-Thies Lehmanns, dass Partizipation die Produktionsstruktur der Institution Theater infrage stelle (→ II.3.2.2), scheint auf das Modell der Bürgerbühne – zumindest im Hinblick auf die Dresdner Programmatik – eher nicht zuzutreffen.

Vor diesem Hintergrund lässt sich das Modell der Bürgerbühne auch als eine Antwort auf zunehmende Legitimationsprobleme der von der öffentlichen Hand getragenen staatlichen und städtischen Theater interpretieren. Denn Partizipation – die hier von der Institution Staatstheater ausgeht – meint im Bürgerbühnen-Modell in erster Linie eine Beteiligung von *Zuschauer_innen* und stellt damit eine Maßnahme des Audience Developments dar. Dies äußert sich auch in der Regel, dass jede_r Bürger_in Dresdens nur einmal an einer der größeren Bürgerbühneninszenierungen teilnehmen darf. Auch die vielen verschiedenen Angebote der Bürgerbühne (Bürger Dinner, Clubs etc.) zielen auf eine Beteiligung möglichst vieler Zuschauer_innen. In Bezug auf deren Subjektposition lässt sich hier dennoch von einer Verschiebung sprechen. Zwar bleiben die Zuschauenden, die fortan als Bürger_innen adressiert werden, von ihrem institutionellen Status her Rezipient_innen kultureller Angebote. Doch sollen diese nicht mehr *nur* zuschauen, sondern auch zu einer aktiveren, im Sinne von handelnden und sichtbareren Partizipation angeregt werden. Die Subjektposition des_der aktiven Zuschauer-Bürgers bzw. -Bürgerin besteht daher in einem Sowohl-als-auch, nämlich sowohl Teil eines herkömmlichen Publikums zu sein als auch als Teilnehmer_in an einem der aktivierenden Angebote zu partizipieren.

Auf der Grundlage von aktuellen Erkenntnissen der Kulturnutzerforschung lässt sich zudem vermuten, dass diese Maßnahme von Audience Development vor allem die bildungs- und kulturaffine Mittel- und Oberschicht – das Bürgertum im engeren Sinne – erreicht, und weniger sogenannte bildungsferne Menschen zum Theaterbesuch des Staatsschauspiels animiert. Diese Analyse trifft sich mit der unter II.2.1.2 erörterten politikwissenschaftlichen Diagnose, dass gerade an den neueren Beteiligungsformen Angehörige der sogenannten Unterschicht noch wesentlich weniger partizipieren, als an herkömmlichen Formen der Partizipation. Auch wurde in diesem Zusammenhang auf die Gefahr möglicher neuer Ausschlüsse hingewiesen. In ähnlicher Weise warnt auch Karl-Siegbert Rehberg im Hinblick auf das Bürgerbühnen-Modell vor einer Ausgrenzung ökonomisch unterlegener Bevölkerungsgruppen.

Der Haupteffekt der Audience-Development-Maßnahme Bürgerbühne liegt vor diesem Hintergrund weniger in einer Akquise neuer Zuschauer_innen unter sogenannten bildungsfernen Menschen als vielmehr in einer Stärkung der Identifikation eines bürgerlichen Publikums mit *seinem* Theater und damit dessen Bindung an das jeweilige Staats- und Stadttheater. Dabei scheint der Prozess der Identifikation im Rahmen der Bürgerbühne umso besser zu funktionieren, je mehr Persönliches von den Spieler_innen auf dem Theater sichtbar wird. Damit geht es auch bei der Bürgerbühne weniger um die Teil*habe* an Kultur als vielmehr um die aktive Teil*nahme* des_der Einzelnen mit etwas Eigenem (→ II.2.2.2). Die Anrufungsfigur der „bürgerlichen Experten des Alltags“, als die die teilnehmenden

Bürger_innen anerkannt werden und durch die sie gleichzeitig Anerkennung im Sinne von Wertschätzung erfahren, scheint dies zu bestätigen. Die_der einzelne Teilnehmende soll in erster Linie als „Individuum" in ihrer_seiner Eigenschaft als Bürger_in in Erscheinung treten und als sie_er selbst sichtbar werden. In dem Zusammenhang ist auch die Rede von einem „Theater der Authentizität", in dessen Tradition sich die Bürgerbühne stelle. Der dabei verwendete Authentizitätsbegriff ist zwar weniger in einem essentialistischen Sinn zu verstehen, bleibt aufgrund der immer wieder beschworenen „Authentizitätssuche" oder eines „Authentizitätsanspruchs" jedoch zu einem gewissen Grad ambivalent. Im Gegensatz zu postdramatischen Versuchen einer Dekonstruktion von Authentizität und damit auch einer möglichen Hinterfragung der gesellschaftlichen Fixierung auf das Echte und Authentische soll hier eine „alte neue Form der Menschendarstellung" betrieben werden.

IV. ERGEBNISSE & AUSBLICK

Theaterpädagogik und das Versprechen der Teilhabe

Theaterpädagogik und das Versprechen der Teilhabe

Die diese Untersuchung leitenden Fragestellungen lauten: Welche Formen der Subjektivierung werden in partizipatorisch-programmatischen Diskursen der Theaterpädagogik betrieben? In welchem Verhältnis stehen diese zu hegemonialen gesellschaftlichen Subjektivierungsformen? Unter diesen Fragen wurden im vorangegangenen Teil dieser Studie verschiedene Diskurse der Partizipation in den einzelnen Arbeitsfeldern der Theaterpädagogik analysiert: im Bereich des Theaters in der Schule Curricula, Schulbücher sowie didaktische Handreichungen, in der soziokulturellen Theaterarbeit aktuelle Texte zum Theater der Unterdrückten (TdU) sowie im Feld der Theaterpädagogik an (Stadt- und Staats-)Theatern neuere Publikationen zur Bürgerbühne. Die Analyse dieser unterschiedlichen Quellen hat gezeigt, dass sich der Partizipationsdiskurs bzw. die Partizipationsdiskurs*e* in der Theaterpädagogik in Teilen durchaus in die hier angenommene partizipative Gouvernementalität einschreiben – auch hinsichtlich der mit ihr verbundenen hegemonialen Formen der Subjektivierung, die sich insbesondere durch eine Aktivierung von Selbssteuerungskompetenzen und die Responsibilisierung des einzelnen Subjekts auszeichnen. Zu den zentralen Ergebnissen dieser Studie zählt, dass sowohl für das Feld des Theaters in der Schule als auch für den neueren Diskurs des TdU ein Zusammenhang zwischen diesen Subjektivierungsformen und (systemtheoretisch-)konstruktivistischen pädagogischen Theorien konstatiert werden konnte. Auch die Verbindung der Rede von Partizipation mit einer vor allem in der schulischen Bildung aufgekommenen Kompetenzorientierung, die ihren Ausdruck in dem neuen Lernziel „Partizipationskompetenz" findet, konnte als wesentliche Diskursfigur identifiziert werden. Die Programmatik der Bürgerbühne als exemplarischer Partizipationsdiskurs im Bereich der Theaterpädagogik an Theatern nimmt wiederum explizit Bezug auf Diskurse der Neuen Bürgerlichkeit, knüpft dabei an klassische Bildungsideale an und stellt sich, wie dies auch für den politischen Partizipationsdiskurs kennzeichnend ist, in den Dienst einer zu stärkenden Bürger- und Zivilgesellschaft. Auf der Ebene der theatralen Darstellung verabschiedet sich die Bürgerbühne in diesem Zuge – zumindest programmatisch – von der postmodernen Dekonstruktion von Menschenbildern zugunsten einer „neuen alten Form der Menschendarstellung" (Kurzenberger).

Auf der Grundlage dieser Ergebnisse lässt sich das partizipierende Subjekt in der Theaterpädagogik weiter konturieren; es lässt sich zu den als hegemonial beschriebenen gegenwärtigen Formen der Subjektivierung, wie etwa dem „unternehmerischen Selbst", in Beziehung setzen und es lassen sich dadurch mögliche Fallstricke einer partizipatorisch ausgerichteten theaterpädagogischen Praxis aufzeigen, aber auch alternative Handlungsoptionen diskutieren. Neben den angesprochenen Bezügen zur zeitgenössischen Gouvernementalität konnten in den analysierten Texten jedoch auch Diskursfiguren konstatiert werden, die zum Teil im Widerspruch zu diesen hegemonialen Subjektivierungsformen stehen. Dies ist auf die Gegebenheit zurückzuführen, dass die Diskurse in der Theaterpädagogik in der Regel aus einer Vielzahl sich verschränkender (Diskurs-)Fragmente und auch aus einem Nebeneinander historisch gewachsener (Diskurs-)Stränge bestehen. Die Eigenlogik theaterpädagogischer Diskurse und damit letztlich auch die Eigenlogik der theaterpädagogischen Praxis, die diese beschreiben bzw. induzieren wollen, scheint sich bisweilen gegen ihre einfache ‚Vereinnahmung' zu sperren. Dabei ergibt sich diese Eigenlogik auch aus dem jeweiligen Feldbezug, d. h. aus der Logik des jeweiligen Arbeitsfeldes der Theaterpädagogik. So finden sich etwa im Feld des Theaters in der Schule, trotz der zunehmenden Orientierung an Zielen wie etwa Partizipationskompetenz, weiterhin ein starker Bezug zum Diskurs der ästhetischen Bildung und eine prinzipielle Ausrichtung am ästhetischen Gegenstand des Theaters. Auch ist die für die beiden anderen Arbeitsbereiche charakteristische Verschränkung zwischen den Vorstellungen von Partizipation und Authentizität hier weniger zentral. In aktuellen Texten zum TdU lassen sich wiederum Argumentationsmuster ausmachen, die sich explizit gegen die mit der zeitgenössischen Gouvernementalität verbundenen Tendenzen einer Responsibilisierung und Individualisierung sozialer Problemlagen wenden. Im Bürgerbühnen-Diskurs spielen indessen, ungeachtet programmatischer Zielsetzungen, wie die Beförderung einer Neuen Bürgerlichkeit oder einer partizipatorischen Bürgergesellschaft, künstlerische Überlegungen weiterhin eine übergeordnete Rolle.

1 Theaterpädagogik und Partizipation – Zusammenfassende Auswertung

Unter den Überschriften „Die selbstständige Theaterschülerin“ für den Bereich des Theaters in der Schule (→ III.2.3), „Das autopoietische Subjekt“ für die soziokulturelle Theaterarbeit (→ III.3.3) sowie „Der aktive Zuschauer-Bürger“ für die Theaterpädagogik an Theatern (→ III.4.3) wurden bereits wesentliche Analyseergebnisse feldspezifisch zusammengefasst und diskutiert. Im Folgenden sollen nun diese Ergebnisse noch einmal feldübergreifend auf Gemeinsamkeiten und Unterschiede hin befragt werden, wobei die zentralen, für das jeweilige Feld herausgearbeiteten Semantiken[156] als Wegmarken dienen. Die Darstellungslogik der folgenden und abschließenden Auswertung richtet sich somit nicht mehr nach den einzelnen Feldern, sondern folgt vielmehr der Struktur des theoretischen Teils (→ II.): Zunächst werden die Ergebnisse zusammenfassend in Bezug auf ihre jeweiligen Formen der Subjektivierung (→ II.1), d. h. die in ihnen enthaltenen Anrufungen, Adressierungen und Positionierungen des partizipierenden Subjekts erörtert und im Zusammenhang mit vergleichbaren gouvernementalitätskritischen Studien interpretiert und eingeordnet **(1.1)**. Vor dem Hintergrund sozial- und kulturwissenschaftlicher Lesarten des Partizipationsdiskurses (→ II.2) werden die verschiedenen hier untersuchten Programmatiken zudem im Hinblick auf das ihnen zugrunde liegende Partizipationsverständnis sowie die mit ihnen einhergehenden sozialen und politischen Versprechungen miteinander verglichen **(1.2)**. Darüber hinaus werden die Resultate der Analyse vor der Folie der Diskussion um Partizipation in der Kunst- und Theaterwissenschaft (→ II.3), d. h. vor allem in Bezug auf die den einzelnen Diskursen immanenten Theater- bzw. Kunstbegriffe diskutiert. Dabei soll unter anderem der Frage nachgegangen werden, welche Rolle der ästhetischen Erfahrung sowie Momenten der De- oder Ent-Subjektivierung in diesen Programmatiken eingeräumt wird **(1.3)**.

156 Der besseren Übersicht halber werden die einzelnen Semantiken im Folgenden unterstrichen.

1.1 Das partizipierende Subjekt in der Theaterpädagogik: ...

Diskurse, verstanden als diskursive Praktiken, halten Menschen dazu an, sich in einer bestimmten Weise zu verhalten. Programmatische Texte zur Partizipation, wie sie in dieser Arbeit für den Bereich der Theaterpädagogik analysiert worden sind, stellen solche Diskurse dar. Sie enthalten Anrufungen an Teilnehmende an einem Theaterprojekt, einem Kurs des Darstellenden Spiels oder einer Maßnahme kultureller Bildung bzw. fordern Theaterpädagog_innen oder Theaterlehrer_innen dazu auf, die Teilnehmenden in einer bestimmten Weise zu adressieren, ihnen eine bestimmte Subjektposition zuzuweisen und gleichzeitig als Anleitungsperson ebenfalls eine spezifische Subjektposition einzunehmen (→ II.1). Wenn im Folgenden auf der Grundlage der Analyse der einzelnen theaterpädagogischen Teildiskurse das partizipierende Subjekt in der Theaterpädagogik umrissen wird, geht es dabei nicht um ein real existierendes Subjekt, sondern um diese Anrufungen, die von den genannten Diskursen ausgehen bzw. die dieses konstituieren. Mit anderen Worten: Es gibt nicht das partizipierende Subjekt in der Theaterpädagogik, sondern es gibt es nur als Anrufungsfigur.[157] Eine Beschreibung dieser Anrufungsfigur macht weder Aussagen darüber, wie viele Menschen tatsächlich in den Einflussbereich dieser partizipatorischen Programme des Regierens und Sich-selbst-Regierens geraten und in welchem Maße diese ihr Verhalten bestimmen (vgl. Bröckling 2007, 35 f.), noch darüber, wie sich die einzelnen theaterpädagogischen Praktiken der Partizipation in der Realität gestalten. Aufgrund der Vielfalt und Heterogenität theaterpädagogischer Diskurse sowie der jeweils eigenen Logik einzelner Arbeitsfelder (Schule, Soziokultur, Theater) kann zudem nur von Anrufungsfiguren im Plural die Rede sein. Dennoch soll im Folgenden der Versuch unternommen werden, übergreifende Tendenzen hinsichtlich der mit dem Partizipationsdiskurs verbundenen Subjektivierungsformen zu identifizieren und diese unter Heranziehung ähnlicher gouvernementalitätskritischer Untersuchungen aus dem Bereich der Erziehungswissenschaft, wie z. B. Daniel Wranas Diskursanalyse „Das Subjekt schreiben – Reflexive Praktiken und Subjektivierung in der Weiterbildung" (2006), zu diskutieren. Gleichzeitig sollen dabei auch Unterschiede sowie mögliche Widersprüche zwischen den einzelnen Teildiskursen herausgearbeitet werden.

157 Vgl. hierzu auch die Ausführungen Daniel Wranas zur Anrufungsfigur des Selbstunternehmers in der Weiterbildung (Wrana 2006, 44).

... unternehmerisches Selbst ...

Für den Partizipationsdiskurs im Feld des Theaters in der Schule wurde das partizipierende Subjekt in der Theaterpädagogik mit der Umschreibung die **selbstständige Theaterschülerin** bzw. der **selbstständige Theaterschüler** idealtypisch charakterisiert. Die Betonung der Selbstständigkeit und Eigenständigkeit, die im partizipativen Theaterunterricht gefördert werden sollen, zieht sich durch die meisten der für diesen Bereich analysierten Texte. Auch Selbststeuerung stellt eine Semantik dar, mit der das partizipierende Schülersubjekt und sein Lernprozess beschrieben werden können. So sollen die Theaterschüler_innen das Unterrichtsgeschehen möglichst selbst steuern, sie sollen sich nicht nur selbstständig Inhalte und Methoden, etwa mithilfe von Schulbüchern, erarbeiten, sondern es lässt sich im Zuge einer verstärkt partizipatorischen Ausrichtung von Theaterunterricht auch eine veränderte Subjektposition der Schüler_innen konstatieren, die wesentlich häufiger die Anleitungs- und auch Regieposition übernehmen und selbstständig Übungen und Proben anleiten sollen. Aus einer gouvernementalitätskritischen Perspektive wäre eine solche Programmatik als Versuch einer Stärkung von Techniken der Selbstführung bzw. -regierung zu interpretieren. Charakteristisch hierfür ist vor allem, dass „[...] die Angebote zur Förderung von Selbständigkeit diskursiv mal als Einladung, mal als Imperativ formuliert werden" (Liesner 2004, 295).

Die zunehmende Orientierung auf Selbstständigkeit betrifft nicht nur den Theaterunterricht, sondern lässt sich für den gesamten gegenwärtigen bildungspolitischen Diskurs beobachten. Andrea Liesner spricht mit Blick auf diesen sogar von einem „Selbstständigkeitskult", der sich unter anderem in einer Konjunktur bildungstheoretischer Konzepte, wie der „Entrepreneurship Education" (ebd., 286), äußert. Das „unternehmerische Selbst", das der Soziologe Ulrich Bröckling als hegemoniale Subjektivierungsform der Gegenwart beschreibt (Bröckling 2007), hat demnach spätestens seit der ersten PISA-Studie im Jahr 2000 Einzug in den bildungspolitischen Diskurs gehalten; es ist sogar zu einem zentralen Leitbild geworden, das zu einem gewissen Grad auch im Bereich der Theaterarbeit an der Schule seinen Niederschlag findet. Dafür spricht unter anderem, dass die zu fördernde Selbstständigkeit der Theaterschüler_innen einer Operationalisierung, d. h. einem Prozess der Standardisierung und Messbarmachung, etwa in Form von Niveaustufen, wie sie in Rahmenlehrplänen zu finden sind, oder von Kompetenz-Rastern, wie sie zu Lehrwerken des Darstellenden Spiels erhältlich sind, unterliegt. Zudem richtet sich die Messung fast sämtlicher anderer zu fördernder Kompetenzen nach dem Grad der Selbstständigkeit und der Verantwortungsübernahme der Schüler_innen. Die unterschiedlichen Niveaustufen und auch sogenannte Kompetenz-Checks dienen dabei als

Referenzsystem für die Lernenden selbst, die für ihren Kompetenzerwerb Verantwortung tragen und diesen bewusst nachvollziehen sollen. Die einstmals stärkere Lenkung und Kontrolle von Unterrichtsabläufen wird hier durch die Selbststeuerung, aber auch einen Zwang zur Selbstreflexion und Selbstevaluation der Schüler_innen ersetzt, der zudem mit einer Form der Selbstbeobachtung einhergeht: „Insofern die Lernenden permanent dazu angehalten sind, ihr Selbst zu einem Ort der Investition zu machen, und so nicht nur ihr Können als Kapital zu begreifen, sondern noch den Bezug auf sich selbst, also ihr Selbstverhältnis, können sie als Selbstunternehmer gelten [...]" (Wrana 2006, 44).

Mit der angestrebten Selbststeuerung und Selbstständigkeit wird dem partizipierenden Subjekt die Verantwortung für den eigenen Lernprozess übertragen. Diese für die partizipative Gouvernementalität charakteristische Responsibilisierung des_der Einzelnen spiegelt sich auch in der Betonung der Eigenverantwortung wider, die sich nicht nur im Bereich des Theaters in der Schule, sondern in sämtlichen hier untersuchten Teildiskursen der Theaterpädagogik findet. Demnach sollen die Partizipierenden vor allem in die Lage versetzt werden, eigen- und selbstverantwortlich zu handeln. Responsibilisierung meint dabei nicht nur die Übertragung von Verantwortung an das partizipierende Subjekt, sondern kann auch als ein In-die-Verantwortung-Nehmen desselben verstanden werden. In der Konsequenz bedeutet dies, dass „[...] diese Übernahme der Verantwortung für den Lernprozess zugleich die Übernahme der Verantwortung für das Scheitern des Lernprozesses ist" (ebd., 65). Im Bereich des TdU streben insbesondere jene Autor_innen eine stärkere Eigenverantwortung des einzelnen Subjekts an, die für eine Abkehr von der für das klassische TdU konstitutiven Unterdrücker-Unterdrückten-Dichotomie plädieren. Anstatt die Verantwortung für die eigene Lage im Anderen – d. h. im Unterdrücker – zu verorten, kommt es etwa nach Ansicht David Diamonds darauf an, die Verantwortung für sein Leben selbst zu übernehmen, eigenverantwortlich zu handeln und seine eigenen Verhaltens- sowie Beziehungsmuster zu ändern. Mit seiner Ablehnung einer Lokalisierung von Unterdrückung in einzelnen konkreten Personen verweist Diamond einerseits auf die Bedeutung von politischen und sozialen Strukturen. Andererseits sieht er die Verantwortung für die Ausgestaltung dieser Strukturen wiederum beim einzelnen Individuum. Denn Diamond zufolge sind es nicht die gesellschaftlichen Strukturen, die die Verhaltensmuster von Menschen prägen, sondern die eigenen persönlichen Muster bringen diese Strukturen erst hervor. Aus diesem Grund bearbeitet er etwa mit der TdU-Technik „Polizisten im Kopf" Fragen wie die gesellschaftliche „Abhängigkeit von übermäßigem Konsum" oder die Problematik des Klimawandels auf einer individuellen Ebene: Einzelne Individuen sollen ihr Verhalten durch TdU-Praxis ändern und so zur Rettung des Klimas beitragen. Aus einer gouvernementalitätskritischen Sicht lässt sich hierin eine

Form der Responsibilisierung sowie der Individualisierung gesellschaftlich-politischer Problemlagen sehen. Dieser Responsibilisierung und Individualisierung entspricht auch Diamonds Ablehnung der in der Bezeichnung „Theater der Unterdrückten" angelegten Subjektivierungsform des_der Unterdrückten. Sich als Unterdrückte_r oder als „Opfer der Verhältnisse" (ebd., 46) zu begreifen, war eine Subjektivierungsstrategie von Betroffenen, die unter den Bedingungen der zeitgenössischen Gouvernementalität zunehmend delegitimiert wird (vgl. ebd.).

Den Hintergrund dieser Annahmen bilden bei Diamond, aber auch bei anderen Vertreter_innen des neueren TdU, systemtheoretisch-konstruktivistische Theorien, die auf der Vorstellung der Autopoiesis – d. h. der Selbstschöpfung und -erhaltung von Lebewesen, aber auch von sozialen Systemen – beruhen. Mit der Bezeichnung das **autopoietische Subjekt**, verstanden als ein sich selbst erzeugendes und erhaltendes System, wurde eine zentrale Subjektivierungsform des aktuellen TdU-Diskurses beschrieben. Auch im Bereich des Schultheaters konnte ein Zusammenhang zwischen der Partizipationsprogrammatik und konstruktivistischer Pädagogik konstatiert werden. Die Vorstellung vom Lernen als selbstständige und selbstreflexive Tätigkeit, wie sie für den Partizipationsdiskurs charakteristisch ist, wird hier vor allem von dem konstruktivistischen Paradigma gestützt, das in den letzten zwanzig bis dreißig Jahren zu einem wichtigen theoretischen Bezugsrahmen der Erziehungswissenschaft geworden ist. Das autopoietische Subjekt erscheint in diesen Theorien als Ergebnis seiner eigenen Leistungen, seiner (Selbst-)Zuschreibungen und Selbstbilder, wobei die Begriffe „Autopoiesis" und „Autonomie" nicht selten unscharf ineinander übergehen (vgl. Pongratz 2009, 151). Aus der Perspektive der Governmentality Studies entspricht diese Vorstellung vom Subjekt als autopoietischem, selbstorganisiertem System und der mit ihr verbundene „Glaube[ ] an die nahezu unbegrenzte Fähigkeit des Einzelnen, sein Leben nach eigenem Entwurf zu gestalten" dem Sozialtypus des unternehmerischen Selbst, der seinerseits auf der Überzeugung des_der Einzelnen beruht, „das erreichen zu können, was man erreichen will" (Bröckling 2007, 68). In einem solchermaßen verschärft konstruktivistischen Denken stellt das, was jemand ist, lediglich das Ergebnis einer voluntaristischen Dezision dar (vgl. Rebentisch 2012, 63).

Indem das Subjekt zum autopoietischen System erklärt wird, lässt sich dieses nicht mehr gezielt von außen beeinflussen. Daher wendet sich die konstruktivistisch-systemtheoretische Pädagogik gegen jede Form von Instruktionsdidaktik und favorisiert stattdessen partizipative Lernsettings. Mit der veränderten Subjektposition der Lernenden, die fortan ihren Lernprozess weitgehend selbstständig steuern sollen, geht somit auch eine veränderte Subjektposition der Anleitenden einher – sofern in partizipativen Settings von Anleitung im engeren Sinne gesprochen werden kann. In den untersuchten partizipatorischen Programmatiken zum Theater in der Schule wird dementsprechend die Position des_der Theaterlehrer_in als Lernprozessinitiator_in, Lernbegleiter_in, Coach oder Supervisor_in beschrieben, und im Diskurs des neueren TdU wird betont, dass der_die Joker oder Curinga sich stärker zurückzunehmen, eher die Funktion einer Begleitung auszufüllen und den Prozess mit den Teilnehmenden auf Augenhöhe zu gestalten habe. Allein im Diskurs der Bürgerbühne findet sich noch eine traditionelle (hierarchische) Aufteilung der Positionen, wobei allerdings im Fall der Dresdner Bürgerbühne zwischen der Funktion eines_r Regisseurs_in, der_die eine der größeren Bürgerbühnen-Produktionen inszeniert, und derjenigen eines_r Theaterpädagogen_in, der_die einen der Bürgerbühnen-Clubs anleitet, unterschieden wird. Während Erstere_r eine eindeutige Leitungsfunktion einnimmt, entspricht die Position des_der Theaterpädagogen_in – aufgrund der, wie es in den Texten zur Bürgerbühne heißt, stärkeren Partizipation der Teilnehmenden in den Clubs – eher der Position eines_r Coach_s.

Sowohl im Schultheater als auch im neueren Diskurs des TdU lässt sich zudem eine Verbindung des Partizipationsdiskurses mit einer zunehmenden Orientierung auf Kompetenzen konstatieren. Diese zwei diskursiven Stränge treffen sich in der Konzeption einer Partizipations- oder Teilhabekompetenz als einer zentralen theaterpädagogischen Zielsetzung. Hervorzuheben ist in diesem Zusammenhang, dass der neue Berlin-Brandenburger Rahmenlehrplan für das Fach Theater (Sekundarstufe I) eine eigene Kompetenzdimension „Teilhaben“ vorsieht, die sich in den Curricula der anderen künstlerischen Fächer Musik und Kunst nicht findet. Teilhaben erscheint damit gleichsam als eine spezifische Kompetenzdimension des Fachs Theater. Die Betonung der Teilhabekompetenz entspricht der für die partizipative Gouvernementalität charakteristischen Verschiebung des Fokus von der Frage nach dem Recht auf Teilhabe bzw. den Zugängen zu Kultur und Bildung hin zum Ziel einer Steigerung bestimmter Kompetenzen des_der Einzelnen. Die Steigerung von Partizipationskompetenz ist weniger auf Fragen der Verteilung von gesellschaftlichen Teilhabemöglichkeiten und Ressourcen gerichtet, sondern Partizipation wird hier vor allem als individuelle Kompetenz konzipiert und in das Subjekt verlagert. Nicht die Strukturen von Unterricht oder Kultur- und Bildungsinstitutionen stehen hier im Fokus der Aufmerksamkeit, sondern das partizipierende Subjekt rückt ins Zentrum des Interesses sowie die Frage, mit welchen Eigenschaften bzw. Kompetenzen dieses Subjekt ausgestattet sein soll. Damit wird allerdings suggeriert, dass auch die Partizipationsfrage als eine individuelle Frage, nämlich als Frage der Selbststeuerung von Individuen, anzusehen sei. Überdies beinhalten Kompetenzen, wie es in der Definition der Kultusministerkonferenz heißt, nicht nur „Fähigkeiten und Fertigkeiten“, sondern auch „die dafür erforderliche motivationale Bereitschaft“ (KMK 2009, 3). Partizipationskompetenz meint demnach nicht nur die Fähigkeit, sondern auch die Bereitschaft, zu partizipieren.

Dieses Analyseergebnis trifft sich mit denen anderer Untersuchungen, wie z. B. aus dem Bereich der Sozialen Arbeit. So beobachtet etwa Andreas Walther eine „Zunahme an wechselseitigen Bezugnahmen auf Kompetenz und Partizipation" (Walther 2013, 155), die er im Zusammenhang mit der von Stephan Lessenich so genannten „Neuerfindung des Sozialen" liest, bei der „Teilhabeansprüche und -chancen zunehmend an Bedingungen der Selbstverantwortung und der Performanz von Kompetenz" geknüpft werden (ebd., 156). Nicht selten habe man es daher mit einer „Verkehrung von Partizipation in Selbstverantwortlichkeit" (ebd., 159) zu tun. Die Behauptung der Kompetenzabhängigkeit von Partizipation sei dabei „funktional für die Normierung von Partizipationsformen und -inhalten" und stelle letztlich einen Versuch dar, „Teilhabe- und Beteiligungsansprüche einzuschränken" (ebd., 161). Auch Wrana konstatiert für den Bereich beruflicher Weiterbildung eine Entwicklung, im Zuge derer die „Fähigkeit, sich selbst zu führen [...], zur Bedingung von Teilhabe" (Wrana 2006, 90) wird: „Nur wer sein Portfolio optimal führt und seinen Selbstbezug als Ressource einbringt, hat ein Anrecht, Teil der Gesellschaft zu sein." (Ebd., 245)

Konstitutiv für viele der hier untersuchten Quellen ist auch die Adressierung des partizipierenden Subjekts als Expert_in (→ II.2.2.1), so etwa als „Experten des eigenen Lebens" im TdU und als „bürgerlichen ‚Experten des Alltags'" im Diskurs der Bürgerbühne. Diese Anrufungsfigur entspricht der Beschreibung von Partizipation als einer Praxis der Anerkennung, wobei Anerkennung als die grundlegende Struktur und das zentrale Medium der Subjektkonstitution zu verstehen ist. Das einzelne Subjekt erfährt demnach nicht nur Anerkennung im Sinne einer Wertschätzung, sondern wird auch als Subjekt einer bestimmten Ordnung anerkannt. In der hier implizierten Ordnung partizipiert das einzelne Subjekt weniger *an* etwas als vielmehr *mit* etwas – und zwar mit etwas Eigenem. In der Figur des „Experten des eigenen Lebens" oder „Experten für sich selbst" ist die Anerkennung der einzelnen Partizipierenden an ihr Eigenes, ihre Authentizität gebunden. Sie sind weniger Expert_innen für ein bestimmtes (berufliches) Wissen oder Können – wie dies etwa in den Inszenierungen von Rimini Protokoll der Fall ist –, sondern in erster Linie für ihr eigenes, authentisches Selbst. Das einzelne Subjekt soll daher auch in seiner Teilnahme möglichst als er_sie selbst in Erscheinung treten, mit seinem Eigenen zur Darstellung – zur Self Performance – kommen. Vor diesem Hintergrund wäre Wranas Analyse – zumindest für den Bereich der Theaterpädagogik – um folgende Worte zu ergänzen: Nicht nur die Fähigkeit, sich selbst zu führen, sondern auch die Fähigkeit, sich selbst zu präsentieren, sich darzustellen, als authentisches Selbst in Erscheinung zu treten, wird hier zur Bedingung von Teilhabe.

In Bezug auf die Form der Anrufung als „Experte des eigenen Lebens" lässt sich zudem von einer Verschränkung des Partizipations- mit einem Authentizitätsdiskurs sprechen, wie er auch im Zusammenhang mit dem gesellschaftlich-politischen

Diskurs der Partizipation sowie der Diskussion in bildender Kunst und Theater konstatiert werden konnte. Unter anderem dient die Behauptung der Authentizität des einzelnen Subjekts dabei der ‚Authentifizierung' der mit der Partizipation einhergehenden Subjektivierung entlang vorab definierter wünschenswerter Eigenschaften. Demnach scheinen die verschiedenen hier beschriebenen Kompetenzen, wie Selbstständigkeit oder Eigenverantwortung und nicht zuletzt die Fähigkeit zu Partizipation selbst, bereits im Kern dieses Selbst, dieses Subjekts angelegt zu sein. Die aktuelle Programmatik entspricht hier offenbar dem für den heutigen gesellschaftlichen Partizipationsdiskurs charakteristischen neuen Authentizitätsimperativ, der unter II.2.2 mit der doppelten Aufforderung ‚Sei du selbst und erfinde dich gleichzeitig neu' beschrieben wurde.

Sämtliche hier untersuchte Programmatiken haben außerdem das Ziel einer Aktivierung der Beteiligten gemein, die in der Regel auch als aktive Subjekte entworfen werden. Aufbauend auf der Boal'schen Idee einer Aktivierung des Zuschauers verbindet sich im aktuellen TdU, je nach Anwendungskontext wie etwa der Gemeinwesenarbeit, mit dem Ziel der Aktivierung z. B. die Förderung von Eigeninitiative oder Lösungskompetenz der Teilnehmenden. Im Kontext der Bürgerbühne bezeichnet Aktivierung wiederum eine Maßnahme des Audience development. Bürger_innen, die zuvor allein Rezipient_innen von Theateraufführungen eines (städtischen oder Staats-)Theaters waren, werden zur Teilnahme als Darsteller_in in einer Bürgerbühnen-Inszenierung oder einem Projekt eines Bürgerbühnen-Clubs aktiviert, wobei ihnen auch die Möglichkeit zu mehr Sichtbarkeit eingeräumt wird. Die Zuschauer_innen sind somit nicht mehr allein passive Konsument_innen, sondern werden zu aktiven *Prosument_innen*. Die Subjektposition des_der **aktiven Zuschauer-Bürgers** bzw. **-Bürgerin,** mit der das partizipierende Subjekt im Kontext der Bürgerbühne charakterisiert wurde, besteht daher in einem ‚Sowohl-als-auch', nämlich sowohl Teil eines herkömmlichen Publikums bei einer Aufführung des professionellen Schauspielensembles zu sein als auch als Teilnehmer_in an einem der aktivierenden Angebote der Bürgerbühne zu partizipieren. Allerdings bleibt die Subjektposition der aktiven Zuschauer-Bürger_innen von ihrem institutionellen Status her die eines_r Rezipient_in kultureller Angebote: Die Teilnahme an einer größeren Bürgerbühneninszenierung bleibt eine einmalige Angelegenheit und die Teilnehmenden erhalten keine Bezahlung. In manchen Texten zur Bürgerbühne wird vor diesem Hintergrund kritisch angemerkt, dass diese Formen der Aktivierung möglicherweise auch der Förderung von Selbstunternehmertum und dadurch auch einer Selbstentlastung öffentlicher Instanzen dienen könnten.

… oder selbstbestimmtes Individuum?

Im Unterschied zu dem hier umrissenen partizipierenden Subjekt als unternehmerischem Selbst findet sich in vielen der untersuchten partizipatorischen Programmatiken auch eine gegenläufige Argumentationslinie, die sich, wie z. B. Maike Plaths Entwurf eines partizipativen Theaterunterrichts, gegen die Standardisierung und Operationalisierung von Bildung und Partizipation wendet und stattdessen auf eine selbstbestimmte und ‚echte' Teilhabe zielt. Statt Selbststeuerung und Selbstständigkeit sind Selbstbestimmung und Selbstermächtigung die zentralen Semantiken, mit denen diese alternative Position beschrieben werden kann. Besonders die Vorstellungen von einer Entfaltung des Selbst, von Selbstverwirklichung und Ganzheitlichkeit spielen in diesem Zusammenhang eine wichtige Rolle. Auch im Bereich der kulturellen Bildung (→ III.1) finden sich kritische Strömungen, die entgegen dem hegemonialen Partizipationsdiskurs vor allem fehlende Zugänge zu Kultur und Bildung und eine ungerechte Ressourcenverteilung kritisieren. Begriffe wie „Aktivierung" – wenn der Terminus überhaupt Verwendung findet, wie etwa in linkspolitisch orientierten TdU-Entwürfen – erhalten hier eine andere Bedeutung und werden stärker in einem emanzipatorischen, politischen Sinne verstanden.

Problematisch werden solche Ansätze allerdings dann, wenn die gesellschaftlichen Machtverhältnisse und deren Ursachen zugunsten einer Fixierung auf die Partizipation der_des Einzelnen, die_der aktiviert und deren_dessen vermeintliche Autonomie gestärkt werden soll, aus dem Blick geraten. Dies gilt auch für manche Konzepte von Empowerment, eine Begrifflichkeit, die insbesondere im TdU-Diskurs eine zentrale Rolle spielt. Empowerment-Programme treffen sich in mancher Hinsicht – trotz der völlig anderen politischen Zielstellung – mit dem hier beschriebenen hegemonialen Verständnis von Partizipation. Denn auch sie setzen in erster Linie aufseiten der Subjekte an, deren Selbstwahrnehmung und Bewusstsein sich ändern soll. Macht wird bei einer solchen Ausrichtung vor allem als persönliche innere Kraft oder als Gefühl verstanden, während Fragen nach den Macht*strukturen* eine untergeordnete Rolle spielen. Ein so verstandenes Empowerment liefe demnach Gefahr, den eigentlichen Kern der heutigen partizipativen Gouvernementalität zu verkennen, die ihrerseits nur noch einen Lösungsansatz kennt: die Stärkung des Selbstbezugs und der Selbststeuerung des einzelnen Subjekts. Dennoch lassen sich nicht sämtliche Empowerment-Programme ‚über einen Kamm scheren'. Eine pauschale Kritik am Empowerment-Diskurs riskiert zudem, die eigene Kritikerposition, die meist der einer Person der Mittelschicht entspricht, nicht zu berücksichtigen und ihrerseits die Macht- und Klassenstruktur der Gesellschaft zu ignorieren. Wenngleich sich auch in der Sozialen Arbeit die Stimmen für eine Abkehr von den Begrifflichkeiten des

Empowerment mehren (vgl. Glaser 2015, 40), so unterstützen viele doch insbesondere solche Ansätze, die stärker „bei den sozialen Bewegungen und Menschen, die von Armut, Marginalisierung und struktureller Ungleichheit betroffen sind" (ebd.), ansetzen. Gerade im Bereich des TdU setzen in diesem Sinne manche Autor_innen wie etwa Michael Wrentschur weniger auf ein Empowerment von außen als vielmehr auf eine „Selbst-Bemächtigung" der Teilnehmenden. Als ein mögliches Problem wird in diesem Zusammenhang jedoch diskutiert, dass, wenn eine solche Selbst-Be- oder -Ermächtigung von einer (Kultur- oder Bildungs-)Institution ausgeht, dies häufig mit einer Form von Paternalismus einhergeht. So kann Selbstermächtigung „[...] von einer Kunstinstitution aus nicht aktiv betrieben werden, sie kann allenfalls ein Allianzpartner sein" (Willenbacher 2014, 136). Die Voraussetzung für eine solche Allianz ist Sascha Willenbacher zufolge eine „De-zentrierung [sic] der Institution als solcher, eine verrückende Perspektive auf sich selbst" sowie eine selbstkritische Verständigung über „die eigenen impliziten Kunst- und Bildungsverständnisse sowie der in sie eingeschriebenen Machtverhältnisse" (ebd.).

Unter einer gouvernementalitätskritischen Perspektive wäre darüber hinaus zu fragen, ob beim Empowerment überhaupt zwischen zwei unterschiedlichen Zielvorstellungen differenziert werden kann, wie z. B. zwischen einer Selbstbestimmung fördernden Selbstermächtigung sowie einem auf Selbstmanagement oder Selbstoptimierung zielenden Empowerment. Eine solche Differenzierung basierte letztlich auf einer Unterscheidung zwischen einem ‚eigentlichen' Selbst und Subjektivierungsformen, wie etwa dem unternehmerischen Selbst. Eine solche Diskursfigur findet sich vor allem bei neueren Ansätzen des TdU, wie sie von David Diamond oder Birgit Fritz vertreten werden. In kulturkritischer Manier zielen die Autor_innen auf die Wiedergewinnung eines angeblich eigentlichen Selbst und wenden sich gegen ein aus ihrer Sicht mechanistisches Weltbild und eine zunehmende Konsumorientierung. Mit den Techniken des TdU wollen sie nicht nur die „Entfremdung" des Selbst überwinden, sondern auch zur Heilung der Gemeinschaft beitragen, wie zwei zentrale Semantiken in diesem Kontext lauten. Sowohl das einzelne Subjekt als auch die Gemeinschaft werden dabei – insbesondere bei Diamond – als lebendiges, autopoietisches System verstanden und überdies mit einem Organismus gleichgesetzt, dessen Heilung durch Theaterarbeit befördert werden soll. Diese Argumentation ist jedoch nicht nur aufgrund ihrer biologistisch-organizistischen Denkfiguren problematisch. Die damit verbundene Absicht, einem angeblich entfremdeten Subjekt ein eigentliches Selbst entgegenzusetzen, ist auch aufgrund ihrer identitätstheoretischen Prämissen zum Scheitern verurteilt (vgl. Liesner 2004, 295). Zudem muss jeder Versuch, ein angeblich authentisches Selbst gegen die partizipative Gouvernementalität in Stellung zu bringen, insofern ins Leere laufen, als diese selbst, wie oben beschrieben wurde, auf dem fragwürdigen Versprechen von Authentizität beruht. Denn auch ein unternehmerisches Selbst muss sich selbst nicht nur gut ‚verkaufen', sondern es muss auch genau das *sein*, was es darstellen will (vgl. ebd.). Ebenso wenig lassen sich klassische Bildungsideale, wie sie etwa im Diskurs der Bürgerbühne beschworen werden – wie z. B. Persönlichkeitsentwicklung, die Erweiterung des Handlungsspielraums des_der Einzelnen, Anstiftung zur Selbstaufklärung etc. – als Gegensatz zu gouvernementalen Zielvorstellungen behaupten. Denn das unternehmerische Selbst entspricht durchaus in weiten Zügen dem klassischen autonomen Individuum, wenngleich es auch dessen Merkmale operationalisiert – im Sinne der oben beschriebenen Standardisierung und Messbarmachung – sowie potenziell eskaliert (vgl. Traue 2009, 6). Manche Soziolog_innen sprechen mit Blick auf die gegenwärtige Kultur der Autonomie sogar von „Selbstverwirklichungszwänge[n]" (Boltanski/Chiapello 2003, 462), deren Schattenseite sich bisweilen in einem „erschöpfte[n] Selbst" (Ehrenberg 2008) und der Depression als der sozialen Pathologie der Gegenwart manifestiert.

Im Unterschied zu authentizistischen Denkmustern wie bei Diamond findet sich z. B. bei Maike Plath eine Argumentation, die zwar das Eigene der Teilnehmenden betont, dies jedoch nicht essentialistisch begründet. Plath wendet sich vielmehr gegen die Kategorie der Authentizität und betont die Bedeutung der Auseinandersetzung mit etwas Fremdem als zentralen Bestandteil partizipativer Theaterarbeit. Im Unterschied zum Diskurs des neueren TdU bezieht sie auch den Begriff des_der Expert_in nicht auf das eigene Leben, sondern durchaus auf die von der Theaterlehrkraft vorgegebenen ästhetischen Mittel. Die Schüler_innen sind demnach nicht Expert_innen ‚ihrer selbst', sondern Expert_innen für die ästhetischen Mittel des Theaters. Um vor allem bei Jugendlichen aus bildungsfernen Schichten eine Öffnung für Fremdes und Anderes zu erreichen, bedarf es nach Plath aber zunächst einer Stärkung ihres Eigenen. Außerdem kommt diesem Eigenen hier eine eher strategische Funktion zu, indem es gegen einen (kulturellen oder bildungsbürgerlichen) Kanon gesetzt wird und eine andere ästhetische Ausdrucksweise behaupten will. Eine ähnliche Denkfigur findet sich auch bei Michael Wrentschur als einem wesentlichen Vertreter des neueren TdU. Er hält am Begriff der Authentizität fest, der bei ihm jedoch ebenfalls weniger in einem essentialistischen Sinne zu verstehen ist, als vielmehr der strategischen Behauptung subalterner (Gegen-)Öffentlichkeiten dient. Zwar laufen auch solche partizipatorischen Ansätze, die den Teilnehmenden ermöglichen wollen, sich selbst mit ihrem Eigenen einzubringen, möglicherweise ebenfalls Gefahr, ihrerseits zu deren Formung als auf Authentizität und (Selbst-)Identität bedachte Subjekte beizutragen. Dennoch könnte in einem solchen strategischen, nicht-essentialistischen Gebrauch von Begriffen wie „Authentizität" und „Entfremdung" auch die Chance einer Infragestellung des herrschenden Bildungskanons oder (hoch-)kultureller Ästhetiken liegen.[158]

Authentizität, Partizipation und Selbstbestimmung stellen vor diesem Hintergrund zwar weder ein Hindernis ökonomischer Funktionalität dar, noch eignen sie sich als Gegenmodell zur zeitgenössischen Gouvernementalität. Möglicherweise können sie aber letztere – in ganz spezifischen Kontexten und Situationen – zu einem gewissen Grad durchkreuzen. Denn die hier als hegemonial beschriebenen Subjektivierungsformen bergen immer auch eine Ambivalenz: „Die unter der Bedingung moderner Machtverhältnisse hergestellte Subjektivität ist [...] irreduzibel ambivalent. Sie ist das Resultat von Machtverhältnissen und zugleich die Bedingung der Ausübung von Freiheit. Die Ausübung von Macht und Kontrolle produziert erst ein Möglichkeitsfeld, das auch Gebrauchsweisen der Machtwirkungen impliziert, die der Macht zuwiderlaufen." (Wrana 2006, 50) Indem das selbstständige und selbstverantwortliche Subjekt z. B. zu kontinuierlicher Selbstreflexion angehalten wird, erlernt es auch die Fähigkeit, diese hegemoniale Ordnung und auch die eigene Subjektivierung infrage zu stellen. Die Möglichkeit einer Kritik dieser Subjektivierungsform ist also nicht in einem Außen, sondern vielmehr in ihr selbst zu lokalisieren. Dies erfordert allerdings „[...] eine Gratwanderung, an den Grenzen der Anerkennbarkeit leben zu lernen und darauf zu verzichten, die Spannung von Affirmation und Kritik aufzulösen" (Lehmann-Rommel 2004, 279). Demnach liegt der Unterschied zwischen hegemonialen und emanzipatorischen Praktiken nicht in ihren jeweiligen Inhalten, die in Abhängigkeit von ihrem jeweiligen situativen Kontext einmal als Prinzip der Unterwerfung, einmal als eines der Befreiung gelten können: „Partizipation, (Selbst-)Reflexion und Rückmeldung können in beiden Kontexten auftauchen." (Ebd.) Denn auch Befreiungs- oder Emanzipationsbewegungen stellen Subjektivierungsregime dar, die vorgeben, „[...] wie ein befreites, emanzipiertes Subjekt sich selbst zu begreifen und wie es zu handeln hat" (Bröckling/Krasmann 2010, 30). Um den Anspruch auf Selbstbestimmung und Freiheit dennoch nicht aufzugeben, bedarf es keiner Unterscheidung zwischen ‚echten' und ‚falschen' Formen der Partizipation, sondern vielmehr einer kontinuierlichen Problematisierung und Hinterfragung dieser Konzepte in ihrem jeweiligen Kontext.

158 Hier lässt sich eine Parallele zu Gayatri Chakravorty Spivaks Konzept eines strategischen Essentialismus ziehen. Spivak spricht sich unter bestimmten Umständen für einen strategischen Gebrauch von Essentialismus aus („stategic use of essentialism", Spivak 2009, 5). Dieser sei nicht als eine Theorie zu verstehen, sondern bezeichne eine konkrete Strategie spezifischer Gruppen bzw. Bewegungen in spezifischen Situationen: „If one is considering strategy, one has to look at where the group – the persons, or the movement – is situated when one makes claims for or against essentialism. A strategy suits a situation; a strategy is not a theory." (Ebd., 4)

1.2 Soziale und politische Versprechungen des Partizipativen

Vor dem Hintergrund der sozialwissenschaftlichen Kritik am gesellschaftlichen Partizipationsdiskurs (→ II.2) sollen in diesem Abschnitt die Analyseergebnisse noch einmal auf ihr Verständnis von Partizipation sowie ihre sozialen und politischen Versprechungen in den Blick genommen werden. Hierbei muss vorausgeschickt werden, dass sich die zeitgenössische Theaterpädagogik, wie sie dem Verständnis dieser Studie zugrunde liegt, durch eine grundsätzliche Praxisorientierung auszeichnet und daher gewissermaßen qua Disziplin auf eine aktive Beteiligung nicht-professioneller Spieler_innen zielt. Aus diesem Grund entsprechen theaterpädagogische Angebote offenbar besonders gut dem hegemonialen Verständnis von Partizipation, das soziologischen Untersuchungen zufolge vor allem auf eine aktive Teilnahme und auf deren subjektives Erleben durch die Partizipierenden abhebt, die sich selbst nicht nur unmittelbar einbringen, sondern auch performativ zur Darstellung bringen sollen. Doch auch innerhalb des theaterpädagogischen Diskurses scheinen sich mit der verstärkten Rede von Partizipation bestimmte Verschiebungen abzuzeichnen, wie sie unter II.2.2.2 unter Bezugnahme auf kulturphilosophische Beiträge skizziert wurden. Dementsprechend geht es im gegenwärtigen Diskurs um Partizipation – auch in der Theaterpädagogik – immer weniger um Teil*habe* an etwas Öffentlichem, an Kultur etc. als vielmehr um die aktive Teil*nahme* des_der Einzelnen mit etwas Eigenem. Gleichwohl müssen hier ebenfalls Differenzierungen vorgenommen werden, die sich insbesondere in der Logik des jeweiligen theaterpädagogischen Arbeitsfelds bedingen.

Das Theater der Unterdrückten (TdU) zielt bereits von seiner partizipativen Theaterform her auf eine aktive Teilnahme von Individuen – den sogenannten „ZuSchauspielenden" (spect-actors) – und, wie oben bereits ausgeführt wurde, auch auf das Einbringen ihres Eigenen und Persönlichen, was gerade in aktuellen Publikationen stark betont wird. Auch der Diskurs des Theaters in der Schule dreht sich heute vor allem um eine Befähigung der Schüler_innen zu einer möglichst aktiven Teilnahme – nicht nur am Theaterunterricht, sondern auch am kulturellen und gesellschaftlichen Leben. Doch lassen sich in diesem theaterpädagogischen Arbeitsfeld, für das zudem eine historische Entwicklung des Partizipationsdiskurses nachgezeichnet werden konnte, auch alternative Konzeptionen von Teilhabe(-kompetenz) identifizieren. Beispielsweise findet sich in den „Einheitlichen Prüfungsanforderungen" (EPA) für das Darstellende Spiel ein Konzept von Partizipationskompetenz, das neben der Vorstellung von Teilhabe am (sowohl sozio-

als auch ,hoch'-)kulturellen Leben zudem auf das Wissen um und die Einsicht in die Konstruiertheit und Theatralität gesellschaftlicher Wirklichkeit abhebt. Dieses spezifisch ,theatrale' Partizipationsverständnis wird allerdings in der derzeitigen curricularen Entwicklung von neueren Modellen abgelöst, die mit „Teilhaben" wieder stärker soziale Kompetenzen im engeren Sinn verbinden. Was wiederum den theaterpädagogischen Kontext an Staats- und Stadttheatern betrifft, so wäre zu vermuten, dass Partizipation – an einer Institution der sogenannten Hochkultur – eher als eine Teil*habe* an ebendieser Hochkultur entworfen würde. Doch auch hier – zumindest im Modell der Bürgerbühne – sollen die Zuschauer_innen bzw. Bürger_innen möglichst aktiviert werden und mit etwas Eigenem oder Persönlichem in Erscheinung treten. Gleichzeitig soll dadurch zu einem besseren Verständnis für die Arbeit ,richtiger' Schauspieler_innen (d. h. des festen, professionellen Ensembles) beigetragen werden. Dementsprechend liegt ein zentrales Ziel dieser Form aktivierender Beteiligung in einer höheren Identifikation der Zuschauer_innen mit *ihrem* Stadt- oder Staatstheater. Auch partizipative Settings im Theaterunterricht an Schulen können womöglich die Identifikation der Schüler_innen mit den jeweiligen (Unterrichts-)Methoden und Inhalten – und letztlich auch mit der Institution Schule – steigern, da sich die Teilnehmenden, die den Lernprozess selbstständig steuern sollen, die jeweiligen Verfahren auch in einem gewissen Maße zu eigen machen müssen. Damit schließt die vorliegende Analyse an soziologische Erkenntnisse an, denen zufolge in einer aktivierenden Beteiligung ein Entzug von Distanz des partizipierenden Subjekts gegenüber bestimmten Instanzen, wie dem Staat, dem_der Arbeitgeber_in o. Ä. sowie eine Technik der Einbindung von Individuen gesehen werden kann (→ II.2.1.2). Die Annahme einiger Politikwissenschaftler_innen, dass damit auch eine (finanzielle) Entlastung des Staates einhergeht, konnte hingegen – zumindest mit Blick auf das Modell der Bürgerbühne – nicht bestätigt werden. Anstelle von einem Rückzug des Staates aus kulturellen und sozialen Belangen lässt sich im Sinne von Lessenichs „Neuerfindung des Sozialen" eher von einer gouvernementalen Umlenkung des Sozialen in das einzelne Subjekt sprechen. Die Rolle des Staates liegt dann vor allem in der Aktivierung von Sozialkapital – eine Zielsetzung, die sich unter anderem in neueren Entwürfen des TdU findet.

Wenn von einer „Selbstentlastung" des Staates die Rede sein kann, dann findet diese unter den Bedingungen einer partizipativen Gouvernementalität insofern statt, als der Staat (die Schule, der Kulturbetrieb, das Theater etc.) bei einer effektiven Einbindung und Responsibilisierung von Menschen potenziell weniger Zielscheibe oder Adressat von Kritik, Protest oder auch Desinteresse und Boykott ist – was umgekehrt bei einer größeren Distanz der Bürger_innen, Schüler_innen, Theaterbesucher_innen etc. zu ebendiesen Institutionen wahrscheinlicher wäre. Folglich werden durch partizipatives Regieren die jeweilige Ordnung sowie die Machtverhältnisse eher stabilisiert als infrage gestellt. Eine mögliche „Entlastung" dürfte sich z. B. auch für Lehrer_innen ergeben, die in einer partizipativen, auf Selbstständigkeit und Selbststeuerung ausgerichteten Unterrichtsorganisation weniger Kontrolle (im engeren Sinne) über die Lernenden ausüben müssen. Wrana beschreibt das selbstgesteuerte Lernen daher als eine „Verheißung" in Zeiten einer „Krise der Bildungssysteme", die durch zwei gegenläufige Tendenzen gekennzeichnet sind: einen permanent steigenden Humankapitalbedarf sowie einen gleichzeitig rückläufigen politischen Willen „zu öffentlicher Produktion und Gestaltung desselben" (Wrana 2006, 2).

Diese Entwicklungen müssen auch im Kontext der für den Partizipationsdiskurs charakteristischen Emphase des bürgerschaftlichen und zivilgesellschaftlichen Engagements gesehen werden (→ II.2.1.2). Die Bürgerbühne verschreibt sich sogar ausdrücklich dem Ziel einer Stärkung der Bürgergesellschaft. Dabei begreift sie sich einerseits als eine Reaktion auf gesteigerte Partizipationsbedürfnisse in der Bevölkerung und stellt sich andererseits selbst als Motor dieser gesellschaftlichen Entwicklung dar. Wie in den Publikationen zum TdU ist auch hier die Rede von einer partizipatorischen Demokratie, die nach partizipatorischen Theaterformen verlange. Darüber hinaus schreibt sich die Bürgerbühnen-Programmatik in den Diskurs der Neuen Bürgerlichkeit ein. Die Bürgerbühne erscheint in diesem Zusammenhang als ein Instrument sowohl zur Erneuerung der bürgerlichen Identität der Institution Theater als auch zur Identitätsbildung des sich auf *seiner* Bühne selbst repräsentierenden Bürgertums. Während sich in dem angerufenen Subjekt „Bürger_in" die Vorstellungen von dem_der Bürger_in als *citoyen_ne* sowie als *bourgeois_e* verschränken, lassen aktuelle Studien der Kulturnutzerforschung erkennen, dass die Bürgerbühne vor allem die bildungs- und kulturaffine Mittel- und Oberschicht – d. h. das Bürgertum in der zweiten Bedeutung von Bürger_in – anspricht. Dies trifft sich mit der politikwissenschaftlichen Analyse, dass neuere Beteiligungsangebote insbesondere Angehörige der Mittelschicht erreichen, während Menschen aus sogenannten bildungsfernen Schichten diese noch weniger in Anspruch nehmen als ‚herkömmliche' Formen der Partizipation, wie etwa Wahlen (→ II.2.1.2). In diesem Zusammenhang konstatieren manche Sozialwissenschaftler_innen, dass neue Formen der Beteiligung auch zu neuen Ausschlüssen führen können. Der Bezug der Bürgerbühne auf die Diskurse der Neuen Bürgerlichkeit kann demnach auch als Abgrenzung des Bürgertums gegenüber ökonomisch unterlegenen Bevölkerungsgruppen verstanden werden. In Analogie dazu wird auch in der Erziehungswissenschaft der exkludierende Charakter von partizipativen Lernformen zunehmend problematisiert. Michael Sertl etwa konstatiert, dass gerade Formen des offenen Lernens ihren sozialen Ursprung in den Erziehungspraktiken der Mittelschicht haben: „Für Unterschichtkinder stellen diese Unterrichtsformen [...] eine systematische Benachteiligung dar [...]: Es fehlt ihnen die entsprechende Vertrautheit mit diesen in der Schule erwarteten sprachlichen und kontextuellen Gegebenheiten und Arrangements, während diese für Mittelschichtkinder ‚von zu Hause' geläufig sind." (Sertl 2007, 79) Die konstruktivistische Pädagogik mit ihrer Orientierung auf Partizipation zeichnet sich mithin ihrerseits durch eine soziale Selektivität aus: „Es liegt auf der Hand, dass diejenigen, die mit geringerem ‚kulturellen Kapital' ausgestattet sind, dem selektiven Druck am ehesten zum Opfer fallen. So gesehen wartet im Windschatten der konstruktivistischen Rhetorik von Selbstorganisation und Selbstentfaltung eine immer rücksichtslosere Zweiteilung der Gesellschaft." (Pongratz 2009, 176) Vor diesem Hintergrund warnt auch Carmen Mörsch davor, partizipative und offene Formen der Kulturvermittlung als per se gewinnbringend für alle Menschen zu postulieren und damit die Lebens- und Lernstile der Mittelschicht als Norm zu setzen (vgl. Mörsch 2014, 106).

Diese möglichen exkludierenden Effekte partizipativen Regierens machen deutlich, dass hier durchaus Machtverhältnisse wirken – auch wenn Partizipation oder das Ideal einer „nichtvermachteten" Zivilgesellschaft genau das Gegenteil versprechen, nämlich Gleichberechtigung, Enthierarchisierung und Herrschaftsfreiheit. Denn der gegenwärtige Partizipationsdiskurs abstrahiert in der Regel von zentralen Kategorien des Politischen wie Macht, Interesse oder Konflikt (→ II.2.1.2) und zielt stattdessen auf die Herstellung von Harmonie und Konsens durch einen vernunftgeleiteten und angeblich herrschaftsfreien Dialog, wie eine zentrale Semantik des TdU-Diskurses lautet. Auch im systemtheoretisch-konstruktivistischen Denksystem spielt Macht keine Rolle, da „[...] einzig die Strukturdeterminiertheit eines Systems darüber entscheidet, wie welche Einflüsse von außen wirken" (Pongratz 2009, 153). Wie oben bereits ausgeführt wurde, wendet sich die konstruktivistische Pädagogik daher gegen jede Form von Instruktionsdidaktik. Belehrung erscheint ihr als Ausdruck einer antiquierten hierarchischen Pädagogik, bei der Pädagog_innen ihren persönlichen Machtwillen gegenüber Schüler_innen ausleben. Dabei wird jedoch ausgeblendet, dass jedes pädagogische Handeln eine Machtwirkung entfaltet, die sich nicht einfach auf den Machtwillen eines Individuums projizieren lässt (vgl. Wrana 2006, 91). Auch eine partizipative Theaterarbeit, in der alle gleichberechtigt am Prozess und an allen Entscheidungen beteiligt werden, folgt bestimmten (Macht-) Logiken und *lenkt* dabei die Teilnehmenden, wenn auch auf eine andere Weise als eine Theaterform, bei der die Regieposition durch eine_n Regisseur_in oder eine_n Theaterlehrer_in besetzt ist. Indem die konstruktivistische oder partizipative Didaktik aber dem selbstgesteuerten Lernen per se einen Befreiungseffekt zuschreibt, verdeckt sie die weiterhin wirkenden Machtverhältnisse. Partizipation kann demnach, mit Andrea Liesner gesprochen, zu einer „Invisibilisierung von Herrschaft" (Liesner 2004, 294) führen. Anstatt die Subjektposition eines_r Anleiters_in oder auch eines_r

Regisseurs_in pauschal zu denunzieren oder als antiquiert zu verwerfen, kommt es vielmehr auf eine kritische Reflexion dieser Position in einem Feld der Macht an (vgl. Wrana 2006, 91). Außerdem übersieht die konstruktivistische und partizipative Pädagogik, dass Lernen nicht nur bedeutet, „[…] durch oder an *etwas* zu lernen, sondern immer auch etwas von *jemandem* zu lernen" (Zumhof 2012, 101, Hervorh. i. O.). Lehrende können durchaus Lernende herausfordern, etwa indem sie sie dazu anhalten, alltägliche Gewohnheiten zu verlassen und neue Erfahrungen zu machen (vgl. ebd.). Dabei ist jede Form der Erfahrung zu einem gewissen Grad auch eine Belehrung, „[…] weil wir nie bloß vorgreifend (a priori) darüber befinden können, was uns an Kunde zufließt" (Günther Buck, zit. nach Meyer-Drawe 2010, 8). Wie im folgenden Abschnitt herausgearbeitet wird, spielt jedoch das Konzept der Erfahrung in systemtheoretisch-konstruktivistischen Modellen keine Rolle bzw. erscheint Erfahrung lediglich als das Ergebnis einer Konstruktionsleistung des autopoietischen Subjekts.

Doch finden sich im aktuellen Diskurs auch Beiträge, die durchaus die Frage nach den Machtverhältnissen in partizipativen Praktiken der Theaterpädagogik aufwerfen. Im TdU etwa werden Formen antagonistischen Verhaltens von Menschen beschrieben, die sich dem Appell zu partizipieren entziehen bzw. verweigern oder sich auf eine unerwünschte Weise beteiligen. Hier ergibt sich eine Parallele zu einer Diskussion in den Politik- und Sozialwissenschaften, die neben den gouvernementalen Versuchen partizipativer Einbindung auch Formen der eigenständigen (uneingeladenen) Beteiligung in den Blick nimmt (→ II.2.1.3). Ähnlich wie Thomas Wagner, der auch die Möglichkeit eines Umdeutens aktivierender Beteiligungsangebote zum Zweck der Aufklärung und Gegenmobilisierung sieht (vgl. Wagner 2013, 152), spricht Sruti Bala bei abweichendem Verhalten *innerhalb* von standardisierten TdU-Prozessen von einer „unsolicited participation", die als Form der Partizipation auch ernst zu nehmen sei. Dementsprechend muss Partizipation, wie Ingolfur Blühdorn konstatiert, nicht immer nur „Ressource" von Herrschaft sein, sondern kann auch zu ihrem „Hindernis" werden (vgl. Blühdorn 2013, 200 f.).

Fragen von Macht und Herrschaft werden im Diskurs des TdU auch im Rahmen der Auseinandersetzung um die Unterdrücker-Unterdrückten-Dichotomie diskutiert. Während etwa Diamond den Begriff der Unterdrückung als unzeitgemäß ablehnt, halten viele TdU-Praktiker_innen an ihm fest, da sie sonst eine Entpolitisierung befürchten. Vor dem Hintergrund vielfältiger Phänomene von Unterdrückung auch in europäischen Gesellschaften scheint das Festhalten an dem Begriff durchaus plausibel. Doch äußert sich Macht nicht allein durch Unterdrückung, sondern auch in gouvernementalen Formen der Selbstregierung. Diese werden jedoch im TdU-Diskurs in der Regel nicht als solche erfasst – gerade weil sie sich mit dem Begriff der Unterdrückung nur schwer beschreiben lassen. Stattdessen sehen viele TdU-

Vertreter_innen weiterhin in einem ‚authentischen Selbst' (oder auch einer der ‚authentischen Gemeinschaft') das einzige Bollwerk gegen eine außerhalb dieses Selbst lokalisierte und als disziplinierend sowie unterdrückend konzipierte Macht. Auch Diamonds Neufassung des TdU als „Theater zum Leben" problematisiert die gegenwärtigen gouvernementalen Selbstregierungstechniken nicht, sondern trägt mit seinen Adaptionen der TdU-Techniken „Regenbogen der Wünsche" oder „Polizisten im Kopf" eher zu deren Stärkung bei, indem er gesellschaftliche Probleme zu individuellen Angelegenheiten erklärt und deren Lösung in erster Linie im autonomen und eigenverantwortlichen Individuum sieht. Inwiefern sich möglicherweise gerade diese TdU-Techniken dazu eignen, Mechanismen der Verantwortungsübertragung oder Formen der Selbstoptimierung zu hinterfragen, ist unter anderem Gegenstand des nachfolgenden Abschnitts.

1.3 (De-)Subjektivierung und ästhetische Erfahrung durch Partizipation

Im Folgenden werden die Resultate der Analyse aus dem Blickwinkel des kunst- und theaterwissenschaftlichen Diskurses (→ II.3) betrachtet. Zentral für die Diskussion um Partizipation in der bildenden Kunst und im Theater ist insbesondere der jeweilige Kunst- bzw. Theaterbegriff, der sich mit der Vorstellung von Partizipation verbindet. Im Zuge der Auflösung des traditionellen Werkbegriffs wird die verstärkte kognitive bis ‚handgreifliche' Partizipation von Rezipient_innen am Kunstwerk bzw. -ereignis zur spezifischen Modalität ästhetischer Erfahrung von Gegenwartskunst. Neben dem Theater- bzw. Kunstbegriff, der den hier analysierten theaterpädagogischen Texten zugrunde liegt, soll daher auch thematisiert werden, welche Rolle der ästhetischen Erfahrung sowie den mit ihr möglicherweise verbundenen Momenten der (De- oder Ent-)Subjektivierung in den Programmatiken der Theaterpädagogik eingeräumt wird. Dabei ist zu berücksichtigen, dass der Begriff der ästhetischen Erfahrung, wie er in theater- und kunstwissenschaftlichen Publikationen verwendet wird, sich in erster Linie auf die Erfahrung von Rezipient_innen bezieht, während es in der theaterpädagogischen Diskussion in der Regel um die ästhetische Erfahrung von am Produktionsprozess Beteiligten geht.

Im Hinblick auf die Bürgerbühne muss zwischen zwei verschiedenen Kunst- bzw. Theaterbegriffen differenziert werden: In der Programmatik der Bürgerbühne wird grundsätzlich zwischen Inszenierungen des professionellen Schauspielensembles und den Bürgerbühnen-Produktionen unterschieden. Während Erstere sich an den ästhetischen Maßstäben vergleichbarer Stadt- und Staatstheater zu messen haben, schreiben sich die Bürgerbühnen-Inszenierungen in ein Theater der Authentizität ein, auf dem die „bürgerlichen Experten“, wie oben bereits beschrieben, als sie selbst auftreten. Authentizität ist dabei nicht essentialistisch gemeint, wie etwa in Diamonds „Theater zum Leben“, sondern basiert auf einer theaterwissenschaftlichen Definition von Authentizität als Darstellungsform (→ II.3.2.2). Zudem wird durch die Einbeziehung fiktionaler Elemente ein „Mischungsverhältnis“ (Tscholl) von Authentizität und Spiel angestrebt. Im Unterschied jedoch zu vielen postmodernen Dekonstruktionen von Figuren- und Menschenbildern und damit auch einer Dekonstruktion und Hinterfragung von Authentizität soll auf der Bürgerbühne eine „alte neue Form der Menschendarstellung“ (Kurzenberger) betrieben werden, bei der die Teilnehmenden als Individuen in ihrer Eigenschaft als Bürger_innen in Erscheinung treten. Neben den größeren Produktionen, die sich an dieser (bürgerbühneneigenen) Ästhetik orientieren, gibt es im Bürgerbühnen-Modell noch die von Theaterpädagog_innen geleiteten Clubs. In den hier untersuchten Texten findet sich in diesem Zusammenhang die Argumentationsfigur, dass in den Clubs mehr Partizipation und Mitbestimmung möglich sei, da diese – im Unterschied zu den Bürgerbühnen-Produktionen – weniger produktorientiert seien. Daraus lässt sich schlussfolgern, dass offenbar ein Widerspruch bzw. Konflikt zwischen einer Ausrichtung auf Partizipation und einer künstlerischen Orientierung gesehen wird.

Als eine weitere zentrale Diskursfigur konnte für sämtliche theaterpädagogische Arbeitszusammenhänge die Vorstellung vom Theater als ein Probehandeln identifiziert werden. Dabei meint Probehandeln in der Regel weniger eine „verminderte Intensität des Handelns (‚nur so tun als ob‘)“ als vielmehr eine spezifische „Qualität von Theaterhandeln *in Relation* zum historischen Kontext sozialkultureller Handlungsnormen“ (Pinkert 2005, 31, Hervorh. i. O.). Diese Relation lässt sich für die Bürgerbühne dahingehend beschreiben, dass sich hier die programmatisch beschworene Bürgergesellschaft nicht nur erproben kann, sondern die Bürgerbühne als „Probebühne“ auch als ein öffentliches Forum des Austauschs und der Begegnung konzipiert wird. Ähnlich den Entwürfen der relationalen Ästhetik (→ II.3.2.1) soll dieser Ort der Begegnung auch neue Beziehungen zwischen den Bürger_innen stiften und zur Gemeinschaftsbildung beitragen. Dementsprechend geht es hier nicht nur um ein Erproben im Als-ob-Modus, sondern zu einem gewissen Grad auch um die performative Hervorbringung dieser Bürgergesellschaft. Im neueren Diskurs des TdU wiederum finden sich unterschiedliche Vorstellungen vom Probehandeln. Neben dem Probehandeln zum Einüben bestimmter Verhaltensmuster wird von manchen Autor_innen auch auf die Möglichkeit einer performativen Erforschung von Handlungsalternativen hingewiesen. Damit schließt das TdU diskursiv an die theaterwissenschaftliche Beschreibung partizipativer Experimente als ein Erforschen von gesellschaftlichen Handlungsmöglichkeiten an (→ II.3.2). Gleichwohl dominiert in den meisten der hier untersuchten Quellen weiterhin die

Vorstellung vom TdU als einem Übungsraum für ein späteres ‚reales' Handeln, wobei von den jeweils zu erlernenden Kompetenzen klare Zieldefinitionen vorliegen, wie etwa individuelle Handlungsfähigkeit oder partizipatorische Kompetenz. Ähnlich verhält es sich in den analysierten Texten zum Theater in der Schule, in denen es beim Probehandeln mal um die Ausbildung vorab definierter Kompetenzen, mal um das Experimentieren und Erforschen von gesellschaftlichen Handlungsmöglichkeiten geht. Im neuen Berlin-Brandenburger Rahmenlehrplan Theater verschränken sich dabei beide Vorstellungen in der Zielformulierung „den eigenen Platz in der Gesellschaft zu erproben" – als zentralem Merkmal des Kompetenzbereichs „Teilhaben".

Ungeachtet dieser Differenzierungen muss hier festgehalten werden, dass das Theater in einer partizipatorisch ausgerichteten Theaterpädagogik häufig einen instrumentellen Charakter erhält bzw. ‚funktionalisiert' wird. Im Feld des TdU begründet sich diese Funktionalisierung in der Anwendungsbezogenheit dieser Theaterform und seiner „Techniken", die etwa im Bereich der Sozialen Arbeit zur Lösung konkreter Problemlagen eingesetzt werden. Das TdU ist daher Applied Theatre, d. h. angewandtes Theater im engeren Sinne, bei dem Fragen der Ästhetik – verstanden als künstlerische Gestaltung – gegenüber inhaltlichen Fragen in der Regel nachgeordnet sind. Etwas anders verhält es sich im Bereich des Theaters in der Schule, das sich nach wie vor an künstlerischen Formen des Theaters orientiert. Doch lässt sich auch hier konstatieren, dass mit der zunehmenden Ausrichtung auf Partizipation sowie der Orientierung am Kompetenzerwerb der Schüler_innen der ästhetische Gegenstand des Fachs – zumindest in den hier untersuchten Quellen – immer mehr in den Hintergrund rückt. Mehr noch: Theater in seinen vielfältigen Erscheinungen, seiner Historizität und kulturell-gesellschaftlichen Bedingtheit ist in partizipatorischen Programmatiken zum Theater in der Schule kein explizites Thema mehr. Es wird vielmehr vorausgesetzt: entweder als ein „Handwerk", das es im Zuge eines modularisierten Theaterunterrichts zu erlernen gelte, oder als „künstlerischer Sprachcode", der zum (Selbst-)Ausdruck der Schüler_innen diene. Im Fokus stehen demnach das partizipierende Subjekt und seine Kompetenzentwicklung – oder bei Plath: seine Selbstermächtigung –, während dem Theater eher eine instrumentelle Funktion zukommt.

In dieser Fokusverschiebung vom (ästhetischen) Gegenstand hin zum Subjekt trifft sich der Partizipationsdiskurs wieder mit konstruktivistischen pädagogischen Theorien. Denn das Abstrahieren vom Gegenstand bzw. von Gegenständen – auch im materiellen Sinne: von Dingen – ist geradezu charakteristisch für systemtheoretisch-konstruktivistische Modelle (vgl. Meyer-Drawe 2009). Die Orientierung auf das Subjekt, das aktiv partizipieren, mitbestimmen sowie sich selbst bestimmen und dabei auch in Erscheinung treten soll, verstellt den Blick darauf, was sich an

Erfahrungsmöglichkeiten in der Theaterarbeit, etwa in der Reibung an einem (fremden) Gegenstand, den das Subjekt noch nicht ‚gedacht' hat, ergeben können. Dem konstruktivistischen Paradigma zufolge konstruiert nämlich das autopoietische Subjekt selbst seine eigene Wahrnehmung. Dabei kann die systemtheoretisch-konstruktivistische Pädagogik nicht erklären, wie Dinge oder die Konfrontation mit etwas Ungewohntem das einzelne Subjekt manchmal „ergreifen" – ohne, dass es das ‚will' oder ‚denkt': „Ergriffen zu sein, meint nicht individuelle Betroffenheit, sondern dass etwas am Selbst-, Welt- und Fremdverständnis rüttelt und dass Gewohnheiten des Denkens und Wahrnehmens aus den Fugen geraten." (Ebd., 81) Von einem phänomenologischen Standpunkt aus unterstreicht etwa Käte Meyer-Drawe, dass das Lernen nicht nur *aus* Erfahrung geschieht, sondern sich auch *als* Erfahrung vollzieht (vgl. Meyer-Drawe 2010, 6). Dabei stimmt sie zwar der zentralen These des Konstruktivismus zu, schränkt diese jedoch gleichzeitig wieder ein: „[...] es gibt zwar kein Wahrnehmen ohne Denken, gleichwohl reicht es nicht zu denken, um wahrzunehmen" (ebd., 12). Demnach kann man sich nicht einfach zum Lernen entschließen, sondern Lernen stellt immer auch ein „Widerfahrnis" dar, das sich als eine „Erfahrung" vollzieht (ebd., 8).

In Analogie zu Meyer-Drawes Definition des Lernens als Erfahrung ließe sich auch Partizipation als ein solches Widerfahrnis begreifen. Partizipation wäre demnach nicht auf Fragen der Mitbestimmung, Verantwortungsübernahme oder Selbstperformance zu reduzieren, sondern vollzöge sich in einer Erfahrung, die möglicherweise das eigene Selbst- und Weltverständnis infrage stellt. Ohne der partizipativen Gouvernementalität hier eine Pädagogik der Entunterwerfung gegenüberstellen zu wollen (→ II.3.2.3), kann eine solche Erfahrung auch als Moment einer De- oder Ent-Subjektivierung beschrieben werden. Dabei lassen sich mit Jan Masschelein Praktiken der De-Subjektivation auch als bildender Prozess, als eine edukative Aktivität – im Sinne von lat. *educere*, herausführen, statt *educare* – erziehen (vgl. Masschelein 2004, 96) – deuten, „welche die Zwänge des Selbst-sein-Müssens zu überwinden versucht, ohne sich in Selbstauflösung oder -auslöschung zu verlieren" (Bröckling 2007, 287). Eine solche edukative Tätigkeit bestünde dann in der Ermöglichung von Erfahrung im Foucault'schen Sinne, nämlich als *expérience* – wobei hierunter Erfahrung als auch Experiment verstanden wird –, d. h. als Erfahrung des Nicht-identisch-mit-sich-Seins (vgl. Schmid 2008, 7), aus der das Subjekt „immer wieder als ein anderes hervorgeht" (ebd.).

Die Frage nach der Erfahrung des Subjekts spielt allerdings in den hier untersuchten partizipatorischen Programmatiken eine untergeordnete Rolle – im Gegensatz zur neueren kunsttheoretischen Diskussion, in der Partizipation vor allem als eine Modalität ästhetischer Erfahrung aufgefasst wird (→ II.3.2.3). Folgt man etwa Juliane Rebentischs Konzept ästhetischer Erfahrung, dann besteht diese insbesondere in einem Moment der ästhetischen (Selbst-)Reflexion. Demzufolge wird das Subjekt gegenüber sich selbst als auch gegenüber dem Sozialen in eine reflexive Distanz gerückt, sodass es sich selbst fremd wird (vgl. Rebentisch 2013, 70). In diesem Sich-selbst-Fremdwerden kann durchaus ein desubjektivierendes Moment im Sinne Masscheleins liegen; es kann aber auch eine subjektivierende Wirkung entfalten, etwa indem es zur Konstitution eines selbstreflexiven Subjekts beiträgt. Ein solches Subjekt *kann, muss* sich aber nicht mit hegemonialen Formen der Subjektivierung treffen. Wie oben bereits ausgeführt, bleibt eine solche Subjektivierungsform irreduzibel ambivalent: Indem das selbstreflexive Subjekt um die Bedeutung der gesellschaftlich-kulturellen Strukturen für seine eigene Selbstbildung weiß, erhält es auch die Fähigkeit, die eigene Subjektivierung infrage zu stellen. Anstatt an dieser Stelle aber wieder einer Orientierung auf ein (mit welchen Eigenschaften auch immer ausgestattetes) ‚alternatives' Subjekt das Wort zu reden, kommt es eher darauf an, Momente ästhetischer Erfahrung als „reflektierende Bewegungen" (Dzierzbicka/Sattler 2004, 130) in den Blick zu nehmen, die eben nicht nur im Inneren von Subjekten stattfinden (→ II.1.2.3). Ästhetische Erfahrung ereignet sich nämlich weder allein *im* Subjekt, noch primär – wie in der relationalen Kunst angenommen – zwischen verschiedenen Subjekten, sondern vor allem „*zwischen* Subjekt und Objekt" (Rebentisch 2013, 51), wie etwa einem künstlerischen Werk oder einem theatralen Ereignis als etwas *Drittem*. Dies bedeutet nicht, dass ästhetische Erfahrung ‚subjektlos' wäre. Sie lässt sich aber weder auf eine Selbsterfahrung noch auf eine Gemeinschaftserfahrung verkürzen, sondern ist vielmehr die Erfahrung eines Abstands zu sich selbst, zu anderen und zur Welt: eine *Erfahrung von Distanz*.

Vom Standpunkt der ästhetischen Bildung aus gesehen (Hentschel 2010) ließe sich Rebentischs Konzept auch auf die ästhetische Erfahrung von am Produktionsprozess Beteiligten übertragen. Die besondere Möglichkeit einer Distanzerfahrung in theatralen Prozessen liegt dabei nicht zuletzt in dem Potenzial des Theaters, „[...] Techniken des Selbst nicht nur aus-, sondern auch aufzuführen und sich auf diese Weise von ihnen zu distanzieren" (Hentschel 2014, 73). Formen der Subjektivierung und die mit ihnen einhergehenden Machtpraktiken und -strukturen können im Theater sichtbar und reflexiv gemacht werden. In einer solchen Darstellung von Subjektivierungsprozessen lassen sich auch hegemoniale Formen der Anrufung thematisieren und problematisieren. Gerade partizipative Praktiken im Theater und in der Theaterpädagogik, die Teilnahme *als Teilnahme* erfahrbar machen, scheinen dazu geeignet, Vorstellungen und Ambivalenzen von Partizipation in Politik und Gesellschaft, etwa in Form der genannten Partizipations- und Authentizitätsimperative, zu hinterfragen und zu bearbeiten. Wie im Kapitel zum Theater in der Schule (→ III.2.3) diskutiert wurde, liegt darüber hinaus in einem Sich-selbst-Aufführen die Chance, sich nicht auf bestimmte Eigenschaften fixieren zu lassen. Indem Theater

Subjektivierungsprozesse ausstellt und sichtbar macht, kann es auch zur Verhandlung neuer oder „devianter“ Subjektformen (vgl. Hark 2013) und damit potenziell auch zur symbolischen und materiellen „Neugestaltung“ jenes Terrains beitragen, „auf dem Formen der politischen Subjektwerdung entstehen können“ (Rancière 2008, 90) – wenngleich es diese Effekte nie kontrollieren kann.

Voraussetzung hierfür ist allerdings eine Anerkennung des *Gegenstands Theater* und der Dimension des Ästhetischen als etwas Drittem. Partizipation ist nicht nur Teilnahme mit etwas Eigenem oder Teilnahme mit anderen, sondern immer auch Teil*habe* an etwas Drittem (vgl. Rancière 2009, 26). Dies ist nicht als Plädoyer für eine bestimmte Ästhetik oder eine bestimmte Theaterform zu verstehen. Vielmehr eröffnen sich die genannten Möglichkeiten in jedem der hier untersuchten praktischen Felder. Gerade das neuere TdU und seine Techniken „Regenbogen der Wünsche“ und „Polizisten im Kopf“, denen die Frage nach Subjektivierung gewissermaßen ‚eingeschrieben‘ ist, scheinen geeignet, sowohl Mechanismen der Verantwortungsübertragung oder Formen der Selbstoptimierung zu thematisieren, als auch gesellschaftliche Zwänge des Ganz-man-selbst-Seins zu problematisieren und dabei die Grenzen von Selbstverwirklichung aufzuzeigen. Anstatt aus klassischen TdU-Techniken „postdramatische Theaterperformances entwickeln“ (Zumhof 2012, 107) zu wollen, scheint es lohnenswert, diese spezifischen Theaterpraktiken in ihrer eigenen Logik und eigenen Ästhetik ernst zu nehmen.

2. Für ein Theater der Teilhabe? – Gedanken zum Schluss

Als ich im Frühjahr 2012 damit begonnen habe, mich in ersten Recherchen zu dieser Studie eingehender mit der Partizipationsthematik zu befassen, war kaum absehbar, welche Dynamik diese Diskussion in der Theaterpädagogik und der kulturellen Bildung entfalten würde. Wie bereits ausführlich dokumentiert, sind in den letzten Jahren zahlreiche programmatische Texte, aber zunehmend auch kritische Beiträge zum Thema Partizipation erschienen.[159] Unter anderem die genannten Artikel Hanne Seitz’ und Jörg Zirfas’ haben mich in meiner Absicht bestärkt, diesen inzwischen unüberschaubaren Diskurs aus einer ganz spezifischen Perspektive – der Gouvernementalitätsforschung – zu betrachten und damit auch selbst innerhalb dieses Diskurses einen spezifischen Standpunkt einzunehmen. Wie in diesem letzten

159 Kurz vor der Fertigstellung dieser Dissertationsschrift sind weitere für die theaterpädagogische Diskussion relevante Publikationen erschienen, die hier jedoch nicht mehr berücksichtigt werden konnten. Zu nennen wären Dorothea Hilligers „K_eine Didaktik der performativen Künste“ (Hilliger 2018) sowie der Sammelband „PARTIZIPATION: teilhaben/teilnehmen – Theater als Soziale Kunst II“ (Scheurle et al. 2017), in den auch ein Beitrag des Autors dieser Studie eingeflossen ist (vgl. Kup 2017).

Teil der Untersuchung dargelegt wurde, besteht der besondere Gewinn einer solchen diskurskritischen Perspektivierung nicht nur darin, Ambivalenzen und mögliche Fallstricke einer emphatischen Orientierung auf Partizipation aufzuzeigen, sondern insbesondere auch in der Möglichkeit eines *Umwertens* von Praxen, die durch den Partizipationsdiskurs abgewertet werden (vgl. Pinkert 2017, 194). Zum Schluss dieser Arbeit seien daher exemplarisch einzelne der zuvor diskutierten Problemstellungen noch einmal unter dem Aspekt des Umwertens genannt.

Eine mögliche Umwertung betrifft die erörterte Frage nach dem Stellenwert der Kunst des Theaters und ihrer Eigenlogik in der theaterpädagogischen Arbeit. Betrachtet man etwa aktuelle Curricula des Fachs Theater, dann scheint es bisweilen so, als sei der einzige Gegenstand, der dort verhandelt wird, das Subjekt und seine Kompetenzen. Demgegenüber lenkt diese Diskurskritik den Blick auf die Rolle ästhetischer wie materieller Gegenstände und fragt nach den spezifischen Möglichkeiten von Kunst und ästhetischer Erfahrung, die auch mit Momenten einer De- oder Entsubjektivierung einhergehen können. Neben einer ästhetischen Erfahrung im engeren Sinne lassen sich dabei auch weitere Erfahrungsmöglichkeiten aufzeigen, die im gegenwärtigen Partizipationsdiskurs abgewertet werden, wie z. B. die Erfahrung, als Spieler_in auf der Bühne angeleitet zu werden. Anstatt ein solches Angeleitetwerden allein als Fremdbestimmung zu denunzieren, könnte hierin auch ein Moment eines „Sich bestimmen lassen“ (Seel 2002) erkannt werden, das, wie Martin Seel betont, nicht etwa im Gegensatz zu Selbstbestimmung, sondern vielmehr als deren Voraussetzung zu verstehen ist (vgl. ebd., 285).

Eine weitere mögliche Umwertung betrifft in diesem Zusammenhang die Frage nach der Legitimität theaterpädagogischer Anleitung und generell pädagogischer Interventionen. In meiner eigenen theaterpädagogischen Praxis und Lehre konnte ich beobachten, dass sich im Zeichen des Partizipationsparadigmas immer mehr die Ansicht verbreitet hat, Theaterpädagog_innen hätten sich in der Arbeit mit Jugendlichen möglichst zurückzunehmen und im gemeinsamen künstlerischen Prozess keine oder nur wenige Vorgaben zu machen. Die Aussage „Alles ist von den Schüler_innen selbst gekommen“ gilt in diesem Zusammenhang als besonderer Ausweis von Qualität einer theaterpädagogischen Arbeit. Anstatt jedoch Anleitung pauschal zu diskreditieren, gilt es vielmehr, die eigene Subjektposition als Anleiter_in in einem Feld der Macht kritisch zu reflektieren. Hierzu gehört jedoch auch, seine eigenen Interessen und Wünsche ebenso anzuerkennen wie die der Teilnehmenden. Unter dem Motto „Keine Angst vor Anleitung!“ (Meyer, zit. nach Rogg 2014, 185) fordert etwa Barbara Meyer, die künstlerische Leiterin des Internationalen JugendKunst- und Kulturhauses „Schlesische27“ in Berlin, einerseits, den Teilnehmenden genügend Raum zum Experimentieren zu geben, andererseits aber auch das eigene Wissen und Können als Anleiter_in wieder ernst zu nehmen (vgl. ebd., 184 ff.).

Darüber hinaus ließen sich z. B. Formen der Distanznahme bzw. des Sich-Entziehens von Subjekten oder die „Verweigerung von Teilhabe als Moment des Unverfügbaren schätzen" (Rothe 2014, 123) lernen. Jenseits der Nötigung zu partizipieren und der Unfreiheit nicht partizipieren zu dürfen ließe sich hierin – in Anlehnung an eine Formulierung Bröcklings – eine dritte Option erkennen: die Freiheit, nicht partizipieren zu müssen (vgl. Bröckling 2007, 286).

Die genannten Möglichkeiten eines Umwertens können hier jedoch nur angedeutet werden und sollen vielmehr neue Fragen aufwerfen, die ihrerseits Anlass für weitere Forschung bieten. So lassen sich aus einer Diskurskritik keine unmittelbaren Schlüsse für die Praxis ziehen. Die vorliegende Studie versteht sich vielmehr als eine Folie, vor der Praktiker_innen ihr eigenes Handeln reflektieren können. In diesem Zusammenhang soll hier vorläufig festgehalten werden, dass sich Partizipation nur bedingt als normatives Leitbild für die Findung sogenannter richtiger oder echter Beteiligungsformen eignet. Stattdessen könnte Partizipation als ein analytischer Begriff verstanden werden, der Theaterpädagog_innen sowohl für die der eigenen Praxis zugrunde liegenden Strukturen und Machtverhältnisse als auch für die sozioökonomischen Rahmenbedingungen kultureller Bildung sensibilisieren kann. Beispielsweise ließe sich die eigene Praxis daraufhin befragen, welche und wie viel Verantwortung den partizipierenden Subjekten übertragen wird und welche möglichen Erfahrungen diese dadurch machen bzw. auch nicht machen (können). Des Weiteren wären auch die eigenen Vorstellungen oder Bilder von den Teilnehmenden zu untersuchen und es wäre zu fragen, welche Subjektpositionen ihnen in bestimmten künstlerisch-pädagogischen Praktiken zugewiesen werden. Gerade weil Theaterpädagogik und kulturelle Bildung immer (auch) in einem Nützlichkeitszusammenhang stehen, gerade weil jede Form theaterpädagogischer Praxis immer auch mit Subjektivierungsprozessen einhergeht, gilt es, dieses Spannungsfeld zu adressieren. So ist immer wieder aufs Neue zu fragen, welche jeweilige Vorstellung vom Subjekt einer spezifischen theaterpädagogischen Praxis eigentlich zugrunde liegt, ja, welche Form der Subjektivierung in dieser betrieben wird und betrieben werden soll.

Literaturverzeichnis

Abs, Hermann Josef (2006): Der Partizipationswürfel – Ein Modell zur Beobachtung und Begleitung demokratiepädagogischer Praxis, abrufbar unter: http://www.ingo-veit.de/blk/pdf_doc/publik/partwue.pdf (letzter Zugriff: 12.1.2017)

Aden, Maike (2013): Das Mantra Partizipation – Sein heimlicher Lehrplan als Herausforderung für die Kunstpädagogik, in: *Burkhardt*, Sara/*Meyer*, Torsten/*Urlaß*, Mario (Hrsg.): convention – Ergebnisse und Anregungen # Tradition # Aktion # Vision, München: kopaed, 51–57

Adloff, Frank (2005): Zivilgesellschaft – Theorie und politische Praxis, Frankfurt am Main: Campus Verlag

Adorno, Theodor W. (1970): Gesammelte Schriften, Band 7 – Ästhetische Theorie, Frankfurt am Main: Suhrkamp Verlag

Alkemeyer, Thomas (2013): Subjektivierung in sozialen Praktiken – Umrisse einer praxeologischen Analytik, in: *Alkemeyer*, Thomas/*Budde*, Gunilla/*Freist*, Dagmar (Hrsg.): Selbst-Bildungen – Soziale und kulturelle Praktiken der Subjektivierung, Bielefeld: transcript, 33–68

Alkemeyer, Thomas/*Budde*, Gunilla/*Freist*, Dagmar (2013): Einleitung, in: dies (Hrsg.): Selbst-Bildungen – Soziale und kulturelle Praktiken der Subjektivierung, Bielefeld: transcript, 9–30

Alkemeyer, Thomas/*Buschmann*, Nikolaus/*Michaeler*, Matthias (2015): Kritik der Praxis – Plädoyer für eine subjektivierungstheoretische Erweiterung der Praxistheorien, in: *Alkemeyer*, Thomas/*Schürmann*, Volker/*Volbers*, Jörg (Hrsg.): Praxis denken – Konzepte und Kritik, Wiesbaden: Springer VS, 25–50

Alston, Adam (2013): Audience Participation and Neoliberal Value – Risk, Agency and Responsibility in Immersive Theatre, in: *Performance Research* (Jg. 18, H. 2), 128–138

Althusser, Louis (1977): Ideologie und ideologische Staatsapparate (Anmerkungen für eine Untersuchung), in: ders.: Ideologie und ideologische Staatsapparate – Aufsätze zur marxistischen Theorie, Hamburg (u.a.): VSA-Verlag, 108–153

Angermüller, Johannes/*Dyk*, Silke van (2010): Einleitung, in: dies. (Hrsg.): Diskursanalyse meets Gouvernementalitätsforschung – Perspektiven auf das Verhältnis von Subjekt, Sprache, Macht und Wissen, Frankfurt am Main (u.a.): Campus Verlag, 7–21

Antczack, Stephan (2016): Autopoietisches Theater – Mit dem Autopoietischen Theater entwickelt sich eine neue Form im „Theater der Unterdrückten“, in: *motz – berliner straßenmagazin* (20)

Arns, Inke (2016): Schlachtfeld Historie – Künstlerische Reenactments als partizipative De-Konstruktion von Geschichte, in: *Kunstforum International* [Get Involved! Partizipation als künstlerische Strategie], Bd. 240 (Juni–Juli), 78–87

Arns, Inke (2007): Interaktion, Partizipation, Vernetzung – Kunst und Telekommunikation, abrufbar unter: http://www.medienkunstnetz.de/themen/medienkunst_im_ueberblick/kommunikation/print/ (letzter Zugriff: 14.1.2014)

Arnstein, Sherry R. (1969): A Ladder of Citizen Participation, in: *AIP Journal* (July), 216–224

Artaud, Antonin (1969): Das Theater und sein Double, Frankfurt am Main: S. Fischer Verlag

Axter, Melanie (2001): Das Theater der Unterdrückten Augusto Boals und seine Präsentation in der Gegenwart, Stuttgart: ibidem Verlag

Bachrach, Peter (1970): Die Theorie demokratischer Elitenherrschaft – Eine kritische Analyse, Frankfurt am Main: Europ. Verlag-Anst.

Bachrach, Peter/*Botwinick*, Aryeh (1992): Power and Empowerment – A Radical Theory of Participatory Democracy, Philadelphia: Temple University Press

Bala, Sruti (2017): The Art of Unsolicited Participation, in: *Fisher*, Tony/*Katsouraki*, Eve (Hrsg.): Performing Antagonism – Theatre, Performance & Radical Democracy, Basingstoke (u.a.): Palgrave Macmillan, 273–287

Bala, Sruti (2012): Vectors of Participation in Contemporary Theatre and Performance, in: *Theatre Research International* (Jg. 37, H. 3), 236–248

Balzer, Nicole/*Bergner*, Dominic (2012): Die Ordnung der „Klasse“ – Analysen zu Subjektpositionen in unterrichtlichen Praktiken, in: *Ricken*, Norbert/*Balzer*, Nicole (Hrsg.): Judith Butler – Pädagogische Lektüren, Wiesbaden: Springer VS, 247–279

Balzer, Nicole/*Bünger*, Carsten (2008): Die ‚Ökonomisierung der Pädagogik' – Zur Diskussion eines Topos der Kritischen Erziehungswissenschaft, in: *Ricken*, Norbert/*Liesner*, Andrea (Hrsg.): Die Macht der Bildung – Gouvernementalitätstheoretische Perspektiven in der Erziehungswissenschaft. Dokumentation einer Arbeitsgruppe des Kongresses der DGfE 2006, Bremen: Universitätsverlag, 45–60

Barber, Benjamin R. (1994): Starke Demokratie – Über die Teilhabe am Politischen, Hamburg: Rotbuch-Verlag

Barthes, Roland (2006): Der Tod des Autors, in: ders.: Das Rauschen der Sprache, Frankfurt am Main: Suhrkamp Verlag, 57–63

Baumann, Till (2001): Von der Politisierung des Theaters zur Theatralisierung der Politik – Theater der Unterdrückten im Rio de Janeiro der 90er Jahre, 2. Aufl., Stuttgart: ibidem Verlag

Beck, Ulrich (1986): Risikogesellschaft – Auf dem Weg in eine andere Moderne, Frankfurt am Main: Suhrkamp Verlag

Bedorf, Thomas (2010): Das Politische und die Politik – Konturen einer Differenz, in: *Röttgers*, Kurt/*Bedorf*, Thomas (Hrsg.): Das Politische und die Politik, Berlin: Suhrkamp Verlag, 13–37

Behrendt, Barbara (2010): Erfolgsgeschichte, in: *taz.die tageszeitung*, 3.12.2010, abrufbar unter: http://www.taz.de/1/archiv/digitaz/artikel/?ressort=ku&dig=2010%2F12%2F03%2Fa0115&cHash=fbd1d8f9d6 (letzter Zugriff: 6.7.2015)

Behrendt, Eva (2007): Spezialisten des eigenen Lebens – Gespräche mit Riminis Experten, in: *Dreysse*, Miriam/*Malzacher*, Florian (Hrsg.): Experten des Alltags – Das Theater von Rimini Protokoll, Berlin: Alexander Verlag, 64–73

Bempeza, Sophia (2016): Dissensuelle Partizipation – Die Kunst des Scheiterns und die Stärke der Konfliktivität, in: *Emmerling*, Leonhard/*Kleesattel*, Ines (Hrsg.): Politik der Kunst – Über Möglichkeiten, das Ästhetische politisch zu denken, Bielefeld: transcript, 51–65

Benjamin, Walter (1977): „Was ist das epische Theater?“, in: Gesammelte Schriften, Bd. II.2, Frankfurt am Main: Suhrkamp Verlag, 532–539

Berg, Jan/*Hügel*, Hans-Otto/*Kurzenberger*, Hajo (Hrsg.) (1997): Authentizität als Darstellung, Hildesheim: Universitätsverlag

Bertelsmann Stiftung (Hrsg.) (2010): Mehr Partizipation wagen – Argumente für eine verstärkte Beteiligung von Kindern und Jugendlichen, Gütersloh: Verlag Bertelsmann Stiftung

Bertelsmann Stiftung (Hrsg.) (2008): Mitwirkung (er)leben – Handbuch zur Durchführung von Beteiligungsprojekten mit Kindern und Jugendlichen, Gütersloh: Verlag Bertelsmann Stiftung

Bicker, Björn (2013): Für ein Theater der Teilhabe – Zum 125. Burgtheater-Jubiläum, in: *nachtkritik.de*, 14.10.2013, abrufbar unter: http://www.nachtkritik.de/index.php?option=com_content&view=article&id=8626:wem-gehoert-die-kultur-bjoern-bickers-vortrag-auf-dem-kongress-125-jahre-burgtheater-in-wien&catid=101:debatte&Itemid=84 (letzter Zugriff: 19.10.2015)

Bippus, Elke/*Huber*, Jörg/*Nigro*, Roberto (2012): Ästhetik x Dispositiv – Die Erprobung von Erfahrungsfeldern, Zürich: Springer

Bishop, Claire (2012a): Artificial Hells – Participatory Art and the Politics of Spectatorship, London (u.a.): Verso Books

Bishop, Claire (2012b): Participation and Spectacle – Where Are We Now?, in: *Thompson*, Nato (Hrsg.): Living as Form – Socially Engaged Art from 1991–2011, London (u.a.): MIT Press, 34–45

Bishop, Claire (Hrsg.) (2006a): Participation, London (u.a.): MIT Press

Bishop, Claire (2006b): The Social Turn – Collaboration and Its Discontents, in: *Artforum*, Vol. 44 (6 / Feb.), 178–183

Bishop, Claire (2004): Antagonism and Relational Aesthetics, in: *October* – MIT Press (110), 51–79, abrufbar unter: http://www.teamgal.com/production/1701/SS04October.pdf (letzter Zugriff: 10.11.2017)

BKJ, Bundesvereinigung Kulturelle Kinder- und Jugendbildung e.V. (Hrsg.) (2016): PARTIZIPATION / Magazin KULTURELLE BILDUNG (14), abrufbar unter: https://www.bkj.de/fileadmin/user_upload/documents/Publikationen/Magazin_KULTURELLE_BILDUNG/BKJ_periodik._nr_14_light.pdf (letzter Zugriff: 20.10.2018)

BKJ, Bundesvereinigung Kulturelle Kinder- und Jugendbildung e.V. (Hrsg.) (2015): MIT WIRKUNG – Bündnisse und Projekte partizipativ und nachhaltig gestalten (Themenheft Wirksamkeit – Künste öffnen Welten), abrufbar unter: https://www.kuenste-oeffnen-welten.de/wp-content/uploads/2015/09/PU_20150909_Themenheft_Wirksamkeit_KoeW_BKJ.pdf (letzter Zugriff: 30.11.2017)

BKJ, Bundesvereinigung Kulturelle Kinder- und Jugendbildung e.V. (Hrsg.) (2014): Eine neue Kultur der Partizipation, abrufbar unter: http://www.bkj.de/all/artikel/id/7523.html (letzter Zugriff: 30.11.2017)

Bleike, Werner (1992): Community Theatre, in: *Brauneck*, Manfred/*Schneilin*, Gérard (Hrsg.): Theaterlexikon – Begriffe und Epochen, Bühnen und Ensembles, Reinbek bei Hamburg: Rowohlt, 247

BLK-Programm „Demokratie lernen & leben“ (Hrsg.) (2005): Demokratie-Baustein „Partizipation“, abrufbar unter: http://blk-demokratie.de/materialien/demokratiebausteine/programmthemen/partizipation-einfuehrung.html (letzter Zugriff: 19.3.2015)

Blüdorn, Ingolfur (2013): Simulative Demokratie – Neue Politik nach der postdemokratischen Wende, Berlin: Suhrkamp Verlag

Boal, Augusto (2006): The Aesthetics of the Oppressed, London (u.a.): Routledge

Boal, Augusto (1999): Der Regenbogen der Wünsche – Methoden aus Theater und Therapie, Velber – Seelze: Kallmeyer

Boal, Augusto (1998): Legislative Theatre – Using Performance to Make Politics, London (u.a.): Routledge

Boal, Augusto (1989): Theater der Unterdrückten – Übungen und Spiele für Schauspieler und Nicht-Schauspieler, Frankfurt am Main: Suhrkamp Verlag

Boal, Augusto (1979): Theater der Unterdrückten, Frankfurt am Main: Suhrkamp Verlag

Boal, Julian (2013): Anmerkungen zum Begriff der Unterdrückung, in: *Fritz*, Birgit (Hrsg.): InExActArt – Das autopoietische Theater Augusto Boals – Ein Handbuch zur Praxis des Theaters der Unterdrückten, 2. Aufl., Stuttgart: ibidem Verlag, 106–113

Boltanski, Luc/*Chiapello*, Ève (2003): Der neue Geist des Kapitalismus, Konstanz: UVK

Boon, Richard/*Plastow*, Jane (2004): Theatre and Empowerment – Community Drama on the World Stage, Reissue, Cambridge (u.a.): Cambridge University Press

Bourdieu, Pierre (1987): Die feinen Unterschiede – Kritik der gesellschaftlichen Urteilskraft, Frankfurt am Main: Suhrkamp Verlag

Bourriaud, Nicolas (2002): Relational Aesthetics, Dijon: Les Presses du Réel

Brandl-Risi, Bettina (2012): Genuss und Kritik – Partizipieren im Theaterpublikum, in: *Kammerer*, Dietmar (Hrsg.): Vom Publicum – Das Öffentliche in der Kunst, Bielefeld: transcript, 73–90

Braun, Tom/*Witt*, Kirsten (Hrsg.) (2017): Illusion Partizipation – Zukunft Partizipation. (Wie) Macht Kulturelle Bildung unsere Gesellschaft jugendgerechter?, München: kopaed

Brauneck, Manfred/*Schneilin*, Gérard (1992): Theaterlexikon – Begriffe und Epochen, Bühnen und Ensembles, 3. Aufl., Reinbek bei Hamburg: Rowohlt

Brecht, Bertolt (1978): Die Lehrstücke, Leipzig: Reclam

Bröckling, Ulrich (2013): Anruf und Adresse, in: *Gelhard*, Andreas/*Alkemeyer*, Thomas/*Ricken*, Norbert (Hrsg.): Techniken der Subjektivierung, Paderborn: Wilhelm Fink Verlag, 49–59

Bröckling, Ulrich (2012): Die Arbeit des unternehmerischen Selbst, in: *Gegenblende. Das gewerkschaftliche Debattenmagazin* (14), 13–29, abrufbar unter: http://www.gegenblende.de/14-2012/++co++1335c308-66d9-11e1-7b9c-001ec9b03e44 (letzter Zugriff: 12.4.2013)

Bröckling, Ulrich (2007): Das unternehmerische Selbst – Soziologie einer Subjektivierungsform, Frankfurt am Main: Suhrkamp Verlag

Bröckling, Ulrich (2005): Gleichgewichtsübungen – Die Mobilisierung des Bürgers zwischen Markt, Zivilgesellschaft und aktivierendem Staat, in: *spw – Zeitschrift für Sozialistische Politik und Wirtschaft* (142), 19–22, abrufbar unter: https://www.soziologie.uni-freiburg.de/personen/broeckling/dokumente/9-gleichgewichtsubungen-spw142.pdf (letzter Zugriff: 17.2.2014)

Bröckling, Ulrich (2003): Balance of Power – Zivilgesellschaft und die Gouvernementalität der Gegenwart, in: *Gosewinkel*, Dieter/*Reichardt*, Sven (Hrsg.): Ambivalenzen der Zivilgesellschaft – Gegenbegriffe, Gewalt und Macht, Berlin: WZB, 60–68

Bröckling, Ulrich/*Feustel*, Robert (Hrsg.) (2010a): Das Politische denken – Zeitgenössische Positionen, Bielefeld: transcript

Bröckling, Ulrich/*Feustel*, Robert (2010b): Einleitung – Das Politische denken, in: dies. (Hrsg.): Das Politische denken – Zeitgenössische Positionen, Bielefeld: transcript, 7–18

Bröckling, Ulrich/*Krasmann*, Susanne (2010): Ni méthode, ni approche. Zur Forschungsperspektive der Gouvernementalitätsstudien – mit einem Seitenblick auf Konvergenzen und Divergenzen zur Diskursforschung, in: *Angermüller*, Johannes/*Dyk*, Silke van (Hrsg.): Diskursanalyse meets Gouvernementalitätsforschung – Perspektiven auf das Verhältnis von Subjekt, Sprache, Macht und Wissen, Frankfurt am Main (u.a.): Campus Verlag, 23–41

Bröckling, Ulrich/*Krasmann*, Susanne/*Lemke*, Thomas (Hrsg.) (2000): Gouvernementalität der Gegenwart – Studien zur Ökonomisierung des Sozialen, 6. Aufl., Frankfurt am Main: Suhrkamp Verlag

Bubner, Rüdiger (1989): Ästhetische Erfahrung, Frankfurt am Main: Suhrkamp Verlag

Buchstein, Hubertus (2005): Jürgen Habermas, in: *Massing*, Peter/*Breit*, Gotthard (Hrsg.): Demokratie-Theorien – Von der Antike bis zur Gegenwart, Bonn: Bundeszentrale für politische Bildung, 253–260

Bührmann, Andrea D./*Schneider*, Werner (2008): Vom Diskurs zum Dispositiv – Eine Einführung in die Dispositivanalyse, Bielefeld: transcript

Bundesministerium für Familie, Senioren, Frauen und Jugend (Hrsg.) (2012): Kinder- und Jugendplan des Bundes (KJP), abrufbar unter: http://www.bmfsfj.de/RedaktionBMFSFJ/Abteilung5/Pdf-Anlagen/richtlinien-kjp-stand-april-2012,property=pdf,bereich=bmfsfj,sprache=de,rwb=true.pdf (letzter Zugriff: 3.9.2014)

Bundeszentrale für politische Bildung (Hrsg.) (2013): Best Practice pARTizipation (Kunst meets politische Bildung), abrufbar unter: http://www.bpb.de/partner/foerderung/171509/best-practice-partizipation-kunst-meets-politische-bildung (letzter Zugriff: 3.2.2014)

Bürger, Peter (1974): Theorie der Avantgarde, Frankfurt am Main: Suhrkamp Verlag

Burkhardt, Sara/*Meyer*, Torsten/*Urlaß*, Mario (Hrsg.) (2013): convention – Ergebnisse und Anregungen # Tradition # Aktion # Vision, München: kopaed

Burow, Olaf-Axel (2011): Positive Pädagogik – Sieben Wege zu Lernfreude und Schulglück, Weinheim (u.a.): Beltz

Carley, Jacalyn (2010): Royston Maldoom – Community Dance: Jeder kann tanzen – Das Praxisbuch, Leipzig: Henschel

Clausen, Jens/*Hahn*, Harald (2009a): Fragen zum Forumtheater – Über das eindimensionale Denken und den „Souverän", das Publikum, in: *Clausen*, Jens/*Hahn*, Harald/*Runge*, Markus (Hrsg.): Das Kieztheater – Forum und Kommunikation für den Stadtteil, Stuttgart: ibidem Verlag, 24–29

Clausen, Jens/*Hahn*, Harald (2009b): Streitgespräch Teil 2 – Gesellschaft und Kreativität, in: *Clausen*, Jens/*Hahn*, Harald/*Runge*, Markus (Hrsg.): Das Kieztheater – Forum und Kommunikation für den Stadtteil, Stuttgart: ibidem Verlag, 30–37

Clausen, Jens/*Hahn*, Harald (2009c): Vom Kieztheater zum Legislativen Theater Berlin, in: *Clausen*, Jens/*Hahn*, Harald/*Runge*, Markus (Hrsg.): Das Kieztheater – Forum und Kommunikation für den Stadtteil, Stuttgart: ibidem Verlag, 128–145

Clausen, Jens/*Hahn*, Harald/*Runge*, Markus (Hrsg.) (2009a): Das Kieztheater – Forum und Kommunikation für den Stadtteil, Stuttgart: ibidem Verlag

Clausen, Jens/*Hahn*, Harald/*Runge*, Markus (2009b): Einleitung, in: dies. (Hrsg.): Das Kieztheater – Forum und Kommunikation für den Stadtteil, Stuttgart: ibidem Verlag, 10–13

Cleaver, Frances (1999): Paradoxes of Participation – Questioning Participatory Approaches to Development, in: *Journal of International Development* (Jg. 11, H. 4), 597–612

Comité Invisible (2010): Der kommende Aufstand, Hamburg: Ed. Nautilus

Cooke, Bill/*Kothari*, Uma (2001): Participation – the New Tyranny?, London (u.a.): Zed Books

Cornwall, Andrea (2011): The Participation Reader, London (u. a.): Zed Books

Crouch, Colin (2013): Postdemokratie, Frankfurt am Main: Suhrkamp Verlag

Czirak, Adam (2014): Partizipation, in: *Fischer-Lichte*, Erika/*Kolesch*, Doris/*Warstat*, Matthias (Hrsg.): Metzler Lexikon Theatertheorie, 2. Aufl., Stuttgart: Metzler, 242–248

Czirak, Adam (2012): Partizipation der Blicke – Szenerien des Sehens und Gesehenwerdens in Theater und Performance, Bielefeld: transcript

Debord, Guy (1996): Die Gesellschaft des Spektakels, Berlin: Ed. Tiamat

Deck, Jan (2011): Politisch Theater machen – Eine Einleitung, in: *Deck*, Jan/*Sieburg*, Angelika (Hrsg.): Politisch Theater machen – Neue Artikulationsformen des Politischen in den darstellenden Künsten, Bielefeld: transcript, 11–28

Deck, Jan (2008): Zur Einleitung – Rollen des Zuschauers im postdramatischen Theater, in: *Deck*, Jan/*Sieburg*, Angelika (Hrsg.): Paradoxien des Zuschauens – Die Rolle des Publikums im zeitgenössischen Theater, Bielefeld: transcript, 9–19

Deck, Jan/*Sieburg*, Angelika (Hrsg.) (2011): Politisch Theater machen – Neue Artikulationsformen des Politischen in den darstellenden Künsten, Bielefeld: transcript

Deines, Stefan/*Liptow*, Jasper/*Seel*, Martin (Hrsg.) (2012): Kunst und Erfahrung – Beiträge zu einer philosophischen Kontroverse, Berlin: Suhrkamp Verlag

Deleuze, Gilles (2012): Postskriptum über die Kontrollgesellschaften, in: *Menke*, Christoph/*Rebentisch*, Juliane (Hrsg.): Kreation und Depression – Freiheit im gegenwärtigen Kapitalismus, Berlin: Kulturverlag Kadmos, 11–17

Demirovic, Alex/*Walk*, Heike (2011): Demokratie und Governance – Kritische Perspektiven auf neue Formen politischer Herrschaft, Münster: Westfälisches Dampfboot

Denecke, Matthias/*Ganzert*, Anne/*Otto*, Isabell/*Stock*, Robert (Hrsg.) (2016): ReClaiming Participation: Technology – Mediation – Collectivity, Bielefeld: transcript

Deth, Jan W. van (2014): Das schwierige Verhältnis zwischen Partizipation und Demokratie, in: *Pohl*, Kerstin/*Massing*, Peter (Hrsg.): Mehr Partizipation – mehr Demokratie?, Schwalbach am Taunus: Wochenschau Verlag, 11–26

Deutsche UNESCO-Kommission (Hrsg.) (2008): Kulturelle Bildung für Alle. Von Lissabon 2006 nach Seoul 2010, Bonn: Deutsche UNESCO-Kommission, abrufbar unter: https://www.unesco.de/infothek/publikationen/publikationsverzeichnis/kulturelle-bildung-fuer-alle.html (letzter Zugriff: 8.6.2015)

Deutscher Bundestag (Hrsg.) (2007): Schlussbericht der Enquete-Kommission „Kultur in Deutschland", Drucksache 16/7000, Berlin

Dewey, John (2010): Kunst als Erfahrung, 7. Aufl., Frankfurt am Main: Suhrkamp Verlag

Diamond, David (2013): Theater zum Leben – Über die Kunst und die Wissenschaft des Dialogs in Gemeinwesen, 3. Aufl., Stuttgart: ibidem Verlag

Diamond, David (2008): Theatre For Living – The Art and Science of Community-Based Dialogue, Oxford (u. a.): Trafford Publishing

Diederichsen, Diedrich (2012): Der Imperativ des Authentischen – „Erfinde Dich halt- und bodenlos neu und verkörpere das so, als wäre das immer schon Deine Natur gewesen!", in: *HALBJAHRESMAGAZIN polar. Politik-Theorie-Alltag. Das Online-Magazin zur Zeitschrift* (13), abrufbar unter: http://www.polar-zeitschrift.de/polar_13.php?id=615#615 (letzter Zugriff: 23.7.2015)

Diederichsen, Diedrich (2009): Eigenblutdoping – Selbstverwertung, Künstlerromantik, Partizipation, 2. Aufl., Köln: Kiepenheuer & Witsch

Diederichsen, Diedrich (2007): Betroffene, Exemplifizierende und Human Interfaces – Rimini Protokoll zwischen Theater, Performance und Kunst, in: *Dreysse*, Miriam/*Malzacher*, Florian (Hrsg.): Experten des Alltags – Das Theater von Rimini Protokoll, Berlin: Alexander Verlag, 158–163

Divjak, Paul (2012): Integrative Inszenierung – Zur Szenografie von partizipativen Räumen, Bielefeld: transcript

Drewes, Miriam (2010): Theater als Ort der Utopie – Zur Ästhetik von Ereignis und Präsenz, Bielefeld: transcript

Dreysse, Miriam (2012): Kollektive Arbeitsformen im Gegenwartstheater, abrufbar unter: http://www.was-geht-berlin.de/sites/default/files/miriam_dreysse_kollektive_arbeitsformen_2012.pdf (letzter Zugriff: 11.12.2012)

Dreysse, Miriam/*Malzacher*, Florian (2007): Vorwort, in: *Dreysse*, Miriam/*Malzacher*, Florian (Hrsg.): Experten des Alltags – Das Theater von Rimini Protokoll, Berlin: Alexander Verlag, 8–11

Dzierzbicka, Agnieszka/*Sattler*, Elisabeth (2004): Entlassung in die ‚Autonomie' – Spielarten des Selbstmanagements, in: *Pongratz*, Ludwig A. (Hrsg.): Nach Foucault – Diskurs- und machtanalytische Perspektiven der Pädagogik, Wiesbaden: Springer VS, 114–133

Ebbers, Linda (2014): Darstellende Kunst und zivile Konfliktbearbeitung – Das Theater der Unterdrückten als Kreative Methode der Konflikttransformation, Stuttgart: ibidem Verlag

Eco, Umberto (1973): Das offene Kunstwerk, Frankfurt am Main: Suhrkamp Verlag

Eggers, Dave (2014): Der Circle, Köln: Kiepenheuer&Witsch

Ehrenberg, Alain (2008): Das erschöpfte Selbst – Depression und Gesellschaft in der Gegenwart, Frankfurt am Main: Suhrkamp Verlag

Eiermann, André (2009): Postspektakuläres Theater – Die Alterität der Aufführung und die Entgrenzung der Künste, Bielefeld: transcript

Eikels, Kai van (2013): Die Kunst des Kollektiven – Performance zwischen Theater, Politik und Sozio-Ökonomie, Paderborn: Wilhelm Fink Verlag

Eikels, Kai van/*Brandl-Risi*, Bettina/*Allsopp*, Ric (Hrsg.) (2011): On Participation & Synchronization [Hefttitel], in: *Performance Research* (Jg. 16, H. 3)

Embacher, Serge (2009): Demokratie! Nein danke? – Demokratieverdruss in Deutschland. Die neue Studie der Friedrich-Ebert-Stiftung, Bonn: Dietz

Ermert, Karl (2009): Was ist kulturelle Bildung?, abrufbar unter: http://www.bpb.de/gesellschaft/kultur/kulturelle-bildung/59910/was-ist-kulturelle-bildung?p=all (letzter Zugriff: 4.12.2013)

ExMe – Expedition Metropolis (2013): Expedition Metropolis – Community Theater, abrufbar unter: http://www.expedition-metropolis.de/Publikationen (letzter Zugriff: 30.8.2016)

Faas, Stefan/*Bauer*, Petra/*Treptow*, Rainer (Hrsg.) (2013): Kompetenz, Performanz, soziale Teilhabe – Sozialpädagogische Perspektiven auf ein bildungstheoretisches Konstrukt, Wiesbaden: Springer VS

Fach, Wolfgang (2008): Das Verschwinden der Politik, Frankfurt am Main: Suhrkamp Verlag

Fach, Wolfgang (2004): Partizipation, in: *Bröckling*, Ulrich/*Krasmann*, Susanne/*Lemke*, Thomas (Hrsg.): Glossar der Gegenwart, Frankfurt am Main: Suhrkamp Verlag, 197–202

Faist, Thomas/*Ulbricht*, Christian (2014): Von Integration zu Teilhabe? Anmerkungen zum Verhältnis von Vergemeinschaftung und Vergesellschaftung, COMCAD Arbeitspapiere – Working Papers, No. 130

Fegter, Susann/*Kessl*, Fabian/*Langer*, Antje/*Ott*, Marion/*Rothe*, Daniela/*Wrana*, Daniel (2015): Erziehungswissenschaftliche Diskursforschung – Theorien, Methodologien, Gegenstandskonstruktionen, in: dies. (Hrsg.): Erziehungswissenschaftliche Diskursforschung, Wiesbaden: Springer VS, 9–55

Feldhoff, Silke (2011): Zwischen Spiel und Politik – Partizipation als Strategie und Praxis in der bildenden Kunst, abrufbar unter: http://opus4.kobv.de/opus4-udk/frontdoor/index/index/year/2011/docId/26 (letzter Zugriff: 15.5.2014)

Fietz, Yvonne (2009): Partizipation durch Kultur, in: *Bundeszentrale für politische Bildung* (Hrsg.): Dossier Kulturelle Bildung, abrufbar unter: http://www.bpb.de/gesellschaft/kultur/kulturelle-bildung (letzter Zugriff: 3.10.2013)

Finger, Anke (2006): Das Gesamtkunstwerk der Moderne, Göttingen: Vandenhoeck & Ruprecht

Fischer-Lichte, Erika (2004): Ästhetik des Performativen, Frankfurt am Main: Suhrkamp Verlag

Fischer-Lichte, Erika (1999): Kurze Geschichte des deutschen Theaters, 2. Aufl., UTB-Reihe, Tübingen (u.a.): Francke

Fischer-Lichte, Erika/*Pflug*, Isabel/*Horn*, Christian/*Warstat*, Matthias (Hrsg.) (2007): Inszenierung von Authentizität, 2. Aufl., Tübingen (u.a.): Francke

Fischer-Lichte, Erika/*Gronau*, Barbara/*Schouten*, Sabine/*Weiler*, Christel (Hrsg.) (2006): Wege der Wahrnehmung – Authentizität, Reflexivität und Aufmerksamkeit im zeitgenössischen Theater, Berlin: Theater der Zeit

Fisher, Tony/*Katsouraki*, Eve (Hrsg.) (2017): Performing Antagonism – Theatre, Performance & Radical Democracy, Basingstoke (u.a.): Palgrave Macmillan

Fishkin, James S. (1991): Democracy and Deliberation – New Directions for Democratic Reform, New Haven: Yale University Press

Flügel, Oliver/*Heil*, Reinhard/*Hetzel*, Andreas (2004): Die Rückkehr des Politischen – Demokratietheorien heute, Darmstadt: WBG

Fontaine, Susanne (2017): Ist-Zustand, Soll-Zustand – Zur Gattungspoetik von Rahmenlehrplänen, in: *Zentrum für künstlerische Lehrkräftebildung* (Hrsg.): Positionen und Perspektiven – Künstlerische Fächer in der Schule – Eine interdisziplinäre Fachtagung, Berlin: Universität der Künste Berlin, 4–6

Forster, Edgar (2015): Zur Kritik partizipativer Wissenspolitik, in: *Erziehungswissenschaft – Mitteilungen der Deutschen Gesellschaft für Erziehungswissenschaft, Vol. 26 (50)*, 65–73

Forum K&B, Theater und Schule (Hrsg.) (2015): 3. Akademiemodul – Partizipation, Kollaboration und Kooperation in der Kunst - 18. bis 22. Juni 2012 in Berlin, in: Mission Kulturagenten – Onlinepublikation des Modellprogramms „Kulturagenten für kreative Schulen 2011–2015", Essen, abrufbar unter: http://publikation.kulturagenten-programm.de/detailansicht.html?document=293&page=akademie.html (letzter Zugriff: 7.3.2017)

Foucault, Michel (2008): Der Mensch ist ein Erfahrungstier – Gespräch mit Ducio Trombadori, 1. Aufl. [4. Nachdr.], Frankfurt am Main: Suhrkamp Verlag

Foucault, Michel (2005): Analytik der Macht, Frankfurt am Main: Suhrkamp Verlag

Foucault, Michel (1998): Die Ordnung des Diskurses, Frankfurt am Main: Fischer Taschenbuch

Foucault, Michel (1992): Was ist Kritik?, Berlin: Merve Verlag

Foucault, Michel (1986): Sexualität und Wahrheit, Erster Band – Der Wille zum Wissen, Frankfurt am Main: Suhrkamp Verlag

Foucault, Michel (1981): Archäologie des Wissens, Frankfurt am Main: Suhrkamp Verlag

Foucault, Michel (1978): Dispositive der Macht – Über Sexualität, Wissen und Wahrheit, Berlin: Merve Verlag

Freire, Paulo (1972): Pädagogik der Unterdrückten, 2. Aufl., Stuttgart (u.a.): Kreuz-Verlag

Fried, Michael (1998): Art and Objecthood – Essays and Reviews, Chicago (u.a.): University of Chicago Press

Friedrichsmeier, Andres/*Wannöffel*, Manfred (2010): Mitbestimmung und Partizipation – Das Management von demokratischer Beteiligung und Interessenvertretung an deutschen Hochschulen, Düsseldorf: Hans-Böckler-Stiftung, abrufbar unter: https://www.boeckler.de/6299.htm?produkt=HBS-004620&chunk=1 (letzter Zugriff: 26.7.2016)

Fritz, Bastian (2006): Forumtheater bei attac – Medium auf dem Weg zu einer anderen Welt, in: *Odierna*, Simone/*Letsch*, Fritz (Hrsg.): Theater macht Politik – Forumtheater nach Augusto Boal, Gauting: Verein zur Förderung der sozialpolitischen Arbeit, 98–103

Fritz, Birgit (Hrsg.) (2013a): InExActArt. Das autopoietische Theater Augusto Boals – Ein Handbuch zur Praxis des Theaters der Unterdrückten, 2. Aufl., Stuttgart: ibidem Verlag

Fritz, Birgit (2013b): Von Revolution zu Autopoiese – Auf den Spuren Augusto Boals ins 21. Jahrhundert. Das Theater der Unterdrückten im Kontext von Friedensarbeit und einer Ästhetik der Wahrnehmung, Stuttgart: ibidem Verlag

Fritz, Birgit (2006): Stadtteilarbeit – Eine Geschichte über beharrliches Scheitern und konsequentes Lernen, in: *Odierna*, Simone/*Letsch*, Fritz (Hrsg.): Theater macht Politik – Forumtheater nach Augusto Boal, Gauting: Verein zur Förderung der sozialpolitischen Arbeit, 87–97

Fritz, Elisabeth (2014): Authentizität – Partizipation – Spektakel. Mediale Experimente mit „echten Menschen" in der zeitgenössischen Kunst, Köln: Böhlau

Fröhlich, Andreas (2014): Teil haben? Teil sein? Seinen Teil dazu geben! – Vortrag bei der Jahrestagung der Sozialpädagogischen Fachschule Mosbach 2013, abrufbar unter: http://www.andreas-fröhlich.eu/teil-haben-teil-sein-seinen-teil-dazu-geben/ (letzter Zugriff: 7.4.2017)

Fuchs, Max (2017): Partizipation als Reflexionsanlass, in: *Braun*, Tom/*Witt*, Kirsten (Hrsg.): Illusion Partizipation – Zukunft Partizipation. (Wie) Macht Kulturelle Bildung unsere Gesellschaft jugendgerechter?, München: kopaed, 43–55

Fuchs, Max (2014): Kulturelle Bildung als neoliberale Formung des Subjekts? – Eine Nachfrage, in: *Kulturelle Bildung > Online*, abrufbar unter: http://www.kubi-online.de/artikel/kulturelle-bildung-neoliberale-formung-des-subjekts-nachfrage (letzter Zugriff: 6.12.2014)

Fuchs, Max (2011): Leitformeln und Slogans in der Kulturpolitik, Wiesbaden: Springer VS

Fuchs, Max (2009): Kulturelle und politische Bildung, in: *Bundeszentrale für politische Bildung* (Hrsg.): Dossier Kulturelle Bildung, abrufbar unter: http://www.bpb.de/gesellschaft/kultur/kulturelle-bildung (letzter Zugriff: 3.10.2013)

Fuchs, Max (2008a): Kultur – Teilhabe – Bildung. Reflexionen und Impulse aus 20 Jahren, München: kopaed

Fuchs, Max (2008b): Kulturelle Bildung. Grundlagen – Praxis – Politik, München: kopaed

Gansen, Eva (2014): Die üblichen Verdächtigen? Die Bürgerbühne am Nationaltheater Mannheim als Instrument des Audience Developments – Masterarbeit im Master-Studiengang Kulturvermittlung, Institut für Kulturpolitik, Stiftung Universität Hildesheim.

García Düttmann, Alexander (2016): Die teilnahmslose Kunst, in: *Emmerling*, Leonhard/*Kleesattel*, Ines (Hrsg.): Politik der Kunst – Über Möglichkeiten, das Ästhetische politisch zu denken, Bielefeld: transcript, 35–49

García Düttmann, Alexander (2011): Teilnahme – Bewusstsein des Scheins, Konstanz: Konstanz University Press

Geldmacher, Pamela (2015): Re-Writing Avantgarde – Fortschritt, Utopie, Kollektiv und Partizipation in der Performance-Kunst, Bielefeld: transcript

Geheimagentur (2003): Zur Sozialisierung der Geheimagentur, in: *puzzelink_evidenz.18*, abrufbar unter: http://www.puzzelink-evidenz.de/geheimagentur0.html (letzter Zugriff: 13.12.2015)

Gerhardt, Volker (2007): Partizipation – Das Prinzip der Politik, München: C.H.Beck

Gesser, Susanne/*Handschin*, Martin/*Janelli*, Angela/*Lichtensteiger*, Sibylle (2012): Das partizipative Museum – Zwischen Teilhabe und User Generated Content. Neue Anforderungen an kulturhistorische Ausstellungen, Bielefeld: transcript

Giddens, Anthony (1999): Der dritte Weg – Die Erneuerung der sozialen Demokratie, Frankfurt am Main: Suhrkamp Verlag

Giddens, Anthony (1997): Jenseits von Links und Rechts – Die Zukunft radikaler Demokratie, 3. Aufl., Frankfurt am Main: Suhrkamp Verlag

Gielen, Pascal (2011): Mapping Community Art, in: *De Bruyne*, Paul/*Gielen*, Pascal (Hrsg.): Community Art – The Politics of Trespassing, Amsterdam: Valiz, 15–33

Glaser, Stefan (2015): Plädoyer gegen Empowerment? Zwischen Ansprüchen, gelebter Praxis, Kritik und neuen Ideen, in: *soziales_kapital – wissenschaftliches journal österreichischer fachhochschulstudiengänge soziale arbeit* (14), 30–42, abrufbar unter: http://www.soziales-kapital.at/index.php/sozialeskapital/article/viewFile/405/668.pdf (letzter Zugriff: 20.3.2017)

Glaser, Uli (2012): Mythos Kultur für Alle? Kulturelle Teilhabe als unerfülltes Programm (Nürnberger Arbeitspapiere zu sozialer Teilhabe, bürgerschaftlichem Engagement und „Good Governance" Nr. 3), Nürnberg, abrufbar unter: https://www.nuernberg.de/imperia/md/sozialreferat/dokumente/sonstige_downloads/3_mythoskulturelleteilhabe.pdf (letzter Zugriff: 5.6.2015)

Glauner, Max (2016): GET INVOLVED! Partizipation als künstlerische Strategie, deren Modi Interaktion, Kooperation und Kollaboration und die Erfahrung eines „Mittendrin-und-draußen", in: *Kunstforum International* [Get Involved! Partizipation als künstlerische Strategie], Bd. 240 (Juni-Juli), 31–55

Gloystein, Gesche (2013): Partizipation und Theater – Die Bürgerbühne als institutionalisiertes Partizipationsmodell, Saarbrücken: AV Akademikerverlag

Godard, Jean-Luc (1970): Que faire?, abrufbar unter: https://www.larevuedesressources.org/que-faire-what-is-to-be-done,2575.html (letzter Zugriff: 7.10.2017)

Gronau, Barbara (2010): Theaterinstallationen – Performative Räume bei Beuys, Boltanski und Kabakov, Paderborn: Wilhelm Fink Verlag

Gronau, Barbara (2006): Mambo auf der vierten Wand – Sitzstreiks, Liebeserklärungen und andere Krisenszenarien, in: *Fischer-Lichte*, Erika/*Sollich*, Robert/*Umathum*, Sandra/*Warstat*, Matthias (Hrsg.): Auf der Schwelle – Kunst, Risiken und Nebenwirkungen, München: Verlag Wilhelm Fink

Gronau, Barbara (2004): Teilhabe und Distanz als Modi der Wahrnehmung, in: *Sprache und Literatur* 35, (No. 94), 50–63

Habermas, Jürgen (1996): Die Einbeziehung des Anderen – Studien zur politischen Theorie, Frankfurt am Main: Suhrkamp Verlag

Habermas, Jürgen (1992): Faktizität und Geltung – Beiträge zur Diskurstheorie des Rechts und des demokratischen Rechtsstaats, Frankfurt am Main: Suhrkamp Verlag

Hafke, Christel (2009): „Jede gute Praxis braucht eine Theorie" – Ästhetische Praxis und Foucault. Foucaults Gouvernementalitätsansatz und die Kulturelle Bildung, in: *Zeitschrift für Theaterpädagogik. Korrespondenzen* (55), 17–20

Hallet, Wolfgang (2010): Methoden kulturwissenschaftlicher Ansätze: Close Reading und Wide Reading, in: *Nünning*, Vera/*Nünning*, Ansgar (Hrsg.): Methoden der literatur- und kulturwissenschaftlichen Textanalyse: Ansätze – Grundlagen – Modellanalysen, Stuttgart: Metzler, 293–315

Hanke, Ulrike (2001): Auf der Spur des Subjekts im theatralen Prozess, in: *Zeitschrift für Theaterpädagogik. Korrespondenzen* (39), 4–10

Hansen, Rüdiger/*Knauer*, Raingard/*Sturzenhecker*, Benedikt (2006): Bildung und Partizipation, in: *KiTa spezial* (3), abrufbar unter: https://www.ew.uni-hamburg.de/einrichtungen/ew2/sozialpaedagogik/files/bildung-und-partizipation.pdf (letzter Zugriff: 5.4.2016)

Hantelmann, Dorothea von (2016): Partizipation und Immersion in Theater und Museum (Video), in: *Andere Räume – Berliner Festspiele Blog*, abrufbar unter: https://blog.berlinerfestspiele.de/andere-raeume (letzter Zugriff: 11.9.2017)

Hark, Sabine (2013): Deviante Subjekte – Normalisierung und Subjektformierung, in: *Corsten*, Michael/ *Kauppert*, Michael (Hrsg.): Der Mensch – nach Rücksprache mit der Soziologie, Frankfurt am Main: Campus Verlag, 219–241

Harles, Lothar/*Lange*, Dirk (2015): Zeitalter der Partizipation – Paradigmenwechsel in Politik und politischer Bildung?, Schwalbach am Taunus: Wochenschau Verlag

Hart, Roger (1992): Children's Participation – from Tokenism to Citizenship, Innocenti Essays, No. 4, Florenz: UNICEF

Hartmann, Anne (2010): Die „devising performance" als theaterpädagogische Arbeitsmethode, in: *Hilliger*, Dorothea (Hrsg.): Freiräume der Enge – Künstlerische Findungsprozesse der Theaterpädagogik, Berlin/Milow/Strasburg: Schibri-Verlag, 111–139

Hasselberg, Viola (2014): Das Gegenmodell zur Dresdner Bürgerbühne – Theater als künstlerische Forschung am Theater Freiburg (2006-2013), in: *Kurzenberger*, Hajo/*Tscholl*, Miriam (Hrsg.): Die Bürgerbühne – Das Dresdner Modell, Berlin: Alexander Verlag, 159–169

Haug, Thomas (2005): „Das spielt (k)eine Rolle!" Theater der Befreiung nach Augusto Boal als Empowerment-Werkzeug im Kontext von Selbsthilfe, Stuttgart: ibidem Verlag

Heddon, Deirdre/*Milling*, Jane (2005): Devising Performance – A Critical History, Basingstoke (u.a.): Palgrave Macmillan

Hegemann, Carl/*Pollesch*, René (2005): Neues und gebrauchtes Theater – Ein Gespräch, in: *Höppner*, Michael/ *Wangemann*, Jutta (Hrsg.): Gnade, Überschreitung und Zurechtweisung, Berlin: Alexander Verlag, 47–83

Hentschel, Ulrike (2017): Die K-Frage revisited – Die Relevanz von Kompetenzen für das Fach Theater, in: *Schultheater. Wahrnehmung – Gestaltung – Spiel* (28), 4–7

Hentschel, Ulrike (2014): Welche Bildung? Überlegungen zu einem viel versprechenden Gegenstand, in: *Pinkert*, Ute (Hrsg.): Theaterpädagogik am Theater – Kontexte und Konzepte von Theatervermittlung, Berlin/ Milow/Strasburg: Schibri-Verlag, 70–78

Hentschel, Ulrike (2010): Theaterspielen als ästhetische Bildung – Über einen Beitrag produktiven künstlerischen Gestaltens zur Selbstbildung, Berlin/Milow/Strasburg: Schibri-Verlag

Hentschel, Ulrike (2003): Theorie? Ja, aber welche und wozu? Bemerkungen zum Selbstverständnis der Spiel- und Theaterpädagogik, in: *Ritter*, Hans-Martin/*Hentschel*, Ulrike (Hrsg.): Entwicklungen und Perspektiven der Spiel- und Theaterpädagogik – Festschrift für Hans-Wolfgang Nickel, Berlin/Milow/Strasburg: Schibri-Verlag, 60–75

Hentschel, Ulrike/*Pinkert*, Ute (2017): Praktiken der Vermittlung – Bemerkungen zu einer praxeologischen Perspektive auf theaterpädagogische Arbeitsfelder, in: *Zeitschrift für Theaterpädagogik. Korrespondenzen*, (70), 5–7

Hentschel, Ulrike/*Pinkert*, Ute (2014): Theaterpädagogisches Wissen und gesellschaftliches Handeln – Überlegungen zu einer reflexiven Theaterpädagogik, in: *Zeitschrift für Theaterpädagogik. Korrespondenzen*, (64), 4–10

Hentschel, Ulrike/*Pinkert*, Ute (2008): Was tue ich hier und warum? Überlegungen zur Theaterpädagogikausbildung heute, in: *Zeitschrift für Theaterpädagogik. Korrespondenzen* (53), 19–23

Herrig, Thomas A./*Hörner*, Siegfried (2012): Darstellendes Spiel und Theater – Schülerband, Paderborn: Schöningh Verlag

Hesse, Ulrich (2005): Vom Schulbühnenspiel zum Schulfach – Die Geschichte der Integration darstellenden Spiels in die Schule am Beispiel Hamburgs, Berlin/Milow/Strasburg: Schibri-Verlag

Hilliger, Dorothea (2018): K_eine Didaktik der performativen Künste – Theaterpädagogisch handeln im Framing von Risk, Rules, Reality und Rhythm, Berlin/Milow/Strasburg: Schibri-Verlag

Hintze, Dagrun (2014): Nachrichten aus der Wirklichkeit, in: *Neue Zürcher Zeitung*, 1.9.2014, abrufbar unter: http://www.nzz.ch/feuilleton/buehne/nachrichten-aus-der-wirklichkeit-1.18374184 (letzter Zugriff: 1.12.2015)

Hirsch, Michael (2007): Die zwei Seiten der Entpolitisierung – Zur politischen Theorie der Gegenwart, Stuttgart: Steiner

Hirst, Paul (1994): Associative Democracy – New Forms of Economic and Social Governance, Cambridge: Polity Press

Hoffmann, Hilmar (1979): Kultur für alle – Perspektiven und Modelle, Frankfurt am Main: S. Fischer Verlag

Höhne, Thomas/*Karcher*, Martin (2015): Bildung, Bevölkerung und politische Steuerung, in: *Fegter*, Susann/*Kessl*, Fabian/*Langer*, Antje/*Ott*, Marion/*Rothe*, Daniela/*Wrana*, Daniel (Hrsg.): Erziehungswissenschaftliche Diskursforschung, Wiesbaden: Springer VS, 347–361

Höhne, Thomas/*Karcher*, Martin (2013): Die globale Umschreibung von Bildung im Zeichen von „Kompetenz", in: *Glossar Ökonomisierung von Bildung*, abrufbar unter: http://www.gloeb.de/index.php?title=Kompetenz (letzter Zugriff: 13.8.2015)

Hüttler, Michael (2005): Unternehmenstheater – Vom Theater der Unterdrückten zum Theater der Unternehmer? Eine theaterwissenschaftliche Betrachtung, Stuttgart: ibidem Verlag

Iaconis, Uta Ena (2008): Lernen durch Theater – Unterrichtsstandards und Kompetenzentwicklung, in: *Jurké*, Volker/*Linck*, Dieter/*Reiss*, Joachim (Hrsg.): Zukunft Schultheater – Das Fach Theater in der Bildungsdebatte, Hamburg: Körber-Stiftung, 136–150

Institut für Theorie der Zürcher Hochschule der Künste (Hrsg.) (2007): Paradoxien der Partizipation – „31" – Das Magazin des Instituts für Theorie, Nr. 10/11, Zürich

Jackson, Shannon (2011): Social Works – Performing Art, Supporting Publics, New York (u.a.): Routledge

Jäger, Siegfried (2009): Kritische Diskursanalyse – Eine Einführung, 5. Aufl., Münster: Unrast

Jörke, Dirk (2011): Bürgerbeteiligung in der Postdemokratie, in: *Aus Politik und Zeitgeschichte* [Postdemokratie?] H. 1/2, 13–18

Jung, Eberhard (2010): Kompetenzerwerb – Grundlagen, Didaktik, Überprüfbarkeit, Berlin: Verlag Walter de Gruyter

Junge, Torsten (2009): Partizipation und die Konstituierung des moralischen Subjekts, abrufbar unter: http://torstensblog.wordpress.com/2009/07/14/partizipation-und-die-konstituierung-des-moralischen-subjekts/ (letzter Zugriff: 15.5.2014)

Junge, Torsten (2008): Gouvernementalität der Wissensgesellschaft – Politik und Subjektivität unter dem Regime des Wissens, Bielefeld: transcript

Jurt, Pascal (2012): „Eine antitheatrale Demokratie käme ihrem Ende gleich" – Juliane Rebentisch im Gespräch über Politik und Spektakel, abrufbar unter: http://jungle-world.com/artikel/2012/34/46115.html (letzter Zugriff: 5.8.2013)

Kaase, Max (1982): Partizipatorische Revolution – Ende der Parteien?, in: *Raschke*, Joachim (Hrsg.): Bürger und Parteien – Ansichten und Analysen einer schwierigen Beziehung, Bonn: Bundeszentrale für politische Bildung, 173–189

Kaprow, Allan (2006): Notes on the Elimination of the Audience, in: *Bishop*, Claire (Hrsg.): Participation, London (u.a.): MIT Press, 102–104

Kaprow, Allan (2003): Participation Performance (1977), in: *Kelley*, Jeff (Hrsg.): Essays on the Blurring of Art and Life, Berkeley: University of California Press, 181–194

Kempchen, Doris (2001): Wirklichkeiten erkennen – enttarnen – verändern. Dialog und Identitätsbildung im Theater der Unterdrückten, Stuttgart: ibidem Verlag

Kessl, Fabian (2005): Der Gebrauch der eigenen Kräfte – Eine Gouvernementalität Sozialer Arbeit, Weinheim: Beltz Juventa

Keupp, Heiner (2014): Sozialpsychologische Dimensionen der Teilhabe, in: *Kulturelle Bildung >> Online*, abrufbar unter: http://www.kubi-online.de/artikel/sozialpsychologische-dimensionen-teilhabe (letzter Zugriff: 4.7.2015)

Keupp, Heiner (2007): Sozialpsychologische Dimensionen der Teilhabe, in: *deutsche jugend. Zeitschrift für Jugendarbeit*, 55. Jg. H. 11, 465–474

Kirschen, Mareen (2014): E-Partizipation in kommunalen Entscheidungen – Die Bereitstellung bedarfsgerechter Onlineinstrumente zur bürgerschaftlichen Beteiligung, Hamburg: Diplomica Verlag

KMK, Kultusministerkonferenz (Hrsg.) (2006): Einheitliche Prüfungsanforderungen in der Abiturprüfung – Darstellendes Spiel, abrufbar unter: http://www.kmk.org/fileadmin/Dateien/veroeffentlichungen_beschluesse/2006/2006_11_16-EPA-darstellendes-Spiel.pdf (letzter Zugriff: 3.2.2016)

KMK, Kultusministerkonferenz (Hrsg.) (2009): Konzeption der Kultusministerkonferenz zur Nutzung der Bildungsstandards für die Unterrichtsentwicklung (Beschluss der Kultusministerkonferenz vom 10.12.2009), abrufbar unter: http://www.kmk.org/fileadmin/Dateien/veroeffentlichungen_beschluesse/2009/2009_12_10-Konzeption-Bildungsstandards-Bs.pdf (letzter Zugriff: 3.8.2016)

Knaller, Susanne (2006): Authentizität – Diskussion eines ästhetischen Begriffs, München: Wilhelm Fink Verlag

Knoblich, Tobias J. (2003): Soziokultur, in: *Koch*, Gerd/*Streisand*, Marianne (Hrsg.): Wörterbuch der Theaterpädagogik, Berlin/Milow/Strasburg: Schibri-Verlag, 277–278

Knopf, Jan (1980): Brecht-Handbuch – Theater, Stuttgart: Metzler

Knopp, Reinhold (2014): Mehr Partizipation wagen – Die besondere Bedeutung von Partizipation im Keywork-Konzept, in: *Knopp*, Reinhold/*Nell*, Karin (Hrsg.): Keywork[4] – Ein Konzept zur Förderung von Partizipation und Selbstorganisation in der Kultur-, Sozial- und Bildungsarbeit, Bielefeld: transcript, 39–47

Knopp, Reinhold/*Nell*, Karin (Hrsg.) (2014): Keywork[4] – Ein Konzept zur Förderung von Partizipation und Selbstorganisation in der Kultur-, Sozial- und Bildungsarbeit, Bielefeld: transcript

Koch, Gerd (2009): Aktive Verbindungen mit der Wirklichkeit eingehen und Theater als komprimierte Wirklichkeit nehmen – zum Community Theatre (CT), in: *Clausen*, Jens/*Hahn*, Harald/*Runge*, Markus (Hrsg.): Das Kieztheater – Forum und Kommunikation für den Stadtteil, Stuttgart: ibidem Verlag, 86–99

Koch, Gerd/*Roth*, Sieglinde/*Vassen*, Florian/*Wrentschur*, Michael (2004): Theaterarbeit in sozialen Feldern – Ein einführendes Handbuch, Frankfurt am Main: Brandes & Apsel

Koch, Gerd/*Streisand*, Marianne (Hrsg.) (2003): Wörterbuch der Theaterpädagogik, Berlin/Milow/Strasburg: Schibri-Verlag

Kohler-Koch, Beate (2011): Zivilgesellschaftliche Partizipation – Zugewinn an Demokratie oder Pluralisierung der europäischen Lobby?, in: *Kohler-Koch*, Beate/*Quittkat*, Christine (Hrsg.): Die Entzauberung partizipativer Demokratie – Zur Rolle der Zivilgesellschaft bei der Demokratisierung von EU-Governance, Frankfurt am Main: Campus Verlag, 241-271

Kolb-Mzalouet, Lisa (2006): Forumtheater und Partizipation – „Demokratie Lernen", in: *Odierna*, Simone/*Letsch*, Fritz (Hrsg.): Theater macht Politik – Forumtheater nach Augusto Boal, Gauting: Verein zur Förderung der sozialpolitischen Arbeit, 80–86

Kolesch, Doris (2012): Austauschverhältnisse – Die Geburt des modernen Subjekts auf dem Theater, in: *Kreuder*, Friedemann/*Bachmann*, Michael/*Pfahl*, Julia/*Volz*, Dorothea (Hrsg.): Theater und Subjektkonstitution – Theatrale Praktiken zwischen Affirmation und Subversion, Bielefeld: transcript, 21–39

Köppel, Petra/*Sandner*, Dominik (2008): Synergie durch Vielfalt – Praxisbeispiele zu Cultural Diversity in Unternehmen, Gütersloh: Bertelsmann Stiftung

Kravagna, Christian (1998): Arbeit an der Gemeinschaft – Modelle partizipatorischer Praxis, in: *Babias*, Marius/*Könneke*, Achim (Hrsg.): Die Kunst des Öffentlichen – Projekte, Ideen, Stadtplanungsprozesse im politischen, sozialen, öffentlichen Raum, Amsterdam (u.a.): Verlag der Kunst, 28–46

Krutzinna, Leonie (2014): Für jeden eine Chance – Das Staatsschauspiel Dresden gibt die Bühne frei für Laien, in: *Kultur Management Network*, abrufbar unter: http://kulturmanagement.net/beitraege/prm/39/v__d/ni__2806/cs__11/index.html (letzter Zugriff: 12.7.2015)

Kube Ventura, Holger (2016): Gegen Kunsttheorie – Zur Frage nach dem politischen Charakter von Kunst, in: *Emmerling*, Leonhard/*Kleesattel*, Ines (Hrsg.): Politik der Kunst – Über Möglichkeiten, das Ästhetische politisch zu denken, Bielefeld: transcript, 199–210

Kube Ventura, Holger (2002): Politische Kunst Begriffe in den 1990er Jahren im deutschsprachigen Raum, Wien: Ed. Selene

Kuhn, Sinje (2009): Spielweisen der Teilhabe – Partizipative Formate des zeitgenössischen Kinder- und Jugendtheaters, in: *Gronemeyer*, Andrea/*Heße*, Julia Dina/*Taube*, Gerd (Hrsg.): Kindertheater, Jugendtheater – Perspektiven einer Theatersparte, Berlin: Alexander Verlag, 130–143

Kündiger, Sabine/*Kunz*, Marcel/*Linck*, Dieter/*Mangold*, Christiane/*Mieruch*, Gunter/*Riedel*, Klaus (2007): Grundkurs Darstellendes Spiel 2 – Sekundarstufe II, Braunschweig: Schroedel Verlag

Kündiger, Sabine/*Kunz*, Marcel/*Mangold*, Christiane/*Oehmsen*, Susanne/*Pickenpack*, Christel/*Steuer*, Jan-Henning/*Ziemke*, Tillmann (2006): Grundkurs Darstellendes Spiel 1 – Sekundarstufe II, Braunschweig: Schroedel Verlag

Künkler, Tobias (2011): Lernen in Beziehung – Zum Verhältnis von Subjektivität und Relationalität in Lernprozessen, Bielefeld: transcript

Kunst, Bojana (2014): Die partizipative Politik des Tanzes, in: *Goethe-Institut*, abrufbar unter: https://www.goethe.de/de/kul/tut/gen/tan/20376449.html (letzter Zugriff: 18.2.2016)

Kunz, Marcel/*Mangold*, Christiane/*Riedel*, Klaus/*Ziemke*, Tillmann (2010): Grundkurs Darstellendes Spiel: Theatertheorien – Sekundarstufe II, Braunschweig: Schroedel Verlag

Kup, Johannes (2017): Theaterpädagogik im ‚Zeitalter der Partizipation'?, in: *Scheurle*, Christoph/*Hinz*, Melanie/*Köhler*, Norma (Hrsg.): PARTIZIPATION – teilhaben/teilnehmen, Theater als Soziale Kunst II, München: kopaed, 25–35

Kupke, Christian (2016): Die Unausweichlichkeit von Partizipation – Überlegungen zur Ubiquität von Partizipation und ihre Folgen für die künstlerische Produktion, in: *Kunstforum International* [Get Involved! Partizipation als künstlerische Strategie], Bd. 240 (Juni-Juli), 57–65

Kurzenberger, Hajo (2014a): Die Bürgerbühne – Zur Geschichte und Entwicklung einer partizipatorischen Theaterform, in: *Kurzenberger*, Hajo/*Tscholl*, Miriam (Hrsg.): Die Bürgerbühne – Das Dresdner Modell, Berlin: Alexander Verlag, 23–37

Kurzenberger, Hajo (2014b): Goethe hilft! Zur Text- und Stückentwicklung von „Ich armer Tor" nach Goethes „Faust" mit Dresdner Männern in der Midlife-Crisis, in: *Kurzenberger*, Hajo/*Tscholl*, Miriam (Hrsg.): Die Bürgerbühne – Das Dresdner Modell, Berlin: Alexander Verlag, 71–83

Kurzenberger, Hajo (2014c): Mehr Kunst und mehr Pädagogik!, in: *Kurzenberger*, Hajo/*Tscholl*, Miriam (Hrsg.): Die Bürgerbühne – Das Dresdner Modell, Berlin: Alexander Verlag, 129–139

Kurzenberger, Hajo (2014d): Mehr Pädagogik, weniger Kunst?, in: *Pinkert*, Ute (Hrsg.): Theaterpädagogik am Theater – Kontexte und Konzepte von Theatervermittlung, Berlin/Milow/Strasburg: Schibri-Verlag, 164–170

Kurzenberger, Hajo (2013a): Demokratie braucht Bürgerbühne, abrufbar unter: https://www.goethe.de/de/kul/tut/gen/tup/20364490.html (letzter Zugriff: 12.7.2015)

Kurzenberger, Hajo (2013b): Ein Theaterbiotop, „um Gelebtes auf den Kopf zu stellen", abrufbar unter: http://www.staatsschauspiel-dresden.de/buergerbuehne/inszenierungen/inszenierungen_2012_2013/die_jungfrau_von_orleans/der_fremde_raum_theater/ (letzter Zugriff: 7.6.2015)

Kurzenberger, Hajo (2012): Der kollektive Prozess der Theaterpädagogik, in: *Nix*, Christoph/*Sachser*, Dietmar/*Streisand*, Marianne (Hrsg.): Lektionen 5 – Theaterpädagogik, Berlin: Theater der Zeit, 99–104

Kurzenberger, Hajo (1997): Die „Verkörperung" der dramatischen Figur durch den Schauspieler, in: *Berg*, Jan/*Hügel*, Hans-Otto/*Kurzenberger*, Hajo (Hrsg.): Authentizität als Darstellung, Hildesheim: Universitätsverlag, 106–119

Kurzenberger, Hajo/*Tscholl*, Miriam (2014a): „Da ist zunächst einmal eine neue Energie" – Ulrich Khuon und Wilfried Schulz (im Gespräch mit Hajo Kurzenberger und Miriam Tscholl), in: dies. (Hrsg.): Die Bürgerbühne – Das Dresdner Modell, Berlin: Alexander Verlag, 141–157

Kurzenberger, Hajo/*Tscholl*, Miriam (Hrsg.) (2014b): Die Bürgerbühne – Das Dresdner Modell, Berlin: Alexander Verlag

Kurzenberger, Hajo/*Tscholl*, Miriam (2014c): Vorwort, in: dies. (Hrsg.): Die Bürgerbühne – Das Dresdner Modell, Berlin: Alexander Verlag, 7–9

Laatz, Wilfried/*Rammstedt*, Otthein (2011): Organismusmodell, in: *Fuchs-Heinritz*, Werner/*Klimke*, Daniela/*Lautmann*, Rüdiger/*Rammstedt*, Otthein/*Stäheli*, Urs/*Weischer*, Christoph/*Wienold*, Hanns (Hrsg.): Lexikon zur Soziologie, 5. Aufl., Wiesbaden: Springer VS, 491

Laclau, Ernesto (2012): Reply, in: *Cultural Studies*, Vol. 26 (2), 391–415

Laclau, Ernesto/*Mouffe*, Chantal (2001): Hegemony and Socialist Strategy – Towards a Radical Democratic Politics, 2. Aufl., London (u.a.): Verso

Lacy, Suzanne (1995): Mapping the Terrain – New Genre Public Art, Seattle: Bay Press

Lang, Siglinde (2015): Partizipatives Kulturmanagement – Interdisziplinäre Verhandlungen zwischen Kunst, Kultur und Öffentlichkeit, Bielefeld: transcript

Lehmann, Hans-Thies (2011): GET DOWN AND PARTY. TOGETHER. Partizipation in der Kunst seit den Neunzigern (I), abrufbar unter: http://www.heimspiel2011.de/assets/media/dokumentation/pdf/HSP-Doku_D_Lehmann.pdf (letzter Zugriff: 16.5.2014)

Lehmann, Hans-Thies (2008a): Postdramatisches Theater, 4. Aufl., Frankfurt am Main: Verlag der Autoren

Lehmann, Hans-Thies (2008b): Vom Zuschauer, in: *Deck*, Jan/*Sieburg*, Angelika (Hrsg.): Paradoxien des Zuschauens – Die Rolle des Publikums im zeitgenössischen Theater, Bielefeld: transcript, 21–26

Lehmann-Rommel, Roswitha (2004): Partizipation, Selbstreflexion und Rückmeldung – Gouvernementale Regierungspraktiken im Feld Schulentwicklung, in: *Ricken*, Norbert/*Rieger-Ladich*, Markus (Hrsg.): Michel Foucault – Pädagogische Lektüren, Wiesbaden: Springer VS, 261–183

Lemke, Thomas (2008a): Bildung als Dispositiv? Vom Nutzen und Nachteil einer Gouvernementalitätstheorie – ein Kommentar zum Beitrag von Norbert Ricken, in: *Ricken*, Norbert/*Liesner*, Andrea (Hrsg.): Die Macht der Bildung – Gouvernementalitätstheoretische Perspektiven in der Erziehungswissenschaft. Dokumentation einer Arbeitsgruppe des Kongresses der DGfE 2006, Bremen: Universitätsverlag, 22–27

Lemke, Thomas (2008b): Gouvernementalität und Biopolitik, 2. Aufl., Wiesbaden: Springer VS

Leonhard, Seraphine (2013): Bürgerbeteiligung in der kommunalen Stadtplanung – Eine kritische Betrachtung partizipativer Möglichkeiten am Beispiel Mediaspree, Hamburg: Diplomica Verlag

Lessenich, Stephan (2009): Krise des Sozialen?, in: *Aus Politik und Zeitgeschichte* [Krisenjahr 2009], H. 52, 28–34

Lessenich, Stephan (2008): Die Neuerfindung des Sozialen – Der Sozialstaat im flexiblen Kapitalismus, Bielefeld: transcript

Liebau, Eckart (2013): Kultur leben – Impulse zur Bildungsdiskussion, abrufbar unter: https://www.nuernberg.de/imperia/md/bildungsbuero/dokumente/impulse_liebau_web.pdf (letzter Zugriff: 1.2.2018)

Liebau, Eckart (2001): Die Bildung des Subjekts – Beiträge zur Pädagogik der Teilhabe, Weinheim: Beltz Juventa

Liebau, Eckart (1999): Erfahrung und Verantwortung – Werteerziehung als Pädagogik der Teilhabe, Weinheim: Beltz Juventa

Liebert, Wolf-Andreas (2015): Flüchtige Autonomien – Selbstermächtigung in postmodernen Performances, in: *Liebert*, Wolf-Andreas/*Westphal*, Kristin (Hrsg.): Performances der Selbstermächtigung, Oberhausen: ATHENA Verlag, 15–31

Liebert, Wolf-Andreas/*Westphal*, Kristin (Hrsg.) (2015): Performances der Selbstermächtigung, Oberhausen: ATHENA Verlag

Liesner, Andrea (2004): Von kleinen Herren und großen Knechten – Gouvernementalitätstheoretische Anmerkungen zum Selbständigkeitskult in Politik und Pädagogik, in: *Ricken*, Norbert/*Rieger-Ladich*, Markus (Hrsg.): Michel Foucault – Pädagogische Lektüren, Wiesbaden: Springer VS, 285–300

Lindner, Werner (2015): „Es muss was gescheh'n – aber es darf nix passier'n." Partizipation zwischen politischen und pädagogischen Arrangements. Vortrag im Rahmen des Fachtags „Kulturelle Bildung in der Schule: Tür auf für mehr Partizipation!", in: *Kulturelle Bildung >> Online*, abrufbar unter: https://www.kubi-online.de/artikel/muss-was-geschehn-darf-nix-passiern-partizipation-zwischen-politischen-paedagogischen (letzter Zugriff: 19.7.2016)

List, Volker (2016): Klausur, ästhetische Praxis und Tod – Eine Theater-Klausur und ihre Folgen, in: *Angewandte Theaterforschung*, abrufbar unter: http://www.angewandte-theaterforschung.de/klausur-und-tod/ (letzter Zugriff: 24.2.2016)

List, Volker (2015): Kursbuch Theater machen – Erste Evaluation, in: *Angewandte Theaterforschung*, abrufbar unter: http://www.angewandte-theaterforschung.de/kursbuch-theater-machen-evaluation/ (letzter Zugriff: 24.2.2016)

List, Volker (2014a): Kompetenz-Checks zum „Kursbuch Theater machen", abrufbar unter: https://www2.klett.de/sixcms/list.php?page=lehrwerk_extra&titelfamilie=&extra=Darstellendes%20Spiel-Online&modul=inhaltsammlung&inhalt=klett71prod_1.c.1789278.de&kapitel=1789276 (letzter Zugriff: 14.3.2016)

List, Volker (2014b): Kursbuch Theater machen, Stuttgart/Leipzig: Klett

List, Volker (2012): Kursbuch Impro-Theater, Stuttgart/Leipzig: Klett

List, Volker (2010a): Kompetenzüberprüfung „Portfolio", abrufbar unter: http://volkerlist.de/kompetenzuberprufung-portfolio/ (letzter Zugriff: 24.2.2016)

List, Volker (2010b): Synergie durch Vielfalt – Für Theaterlehrer eine Orientierungshilfe?, abrufbar unter: http://volkerlist.de/synergie-durch-vielfalt/ (letzter Zugriff: 24.2.2016)

List, Volker (2009): Raster zur Kompetenzanalyse – Online-Zusatzmaterial des Klettverlags zum „Kursbuch Darstellendes Spiel", abrufbar unter: http://www2.klett.de/sixcms/list.php?page=lehrwerk_extra&titelfamilie=&extra=&modul=inhaltsammlung&inhalt=klett71prod_1.c.406338.de&kapitel=406759 (letzter Zugriff: 14.3.2016)

LISUM, Landesinstitut für Schule und Medien Berlin-Brandenburg (Hrsg.) (2015a): Rahmenlehrplan Berlin-Brandenburg – Teil C Kunst Jahrgangsstufen 1–10, abrufbar unter: http://bildungsserver.berlin-brandenburg.de/fileadmin/bbb/unterricht/rahmenlehrplaene/Rahmenlehrplanprojekt/amtliche_Fassung/Teil_C-Kunst_2015_11_10_WEB.pdf (letzter Zugriff: 29.2.2016)

LISUM, Landesinstitut für Schule und Medien Berlin-Brandenburg (Hrsg.) (2015b): Rahmenlehrplan Berlin-Brandenburg – Teil C Musik Jahrgangsstufen 1–10, abrufbar unter: http://bildungsserver.berlin-brandenburg.de/fileadmin/bbb/unterricht/rahmenlehrplaene/Rahmenlehrplanprojekt/amtliche_Fassung/Teil_C_Musik_2015_11_16_web.pdf (letzter Zugriff: 29.2.2016)

LISUM, Landesinstitut für Schule und Medien Berlin-Brandenburg (Hrsg.) (2015c): Rahmenlehrplan Berlin-Brandenburg – Teil C Theater (Wahlpflichtfach) Jahrgangsstufen 7–10, abrufbar unter: https://bildungsserver.berlin-brandenburg.de/fileadmin/bbb/unterricht/rahmenlehrplaene/Rahmenlehrplanprojekt/amtliche_Fassung/Teil_C_Theater_2015_11_10_WEB.pdf (letzter Zugriff: 29.2.2016)

Lüders, Jenny (2007): Ambivalente Selbstpraktiken – Eine Foucault'sche Perspektive auf Bildungsprozesse in Weblogs, Bielefeld: transcript

Luhmann, Niklas (1989): Gesellschaftsstruktur und Semantik, Bd. 3, Frankfurt am Main: Suhrkamp Verlag

Luhmann, Niklas (1987): Soziale Systeme – Grundriß einer allgemeinen Theorie, Frankfurt am Main: Suhrkamp Verlag

Machamer, Josh (2017): Immersive Theatre – Engaging the Audience, Champaign: Common Ground Research Networks

Maedler, Jens (Hrsg.) (2008): TeilHabeNichtse – Chancengerechtigkeit und kulturelle Bildung, München: kopaed

Maedler, Jens/*Witt*, Kirsten (2014): Gelingensbedingungen kultureller Teilhabe, in: *Kulturelle Bildung >> Online*, abrufbar unter: http://www.kubi-online.de/artikel/gelingensbedingungen-kultureller-teilhabe (letzter Zugriff: 13.8.2015)

Mandel, Birgit (2014): Audience Development am Theater – Neue Besucher sichern oder das Theater durch neue Nutzer verändern?, in: *Pinkert*, Ute (Hrsg.): Theaterpädagogik am Theater – Kontexte und Konzepte von Theatervermittlung, Berlin/Milow/Strasburg: Schibri-Verlag, 107–117

Mandel, Birgit (2008): Audience Development, Kulturmanagement, Kulturelle Bildung – Konzeptionen und Handlungsfelder der Kulturvermittlung, München: kopaed

Mandel, Birgit/*Renz*, Thomas (Hrsg.) (2014): MIND THE GAP! Zugangsbarrieren zu kulturellen Angeboten und Konzeptionen niedrigschwelliger Kulturvermittlung, Hildesheim: Universitätsverlag

Marg, Stine/*Walter*, Franz/*Geiges*, Lars/*Butzlaff*, Felix (Hrsg.) (2013): Die neue Macht der Bürger – Was motiviert die Protestbewegungen? BP-Gesellschaftsstudie, Bonn: Bundeszentrale für politische Bildung

Maset, Pierangelo (1995): Ästhetische Bildung der Differenz, Stuttgart: Radius-Verlag

Masschelein, Jan (2004): „Je viens de voir, je viens d'entendre" – Erfahrungen im Niemandsland, in: *Ricken*, Norbert/ *Rieger-Ladich*, Markus (Hrsg.): Michel Foucault – Pädagogische Lektüren, Wiesbaden: Springer VS, 95–115

Masschelein, Jan/*Quaghebeur*, Kerlyn (2003): Participation as Strategy of Immunisation?, in: *Ästhetik und Kommunikation*, Jg. 34, H. 120, 73–76

Mattioli, Irene (2016): Von Polen nach Sardinien. Das Paratheater von Rena Mirecka und Ewa Benesz – Die Erfahrung zweier Protagonistinnen in der Tradition des Theaters von Jerzy Grotowski von 1981 bis heute (unveröffentlichtes Exposé zu einem Dissertationsvorhaben)

Matzke, Annemarie M. (2005): Testen, Spielen, Tricksen, Scheitern – Formen szenischer Selbstinszenierung im zeitgenössischen Theater, Hildesheim: Georg Olms Verlag

MBJS, Ministerium für Bildung, Jugend und Sport Brandenburg (Hrsg.) (2011): Vorläufiger Rahmenlehrplan für den Unterricht in der gymnasialen Oberstufe im Land Brandenburg – Darstellendes Spiel, abrufbar unter: http://bildungsserver.berlin-brandenburg.de/fileadmin/bbb/unterricht/rahmenlehrplaene/gymnasiale_oberstufe/curricula/2011/DS-VRLP_GOST_2011_Brandenburg.pdf (letzter Zugriff: 29.2.2016)

MBJS, Ministerium für Bildung, Jugend und Sport Brandenburg (Hrsg.) (2002): Rahmenlehrplan Darstellen und Gestalten – Sekundarstufe I, abrufbar unter: http://bildungsserver.berlin-brandenburg.de/fileadmin/bbb/unterricht/rahmenlehrplaene/Rahmenlehrplanprojekt/amtliche_Fassung/Teil_C_Theater_2015_11_10_WEB.pdf (letzter Zugriff: 29.2.2016)

MBJS, Ministerium für Bildung, Jugend und Sport Brandenburg (Hrsg.) (1998): Unterrichtsvorgaben Darstellen und Gestalten – Sekundarstufe I, Berlin: Wissenschaft & Technik Verlag

MBJS, Ministerium für Bildung, Jugend und Sport Brandenburg (Hrsg.) (1992): Vorläufiger Rahmenplan Darstellendes Spiel, Potsdam: Brandenburgische Universitätsdruckerei und Verlagsgesellschaft

McKenzie, Jon (2013): Performativitäten, Gegen-Performativitäten und Meta-Performativitäten, in: *Fischer-Lichte*, Erika/*Hasselmann*, Kristiane (Hrsg.): Performing the Future – Die Zukunft der Performativitätsforschung, München: Wilhelm Fink Verlag, 141–159

McKenzie, Jon (2001): Perform or Else, London (u.a.): Routledge

Meyer-Drawe, Käte (2010): Zur Erfahrung des Lernens – Eine phänomenologische Skizze, in: *Santalka: Filosofija, Komunikacija*, Vol. 18 (3), 6–17

Meyer-Drawe, Käte (2009): Parteinahme für die Dinge, in: *Gethmann-Siefert*, Annemarie/*Weisser-Lohmann*, Elisabeth (Hrsg.): Wege zur Wahrheit, Paderborn: Wilhelm Fink Verlag, 73–84

Meyerhold, Wsewolod E. (1979): Schriften 1, 1891 – 1917, Berlin: Henschelverlag Kunst und Gesellschaft

Mieruch, Gunter (2016): Schlaglichter auf Positionen der Geschichte des Schulfaches Theater, in: *Barth*, Dorothee (Hrsg.): Musik. Kunst. Theater. – Fachdidaktische Positionen ästhetisch-kultureller Bildung an Schulen, Osnabrück: Universitätsverlag, 105–119

Mieruch, Gunter (2008): Plädoyer für die Umbenennung des Schulfachs „Darstellendes Spiel" in „Theater", in: *Zeitschrift für Theaterpädagogik. Korrespondenzen* (53), 28–30

Miessen, Markus (2010): Albtraum Partizipation, Berlin: Merve Verlag

Milevska, Suzana (2006): Partizipatorische Kunst – Überlegungen zum Paradigmenwechsel vom Objekt zum Subjekt, in: *Springerin*, Vol. 12 (2), 18–23

Mollenhauer, Klaus (1996): Grundfragen ästhetischer Bildung – Theoretische und empirische Befunde zur ästhetischen Erfahrung von Kindern, Weinheim: Beltz Juventa

Mörsch, Carmen (2014): Wie wird vermittelt?, in: *Institute for Art Education der Zürcher Hochschule der Künste (ZHdK)* (Hrsg.): Zeit für Vermittlung, Zürich, 85–110, abrufbar unter: http://www.kultur-vermittlung.ch/infothek/zeit-fuer-vermittlung.html (letzter Zugriff: 1.2.2015)

Mouffe, Chantal (2015): Agonistik – Die Welt politisch denken, Bonn: Bundeszentrale für politische Bildung

Mouffe, Chantal (2007a): Artistic Activism and Agonistic Spaces, in: *Art&Research*, Vol. 1 (2), abrufbar unter: http://www.artandresearch.org.uk/v1n2/mouffe.html (letzter Zugriff: 20.1.2014)

Mouffe, Chantal (2007b): Über das Politische – Wider die kosmopolitische Illusion, Frankfurt am Main: Suhrkamp

Mouffe, Chantal (2000): Deliberative Democracy or Agonistic Pluralism, in: *Institut für Höhere Studien (IHS), Wien – Institute for Advanced Studies, Vienna* (December 2000), abrufbar unter: http://www.ihs.ac.at/publications/pol/pw_72.pdf (letzter Zugriff: 1.12.2013)

Müller, Achim (2014): Die Bürgerbühne als Beziehungsstifter, in: *Kurzenberger*, Hajo/*Tscholl*, Miriam (Hrsg.): Die Bürgerbühne – Das Dresdner Modell, Berlin: Alexander Verlag, 171–185

Müller, Jan (2013): „Anerkennen" und „Anrufen" – Figuren der Subjektivierung, in: *Gelhard*, Andreas/*Alkemeyer*, Thomas/*Ricken*, Norbert (Hrsg.): Techniken der Subjektivierung, Paderborn: Wilhelm Fink Verlag, 61–78

Müller-Schöll, Nikolaus (2014): Das Wir kehrt wieder, in: *Theater heute* (1), 36–39

Münte-Goussar, Stephan (2009): Forschendes Lernen, in: *Meyer*, Torsten/*Sabisch*, Andrea (Hrsg.): Kunst Pädagogik Forschung – Aktuelle Zugänge und Perspektiven, Bielefeld: transcript, 149–164

Nassehi, Armin (2015): Mehr Kritik, bitte! Aber welche?, in: *Nassehi*, Armin/*Felixberger*, Peter (Hrsg.): Kursbuch 182 – Das Kursbuch. Wozu? 50 Jahre Jubiläumsedition, Hamburg: Murmann Verlag, 40–58

Nell, Karin (2014): Die vier Faktoren von Keywork[4], in: *Knopp*, Reinhold/*Nell*, Karin (Hrsg.): Keywork[4] – Ein Konzept zur Förderung von Partizipation und Selbstorganisation in der Kultur-, Sozial- und Bildungsarbeit, Bielefeld: transcript, 49–61

Nicholson, Helen (2005): Applied Drama – The Gift of Theatre, Basingstoke (u.a.): Palgrave Macmillan

Noetzel, Thomas (1999): Authentizität als politisches Problem – Ein Beitrag zur Theoriegeschichte der Legitimation politischer Ordnung, Berlin: Oldenbourg Akademieverlag

Olteanu, Tina/*de Nève*, Dorothée (2013): Potentiale unkonventioneller Partizipation (Fazit), in: *de Nève*, Dorothée/*Olteanu*, Tina (Hrsg.): Politische Partizipation jenseits der Konventionen, Opladen: Budrich, 283–301

Pateman, Carole (1970): Participation and Democratic Theory, Cambridge: Cambridge University Press

Peters, Sibylle (Hrsg.) (2013a): Das Forschen aller – Artistic Research als Wissensproduktion zwischen Kunst, Wissenschaft und Gesellschaft, Bielefeld: transcript

Peters, Sibylle (2013b): THE ART OF BEING MANY – Zur Entwicklung einer Kunst der Versammlung im Theater der Gegenwart, in: *Peters*, Sibylle (Hrsg.): Das Forschen aller – Artistic Research als Wissensproduktion zwischen Kunst, Wissenschaft und Gesellschaft, Bielefeld: transcript, 155–172

Pfaller, Robert (2008a): Ästhetik der Interpassivität, Hamburg: Philo & Philo Fine Arts

Pfaller, Robert (2008b): Mit Himbeersaft kann man nicht feiern, in: *taz.die tageszeitung*, 20.12.2008, abrufbar unter: http://www.taz.de/1/archiv/print-archiv/printressorts/digi-artikel/?ressort=do&dig=2008/12/20/a0002&cHash=58d8eb5526 (letzter Zugriff: 16.5.2014)

Pfeiffer, Malte (2009): Theater des Handelns (Standorte 1) – Strategien der Performance-Art als Methode in der Theaterarbeit mit Jugendlichen, Weinheim: Deutscher Theaterverlag

Pfeiffer, Malte/*List*, Volker (2009a): Ästhetische Freiheit und systematischer Kompetenzerwerb – ein Widerspruch? (Teil 1), in: *Spiel & Theater – Die Zeitschrift für Theater von und mit Jugendlichen* (183), 2–5

Pfeiffer, Malte/*List*, Volker (2009b): Ästhetische Freiheit und systematischer Kompetenzerwerb – ein Widerspruch? (Teil 2), in: *Spiel & Theater – Die Zeitschrift für Theater von und mit Jugendlichen* (184), 2–5

Pfeiffer, Malte/*List*, Volker (2009c): Kursbuch Darstellendes Spiel, Stuttgart; Leipzig: Klett

Pinkert, Ute (2017): Sich zu den Vorannahmen der eigenen Wissensproduktion zurückbeugen..., in: *Fuchs*, Max/*Braun*, Tom (Hrsg.): Kritische Kulturpädagogik. Gesellschaft – Bildung – Kultur, München: kopaed, 187–196

Pinkert, Ute (2015): Kollisionen? Kreativität und Performance – Schlüsselbegriffe kultureller Bildung im Kontext kulturbestimmender Diskurse, abrufbar unter: http://publikation.kulturagenten-programm.de/detailansicht.html?document=158 (letzter Zugriff: 29.4.2016)

Pinkert, Ute (Hrsg.) (2014a): Theaterpädagogik am Theater – Kontexte und Konzepte von Theatervermittlung, Berlin/Milow/Strasburg: Schibri-Verlag

Pinkert, Ute (2014b): Vermittlungsgefüge I – Vermittlung im institutionalisierten Theater als immanente Dimension und als pädagogischer Auftrag, in: *Pinkert*, Ute (Hrsg.): Theaterpädagogik am Theater – Kontexte und Konzepte von Theatervermittlung, Berlin/Milow/Strasburg: Schibri-Verlag, 12–69

Pinkert, Ute (2008): Theater machen! Ja, aber welches? Paradigmenwechsel in der Theaterpädagogik, in: *Streisand*, Marianne/*Giese*, Nadine/*Kraus*, Tom/*Ruping*, Bernd (Hrsg.): Talkin' about my Generation – Archäologie der Theaterpädagogik II, Berlin/Milow/Strasburg: Schibri-Verlag, 252 – 267

Pinkert, Ute (2005): Transformationen des Alltags – Theaterprojekte der Berliner Lehrstückpraxis und Life Art bei Forced Entertainment: Modelle, Konzepte und Verfahren kultureller Bildung, Berlin/Milow/Strasburg: Schibri-Verlag

Pinkert, Ute/*Sack*, Mira (2014): Vorwort, in: *Pinkert*, Ute (Hrsg.): Theaterpädagogik am Theater – Kontexte und Konzepte von Theatervermittlung, Berlin/Milow/Strasburg: Schibri-Verlag, 7–10

Piontek, Anja (2017): Museum und Partizipation – Theorie und Praxis kooperativer Ausstellungsprojekte und Beteiligungsangebote, Bielefeld: transcript

Piscator, Erwin (1963): Das politische Theater, Reinbek bei Hamburg: Rowohlt

Plath, Maike (2016): Spielraum Theater – Selbstermächtigung und Partizipation (Konzept), in: *spielraum theater. selbstermächtigung und partizipation*, abrufbar unter: http://www.maikeplath.de/konzept/ (letzter Zugriff: 7.11.2016)

Plath, Maike (2015a): Neuigkeiten! ACT – Führe Regie über dein Leben!, in: *spielraum theater. selbstermächtigung und partizipation*, abrufbar unter: http://www.maikeplath.de/blog/neuigkeiten-act-fuehre-regie-ueber-dein-leben (letzter Zugriff: 7.11.2016)

Plath, Maike (2015b): Prinzipien der Stückentwicklung beim Partizipativen Theater, in: *spielraum theater. selbstermächtigung und partizipation*, abrufbar unter: http://www.maikeplath.de/blog/prinzipien-der-stueckentwicklung-beim-partizipativen-theater (letzter Zugriff: 7.11.2016)

Plath, Maike (2015c): Schule hacken durch Innovation! – Stichwort „Partizipative Spielwiese" bzw. „Startrampe", in: *spielraum theater. selbstermächtigung und partizipation*, abrufbar unter: http://www.maikeplath.de/blog/schule-hacken-durch-innovation-stichwort-partizipative-spielwiese-bzw-startrampe (letzter Zugriff: 7.11.2016)

Plath, Maike (2014a): „Freak out mit Engel-Stopp" – Das Methoden-Repertoire Erweiterungsset: 96 Karten für Darstellendes Spiel und Theaterunterricht, Weinheim: Beltz Juventa

Plath, Maike (2014b): „Niemand sollte mir mehr sagen können: ‚Das geht nicht!'" Interview mit Maike Plath, in: *taz.am Wochenende*, 16.6.2014, abrufbar unter: http://www.taz.de/!339406/ (letzter Zugriff 7.3.2018)

Plath, Maike (2014c): Partizipativer Theaterunterricht mit Jugendlichen – Praxisnah neue Perspektiven entwickeln, Weinheim: Beltz Juventa

Plath, Maike (2014d): Vielfalt als Ressource – der partizipative Theater-Unterricht. Kunst der Begegnung, in: *spielraum theater. selbstermächtigung und partizipation*, abrufbar unter: http://www.maikeplath.de/blog/vortrag-zum-fachtag-darstellendes-spiel-in-neumuenster-am-06-12-2014 (letzter Zugriff: 7.11.2016)

Plath, Maike (2011): „Freeze! & Blick ins Publikum!" – Das Methoden-Repertoire für Darstellendes Spiel und Theaterunterricht, Weinheim: Beltz Juventa

Plath, Maike (2009): Biografisches Theater in der Schule – Mit Jugendlichen inszenieren. Darstellendes Spiel in der Sekundarstufe, Weinheim: Beltz Juventa

Platon (1991): Der Staat, München: dtv

Pohl, Kerstin/*Massing*, Peter (2014): Einleitung, in: dies. (Hrsg.): Mehr Partizipation – mehr Demokratie?, Schwalbach am Taunus: Wochenschau Verlag, 5–10

Pongratz, Ludwig A. (2009): Untiefen im Mainstream – Zur Kritik konstruktivistisch-systemtheoretischer Pädagogik, Paderborn: Schöningh Verlag

Popper, Frank (1975): Art, Action and Participation, London: Studio Vista

Prentki, Tim/*Preston*, Sheila (2009a): Applied Theatre – An introduction, in: dies. (Hrsg.): The Applied Theatre Reader, London (u.a.): Routledge, 9–15

Prentki, Tim/*Preston*, Sheila (Hrsg.) (2009b): The Applied Theatre Reader, London (u.a.): Routledge

Primavesi, Patrick (2011): Theater/Politik – Kontexte und Beziehungen, in: *Deck*, Jan/*Sieburg*, Angelika (Hrsg.): Politisch Theater machen – Neue Artikulationsformen des Politischen in den darstellenden Künsten, Bielefeld: transcript, 41–72

Primavesi, Patrick (2008): Zuschauer in Bewegung – Randgänge theatraler Praxis, in: *Deck*, Jan/*Sieburg*, Angelika (Hrsg.): Paradoxien des Zuschauens – Die Rolle des Publikums im zeitgenössischen Theater, Bielefeld: transcript, 85–106

Prinz-Kiesbüye, Myrna-Alice/*Schmidt*, Yvonne/*Strickler*, Pia (Hrsg.) (2012): Theater und Öffentlichkeit – Theatervermittlung als Problem, Zürich: Chronos

Probst, Lothar (2002): Idee und Gestalt der Bürgergesellschaft, in: *Kreibich*, Rolf/*Trapp*, Christian (Hrsg.): Bürgergesellschaft – Floskel oder Programm, Baden-Baden: Nomos Verlagsgesellschaft, 26–33

Rabenstein, Kerstin (2007): Das Leitbild des selbstständigen Schülers – Machtpraktiken und Subjektivierungsweisen in der pädagogischen Reformsemantik, in: *Rabenstein*, Kerstin/*Reh*, Sabine (Hrsg.): Kooperatives und selbstständiges Arbeiten von Schülern, Springer VS, 39–60

Raddatz, Frank (2012): Das Authentische – Vom Theater der Verkörperung zum Tod der Repräsentation, in: *Schipper*, Imanuel (Hrsg.): Ästhetik versus Authentizität? Reflexionen über die Darstellung von und mit Behinderung, Berlin: Theater der Zeit

Radermacher, Norbert (2003): Arbeitsfelder der Theaterpädagogik, in: *Koch*, Gerd/*Streisand*, Marianne (Hrsg.): Wörterbuch der Theaterpädagogik, Berlin/Milow/Strasburg: Schibri-Verlag, 29–30

Rahnema, Majid (2009): Participation, in: *Prentki*, Tim/*Preston*, Sheila (Hrsg.): The Applied Theatre Reader, London (u.a.): Routledge, 141–147

Rancière, Jacques (2013): Aisthesis – Vierzehn Szenen, Wien: Passagen Verlag

Rancière, Jacques (2009): Der emanzipierte Zuschauer, Wien: Passagen-Verlag

Rancière, Jacques (2008): Die Aufteilung des Sinnlichen – Die Politik der Kunst und ihre Paradoxien, Berlin: b_books Verlag

Rancière, Jacques (2002): Das Unvernehmen – Politik und Philosophie, Frankfurt am Main: Suhrkamp Verlag

Rat für Kulturelle Bildung e.V. (Hrsg.) (2014): SCHÖN DASS IHR DA SEID – Kulturelle Bildung: Teilhabe und Zugänge, abrufbar unter: https://www.rat-kulturelle-bildung.de/fileadmin/user_upload/pdf/RFKB_Schoen_Einzelseiten.pdf (letzter Zugriff: 23.11.2015)

Raunig, Gerald (2007): Partizipation und Polizei, in: *Institut für Theorie der Zürcher Hochschule der Künste* (Hrsg.): Paradoxien der Partizipation – „31" – Das Magazin des Instituts für Theorie, Nr. 10/11, Zürich, 65–70

Rebentisch, Juliane (2013): Theorien der Gegenwartskunst – Zur Einführung, Hamburg: Junius

Rebentisch, Juliane (2012): Die Kunst der Freiheit – Zur Dialektik demokratischer Existenz, Berlin: Suhrkamp Verlag

Rebentisch, Juliane (2007): Spektakel, in: *Texte zur Kunst* [Kurzführer/Short Guide] H. 66, 41–51, abrufbar unter: https://www.textezurkunst.de/66/ (letzter Zugriff: 30.9.2014)

Reckwitz, Andreas (2010): Auf dem Weg zu einer kultursoziologischen Analytik zwischen Praxeologie und Poststrukturalismus, in: *Wohlrab-Sahr*, Monika (Hrsg.): Kultursoziologie – Paradigmen-Methoden-Fragestellungen, Wiesbaden: Springer VS, 179–205

Reckwitz, Andreas (2008): Subjekt, Bielefeld: transcript

Reckwitz, Andreas (2003): Grundelemente einer Theorie sozialer Praktiken – Eine sozialtheoretische Perspektive, in: *Zeitschrift für Soziologie*, (Jg. 32, H. 4), 282–301

Rehbein, Boike/*Saalmann*, Gernot (2009): Feld (champ), in: *Fröhlich*, Gerhard/*Rehbein*, Boike (Hrsg.): Bourdieu-Handbuch. Leben – Werk – Wirkung, Stuttgart (u.a.): Metzler, 99–103

Rehberg, Karl-Siegbert (2014): Darstellendes Verhalten als Selbst- und Zeiterfahrung, in: *Kurzenberger*, Hajo/*Tscholl*, Miriam (Hrsg.): Die Bürgerbühne – Das Dresdner Modell, Berlin: Alexander Verlag, 187–202

Reichardt, Sven (2014): Authentizität und Gemeinschaft – Linksalternatives Leben in den siebziger und frühen achtziger Jahren, Berlin: Suhrkamp Verlag

Reinwand-Weiss, Vanessa-Isabelle (2013): Künstlerische Bildung – Ästhetische Bildung – Kulturelle Bildung, in: *Kulturelle Bildung >> Online*, abrufbar unter: http://www.kubi-online.de/artikel/kuenstlerische-bildung-aesthetische-bildung-kulturelle-bildung (letzter Zugriff: 6.12.2015)

Richter, Dagmar (2006): Politische Bildung durch „Kunst mit politics" – Nur ein Versprechen oder eine Chance zur politisch-ästhetischen Kompetenzbildung?, in: *JSSE – Journal of Social Science Education*, (Jg. 5, H. 2), abrufbar unter: http://www.jsse.org/index.php/jsse/article/view/1013 (letzter Zugriff: 20.1.2014)

Ricken, Norbert (2013): Anerkennung als Adressierung – Über die Bedeutung von Anerkennung für Subjektivationsprozesse, in: *Alkemeyer*, Thomas/*Budde*, Gunilla/*Freist*, Dagmar (Hrsg.): Selbst-Bildungen – Soziale und kulturelle Praktiken der Subjektivierung, Bielefeld: transcript, 69–99

Ricken, Norbert (2008): Bildung als Dispositiv – Systematische Anmerkungen zum Einsatz der „studies of governmentality" in den Erziehungswissenschaften, in: *Ricken*, Norbert/*Liesner*, Andrea (Hrsg.): Die Macht der Bildung – Gouvernementalitätstheoretische Perspektiven in der Erziehungswissenschaft. Dokumentation einer Arbeitsgruppe des Kongresses der DGfE 2006, Bremen: Universitätsverlag, 6–21

Ricken, Norbert (1999): Subjektivität und Kontingenz – Markierungen im pädagogischen Diskurs, Würzburg: Königshausen u. Neumann

Ricken, Norbert/*Liesner*, Andrea (2008): Die Macht der Bildung – Gouvernementalitätstheoretische Perspektiven in der Erziehungswissenschaft. Dokumentation einer Arbeitsgruppe des Kongresses der DGfE 2006, Bremen: Universitätsverlag

Ricken, Norbert/*Rieger-Ladich*, Markus (Hrsg.) (2004): Michel Foucault – Pädagogische Lektüren, Wiesbaden: Springer VS

Riegel, Hans-Peter (2013): Beuys – Die Biographie, Berlin: Aufbau Verlag

Ritter, Hans Martin (2016a): Curricula Schulspiel (E-Mail an den Autor vom 17.05.2016)

Ritter, Hans Martin (2016b): Curricula Schulspiel (E-Mail an den Autor vom 19.05.2016)

Ritter, Hans Martin (1990): Einleitung. Spiel- und Theaterpädagogik – Ein Modell, in: *Ritter*, Hans Martin (Hrsg.): Spiel- und Theaterpädagogik – Ein Modell, Hochschule der Künste Berlin – HdK-Materialien 1990, Berlin: HdK-Pressestelle, 5–8

Rogg, Ursula (2014): Teilhaben oder Mehrgeben – Partizipation im System Schule, in: *Forum K&B GmbH* (Hrsg.): Kooperationsprozessor – Gemeinsam etwas bewegen. Halbzeittagung des Modellprogramms „Kulturagenten für kreative Schulen" am 21. und 22. November 2013 im Depot Dortmund (Dokumentation), 182–190, abrufbar unter: https://www.stiftung-mercator.de/de/publikation/kooperationsprozessor-gemeinsam-etwas-bewegen/ (letzter Zugriff: 18.8.2014)

Rogoff, Irit (2004): We – Collectivities, Mutualities, Participations, abrufbar unter: http://theater.kein.org/node/95 (letzter Zugriff: 10.3.2013)

Rohr, Jascha (2015): Institut für Partizipatives Gestalten – Grundlagen der Partizipation. Vortrag auf der Regionalkonferenz des Qualitätsverbunds „Kultur macht stark" in der Bundesakademie für kulturelle Bildung Wolfenbüttel (Internes Material)

Romaschko, Sergej A. (2012): Auf der Suche nach dem verlorenen Politicum, in: *Müller-Schöll*, Nikolaus/ *Schallenberg*, André/*Zimmermann*, Mayte (Hrsg.): Performing Politics – Politisch Kunst machen nach dem 20. Jahrhundert, Berlin: Theater der Zeit, 56–64

Roselt, Jens (2015): Das Publikum auf der Bühne (2. Mannheimer Bürgerbühnenfestival – Überlegungen zur Bürgerbühne von Jens Roselt), in: *nachtkritik.de*, abrufbar unter: http://www.nachtkritik.de/index.php?option=com_content&view=article&id=10785:2-mannheimer-buergerbuehnenfestival-ueberlegungen-zur-buergerbuehne-von-jens-roselt&catid=53&Itemid=83 (letzter Zugriff: 6.12.2015)

Roselt, Jens (2008): Phänomenologie des Theaters, München: Fink, Wilhelm

Rössner, Michael/*Uhl*, Heidemarie (Hrsg.) (2012): Renaissance der Authentizität? – Über die neue Sehnsucht nach dem Ursprünglichen, Bielefeld: transcript

Roth, Roland (2011): Bürgermacht – Eine Streitschrift für mehr Partizipation, Hamburg: Edition Körber-Stiftung

Rothe, Katja (2014): Kulturvermittlung und Management? Die Ästhetisierung des Ökonomischen und das Dogma der Teilhabe, in: *Pinkert*, Ute (Hrsg.): Theaterpädagogik am Theater – Kontexte und Konzepte von Theatervermittlung, Berlin/Milow/Strasburg: Schibri-Verlag, 118–127

Rousseau, Jean-Jacques (1988): Brief an d'Alembert über das Schauspiel, in: *Ritter*, Henning (Hrsg.): Rousseau Schriften – Band 1, Frankfurt am Main: Fischer Taschenbuch, 333–474

Rousseau, Jean-Jacques (1986): Vom Gesellschaftsvertrag, Stuttgart: Reclam

Rousseau, Jean-Jacques (1980): Émile oder Über die Erziehung, Stuttgart: Reclam

Runge, Markus (2009a): Stadtteilarbeit und Kieztheater – Veränderungen eines Verhältnisses, in: *Clausen*, Jens/ *Hahn*, Harald/*Runge*, Markus (Hrsg.): Das Kieztheater – Forum und Kommunikation für den Stadtteil, Stuttgart: ibidem Verlag, 118–126

Runge, Markus (2009b): Wie das Kieztheater in die Stadtteilarbeit kam, in: *Clausen*, Jens/*Hahn*, Harald/*Runge*, Markus (Hrsg.): Das Kieztheater – Forum und Kommunikation für den Stadtteil, Stuttgart: ibidem Verlag, 14–17

Saar, Martin (2013): Analytik der Subjektivierung – Umrisse eines Theorieprogramms, in: *Gelhard*, Andreas/ *Alkemeyer*, Thomas/*Ricken*, Norbert (Hrsg.): Techniken der Subjektivierung, Paderborn: Wilhelm Fink Verlag, 17–27

Sack, Mira (2016): Intensivierte Beziehungen – Spielarten der Partizipation im deutschen Gegenwartstheater. Drei paradigmatische Beispiele, in: *Kunstforum International* [Get Involved! Partizipation als künstlerische Strategie], Bd. 240 (Juni-Juli), 122–131

Sack, Mira (2014): Soziale Bande – Bildung und Bindung in der theaterpädagogischen „community of practice", in: *Pinkert*, Ute (Hrsg.): Theaterpädagogik am Theater – Kontexte und Konzepte von Theatervermittlung, Berlin/ Milow/Strasburg: Schibri-Verlag, 139–147

Santos, Bárbara (2013): ‚Theater der Unterdrückten'-Arbeit für Unternehmen der Privatwirtschaft – eine Unvereinbarkeit, in: *Fritz*, Birgit (Hrsg.): InExActArt. Das autopoietische Theater Augusto Boals – Ein Handbuch zur Praxis des Theaters der Unterdrückten, Stuttgart: ibidem Verlag, 260–268

Schatzki, Theodore R. (2002): The Site of the Social – A Philosophical Account of the Constitution of Social Life and Change, University Park: Penn State University Press

Schechner, Richard (1994): Environmental Theater – An Expanded New Edition including 'Six axioms for environmental theater', New York/London: Applause

Schemel, Hans-Joachim (2010): Wirtschaftsdiktatur oder Demokratie? Wider den globalen Standortwettbewerb – für eine weltweite Regionalisierung, Oberursel: Publik-Forum

Scheurle, Christoph (2012): Partizipation im Theater – Zwischen Spiel und Wirklichkeit, in: *Zeitschrift Kunst und Kirche* (1), 24–28, abrufbar unter: http://www.springer.com/series/8064 (letzter Zugriff: 27.5.2015)

Scheurle, Christoph/*Hinz*, Melanie/*Köhler*, Norma (Hrsg.) (2017): PARTIZIPATION – teilhaben/teilnehmen, Theater als Soziale Kunst II, München: kopaed

Scheytt, Oliver/*Sievers*, Norbert (2010): Kultur für alle!, in: *Kulturpolitische Mitteilungen*, Nr. 130 (III/2010)

Schipper, Imanuel (2013): Der ‚authentisierende' Zuschauer – Wie ein Begriff die Seiten wechselt, in: *Barz*, André/*Paule*, Gabriela (Hrsg.): Der Zuschauer – Analysen einer Konstruktion im theaterpädagogischen Kontext, Berlin (u.a.): LIT Verlag, 149–164

Schmid, Wilhelm (2008): Wer war Michel Foucault?, in: *Foucault*, Michel: Der Mensch ist ein Erfahrungstier – Gespräch mit Ducio Trombadori, Frankfurt am Main: Suhrkamp Verlag, 6–22

Schmidt, Manfred G. (2000): Demokratietheorien – eine Einführung, 3. Aufl., Opladen: Leske + Budrich

Schmitt, Carl (1963): Der Begriff des Politischen (Text von 1932 mit einem Vorwort und drei Corollarien), 7. Aufl., Berlin: Duncker & Humblot

Schmitz, Lilo (2015): Artivismus – Kunst und Aktion im Alltag der Stadt, Bielefeld: transcript

Schneider, Wolfgang (2011): Theater und Migration – Herausforderungen für Kulturpolitik und Theaterpraxis, Bielefeld: transcript

Schneider, Wolfgang/*Eitzeroth*, Anna (Hrsg.) (2017): Partizipation als Programm – Wege ins Theater für Kinder und Jugendliche, Bielefeld: transcript

Schnurr, Stefan (2011): Partizipation, in: *Otto*, Hans-Uwe/*Thiersch*, Hans (Hrsg.): Handbuch Soziale Arbeit – Grundlagen der Sozialarbeit und Sozialpädagogik, 4. Aufl., München: Ernst Reinhardt, 1069–1078

Schreier, Maren (2013): Soziale Arbeit, Wissenschaft und Kritik, in: *Stender*, Wolfram/*Kröger*, Danny (Hrsg.): Soziale Arbeit als kritische Handlungswissenschaft – Beiträge zur (Re-)Politisierung Sozialer Arbeit, Hannover: Blumhardt Verlag, 191–204

Schwanenflügel, Larissa von /*Walther*, Andreas (2012): Partizipation und Teilhabe, in: *Bockhorst*, Hildegard (Hrsg.): Handbuch kulturelle Bildung, München: kopaed, 274–278

Seel, Martin (2008): Intensivierung und Distanzierung – Zum Verhältnis von Kunst und Bildung, in: *Jurké*, Volker/ *Linck*, Dieter/*Reiss*, Joachim (Hrsg.): Zukunft Schultheater – Das Fach Theater in der Bildungsdebatte, Hamburg: Körber-Stiftung, 277–281

Seel, Martin (2002): Sich bestimmen lassen – Studien zur theoretischen und praktischen Philosophie, Frankfurt am Main: Suhrkamp Verlag

Seelinger, Wolfgang (2014): Mehr Innovation durch partizipative Unternehmensführung, abrufbar unter: http:// www.symposion.de/?autoren/252064_Wolfgang_Seeliger (letzter Zugriff: 3.3.2015)

Seifert, Monika (2014): Kulturelle Teilhabe von Menschen mit Behinderung, in: *Mandel*, Birgit/*Renz*, Thomas (Hrsg.): MIND THE GAP! Zugangsbarrieren zu kulturellen Angeboten und Konzeptionen niedrigschwelliger Kulturvermittlung, Hildesheim: Universitätsverlag, 42–47

Seitz, Hanne (2017): Rahmen geben – Sich inmitten der Kunst versammeln, in: *Braun*, Tom/*Witt*, Kirsten (Hrsg.): Illusion Partizipation – Zukunft Partizipation. (Wie) Macht Kulturelle Bildung unsere Gesellschaft jugendgerechter?, München: kopaed, 141–151

Seitz, Hanne (2016): Das Theater mit der Partizipation, in: *KM Magazin, Sonderausgabe 2016 „TeilKultur – Wie viel Teilhabe verträgt der Kulturbetrieb?"*, 44–47, abrufbar unter: https://www.kulturmanagement.net/ frontend/media/Magazin/KM__Magazin_Sonderausgabe_2016.pdf (letzter Zugriff: 10.12.2017)

Seitz, Hanne (2014): Zuschauer bleiben, Publikum werden, Performer sein – Modi der Partizipation, in: *Pinkert*, Ute (Hrsg.): Theaterpädagogik am Theater – Kontexte und Konzepte von Theatervermittlung, Berlin/Milow/ Strasburg: Schibri-Verlag, 79–89

Seitz, Hanne (2013): Publikum bewegen – Zeitgenössisches Theater als Parforceritt in die Wirklichkeit, Vortrag bei der Fachtagung „Plattform Theater – Darstellende Künste im Umbruch" am 10.06.13 in Genshagen/Ludwigsfelde

Seitz, Hanne (2012): Impulsvortrag: Partizipation – Formen der Beteiligung im zeitgenössischen Theater, abrufbar unter: http://www.was-geht-berlin.de/sites/default/files/hanne_seitz_partizipation_2012.pdf (letzter Zugriff: 11.12.2012)

Seitz, Hanne (2011): Unerbetene Gaben – Die Kunst des Einmischens in öffentliche Angelegenheiten, in: *Hentschel*, Ingrid/*Hoffmann*, Klaus/*Moehrke*, Una H. (Hrsg.): Im Modus der Gabe – Theater, Kunst, Performance in der Gegenwart, Bielefeld: Kerber Verlag, 88–101

Seitz, Hanne (2009): Temporäre Komplizenschaften – Künstlerische Intervention im sozialen Raum, in: *Wolf*, Maria A./*Rathmayr*, Bernhard/*Peskoller*, Helga (Hrsg.): Konglomerationen – Produktion von Sicherheiten im Alltag. Theorien und Forschungsskizzen, Bielefeld: transcript, 181–198

Selle, Klaus (2013): Über Bürgerbeteiligung hinaus – Stadtentwicklung als Gemeinschaftsaufgabe? Analysen und Konzepte, Detmold: Verlag Dorothea Rohn

Senatsverwaltung für Stadtentwicklung Berlin (Hrsg.) (2011): Handbuch zur Partizipation, Berlin: Kulturbuch

SenBJS, Senatsverwaltung für Bildung, Jugend und Sport Berlin (Hrsg.) (2006a): Rahmenlehrplan für die gymnasiale Oberstufe – Darstellendes Spiel, abrufbar unter: https://www.berlin.de/imperia/md/content/sen-bildung/ unterricht/lehrplaene/sek2_darstellendes_spiel.pdf?start&ts=1450262874&file=sek2_darstellendes _spiel.pdf (letzter Zugriff: 29.2.2016)

SenBJS, Senatsverwaltung für Bildung, Jugend und Sport Berlin (Hrsg.) (2006b): Rahmenlehrplan für die Sekundarstufe I. Darstellendes Spiel (Wahlpflichtfach), abrufbar unter: https://www.berlin.de/imperia/md/content/sen-bildung/schulorganisation/lehrplaene/sek1_darstellendes_spiel. pdf?start&ts=1450262874&file=sek1_darstellendes_spiel.pdf (letzter Zugriff: 29.2.2016)

SenBJW, Senatsverwaltung für Bildung, Jugend und Wissenschaft Berlin (Hrsg.) (2013): Die Umsetzung des Berliner Rahmenkonzepts Kulturelle Bildung – Dritter Fortschrittsbericht, abrufbar unter: https://www.berlin.de/sen/bildung/unterricht/kulturelle-bildung/mdb-sen-bildung-besondere_paedagogische_konzepte-kulturelle_bildung-fortschrittsbericht_3.pdf (letzter Zugriff: 5.5.2015)

SenBJW, Senatsverwaltung für Bildung, Jugend und Wissenschaft Berlin (Hrsg.) (2008): Kulturelle Bildung – ein Rahmenkonzept für Berlin!, abrufbar unter: https://www.berlin.de/sen/kultur/_assets/kulturpolitik/berlinersenat_rahmenkonzept_kulturellebildung_berlin_2008.pdf (letzter Zugriff: 5.5.2015)

SenSJS, Der Senator für Schule, Jugend und Sport Berlin (Hrsg.) (2000): Vorläufiger Rahmenplan für Unterricht und Erziehung in der Berliner Schule – Gesamtschule Klassen 7–10: Wahlpflichtfach Darstellendes Spiel, Berlin

SenSJS, Der Senator für Schulwesen, Jugend und Sport Berlin (Hrsg.) (1984): Vorläufiger Rahmenplan für Unterricht und Erziehung in der Berliner Schule – Gymnasiale Oberstufe: Fach Darstellendes Spiel, Berlin

SenSW, Der Senator für Schulwesen Berlin (Hrsg.) (1978): Vorläufiger Rahmenplan für Unterricht und Erziehung in der Berliner Schule – Gymnasiale Oberstufe: Fach Darstellendes Spiel, Berlin

Serloth, Barbara (2009): Entpolitisierung der Politik? – Nationalstaatliche Demokratie zwischen Selbstentmachtung, Globalisierung und ungebrochener Lenkungsmacht, Innsbruck: Studien Verlag

Sertl, Michael (2007): Offene Lernformen bevorzugen einseitig Mittelschichtkinder! Eine Warnung im Geiste von Basil Bernstein, in: *Heinrich*, Martin/*Prexl-Krausz*, Ulrike (Hrsg.): Eigene Lernwege – Quo vadis? Eine Spurensuche nach „neuen Lernformen" in Schulpraxis und LehrerInnenbildung, Wien (u. a.): LIT Verlag, 79-97

Shah, Ahmed/*Erhard*, Nils (2014): Lost in Vermittlung? KulTür auf!, in: *Art Education Research* (Jg. 5, H. 8), 1–6

Sharifi, Azadeh (2011): Theater für Alle? Partizipation von Postmigranten am Beispiel der Bühnen der Stadt Köln, Frankfurt am Main: Peter Lang

Siegmund, Gerald (2016): Das Problem der Partizipation, in: *Goethe-Institut*, abrufbar unter: https://www.goethe.de/de/kul/tut/gen/tan/20708712.html (letzter Zugriff: 1.3.2016)

Sloman, Annie (2011): Using Participatory Theatre in International Community Development, in: *Community Development Journal*, (Jg. 47, H. 1), abrufbar unter: http://isites.harvard.edu/fs/docs/icb.topic980025.files/Wk%2013_Dec%202nd/Sloman_2011_Participatory%20Theatre.pdf (letzter Zugriff: 30.7.2014)

Sontag, Susan (1966): Against Interpretation and Other Essays, New York: Farrar, Straus & Giroux

Spivak, Gayatri C. (2009): Outside in the Teaching Machine, London (u.a.): Routledge

Staatsschauspiel Dresden (2018): Montagscafé, Staatsschauspiel Dresden, abrufbar unter: http://www.staatsschauspiel-dresden.de/spielplan/a-z/montagscafe/ (letzter Zugriff: 18.2.2018)

Staatsschauspiel Dresden (2015a): Culture Clash – das Bürger Dinner, abrufbar unter: http://www.staatsschauspiel-dresden.de/buergerbuehne/culture_clash/ (letzter Zugriff: 12.7.2015)

Staatsschauspiel Dresden (2015b): Die Bürgerbühne lädt alle Bürger Dresdens ein: Führt euch auf!, abrufbar unter: http://www.staatsschauspiel-dresden.de/buergerbuehne/ (letzter Zugriff: 12.6.2015)

Staatsschauspiel Dresden (2013): Was kann eine gute stehende Bürgerbühne eigentlich wirken?, abrufbar unter: http://www.staatsschauspiel-dresden.de/spielplan/spielplan/buergerbuehnen_tagung_2013/ (letzter Zugriff: 7.1.2016)

Staffler, Armin (2013): Danksagung und Vorwort des Übersetzers, in: *Diamond*, David: Theater zum Leben – Über die Kunst und die Wissenschaft des Dialogs in Gemeinwesen, 3. Aufl., Stuttgart: ibidem Verlag, 20–24

Staffler, Armin (2009): Augusto Boal – Einführung, Essen: Oldib Verlag

Stahl, Karl Heinz/*Glaser, Hermann* (1974): Die Wiedergewinnung des Ästhetischen – Perspektiven und Modelle einer neuen Soziokultur, München: Juventa Verlag

Stange, Raimar (2016): politische pARTizipation jetzt, in: *Kunstforum International* [Get Involved! Partizipation als künstlerische Strategie], Bd. 240 (Juni-Juli), 96–109

Stegemann, Bernd (2013): Kritik des Theaters, Berlin: Theater der Zeit

Steinweg, Reiner (1972): Das Lehrstück – Brechts Theorie einer politisch-ästhetischen Erziehung, Stuttgart: Metzler

Straßburger, Gaby/*Rieger*, Judith (2014): Partizipation kompakt – Für Studium, Lehre und Praxis sozialer Berufe, Weinheim: Beltz Juventa

Streeck, Wolfgang (2000): Entstaatliche Wirtschaft, vermarktete Demokratie? Spekulationen über demokratische Beteiligung in expandierenden Märkten, in: *Zilian*, Hans Georg (Hrsg.): Politische Teilhabe und politische Entfremdung im Zeitalter der Internationalisierung – Dokumentation der ersten Steirischen Winterakademie für Gesellschaftsanalyse (Grundlsee, 3.1. bis 7.1.2000), Graz: Nausner & Nausner, 53–68

Streisand, Marianne (2012): Die Geschichte der Theaterpädagogik im 20. und 21. Jahrhundert, in: *Nix*, Christoph/*Sachser*, Dietmar/*Streisand*, Marianne (Hrsg.): Lektionen 5 – Theaterpädagogik, Berlin: Theater der Zeit, 14–35

Supik, Linda (2015): Dezentrierte Positionierung – Stuart Halls Konzept der Identitätspolitiken, Bielefeld: transcript

Taube, Gerd (2012): Jugendtheater und Jugendkultur, in: *Nix*, Christoph/*Sachser*, Dietmar/*Streisand*, Marianne (Hrsg.): Lektionen 5 – Theaterpädagogik, Berlin: Theater der Zeit, 140–145

Taylor, Philip (2003): Applied Theatre – Creating Transformative Encounters in the Community, Portsmouth: Heinemann Educational Books

Theater a–z Freiburg Wiki (Hrsg.) (2016): Erweiterndes Ensemble, in: *Theater a–z Freiburg Wiki*, abrufbar unter: http://theater-a-z-freiburg.wikia.com/wiki/Erweiterndes_Ensemble (letzter Zugriff: 7.1.2016)

Thompson, James (2012): Applied Theatre – Bewilderment and Beyond, 4. Aufl., Oxford: Peter Lang

Thompson, Pat (2012): What is „community theatre"?, in: *performing impact*, abrufbar unter: http://performingimpactproject.wordpress.com/2012/08/09/what-is-community-theatre/ (letzter Zugriff: 30.8.2016)

Thonhauser, Michael (2006): Partizipative Konfliktlösung im öffentlichen Raum, in: *Odierna*, Simone/*Letsch*, Fritz (Hrsg.): Theater macht Politik – Forumtheater nach Augusto Boal, Gauting: Verein zur Förderung der sozialpolitischen Arbeit, 69–79

TJG Dresden (Hrsg.) (2013): Demokratie im Dialog – partizipative Modelle im Theater in der Schule, in: *tjg. theater junge generation*, abrufbar unter: http://www.tjg-dresden.de/Demokratie_im_Dialog.html (letzter Zugriff: 17.7.2014)

Tonscheidt, Bettina (2011): Portfolio-Arbeit im Theaterunterricht, in: *Spiel & Theater – Die Zeitschrift für Theater von und mit Jugendlichen* (187), 6–9

Traue, Boris (2014): Resonanz-Bild und ikonische Politik – Eine visuelle Diskursanalyse partizipativer Propaganda, in: *Kauppert*, Michael/*Leser*, Irene (Hrsg.): Hillarys Hand – Zur politischen Ikonographie der Gegenwart, Bielefeld: transcript, 131–156

Traue, Boris (2009): Gouvernemedialität der digitalen Partizipation – Überlegungen zu medialen und gesellschaftlichen Voraussetzungen der Schriftkundigkeit, in: *Sozialwissenschaften und Berufspraxis (SuB)*, (Jg. 32, H. 2), 169–183

Tscholl, Miriam (2014a): Die Bürgerbühne – Beschreibung eines Modells, in: *Kurzenberger*, Hajo/*Tscholl*, Miriam (Hrsg.): Die Bürgerbühne – Das Dresdner Modell, Berlin: Alexander Verlag, 11–21

Tscholl, Miriam (2014b): Die Bürgerbühne – Betrachtung eines Modells, in: *Pinkert*, Ute (Hrsg.): Theaterpädagogik am Theater – Kontexte und Konzepte von Theatervermittlung, Berlin/Milow/Strasburg: Schibri-Verlag, 157–163

Tscholl, Miriam (2014c): Spielen und Küssen erlaubt – Inszenierungsstrategien zwischen Authentizität und Spiel am Beispiel der Inszenierung „Diesen Kuss der ganzen Welt", in: *Kurzenberger*, Hajo/*Tscholl*, Miriam (Hrsg.): Die Bürgerbühne – Das Dresdner Modell, Berlin: Alexander Verlag, 113–123

Tscholl, Miriam (2011a): Skript für Tagung „Wer sind Wir", Dramaturgische Gesellschaft, 28.1.2011, abrufbar unter: http://www.dramaturgische-gesellschaft.de/assets/Uploads/ContentElements/Attachments/Miriam-Tscholl-Teilnahme-ist-grundsaetzlich-freiwillig-und-moeglich-Dresdner-Buerger-auf-der-Buehne.pdf (letzter Zugriff: 7.6.2015)

Tscholl, Miriam (2011b): Von und mit und für – Gedanken über Volkstheater und Bürgerbühnen, in: *Zeitschrift für Theaterpädagogik. Korrespondenzen* (58), 44–46

Tscholl, Miriam (2010): Theater der sozialen Intervention, in: *Die Deutsche Bühne*, abrufbar unter: http://www.die-deutsche-buehne.de/Aktuelles/Leseprobe/Theater%20der%20sozialen%20Intervention (letzter Zugriff: 8.12.2015)

TUSCH Berlin, Theater und Schule (2015): Das TUSCH-Projekt Speakers' Corner – Sag Deine Meinung, abrufbar unter: http://www.tusch-berlin.de/tusch-extra-theaterwerkstaetten-fortbildungen/ (letzter Zugriff: 7.3.2017)

Umathum, Sandra (2015): The Art of Being Moved – Wie uns das zeitgenössische Theater in Bewegung versetzt, in: *Hochholdinger-Reiterer*, Beate/*Bremgartner*, Mathias/*Kleiser*, Christina/*Boesch*, Géraldine (Hrsg.): Arbeitsweisen im Gegenwartstheater – itw: im Dialog (1), Berlin: Alexander Verlag, 67–81

Umweltbundesamt (Hrsg.) (2014): DELIKAT – Fachdialoge Deliberative Demokratie – Analyse Partizipativer Verfahren für den Transformationsprozess, abrufbar unter: https://www.umweltbundesamt.de/sites/default/files/medien/378/publikationen/texte_31_2014_delikat-fachdialoge_deliberative_demokratie.pdf (letzter Zugriff: 7.3.2018)

UNESCO (Hrsg.) (2006): Leitfaden für Kulturelle Bildung – Schaffung kreativer Kapazitäten für das 21. Jahrhundert, abrufbar unter: https://www.bkj.de/fileadmin/user_upload/documents/politische_rahmenbedingungen/02a_UNESCO_2006_Road_map_for_arts_education_Leitfaden_fuer_Kulturelle_Bildung.pdf (letzter Zugriff: 5.11.2015)

Vaßen, Florian/*Hruschka*, Ole (2011): Theaterpraxis in der kulturellen Bildung, in: *Bundeszentrale für politische Bildung* (Hrsg.): Dossier Kulturelle Bildung, abrufbar unter: http://www.bpb.de/gesellschaft/kultur/kulturelle-bildung/ (letzter Zugriff: 3.10.2013)

Veiel, Andres (2017): Beuys (DVD), Hofheim: Indigo

Vilmar, Fritz (1973): Strategien der Demokratisierung, Darmstadt: Luchterhand

Voss, Kathrin (2014): Internet und Partizipation – Bottom-up oder Top-down? Politische Beteiligungsmöglichkeiten im Internet, Wiesbaden: Springer VS

Wagner, Bernd (2011): Sozio-, Sub- und Mainstreamkultur – Programmatik, AkteurInnen und Aktivitäten der Soziokultur in Deutschland, in: *Messner*, Bettina/*Wrentschur*, Michael (Hrsg.): Initiative Soziokultur, Reihe: Soziale Arbeit, Bd. 12, Wien (u.a.): LIT Verlag, 23–34

Wagner, Thomas (2013): Die Mitmachfalle – Bürgerbeteiligung als Herrschaftsinstrument, Reihe: Neue kleine Bibliothek (193), Köln: PapyRossa Verlag

Wagner, Thomas (2011): Demokratie als Mogelpackung oder Deutschlands sanfter Weg in den Bonapartismus, Reihe: Neue kleine Bibliothek (168), Köln: PapyRossa Verlag

Walk, Heike (2008): Partizipative Governance – Beteiligungsformen und Beteiligungsrechte im Mehrebenensystem der Klimapolitik, Wiesbaden: Springer VS

Walter, Franz (2013): Bürgerlichkeit und Protest in der Misstrauensgesellschaft – Konklusion und Ausblick, in: *Marg*, Stine/*Walter*, Franz/*Geiges*, Lars/*Butzlaff*, Felix (Hrsg.): Die neue Macht der Bürger – Was motiviert die Protestbewegungen?, Bonn: Bundeszentrale für politische Bildung, 299–341

Walter, Franz/*Michelsen*, Danny (2013): Unpolitische Demokratie – Zur Krise der Repräsentation, Berlin: Suhrkamp Verlag

Walther, Andreas (2013): Kompetenz und Partizipation – Dilemmata der Jugendhilfe in der Wissensgesellschaft, in: *Faas*, Stefan/*Bauer*, Petra/*Treptow*, Rainer (Hrsg.): Kompetenz, Performanz, soziale Teilhabe – Sozialpädagogische Perspektiven auf ein bildungstheoretisches Konstrukt, Wiesbaden: Springer VS, 155–170

Warren, Mark (1992): Democratic Theory and Self-Transformation, in: *American Political Science Review*, Vol. 86 (1), 8–23, abrufbar unter: http://journals.cambridge.org/article_S0003055400086949 (letzter Zugriff: 5.3.2015)

Warstat, Matthias (2011): Krise und Heilung – Wirkungsästhetiken des Theaters, München: Wilhelm Fink Verlag

Warstat, Matthias/*Heinicke*, Julius/*Kalu*, Joy Kristin/*Möbius*, Janina (2015): Theater als Intervention – Politiken ästhetischer Praxis, Serie: Recherchen (121), Berlin: Theater der Zeit

Wartemann, Geesche (2015): Children as Experts – Contemporary Models and Reasons for Children's and Young People's Participation in Theatre, in: *Wartemann*, Geesche/*McAvoy*, Mary/*Saglam*, Tülin (Hrsg.): Youth & Performance – Perceptions of the Contemporary Child, Hildesheim: Georg Olms Verlag, 21–30

Wartemann, Geesche (2002): Theater der Erfahrung – Authentizität als Forderung und als Darstellungsform, Serie: Medien und Theater (10), Hildesheim: Universitätsverlag

Weber, Susanne/*Maurer*, Susanne (Hrsg.) (2006): Gouvernementalität und Erziehungswissenschaft: Wissen – Macht – Transformation, Wiesbaden: Springer VS

Wehling, Peter (2012): From invited to uninvited participation (and back?) – rethinking civil society engagement in technology assessment and development, in: *Poiesis & Praxis* 9, 43–60, abrufbar unter: https://www.ncbi.nlm.nih.gov/pmc/articles/PMC3510401/ (letzter Zugriff: 26.1.2018)

Weiner, Andrew S. (2009): Part against the Whole – Participation and/as Institution, in: *Parkett* (85), 213–221

Weinert, Franz E. (2002): Vergleichende Leistungsmessung in Schulen – eine umstrittene Selbstverständlichkeit, in: *Weinert*, Franz E. (Hrsg.): Leistungsmessungen in Schulen, 2. Aufl., Reihe: Beltz Pädagogik, Weinheim: Beltz Juventa, 17–31

Weintz, Jürgen (1999): Vorwort, in: *Boal*, Augusto: Der Regenbogen der Wünsche – Methoden aus Theater und Therapie, Seelze-Velber: Kallmeyer, 7–14

Weiß, Johannes (2014): Organismustheorie, in: *Endruweit*, Günter/*Trommsdorff*, Gisela/*Burzan*, Nicole (Hrsg.): Wörterbuch der Soziologie, 3. Aufl., UTB-Reihe, Konstanz: UVK Verlagsgesellschaft, 347–348

Wenrich, Rainer/*Kirmeier*, Josef (2016): Kommunikation, Interaktion und Partizipation – Kunst- und Kulturvermittlung im Museum am Beginn des 21. Jahrhunderts, München: kopaed

White, Gareth (2013): Audience Participation in Theatre – Aesthetics of the Invitation, Basingstoke (u.a.): Palgrave Macmillan

Wiederhold, Sarah (2015): In gleiche Stücke schneiden und verteilen – Partizipation in der ästhetischen Bildung, in: IXYPSILONZETT. Das Magazin für Kinder- und Jugendtheater der ASSITEJ Deutschland (03), 14–15

Wiegand, Helmut (1999): Die Entwicklung des Theaters der Unterdrückten seit Beginn der achtziger Jahre, Stuttgart: ibidem Verlag

Wihstutz, Benjamin (2012): Der andere Raum – Politiken sozialer Grenzverhandlung im Gegenwartstheater, Zürich (u.a.): Diaphanes

Wilk, Michael/*Sahler*, Bernd (2014): Strategische Einbindung – Von Mediationen, Schlichtungen, runden Tischen ... und wie Protestbewegungen manipuliert werden, Lich: Verlag Edition AV

Willenbacher, Sascha (2014): Theater machen, ohne Theater zu spielen, in: *Pinkert*, Ute (Hrsg.): Theaterpädagogik am Theater – Kontexte und Konzepte von Theatervermittlung, Berlin/Milow/Strasburg: Schibri-Verlag, 127–138

Wrana, Daniel (2006): Das Subjekt schreiben – Reflexive Praktiken und Subjektivierung in der Weiterbildung. Eine Diskursanalyse, Baltmannsweiler: Schneider Hohengehren

Wrentschur, Michael (2014): Politisch-partizipative Theaterarbeit. Ästhetische Bildung und politische Beteiligung – Die Theater- und Kulturinitiative InterACT als Beispiel, in: *Magazin erwachsenenbildung.at. Das Fachmedium für Forschung, Praxis und Diskurs* (22), abrufbar unter: http://www.pedocs.de/volltexte/2014/9176/pdf/Erwachsenenbildung_22_2014_Wrentschur_Politisch_partizipative_Theaterarbeit.pdf (letzter Zugriff: 1.10.2014)

Wrentschur, Michael (2013): Theaterarbeit, Partizipation und politisches Empowerment – Das Projekt: „Stopp: Jetzt reden wir!" von InterACT, in: *Zeitschrift für Theaterpädagogik. Korrespondenzen* (63), 26–33

Wrentschur, Michael (2012): Theaterspielen als Werkzeug für ästhetische und soziale Differenzerfahrungen – Positionen und Konzepte, in: *Magazin erwachsenenbildung.at. Das Fachmedium für Forschung, Praxis und Diskurs* (15), abrufbar unter: https://erwachsenenbildung.at/magazin/12-15/meb12-15_03_wrentschur.pdf (letzter Zugriff: 12.11.2014)

Wrentschur, Michael (2011): Theater an die Macht. Neuer Armut entgegenwirken – bis ins Parlament!, in: *Zeitschrift für Theaterpädagogik. Korrespondenzen* (58), 55–58

Wrentschur, Michael (2006): Das Theater der Unterdrückten als internationale, politische und ästhetische Bewegung – Ein Blick auf aktuelle Entwicklungen, in: *Zeitschrift für Theaterpädagogik. Korrespondenzen* (49), 33–41

Wrentschur, Michael (2004): Theaterpädagogische Wege in den öffentlichen Raum – Zwischen struktureller Gewalt und lebendiger Beteiligung, Stuttgart: ibidem Verlag

Zinser, Claudia/*Letsch*, Fritz (2004): Beteiligung von Jugendlichen organisieren – Nur mit uns: Ein Partizipationskongress (Auszug), in: *Wiegand*, Helmut (Hrsg.): Theater im Dialog – heiter, aufmüpfig und demokratisch. Deutsche und europäische Anwendungen des Theaters der Unterdrückten, Stuttgart: ibidem Verlag, 286–291

Zirfas, Jörg (2017): Kulturelle Bildung und Partizipation – Semantische Unschärfen, regulative Programme und empirische Löcher, in: *Braun*, Tom/*Witt*, Kirsten (Hrsg.): Illusion Partizipation – Zukunft Partizipation. (Wie) Macht Kulturelle Bildung unsere Gesellschaft jugendgerechter?, München: kopaed, 23–42

Žižek, Slavoj (2008): Lacan – Eine Einführung, Frankfurt am Main: Fischer Taschenbuch

Žižek, Slavoj (2001): Die Tücke des Subjekts, Frankfurt am Main: Suhrkamp Verlag

Zumhof, Tim (2012): Pädagogik und Poetik der Befreiung – Der Zusammenhang von Paulo Freires Befreiungspädagogik und Augusto Boals „Theater der Unterdrückten", Serie: Ethik im Unterricht (11), Münster (u.a.): Waxmann